2023

CASS 中国社会科学权威报告

THE CASS CENTRE FOR INTERNATIONAL SOCIAL SECURITY STUDIES
CISS CASS
中国社科院世界社保研究中心

CHINA PENSION REPORT 2023

中国养老金发展报告2023

——个人养老金与制度优化

郑秉文 主编

经济管理出版社
ECONOMY & MANAGEMENT PUBLISHING HOUSE

图书在版编目（CIP）数据

中国养老金发展报告. 2023：个人养老金与制度优化 / 郑秉文主编. —北京：经济管理出版社，2023.12
ISBN 978-7-5096-9520-3

Ⅰ. ①中… Ⅱ. ①郑… Ⅲ. ①退休金—劳动制度—研究报告—中国—2023 Ⅳ. ① F249.213.4

中国国家版本馆 CIP 数据核字（2023）第 240762 号

责任编辑：梁植睿
助理编辑：康国华　杨　娜　杜羽茜　李光萌　杜奕彤　詹　静　丁光尧
责任印制：黄章平
责任校对：王淑卿

出版发行：经济管理出版社
（北京市海淀区北蜂窝 8 号中雅大厦 A 座 11 层　100038）
网　　址：www. E-mp. com. cn
电　　话：（010）51915602
印　　刷：唐山玺诚印务有限公司
经　　销：新华书店
开　　本：880mm × 1230mm/16
印　　张：27
字　　数：908 千字
版　　次：2023 年 12 月第 1 版　　2023 年 12 月第 1 次印刷
书　　号：ISBN 978-7-5096-9520-3
定　　价：298.00 元

《中国养老金发展报告2023》编委会

前言

2022 年底，个人养老金制度进入大范围试点阶段，30 多年前提出的建设“多层次养老金体系”的目标，终于迎来了长期缺失的组成部分。在短短一年的试点时间中，制度建设取得了巨大的进展，在开户人数上已经超过了发展近 20 年的企业年金制度。但与此同时，正在探索中的制度也面临着缴费人数少、人均缴费金额不高等问题。不仅如此，在试点过程中还出现了便携性障碍，养老保险体系各层次之间的配合细则仍未出台，试点中的个人养老金制度仍有待进一步完善。《中国养老金发展报告 2023》以“个人养老金与制度优化”为主题进行了系统研究，报告包括一篇导读、三篇特稿、一篇主报告和三十七篇分报告。

博鳌亚洲论坛副理事长、第十二届全国政协副主席、中国人民银行原行长周小川先生在百忙之中为报告撰写了导读；中国银行业协会秘书长刘峰先生、中国保险学会秘书长黄志强先生、长江养老保险股份有限公司党委书记、董事长陈林先生，为报告提供了宝贵意见并撰写了专题稿件。中国社会科学院世界社保研究中心主任郑秉文先生为本书特别撰写了主报告。

《中国养老金发展报告 2023》从理论、现实与国际比较三个层面探讨了个人养老金制度。“理论篇”由八篇分报告组成，主要从宏观层面与制度设计两个角度探讨个人养老金制度发展中的理论问题。在宏观方面，主要探讨了个人养老金制度的外部经济效应、数据要素在个人养老金制度中的作用以及在共同富裕目标下构建个人养老金评价指标体系的尝试等主题；在制度设计方面，主要探讨了困扰个人养老金制度发展的理论与认识问题，第二、三支柱融合发展的可能性，制度的税收优惠政策选择以及应对外部负面效应举措，影响未来制度的发展规模的约束因素分析以及潜在规模预测等主题。

“现实篇”由十三篇分报告组成，主要分成三部分，第一部分由制度变迁内容构成，主要探讨了从产品型制度向个人账户制度变迁的经验，当前试点中存在的主要问题以及发展趋势，尤其是数字化、信息化与老龄化对制度发展的影响；第二部分主要从个人养老金制度中服务提供者的角度展开讨论，在分析基金业、证券业、保险业产品供给策略的基础上，探讨了各方服务提供者的发展路径；第三部分主要探讨制度设计中的技术举措，如加强养老金融教育、引入合格默认投资工具与应对劳动力市场变迁的举措，以完善个人养老金制度。

“国际比较篇”由十六篇分报告组成。国家选取遵循了双重原则，一是个人养老金（第三支柱）的资产规模与在养老保险中的地位；二是既有制度环境差异。具体来看，这一部分由以下五类国家构成：一是美国、英国、加拿大、澳大利亚和新西兰这五个盎格鲁—撒克逊国家；二是德国、法国、比利时、爱尔兰等欧洲大陆国家；三是瑞士、丹麦等北欧“福利国家”；四是日本和韩国等东亚国家；五是以墨西哥为代表的拉丁美洲国家。在具体探讨中，主要聚焦于导致制度设计差异的因素方面。如在对盎格鲁—撒克逊五国的探讨中，对美国、英国、加拿大、澳大利亚这些资产规模高的国家，侧重于分析其制度设计、制度间转移、税收优惠政策等方面的经验，而新西兰个人养老金制度规模有限，则侧重于分析其制度兼具第二、第三支柱特征的现象。总的来看，本篇旨在总结各国在不同制度环境下发展第三支柱的经验与教训，为未来中国个人养老金制度的发展与完善提供经验借鉴。

总目录

下篇　国际比较篇

分目录

上篇 理论篇

中篇 现实篇

下篇 国际比较篇

导读 *

周小川　博鳌亚洲论坛副理事长、第十二届全国政协副主席、中国人民银行原行长

近年来，在党中央、国务院的高度重视和有力推进之下，我们国家在养老金政策体制和具体管理方面有了新的举措、新的进展，特别是于 2022 年推出了个人养老金制度，这也向研究界、学术界提出了很多新的问题。

各研究机构对此高度重视，有的从社会人口的角度，有的从财经的角度，有的从政策体制的角度，都做了很多研究，提出了意见。在这些讨论和研究的基础上，我个人也愿意就一些初步的意见和大家进行交流。

这个讨论的角度，可以侧重于个人养老金作为财富管理的对象内容，也可以侧重于个人养老金的政策体制安排。我先从后者说起，后面也愿意跟大家讨论一下财富管理方面的问题。

——首先，在个人养老金政策制度安排之下，大家都有所行动、有所进展，同时也看到进展不令人满意，希望能够提供更强有力的激励机制。

在讨论激励机制的时候，先使用一个理性假设。所谓理性假设，就是我们假设每个人知道未来退休时预期获得的养老金水平，在政府统筹基本养老金基础上，还有多大缺口需要个人自我预筹加以补充，从而可以去审视和计算所期望的预筹激励和投资激励。这个激励机制主要面向未来要退休的人，他们应根据现有的数据和政策，对自己终身的财务做一个比较理性的估算。因此可以了解到，未来政府或国家给安排的统筹养老金大概有多少？是否还有一些缺口？缺口是不是通过个人积累能加以解决？

当然，非常充分的理性估算也可能做不到，主要是因为未来不确定性比较大。理性假设也就是大致能有一个测算方法来指导当前的行为，在响应国家制度安排的基础上去测算个人养老金计划。

中国的一个现实情况是人口多，同时养老金覆盖面不断扩大。总体来讲，由于老龄化，养老金资金池很容易有缺口。这种情况下，国家统筹安排的养老金只能是保基本，不会太高，或者说留下比较大的缺口在较大程度上依靠个人养老金加以补充。

但是目前基本的测算条件没有跟未来的退休者交代清楚。在过去体制的惯性下，人们会觉得：反正退休以后国家都管了，何必要再搞一些个人预筹？企业也会觉得，何必再增添成本为职工操这份心？因此，为了给理性的个人养老金管理提供一个测算，要把这些测算依据和条件说清楚。

理性估算的方法，可基于目前在国际上提出的 LFS（Lifetime Financial Security）概念——全生命周期的财务保障。按照这个概念测算，在不同的平均预期寿命条件下，按照某一养老金收入替代率，即退休以后的生活水平大约为退休前收入的比率，比如 70%、80%，需要多少个人年度预筹和投资回报率。现在我们与公众的沟通、给未来退休者的测算条件，做得还是很不够；我们讨论的激励机制，计算基础过于模糊，还存在一定缺陷。但在方向上可以肯定，需要重视激励不足的问题。

从社会上的讨论来看，也认为我们新推出的制度是向好的，但激励机制明显偏弱。这其中有两个问题可以讨论：

* 本文根据周小川于 2023 年 2 月 25 日在《财经》杂志等主办的“第五届全球财富管理论坛”分论坛“个人养老金时代的行业新机遇”上的发言修改而成。谨以此作为本报告的导读。

第一，国际经验普遍使用个人所得税减让、抵免、税基扣除之类的政策作为激励手段。但我国现有个人所得税还存在一定缺陷，有较大比重的个人收入不在缴纳个人所得税的范畴内。其实这是可以改变的，当然这不是一日之功。按道理讲，绝大多数人都应交个人所得税，但可根据各种因素，比如人口、家庭负担、养老金等，允许采取税基扣除或退还的办法。实现这方面的功能还需对基础工作做出改进。

第二，我们忽视了一个重要激励机制。在很多国家的个人账户养老金计划中，个人和企业是混合供款的，绝大多数是同比例，比如个人按收入缴纳 8%，企业或者雇主有另外 8% 加以配合。从职工的角度看，他觉得自己缴纳了 8%，查看自己个人账户却发现多了 16%，翻了一番，这种激励作用是很大的。

从企业的成本角度看，还有很多值得讨论的内容。原则上，“羊毛还是出在羊身上”，并不是企业主或者雇主从自己的口袋里掏出一部分钱给雇员做个人养老金预筹，而是一种制度安排，这种制度安排会显现出激励作用。

为什么说这个激励机制在中国没有显示作用呢？很大程度上是因为，企业缴纳的社会保障的钱已经用于现收现付了，这笔钱已经用掉了。这跟制度转轨存在的缺口有关系。我国企业缴纳的数量并不少，不是 8%，而是 16%，前几年是 20%。20% 这个缴纳水平使企业的成本负担过重，影响了企业的竞争力，后来下调了 4 个百分点，变成 16%，16% 也是个相当高的水平。这 16% 既显著加大了企业的成本，又未对职工产生工作激励，因为职工并不能在自己的个人账户中看到这笔钱。

我们后面再讨论一下，是否有可能使用某种改革措施，大大提高个人账户养老金的吸引力。

——其次，我们需要考虑现实条件和理性的宏观测算之间的差别。宏观总量上，某种制度安排可能在设计上是能平衡的，但如果微观上没有激励方面的保证，会落实不下去；或因为结构上存在问题，不同群体会有不同的响应，从而影响落实。实际中我们要考虑结构上的一些特殊性，与总量测算是有差异的，差异主要有三个方面：

第一，群体差异。在中国，群体差异可能比在其他经济体更加突出。我们从中华人民共和国成立以来开始施行养老制度，国家机关、事业单位是一种类别，企业职工、国有企业是一种情况，大集体、小集体各不一样，后来有了私人企业，也是另外一种安排。

中国的农民基数比较大，过去农民基本上没有做养老保障的安排。后来又有种说法，即承包土地就是农民的保障。但这个说法并没有完全明确为政策安排。因此，这些群体差别也必须考虑到。

即便人们是理性的，处于不同的群体，对未来的测算也会很不一样，很难用一个简单化的理性假设覆盖各种情况。

第二，代际差异。由于改革转轨中的制度安排变化很多，已经退休的老年人、年轻人、毕业刚刚工作的人，其理性程度和他们测算的基础有很大差异。

第三，人并不都是理性的。养老金是一个未来的问题，有些人不怎么考虑，到中老年快退休的时候才有危机感，个体差异也比较大。

也就是说，我们设置养老金计划，是希望未来的退休人群能够理性考虑，同时对国家统筹计划、企业计划做出更好的配合性的响应。但现实和假设是有差距的，所以必须区别对待各种情况来加强与公众的沟通，通过这种沟通，让体制的好处更好地得以落实。

如果忽视差别，退休以后大家都采取同样的安排，也是不太现实的。同时，如果想要统一，也涉及现有的、非货币化的各种待遇应如何转化。

从宏观测算上来讲，也是这样。以未来均等统筹进行测算，简单进行拉平，按照现有的财务体制以及老龄化的趋势、转轨需要加大覆盖面的趋势来看，未来统筹养老的水平是比较基本的，或者说国家统筹的养老金比较低，需要个人账户养老金加以支持配合，才能使养老保障达到更满意的水平。

当然也有人认为，车到山前必有路，到那时候，可以延长退休年龄，也可以提高企业的缴纳比例。

虽然延长退休年龄是有空间的，但不是想延长多少年就延长多少年，这涉及平均健康水平和老年人的生产力，企业也会在成本上有所考虑。企业贡献的比例也不是随意调整的，之所以将企业社保供款从 20% 调到 16%，就是因为这与企业竞争力相关，企业财务成本负担过重。

应该说，“个人 8%+ 企业 8%”在国际比较中处于中位数水平。企业缴纳 20% 太高了，即便 16% 在全球也是非常高的水平，而且这 16% 不能计入职工的个人账户，就没能起到对职工劳动报酬的激励作用，这些都会影响企业竞争力。从有些机构的测算来看，虽然注重了总量，但对企业竞争力的考虑则不够。

考虑到现实和理性假设之间的差距，更需要针对不同的群体制定不同的计划，要避免简单的单一化，既要算总账，又有很多结构工作要做。

——再次，还有一些差异源于经济体制转轨。在经济体制转轨之前，国企和机关事业单位工资占的比例不太高，有住房、医疗、养老保障，还有其他一些待遇安排，存在着一种收入和成本关系的扭曲。

在改革过程中，不可能改得太快，到目前为止，仍遗留了不少问题。如何让未来的退休人群形成合理的预期，对退休做出合理的计划，还要和整个改革转轨结合在一起研究。总的来讲，劳动报酬应该和生产力挂钩，应该在这个基础上设计政策。

我们再回到企业养老保障供款上，其中 20% 或 16% 是企业供款，这部分资金究竟去哪里了？去了现收现付，包括去覆盖老龄化、体制转轨形成的养老金缺口。这并不是体制设计的初衷，党的十四届三中全会初步提出了“三支柱”的养老体系，即提出社会统筹、个人账户、商业性保险，因此有了“三支柱”的初步概念。后来开始设置了一些试点，最开始的试点是“8%+8%”，个人缴 8%，企业缴 8%。企业缴的 8% 理论上是可以进入个人账户的，但因为养老统筹现收现付的部分有缺口，还需要企业承担，“8%+8%”成了额外的负担，后来有很多省份将此比例降低。同时企业和职工供款的部分，有很多都被用于现收现付了，因此实际上形成的制度与最开始的设计初衷是不相符的，等于是一种被挪用的既成事实。

这能不能校正回来？如果当前感觉激励机制不够，希望加强激励机制，那么能不能把企业供款部分改回来，作为个人账户的供款？这也不是不可能，国际上有很多这方面的讨论。现收现付这方面的缺口由什么填补，大致上有两种方案，一种方案是企业配合个人养老金计划供款部分是虚的，也就是名义账户，记上账，但没有实钱，作为财富管理也没有真的钱可以拿去投资，但它是一个渐变过程，从最开始的空账，逐渐会把名义账户做实，未来是有希望的。在这个过程中，钱的回报率基本上按照国债的回报率进行测算，这是一种办法。另一种方案是中国在 20 年以前就开始讨论的，即是否能够把一部分国有资产，特别是上市公司国有股权还原为养老金；在这方面也做过一些制度方面的安排和尝试，但迈的步子比较小，问题还比较多。这应该作为一个题目继续研究探索，还是有相当程度的可行性的。

——再者，由于中国企业养老金部分用于现收现付，时间长了以后，形成了一个自己的“三支柱”概念，与国际上“三支柱”概念是有差别的。我们的一支柱是政府安排的，二支柱是企业安排的，三支柱是个人的、是商业性的。这和国际上普遍采用的情况有差别，与世界银行和 OECD 采用的“三支柱”（后来细化为“四支柱”“五支柱”）概念有差别。

为什么需要参照国际上“三支柱”的定义？养老金是一件长期的事情，中国需要几十年一个周期才能得出实践的经验，在没有及时反馈的情况下，国际经验变得比较重要。我们做的事到底对不对、好不好，还应该如何改进，很大程度上可以进行国际比较。这必然会对三支柱的功效进行比较，为此跟国际上的定义最好有一致性或接近。我们注意到，前两年有些政府工作人员、学者已经提出了这个问题。

——最后，养老金方面还面临许多问题。个人的建议有五条：

第一，不要回避难题。

第二，不要认为这个问题很长期，还有很多拖延的机会，以后再做选择会更艰难。

第三，要注意治本，不要只治标，至少治标、治本相结合。

第四，我国养老金的研究任务和挑战巨大。中国的基础并不好，人口多，几乎体现出了世界上最突出的老龄化趋势，再加上转轨，可能缺口更大一些。

第五，我国的养老金预筹资金从总数上看有好几万亿元，不是个小数字。但在国际比较上，如果把各国 GDP 作为一个参照系来看的话，多数国家预筹养老金的总量约为 GDP 的 50%~100%，有的国家超过 100%；中国的这个比例较低，约在 10% 以下，有人说 6%，也有人说更低。

这些都说明，我们现有的基础并不太好，所以未来的挑战是很大的。同时，它也是当前人们关心的总需求管理的重要内容，还是要高度重视、深入研究、客观研究，更好地应对老龄化、体制转轨和未来的养老问题，真正实现高质量发展。

特稿一
多措并举、循序渐进，合力推动个人养老金高质量发展

刘　峰　中国银行业协会秘书长

人口老龄化是社会发展的重要趋势，也是我国今后较长一个时期的基本国情。党的十八大以来，以习近平同志为核心的党中央高度重视老龄工作，习近平总书记强调："要实施积极应对人口老龄化国家战略，推进基本养老服务体系建设，大力发展银发经济，加快发展多层次、多支柱养老保险体系，努力实现老有所养、老有所为、老有所乐。"习近平总书记的重要论述，为新时代老龄工作提供了根本遵循，也为社会保障事业高质量、可持续发展指明了方向。

2022 年 4 月，国务院办公厅印发《关于推动个人养老金发展的意见》，提出加快构建新发展格局，推动发展适合中国国情、政府政策支持、个人自愿参加、市场化运营的个人养老金，与基本养老保险、企业（职业）年金相衔接，实现养老保险补充功能，协调发展其他个人商业养老金融业务，健全多层次、多支柱养老保险体系。同年 11 月，人力资源社会保障部、财政部、国家税务总局、银保监会、证监会联合发布《个人养老金实施办法》，对个人养老金参加流程、资金账户管理、机构与产品管理、信息披露、监督管理等方面做出具体规定。实施个人养老金制度具有重大战略意义，从国家层面看，有利于发展多层次、多支柱养老保险体系；从受众群体层面看，有利于满足人民群众的多样化养老需求；从高质量发展层面看，对金融市场结构优化、金融支持实体经济、经济社会长期健康发展，具有积极的促进作用。

2022 年 11 月 25 日，人力资源社会保障部、财政部、国家税务总局公布了 36 个先行城市（地区）名单，个人养老金正式启动实施。截至 2023 年 6 月末，累计开立个人养老金账户 4030 万户，个人养老金产品总量 671 款，涵盖储蓄类产品 465 款、公募基金产品 149 只、保险产品 39 款、银行理财产品 18 款；个人养老金理财快速增长，特定养老储蓄存款达到 377 亿元，多元主体参与、多类产品供给、满足多样化养老需求的发展格局已初步形成。

伴随着个人养老金制度的落地实施，我国养老金融市场即将迎来快速发展。但我们也要清楚地看到，个人养老金目前仍处于起步试点阶段，在发展过程中需要克服很多痛点、难点，仍需不断改革、探索和创新。一是账户开立后，资金缴存不足。数据显示，开立个人养老金账户的数量与完成资金缴存的数量相比，尚存在较大差距；人均缴费金额与每人每年最高 12000 元的缴费限额相比，尚存在较大差距；购买个人养老金产品总额与总缴费金额相比，尚存在较大差距。"开而不缴""缴而不投"的背后，反映出民众对个人养老金制度的认知和投资意愿不足，特别是，公众未能清晰认识到个人养老金与其他个人商业养老金融业务的区分和联动关系。二是金融产品供给同质化，客户需求尚待挖掘。目前，个人养老金市场刚刚起步，包括养老储蓄、理财、基金、保险在内的金融产品大多处于政策试点、市场探索阶段，产品策略同质化程度高，金融机构对客户和市场细分不够，尚未深层次挖掘和研究广大民众的个性化养老需求。三是税优政策激励不够，覆盖面还需拓宽。税收优惠政策是个人养老金发展的第一动力。以个人

养老金账户开户数量分析，税收优惠政策尚未起到明显的激励作用。如何拓宽覆盖面，让更多人尤其是中低收入群体受益，是下一步需要重点考虑的问题。

根据《关于推动个人养老金发展的意见》，个人养老金制度将分步实施，先试运行，再逐步推开。通过试点，及时发现问题，完善相关政策，陆续扩大试点范围，将有助于个人养老金制度的平稳运行。推动个人养老金高质量发展，须多措并举、循序渐进，更有力地制定一系列相关措施。

首先，优化顶层设计，完善制度建设。一方面优化税收优惠政策，包括对低收入群体的补贴税收优惠，对个人养老金账户缴费的纳税抵扣，以及对开办个人养老金业务金融机构的税收政策支持；另一方面增加制度弹性，研究开展税延养老险试点与个人养老金衔接工作，探索建立第二、第三支柱账户转移机制，构建统一的转移接续平台，规范机构间转移信息交互标准，提高养老金制度的保障性和灵活性。

其次，创新金融产品，搭建综合服务平台。个人养老金具有小额定投、长期积累、安全性要求高等特点，相关金融产品类型有待进一步丰富，设计有待进一步匹配养老资金的需求特点，投资运作有待接受跨周期的市场考验。通过细分养老金投资需求，创新金融产品，可为广大民众提供更有吸引力的、可带来长期稳健回报的产品选择。此外，通过建立养老金综合服务平台，将企业年金、职业年金、个人养老金、商业养老保险及其他养老金产品集中整合，提供综合性养老金解决方案和统一的账户管理平台，参与者可在同一平台上管理自己的养老金资产，以满足多样化的养老投资需求。

最后，强化运营管理，推进机构间协作。一方面，协同商业银行、养老保险公司、基金公司强化业务合作，联合开发个人养老金产品，加大力度发展其他个人商业养老金融业务，进一步挖掘客户需求，实现定制化投资和专属产品创新，优化全市场个人养老金产品的购买渠道；另一方面，深化金融机构与监管部门的业务交流，共同推动制度体系建设，强化风险管理和内部控制，保护参与者的权益和资金安全，推动个人养老金业务安全、稳定、可持续发展。

二十届中央财经委员会第一次会议强调，人口发展是关系中华民族伟大复兴的大事，必须着力提高人口整体素质，以人口高质量发展支撑中国式现代化。个人养老金制度的实施是社会保障事业高质量、可持续发展的重要举措。金融机构作为贯彻落实党中央决策部署的主力军，应坚持以服务国家战略、增进人民福祉为己任，做个人养老金推广的先行者与引领者，助力国家社会保障事业高质量发展，不断满足人民群众对美好生活的向往。

特稿二
从税延型养老保险到个人养老金

黄志强　中国保险学会秘书长

人生唯一确定的趋势，就是持续变老。在我国这样由十几亿人口构成的国家里，由于过往每年出生人口不均匀，造成现阶段人口年龄分布不均衡，同时叠加经济社会进步带来的寿命延长，已经使得我国的人口年龄结构迅速老化，并带来一系列重要的问题。老龄化成为突出问题，从人类历史上看，也就是最近半个世纪的事情。最先进入老龄化的国家，都采取了一些政策来消解老龄人口比重升高带来的经济社会压力，我国也已经在借鉴国外经验、立足自身实际能力的基础上，进行了一些重大的改革。近 30 年来，我国陆续建立了广覆盖的第一支柱、补充性的第二支柱，近几年在第三支柱上也出台了不少政策。

第三支柱的建设，第一步就是自 2018 年开始试点的税收递延型养老保险，明确每年可以支出最高 12000 元购买特定养老保险产品，其保费支出可以延迟缴纳个税，并确定末端税率为 7.5%；之后是自 2022 年开始建立的个人养老金制度，缴费取消了比例限制，高限同样定在每年 12000 元，领取时的实际税负为 3%。本文通过回顾第三支柱两种政策工具的特点，来分析有关养老的一些问题。

一、税延型养老保险

“税延型养老保险”，其全名是个人税收递延型商业养老保险，是我国历史上第一个享有税收优惠政策的养老第三支柱金融产品。2018 年 4 月 2 日，财政部等五部门发布《关于开展个人税收递延型商业养老保险试点的通知》，决定自 2018 年 5 月 1 日起，在上海市、福建省（含厦门市）和苏州工业园区实施税延型商业养老保险试点，有关的产品开发指引、业务管理暂行办法等相继发布，保险公司纷纷将其作为发展契机，踊跃参加试点，推出了各类税延型养老保险产品。

（一）政策要点

按照规定，个人购买个税递延型商业养老保险的扣除限额按照当月收入的 6% 和 1000 元孰低值确定；投资收益在缴费期间不征收个人所得税；领取阶段须补缴 7.5% 的个人所得税。保险公司为该类产品提供的有保证的收益，主要是无初始费用的 3.5% 复利，或者扣除 1% 初始费用的 3.9% 复利。

2022 年 11 月，财政部调整有关税收政策，在领取环节，个人领取税延型养老保险支付的资金，不并入综合所得，单独按照 3% 的税率计算缴纳个人所得税，并追溯自 2022 年 1 月 1 日起在三个试点地区统一执行。

（二）税收平衡点

税延型养老保险的设计，使得投保人支出的保费可在税前扣除，经过投资积累，符合条件开始领取养老金时，再补缴所得税。这就使得在是否购买该类产品的判断上，税率成为直观的重要参考因素。由于领取阶段的税率已经统一为与个人养老金相同的 3%，本文就按 3% 来分析合理的税收平衡点。

（1）初始税收平衡点。表面上的平衡点在 3%，即用于购买税延型养老产品的资金，其税收成本为 3% 时，既未得到好处，也没有吃亏，处于税收中性状态。而当原本资金的税收成本高于 3% 的，后端只需缴纳 3%，就得到了税收优惠。低于 3% 税收的资金，仅从缴纳个人所得税角度来看，则受到了税收惩罚。

（2）理性的税收平衡点。按照规定，税延型产品的领取期至少 15 年，再考虑其积累期也可能比较长，购买税延型养老保险的资金，通常需要封闭在产品内较长时间。相比于可以不断滚动的短期投资，购买保险产品的资金，可能由于流动性损失，需要在投资收益或税收收益上获得一定补偿。这就决定了，考虑资金便利性、流动性的税收平衡点，要高于 3%。

（3）有意义的税收平衡点。再从缴费额与实际收入水平的关系来看，对高收入人群来说，其边际税率高、可享受的税收优惠也高，但与其实际收入相比，可能税收优惠的占比反而不大；而对收入低的人来说，税收优惠本就不多。此种税收优惠的效果，如果按照优惠额占收入的比重来看，会形成一条“两头低、中间高”的拉弗曲线。从现实生活经验看，享受此种税收优惠有较大意义的，对准的可能是一个比较窄幅的、相对较高的收入范围。尤其是近年来个人所得税的各种专项扣除项目增加和额度提高，使得有意义的收入区间进一步抬高。

（三）执行情况

税延型养老保险政策出台后，从有意义的税收平衡点来衡量，适用的人口比例偏小。由于低收入人群无法直接从该项政策获益，实际上也并未过多宣传。在具体经营中，当时的操作便利性还不够好，规定的基层保险机构费用远远不够实际支出，投资收益当期看起来不够高（虽然有保证的复利收益现在看还不低），所以在各个试点区域都未取得较大突破。截止到 2021 年 12 月，税延型养老保险累计保费为 6.3 亿元，覆盖人群仅为 4 万余人。2023 年 9 月，国家金融监督管理总局关于税延型养老保险的规定，明确了该产品被吸收进养老金账户，成为账户内的一类产品，共用税延额度，无疑会进一步制约税延型养老保险产品的规模。

就我本人当时在试点区域开展该项工作的经验，当时首先预警的便是不允许将该产品销售给低收入人群，绝对不能使不适合人群因为不理解税收政策设计而直接产生损失。具体做法是，每笔缴费低于 500 元（大致相当于达到 10% 的边际税率）的保单，必须逐单说明销售合规和消费者充分理解的情况。

二、个人养老金

个人养老金账户，是继税延型养老保险产品后，第一个规范的第三支柱个人账户。

（一）政策要点

适用人群是在中国境内参加城镇职工基本养老保险或者城乡居民基本养老保险的劳动者（参加养老保险有 10.6 亿人）。参加人指定或者开立一个本人唯一的个人养老金资金账户，用于个人养老金缴费、归集收益、支付和缴纳个人所得税。缴费完全由参加人个人承担，实行完全积累，其权益归参加人所有。参加人达到领取基本养老金年龄或规定的情形，经核验后可以按月、分次或者一次性领取个人养老金。参加人死亡后，其账户中的资产可以继承。

每人每年缴纳个人养老金的上限为 12000 元。进入账户的资金可在所属银行购买经审核的银行理财、储蓄存款、商业养老保险、公募基金等金融产品，并自行承担风险。领取时，按照 3% 的税率缴纳个人所得税。

（二）执行情况

据人社部统计，截至 2022 年底，个人养老金参加人数 1954 万人，缴费人数 613 万人，总缴费金额 142 亿元，平均缴费约 2300 元。到 2023 年 6 月底，全国 36 个先行城市（地区）开立个人养老金账户人数为 4030 万人。

相较于参加养老保险的人数，开通个人养老金并缴费的规模明显相对较小。究其原因，仍然可以从有意义的税收平衡点上来找。能够通过该项税收优惠安排直接获得好处的人群占比较低，而且缴纳个人养老金同样要锁定较长时期，流动性的锁定也制约了缴费的积极性。而且在该项制度安排下，银行成了个人养老金的事实上的入口，缴存人群在银行开户后，只能在该行提供的账户内产品中选择，事实上与其他各类金融机构的服务形成了隔离。

三、试点带来的启发

税延型养老保险和个人养老金，作为养老第三支柱的第一个规范产品和第一个规范账户，发展发育的时间还不长，但其若干特点可以引发我们的思考。

（一）注重从税收平衡问题来分析个人投入第三支柱的激励机制

第三支柱的突出特色，就是要锁定一些资金，完全用于老年之用，锁定期可能长达几十年。对于生活在真实社会和市场中的个人，将可灵活支配的现金投入到锁定期如此之长的账户（产品）内，需要相当充分的激励。否则，用这些资金自由购买各类其他资产，就可以不受锁定限制，也不会损失选择投资品种的灵活便利。从前文的分析中可以看到，无论是购买税延型养老保险还是投入个人养老金账户，都需要个人完全缴费并承担投资风险，这跟投资决策并无太大区别，其激励则在于税收的优惠。税收优惠力度对不同收入人群的影响，如同拉弗曲线所示，两头低中间高，对低收入人群和很高收入人群的激励效果都不强烈。在我国当前收入税体系仍在逐步完善的过程中，养老决策对于税收政策的变化似乎不够灵敏。拉弗曲线特征天然地制约了目前制度下第三支柱能够达到的规模。

（二）努力解决养老投资决策中的选择难题

按照生命周期理论，理性人会通盘考虑一生的收入和支出，做到收支平衡。可是在现实的市场中，这个理性人遇到了难题，准备养老的资金该如何投资，才能够保证这笔养老钱保值增值？尤其是与现在接近退休年龄的人口的成长历程相伴随的我国经济金融市场的发展起伏，还没有使得大多数人对种类繁多的投资品种建立起良好认知，更难以说得上主动选择和配置。经过多年来证券业、基金业、保险业的投资者教育，有能力自主选择和配置合理投资品种的投资者仍然凤毛麟角，而基金公司赚钱基民不赚钱、股市长期低迷等也使得投资者信心难以提振。

可能需要承认，经济上的理性人并不是投资的懂行人，不能指望人人成为投资专家。在养老资产配置上，需要更多去发挥专业机构作用。第二支柱建立以来，一直保持了相对较好的收益，其制度性的原因在于从一开始就引入机构投资者管理年金资金，并实行较为透明的披露制度，年金持有人可以在不同的管理人之间进行选择。

因此，在第三支柱的建设中，考虑到投资者和投资机构、投资市场的实际情形，不应过多强调个人的养老认知和金融能力，而应主要通过建立合理的养老制度支撑体系，尤其是引入专业的投资机构、充分准确的信息披露、合理的竞争机制，通过消费者的选择来实现对专业机构的约束和选择，以提供可持续的较高的养老资金收益。或者先行建立咨询服务制度，对合格的个人养老金产品进行跟踪评级，帮助缴费人选择合适的产品，也可以部分抵消缺乏专业受托人制度安排的不足。

（三）重视养老体系的实质而非形式

为解决老龄人口将来生计医疗等问题的第三支柱，似乎并不应该仅仅限于有税收优惠的、标准的产品或账户。从积累的目标来看，无税收优惠但同样需要长期积累、达到退休年龄（当然不排除一些特殊情形）方可领取、领取期间较长的资产显然也符合养老资产的性质，应当纳入第三支柱的范畴，比如保险公司开展的商业养老金业务、商业长期护理保险等，同理，沉淀到养老社区的资金也应该纳入第三支柱的统计范围。

除此之外，个人一生中有收入、有支出、有资产积累，未来用于解决个人养老支出的并不仅是目前三个支柱中的积累，其所有资产都可以成为将来养老的依靠。按照美国关于养老资产的分类，除了社会保障基金、雇主支持的养老金、个人退休账户等常见的三支柱外，自有住房、其他资产也是同样重要的部分。这样的认识似乎更符合直觉和常识。从我国居民财富结构角度看，我国居民可用于养老的资产可能远远超出三支柱口径，尤其是房产等资产还有相当空间。

这些思考的启发在于，对于我国的老龄化和应对策略，应该放在宏观经济社会的系统中，更宽泛地认识包含三支柱的养老资产积累，更多地纳入实质上具有养老功能的各类制度安排和个人积累方式，更多考虑国家经济发展阶段、国家动员和分配资源的能力、未来经济社会的发展趋势等，统筹做出养老体系的安排。

四、尽快做大第三支柱的政策选择

20 世纪六七十年代的出生高峰期的人口，已经在前几年开始退休，形成了退休人口高峰，并在未来接续形成长达近 20 年的高龄人口高峰。这些人群的养老、护理、医疗等需求，迫切且巨大。为了妥善解决好老龄人群的养老和相关问题，抓紧充实个人养老金账户，创造个人资产有效转换的环境，做大广义第三支柱，发挥其保养老、保安定的作用，相关政策必须抓紧调整。以下选项大约可以纳入考虑范围：

（一）制定差异化的缴费金额上限

我国的城乡间、地区间经济发展水平差距较大，按照统一的税收政策来给予优惠，必然会存在发达地区不够用、落后地区用不起，或者较高收入人群不够用、偏低收入人群用不起的问题。如按照国家统计局公布的数据，2022 年全国居民的五等份收入为 8601 元、19303 元、30598 元、47397 元和 90116 元，最高的 20% 是最低的 20% 平均收入的 10 倍以上。但即便是最高 20% 组居民的每年 9 万多元收入，在大中城市应付老年的医疗护理等需求，仍然较为吃力。为了解决不同收入人群，在账户内积累金额的实际效用差别较大的问题，可以考虑以替代率作为政策目标，制定与纳税水平挂钩的缴费上限水平，取代固定的缴费上限。这样既能够考虑到我国经济发展和收入差距较大的现实，对较发达地区、较高收入人群给予较高的缴费金额上限，也更有利于将对低收入群体的优惠落在实处。

（二）对低收入人口的配套政策

世界各国的养老体系建设中，都尝试过对低收入群体给予特殊的补助政策，但有一些政策的效果并不明显。如德国的里斯特养老金，专门给予低收入人口较多补助，个人负担不起缴费金额的，政府可以补助到一定水平。但由于人们担心个人账户中的积累达到一定金额后，可能会因此失去低收入资格而引发其他各类社会救助补助的减少，因此参与积极性并不高，其适用人口参加该养老金的比例仅在 20% 左右。这对我国的启发在于，纳入第三支柱有长期安排的资金，由于在一般情况下不能用作他处，可以作为某种比较特殊的资金，不计入收入调查，不作为给予其他优惠政策的判断依据。

（三）允许加速缴纳养老金

可以考虑按照在职人员工龄和剩余工作年龄的情形，区分不同情况，允许在 3~5 年内，以工龄数的一定比例乘以年度限额为上限，集中缴纳个人账户养老金，并在税前扣除。这样可以不至于过多突破目前的税收优惠体系，达到快速做实第三支柱账户的目标。

（四）住房公积金转移

住房公积金和个人养老金在长期积累的性质上天然相近，但公积金在积累期间的收益偏低，对于积累额较高和未提取过的人群，存在一定的利益偏差。在当前我国经济发展阶段，住房公积金对住房制度改革、房地产市场发展的意义也已发生较大变化。可以考虑允许个人将住房公积金余额全部或部分转移到个人养老金账户，仍然维持长期积累的性质，努力提高收益。在具体操作上，要注意公积金是 EEE 模式，进入养老金账户后存在分别计税问题。

（五）老年人工作收入的合并纳税优惠

从国外的经验看，养老资产储备不足的老年人、部分专业技术人士、缺乏家庭支撑互助的老年人，即便已经开始提取养老金，但仍然就业的情况还是相当普遍。类似的情形很有可能在不久的将来就会在我国出现，成为真实普遍的问题。为了给予这些老人相当支持，可以考虑对老年人的就业收入给予一定的优惠，既能够充分发挥健康老年人的人力资源，又能够在一定程度上纾缓老年人养老资产积累的压力。

（六）研究固定资产金融化、标准化的办法

对于有房产而缺乏现金资产的老人，将其房产转换为连续的现金流，来应付其老年的医疗养老支出，可能已经是比较紧迫的问题。在我国经济社会呈现出的新阶段新特征背景下，综合考虑经济增长、产业发展、人口流动、资产市场、房地产市场和金融政策等的影响，以类似房屋反向抵押的方式，将市场存量房产转变成标准化的金融产品，缓释为养老金。

五、保险业可以做的工作

保险业天然具有管理长期储蓄的功能，在养老资产、养老服务、健康照护等方面有很大可以发挥的空间。个人养老金制度的出现和未来可能的完善方向，要求保险业积极应对。

（一）积累阶段的产品需要努力提高投资的收益和安全性

个人养老金账户的出现，使得账户内资金可以灵活选择各类、各种期限产品，保险产品直接面对储蓄、基金、信托等产品的竞争。保险业为了争取管理更多的长期养老资金，就必须提供安全基础上较高的收益回报，这就对保险业的投资能力提出相当挑战。据测算，沪深 300 ETF 自 2012 年 5 月成立到 2022 年 5 月的 10 年间，年化收益率为 5.9%，同期人身险公司综合投资收益率的中位数为 6.1%，平均值为 6.3%，可见保险业提供的投资收益并不差。当然也应该考虑到，保险公司计算投资收益使用的资金口径，并不是投保人的全额保费，而是扣除费用后的投资额。考虑目前投资理财市场和养老金市场的竞争结构，需要在税延型养老保险产品之外，更多地开发不享受税收优惠但具有长期储蓄养老功能的业务。注意吸取国外教训，避免管理成本过高投资回报较差，避免宏观性的经济波动引起大幅损失的例子。在我国的特定金融市场环境中，注重研究更稳健和保守的投资策略（并不意味着更低收益策略），更好地平衡投资管理机构成本和个人收益。

（二）更加灵活的领取策略

值得提到的是“年金谜题”，保险公司的年金产品同时具备管理养老资产和规避长寿风险的功能，似乎理应在养老金体系中扮演重要角色，然而在世界各国的实践中，无论是选择年金化的人口比例还是个人购买年金占总资产的比例都很小，其主要原因可能在于购买年金损失了资产流动性、把确定数额的资产转换成不太确定的年金违反通常心理、额外成本较高、需要留出一定比例的遗产等。保险业在现有的养老制度架构中，要多提供些符合储蓄投资心理、持有期限更加灵活、资产配置方式更加灵活、领取方式更加灵活的保险产品，也要更多研究行为金融学的发现，很多老年人在领取时，只愿意领投资收益部分，同时保留本金继续获得收益（一种自发的唐提策略）。这也要求保险业深入研究具体的养老金投资和释放策略，有针对性地提供保险产品。

（三）强化实体服务医疗机构建设，有效融合养老财富和服务体系

养老需要的不仅是财富积累，还需要将财富适时有效转变为医疗、康复、护理等实际服务。保险业尤其是养老保险业务提供的，很可能不局限在单纯的提供收益回报上，而是提供符合投保人和社会实际需要的养老、护理、照料、康复、理财、文化等实体类型的服务。在这方面，已经有了通过养老社区建设展示促进保险业务高速良性成长的示范例子，积累了一定的养老生态圈建设经验，为更多保险消费者提供了全生命周期的财富保障和增值服务。保险业应充分发挥管理资产久期长的优势，把养老资产的投资从虚拟市场更多投向实体，将原本需要支付的资金转变为提供物理意义上的服务。通过构建大养老生态，保险业有望突破保险产品在金融市场中的竞争边界，以护理医疗养老等真实服务强化差异特色，并在此基础上延伸产业链条，使其经营范围覆盖全生命周期、跨生命周期的养老医疗和金融保险服务。

特稿三

发挥保险行业优势，推动个人养老金稳健发展

陈林　长江养老保险股份有限公司党委书记、董事长

“人人会变老，家家有老人”，我国正经历速度迅猛、规模庞大的人口老龄化。根据《2022年度国家老龄事业发展公报》，截至2022年末，全国65周岁及以上老年人口为20978万，占总人口的14.9%，抚养比为21.8%，我国已经进入深度老龄化阶段。积极应对人口老龄化是基本国策，多层次、多支柱的养老保险体系在保障亿万老年人养老生活中发挥着关键作用，其中，第一支柱保基本、第二支柱为补充、第三支柱提质量。

2023年是作为第三支柱的个人养老金制度建立实施的第一年，成绩有目共睹，问题也引起广泛讨论。在全面深入贯彻中央金融工作会议精神、加快建设养老金融的背景下，深刻分析研判个人养老金发展形势，剖析面临的问题并研究提出破解之道具有重要现实意义。

一、建立个人养老金是统筹解决个体养老和养老保险问题的关键举措，迫切需要加大发展力度

养老保险是现代政治经济生活的产物，国家、社会和个人分担责任，具有福利多元化特征。其中，个人养老金既体现个人责任，又具有重要政治和经济意义。

一方面，从“养老”到“享老”的养老需求升级，亟须个人做好金融储备。养老问题的本质是重大金融问题，即通过跨期与代际的资产配置，用个人年轻时期储备的金融资产和下一代提供的资源，购置和消费产品与服务，抵御和消解老年时期面临的各类风险，保证有质量的晚年生活。随着经济社会不断发展进步，居民生活质量和消费预期不断升级，老年人养老需求从生存型养老向品质型享老转变，呈现多元且分层特征，需要市场和机构提供更加精细化、个性化、多样化、专业化的服务。而要满足这些服务需求、保证退休后生活质量，相较工作期间的收入，养老金替代率需要达到70%以上，而目前我国基本养老金的替代率仅在45%左右；同时，职业和企业年金覆盖7000多万就业人口，占总就业人口的10%左右，覆盖率相对较低。基本养老保险一支独大、保障能力不足成为困扰老年人养老的关键难题。因此，为保证养老质量，还需加快发展个人养老金，帮助个人做好充分金融储备。

另一方面，完善多层次、多支柱养老保障体系，需要尽快建立第三支柱。建立多支柱的养老保险体系已成为世界各国发展养老保障的基本共识和主流趋向。党的二十大报告提出，要健全覆盖全民、统筹城乡、公平统一、安全规范、可持续的多层次社会保障体系，发展多层次、多支柱养老保险体系。1991年国务院发布的《关于企业职工养老保险制度改革的决定》中提出多层次养老保险体系基本框架，之后，2004年建立企业年金制度，2014年建立职业年金制度，这标志着第二支柱年金的建立;2022年出台《关于推动个人养老金发展的意见》，对第三支柱个人养老金做出安排。至此，经过30多年发展，我国建立了三支柱的养老保险制度体系。但从制度建立到落地实施并成熟定型，需要一定时间。而面对汹涌的人口老龄化形势，时间窗口期短暂，需要加快第二、三支柱养老保险发展，特别

是持续壮大第三支柱，真正发挥其支柱性支撑功能。

二、个人养老金试点顺利，但仍然面临不少亟须解决的问题

2022 年底以来，个人养老金制度在 36 个城市（地区）先行试点实施，探索了运营管理经验，但从覆盖面、缴费额度、资金使用上看，仍然不达预期，需要从总体政策环境和供需两侧上做进一步改革创新。

（一）政策支持措施需要进一步加强

政策支持的主要形式是税收优惠、补贴缴费、优化环境等。其中，税收优惠是建立个人养老金制度的主要支撑，是区分个人普通储蓄与制度化个人养老金的重要特征，但现行的免税额度和 EET 税优模式激励不足，需要进一步创新补贴及税优模式。同时，积极探索打通第二、第三支柱账户，对第二支柱中计入个人账户部分，允许灵活转入个人养老金账户，增强两个制度的协同激励效果。

（二）开户建账内生需求有待深入开发

建立个人养老金体现个人自主意愿，个人自愿开设账户、缴纳费用，自选个人养老产品。当前，市场利率长期下行、优质资产供给不足、信用风险事件频发等都可能导致养老金投资收益不达预期，影响了建立个人养老金意愿。

（三）优质养老金产品供给需要更加丰富

试点以来，以银行为主渠道，共推出了 700 余个储蓄、公募基金、银行理财、保险等产品，但同质性强、差异化不大。同时，受制于开户限制，个人只能在账户开户行限定的范围内选择产品，进一步压缩了投资选择空间。此外，养老目标基金主要由公募基金开发，缺乏具有丰富年金管理经验的养老金管理机构开发的高质量养老金产品，影响了投资收益水平。

三、充分发挥保险行业优势，为个人养老金发展提供有效助力

解决上述问题，需要政府、行业和各参与主体的共同努力。其中，保险业具备管理保险资金和养老金等长期资金的良好经验，兼具财富增值和风险保障功能优势，善于运用精算技术做好长寿风险管理和大类资产配置，能够更好打造覆盖积累期和领取期的养老资产配置和规划方案，可以进一步发挥自身专长，助力个人养老金稳健发展。

（一）坚持符合养老金特征的投资管理模式，以扎实投研能力和稳健价值回报，激发持续扩面动力

保险资金偏重于“目标收益”，公募基金强调“相对收益”，而养老金是老百姓的“养老钱”与“保命钱”，其投资要坚持绝对收益之上的相对收益，既要保证安全，又要追求相对更高的收益。做好养老金管理，养老保险公司首先要锻造过硬的投研核心能力，要进一步打磨投研体系，将投研体系与时代背景和政策趋势紧密结合，利用大数据、资产配置模型以及量化手段，不断提高长期风险管控和识别能力，实现投资经理行为的体系化、可复制化，避免依托于某个投资经理、抓某个热点或是某一次预测博取高收益。要进一步优化投资策略，不断完善投研框架、投资逻辑，反复锤炼投资理念，发挥保险资产管理机构的大类资产配置能力，打造满足不同风险收益目标、不同期限资产配置需求的多维度投资策略体系。要不断提升资产创设能力，积极把握国家战略、民生建设的投资机遇，探索使用股权合作、股权投资、养老 REITs 等多种投资工具，在资产管理层面探索形成与养老健康产业的闭环投资链条。以此用高质量的资产管理能力，稳定的价值回报，赢得广泛信任，为个人养老金稳步托面打下基础。

（二）大力开发适应养老要求的养老金产品，以充足产品供给和一体化闭环服务，满足个性养老需求

个人养老金产品的设计需要始终符合养老属性。从保险业来看，个人养老金保险产品保证收益，且包含身故赔偿和失能护理赔付等非投资功能，能够充分发挥“保底 + 保障”的双重优势。但如何通过产品的创新设计和配套的服务，帮助个人投资者更加便利地选择到满意的保险产品是亟须解决的难点。下一步，保险行业重点是扎实做好产品细化和客户分层工作，打造完善的养老金融产品体系，研发具有长期稳健投资回报的产品。要提供差异化服务方案，加大积累期的养老测算、税收筹划、账户资产配置、风险保障以及领取期的健康管理、养老服务等增值服务供给，做好投、教、顾一体化闭环服务。积极探索将组合类保险资管产品等作为个人积累养老财富的选择，并以此类产品为抓手，打通养老资金与健康养老产业之间的投融资桥梁，既将组合类保险资管产品投向养老服务建设，还为购买此类产品的高净值客户提供养老服务机会，更为接受养老服务的客户提供相关保险资管产品，实现产品丰富、系统完善的养老财富管理。

（三）着力构建“保险 + 投资 + 服务”的良好生态，以各类主体协同和多元服务衔接，打通养老产业链条

个人养老金制度落地，补齐了三支柱体系的最后一块拼图，解决了老年生活“钱从哪里来”的问题，而便捷、有质量的康养服务则是老年生活“人到哪里去”的关键。

这对机构提供一站式综合养老金融服务的能力提出了更高要求。保险业在提供此类服务方面具有得天独厚的优势。近年来，各大保险集团在年金受托领域扮演了“监理、管家、顾问”的角色，已经服务了众多机构客户，并提前布局了健康管理、养老社区等领域，打通了养老金融产业链的上下游。下一步，可以发挥整合服务 B 端和 C 端客户的能力，深入分析大型企业年金或团险客户背后庞大职工队伍的养老财富管理需求，为企事业客户单位的员工搭建一站式养老金管理系统平台；同时，在该账户中整合对接客户退休后的健康、医疗、养老、社交等消费需求，帮助客户在平台上享受到大型综合保险集团的年金管理、个人养老金产品、投资咨询、健康管理、养老服务等全流程服务，实现客户价值的全生命周期管理。

（四）积极推动科技赋能，以安全可控的信息平台和精准高效的数据模型，提升整体工作质效

科技是新质生产力的关键构成，也是支撑和驱动金融行业发展的核心要素。保险企业要用好科技赋能。一方面，面向客户端，可以基于保险业长期积累的年金受托咨询服务能力，建设统一的数字化系统，为客户提供覆盖三支柱养老金的专业投资顾问咨询服务，成为陪伴在老年人身边的养老金融专家。特别是通过金融科技，搭建统一门户、接入统一入口，并精准刻画养老金客户画像，实现智能营销、智能投顾、智能客服，为客户提供千人千面的定制化服务和即时触达的良好体验，不断提升客户触达效率。另一方面，针对投资端，运用大数据、人工智能等新技术，打造体系化、系统化、智能化的投资管理系统，增强投资研究、风险防控和运营管理工作效能，保证投资质量和效益。

潮平两岸阔，风正一帆悬。我国养老保险事业已经形成三支柱统筹发展的良好态势，金融行业也进入高质量发展新阶段，个人养老金迎来战略发展机遇。金融业特别是保险业应抢抓机会、发挥特色、协同发力，助力个人养老金稳健发展，共同谋划谱写养老金融的新篇章。

主报告

个人养老金一周年：政策评估、发展瓶颈与制度优化

郑秉文　中国社会科学院世界社保研究中心，中国社会科学院大学政府管理学院

2023 年是中国第三支柱个人养老金制度元年，也是中国养老金改革历史的一个新起点，三支柱养老金制度架构在中国正式搭建起来并开始运行。正值个人养老金制度在 36 个先行城市（地区）实施一周年之际，我们有必要对个人养老金的政策过程做一简单回顾，对一年来个人养老金制度运行状况做一综合评估，探寻和分析未来个人养老金制度面临的主要风险和主要任务，为其下一步推向全国做好准备。

一、个人养老金：政策回顾与评估框架

首先对个人养老金的政策过程和评估框架进行简单回顾。第三支柱个人养老金制度的发展历程可分为三个阶段：一是 2008 年以来原中国保险监督管理委员会（以下简称原中国保监会）在天津滨海新区、上海市、深圳市提出了个人税收递延型补充养老保险试点，但由于种种原因未果；二是 2018 年 4 月财政部等五部门决定自 2018 年 5 月 1 日起在上海市、福建省（含厦门市）和苏州工业园区三地进行个人税收递延型商业养老保险试点，但覆盖面很小，只有几万人；三是 2022 年 11 月"升级版"的第三支柱个人养老金制度在 36 个先行城市（地区）开始实施，至今恰好一周年。

接着，试图运用传统的"事后"政策评估法，建立一个适合中国具体国情和中国个人养老金制度运行特征的评估框架。第三支柱养老金在国外的建立与推广始于 20 世纪末与 21 世纪初，至今仅有 20 多年，绝大多数国家的覆盖率不尽理想，可以说，覆盖率是困扰国外第三支柱发展的主要难题之一。考虑到国际第三支柱养老金覆盖率的现状，结合中国个人税收递延型商业养老保险试点五年半来由于覆盖率太低而不得不并入个人养老金的结果，本报告提出的个人养老金评估框架主要集中在覆盖率的有效分析上。

（一）政策过程与制度描述

在中国，第三支柱养老金的提出与孕育可溯源至 2008 年。2008 年 6 月，原中国保监会发布《关于印发〈天津滨海新区补充养老保险试点实施细则〉的通知》（保监厅发〔2008〕32 号），该文提出了实施个人账户制、个人缴费可在其工资薪金收入税前扣除 30% 等制度设计细节①；2009 年 4 月，为应对国际金融危机，国务院发布《关于推进上海加快发展现代服务业和先进制造业建设国际金融中心和国际航运中心的意见》（国发〔2009〕19 号），提出由财政部、税务总局、原中国保监会会同上海市研究具体方案，适时开展个人税收递延型养老保险产品试点②；2010 年 3 月，原中国保监会和深圳市人民政府签署《关于深圳保险创新发展试验区建设的合作备忘录》，提出推

① 中国保监会：《关于印发〈天津滨海新区补充养老保险试点实施细则〉的通知》（保监厅发〔2008〕32 号），中国政府网，https://www.gov.cn/gzdt/2008-06/21/content_1023419.htm?from=814e.com，2008 年 6 月 21 日。

② 国务院：《关于推进上海加快发展现代服务业和先进制造业建设国际金融中心和国际航运中心的意见》（国发〔2009〕19 号），中国政府网，https://www.gov.cn/gongbao/content/2009/content_1303637.htm，2009 年 4 月 14 日。

动个人税收递延型养老保险试点的设想[①]。

但由于种种原因，上述主管部门与地方政府提出的关于试点个税递延型养老保险的设想没有实质性进展。2014年8月，国务院颁布《关于加快发展现代保险服务业的若干意见》(国发〔2014〕29号)，正式提出“适时开展个人税收递延型商业养老保险试点”；2018年4月，财政部等五部门联合印发《关于开展个人税收递延型商业养老保险试点的通知》(财税〔2018〕22号)，宣布从当年5月1日开始在上海市等三地试点个税递延型商业养老保险，试点期限暂定为一年。遗憾的是，自试点以来该制度覆盖人数始终没有突破5万人。为此，从2020年开始，中央召开的重要会议、印发的文件多次提出“规范发展第三支柱养老金”，有关部门开始着手重新设计和制定新方案。

2022年4月，国务院办公厅印发的《关于推动个人养老金发展的意见》(国办发〔2022〕7号)(以下简称“7号文”)，将中国第三支柱养老金定名为“个人养老金”，并对其制度框架做出基本规定：参加范围为中国境内参加第一支柱基本养老保险的劳动者；采取DC型完全积累的个人账户制度；采取EET型税优模式；缴费上限为1.2万元/年；可投资产品范围为符合规定的银行理财、储蓄存款、商业养老保险、公募基金四类金融产品；等等。

2022年11月，财政部和税务总局发布《关于个人养老金有关个人所得税政策的公告》(2022年第34号)，规定从2022年1月开始实施个人养老金EET型税优政策，税率为3%，不并入个人综合所得。与此同时，人力资源社会保障部和财政部等五部门联合印发《个人养老金实施办法》(人社部发〔2022〕70号)，对参加流程、信息管理、账户管理、个人养老金机构和产品管理、信披和监督等做出详细规定。

至此，中国个人养老金制度的所有案头工作准备就绪。2022年11月25日，人力资源社会保障部办公厅、财政部办公厅和国家税务总局办公厅联合印发《关于公布个人养老金先行城市(地区)的通知》(人社厅函〔2022〕169号)，公布36个先行城市(地区)，宣布个人养老金制度在36个城市(地区)正式实施。根据“7号文”的规定，个人养老金制度先试行一年，再逐步推开。

(二)分析框架与评估框架

鉴于第三支柱养老金覆盖率始终是国际实践和本土试点中的焦点和难点，尤其考虑到中国于2008年提出第三支柱养老金试点以来一波三折，历经10年的酝酿和多年的试点之后，其覆盖率依然小到微不足道，笔者于两年前对第三支柱养老金提出了“模式两分法”的分析框架，即从覆盖率的角度对第三支柱养老金分为“可替代模式”与“附加模式”，在此基础上又将养老金三支柱体系结构区分为“哑铃型”与“金字塔型”；进而提出中国养老金的前途命运只能寄希望于前者，即中国第三支柱只能选择“可替代模式”、三支柱养老金体系只能选择“哑铃型”的制度目标与模式选择；最后对中国第三支柱只能选择“可替代模式”、三支柱养老金体系只能选择“哑铃型”的现实要求、社会条件和理论依据进行了详细分析[②]。

两年前提出的“模式两分法”是从覆盖率角度对养老金模式进行分类的一个分析框架。基于这个分析框架，本报告提出一个评估框架(见图1)，即在“模式两分法”的基础上提出对个人养老金的“评估两分法”，以期从“相对评估标准”和“绝对评估标准”两个维度对中国第三支柱个人养老金运行一年来的绩效(覆盖率)进行考察。“相对评估标准”即“模式评估法”是对“模式两分法”的测度，“绝对评估标准”是指本报告建立的“本土政策评估法”和引入的“国际流行评估法”。

在本报告提出的评估框架下，“模式两分法”作为一个工具箱是建立“评估两分法”的基础。换言之，本评估框架构建的“综合评估标准”分为“相对评估标准”和“绝对评估标准”；相对标准即为“模式评估法”，绝对标准是指“本土政策评估法”和“国际流行评估法”；之所以提出相对评估标准的概念并由此构建一个“评估两分法”，其目的是在测度覆盖率时以相对标准为主，以绝对标准为辅，以期搭建一个具有中国特色的第三支柱模式选择和三支柱养老金体系模式选择的评估框架，为2035年多层次多支柱养老保险体系发展目标确立一个“相对基准”——中国养老金的前途在于第三支柱的“可替代模式”与“哑铃型”三支柱养老金体系。

① 秦利：《深圳有望试点个人税收递延养老保险》，中国新闻网，https://www.chinanews.com/cj/2010/09-08/2519871.shtml，2010年9月8日；《中国保监会与深圳市政府将加紧合作 正式签署合作协议》，广东省人民政府，https://www.gd.gov.cn/gdywdt/tzdt/content/post_66771.html，2010年3月29日。

② 郑秉文：《养老金三支柱理论嬗变与第三支柱模式选择》，《华中科技大学学报(社会科学版)》，2022年第2期，第20-37页。在该文中，笔者首次提出“可替代模式”与“附加模式”第三支柱养老金和“哑铃型”与“金字塔型”三支柱养老金的“模式两分法”，并对“模式两分法”的概念界定、特征描述、国际争论做了详细分析。

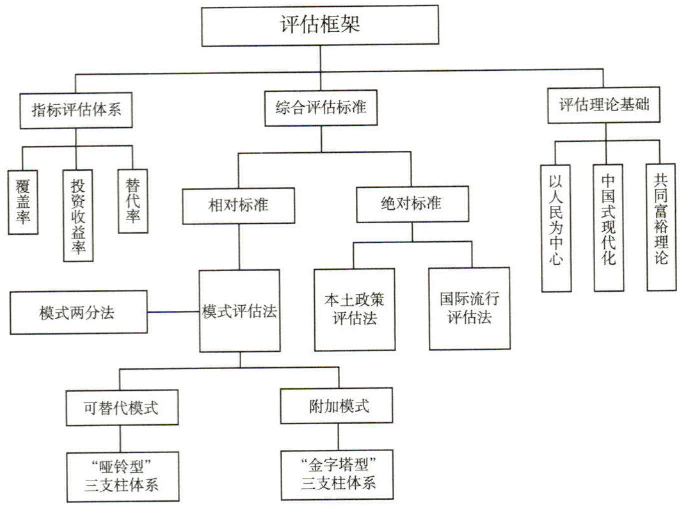

图 1　第三支柱个人养老金评估框架

资料来源：笔者绘制。

本报告提出的评估框架由三部分构成，除上述“综合评估标准”以外，还包括“指标评估体系”和“评估理论基础”。其中，“指标评估体系”下设覆盖率、投资收益率、替代率三个经典的指标要素；“评估理论基础”则是评估中国个人养老金覆盖率、构建“模式两分法”和“评估两分法”、确立 2035 年多层次多支柱养老保险体系发展目标的理论基础。由此看来，本报告构建的评估框架是中国话语体系下构建具有中国特色社会主义养老金体系的必然逻辑结果。

二、评估框架：三部分构成及其详解

如前所述，本报告提出的评估框架由三部分组成，即指标评估体系、综合评估标准和评估理论基础。其中，指标评估体系是基础，综合评估标准是灵魂，评估理论基础是逻辑。在提出的评估框架中，指标评估体系来自养老金理论的三个传统指标要素即覆盖率、投资收益率和替代率，这三个指标要素在该指标体系中所评估的个人养老金都十分自洽，尤其前两个指标要素成为本报告的主要评估工具。

本报告确定的综合评估标准针对覆盖率这个指标要素提出两组具体量化标准，即相对标准和绝对标准；三个评估法即“模式评估法”“本土政策评估法”“国际流行评估法”。这是很有现实意义的，可对中国个人养老金的功能定位与制度目标甚至实现路径进行多维测度，以更广阔的视野进行横向和纵向的国际比较。

（一）构建指标评估体系

构建指标评估体系的目的是度量和检测市场化运行的第三支柱个人养老金目标的进度和水平，作为一组定量指标，它所包括的诸多要素在对其量化之后即可获得评估结论。从经典的养老金定量指标要素来看，其基本的指标要素不外乎有三个，即覆盖率、投资收益率、替代率。

覆盖率是衡量个人养老金最基础和最基本的指标要素，包括中国在内的世界各国建立的第三支柱养老金均为自愿性制度。概莫能外，在大部分国家，其自愿性第三支柱覆盖率均小于第二支柱养老金覆盖率，其原因一是因为建立时间晚于第二支柱；二是除税优政策支持外基本没有第三方配比缴费的加持；三是投资收益率不尽如人意。因此，覆盖率是制约很多国家第三支柱养老金发展的一个主要瓶颈，它们不得不在其制度设计中嵌入一些激励性和灵活性的措施，尽管如此，覆盖率依然是建立和发展第三支柱的一个主要障碍。正是从这个角度出发，尤其是自 2008 年中国开始提出和酝酿第三支柱以及自 2018 年试点五年来覆盖率数据的尴尬境地显示，覆盖率应是衡量和评估其他国家和中国第三支柱个人养老金的主要指标要素。

投资收益率是评估第三支柱养老金的第二个主要指标要素。由于所有国家第三支柱的制度设计均为 DC 型账户制养老金，因此，决定其最终账户资产规模的主要因素有两个：一是个人终生缴费规模即个人缴纳的“本金”，另一个是投资收益率即缴纳“本金”的增值部分。一般来说，第三支柱养老金账户资产配置及其投资收益率受制于多重因素：账户持有人的年龄、风险偏好与风险容忍度、受金融投资教育的程度和文化程度、家庭经济状况和家庭财富净值构成情况、个人职业环境与境遇、一国历史文化传统条件、资本市场的成熟与发展阶段等。由于影响账户投资收益率的变量和因素较多，个体之间的收益水平存在较大差异，其中，在其他诸多因素既定的条件下，资本市场波动情况是影响当期和短期平均投资收益率的决定性变量。

替代率的测度比较复杂。从难易程度来看，首先最普遍和最可行的是对第一支柱养老金替代率的测度，因为作为强制性的法定养老金制度，其缴费年限、缴费水平、缴费工资基数的上下限设有统一的要求，并已形成国际惯例；其次是强制性第二支柱与自愿性第二支柱养老金，作为高度"组织化"的雇主计划，其历史悠久，在国际上较为普及，统计数据十分完整；测量难度最大的是第三支柱养老金。第三支柱养老金替代率水平取决于账户持有人的缴费年限、缴费水平、投资收益率等诸多因素，在自愿性制度设计下，个体差异非常大，一般来说，在假定的缴费年限、假定的回报率、假定的社会平均工资的"标准人"的条件下，政策设计者只能给出一个社会平均替代率目标。

重要的是，第三支柱在世界各国建立的时间平均为25年左右，且由于覆盖率较小等原因，目前尚未发现官方公布的第三支柱养老金理论替代率数据。更为复杂的是，很多国家在第二和第三支柱之间设有资金"转移通道"，很难分清哪部分替代率可归属为"纯粹"的第三支柱①，因此，有些国家或国际组织在统计替代率时常常将第二和第三支柱合并统计，统称为"私人养老金替代率"②，即使有些发达国家建立第三支柱达半个世纪，但也未对第三支柱替代率进行过统计和发布（如美国、加拿大等）。

（二）确定综合评估标准

上述构建的指标评估体系三要素显示，世界绝大多数国家第三支柱养老金的发展处于"初级阶段"：由于存在诸多制约，关于替代率的评估功能基本处于"空白"状态，对刚建立一周年的中国个人养老金而言更是无从谈起；投资收益率经受了一年来资本市场的波动，成为影响个人养老金落地生根的一个主要变量；像大多数国家那样，在指标评估体系构建中，覆盖率应是评估中国个人养老金实施一周年绩效时运用的主要指标要素，同时也是在过去几十年里绝大多数国家评估第三支柱的主要指标要素。

政策评估标准往往是多维的，对个人养老金覆盖的评估也应是多维的。为此，本报告建立三个评估标准，分别由三个不同的评估法予以完成，即"模式评估法""本土政策评估法""国际流行评估法"。其中，"模式评估法"是相对评估标准，测度的是个人养老金覆盖率与第一和第二支柱的相对标准，其目的是在三支柱体系下确立第三支柱个人养老金的功能定位，正是基于这个目的，我们姑且将其称为"模式评估法"。"本土政策评估法"和"国际流行评估法"属于绝对评估标准，前者衡量的是覆盖水平的制度设计目标之间的差距及其实现进度状况，后者的引入是为了可以进行跨国比较，以期寻找差距和不断缩小与发达国家之间的差距。

先看测度相对标准的"模式评估法"。与第一和第二支柱养老金不同，作为国家税收政策支持下建立的养老保障体系的补充性制度安排，第三支柱个人养老金与就业状态、劳动关系和收入来源没有关联，是一个独立的可确保"终身财务安全"（LFS）的个人养老金融工具③，在第二和第三支柱均为自愿性制度条件下，其覆盖范围可延伸至第二支柱参与人群以及未参与人群，其理论覆盖率应大于作为雇主计划的第二支柱。例如，以货车司机、网约车司机、快递员、外卖配送员等为代表的新就业形态劳动者规模达8400万人④，再加上数以亿计的广大灵活就业群体和中等收入群体，第三支柱对这些群体来说是在第一支柱基本养老保险之外的个人养老金融工具的最佳选择。

① 例如，美国第三支柱"个人退休账户"（IRA）全部资产中有95%来自第二支柱雇主计划的转移。详见齐传钧：《美国个人退休账户的发展历程与现状分析》，《辽宁大学学报（哲学社会科学版）》，2018年第3期，第77–87页。

② 例如，德国央行在统计欧盟成员国第三支柱养老金替代率时将其与第二支柱进行合并统计与预测，2004年两者的合计毛替代率理论值是：比利时和丹麦分别是4%，荷兰是41%，瑞典是15%；根据其预测，到2030年，这四国的合计毛替代率将分别为10%、20%、39%和15%；到2050年，这四国的替代率将分别为10%、25%、39%和15%。详见Le Blanc J, The Third Pillar in Europe: Institutional Factors and Individual Decisions, Discussion Paper Series 1: Economic Studies No.09/2011, Deutsche Bundesbank, Eurosystem, p.44, table 5.

③ "终身财务安全"（LFS）概念由G30提出，详见郑秉文：《面向2035和2050：从负债型向资产型养老金转变的意义与路径》，《华中科技大学学报（社会科学版）》，2021年第3期，第20–37页。

④ 中华全国总工会第九次全国职工队伍状况调查领导小组办公室：《第九次中国职工状况调查（报告卷）》，中国工人出版社2023年版，第34–35页。

基于第三支柱制度属性及其覆盖张力的分析，个人养老金不应成为“金字塔型”三支柱养老金体系的最顶端、覆盖人数最少且属于富裕阶层的“附加模式”的附属层，而应成为“哑铃型”三支柱结构中的“可替代模式”的一个重要且覆盖率明显大于第二支柱的补充层级。判断第三支柱是否是“可替代模式”、其三支柱养老金体系是否属于“哑铃型”结构的量化依据和方法在于：在第二和第三支柱养老金加入方式均为在自愿性条件下，如果第三与第二支柱覆盖率的差值是正值，第三支柱则属于“可替代模式”，其三支柱养老金体系则属于“哑铃型”结构，否则，就应分别称为“附加模式”第三支柱和“金字塔型”结构的三支柱体系。

在第三支柱养老金的评估框架中，其指标评估体系中的诸多指标要素只是工具箱里不同的尺子，而其评估标准既是一个基准，也是一个目标，既有客观量化刻度，也包含一定的主观价值判断。不同学者、不同国家、不同国际组织运用的评估框架可能相差不多，编制的指标评估体系也可能大同小异，但其设定的综合评估标准则很可能南辕北辙。例如，在国际劳工组织与欧盟之间、国内学者与决策者之间、中国政府的制度目标追求与一些国外政府的官方目标之间存在巨大差异，甚至存在争执。

本报告将第三支柱养老金区分为“可替代模式”与“附加模式”两个对立模式，将三支柱养老金系统划分为“哑铃型”和“金字塔型”两个对立结构，既是对学术界争议和政策面分歧的归纳，也是对现实世界两种不同养老金发展现状和趋势的素描，同时也是对中国个人养老金评估框架建立的一个制度目标，即中国第三支柱个人养老金的历史使命只能选择“可替代模式”，中国三支柱养老金体系的制度目标只能系于“哑铃型”结构，这是中国特色社会保障制度为中国式现代化夯基垒台的必然要求，也是对其他评估标准的区别和对中国式现代化道路上养老金发展前景的追求或基准的确任。

至于“本土政策评估法”和“国际流行评估法”，它们测量获得的只是不涉及主观价值判断的绝对值。总之，本报告确定和使用上述三种评估标准，对刚建立一周年的个人养老金覆盖率水平进行测度，进而对投资收益率水平进行考察，最终实现对个人养老金制度的发展前景进行展望。

（三）建立评估理论基础

在国外建立第三支柱养老金或制定政策时，人们往往可看到决策者对其未来目标覆盖率作出的高、中、低等多种“前景预期”，较少看到将其置于养老金三支柱框架下进行比较分析、设定其相对标准或相对目标。一般情况下，“前景预期”常常被视为某种“评估标准”，并将“本土政策评估法”和“国际流行评估法”的评估结果作为“参照”，与不同“前景预期”进行比较，谈不上深层次的“理论依据”或“理论基础”。

但“模式评估法”则不然，在中国语境下，追根溯源，中国第三支柱个人养老金“可替代模式”的功能定位与三支柱体系“哑铃型”结构的目标取向其实是一种发展理念，它基于习近平新时代中国特色社会主义思想，即面对新时代我国社会主要矛盾是人民日益增长的美好生活需要和不平衡不充分的发展之间的矛盾，必须坚持以人民为中心的发展思想。党的二十大报告提出了“中国式现代化”的新概念，坚持以人民为中心是中国式现代化的根本遵循，在中国式现代化的五大特征中，人口规模巨大和全体人民共同富裕均对养老金制度模式的抉择发挥重要作用。

共同富裕既是中国特色社会主义的本质要求，也是一个长期的历史过程，而实现共同富裕的战略目标和实践途径必然要求养老金制度改革进程取得更为明显的实质性进展。党的十九届四中全会通过的《中共中央关于坚持和完善中国特色社会主义制度 推进国家治理体系和治理能力现代化若干重大问题的决定》提出“加强普惠性、基础性、兜底性民生建设”，其中，普惠性是前提，尤其是个人养老金制度，只有首先做到普惠性，才能发挥其基础性和兜底性的作用，才能成为国家治理体系的组成部分并体现出养老金治理能力的现代化。

国家金融监管总局决定，试点五年多的个人税收递延型商业养老保险于 2023 年 9 月 1 日正式停止其投保人新开户功能，开始向并入个人养老金制度进行过渡，规定 2024 年 1 月 1 日全面完成其试点与个人养老金制度的衔接[①]。这意味着试点五年之久的“1.0 版本”第三支柱“个税递延型商业养老保险”之所以正式退出历史舞台[②]，并入新诞生的“2.0 版本”第三支柱个人养老金，其唯一的原因就是没有实现其普惠性，作为参加人数仅为 5 万人左右的“附加模式”的“金字塔尖”。

① 《金融监督管理总局关于个人税收递延型商业养老保险与个人养老金衔接有关事项的通知》（金规〔2023〕4 号），参见国家金融监管总局官网。

② 《关于开展个人税收递延型商业养老保险试点的通知》（财税〔2018〕22 号）等文件对个人税收递延型商业养老保险的官方表述均为“第三支柱”，因此，个税递延型商业养老保险是名副其实的“1.0 版本”第三支柱个人养老金。

2023 年 7 月，国家金融监管总局还决定，对 2015 年试点、2017 年推向全国但覆盖面（几十万人）始终停滞不前的税优健康险不得不实行“新规”，旨在扩大个税优惠的产品范围和扩大覆盖适用人员的范围①。中国第三支柱个人养老金及其养老金三支柱结构只能选择“可替代模式”和“哑铃型”。

三、主要成就：覆盖率的评估结果超出预期

在本报告提出的个人养老金评估框架中，评估体系中关于覆盖率指标要素占据十分重要的地位，评估标准由此提出“可替代模式”与“附加模式”，据此延伸至三支柱养老金体系，又提出“哑铃型”和“金字塔型”两个结构的综合评估标准。比较而言，本报告提出的“模式评估法”属于“相对评估标准”，即指第三支柱覆盖人数与第一、第二支柱覆盖人数的相对标准。

在考察评估个人养老金的覆盖率时，在运用“模式评估法”的同时，还从另外两个角度作出量化测度，得出另外两个不同的“绝对评估标准”。经过与第二支柱养老金现状及其未来预测的分析之后，尤其是在进行国际比较之后，三种评估方法的结果均显示，个人养老金实施一年来首战告捷，其覆盖率超出预期。

（一）“模式评估法”：未来可期

根据人力资源社会保障部（以下简称人社部）于 2023 年 6 月底公布的数据②，在个人养老金制度落地半年之际，36 个先行城市（地区）开立个人账户人数为 4030 万人，据有关方面的保守估算，截至 2023 年 11 月底，开立个人账户人数将达 5400 万人。相比之下，截至 2023 年 9 月底，运行近 20 年的企业年金覆盖人数为 3103 万③。这两组数据的比较结果显示，中国建立个人养老金的制度覆盖率效果超出预期，且未来市场潜力很大，根据前述“模式评估法”定义关于第二、第三支柱养老金加入方式均为自愿性条件来看，作为自愿性加入的企业年金覆盖人数明显小于第三支柱，这意味着，两年前笔者提出来的中国第三支柱养老金“可替代模式”、三支柱养老金体系“哑铃型”的制度目标与模式选择在个人养老金落地一周年时已雏形初现。

数据显示，企业年金制度自 2004 年建立以来，其覆盖率曾出现过快速发展，但在经济发展进入新常态以来出现断崖式下跌：2007~2014 年年均增加人数超过 200 万人，年均增长率呈两位数，最高年份超过 18%；相比之下，2015~2022 年年均增加人数不到 100 万人，年均增长率为 3.7%，最低年份仅为 0.3%；虽然增长率从 2019 年开始初现显著回升，但随即又开始持续下滑，总体来看仍处于下行通道（见图 2）。在可预见的未来，随着经济下行压力的加大，在政策不变的条件下，企业年金覆盖率的提高难有明显起色。

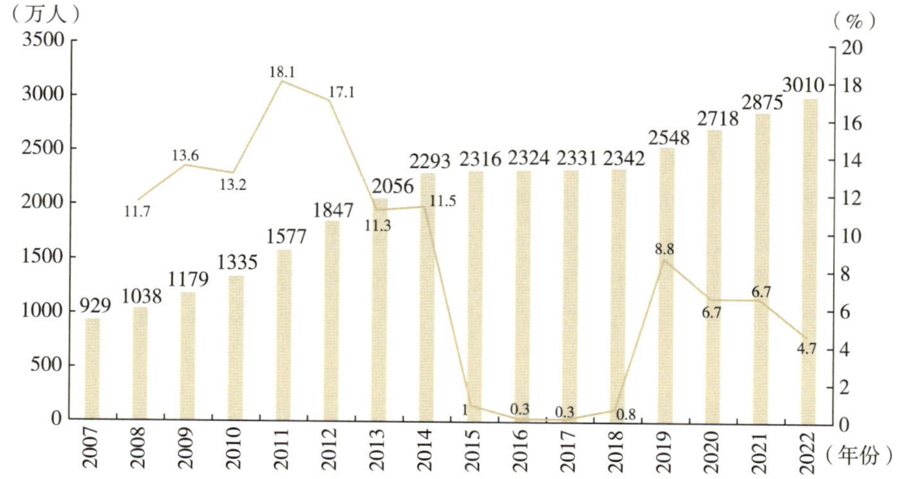

图 2　2007~2022 年企业年金覆盖人数及其增长率

资料来源：《2023 年三季度全国企业年金基金业务数据摘要》，参见人社部官网。

① 《国家金融监督管理总局关于适用商业健康保险个人所得税优惠政策产品有关事项的通知》（金规〔2023〕2 号），参见国家金融监管总局官网。

② 《人力资源社会保障部举行 2023 年二季度新闻发布会》，参见人社部官网。

③ 《2023 年三季度全国企业年金基金业务数据摘要》，参见人社部官网。

中国第二支柱养老金由企业年金和职业年金两部分组成，其中，为机关和事业单位建立的职业年金制度在单位与职工的缴费公式、缴费比例、治理结构（如嵌入代理人制度）等方面存在明显差异性，重要的是，职业年金制度实行的是“超级自动加入”方式[1]，根据前述“模式两分法”的定义，在“模式评估法”中不应将职业年金纳入进来，在进行国际评估的比较中，第二支柱实行“强制性”或自动加入机制的国家也不在本报告的考察之列。

目前，职业年金制度覆盖人数不到4000万人[2]，即使将其纳入到“模式评估法”之中，第二支柱养老金覆盖人数也只有7000万左右，由于职业年金采取的是超级自动加入机制，其覆盖率已基本饱和，未来扩充空间已很小（事业单位人员的工资来源分为全额财政拨款和非全额财政拨款，根据目前的政策，后者只能加入企业年金，但仍有部分人员由于种种原因尚未加入企业年金）。根据36个城市（地区）覆盖率的趋势外推，2024年个人养老金推向全国之后，其覆盖人数超过7000万人将指日可待，由此，将超级自动加入机制下的职业年金纳入进来，实现“可替代模式”第三支柱和“哑铃型”三支柱养老金体系未来可期。

从国际比较来看，据粗略的数据统计与检索，转型国家中波兰（第二和第三支柱覆盖率分别是11.0%和65.7%）和捷克共和国（第二支柱覆盖人数很少，第三支柱覆盖率是63.7%）建立的是“可替代模式”第三支柱和“哑铃型”三支柱养老金体系，发达国家中有奥地利（第二和第三支柱的覆盖率分别是15.2%和16.5%）和意大利（第二和第三支柱的覆盖率分别是11.5%和14.6%）等少数几个国家实现了这个目标[3]，加拿大的效果最为明显（第二和第三支柱的覆盖率分别是32.0%和73.5%）[4]。此外，新西兰的养老金制度设计中没有第二支柱，第三支柱建立至今虽然只有17年，但由于采取了自动加入方式，其覆盖率高达96.4%[5]，因此，新西兰的特殊情况适用“模式评估法”，不在本报告研究之内。

如前所述，“模式评估法”瞄准的是第三支柱覆盖率及其在三支柱覆盖结构中的制度目标。本报告提出第三支柱两种模式的评估标准以及三支柱体系两种类型的评估框架，其目的是为中国第三支柱的前景和三支柱养老金体系的构建提出未来发展目标，在多层次多支柱养老金体系的制度改革、制度变迁过程中，在决策者那里实际上无时无刻不面对着制度抉择的考验。

（二）“本土政策评估法”：成就不俗

第三支柱养老金主要发端于1994年世界银行出版的研究报告《防止老龄危机——保护老年人及促进增长的政策》[6]，至今恰好30年。30年来，在世界银行这部研究报告的倡导和推动下，各国政府先后建立起第三支柱养老金。从本报告检索查阅到的资料来看，建立第三支柱的国家约50个，每个国家第三支柱的制度设计均带有明显本土文化传统特色，在加入资格和领取资格等很多方面存在差异性。为适应不同群体的需求，很多国家建立起多个第三支柱计划，它们以不同形式的税优政策支持、不同的缴费比例和领取方式、不同的加入方式为不同年龄段或不同职业状态的居民提供更多的可选择性和便利性，粗略估算起来，第三支柱养老金的数量将超过60个。

由于各国对第三支柱的加入年龄门槛和资格条件的规定不同，其法定的参加人范围和“基数”存在很大差距，覆盖率测算口径呈多样性，测算结果基本不具备可比性。因此，在很多情况下，当测度一国第三支柱养老金覆盖率时只能根据该国的具体参保政策进行计算，这就需要了解每一国的制度设计和参保门槛。例如，加拿大第三支柱由EET和TEE两种税优模式构成，其后者的参加资格是18岁以上且拥有社会保险号的劳动者[7]。再如，新西兰于2006年建立的第三支柱“奇异果储蓄计划”采取自动加入方式，其加入的年龄资格非常宽松，规定自雇人员和

① 关于职业年金的制度特征分析及其实行“超级自动加入”的差异性，参见郑秉文的如下两篇文章：《职业年金制度的主要特征及其三个隐患》，《中国保险》，2021年第12期，第20–22页；《第二支柱养老保险“双金”要均衡发展》，《中国银行保险报》，2021年11月11日，第2版。

② 郑嘉意：《历时17年、参与员工超2万、满意度达90%……我国首份企业年金计划运行至今，成效如何？》，《21世纪经济报道》，https://www.163.com/dy/article/IL70MDSE05199 NPP.html，2023年12月5日。

③ OECD (2022), Pension Markets in Focus 2022, February 2023, OECD Publishing, Paris, p.15, figure 1.6.

④ 加拿大金融机构监管局官网：https://www.osfi-bsif.gc.ca/en。

⑤ 新西兰国内税务局官网：https://www.ird.govt.nz。

⑥ 世界银行：《防止老龄危机——保护老年人及促进增长的政策》，中国财政经济出版社1996年版。

⑦ Office of the Chief Actuary, Registered Pension Plans (RPP) and Other Types of Savings Plans – Coverage in Canada, Office of the Superintendent of Financial Institutions Canada, https://www.osfi-bsif.gc.ca/Eng/Docs/rpp_rpa_2022.pdf.

18 岁以下人员均可通过计划提供商加入[①]。

还有些国家对第三支柱设置很多“子账户”，其加入的年龄不尽一致，参加人员基数需仔细甄别，计算起来十分复杂。例如，日本的第三支柱由 EET 型的 iDeCo（延税型个人养老金）和 NISA（免税型个人养老金）两部分组成，其中，NISA 账户分为三类，每个类型的加入条件不同，普通账户和储蓄账户针对的分别是 20 岁以上居民，少年账户针对的是 0~20 岁居民[②]。再如，英国的第三支柱养老金计划数量更多一些，其中的 ISA（个人储蓄账户）分为“成年账户”和“少年账户”，在成年账户里又分为现金、股票、创新金融和终身四个账户，其中，终身账户只有 40 岁以下才可开立[③]，等等。

综上所述，我们暂且将“一国一策”的覆盖率测算方式称为“本土政策评估法”。德国里斯特养老金制度设计相对简单，规定参加基本养老金制度的 25~64 岁年龄组人群可参加第三支柱，与中国第三支柱个人养老金的政策覆盖率较为接近。那么，根据前文关于中国个人养老金制度的参加范围和资格规定，如何从另一个视角即从“绝对评估标准”来测度一下个人养老金制度落地以来的覆盖率、透过这个“本土政策覆盖率”来评估个人养老金制度运行绩效以及发展前景呢？

经过对 36 个先行城市（地区）人社局官网公布的数据，其城镇职工和城乡居民的全部覆盖人数为 2.75 亿人[④]；由于很多城市没有公布其中的退休人数，本报告根据人社部官网公布的城镇职工基本养老保险数据[⑤]，得出全国平均制度赡养率为 27.1%，据此得出 36 个城市（地区）（以下简称“36 城”）参保人数据 2.00 亿人（减去退休人数），进而得出 36 城个人养老金的覆盖率为 20.2%。这个评估结果显示，在先行城市（地区）符合参加资格的劳动者中，开立个人养老金账户的人数为 1/5，这个结果充分说明，在现行制度设计下，作为“绝对评估标准的”个人养老金覆盖率已取得不俗的成就。

（三）“国际流行评估法”：存在差距

由于“本土政策评估法”的统计口径和统计结果不适用于跨国的横向比较，有些国际组织在评估三支柱养老保险制度覆盖率时试图将分母改为某个年龄队列人群，以期将“本土政策评估法”的结果予以“国际标准化”。最常见的国际流行的做法是 OECD 将 15~64 岁的年龄队列作为“法定”的一组参加各类养老金的人群，即将这个人群作为分母[⑥]，将“本土政策评估法”测算的实际参加人数作为分子，由此得出一个可比口径的统计结果。

根据 OECD 规定的“国际流行评估法”的公式，笔者先从 36 个城市（地区）统计局发布的《2022 年国民经济和社会发展统计公报》中获取各城市人口规模，加总后为 3.9 亿人；再从国家统计局公布的 2022 年人口统计数据中推算出 15~64 岁的人口为 96289 万人[⑦]，得出该年龄队列占总人口的比例为 68.2%；据此得出 36 城 15~64 岁的人口规模，进而得出 36 城 4030 万开立个人账户人数的覆盖率为 15.2%。

“国际流行评估法”的评估结果显示，在“绝对评估标准”的可比口径下，中国 36 城第三支柱养老金落地仅半年，其覆盖率 15.2% 就超过了转型国家保加利亚、克罗地亚、马耳他、罗马尼亚、立陶宛和斯洛文尼亚，也超过了南欧发达国家意大利、法国和葡萄牙，而这些国家建立第三支柱的时间平均要比中国早 20 年左右，这说明中国第三支柱养老金战功初现。但同时，据图 3 显示，与其他转型国家和绝大部分发达国家相比，中国个人养老金覆盖率还存在一定差距，在 2024 年从 36 个先行城市（地区）推向全国时需对制度设计继续进行优化。

① 新西兰政府官网：https://www.govt.nz/browse/tax-benefits-and-finance/kiwisaver。
② 日本金融厅官网：https://www.fsa.go.jp/en/index.html。
③ 英国政府统计局官网：https://www.gov.uk/government/statistics/annual-savings-statistics/commentary-for-annual-savings-statistics-june-2021。
④ 本报告查阅和使用的 36 个城市（地区）自然人口、养老保险参保人和退休人员等相关人口数据均不包括雄安新区。
⑤《2022 年度人力资源和社会保障事业发展统计公报》，参见人社部官网。
⑥ OECD (2022), Pension Markets in Focus 2022, February 2023, OECD Publishing, Paris.
⑦ 根据国家统计局发布的《2022 年国民经济和社会发展统计公报》人口数据以及“注释 7”的推算得出。

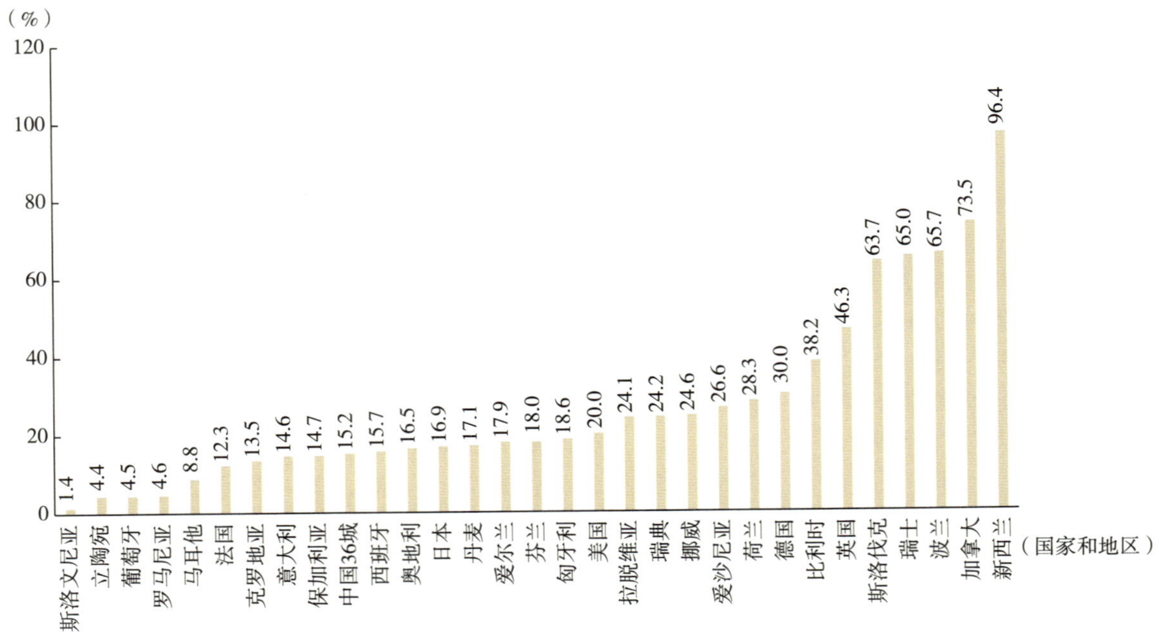

图 3　基于“国际流行评估法”的第三支柱养老金覆盖率国际比较

注：覆盖率是指参加人数 / 就业年龄人口（15~64 岁），英国的覆盖率指参加人数 /18~64 岁人口，德国的覆盖率指参加人数 /25~64 岁人口；中国个人养老金覆盖率来自笔者测算。

资料来源：OECD (2022), Pension Markets in Focus 2022, February 2023, OECD Publishing, Paris, p.15, figure 1.6; 斯洛文尼亚、比利时、西班牙和葡萄牙四国的第三支柱数据引自 Directorate–General for Employment, Social Affairs and Inclusion, Pension Adequacy Report 2018: Current and Future Income Adequacy in Old Age in the EU, Volume 1, European Commission, Belgium, 2018, p.79, table 6；新西兰数据引自新西兰国内税务局官网：https://www.ird.govt.nz；加拿大第二、第三支柱数据引自加拿大金融机构监管局官网：https://www.osfi–bsif.gc.ca/en；瑞士数据引自 Investment Solutions & Product, Private Retirement Provision: 3a Saving in Switzerland, Credit Suisse, p.9；英国数据引自皇家税务与海关总署官网：https://www.gov.uk/government/statistics/annual–savings–statistics/commentary–for–annual–savings–statistics–june–2021。

四、面临挑战：投资收益率不尽理想导致制度运行进入怠惰状态

在本报告提出的评估框架下，构建的指标评估体系中覆盖率指标要素测度的是个人养老金参加人数及其在法定参加人数总规模中的占比，这个指标要素的表现与制度设计具有高相关性，例如，它涉及制度的可及性、便利性、销售适当性等。如果说制度设计是仅对覆盖率负责的内生条件且目前表现较好的话，那么，当引入外生因素即资本市场的表现时就会发现它对覆盖率也具有高相关性：资本市场活跃度和投资收益率较为理想则可激励扩大覆盖率，反之则不利于扩大覆盖率，甚至，在既定的覆盖人群中将致使制度产生“怠惰性”。

发达国家的经验显示，就第三支柱养老金的替代率而言，投资收益的贡献率远大于个人的缴存金额。怠惰的资本市场必将导致怠惰的个人养老金制度，最终必将影响到养老金替代率。个人养老金制度面世一年来，资本市场始终处于波动状态，投资收益率受到明显影响，“三高”和“三低”的怠惰表现十分明显。

（一）国内外资本市场剧烈波动，个人养老金投资收益面临巨大压力

实际上，早在个人养老金制度实施启动之前，2022 年在全球经济衰退、通胀飙升、俄乌冲突和供应链紧张等多重不利因素冲击下，各国金融市场和资本市场动荡，主要国家的债券市场和股票市场出现下跌，主要发达国家养老金投资收益普遍出现大规模回撤。例如，美国第三支柱“个人退休账户”（IRA）资产规模从 2021 年的 13.9 万

亿美元[①]降至2022年的11.5万亿美元[②]，缩水2.4万亿美元；同期，第二支柱401（k）资产规模从7.7万亿美元降至6.6亿美元，缩水1.1万亿美元。一些头部大型养老基金投资收益率出现大面积浮亏，例如，挪威政府全球养老基金（GPFG）收益率为-14.1%[③]，瑞典国民养老基金（AP1）收益率为-8.5%[④]，韩国国民年金基金（NPS）收益率为-8.2%[⑤]。

在国际市场的冲击下，2022年中国经济下行压力继续加大，在内需收缩、供给冲击、预期转弱的压力下，资本市场股债双跌，养老基金投资面临前所未有的困难；第一支柱基本养老保险基金委托投资收益率为0.33%，为2016年委托投资运营以来最低点，最高收益率是2020年取得的10.95%[⑥]。第二支柱企业年金录得-1.83%，成为自建立以来第三次负收益，2023年前三个季度收益率为1.45%，前两次出现负收益率是在2008年和2011年，分别为-1.83%和-0.78%，最高收益率为2020年的10.31%（2007年的41.00%被视为特殊情况）[⑦]。全国社保基金在2022年也罕见出现负收益率-5.07%，投资收益额为亏损1380.90亿元，这是全国社保基金成立以来第三次遭遇负收益，前两次是2008年和2018年，分别是-6.79%和-2.28%，最高收益率为2006年取得的29.01%（2007年的43.19%被视为特殊情况）[⑧]。2022年保险资金年化综合收益率为1.83%[⑨]，为多年来新低。

一年来，个人养老金投资收益率出现分化[⑩]。在四类金融产品中，各类各款银行储蓄产品的年化利率大约在2.0%~3.5%的理性区间，养老保险产品实现了较为理想的收益，年化结算利率区间平均为3.0%~6.0%，银行理财产品全部取得正收益，收益率平均超过2.3%。总体来看，上述三类产品的年化收益率受到投资者市场的认可。但是，由于资本市场出现波动，权益市场震荡下行，公募基金产品的投资收益率吸引了众多个人养老金账户持有人的广泛关注，无论是目标日期基金，还是目标风险基金，无论是一年、三年短持有期产品，还是五年或没有设置持有期的产品，绝大部分公募基金产品的收益率都跌破净值。在目标日期基金中，越是远期的产品跌幅越大，因为远期产品的权益类产品仓位较高；在目标风险基金中，越是偏股型和激进型的产品跌幅越大，偏债型或混合型情况稍好，因为前者的权益类产品配比较高。Wind数据显示，全市场的个人养老金产品公募基金九成破净值，最高跌幅为-17.8%，平均收益率为-4.47%。

在分析四类金融产品各自投资收益率的基本情况之后，如进一步评估个人养老金制度一年来的总体盈亏情况，则需分析四类产品在可投资资金中的分布结构。由于目前尚未公布一年来先行36城个人养老金账户资金对四类产品的购买分布数据，笔者根据对五家开户银行和某省某银行的调研结果，在剔除没有投资的沉淀于银行的缴存资金之后，对已投资资金的产品结构分布情况进行推算，以期获得一年来个人养老金市场的投资收益情况。

（二）四类金融产品分布情况推算及其总体投资绩效估算

如前所述，根据制度设计，个人养老金账户可投资的产品为银行储蓄、公募基金、商业养老保险和银行理财四类金融产品。截至2023年11月初，符合规定的四类金融产品总计715种[⑪]，其中，银行储蓄产品465只，公募基金162只，养老保险产品69只，银行理财产品19只。如前所述，由于目前尚未公布一年来先行36城个人养老金账户资金对四类产品的购买分布数据，笔者对五家开户银行和某省某银行进行了调研，剔除没有投资的沉淀于银行的缴存资金以外，已投资资金的产品结构分布情况如下：

银行A的调研结果显示，储蓄产品为70%，公募基金产品为20%，保险产品和理财产品合计约为10%；银行B的资金分布是：储蓄产品为76%，公募基金产品为23%，保险产品为1%，理财产品为0；银行C没有开立账户的信息，缴存金额中已投资的产品结构信息是：储蓄

① ICI, 2022 Investment Company Fact Book, the 62nd edition, the Investment Company Institute, Washington D.C., 2022, p.139.

② ICI, 2023 Investment Company Fact Book, the 63rd edition, the Investment Company Institute, Washington D.C., 2023, p.99.

③ 挪威央行投资管理机构：https://www.nbim.no/en/the-fund/returns/.

④ AP-Fonden Annual Report 2022, p.2.

⑤ 韩国国民养老金服务局：https://fund.nps.or.kr/jsppage/fund/mcs_e/mcs_e_03_01.jsp.

⑥ 2017~2022年《全国社会保障基金理事会基本养老保险基金受托运营年度报告》，参见全国社保基金官网。

⑦ 历年《全国企业年金基金业务数据摘要》和《2023年三季度全国企业年金基金业务数据摘要》，参见人社部官网。

⑧ 历年《全国社会保障基金理事会社保基金年度报告》，参见全国社保基金官网。

⑨《2022年4季度保险业资金运用情况表》：http://www.cbirc.gov.cn/cn/view/pages/ItemDetail.html?docId=1095978&itemId=954&generaltype=0。

⑩ 相关数据引自Wind。

⑪ 国家社会保险公共服务平台：http://si.12333.gov.cn/236142.jhtml?menuguide=1。

产品为 56%，基金产品为 38%，保险产品为 2%，理财产品为 4%；银行 D 的情况是：储蓄产品为 90%，基金产品为 6%，保险产品和理财产品合计约为 4%；在银行 E，储蓄产品为 68%，基金产品为 30%，保险产品为 2%，理财产品为 0。此外，2023 年 6 月笔者参与了某省个人养老金的专项调研，该省某银行 F 提供的数据显示，从个人养老金账户投资流向的比例来看，购买储蓄产品的账户资金占比为 42%，公募基金产品占比为 55%，保险产品占比为 0.4%，理财产品占比为 2.6%。

上述五家银行和某省某银行（剔除一家没有开立账户人数的数据以外）的开户人数总数约占全国 4030 万开户人的 43%，五家银行和某省某银行的缴存资金总量超过全国 182 亿元缴存额的 50%，这两组数据显示的四类产品的资金分布相当具有代表性。尤其是，已投资金的产品分布结构可基本反映全国个人养老金账户持有产品结构的比例情况，据此外推可得知，在全国范围内，在已投资金的四类产品分布中，银行储蓄产品约占 67%，公募基金占 29%，保险产品和银行理财产品合计为 4% 左右（见表 1）。

表 1　五家银行与某省某银行的四类产品投资资金分布

单位：%

商业银行	银行储蓄产品	公募基金产品	养老保险产品	银行理财产品
银行 A	70	20	10	
银行 B	76	23	1	0
银行 C	56	38	2	4
银行 D	90	6	4	
银行 E	68	30	2	0
银行 F	42	55	0.4	2.6
平均	67	29	4	

资料来源：笔者调研数据。

根据官方数据和相关统计报道①，在个人养老金制度落地半年之际，在 36 城开立个人养老金资金账户的 4030 万人中，有实际缴存行为的人数为 900 万人，实际缴存金额为 182 亿元，已实际投资的金额为 110 亿元。基于上述已投资的账户资金的产品流向分布，并鉴于半年的缴存额十分有限（即使在个别账户持有人缴存额为上限全额缴存的情况下），假定每个已投资的账户资金仅配置某一类产品（调研结果也大致如此），即在已投资的 110 亿元中大约 1/3 即 33 亿元持有的公募基金产品出现浮亏，如果将已投资金额中持有公募基金的比例换算为已投资的账户持有人比例，大约有 1/3 即 162 万人处于浮亏状态。

（三）观望情绪弥漫，制度运行进入明显的怠惰状态

个人养老金缴存金额是长期资金，只有在退休日才能支取，短期波动在长期内会得到熨平，放在 10 年或 15 年甚或 20 年的周期来看，其长期收益会高于短期投资类产品和固收类产品的收益，这是 100 多年发达国家资本市场呈现的一个规律。但是，一年来资本市场波动导致个人养老金公募基金产品投资收益普遍亏损的现状，对刚刚落地扎根的个人养老金制度及其开立个人账户的投资人来说无疑具有较大的负面影响。尤其是，虽然企业年金已运行 20 年，但由于个人账户投资选择权始终没有放开，广大居民和职工没有养老金账户投资的经历和经验，面对波动的资本市场，几千万账户持有人的投资行为必然陷入茫然与怠惰，整个市场情绪必然弥漫着踌躇与彷徨。

于是，个人养老金制度落地一年来始终伴随着“三高”和“三低”现象。所谓“三高”现象来自笔者率领调研小组在某省个人养老金基层进行的长达几天的专项座谈与访谈，主要是指：在个人养老金参加人中，为获得开户行提供的“权益奖励”（奖券）而开立个人账户的人数比例较高；开户以后立即申请销户并打算再转到其他银行开户以获取二次“权益奖励”的人数比例较高；账户资金缴存之后立即申请“退款”遭拒后（根据制度规定，个人缴费只能在退休日可以支取）提出投诉甚至对簿公堂的人数比例较高。“三高”现象说明，很多人对参加个人养老金制度的意义及其认识还存在差距，对个人养老金制度设计的了解还很不深入，开户行和相关部门对个人养老金制度的宣传与贯彻还不十分到位，同时还说明，开户人对养老金投资信心不足。

所谓“三低”现象主要来自统计数据：一是相对于开户人数而言，实际缴存人数比例过低，仅为 22%。在 4030 万开户人数中，实施缴存的活跃参加人仅为 900 万人左右，大大低于开立账户的人数。二是相对于税优政

① 《人力资源社会保障部举行 2023 年二季度新闻发布会》，参见人社部官网；《个人养老金一周年“新期待”》，界面新闻，https://www.jiemian.com/article/10443702.html，2023 年 11 月 25 日。

策规定的缴存额上限来说，实际缴存金额比例太低，仅为 2.5%。截至 2023 年 6 月底统计数据公布时每人的缴存上限应为 0.6 万元与上年度的 1.2 万元之和即 1.8 万元，4030 万参加人的缴存额上限应为 7254 亿元，但实际缴存额是 182 亿元，仅为政策规定的最高缴存额的 2.5%，在实际缴存人数中人均为 2022 元，在开立账户人数中人均仅为 452 元。三是相对于缴存额来说，实际投资的资金比例较低，约为 61%。实际缴存额相对于税优政策规定的缴存上限本来已经太低，而实际有投资行为并购买产品的资金比例更低，仅为 110 亿元左右，约占 182 亿元实际缴存额的 61%，39% 的缴存资金沉淀为开户银行的活期存款。

虽然个人养老金覆盖率的表现较好，但其存在的“三低”现象十分明显，受到业界的广泛关注，在资本市场难以短期内改善的外部条件下，如果个人养老金在推向全国后“三高”和“三低”现象持续下去，路径依赖的结果将使之成为一个怠惰的制度，处于长期低效状态。在发达国家建立的自愿性 DC 型的第二和第三支柱补充养老金制度中，类似“三低”的怠惰性也是普遍存在的，一些国家不断出台一些措施进行校正和治理。例如，澳大利亚允许个人开立多个账户，但试图对账户余额不足 6000 澳元且一年以上不活动的账户进行合并[①]。

加拿大第三支柱养老金由两个部分组成，其中的自愿性 TEE 型税优模式的“免税储蓄账户”（TFSA）也存在很多怠惰现象。例如，2020 年纳税年度该制度的账户持有人为 1609 万，缴费人数占 58.1%；按最高缴费额度进行缴存的人数仅占账户持有人的 8.9%，占缴费人数的 15.3%；没有投资交易行为的人数占账户持有人的比例高达 73.1%，占缴费人数的 126%[②]。尽管加拿大自愿性第三支柱养老金的覆盖率在世界范围内属于最高的国家之一，但上述数据显示，其怠惰性对其未来替代率的影响将是长期的。

在剔除处于非活跃期的失业人员、哺乳期女性、患病人员等群体之外，“三低”现象长期持续就意味着个人养老金制度进入怠惰阶段。比照一些发达国家账户养老金制度的情况，针对中国个人养老金制度建立初期和资本市场的现状，笔者试图在较宽口径下对个人养老金的怠惰表现进行描述并给出量化参照（见表 2）。

表 2　个人养老金制度怠惰现象的类型及其量化参照

怠惰类型	怠惰表现	当年怠惰量化参照	制度怠惰量化参照
空账型	仅开立银行账户，没有缴存金额，或只象征性缴费	缴存金额为“0”，或象征性缴存即低于年度政策缴存额的 1%	不缴存与象征性缴存人数合计低于开立账户人数的 70%，即空账率超过 60%，缴存人数低于 40%
低缴存型	缴存金额远低于开立账户人数应缴金额	缴存金额不到缴存上限的 20%	人均缴费额低于开立个人账户人数应缴存额的 10%
低投资型	没有投资行为的人数和金额比例过高	没有投资行为的人数超过开立账户人数的 50%，或没有投资的金额占缴存金额的 30%	没有投资行为的人数占开立账户人数的 50%，没有投资行为的金额占全部缴存额的 30%

资料来源：笔者编制。

五、理性前瞻：养老金改革的逻辑、悖论与策略

在 2023 年，36 个先行城市（地区）的几千万人在几百家银行网点和金融机构开设资金账户，在 700 多种养老金融产品中进行投资交易，这是养老金体系建立 37 年来首次出现的波及先行地区 3.9 亿常住人口的一次养老金融国民教育。同时，一年来个人养老金制度覆盖率的良好表现与收益率的尴尬遭遇为个人养老金学术研究和政策研究带来很多启发和沉思，对第三支柱和三支柱养老金体系的感悟更为透彻，并平添了一份“客户体验感”。

这些感悟和体验归纳起来有四个方面：一是更加认识到养老金与资本市场的关系息息相关、相融相伴，它们的发展逻辑是共生双赢，不可须臾离；二是深刻感悟到养老金制度的悖论，即股市受挫需要引入中长期资金来活跃资本市场，但作为典型中长期资金的个人养老金却因为市场不活跃而陷入怠惰，由此成为一个谜题；三是一年来个人养老金市场运行的表现说明，个人养老金不同于其他各类养老金，它对资本市场敏感性和依赖性、与生俱来的脆弱性和怠惰性都十分明显；四是如果说在第一和第二支柱养老金的发展中制度设计占主导作用，第三支柱的诞生则意

① 联邦立法登记：https://www.legislation.gov.au/C2019A00016/latest/text。

② 加拿大税务局：https://www.canada.ca/en/revenue-agency/programs/about-canada-revenue-agency-cra/income-statistics-gst-hst-statistics.html。

味着养老金体系改革进程从制度设计的"单轮驱动"从此将转变为完善制度设计与完善资本市场相结合的"双轮驱动"的历史发展阶段。

（一）养老金逻辑：养老金与资本市场共生共存，实现"双赢"

在过去的一年里，由于国际金融市场动荡和国内资本市场波动，不仅扩大内需和稳定外贸受到影响，个人养老金制度也承受着巨大压力和严峻考验。2023 年 7 月 24 日，中央政治局召开会议①，研究和分析当前经济形势和经济工作，提出"要活跃资本市场，提振投资者信心"；2023 年 10 月 30 日至 31 日②，中央金融工作会议召开，再次提出"活跃资本市场，更好支持扩大内需"，作出"尽快建设金融强国"战略部署，提出"做好科技金融、绿色金融、普惠金融、养老金融、数字金融五篇大文章"。

为贯彻落实中央精神，2023 年下半年以来，国家金融监管总局和证监会等监管部门多次召开会议和机构座谈会，出台一揽子措施③，将"活跃资本市场、提振投资者信心"落到实处，包括推动股票发行注册制走深走实、加强各项基础制度和机制建设、加大投资端改革力度、吸引更多中长期资金、降低印花税等市场交易成本、优化交易环境、提高上市公司质量、培育一流投资机构、推进公募基金费率改革④、延长国有保险公司考核周期⑤等。中国人民银行、金融监管总局、证监会主要领导就如何落实中央金融工作会议精神接受新华社记者专访时表示，在活跃资本市场、营造各类中长期资金入市的政策环境、加快推动中长期资金入市的步伐等方面将提出更多务实举措⑥。

中央提出活跃资本市场的目的是提振投资者信心，而个人养老金账户持有人是资本市场的重要投资者群体。养老金通过对各种金融工具的投资为经济增长作出贡献，成为一种生产要素，尤其在支持基础设施、技术创新等风险投资领域发挥独有的功能，同时，通过提供投资回报的机会使养老金获取超额风险回报。资本市场作为养老金的一个投资平台，可提供股票、债券、房地产和另类投资等不同资产类别，降低和分散养老金投资风险，同时，养老金产品通过行业分析和尽职调查作出正确的投资决策，进而有助于价格发现。

中央在关键时刻如此密集和明确地提出活跃资本市场和提振投资者信心，表明养老金与资本市场相辅相成的逻辑关系从上到下早已形成全社会的共识：繁荣的资本市场需要发达的养老金，发达的养老金离不开活跃的资本市场；提振投资者信心自然包括提振个人养老金的投资者信心，活跃资本市场会唤醒怠惰的个人养老金，并为其带来丰厚的风险回报，从而会提振养老金账户持有人投资信心，进一步扩大个人养老金覆盖率、提高实际缴存率和投资活跃度，形成养老金与资本市场的正向互动与良性循环。

（二）养老金悖论：养老金与资本市场互为前提，彼此制约

在 2023 年 7 月以来中央决策部门提出活跃资本市场一揽子措施中，多次提到加快中长期资金入市步伐、扩大中长期资金源头活水、吸引更多的中长期资金等⑦，呼吁"各类中长期资金与资本市场相互促进、协同发展"⑧，并明确指出，各类中长期资金中包括养老金、保险资金、银行理财等，尤其认为发展权益投资正当其时⑨，但中国资本市场持股占比太低，还不足 6%⑩。过去半年来，中央相关部门的公开表态越来越明确无误地告诉人们，包括养老金在内的中长期资金匮乏是影响资本市场健康发展的主要

① 《中共中央政治局召开会议 分析研究当前经济形势和经济工作》，《人民日报》，2023 年 7 月 25 日，第 1 版。

② 《中央金融工作会议在北京举行》，《人民日报》，2023 年 11 月 1 日，第 1 版。

③ 樊融杰：《活跃资本市场一揽子政策措施确定》，《中国银行保险报》，2023 年 8 月 22 日，第 1 版；吴晓璐、毛艺融：《中国证监会召开部分证券基金私募机构座谈会 还有一批活跃资本市场的措施正在加紧推动》，《证券日报》，2023 年 8 月 19 日，第 A1 版。

④ 吴晓璐：《"四管齐下"活跃资本市场 更好发挥枢纽功能》，《证券日报》，2023 年 11 月 3 日，第 A2 版；樊融杰：《证监会党委传达学习贯彻中央金融工作会议精神 加快建设中国特色现代资本市场》，《中国银行保险报》，2023 年 11 月 3 日，第 1 版转第 2 版。

⑤ 杨雨萌：《财政部加强国有商业保险公司长周期考核》，《中国银行保险报》，2023 年 10 月 31 日，第 1 版。

⑥ 《人民银行、金融监管总局、证监会主要负责人谈金融工作，传递重要信号》，中国政府网，https://www.gov.cn/lianbo/bumen/202312/content_6918477.htm，2023 年 12 月 5 日。

⑦ 樊融杰：《证监会党委传达学习贯彻中央金融工作会议精神 加快建设中国特色现代资本市场》，《中国银行保险报》，2023 年 11 月 3 日，第 1 版转第 2 版。

⑧ 《中国证监会召开机构投资者座谈会》，中国证监会官网，http://www.csrc.gov.cn/csrc/c100028/c7427954/content.shtml，2023 年 8 月 24 日。

⑨ 梁银妍：《中国证监会召开机构投资者座谈会提出为中长期资金参与资本市场提供更有力保障》，《上海证券报》，2023 年 8 月 25 日，第 1 版转第 2 版。

⑩ 《证监会有关负责人就活跃资本市场、提振投资者信心答记者问》，中国证监会，https://www.gov.cn/lianbo/fabu/202308/content_6899063.htm，2023 年 8 月 19 日。

原因之一。

决策部门的判断其实是在解释这个逻辑关系：养老金作为长期资金天然契合长期投资、价值投资、责任投资理念，是资本市场资本形成的主要贡献者和压舱石，而资本市场可为养老金提供多样化的投资机会，并能实现养老金资产组合的多元化和长期回报。养老金通过参与资本市场的证券交易既可促进资本市场的流动性，进而提高资本市场的效率；同时，面对短期波动，与个人投资者做出的反应不同，可通过长期持有资产为资本市场提供稳定性，进而减少市场波动，反过来又可提高养老金投资回报的稳健性。

但是，养老金与资本市场的这个逻辑在2023年个人养老金实施过程中却遇到一个悖论：正是由于资本市场长期低迷才导致个人养老金制度陷入“三高”和“三低”的尴尬境地，股市走熊是致使个人养老金制度覆盖率较好、活跃度很差的主要原因，不活跃的资本市场将导致出现怠惰的个人养老金制度，反过来，养老金制度怠惰将不可能为资本市场带来新的中长期资金的源头活水，养老金与资本市场的互动由此陷入怠惰的循环之中。个人养老金与资本市场的发展互为条件、相互制约。

根据笔者的考察，目前全球68个国家仅养老基金持股占比平均水平就达20%，发达国家平均为30%左右，有些国家有些年份甚至接近或超过40%[①]。达成共识比较容易，关键在于如何理解这个迷思和破解这个悖论。2023年12月召开的中央经济工作会议指出[②]：“在政策实施上强化协同联动、放大组合效应，在政策储备上打好提前量、留出冗余度。”

（三）养老金改革：个人养老金诞生后，“单轮驱动”将转向“双轮驱动”

2023年首次见证的“养老金悖论”所揭示的是个人养老金与资本市场互为条件的制约关系，意味着在个人养老金诞生之前，养老金体系改革面对的问题和各方面的关切主要聚焦在养老金自身的制度设计上，彼时，外部资本市场与养老金体系的联系不是那么紧密，资本市场表现对养老金产生的影响不是很大。如前所述，虽然其他各类养老金投资收益率有些年份（如2022年）也遭遇过挫折和回撤，但总体来看，它们的投资回报业绩普遍受到业内的赞许，从未像2023年个人养老金那样遭遇过如此尴尬。

例如，第一支柱基本养老保险基金成立以来采取的始终是银行储蓄的保值增值方式，直至2017年才实行市场化的委托投资，六年来年均收益率为5.44%，远高于市场化投资以前协议存款利率[③]；再如，第二支柱企业年金自建立以来就实施市场化投资，年均收益率为6.58%[④]，在国内投资界被普遍认为是佼佼者；又如，全国社保基金成立以来的年均投资收益率为7.66%[⑤]，被国内机构投资者视为翘楚，即使与国际一流养老基金机构投资者的业绩相比也属于第一方阵。

但是，一年来个人养老金实践中出现的“三低”显示，中国养老金体系改革从2023年起将踏上新的征程：与其他支柱养老金不太一样，同为市场化运作的个人养老金既要在制度设计上历经个税递延型商业养老保险的“连续试错”，又要经受住来自资本市场的外部考验；既要“摸着石头过河”不断实施制度创新的探索，还要直面资本市场波动的不确定性；既要接受自身制度设计的“内生风险”测试，还要勇于应对资本市场波动的“外生风险”。因此，个人养老金制度的发展与成长既要依靠自身制度的不断完善，还要依赖资本市场的不断完善，“两个完善”缺一不可。

个人养老金制度一年来的实践告诉业界，2023年不仅是中国第三支柱个人养老金的元年，也是中国养老金体系完善制度设计与完善资本市场并举的“双轮驱动”的新起点，甚至从某种意义上说，完善资本市场“轮子”的重要性不亚于完善制度设计“轮子”的重要性。因此，个人养老金制度要真正落地扎根需同时应对来自制度内外两个方面的挑战。换言之，对个人养老金而言，如果说完善制度设计是其“生存”的必要条件，主要为扩大覆盖面负责，那么完善资本市场就是其充分条件，主要为制度活跃性负责，谨防个人养老金制度被怠惰性所困扰。

落实中央一再提出的活跃资本市场、提振投资者信心，不但可活跃个人养老金、提振参加人信心，还可扩大中长期资金源头活水，进而形成资本市场与个人养老金的良性循环。因此，个人养老金制度改革实施两轮驱动，既是一个趋势，对决策者来说也是一个策略。这就自然提出一个问题：为什么在同一个资本市场环境下，个人养老金包括投资收益率在内的相关参数表现不如其他各类养老金？这

---

① 郑秉文：《面向2035和2050：从负债型向资产型养老金转变的意义与路径》，《华中科技大学学报（社会科学版）》，2021年第3期，第20-37页。

② 《中央经济工作会议在北京举行》，《人民日报》，2023年12月13日，第1版转第4版。

③ 《全国社会保障基金理事会基本养老保险基金受托运营年度报告（2022年度）》，参见全国社保基金官网。

④ 《全国企业年金基金业务数据摘要（2022年度）》，参见全国社保基金官网。

⑤ 《全国社会保障基金理事会社保基金年度报告（2022年度）》，参见全国社保基金官网。

是因为第三支柱养老金具有一些独有的特征。

（四）养老金市场：相较于其他各支柱，第三支柱个人养老金独有的四个特征

相较于第一和第二支柱养老金，第三支柱个人养老金制度属性的特征主要有四个：运转流程上的去中心化、劳动关系上的去组织化、激励约束机制上的去雇主化、待遇计发上的完全精算中性。一年多的市场化运作实践证明，当个人养老金遇到资本市场不活跃时，上述四个制度属性特征就会很快衍生出分别与其相对应的敏感性、依赖性、脆弱性和怠惰性四个特征。下面主要以市场化运作的企业年金为参照进行比较分析。

第一，对资本市场的敏感性更高一些。这是由于两个制度的不同设计所决定的。一是决策模式不同。企业年金采取的是集中决策模式，职工个人没有投资选择权，资产配置由受托人决定并与投资管理人和委托人进行会商，而个人养老金采取的是分散决策模式，账户资产配置由参加人个人决定，市场上出现任何异动都会引起账户持有人的极大关注并迅速反映在投资行为上；二是委托代理结构不同。企业年金实行的是多层委托代理，在参加人与资本市场之间存在多层"缓冲垫"，职工对市场的敏感性受到衰减，而个人养老金的委托代理只有一层，参加人直面市场波动，市场上所有风吹草动都会直接传导到每一个参加人，影响到每一个参加人的投资行为。

第二，对资本市场的依赖性更大一些。主要表现为两个方面：一是在账户资产规模中来自投资收益的比例占"大头"。经过几十年的积累和复利效应之后，在正常的回报率条件下，退休时个人养老金账户资产规模主要来自投资收益，因此，参加人对市场表现和投资回报的依赖性较大，而企业年金个人账户资产结构中有雇主配比缴费部分，投资收益对账户资产增长的贡献率小于个人养老金。二是个人养老金投资收益率更加依赖于"外生"的资本市场表现。绝大部分账户持有人是非金融投资专业人士，受到的金融教育十分有限，对资产配置、投资策略和产品选择等专业知识较为陌生，主要"靠天吃饭"，而企业年金的打理主要由企业内设的专职业务人员、外包专业人员和市场不同角色专门金融来完成，情况稍好一些。

第三，天生的脆弱性更明显一些。投资收益率的决定方式存在差异性。一是在集中决策模式下，大中型企业的年金投资收益率是经过多个组合平滑之后在计划层面再次平衡的结果，然后再计入职工个人账户，其收益率是经过多道"集体缓冲"之后的调整，而分散决策模式下的个人养老金投资收益率将直接承受来自市场的波动，个人之间的收益率差距较大。二是大中型企业年金计划作为委托人的话语权较大，投资管理人在其激烈竞争中只能追求"绝对收益"，并将之作为一个不二的潜规则才能生存下去，因此，企业年金的收益率嵌有一定的"潜在刚性"的因素，这也许就是投资选择权 20 年来始终难以放开的主要原因之一。而个人养老金则不存在多层委托代理下"绝对收益"的"潜在刚性"因素，其脆弱性必然大于企业年金。

第四，内在的怠惰性更强一些。作为雇主计划，企业年金的职工个人账户收益由三部分构成，即个人缴费、雇主缴费和投资收益，其中，根据制度设计规定，雇主提供的缴费率高于雇员缴费率水平，作为一个"福利"对雇员具有一定激励性。但个人养老金没有任何来自外部配比缴费的支持，在市场波动或遭遇下挫时，参加人为了及时止损会迅速调整其缴存行为或停止其投资行为，其"制度遵缴率"① 呈明显下滑状态，整个制度自然会陷入怠惰状态。此外，在制度初创时期，参加人数量和账户缴存额都很有限，单一产品形成的资金池也都很小，不利于资产配置和优秀投资经理的调配，影响产品收益率，这也是诱发账户持有人怠惰性的主要原因之一。

总之，即使在同一个资本市场环境下，个人养老金对资本市场的敏感性和依赖性也大于其他支柱，尤其大于第一支柱，其自身与生俱来的脆弱性和怠惰性也大于其他支柱，起码要大于同为市场化运作的第二支柱企业年金。由此，即使在发达国家，在资本市场波动时，第三支柱的社会平均收益率也低于同期该国第二支柱与第一支柱的投资收益率。

六、结语

第一，关于本报告提出的评估框架的评估。本报告建立的评估框架中提出的"评估两分法"与两年前笔者提出的"模式两分法"一脉相承，相对评估标准的建立既是对中国本土第三支柱养老金模式也是对国外第三支柱养老金模式进行评估的一个标尺，绝对评估标准的建立和运用是对中国个人养老金进行跨国比较的一个基准。作为本报告的一个学术贡献，这个评估框架的提出既可体现国家和决策者的价值判断与主观意志，又可观察和跟踪制度运行的客观进展前沿。本报告的评估结果显示，中国个人养老金制度一年来在 36 个先行城市（地区）运行绩效较为理想，其覆盖率的指标要素基本可实现制度目标预期，前景喜人，2035 年多层次多支柱养老保险体系发展目标可期。

① "制度遵缴率"是指年度内实际缴费人数与登记参加人数之比，即活跃参加人数量与全部参加人数量之比。

第二，关于覆盖人数的“活跃性”与缴存投资行为的“怠惰性”的评估。个人养老金运行一年来的实践说明，一方面，覆盖人数超出预期，显示出其制度设计中的“活跃性”因素；另一方面，参加人的缴存和投资行为表现出浓厚的“怠惰性”，从而极大地抵消了制度覆盖率的较好表现。很显然，参加人的“怠惰性”来自现实中资本市场的“不活跃”，长此以往，个人养老金制度有可能陷入一个怠惰性有余、活跃性不足的低效制度，对几十年后个人养老金替代率的负面影响将是深远和致命的。这说明，个人养老金制度的建立与发展在相当程度上将取决于资本市场这个“外生条件”改革的成功与否，多层次多支柱养老保险体系的改革从此将从单纯的制度设计的“单轮驱动”转向制度设计与资本市场改革相结合的“双轮驱动”发展阶段。

第三，关于养老金逻辑与养老金悖论的评估。中国资本市场长期消沉不振，需要引入包括养老金在内的中长期资金，而各类养老金从投资资本市场获得的超额风险回报说明资本市场对养老金不可须臾离，这是发展养老金的一个重要逻辑，关于养老金制度与资本市场具有良性互动效应的认知这一点早已达成社会共识。但同时，个人养老金实施一年多的实践又提出了一个悖论，资本市场不活跃对初露头角的个人养老金十分不利，具有严重的抑制效应，尤其当比较分析同为市场化运营的第二支柱企业年金时，第三支柱个人养老金处于十分劣势的地位。作为本报告的一个主要发现，笔者认为，第三支柱个人养老金对资本市场的敏感性和依赖性明显大于第一支柱，与生俱来的脆弱性和怠惰性明显大于第二支柱。

第四，关于个人养老金在中国养老金体系金融化改革进程中前景的评估。中国养老保险制度肇始于 20 世纪 80 年代中期，进入 21 世纪以来，市场化投资的企业年金和职业年金先后建立起来，城镇职工基本养老保险基金和城乡居民当期收支的部分结余也逐渐进入到市场投资体制中，养老保险制度金融化改革进程不断加速。第三支柱的启动标志着中国多层次多支柱养老保险体系中最后一个完全市场化运营的支柱搭建起来，金融化的养老金制度进入一个新阶段。对中央金融工作会议提出的五篇“金融大文章”来说，个人养老金制度既是养老金融“链接”普惠金融与数字金融的一个制度安排，也是资本市场的一支重要中长期资金的源头活水，并必将成为国民经济的一个重要生产要素，为养老保险体系金融化改革进程做出贡献。

上篇

理论篇

分报告一
国际上第二、第三支柱养老金的衔接机制及对中国的启示

党的二十大报告提出发展多层次、多支柱养老保险体系[①]。2022 年 11 月，个人养老金制度正式落地，在全国 36 个城市或地区先行试点[②]。在健全多层次养老金体系的过程中，三支柱养老金之间的协调整合发展是必然趋势。国际上将第二、第三支柱养老金统称为私人养老金，两者之间既有所区分，又相互衔接。本文聚焦分析典型国家在第二、第三支柱养老金监管体制、账户衔接和信息整合等方面的衔接，结合中国实际提出针对性的政策建议。

一、国际上多层次养老金融合发展的趋势

（一）公共养老金和私人养老金呈现混合发展趋势

社会养老保险制度是由多类养老金计划组成，通常被称为多层次或多支柱体系。多层次与多支柱两个概念含义相近，多层次强调的是社保制度的分层结构和划分类型，如在养老金计划中，既有现收现付的社会保险计划，也有个人账户式的养老金计划。以我国统账结合养老保险模式为例，在通常的划分中，学者将其视为第一支柱，它又分为基础养老金和个人账户养老金两个层次。多支柱的概念在国际上运用得更为普遍，它反映了各类养老金计划对社保制度的支撑作用。世界银行于 1994 年出版的《防止老龄危机——保护老年人及促进增长的政策》一书，首次提出养老金的“三支柱”概念，即公共养老金计划（第一支柱）、职业养老保险计划（第二支柱）和个人储蓄计划（第三支柱）[③]。2005 年，世界银行又出版了关于多支柱理论的第二本里程碑式的著作《21 世纪的老年收入保障》，在“三支柱”思想的基础上进一步提出“五支柱”概念：提供最低水平保障的非缴费型“零支柱”；与本人收入水平挂钩的缴费型“第一支柱”；不同形式的个人储蓄账户性质的强制性“第二支柱”；灵活多样的自愿性“第三支柱”；家庭成员之间或代际之间非正规保障形式的“第四支柱”[④]。应该说，无论是“三支柱”还是“五支柱”的概念，其遵循的原理是相同的，即通过多层次的养老金计划，分散养老保险的社会风险；具体到一个国家多支柱计划的结构设计，要视具体国情而定。目前，普遍应用的是“三支柱”养老金的概念。

以发起人的性质划分，养老金计划可分为公共养老金（Public Pension）和私人养老金（Private Pension）两大类。国家建立的社会保障计划属于公共养老金范畴，而由雇主发起设立的职业年金和个人储蓄养老金则属于私人养老金，其中第二支柱的职业年金大部分是自愿参

① 《习近平：高举中国特色社会主义伟大旗帜 为全面建设社会主义现代化国家而团结奋斗——在中国共产党第二十次全国代表大会上的报告》，中国政府网，https://www.gov.cn/xinwen/2022-10/25/content_5721685.htm，2022 年 10 月 25 日。

② 人力资源社会保障部办公厅、财政部办公厅、国家税务总局办公厅：《人力资源社会保障部办公厅 财政部办公厅 国家税务总局办公厅关于公布个人养老金先行城市（地区）的通知》，http://www.mohrss.gov.cn/xxgk2020/fdzdgknr/shbx_4216/ylbx/202211/t20221125_490711.html，2022 年 11 月 25 日。

③ World Bank, Averting the Old Age Crisis: Policies to Protect the Old and Promote Growth, New York: Oxford University Press, 1994, pp.15–16.

④ Holzmann R, Hinz R, Old Age Income Support in the 21st Century: An International Perspective on Pension Systems and Reform, World Bank, 2005, pp.1–2.

加的，但也有部分国家的职业年金是强制性或准强制性的。多层次养老金体系的设计反映了一个国家历史文化、经济社会和福利模式的基本背景。20 世纪末以来，随着人口老龄化危机的到来，全球范围内掀起一股养老金改革浪潮，多层次养老金体系演变的一个基本趋势是由公共管理到私人管理、由国家责任到个人责任、由政府主导到市场主导的改革过程，公共养老金与私人养老金呈混合发展态势。

这种混合发展态势主要有以下特征：第一，鼓励私人养老金发展。在缴费资源既定的前提下，公共养老金与私人养老金存在一定程度的替代关系，公共养老金规模过大，必然会挤压私人养老金的发展空间。因此，多数国家在改革中增加私人养老金的比例，转移国家社会保障责任。第二，公共养老金与私人养老金融合发展。从投入–产出角度出发，将两者结合起来实现养老保障社会资源效率的最大化是根本目标。一般而言，公共养老金的优点在于保障底线公平，对于低收入群体具有再分配特征；私人养老金的特点在于强调市场运营功能，增强自我储蓄的激励性。因此，在多层次养老金体系设计中，公共养老金与私人养老金的划分并不是“一刀切”，而是分层的，公共养老金与私人养老金相互补充、相互辅助。例如，有些国家为强制性的个人账户养老金计划建立国家担保机制，在个人储蓄不足的情况下，可领取国家发放的最低保障型养老金（智利、瑞典等）；还有一些国家实行协议退出措施，允许参保者在公共养老金与私人养老金间进行选择和转换。第三，政府责任的界定进一步趋于整合设计。一般而言，国家对公共养老金计划的主要责任在于兜底性基本保障，保障其财务可持续；对私人养老金计划的责任则主要在于市场监管和税收等方面的政策支持。在公私混合发展的态势下，公共养老金向私人养老金的转化并不意味着国家责任的完全退出和弱化，而是另一种形式的转化。例如，为加快私人养老金发展，各国普遍采用积极的税收优惠政策，这意味着国家以当期税收收入的损失来支持养老金发展，可以说这是一种财政转移支付。还有部分国家对参加私人养老金的低收入者、妇女、青年及失业人群等弱势群体给予缴费补贴，这也是国家促进私人养老金发展的责任体现。

（二）第二、第三支柱私人养老金协同发展

一般来说，个人养老金计划属于第三支柱，包括个人退休金账户（美国的 IRA 计划）、各种形式的养老年金、养老保险合同及养老储蓄产品等，其特点是自我储蓄、便携性强，适合中小企业雇员和非正式部门的灵活就业者。随着全球劳动力市场流动性的加强，以及非正规部门的快速扩大，个人养老金计划的发展速度加快。在一些国家，出现了企业年金计划向个人养老金计划过渡的趋势。例如，在美国，雇员在退出雇主发起的企业年金计划（包括公共部门年金计划）时，可将资产转移到个人退休账户中去，到 2011 年美国的个人退休账户资产已超过 4 万亿美元，与 401(k) 计划的总资产规模相当①。在智利等拉美国家，除了强制性的个人账户计划外，还建立了自愿性的个人账户，政府采取税收优惠、缴费补贴等方式鼓励工人参加养老金计划。

在第二支柱职业养老金（Occupational Pension）中，养老金计划由雇主发起设立，雇主和雇员共同向账户缴费，委托金融机构进行投资运营。第三支柱计划则为更加独立的个人账户养老金，缴费主要来自参保者个人，由个人自主投资。在第二支柱职业养老金的管理上，大多由雇主承担发起设立计划和委托管理的职责，受托市场机构对账户基金进行投资运营。相对而言，第三支柱个人养老金的管理更为灵活，雇主责任下降，个人选择投资产品。第三支柱面向个人，许多自雇者和灵活就业人员加入，在很多情况下账户资产规模较小，管理负担是个问题。因此，部分国家引入了公共信托的方式，方便个人加入，降低账户管理费用。

表 1–1 采用私人养老金计划参保人口占劳动人口的比重来衡量经济合作与发展组织（OECD）国家私人养老金的覆盖面情况。OECD 国家私人养老金计划的覆盖面存在较大差距，一般来说，实行强制性或准强制性养老金计划的国家覆盖面较高。例如，有准强制性职业养老金计划的北欧国家覆盖面较高；单纯实行自愿性养老金计划的国家覆盖面较低，通常低于 50%，但美国和英国的私人养老金覆盖面达到了 40% 以上。从 2010 年和 2019 年的比较情况看，大部分国家的私人养老金计划覆盖面都有所上升，在部分国家个人养老金覆盖面已超过第二支柱职业养老金。

① 参见美国投资公司协会官网。

表 1-1　2010 年和 2019 年 OECD 国家私人养老金计划覆盖面（参保人口占 15~64 岁劳动人口的比重）　单位：%

国家	强制性 / 准强制性（2010 年）	强制性 / 准强制性（2019 年）	自愿性					
			企业年金（2010年）	企业年金（2019年）	个人养老金（2010年）	个人养老金（2019年）	两者合计（2010年）	两者合计（2019年）
澳大利亚	68.5	75.2	—	—	19.9	—	19.9	—
奥地利	—	—	12.3	14.4	25.7	22.2	—	—
比利时	—	—	42.3	50.6	—	—	—	—
加拿大	—	—	33.5	26.4	33.1	24.9	—	—
智利	73.7	86.7	—	—	—	—	—	—
捷克	—	—	—	—	61.2	64.1	61.2	64.1
丹麦	83.8	85.2	—	—	23.6	18.0	23.6	18.0
爱沙尼亚	67.1	85.8	—	—	—	11.2	—	11.2
芬兰	75.5	93.0	7.4	7.0	21.3	18.0	28.8	25.0
法国	—	—	17.3	25.2	5.3	7.8	—	—
德国	—	—	22.5	57.0	36.9	33.8	47.1	70.4
希腊	—	—	0.3	5	—	—	—	—
匈牙利	45.4	—	—	—	18.9	18.7	18.9	—
冰岛	85.5	87.7	—	—	42.0	45.2	42.0	45.2
爱尔兰	—	—	31.0	38.3	12.0	12.6	41.3	46.7
以色列	75.9	78.2	—	—	—	—	—	—
意大利	—	—	7.6	10.1	6.2	12.3	13.3	20.6
日本	—	—	—	50.5	—	14.7	—	54.3
韩国	—	16.9	14.6	—	36.5	—	—	—
卢森堡	—	—	3.3	4.9	—	—	—	—
墨西哥	57.7	65.4	1.6	1.9	—	—	1.6	—
荷兰	88.0	88.0	—	—	28.3	28.3	28.3	28.3
新西兰	—	—	8.2	6.8	55.5	—	—	—
挪威	65.8	57.9	—	—	22.0	23.1	—	—
波兰	54.8	—	1.3	1.8	—	66.4	—	—
葡萄牙	—	—	3.1	3.8	5.6	17.2	—	17.2
斯洛伐克	—	—	—	—	43.9	39.7	43.9	39.7
斯洛文尼亚	—	—	—	—	—	—	38.3	40.1
西班牙	—	—	3.3	—	15.7	—	18.6	26.1
瑞典	90	100.0	—	—	27.6	24.2	27.6	24.2
瑞士	70.1	73.6	—	—	—	—	—	—
土耳其	0.9	1.5	0.2	—	4.2	12.5	—	—
英国	—	—	30.0	—	11.1	5.0	43.3	—
美国	—	—	41.6	43.6	22.0	19.3	47.1	—

资料来源：OECD, Pensions at a Glance 2019, OECD and G20 Indicators, OECD Publishing, 2019.

表 1-2 提供了 2011 年至 2021 年 OECD 各国个人账户养老金规模占 GDP 比重的变化情况，其中部分国家实行强制性个人账户制度，如拉美地区的智利、哥伦比亚、哥斯达黎加、墨西哥等国家，其余国家大多在欧洲，实行自愿性第三支柱个人养老金。可以看出大部分国家个人养老金规模有较显著增长，有些国家个人养老金规模占 GDP 比重翻了一番。

表 1-2 OECD 国家个人账户养老金规模（占 GDP 比重）

单位：%

国家	2011 年	2012 年	2013 年	2014 年	2015 年	2016 年	2017 年	2018 年	2019 年	2020 年	2021 年
智利	57.9	59.7	62.2	67.9	69.0	—	—	—	—	—	—
哥伦比亚	16.9	18.1	18.0	20.0	20.3	22.4	25.1	23.9	26.8	32.1	31.2
哥斯达黎加	8.3	9.3	10.7	11.3	13.6	14.8	15.6	17.1	19.4	23.2	26.2
捷克	6.1	6.7	7.2	7.8	8.1	8.4	8.7	8.7	8.8	9.5	9.4
丹麦	45.2	45.2	38.4	44.1	40.8	43.5	42.8	42.0	46.0	55.4	46.6
爱沙尼亚	6.8	8.3	9.4	11.0	12.7	14.2	15.3	15.3	17.1	19.8	14.6
匈牙利	3.7	3.8	3.9	4.0	3.9	4.1	4.2	3.8	3.8	3.9	3.6
冰岛	11.8	12.8	13.2	13.5	13.9	13.5	14.5	15.0	16.8	20.3	21.9
以色列	10.6	12.6	14.8	16.9	18.5	20.4	22.8	23.8	27.3	31.0	34.3
意大利	0.4	0.5	0.6	0.8	0.8	0.9	1.0	1.0	1.2	1.5	1.6
日本	0.8	0.9	0.9	1.2	—	2.9	2.8	2.9	3.0	3.4	3.5
拉脱维亚	0.6	0.7	0.8	0.9	1.1	1.3	1.4	1.4	1.6	1.8	2.0
立陶宛	3.9	4.3	4.6	5.2	5.8	6.6	7.1	7.2	8.2	9.4	11.1
墨西哥	10.7	12.0	12.6	13.6	13.7	13.7	14.4	14.1	16.3	20.2	20.0
新西兰	7.0	8.2	10.0	—	—	—	—	—	—	—	—
波兰	14.5	16.8	18.3	8.7	7.8	8.2	9.0	7.4	6.7	6.3	7.2
葡萄牙	0.2	0.2	0.2	0.3	0.3	0.2	0.3	0.3	0.3	0.4	0.4
斯洛伐克	8.1	9.3	9.7	10.4	10.1	11.2	11.8	11.8	12.6	14.3	15.9
西班牙	4.9	5.2	5.7	6.2	6.4	6.3	6.3	6.0	6.4	7.2	7.3
土耳其	1.0	1.2	1.4	1.8	2.0	2.2	2.5	2.5	2.9	3.4	3.3
美国	12.5	13.5	15.6	16.5	16.9	17.8	21.5	20.2	23.9	27.2	28.2

资料来源：OECD, Global Pension Statistics, https://www.oecd.org/pensions/globalpensionstatistics.htm.

二、第二、第三支柱私人养老金的联合监管体制

本部分介绍了发达国家私人养老金体系的监管体制。对养老金市场的监管涉及政府社会保障、税收、财务和保险等不同部门的职责。根据监管机构间的职责分工，OECD 国家的企业年金监管可划分为三种模式：

第一种为“一体化”监管模式，即由一个机构负责监管整个金融部门（包括银行、证券公司、保险公司和养老基金公司等），其特征是对不同金融行业实行混合监管。从 20 世纪 80 年代开始，部分 OECD 国家开始改革旧的金融体制，对金融监管机构进行整合，建立统一标准的金融监管当局（挪威 1986 年，加拿大 1987 年，丹麦 1988 年，瑞典 1991 年）①。在此过程中，养老金监管被纳入统一的监管框架内。

第二种为“部分一体化”监管模式，即由一个机构同时负责保险资金和养老基金的监管。采用“部分一体化”监管模式的国家有芬兰、卢森堡、新西兰、葡萄牙、西班牙和土耳其。这些国家成立了一个专门机构，同时负责保险资金和养老基金的监管，该机构一般隶属于财政部、劳动部或者其他某部委的某个司，与其他金融监管工作相分离。

第三种为“专业化”监管模式，即一个或多个监管机构专门负责养老基金监管。这种监管模式的特征是对不同的金融行业分开监管，通常对企业年金和个人养老金储蓄设立特定的监管部门。采用这种模式的 OECD 国家有爱尔兰、日本、意大利、墨西哥、瑞典、瑞士、英国和美国等。此外，在引入私人养老金体系的拉美国家，通常也设立了单一目的的专业养老基金监管机构，对养老金运营公司进行“审慎”式监管。

表 1-3 提供了部分 OECD 国家私人养老金监管部门的设置情况。从表中可以看出：第一，采用“专业化”模式的国家大多设有专门的企业年金监管机构，承担主要的监管职能，并有多个其他监管部门予以配合；第二，采用“部分一体化”模式的国家大多是由保险监管机构监管企

① 黎四奇：《对后危机时代金融监管体制创新的检讨与反思：分立与统一的视角》，《现代法学》，2013 年第 5 期，第 76-87 页。

业年金，同时也涉及其他政府监管部门的职责；第三，采用“一体化”模式的国家大多是由金融监管部门来监管职业养老金，这些国家的监管部门设置相对单一。

无论在何种监管模式下，大部分国家第二、第三支柱的私人养老金是联合监管的，即由同一部门或机构负责私人养老金体系的监管。在混业经营的“一体化”监管模式下，国家金融监管部门（金融管理局或央行）负责各类金融机构和全部养老基金的监管；在“专业化”监管模式下，往往成立专门的养老基金监管委员会来管理各类职业年金和个人养老金；在“部分一体化”监管模式下，主要由一个机构来承担养老基金和保险资金的共同监管。

表 1-3　部分 OECD 国家私人养老金监管部门的设置情况

国家	被监管的私人养老金计划	私人养老金的国家监管部门	从事监管的主要机构
	采用“专业化”监管模式的国家		
爱尔兰	企业年金计划 自愿性个人养老金计划	养老金监管委员会 税务委员会 中央银行 企业、贸易与就业部	养老金监管委员会监管企业年金计划 企业、贸易与就业部监管个人储蓄计划
意大利	企业年金计划 自愿性个人养老金计划	养老基金监管委员会 股票市场和证券管理委员会 意大利银行 私营保险监管	养老基金监管委员会监管企业年金计划和自愿性个人储蓄计划
日本	企业年金计划 自愿性个人养老金计划	厚生劳动省 / 年金局 金融服务局	厚生劳动省下属的年金局监管企业年金计划和个人养老金计划
墨西哥	强制性和自愿性个人养老金计划	财政部 国家退休储蓄监管委员会 墨西哥社会保障局	国家退休储蓄监管委员会监管强制性个人养老金计划 财政部监管自愿性个人养老金计划
瑞典	准强制性企业年金计划 自愿性个人养老金计划	金融监管委员会 地方管理委员会	金融监管委员会监管互助会 地方管理委员会监管养老基金
英国	强制性和自愿性 企业年金计划和个人养老金计划	养老金监管局 金融服务局 国家税务局	养老金监管局
	采用“部分一体化”监管模式的国家		
新西兰	企业年金计划 自愿性个人养老金计划	保险与退休金精算局 经济发展部	保险与退休金精算局
葡萄牙	企业年金计划 自愿性个人养老金计划	葡萄牙保险局	葡萄牙保险局
西班牙	企业年金计划 自愿性个人养老金计划	保险和私营养老金计划总理事会	保险和私营养老金计划总理事会
土耳其	企业年金计划 自愿性个人养老金计划	财政部 国库秘书处 资本市场委员会	国库秘书处和资本市场委员会共同监管养老金
	采用“一体化”监管模式的国家		
澳大利亚	强制性和自愿性 企业年金计划和个人养老金计划	澳大利亚审慎监管局 澳大利亚证券投资委员会 澳大利亚税务部	澳大利亚审慎监管局监管所有退休金基金
加拿大	自愿性企业年金计划	金融机构监督办 加拿大关税与税收局 地方养老金监管局	金融机构监督办监管联邦养老金计划 地方养老金监管局监管养老金计划

续表

国家	被监管的私人养老金计划	私人养老金的国家监管部门	从事监管的主要机构
	采用"一体化"监管模式的国家		
丹麦	强制性企业年金计划 自愿性个人养老金计划	金融监管局	金融监管局
德国	企业年金计划 自愿性个人养老金计划	金融监管局	金融监管局
匈牙利	强制性和自愿性 企业年金计划和个人养老金计划	财政部 匈牙利金融监管局 税务局	匈牙利金融监管局
冰岛	强制性企业年金计划 自愿性个人养老金计划	财政部 金融市场管理局 国内税务理事会	金融市场管理局
挪威	企业年金计划和自愿性个人养老金计划（如果雇主建立了企业年金计划，则雇员必须参加）	金融监管局 财政部	金融监管署
捷克	自愿性养老金计划	捷克中央银行	捷克中央银行
荷兰	自愿性企业年金计划（某些行业的年金计划是强制性的）和自愿性个人养老金计划	荷兰中央银行	荷兰中央银行
波兰	强制性个人养老金计划，自愿性企业年金计划和个人养老金计划	波兰金融监管局	波兰金融监管局

资料来源：OECD：《养老基金监管：组织与方法》，中国养老金网译，中国发展出版社 2004 年版；European Central Bank, Recent Developments in Supervisory Structure in EU and Acceding Countries, 2006。

私人养老金体系的监管涉及政府多部门之间的协调合作，承担主要监管职能的机构需要与其他政府部门或行业机构建立起协调合作机制。在 OECD 国家中，无论是采用何种监管模式的国家，大都建立了部门之间相互配合和信息共享机制，主要手段包括：

第一，用立法明确监管部门间的职责分工，避免重复监管。

第二，建立监督部门间的合作协议，包括达成明确、正式的协调与合作协议；建立合作论坛或委员会；签订合作备忘录。

第三，加强监管部门间的交流，包括部门间的联席会议、定期会晤、交换意见等。

第四，建立信息共享机制，包括信息公开、强制性的信息披露程序、信息共享协议等举措。

第五，在企业年金监管部门董事会中选用来自其他部门的成员代表。

三、第二、第三支柱养老金之间的账户衔接政策

第二、第三支柱养老金大都建立在个人账户基础之上，账户是汇集个人缴费、记录资产权益、投资运营及发放待遇的基本载体。通常第二、第三支柱养老金账户是分置设立的，个人可能同时具有雇主发起的职业养老金计划和个人参与的个人账户养老金计划，也可能只有其中一种账户。雇员在转换工作状态时（如由单位的雇员转变为自由职业者），会涉及第二、第三支柱养老金之间的衔接问题，包括资产转移、税收政策协调、待遇领取规则等。本部分以智利和美国两个国家为典型案例，说明第二、第三支柱养老金的账户衔接政策。

（一）强制性账户与自愿性账户的衔接：以智利为例

智利的养老金体系可分为零支柱社会团结养老金、强制性个人账户养老金和自愿性个人养老金储蓄账户三种。政府通过税收优惠政策鼓励自愿储蓄计划发展，为参加强制性个人账户的成员提供补充性养老金计划。第三支柱自 1981 年引入强制性个人账户后就已存在，但直到 2002 年之后才真正发展起来。目前，自愿性储蓄计划主要有四类：自愿养老金储蓄计划、集合性养老金自愿储蓄计划及自愿储蓄账户和补偿性储蓄账户[①]。

1. 自愿养老金储蓄计划

自愿养老金储蓄是强制性个人账户（10%）缴费之外

① Supnerintendency of Pension: The Chilean Pension System 2010, 2010, pp.81–90.

的自愿性缴费，主要有两种形式：一是自愿缴费计划，二是协议存款。

（1）自愿缴费计划。

该计划根据2002年3月实施的19768号法令制定，允许参保者在10%的强制性个人账户缴费基础上进行额外缴费，计入强制性个人账户。附加缴费同样享受税优，最高缴费限额为每月50UF①。雇员可随时提取这笔缴费，但需要付出一笔超额费。该计划对不纳税的低收入者有一项特别的政策设计，他们在储蓄时不用交税，在领取养老金时仅需支付投资回报部分的纳税。此外，使用这项税优政策的雇员还可申请一项政府津贴，津贴额为个人自愿储蓄的15%。AFP公司、共同基金、人寿保险公司、住房基金、银行等金融中介机构都可以参与雇员自愿性缴费账户基金的管理。

（2）协议存款。

协议存款是自愿养老金储蓄的另一种形式。在这种储蓄方式下，雇员与雇主达成协议，在其个人资本化账户中存入一定数量的资金，以提高养老金储蓄额，或者为提前退休做准备。这笔存入的资金被称作协议存款，存入个人的协议存款账户，独立于其个人账户中的强制性缴费和自愿性缴费资金。协议存款数额可以是一笔固定的定期存款，以雇员每月纳税工资的一定比例或数额缴纳，该笔存款在缴费时免征个人所得税，但在雇员领取养老金时需缴税，并且只有在退休后才能支取这笔存款产生的养老金。

2. 集合性养老金自愿储蓄计划

该计划由雇主代表工人和养老金管理公司（Administradoras de Fondos de Pensiones，AFPs）或其他管理机构签订养老金储蓄计划的管理协议。管理该类计划的机构包括人寿保险公司、银行、基金公司、住房基金公司等机构。雇主可为每位雇员提供加入一个或多个集合性养老金自愿储蓄计划的机会，这些计划具有类似的规定和条件，同样可以享受税收优惠。为防止出现歧视，并扩大计划的覆盖面，参加合同的雇员要求不应低于公司员工的30%或300人（取两者中的较小数字）。如果低于这个数字，雇主有12个月的时间去补足。在集合计划下，为获取雇主缴费部分的财产权，雇员在公司服务的时间需满足一个最低期限，但该保留期一般不会超过24个月。同时，集合计划的管理机构也可规定，与其签约的参保雇员需有一个连续缴费的最低期限，但一般不超过12个月。

3. 自愿储蓄账户

自愿储蓄账户也称为“第二账户”，是对强制性个人账户的补充，于1987年引入智利。该账户独立于AFPs管理，在该账户下，雇员可以选择定期或不定期进行存款，资金可自由使用，但每年的提款一般不超过六次。对自雇者来说，可以将自愿账户中的存款转入强制性个人账户，以补足强制性账户缴费不足的情况。在退休时，参保者可以将所有自愿账户中的资金转入强制性个人账户，以提高账户养老金水平。在税优政策方面，所有自愿账户中的提款都要缴纳所得税，除非这笔资金转入强制性个人账户。

4. 补偿性储蓄账户

该账户创建于1990年，有两方面目标：一是提供一个补偿机制，取代对雇员传统的补偿方式；二是为家庭佣工在终止劳务关系时提供一份补偿待遇。该账户由管理雇员强制账户的AFPs管理。雇员可在AFPs开设一个账户，所有雇佣家庭佣工的雇主都要为雇员开设该账户，并缴纳相应的费用，最低缴费率为月纳税工资的4.11%，期限为11年。该账户资金仅用于补偿待遇，雇员在解除劳动关系时，可获得该笔待遇。该计划享受免税政策的缴费率上限（8.33%），投资回报部分免征税。

由以上分类可看出，第一类为强制性账户基础上的自愿储蓄计划，包括个人自愿储蓄和集体自愿储蓄两类；第二类和第三类为另外建立的自愿储蓄账户。自愿性储蓄或附加账户的缴费都可以用于补充强制性储蓄账户。为了弥补强制性储蓄账户积累水平的不足，在2008年养老金再改革的过程中，智利进行了较大幅度的改革，除了作为零支柱的社会团结养老金外，还采取大规模的激励措施鼓励工人进行自愿储蓄。一是政府为强制性账户提供补助，补助对象是有缴费积累，但账户养老金低于一定标准的参保者，补助标准依据雇员个人账户的养老金积累额而定，随着个人缴费的增加，补助额逐步下降。二是通过补贴方式鼓励低收入的年轻雇员缴费。对于收入低于1.5倍最低工资水平、年龄处于18~35岁的雇员，给予最初24个月的缴费补贴。三是鼓励自愿性缴费。通过集合性养老金自愿储蓄计划，对企业提供税收优惠，雇员的自愿缴费可以获得雇主的缴费匹配，对低收入雇员的自愿缴费进行补贴，对妇女的每胎生育提供额外的缴费补贴②。根据国际养老基金管理人联合会的数据，截至2022年末，智利强制性私人账户养老金的积累规模为1763亿美元，各类自愿性养老储蓄的余额为53.25亿美元③。

① UF是智利的一种指数化货币单位，在2014年50UF相当于2100美元。

② 房连泉：《智利养老金制度研究》，中国社会科学出版社2015年版，第38–40页。

③ 参见国际养老基金管理人联合会官网。

（二）第二、第三支柱账户之间的资产转移政策：以美国为例

1. IRA 账户的资产主要来源于第二支柱转移

在美国，三支柱养老金分别为联邦政府发起设立的社会保障计划、雇主发起的职业养老金计划［包括 401(k) 等］，以及个人账户养老金计划（IRA）。美国私人养老金市场非常发达，截至 2022 年末各类退休金资产合计 34.2 万亿美元，相当于 GDP 的 139%。其中，第三支柱个人账户养老金（IRA）的规模为 11.95 万亿美元，占私人养老金整体市场份额的 34.9%，其规模已超过包括 401(k) 在内的全部缴费确定型计划资产[①]。IRA 账户起源于 1974 年时任美国总统福特签署的《雇员退休收入保障法》，由联邦政府发起，个人自愿参与。其初衷一方面是为没有被退休计划覆盖的个人提供税收优惠储蓄计划；另一方面是当雇员工作变动或退休时，允许雇员将雇主发起的退休计划资产转入 IRA。经过多年的发展，IRA 衍生了多种账户类型，主要包括四种：一是传统 IRA。传统 IRA 采取税收递延方式，个人可以将税前一定额度的收入注入账户，账户内的资金及其所带来的投资收益也可以延期纳税。只有当个人达到法律规定年龄时，才可以从账户领取资金并按当时税率缴纳个人所得税（即 EET 模式）。二是罗斯 IRA。罗斯 IRA 采取个人税后收入注入账户的缴费方式。通常，银行储蓄利息、股票和债券的投资收益等在美国需要缴纳个人所得税，但是罗斯 IRA 的账户资金及所产生的投资收益（包括投资分红、利息等）免征税（即 TEE 模式）。三是简易 IRA。简易 IRA 是一种专门针对不足 100 名雇员的小企业而设立的退休计划，允许雇主缴费进行税收扣除，雇员缴费不纳税，但分配时需要纳税（同为 EET 模式）。四是雇员简易计划及薪资扣减计划。该计划主要针对小企业主和自雇者。表 1–4 说明了自 1997 年以来各类个人账户养老金计划的资产规模及占比情况。在各类计划中，传统 IRA（EET 型税优模式）占绝对主导地位，到 2022 年已超过 10 万亿美元。此外，近年来基于 TEE 型税优模式的罗斯 IRA 有较快增长[②]。

表 1–4　1997~2022 年美国各类 IRA 计划资产规模及份额

单位：10 亿美元

年份	传统 IRA		雇员简易计划		罗斯 IRA		简易 IRA		合计
	资产	份额（%）	资产	份额（%）	资产	份额（%）	资产	份额（%）	
1997	1642	95	85	5	0	0	1	—	1728
1998	1974	92	115	5	57	3	4	—	2150
1999	2423	91	143	5	76	3	9	—	2651
2000	2407	92	134	5	78	3	10	—	2629
2001	2395	91	131	5	79	3	14	1	2619
2002	2322	92	117	5	78	3	16	1	2533
2003	2719	91	145	5	106	4	23	1	2993
2004	2957	90	169	5	140	4	34	1	3300
2005	3034	89	193	6	156	5	42	1	3425
2006	3722	88	236	6	196	5	52	1	4206
2007	4187	88	266	6	232	5	62	1	4747
2008	3257	88	201	5	177	5	46	1	3681
2009	3941	88	247	6	239	5	61	1	4488
2010	4340	86	265	5	355	7	69	1	5029
2011	4459	87	266	5	360	7	68	1	5153
2012	4969	86	298	5	439	8	78	1	5784
2013	5828	85	349	5	548	8	95	1	6820
2014	6225	85	367	5	600	8	100	1	7292
2015	6387	85	364	5	625	8	101	1	7477
2016	6824	85	382	5	697	9	112	1	8015
2017	8018	85	453	5	842	9	127	1	9440
2018	7745	85	423	5	846	9	122	1	9136

①② 参见美国投资公司协会官网。

续表

年份	传统 IRA		雇员简易计划		罗斯 IRA		简易 IRA		合计
	资产	份额（%）	资产	份额（%）	资产	份额（%）	资产	份额（%）	
2019	9297	85	491	4	1014	9	146	1	10948
2020	10722	85	537	4	1233	10	169	1	12661
2021	12215	84	605	4	1445	10	195	1	14460
2022	10100	85	480	4	1210	10	160	1	11950

资料来源：美国投资公司协会官网。

IRA 账户资产的增长主要来源于两个渠道：一是来自雇主发起计划的资产转移，即雇员可以在退休、工作转换或有其他转换需求的时候，将职业年金计划的资产转移到 IRA 账户；二是来自参保者个人向 IRA 账户的缴费。从表 1–5 中可以看出，在传统 IRA 账户中，来自雇主发起计划的资产转移一直占历年资产来源的 90% 以上，个人参保自主缴费的规模一直比较小。在罗斯 IRA 账户下，资产来源除了缴费和资产转移外，还有一个罗斯 IRA 转换渠道，即个人可以申请将职业年金计划或传统 IRA 计划的资产转换为罗斯 IRA 账户资产。届时，个人需要在转换时补缴个人所得税，而在退休时这部分资金可免税领取。在罗斯 IRA 历年的资产来源中，转移资产占比并不高，而缴费资金占比则相对较高。近年来其缴费规模与传统 IRA 大体持平，同时来自罗斯转换的资产占比越来越高，说明参保个体选择罗斯 IRA 账户缴费的比例越来越高。

表 1–5　1998~2020 年传统 IRA 和罗斯 IRA 账户资产形成来源

单位：10 亿美元

年份	传统 IRA			罗斯 IRA			
	缴费收入	转移资产	转移资产占比（%）	缴费收入	转移资产	罗斯转换	转移资产占比（%）
1998	11.9	160.0	93.1	8.6	0.0	39.3	—
1999	10.3	199.9	95.1	10.7	—	3.7	—
2000	10.0	225.6	95.8	11.6	—	3.2	—
2001	9.2	187.8	95.3	11.0	—	3.1	—
2002	12.4	204.4	94.3	13.2	—	3.3	—
2003	12.3	205.0	94.3	13.5	—	3.0	—
2004	12.6	214.9	94.5	14.7	—	2.8	—
2005	13.4	228.5	94.5	18.0	—	2.6	—
2006	14.3	282.0	95.2	18.7	—	2.8	—
2007	14.4	316.6	95.6	18.7	—	2.2	—
2008	13.4	272.1	95.3	18.2	—	3.7	—
2009	12.8	257.3	95.3	17.6	2.7	6.8	10.0
2010	12.8	288.4	95.8	18.6	7.8	64.8	8.6
2011	12.3	297.5	96.0	18.0	4.3	11.3	12.8
2012	15.5	334.6	95.6	18.7	4.8	18.1	11.5
2013	16.8	393.4	95.9	21.0	5.5	7.5	16.2
2014	17.5	423.9	96.0	21.9	5.7	8.3	15.9
2015	17.7	459.9	96.3	21.7	8.4	9.0	21.5
2016	18.3	430.8	95.9	22.2	8.6	9.1	21.6
2017	18.8	463.0	96.1	23.5	9.9	10.0	22.8
2018	18.6	516.7	96.5	24.3	12.5	13.7	24.8
2019	20.1	535.7	96.4	27.6	13.0	17.0	22.6
2020	22.1	594.8	96.4	33.0	17.5	34.5	20.6

资料来源：美国投资公司协会官网。

2. 第二、第三支柱账户之间的资产转移政策

以典型的 401(k) 计划为例，将其资产转移到 IRA 账户时，通常有两种方式：

第一是直接转移。直接转移是指将 401(k) 计划中的资金直接转移至 IRA 账户，不经过雇员之手。雇员在进行资产转移时需要先联系目标 IRA 账户的管理机构，并填写相应的转移请求表格。直接转移方式可以避免税收后果和提前取款的风险，通常须在规定的时间内完成，一般为 60 天。如果在 60 天内未完成转移，将被视为提前取款，可能会导致缴纳税款和可能的罚款。直接转移方式的优点是，不会产生个人所得税或提前取款罚款。资金转移后仍可以在 IRA 账户中继续增长，并按照 IRA 的税收规定进行处理。雇员可以将资产转移到传统 IRA 账户，也可以转移到罗斯 IRA 账户。

第二是间接转移。在进行间接转移时，资金先从原来的退休账户中提取出来，通常会发给账户持有人一张支票，标明账户持有人的名字。然后，账户持有人需要在规定的时间内（通常为 60 天）将这笔资金存入新的 IRA 账户，以避免可能出现的税务后果。如果资金在规定时间内没有被存入新的 IRA 账户，可能会导致税款和罚款。

在进行间接转移时，通常需要设立一个名为“Rolling Over”（滚动转移）的专用账户，用于接收 401(k) 计划中的资产。设立 Rolling Over IRA 的目的是为了避免将 401(k) 计划的资产与现有的传统 IRA 或罗斯 IRA 账户混合，维持资产原有的税收优惠条件，更好地管理和投资这些资产。设立 Rolling Over 账户后，雇员可以选择将其与目标 IRA 账户的资产进行合并，以便集中管理和投资退休储蓄资产。

选择直接转移还是设立 Rolling Over 账户再转移，取决于个人的偏好和情况。直接转移可以避免额外的账户开设和管理，更为直接。设立 Rolling Over 账户再转移则可以将 401(k) 账户的资产与现有 IRA 账户分开，便于管理和投资。无论选择哪种方式，重要的是遵守相关的转移规定和程序，确保资产顺利转移，并与 401(k) 账户的税收优惠保持一致。在监管上，直接转移和设立 Rolling Over 账户再转移都要受到相关的税法和退休计划法规的约束，转移过程必须符合相关的税法和退休计划法规，相关规定包括遵守转移资金的时间限制、限额规定、报告要求等。另外是税收方面的要求，不论是直接转移还是设立 Rolling Over 账户再转移，都要确保转移后的资产仍然能够保持原有的税收优惠条件。

3. 第二、第三支柱账户之间的税收政策衔接

IRA 是一种基于资金账户的制度设计，税收优惠针对放入 IRA 账户的资金，依托美国成熟的纳税体系，由国家税务局对 IRA 账户应纳税、应免税的情况进行征免处理。IRA 资金原则上必须在账户持有人达到法定退休年龄后才能领取，领取方式可以选择一次性分配、定期分配或生存年金等。虽然 IRA 获得了政府的税收优惠支持，但个人必须遵守 IRA 运作规则，否则将面临税收罚款。个人在以下情况动用 IRA 资金将受到一定的税收惩罚：提前撤回，从事禁止交易，超过规定的缴费金额。例如，如果个人年龄未满 59.5 岁，提前支取传统 IRA 资金，将被额外征收 10% 的税收作为惩罚。上述类似税收惩罚措施有效地保证了 IRA 资金的规范性和资金的长期积累。在特定条件下，个人提取任意金额都可免除提前提款罚金，包括巨额医疗支出、失业后的健康保险支出、首次购房支出、高等教育支出等。

根据 2023 年的税法规定，传统 IRA 和罗斯 IRA 的税优上限缴费额为 6500 美元。如果参保者年满 50 岁，可额外缴纳最多 1000 美元。这些贡献额度是在个人所得税计算之前扣除的，因此不会计入当年的个人所得税中。表 1–6 以 2014 年美国的个人所得税缴纳报表为例，展示了美国综合所得税制下的各项收入和抵减项目。在纳税收入项目中，公民所有的收入来源都要进行申报，包括工资、薪金、利息收入、资本利得、租金、个人经营收入等规定的项目，都要纳入所得税缴税项目，其中社保收入的超额部分和来自雇主养老金的个人养老金计划的提款，符合相关要求的也需要纳税。在税收收入抵减项目中，教育费用、健康保险支出，以及包括 IRA 和各类符合免税条件的养老金年金缴费都能够用于抵免减税基数。

表 1–6　2014 年美国个人所得税缴纳报表（样本）

一、纳税收入项目	说明
7 工资、薪金、小费等	来自 W–2 表（工资和所得税表）
8a 纳税利息	如需要请见附表 B
8b 免税利息	不计入纳税额
9a 普通分红	如需要请见附表 B

续表

一、纳税收入项目	说明
9b 合格分红	不计入纳税额
10 纳税基金收入、贷款收入或来自州和地方的所得税补偿	
11 接受的赡养费（或生活费）	
12 商业收入（或损失）	请见附表 C 或 C-EZ
13 资本利得（或损失）	如需要请见附表 D
14 其他所得（或损失）	来自表 4797
15a IRA 领取款	
15b 其中纳税收入	b 项计入纳税额
16a 养老金和年金领取款	
16b 其中纳税收入	b 项计入纳税额
17 不动产出租收入、特许权使用费、合伙收入、S 类公司收入、信托收入等	附表 E
18 农场收入（或损失）	附表 F
19 失业补偿	
20a 社会保障金收入	
20b 其中纳税收入	b 项计入纳税额
21 其他收入，列出类型和数量	
22 汇总 7~23 项纳税收入	
二、纳入收入调整（抵减）项目	**说明**
23 教育者费用开支	
24 后备役军人、艺术家、政府工作者费用开支	附表 2106 或 21060-EZ
25 健康储蓄账户抵减	附表 8889
26 搬家费用	附表 3903
27 抵减部分自雇就业税	附表 SE
28 自雇者 SEP、SIMPLE 和合格养老金计划	
29 自雇者健康保险抵减	
30 提前储蓄提款的罚款	
31 支付赡养费	
32 IRA 抵免	
33 学生贷款利息抵免	
34 学杂费	来自表 8917
35 家庭生产活动抵减	来自表 8903
36 将 23~35 项汇总	

注：表格中所提及附表请查阅原文件，本表略。

资料来源：美国国家税务局官网。

在第二、第三支柱的税优政策上，根据税法规定，雇主发起的职业养老金计划和 IRA 计划的税优额度是分开计算的。如果雇员未参加雇主发起的计划，不能将该税优额度转移至 IRA 计划。以典型的 401(k) 计划为例，2023 年雇员最多缴存 22500 美元（年满 50 岁及以上者可以额外缴存 7500 美元）①。当雇员再次向 IRA 账户缴费时，需要视其报税人身份和收入情况，对可享受的税优缴费额度进行调整。表 1-7 说明了这种情况，收入在下限之下的低收入者可享受 IRA 全部税优额度，中间收入者可部分免税，高收入者则不再享有税优，其目的主要是保证税优政策的公平性。

① Internal Revenue Service, Taxpayers Should Review the 401(k) and IRA Limit Increases for 2023, https://www.irs.gov/zh-hans/newsroom/taxpayers-should-review-the-401k-and-ira-limit-increases-for-2023, 2022-11-21.

表 1-7　参加 401(k) 计划对传统 IRA 账户缴费税优额度的影响

报税状态	全部免税	部分免税	不免税	缴费限额
单身	<$73000	$73000~$83000	> $83000	6500 美元，50 岁以上增加 1000 美元
已婚，本人有 401(k) 账户	<$116000	$116000~ $136000	> $136000	6500 美元，50 岁以上增加 1000 美元
已婚，配偶有 401(k) 账户	<$218000	$218000~ $228000	>$228000	6500 美元，50 岁以上增加 1000 美元
已婚，本人有 401(k) 账户，填报本人个税	$0	$0~$10000	> $10000	6500 美元，50 岁以上增加 1000 美元

资料来源：Bloomenthal A, 401(k) and IRA Contributions: You Can Do Both, https://www.investopedia.com/ask/answers/07/401(k)_ira.asp.

对于罗斯 IRA 计划来讲，由于雇员在缴费端不享受税优政策，因此其缴费额度不受是否参与 401(k) 计划的影响，可享受的税优额主要与收入水平挂钩（见表 1-8）。总体来看，罗斯 IRA 的适用人群更广，近年来也越来越受到欢迎。

表 1-8　罗斯 IRA 缴费税优额度

报税状态	全部免税	部分免税	不免税	缴费限额
单身	<$138000	$138000~$153000	>$153000	6500 美元，50 岁以上增加 1000 美元
已婚，联合报税	<$218000	$218000~$228000	>$228000	6500 美元，50 岁以上增加 1000 美元
已婚，分开报税	$0	$0~$10000	>$10000	6500 美元，50 岁以上增加 1000 美元

资料来源：Bloomenthal A, 401(k) and IRA Contributions: You Can Do Both, https://www.investopedia.com/ask/answers/07/401(k)_ira.asp.

四、三支柱养老金信息管理平台的整合趋势

养老金体系是一个整体设计，国际上公共、私人养老金越来越呈现出混合发展的趋势。从个人角度分析，无论是公共养老金账户，还是私人养老金账户，最终都是退休收入的一个部分，需要统筹管理。随着第二、第三支柱私人养老金的快速发展，单个就业者享有多个养老金账户的情况越来越普遍，使用统一账户信息平台的需求逐渐增强。一方面，劳动力市场日益灵活，就业流动愈加频繁，迫切需要将个人职业生涯中的各个养老金账户纳入统一平台进行跟踪；另一方面，信息时代互联网金融科技的快速发展，为整合统一服务平台创造了便利条件。在这种情况下，不少国家开始将多支柱养老金纳入统一的国家服务平台（Dashboard）。Dashboard 在英文中是指汽车仪表盘或平台面板，用到养老金管理上，意指通过一个平台就可以观察到所有退休金账户的全部情况，包括账户数量、缴费金额和待遇情况等方面的信息。统一的养老金信息平台可以为参保客户提供在线注册、缴费查询、账户跟踪和退休收入预测等一体化的综合服务，在降低账户管理成本、减少退休收入“遗漏”、整合账户信息和加强养老金融教育等方面有着十分重要的作用。

为解决养老金体系信息分散化的问题，不少国家建立了社保服务大平台。在该平台上，养老金参保人可以通过在线访问，查询包括国家公共养老金、职业养老金和个人养老金在内的养老金账户信息，还可以恢复、合并之前的“遗失”账户，估算未来的退休收入，进行在线金融教育，提供养老金咨询服务等。

1. 丹麦

1999 年丹麦最大的职业养老金计划——丹麦劳动力市场补充养老金计划（ATP）与其他几家养老金提供商合作，建立了丹麦养老金公共服务平台，称为 Pensions Info。之后几年内，该平台的功能、内容和设计及数据格式等方面达成一致。2010 年大多数养老金管理机构都已加入该平台，开始向参保人提供信息服务。该平台像是一个搜索引擎，个人通过 ID 账户登录平台，当用户查询相关信息时，会自动将申请转向服务商，养老金服务商即时反馈查询信息，因此该系统并没有中央数据存储功能。通过该平台，用户可以了解养老金待遇、收费情况，并模拟测算不同退休决策情形下的退休收入情况，也可以通过平台向服务商进行咨询。截至 2017 年平台用户已达到 130 多万人①。

2. 瑞典

瑞典的 MinPension 网站是一个非营利性的公私合作平台，养老金服务商自愿加入。由于瑞典职业养老金普及率非常高，90% 的雇员都已加入，这为养老金公共服务平台的建立提供了基础条件。该平台建于 2004 年，到 2013 年主要的养老金服务商都已加入，至今覆盖了 99% 的职

① U.K. Department for Work and Pensions, Pensions Dashboards Working Together for the Consumer, 2019.

业养老金计划和95%的个人养老金计划。该平台并没有数据存储功能，当用户登录时，网站将向国家养老金管理部门和30多家职业养老金服务商提出信息查询申请，随后平台将汇集个人的所有养老金信息，包括公共养老金、职业年金和私人养老金。到2020年，在该平台注册的用户达到380万人，占该国成年人数量的40%①。

3. 荷兰

2008年1月荷兰出台的《养老金法》对养老金信息披露提出了新要求，规定到2011年1月1日，所有计划管理人都应为客户提供养老金账户的信息跟踪服务，包括国家养老金和职业养老金的待遇情况，这一立法推进了统一平台的建设进程。荷兰统一服务平台"Pensioenregister"与瑞典模式相类似，采取即时查询方式，数据通过平台由养老金管理人发送给客户，不设中央储存数据库。目前荷兰境内有300多种养老基金，大多数传统的待遇确定型计划正逐步转向缴费确定型计划，但个人养老金计划还未纳入该平台②。

4. 澳大利亚

澳大利亚建立统一养老金管理平台的出发点在于减少超级年金计划的重复账户。据估计，2018年超级年金计划约40%的参保人有多个账户，不必要的无效账户有1000多万个。2010年库珀超级年金审查报告提出建立"超级流量"系统的建议，其核心是运用互联网技术统一年金数据标准，并与纳税编号相统一，实现养老金账户管理的统一标识。2013年国家税务办公室在线门户网站开始运营，提供超级年金的账户信息服务。澳大利亚人可以通过"我的政府"账户登录到国家税务办公室的养老金管理平台，查询超级年金的信息，也可将不同年金账户合并到一个账户③。

除上述四国外，比利时、以色列等国家也引入了国家统一的养老金服务平台。表1-9展示了各国养老金公共管理平台的基本特征。各国做法虽不尽一致，但平台的基本功能是一样的，在最开始时平台主要起到简单的信息汇总或注册作用，之后逐步扩展账户整合、在线教育和咨询服务等附加功能。在数据处理上，多数国家采取信息查询—即时反馈的交互服务方式，也有国家建立了统一的中央数据库（如澳大利亚、以色列）；在平台建设的资金来源上，大多采取多方公私合作的方式，由政府部门、养老金行业共同筹资建设、维护。

表1-9　各国养老金公共管理平台的基本特征

国家	用户进入	数据处理方式	功能	平台资金来源
澳大利亚	数字ID	中央数据库	信息查询；账户发现、归并	政府一般预算；养老金行业纳税
比利时	数字ID	信息汇总	信息查询；账户发现；预测待遇	政府一般预算
丹麦	数字ID	线上申请	信息服务；预测待遇	养老金管理人自愿资助
以色列	信用卡账户	数据清洗部门	账户发现；信息资料转移；金融建议	政府一般预算；参保者收费
荷兰	数字ID	线上申请	信息服务；预测待遇	养老金管理人资助；参保人收费
瑞典	数字ID	中央数据库	信息服务	政府一般预算；养老金管理人资助

资料来源：John D, Enda G, Gale W G, Iwry J M, A Retirement Dashboard for the United States, https://www.brookings.edu/wp-content/uploads/2020/10/Retirement-Security-Project-Dashboards-Oct-2020.pdf.

五、对中国的启示

自20世纪90年代以来，我国多层次养老保险体系建设取得非凡成就。第一支柱基本养老保险制度已实现了广覆盖，至2022年末参保人数达到10.5亿④；第二支柱企业（职业）年金制度于2004年实施，面向机关事业单位的职业年金制度于2014年启动，至2021年末两者覆盖人数达到7200万，积累基金达4.4万亿元⑤；第三支柱个人养老金制度于2022年末实行，标志着与国际接轨的三支柱养老金体系框架正式确立。同时也要看到，多层次养老保险体系建设是一个系统工程，第二、第三支柱短板尤为突出。第二支柱企业（职业）年金制度的参保人群主要以国有、正规部门职工为主，民营中小企业普遍参与不足，近

① MinPension, See What You Get in Retirement, https://www.minpension.se/allt-om-pensioner/pensionsprognos/se-vad-du-far-i-pension.

② Pensioenregister, Pension Overview for All Citizens with Pension Entitlements in the Netherlands, https://mypensionoverview.nl.

③ Killian P, The Avoidable Super Fees Stinging Almost Half Australia's Workforce, 2018.

④ 人力资源和社会保障部：《2022年度人力资源和社会保障事业发展统计公报》，http://www.mohrss.gov.cn/SYrlzyhshbzb/zwgk/szrs/tjgb/202306/W020230620362129217161.pdf，2023年6月19日。

⑤《商业养老金业务试点明年启动 养老"第三支柱"再增动力》，人民网，http://finance.people.com.cn/n1/2022/1205/c1004-32580609.html，2022年12月5日。

年来扩面速度缓慢；税收优惠型的个人养老金制度刚刚起步，至 2023 年 6 月底覆盖人口为 4030 万[①]，向全社会普及推广面临障碍。党的二十大报告提出，完善基本养老保险全国统筹制度，发展多层次、多支柱养老保险体系[②]。新形势下我国社会保障制度改革已进入系统集成、协同高效的发展阶段，加快完善多层次养老保险体系，要着重提升统筹谋划和协调推进能力，促进三支柱养老金制度联动改革，形成整体合力。第二、第三支柱的协同联动发展是必然要求，未来在顶层设计、监管体制、税收优惠、加入机制和投资安排等方面，也亟待出台更具吸引力的激励措施。

第一，优化多层次养老金制度结构，为第二、第三支柱发展提供空间。

基本养老保险和第二、第三支柱养老金之间是一种替代关系，第二、第三支柱的突破发展需要缴费空间条件支持。在私人养老金发展的四种模式中，私人养老金与公共养老金间有着协调合作的关系。在自发型养老金模式中，基本社会养老保险的替代率较低，这为私人养老金发展提供了空间；在私人养老金模式中，国家从立法层面推动私人养老金的发展。目前，中国的企业年金计划属于自愿性补充养老保险，沿袭了英、美等国自发型养老金的发展路径，但多年来的发展效果与预期有很大差距。由于我国基本养老保险的缴费率很高，如果采用强制性养老金发展模式，增加一个附加的年金计划，支柱操作空间较小，因此可借鉴英国和日本发展私人养老金的做法，采取类似于“协议退出”的方式，降低基本养老保险的缴费比例，利用置换出来的缴费资源，为企业年金和个人养老金发展提供空间。在这种情况下，基本养老保险和私人养老金计划之间是一种替代关系，即在总的养老金缴费率不变或略有下降的情况下，缩小基本养老保险的比例，增加私人养老金计划的比例。当然，以英国为代表的协议退出方式建立在私人养老金计划发展水平已相对发达的基础上，我国企业年金和个人养老金目前仍处于初期发展阶段，不可能完全照搬英国的经验。但是这种方式可为我们提供一种思路：为实现养老金制度的可持续发展，国家养老责任必然要逐步向企业和个人转移，从这种趋势看，基本养老保险的缴费水平要逐步降低，企业年金和个人养老金计划在养老体系的地位要不断加强。我国目前企业年金发展面临的一个制约因素是“强资本，弱劳工”问题，由于工会组织的作用相对薄弱，应加强工会、行业协会、社会中介等机构的力量和发言权，这是促进年金计划建立和保护职工合法权益的现实需要。

第二，打通第二、第三支柱养老金储蓄账户，建立统一管理体制。

从本质上讲，第二、第三支柱都建立在个人养老金基础之上，采取完全市场化的运营模式，因此在政策设计上，应考虑打通两者的衔接设计。第二支柱的企业年金和职业年金主要面向企业和机关事业单位职工，第三支柱主要面向没有雇主和单位的参保人员。两类计划可在以下几方面进行衔接：一是在税优政策上进行衔接。现阶段，企业年金和职业年金覆盖的人群有限，还有很多单位没有建立年金计划。第二支柱与第三支柱个人享受税收优惠的比例或额度可以考虑打通，即如果职工个人参加企业年金或职业年金的个人缴费没有达到税优的比例或额度上限，职工可将差额部分追加至个人账户的缴费上限；如果职工所在单位没有建立年金计划，可将全部比例或额度追加至个人账户的缴费上限。这一衔接设计的优势是充分考虑到不同群体的公平性，即将我国第二、第三支柱的个人缴费税优额度合并提供给所有个人。二是在投资管理上进行衔接。第二、第三支柱均采用委托人投资运营模式，由市场上的专业性金融机构（包括养老保险公司、信托机构、基金公司）进行投资运营，在治理结构、投资政策和待遇发放方式等方面都应实现统一，以方便参保者建立统一的市场竞争秩序。三是实现缴费、账户记录和基金转移接续等方面的衔接，以统一的账户管理信息系统为基础，当参保人在不同性质的单位间转移工作或跨地域流动时，能够实现第二、第三支柱养老金账户间的无缝对接。

第三，加强立法和税收优惠政策支持，推动第二、第三支柱普惠发展。

养老金的发展离不开国家政策的引导支持。针对第二支柱年金制度发展的主要改革政策建议有：一是放宽加入年金计划的限制条件。例如，取消企业营利性和建立工会制度等方面的要求，放宽在单位缴费归属期等方面的限制。借鉴国际经验，应引入自动加入制度，企业职工若不签订拒绝协议，即可视为自动加入年金制度。在职业年金发展上，应着重解决机关事业单位编制外人员的参保问题，并加快做实单位缴费部分的账户资金。二是放开年金投资的个人投资选择权，设立合格的标准化养老金投资产品，引入目标日期基金和默认投资工具，为职工提供简化的投资产品选项。三是进一步拓宽年金投资范围和渠道，丰富年金产

① 人力资源社会保障部：《人力资源社会保障部举行 2023 年二季度新闻发布会》，http://www.mohrss.gov.cn/SYrlzyhshbzb/zxhd/zaixianzhibo/202307/t20230721_503273.html，2023 年 7 月 21 日。

② 《习近平：高举中国特色社会主义伟大旗帜 为全面建设社会主义现代化国家而团结奋斗——在中国共产党第二十次全国代表大会上的报告》，中国政府网，https://www.gov.cn/xinwen/2022-10/25/content_5721685.htm，2022 年 10 月 25 日。

品投资选择，提高投资权益类资产的上限，并适时开展境外投资。针对第三支柱个人养老金发展，应加大税收优惠支持和试点推进政策。在模式选择上，考虑到中国实行的是分类个人所得税制，未来改革的目标是综合所得税制，建议实行“双向税优”政策，即在实行“延税型”的EET时（退休领取时纳税），同时设立“免税型”的TEE账户（对账户实行税后缴费，但在退休领取时实行全免的政策，对投资收益和缴费均免征个税）。推进个人养老金的普及，需要优化税优政策设计，部分国家实行财政补助的做法，对中低收入群体参加养老金制度给予补贴。第二、第三支柱养老金发展成功的关键因素是覆盖人数能否最大化，能否普惠到各类就业人员。为此，立法和税收优惠政策应面向全民，打破行业分割和政策壁垒，通过简化的投资管理体制设计，利用现代互联网技术和金融投资工具，为居民个人提供方便、高效的服务。此外，还要健全针对新就业形态劳动者、外出农民工和灵活就业人员的参保缴费机制，创新探索中小企业加入年金计划和中低收入群体加入个人养老金的参与机制，促进第二、第三支柱养老金的普惠发展。

第四，建立基于风险的养老金监管模式。

年金市场的监管体系与一个国家的法律传统、经济发展水平、金融体制及养老金计划类型等多种因素有关。发达国家主要存在三种年金市场监管模式：“一体化”监管模式、“专业化”监管模式和“部分一体化”监管模式。“一体化”监管模式的优点在于实现规模经济，降低监管成本，避免重复和多重管理，实现信息共享，提供更综合的服务；“专业化”监管模式的优点在于基于养老金产品与其他金融产品的差异性，单一监管部门更具效率，养老基金的安全保障性较高；“部分一体化”监管模式则是介于上述两种监管模式之间的一种混合体。OECD国家的监管实践表明，无论在何种监管模式之下，监管机构之间的合作机制都是十分重要的，只要建立了明确的职责分工，就可以通过相互合作与协调来达到规模经济、提高监管效率。近年来，许多OECD国家开始纷纷引入基于风险的监管理念，如美国、加拿大、澳大利亚、德国、意大利、西班牙、荷兰、丹麦、爱尔兰和英国等年金市场发达国家。与传统的监管方式相比，基于风险的监管专注于高风险的计划和环节，根据具体养老金计划的特征，划分出高风险和低风险领域，对那些高风险计划实施积极的、密集的监管，对那些低风险计划实施宽松的监管。基于风险的监管方式可以有效地优化监管资源配置，节省监管成本，同时提高监管效率。

对于中国来说，企业年金监管采取的是类似于英美的“专业化”监管模式，企业年金监管以劳动与社会保障部门为主，涉及财政、税务、金融、保险等多个监管部门。在OECD国家中，采用“专业化”模式的国家普遍建立了企业年金的协同监管机制，不同监管部门责任明晰，分工合作，协同监管。在这方面，中国的企业年金监管还有很大的改进空间。此外，中国企业年金市场采取严格控制准入的主动监管方式，对于试点运营机构的数量、规模有合理规定，在市场逐步扩大和成熟之后，可借鉴国际上的先进做法，各监管机构可以逐渐由合规性监管向风险性监管过渡，即弱化审批机制的功能，随着企业年金市场主体的逐渐成熟，逐步取消审批，对风险暴露的部位进行重点监管，对其他合规主体则利用市场约束力、第三方监管及行业自律性对其进行监管。这种风险性监管可以降低监管的成本，提高监管效率。

第五，整合三支柱养老金信息，纳入国家社保服务大平台。

在国家社保服务平台建设方面，我国已经起步。2019年9月，国家社会保险公共服务平台（http://si.12333.gov.cn/）正式上线运行，主要提供国家基本社保权益信息查询、待遇资格认证、社保测算、关系转移、异地就医查询、境外免缴申请、失业金申领和电子社保卡查询等服务。从规模经济上讲，将单一的五项社会保险公共服务平台拓展为多层次保障体系的大平台，可避免重复建设，节约硬件成本。建立一个多层次社会保障体系的大平台，下设各项社会保险和第二、第三支柱的不同模块，相当于在大平台上设立多个小平台，在建设投入和维护上都可以节省管理成本。从参保群体的规模看，截至2021年末，我国第一支柱基本养老保险已覆盖超10亿人口，绝大部分就业人口都已加入；参加第二支柱企业年金和职业年金的人群合计已超7000万人，国家社会保险公共服务平台上的广大参保客户，为未来第二、第三支柱养老金的扩面提供了巨大的潜在空间。如果将该平台扩展成服务三支柱养老金的综合信息服务大平台，不仅便于为参保者提供一体化的信息服务，也有利于普及养老金教育，方便个人做出退休规划和参保决策，促进多层次养老金的协调发展。从国际案例看，统一的国家养老金服务平台是必然趋势，越早改革越有利于建立统一的社保管理体系，促进多支柱养老金计划之间的融合发展。社保公共服务平台的关键环节是信息共享，它建立在国家对社保信息化建设统一进行顶层设计的基础之上，需要打破行业之间、部门之间的利益壁垒，出台衔接政策和数据标准，实现多支柱养老金计划的有机融合。

分报告二
个人养老金的发展困境与政策定位

一、引言

党的二十大报告提出，完善基本养老保险全国统筹制度，发展多层次、多支柱养老保险体系。2022 年 11 月，人力资源社会保障部、财政部、国家税务总局等部门联合发布《个人养老金实施办法》，并在 36 个城市（地区）开始试点。截至 2023 年 6 月底，全国开立个人养老金账户人数高达 4030 万人，按缴纳个人所得税人群计算，个人养老金参加率并不低。但最新数据也显示，截至 2023 年 3 月底，仅有 900 万名开户者完成了资金缴存，约占同期开户人数的 30%，且个人养老金共缴费 182 亿元，人均缴费金额为 2022 元，距离每年 1.2 万元 / 人的税优额度仍有较大的差距[①]。也就是说，人们到银行开立个人养老金账户的热情很高，但实际缴费人数和投入金额都远远低于预期。

对此，一些业界人士和专家给出了解释并献计献策。比如，汇添富基金董事长李文认为，个人养老金当前面临三方面困难：一是人均缴费水平较低，投资功能有待发挥；二是产品供给种类单一，投资效果不及预期；三是以产品销售模式为主导，配置服务生态尚未形成。中国保险资产管理业协会副秘书长陈有棠认为个人养老金存在长钱短投、收益率不理想等问题。建信养老金公司总裁曹伟从供需两端提出建议：在需求方做好个人养老的整体规划，个体在年轻时开始进行养老金的积累和投资，提前考虑年老时所需养老服务的同时，供给方需要考虑如何帮助居民做好养老金规划和投资，通过扶持国内养老产业发展等方式，降低养老产业的运行成本，提供性价比较高的养老服务。清华大学五道口金融学院中国保险与养老金研究中心研究负责人朱俊生提出：一是要在领取时对投资收益部分做免税扣除，增强税惠吸引力；二是适时提高享受税惠的缴费额度，建立抵扣额度与社会平均工资增长指数化挂钩的动态调整机制；三是拓展税收优惠方式，对低收入群体进行财政补贴，提升制度的公平性和覆盖面。中国保险行业协会秘书长商敬国认为，应当考虑到没有纳税人群的合理诉求，扩大个人养老金覆盖面，这是发展中最为紧迫的任务。

显然，能否有效扩大个人养老金覆盖面将成为个人养老金未来面临的最大问题。应该说，2018 年试点的个税递延型商业养老保险也同样存在这一问题，为此很多业内人士和专家也给出了非常具体和详细的改革建议，才有我们今天所看到的个人养老金政策的出台，但并没有解决覆盖面难以扩大的核心问题。因此，需要我们跳出制度设计的细枝末节，而应该以更大的视角来审视个人养老金发展所处的宏观环境，找到问题的根结所在，并在此基础上，重新思考个人养老金的政策定位，不断改建制度设计，从而解决个人养老金覆盖面难以扩大这一根本问题。

二、个人养老金的发展困境

（一）认知困境：限制了制度设计的可能性边界

2023 年 9 月，国家金融监督管理总局印发了《关于个人税收递延型商业养老保险试点与个人养老金衔接有关事项的通知》（金规〔2023〕4 号），表明个人税收递延型

① 王笑：《个人养老金发展不及预期：保险业能做什么》，《金融时报》，2023 年 8 月 30 日，第 12 版。

商业养老保险正式退出历史舞台，中国第三支柱养老保险将以个人养老金为主体甚至是唯一载体（享受税收优惠的狭义第三支柱养老保险）。但不管是五年前的个人税收递延型商业养老保险还是如今的个人养老金，我们对第三支柱养老保险的认知也仅限于其本身发展的必要性和工具性措施的选择上，而没有把第三支柱养老保险真正纳入整个社会保障体系和民生建设进行系统考察，更不用说把它放在时代变迁和经济前景等更大的背景下进行深入探讨。根本问题就在于认识的局限性，具体来说包括以下三方面：

一是认为中国养老保障体系重点在于公共养老金制度的建设和完善，而不是商业性和市场化的个人养老金。这种观点认为，既然第一支柱都没有完全建设好，何谈发展第二支柱，更不必说引入第三支柱养老保险的个人养老金了。当然，这种观点更喜欢或更应该使用“层次”的表述，而不是“支柱”概念，或者把两者混为一谈。但是“层次”和“支柱”这两个概念根本不是一回事，因为“层次”体现的是一种“中心主义”观念，意味着公共养老金是所有制度的中心或根本，而其他制度只能是公共养老金的补充，持有这种观点的人也就会在不同程度上排斥市场机制和市场参与。毫无疑问，这种认识因循旧传统，具有保守主义特征，甚至没有完成从“企业补充养老保险”到“企业年金”的认知转变①。当然，随着个人养老金的推出，这种错误认识似乎“销声匿迹”，但一旦个人养老金发展受挫，这种声音会再次出现，甚至占据主流。

二是认为中国个人养老金发展方向只能是美国模式，或者说错误观念下的“美国模式”，把美国个人退休账户视作中国个人养老金发展的未来范本。要知道，美国“个人退休账户”（IRA）之所以规模庞大，一方面是来自第二支柱养老保险［特别是401（k）］的资产转移，即个人退休账户自身缴费收入占资金流入的比例很少超过5%，而通过401（k）等养老金计划资产转换过来的资金却高达95%以上②；另一方面是美国私人养老金传统为个人退休账户的发展壮大提供了观念基础和制度赋能。如果不是在建立公共养老金之前私人养老金已经获得了一定发展③，那么美国也很难培育起来民众对401（k）计划以及个人退休账户的广泛认同。甚至可以说，美国公共养老金可以看作对私人养老金的“补充”，而不是相反。反观中国，现代化进程起步较晚，公共养老金出现在前，代表了私人养老金的企业年金起步较晚（因为建立企业年金计划的大部分是国有企业，甚至都不应该称为“私人养老金”），而且后者发展时间较短，效果也不尽如人意。因此，我们自然地认为企业年金和其他市场化保障形式都应该作为公共养老金的“补充”，最后慢慢变成一种“常识”，甚至固化了思维。从制度设计的一些关键环节上来说，中国刚刚试点不久的个人养老金非常类似于美国的个人退休账户，是否就是这一认知下的产物，对此非常值得思考。

三是认为个人养老金的发展更多地应该体现为个人责任，而把国家的责任大体局限于基于合规性所提供的税收优惠。这种观点乍一看似乎没有问题，因为它符合多年来我们一直强调三支柱体系的基本定位，即第一支柱公共养老金由国家来举办，负责提供基本养老保障收入，并由财政负有兜底责任；第二支柱企业年金由企业来举办，增加职工的晚年收入，可以吸纳和留住人才；第三支柱个人养老金由个人选择，牺牲当期消费来增加储蓄，强化自我保障能力。这种观点可能是基于传统工业社会的一种理想状态（充分或者完全的正规化就业），当前也许对少数发达国家（而且只能是“少数”）仍然适用，但对大多数发展中国家来说，这种责任划分并不适用，而且可能是极其危险的。需要强调的是，随着信息技术和移动互联网的普及应用，整个社会就业生态正在发生深刻变化，灵活就业正在演变成一种不可逆的发展趋势。未来或许会出现一种现象，即越来越多的灵活就业人员只能高度依赖个人养老金，但对个人责任的过分强调，会使他们陷入保障不足的危险境地。

（二）经济转型困境：养老储备与刺激消费存在冲突

长期以来，中国居民储蓄率居高不下，而且新冠疫情后这种趋势进一步强化。第十三届全国政协常委、中国人民大学原校长刘伟曾在2021年两会期间强调，“最近10年中国居民消费率反而低于上一个10年，背后是居民住房、教育、医疗、养老等负担过重”④。这其中至少包括以

① 2000年，“企业补充养老保险”更名为“企业年金”。这虽然是一种进步，但这个“企业年金”概念用法仍然不准确，不仅混淆了“养老基金”（Pension Fund）与年金（Annuity）之间的本质区别，而且也影响了退休后账户资产年金化实施进程和实践效果。更为重要的是，这一用法还造成了观念上的混乱，甚至可以说，第三支柱养老保险制度前期走过的弯路与此也不无关系。

② 齐传钧：《美国个人退休账户的发展历程与现状分析》，《辽宁大学学报（哲学社会科学版）》，2018年第S1期，第77-87页。

③ 1875年，美国运通公司为其雇员建立了世界上第一个正式的企业退休金计划，并很快被其他大型企业所效仿，各种类型私人养老金计划如雨后春笋般大量出现，这些计划都早于基于《1935年社会保障法》所建立的公共养老金制度，而在20世纪80年代出现并随后获得大发展的401（k）计划除了来自税收激励外，与这种传统和历史积淀也是密不可分的。

④ 参见央视网相关报道，http://tv.cctv.com/2021/03/08/VIDEBPZ1kTYXHQHNOiMXEZZu210308.shtml。

下四层含义：一是居民消费率尽管长期处于较低位置，但下行趋势并没有发生改变，甚至进一步下探；二是公共服务和社会保障等民生资源长期供给不足导致居民具有非常强的储蓄倾向，短时间内难以改变；三是如果不能从根本上解决住房、教育、医疗和养老等民生短板，不仅无法拉动消费，而且人们也不可能为自己养老进行有针对性的储蓄；四是中国未来的发展方向是促进消费，而不是增加储蓄，这是根本问题，决定着中国的长远福利。总之，中国经济在寻求转型，是强化消费而不是激励储蓄，任何养老保险制度设计都要遵从这一基本前提。

当然，居民高储蓄率有其合理性也有其必要性，因为储蓄带来了资本积累，考虑到过去资本的稀缺性和外向型主导的经济发展模式，过高的居民储蓄率对推动中国经济高速增长实际上做出了巨大贡献。但在 2008 年全球经济危机以后，全球尤其是西方国家经济增长陷入困境，中国对外出口压力与日俱增，而过去几年中美之间贸易摩擦不断加剧，曾被呼吁多年的经济转型不得不加快，即由投资和外贸主导转向消费主导的新经济模式，中央因此推出“双循环”新发展格局。显而易见，鼓励消费而不是储蓄的战略布局正式从理论研讨层面上升为国家战略层面。毫无疑问，这一战略调整是非常必要和及时的。但是，如果不考虑其他因素的影响，那么这一战略可能导致居民储蓄率的进一步降低，最终必然削弱人们形成长期储蓄的能力。另外，还需要强调的是，即使没有这一重大战略调整，人口老龄化本身也会降低居民储蓄率①。总之，这些都不利于个人养老金（假定个人养老金设计上的重大突破）的做大做强。

其中的道理不难理解，即人们自我养老保障能力的增强需要增加储蓄而抑制消费，但抑制消费不利于经济转型，进而侵蚀经济发展潜能和削弱经济增长，但因为经济增长是国家税收和居民收入的物质基础，经济增长乏力势必降低国家和个人的养老保障能力，最终得不偿失。所以，如果不能破解个人养老金所面临的经济转型困境或者实现个人养老金的制度设计突破，那么做大做强个人养老金就无从谈起，甚至政府出台的相关政策也会带来社会解读的随意性，影响政策实施的效果。比如，2019 年 11 月中共中央、国务院印发的《国家积极应对人口老龄化中长期规划》要求“稳步增加养老财富储备”，而 2021 年 3 月十三届全国人大四次会议通过的《中华人民共和国国民经济和社会发展第十四个五年规划和 2035 年远景目标纲要》则强调“稳步提高居民消费水平”。因此，如何平衡好消费和养老财富储备之间的关系已经成为影响个人养老金发展的关键问题。个人养老金的快速发展需要依赖存量储蓄转换，而是否刺激增量储蓄，这也许是制度设计的一个重要方向。

（三）激励困境：较差的适用性限制了政策空间和激励效果

国外经验告诉我们，个人养老金的发展壮大可以采取如下激励措施：一是匹配缴费；二是自动加入机制；三是税收优惠。但就中国而言，这三项激励措施很难对做大做强个人养老金带来实际贡献。当然，我们并不否认对其中某项措施进行重新界定，从而适用于中国的现实需求。

第一，匹配缴费是指个人参加私人养老保险计划，由雇主或国家提供配比缴费。需要强调的是，由雇主配比缴费的计划并不一定就是第二支柱养老保险，例如美国的“简化个人退休账户”（SEP IRAs）、“薪资抵扣简化个人退休账户”（SAR-SEP IRAs）和“简单个人退休账户”（SIMPLE IRAs）等计划虽然也可能有雇主缴费，但它属于第三支柱养老保险。当然,这种雇主缴费不具有普遍性，否则就可以直接用第二支柱来取代。因此，对于第三支柱而言，匹配缴费更多的是指国家的配比缴费，就像德国的里斯特养老金一样。问题是，如果我们对个人养老金的认识还停留在“多层次”的概念上，即第三支柱服务的人群仅限于中高收入阶层或者只对中高收入人群更有利，那么这一制度就必然陷入道德困境，必然背上“公共财政补贴富人”的恶名。所以，像德国那样给第三支柱养老保险提供财政补贴基本从来就没有进入政策制定者的视野。

第二，自动加入机制是指雇主提供一种机制和渠道，就职者一旦试用期结束转正或者工作超过一定时间（比如半年）就可以自动加入私人养老金计划并按照既定规则定期从工资扣费，该就职者在规定的一段时间后可以选择退出该计划。根据美国的经验，自动加入机制确实有助于提高养老金计划的参与率，而且如果雇主在此基础上还能提供一定的配比缴费，那么效果就更好。当然，即使雇主不配比缴费，对参保率的影响也较小，问题是一旦雇主不提供配比缴费，雇主设定的缴费率更低且提供的投资风格更加保守，因为雇主害怕承担投资失败的责任，或者因此遭到员工投诉从而影响公司声誉。对于中国而言，问题还不仅如此，正如前文所述，居民消费率持续走低的原因是家庭存在着大量“刚性”的现实需求，大多数有保障需求的人会很快选择主动退出，而最后留下的人只能是那些经济条件优越而并不看中这一“微薄”保障的少数人。

① 齐传钧：《人口老龄化对经济增长的影响分析》，《中国人口科学》，2010 年第 S1 期，第 54-65 页。

第三，税收优惠一般采取税收递延模式，即国家对个人按规定额度存入特定账户的收入（税前列支）以及全部账户资金投资收益暂不征税，直到该账户所有人退休之后领取养老金时再按一定优惠税率进行征税，也就是 EET 模式。在这种模式下，参加第三支柱养老保险的个人相当于获得更高的终身收入。理论上讲，只要国家提供足够的激励，参加人数和缴费金额就会激增。例如，1981 年美国国会通过《经济复苏税收法案》（Economic Recovery Tax Act）对参加个人退休账户的个人提供更大的税优激励，直接导致个人退休账户缴费规模由 1981 年的 48 亿美元暴增到 1982 年的 283 亿美元，然后一路上涨。但是，因为这一政策缺乏公平性，五年后被终止，缴费额也迅速降低到 141 亿美元。

可以看出，税收优惠的激励作用对于美国这样的国家是非常有效的，因为美国有高达 54.7% 的家庭缴纳个人所得税[①]。与之相比，中国目前只有 6400 万人缴纳个人所得税[②]，而且随着个人所得税专项附加扣除标准的不断上调，纳税人数可能会继续减少[③]。另外，根据近几年的两会提案，社会还有进一步提高个人所得税起征点的诉求，如果以后真的提高这一起征点，那么缴纳个人所得税的人数将更少。即使不提高这个起征点，随着人均收入的提高，缴纳个人所得税的人数虽然也会增加，但进一步提高税优力度以便达到具有足够的激励效果也是不现实的。因为对于一个存在庞大低收入群体的发展中国家而言，给予中高收入阶层过高的税优减免标准必然引起社会公平危机。另外还必须强调，对于那些有缴税资格的中高收入阶层而言，大多数人生活在大中城市，依然面临着巨大的住房、教育和赡养老人等现实压力，他们中大多数人的生活不似发达国家中产阶级那般轻松安逸。因此，不提高这一税优标准并不意味着他们就不需要国家的政策关照，只是在这里不适用。

三、政策定位

我们正经历“百年未有之大变局”，国际环境趋于复杂，不确定性不稳定性明显增加，世界再次进入动荡变革期。在这样一个特殊时点上，国家凝聚力是应对这种复杂局面的关键所在，而增强国家凝聚力就是要提高发展质量，缩小收入分配差距，实现或保障共同富裕。现代养老金制度从诞生到现在不过百余年，尽管各国价值取向各异，所采用的制度模式不尽相同，但养老保险制度的一个重要功能或者一个初衷就是要在实现或保障共同富裕的同时，不断强化国家凝聚力，这已经被历史所反复证明。对于中国而言，当前这种诉求更为迫切，这就为个人养老金发展指明了方向，也必须是我们长期坚守的基本理念之一。

首先，中国是世界上最大的发展中国家，而且还将长期处于这一历史阶段，因此中国养老保险制度所依存的社会环境必然有其自身特点，演进方式也必须体现其独有规律。具体来说，一是包括养老金待遇水平在内的各种福利必然长期处于较低水平，未来很长一段时间也难以进入高福利社会，这就决定了没有空间像欧美国家那样以降低基本养老保险待遇水平来获得个人养老金的发展空间。二是中国的基本养老保险属于典型的二元结构，即正规就业者和城乡居民分别覆盖在不同制度之下，而且后者的待遇水平极为有限，这当然是发展中国家二元经济结构的必然反映，但也不能无视城乡居民待遇水平过低的现实状况，而是要将这一特点纳入到每一次制度变革中进行考量，只有这样，个人养老金才能有更大发展空间。

其次，作为一个追赶型的后发国家，中国在改革开放后短短几十年取得了辉煌的经济成就，而且党的十九大制定了 2035 年和 21 世纪中叶的两大奋斗目标，时间短任务重，这就决定了个人养老金等各项保障制度没有足够时间和资本重复别人的老路。为此，我们需要借鉴他国的经验和教训，特别是避免历史上其他国家曾犯下的错误。比如，20 世纪 70 年代初一些发达国家开启了一场大规模的福利扩张，养老金待遇水平不断攀升，到了 80 年代中后期就不得不“费尽心机”地削减福利。

最后，中国是社会主义国家，未来的发展既不能陷入贫穷也不能发展差距过大，这就要求我们发展个人养老金需要兼顾低收入群体，从而不断壮大我们的中产阶级或中间阶层。因此，我们需要福利上的公平甚至向低收入者倾

---

① 参见美国“税收政策中心”（Tax Policy Center），https://www.taxpolicycenter.org/taxvox/new-estimates-how-many-households-pay-no-federal-income-tax。

② 参见新浪财经网站相关报道，http://finance.sina.com.cn/china/gncj/2018-09-06/doc-ihitesuz1084971.shtml，2018 年 9 月 6 日。

③ 2023 年 8 月 31 日，国务院印发了《关于提高个人所得税有关专项附加扣除标准的通知》，决定提高 3 岁以下婴幼儿照护、子女教育、赡养老人个人所得税专项附加扣除标准。自 2023 年 1 月 1 日起，3 岁以下婴幼儿照护专项附加扣除标准，由每个婴幼儿每月 1000 元提高到 2000 元；子女教育专项附加扣除标准，由每个子女每月 1000 元提高到 2000 元；赡养老人专项附加扣除标准，由每月 2000 元提高到 3000 元，其中独生子女按照每月 3000 元的标准定额扣除，非独生子女与兄弟姐妹分摊每月 3000 元的扣除额度，每人分摊的额度不能超过每月 1500 元，参见 https://www.gov.cn/yaowen/liebiao/202308/content_6901278.htm。

斜，让低收入者实现阶层跨越，反过来又会促进中国个人养老金的进一步发展，形成良性循环。当然，发展个人养老金并不必然意味着要以庞大的中间阶层为前提，但前提是在个人养老金的帮助下，低收入阶层人员能向中高收入阶层转化。

总之，站在“两个一百年”的历史交汇点，中国要用几十年时间走完发达国家上百年的发展历程，就必须兼顾各种利益诉求和可能性，多目标齐头并进。中国个人养老金政策定位的总基调应该是在共同富裕目标指引下，既可以为中高收入阶层获得较高养老金待遇增加渠道，也要为低收入者获得更多福利提供机会，因此所有人都可以加入进来，理论上具有全覆盖性质。为此，个人养老金的政策定位要做好以下三项，即目标人群定位、待遇水平定位和投资取向定位。

（一）目标人群定位

正如前文所述，个人养老金应该具有全覆盖的性质，即任何人都有机会加入该制度并从中获益，这就要求在目标人群定位上更具有包容性和可及性，即向不同人群提供不同的进入渠道和激励措施。考虑到人们现有劳动收入和福利水平的差异性，可以分为如下几种情况予以说明：

首先，对于月收入明显超过当前个税起征点的中高收入阶层，这部分人群主要集中在大中城市，每年缴纳的个人所得税数量可观，因此可以采取税收递延的办法来鼓励他们加入个人养老金，但每年税收优惠最高额度应该设立上限，而且要与企业年金（或职业年金）等其他计划所享受的税收优惠额度合并计算。也就是说，一个人在所有养老金计划享受的税收优惠总额是一致的。如果这一额度全部用到企业年金或职业年金上，那么就不能再从个人养老金缴费中获得税收减免，但仍然可以在规定的最高缴费限额内参加个人养老金，退休后领取的待遇免征个人所得税，类似美国个人退休账户中的罗斯账户。此外，在退休后待遇领取阶段需要将所有在缴费阶段享受税收减免的待遇（甚至包括基本养老保险待遇）进行合并计算并按照一定合理税率进行纳税，当然考虑到激励性和社会接受能力，可以把退休后待遇的纳税起征点设计得更高，比如相当于工薪阶层个税起征点的2~3倍，然后随着时间推移逐步降低纳税起征点，并最终发挥作用。

其次，对于收入波动较大或较低的低收入阶层，主要以农民和城镇灵活就业人员为主，他们大多数人的收入水平没有超过个税起征点，或者即使超过也比较有限，因此可以采取财政补贴的方式来激励他们加入个人养老金，但补贴额应该设立一个上限，数量上应该与中高收入阶层的税收减免额度等同或保持一种暂时稳定的比例关系。考虑到这部分人群与城乡居民养老保险（以下简称“城乡居保”）覆盖人口基本重合，可以将城乡居保中的个人账户独立出来，直接用于个人养老金。另外，对于低收入者而言，不能过分夸大财政补贴对缴费的激励作用，而应该在体现公平的基础上适当引入激励性。同样，在待遇领取方面也要采取综合所得税的办法，即对所有享受政府补贴的待遇进行合并计算来确定是否纳税以及纳税多少。当然，对于他们的绝大多数而言，退休后所有待遇加起来也几乎很难达到纳税标准。

再次，对数量最为庞大的中间收入阶层，主要集中在中小城市的正规就业部门，他们虽然收入相对稳定，但收入水平基本徘徊在个税起征点附近，即使缴纳个人所得税也非常有限，因此税收减免方式对他们加入个人养老金的激励作用极为有限，所以也需要考虑给予一定的财政补贴，把税收减免（对于超过个税起征点需要纳税的人员）和财政补贴合并计算，并设定一个上限，数量上如同低收入阶层一样。总之，中国的特殊国情告诉我们，个人养老金的税收制度更适合“税收抵免”（Tax Credit），而不是“税收递延”（Tax Deferral）。

最后，需要强调的是，考虑到中国的人口老龄化趋势和目前的生育率持续下降，我们需要在鼓励生育上及早采取措施，除了继续在生育、养育和教育等公共产品上加大投入并实现均等化外，还应直接提供足够分量的生育补贴。需要强调的是，相对于直接的现金补贴，通过个人养老金进行养老储蓄补贴（类似德国里斯特养老金的做法更为可行合理）。这种补贴方式的好处是显而易见的，一方面，收入越低的人群对现金的流动性偏好越强，因此比起现金补贴，养老储蓄补贴更有助于防范人们的道德风险，避免把生育子女视作一种“赚钱”行为；另一方面，通过个人养老金将养老储蓄补贴用于市场化投资可以培育人们的投资习惯，普及金融知识，这是最为生动且深刻的金融教育实践，不仅有利于提升人们的福利水平，而且从长远来看甚至是个人养老金发展壮大的必要条件。

（二）待遇水平定位

人人都可以参与却不能保证大多数人待遇的充足性和公平性，因此还要有待遇水平的定位，即个人养老金不应该只是中高收入者退休待遇上的“锦上添花”，也应该为低收入者“雪中送炭”，保证低收入者有一个体面的晚年收入保障。为此，个人养老金需要借用资产负债管理的办法（尽管个人养老金属于DC型计划而不是DB型计划），在制度建立时以及运行后定期进行预测和检视，并适时调整各参数，从而稳定人们的预期。对于个人养老金的资产负债管理需要引入以下几个主要参数：缴费水平、积累期长度、投资回报率和支付期长度（退休后的平均余命）。

根据国际经验，一个合意的养老金替代率至少应当达到70%，目前城镇职工基本养老保险仅能提供略微超过40%的替代率，如果假设这一替代率保持不变，那么第二和第三支柱养老保险理论上应该提供30%的替代率，但因为制度上的缺陷和未来发展方向，第二支柱养老保险发展空间不会太大，因此剩下30%的待遇空间就应该主要由第三支柱养老保险即个人养老金来承担，但考虑到中国具有高储蓄传统和较高的居民住房拥有率，因此可以把个人养老金的目标替代率暂定为10%~20%。然后，据此确定国家（财政支持）和个人的负担状况，以此来判断这一替代率标准是否可行。

根据参数假定（见表2-1），对于目前25岁的典型个体（1995年出生，并以此代表“90后”，下同）而言，如果从现在开始加入个人养老金，并不间断地缴费至64岁（缴费共计40年），从65岁开始领取养老金待遇，那么经过计算可以得到替代率大概为14.77%，正好位于前文提及的目标替代率中间。假设该典型个体一个月收入为8115元（2020年全国城镇非私营单位就业人员年平均工资），那么每月需要缴费487元，个人所得税适用税率为3%，相当于政府每月只减免了14.6元个人所得税，全年也只不过175.2元。因此，要想获得目标替代率，不仅上述典型个体的负担较轻，而且财政成本也微乎其微。同样，如果不考虑货币的时间价值，我们可以得到该典型个体的待遇水平为每月1199元（不对养老金待遇进行纳税），还是比较可观的。当然，如此低的财政补贴和投资回报率，对于年轻人来说或许很难有足够的激励性，这也正是2018年个人税收递延型商业养老保险试点效果不佳的主要原因之一[①]。

表2-1　主要参数及其说明

参数名称	参数值	说明
缴费率	6%	根据2022年11月人力资源社会保障部等五部门印发的《个人养老金实施办法》（人社部发〔2022〕70号）的具体规定，并结合2018年4月财政部等五部门印发的《关于开展个人税收递延型商业养老保险试点的通知》（财税〔2018〕22号）相关内容，做出该假定
年化名义投资收益率	4%	同上，按照商业保险相关产品的平均回报率进行假定
待遇领取年龄	65岁	考虑到延迟退休政策出台在即，65岁可能是调整后的最终结果，且为了简化计算不区分男女
领取待遇后的余命	20年	根据最近三次全国人口普查数据计算得到，且为了简化计算不区分男女
待遇调整系数	3%	假定待遇年金化发放，且为了保证购买力不下降，每年待遇标准提高3%，基本可以覆盖通货膨胀率
贴现率	4%	采用人社部“计发月数”公式中隐含的贴现率假定，但不使用该“计发月数”，而是另行计算“年金除数”
名义工资增长率	7.21%→3%	根据国家统计局公布的城镇在岗职工工资增长率进行回归分析并设立3%的阈值，得到名义工资增长率，即2020年假定为7.21%，然后逐渐降低到2054年的3%，此后保持不变

资料来源：笔者假定。

此外，更重要的是，“80后”（以1985年出生的典型个体为代表，下同）目前已经30岁有余，缴费期按平均30年计算，那么可以得到个人养老金的替代率为7.57%，只有“90后”的一半左右。同样，我们还可以得到“70后”（以1975年出生的典型个体为代表，下同）的替代率仅为3.36%，只有“90后”的1/5多一点。可以看出，对于“70后”和“80后”而言，他们即使参加了个人养老金，也无法达到目标替代率。

理论上，可以通过三种方式解决这一问题：一是提高投资回报率（下文将展开论述），二是提高缴费率，三是加大政府补贴力度。首先来看提高缴费率这一措施。假设其他条件不变，如果将“70后”和“80后”的个人养老金替代率提高到14.77%，那么他们的缴费率将分别增加至27%和12%，对于目前“上有老、下有小”的这两代人显然负担沉重。进一步地，如果把替代率降低至10%（目标替代率的下限），这两个缴费率将分别为18%和8%，负担依然较高，特别是对“70后”而言。因此，如果让个人养老金发挥作用，需要加大财政直接补贴力度，而不是税收递延。

（三）投资取向定位

长期投资的“复利效应”对最后的投资回报贡献非常明显，所以养老基金选择何种投资品种非常关键。一般来

① 金凤：《个人税收递延型商业养老保险回顾与展望》，《经济研究导刊》，2020年第6期，第82-84页。

说，长期投资收益率越高，短期价格波动风险也越大。考虑到人们的风险承受能力，前文一直采用相对保守的投资收益率进行测算。但是，对于一些风险承受力较高的人群或者随着时间推移全社会风险偏好得到提升（个人养老金实施后带来的金融教育结果），可以选择更高风险的投资品，从而获得更好的投资回报。依据前文的测算模型，我们可以得到，如果将投资回报率提高 6%，替代率将大幅提高。比如，对于“90 后”而言，个人养老金替代率将提高到 22.3%，提高幅度超过 50%。同样，“70 后”和“80 后”要想达到目标替代率的下限 10%，那么他们的缴费率将分别下降到 15% 和 6%。可以看出，对于“80 后”而言，加入个人养老金是有意义的且当期负担相对较轻。但对于“70 后”而言，就需要承受较高个人养老金的缴费投入，否则意义不大。但有一点是肯定的，个人养老金的投资品种的选择一定要包括足够比例的权益类产品，比如股票型基金和偏股的混合型基金或者保障功能较弱而投资功能较强的进取型投资连结保险（即投连险）等。

但问题是，个人养老金是自愿性的，即参保与否和投资选择都是要根据个人意愿确定的，对于风险厌恶的人，他们可能会尽量选择投资功能较弱的产品，那么最后就很难达到目标替代率。而且，一般收入越低的人就越会选择风险较低的产品，最终导致富者越富而穷者越穷，与共同富裕使命背道而驰。因此，需要借助一些外力提升人们的风险偏好，比如加大个人养老金参保缴费的财政直接补贴力度和生育专项补贴（直接打到个人账户）。那么接下来的问题是，考虑到政府的财政负担，到底采取多大力度的补贴更为合意。

假设只对“70 后”和“80 后”按照全国平均工资的 2% 进行参保缴费补贴（对于没有稳定工作的人不以个人缴费为前提），当前每人每年的补贴大概 2000 元，而这两类人的数量总计大概 4 亿人，财政需要支出 8000 亿元左右。对于“90 后”，只根据 2016 年（全面放开二孩政策的起始年）后新生子女数量进行补贴，补贴标准为每个子女每年 2000 元（父母各 1000 元），2016 年以来中国出生人口合计超过 1 亿人（假定全部由“90 后”生育），财政补贴大概 2000 亿元。上述两项合并，财政补贴共计 1 万亿元。这一数据看起来比较大，政府财政可能一下难以接受。因此，目前可以减半补贴，每年大概为 5000 亿元，以后时机成熟时可以通过征收遗产税、赠与税等有助于实现共同富裕的税种进行专项融资，届时两项补贴恢复到正常标准。

上述两项财政补贴的好处是显而易见的。一是可以提升人们的风险偏好，在资产配置上更为积极，不仅有助于提升个人替代率水平，也会大大提升人们参加个人养老金的积极性。二是可以减轻养育子女的心理负担，而又不至于导致补贴资金被非理性使用。三是有助于缩小收入分配差距，并大大消除了单纯税收减免对富人有利的局限性。四是解决了大量低收入人群的养老保障问题。五是有利于向股市提供大量新增资金，加快从间接融资向直接融资转变，助力企业创新和经济转型升级。六是对历经计划生育时期的“70 后”和“80 后”进行特殊养老补偿，更能体现国家的责任担当，强化国家凝聚力。

四、结论与建议

建立并发展壮大个人养老金越来越成为社会共识，但不跳出固有的思维模式，突破对第三支柱养老保险的传统认识，再好的愿景也会落空，关键是要基于历史考察和现实需求大胆进行制度创新，首先就是要深刻认识到个人养老金所面临的发展困境，而不是局限在一些技术细节上。然后要明确个人养老金的政策定位，这既要借鉴国外经验，更要立足国情，不能受制于思维困境，画地为牢。那么中国的国情或者说价值取向是什么？毫无疑问就是缩小收入分配差距，扩大内需，实现经济双循环，再辅以其他政策实现共同富裕，最终强化国家凝聚力。显然，我们任何政策的设计和出台都不能偏离这一方向，包括个人养老金。如果我们学习美国，单纯依靠税收递延，那么将会有多少人享受到这一福利呢？如果提高税收减免力度，那么会不会加剧目前的收入分配不公呢？如果我们学习德国，我们的基本养老保险待遇还有降低的空间吗？以及人们能否忍受较低的投资回报呢？所以我们不能照搬任何一个国家的模式，当然可以借鉴它们的部分内容，实现两个目的，一个是为高收入者增加养老金待遇提供制度通道，另一个是真正让低收入者受益，尽快把他们的养老金待遇提高到一个相对体面的标准。为此，我们加大财政补贴，对正规就业人群是有条件的，即他们必须先缴费，然后获得补贴，而对于非正规就业人员则是无条件的，即直接将财政补贴打入他们的个人养老金账户中，培养他们的养老金储蓄习惯和提升他们的风险偏好，加大权益类资产配置比重。当然，所有这些补贴只限于在历史上受到计划生育影响和能在未来促进生育率提升上做出贡献的人群。具体来说，一是对放开二孩政策的以前的计划生育时期两代人（“70 后”和“80 后”）进行补偿，使他们对未来的养老生活更有信心和期盼；二是要对处于生育年龄阶段的年轻人（主要是“90后”及其后陆续进入生育期的年轻人）进行生育补贴，在激励他们生育的同时也避免财政资金被非理性“浪费”，而个人养老金正好提供了这样一个机遇和渠道。最后，基于上述结论，提出如下三项建议：

（一）通过制度重构把城乡居保中个人账户并入个人养老金

中国于2009年正式开始实施的新型农村社会养老保险（以下简称新农保），并于2011年迅速推向城镇居民，即所谓的城镇居民社会养老保险（以下简称城居保），最后在2014年合并“新农保”和“城居保”成为目前的城乡居民基本养老保险（以下简称城乡居保），包括基础养老金和个人账户两部分。这一制度本来应该定位为非缴费性养老金制度，即一个典型的“零支柱”。但是，可能受到“统账结合”制度的惯性思维影响，既要公平又要效率，试图在一个制度中实现两个自相矛盾的价值取向。尽管城乡居保覆盖人数超过5亿，对中国实现基本养老保险全覆盖目标居功至伟，但待遇水平较低和地区差异明显却越来越无法回避。原因是多方面的，其中对于公平性和激励性的扭曲是重要方面。

试想，如果“城乡居保”是以公平性为价值取向，那么就不应该存在明显的地区差异，也不应该对个人账户实施“多缴多补”的财政补贴机制；如果“城乡居保”以激励性为价值取向，不仅与作为主要参保对象的中低收入人群的家庭预算约束相矛盾，而且更重要的是个人却没有投资选择权。作为理性人，自然得出一个结论：即使为了更多财政补贴而选择更高的缴费档次，那么在如此低的记账利率（一般为一年期银行定期储蓄利率）或者个人没有投资选择权的情况下，几十年后实际领取到的待遇又怎会体现出这种激励效果呢。总之，目前实行的城乡居保虽然处在零支柱位置，但却是一个零支柱和第三支柱养老保险的融合体，而且是无论在公平上还是效率上都大打折扣的融合体。为此，需要按照“多支柱”模式对基础养老金不断强化公平性的同时，将个人账户独立出来，纳入到新建立的个人养老金中。

这种做法是符合历史规律和未来发展方向的。从第三支柱养老保险制度演变的角度来说，先有美国的个人退休账户，面向的是中高收入阶层，采取税收激励措施，覆盖人群与第二支柱高度重合，这也是我们第三支柱养老保险传统认识的来源。但21世纪初，当德国推出里斯特养老金时，这一认识几乎被完全颠覆，因为该制度面向的是全体国民，主要采取财政补贴措施，而且还向低收入者倾斜，只是对低收入人群覆盖的效果不尽理想。从信息技术发展态势上来看，正在迅速改变着人们的生产和生活方式，包括我们原来建构在社会化大生产基础上的传统社会保障制度，而第三支柱养老保险可能更具有迎合时代变化的基因和优势。首先，移动互联网的普及和广泛使用，催生了一大批新业态组织，把“工作”细分为具体“任务”，通过众包工作平台推送给劳动者，原有劳动法下的“雇主”突然消失了。如果没有第三支柱养老保险，那么这些大量出现的新业态灵活就业人员就可能存在养老保障困境。其次，信息技术与金融的融合发展和“长尾理论”的广泛应用，不仅造就了互联网金融的辉煌，而且还可以大大降低第三支柱养老保险中单个账户的管理和投资成本，让更多低收入者有机会分享到资本市场的高额收益。

总之，把“城乡居保”个人账户独立出来，纳入到个人养老金中既是必要的也是可行的。最后需要强调的是，不管对于现在的城乡居保个人账户，还是个人养老金，财政补贴都不应该机械地强调“多缴多得”（对高收入者有利而低收入者因为预算压力必将受损），而是着眼于参加者对社会的贡献或受到的损失，比如德国里斯特养老金对多子女家庭的补贴。

（二）通过职工福利重塑把住房公积金整合到个人养老金中

中国住房公积金制度诞生于20世纪90年代初，建立的初衷是将传统福利分房方式转变为市场化运营机制[①]。从这一点上来说，住房公积金制度已经很好地实现了这一初始目标。而且该制度运行30年来，通过较低的住房贷款利率解决了大量城市住房需求，对中国城镇化进程和“住有所居”起到了独特的支撑作用。但是，住房公积金主要促进了缴存家庭的多套房需求，加大了缴存家庭与非缴存家庭的住房财富差距[②]。公积金制度既缺乏效率，也不公平。更有甚者，住房公积金正在成为许多高收入者套利的工具，例如许多购房者即使自己能够付全款（视为高收入者），宁愿把自己的钱存入银行或用作其他投资，也要通过公积金贷款买房，因为存款或投资保本理财产品的

① 路锦非、肖雅勤：《住房公积金制度的多维政策效应研究——兼论提升公积金“租购并举”的均衡住房功能》，《华东师范大学学报（哲学社会科学版）》，2019年第4期，第123-132页，第188页。

② 李涵、张昕：《住房公积金导致了不平等吗——来自中国家庭金融调查的证据》，《经济理论与经济管理》，2020年第6期，第99-112页。

收益率高于与公积金相关的贷款利率[①]。

本报告不对公积金制度存在的局限和问题展开详细论述，但对于公积金的属性仍然需要给出一个判断。从其应有属性（实际上并没有发挥出来）上来说，一般分为三种说法：一是工资属性说；二是职工福利说；三是社会福利说（后两种说法也可以归并为福利说）[②]。本报告更倾向于第三种说法。原因很简单，如果是“工资属性说”，那么就直接否定了税前列支公积金的合法性；如果是“职工福利说”，那么就不该有强制性要求，从实际运行的效果上看也不应该大大超出企业年金的覆盖范围，更何况这一制度的初衷是对福利分房的替代，而福利分房是带有社会福利性质的。如果这一判断成立，那么公积金就可以转化其他社会福利项目，自然可以全部或部分纳入到第三支柱养老保险中。

当然，这种转换并非只是孤例。例如，新加坡的公积金创立于 1955 年，其最初目的是为筹集养老资金，自 1968 年当资金积累形成了庞大的“蓄水池”后，开始转向住房等诸多目的[③]。再比如德国里斯特养老金也可以部分用于支付自有住房购买需求。比较而言，本报告所说的转换只是方向相反，即由住房保障转向养老保障，但并未有本质区别。更重要的是，中国居民的住房问题已经得到了巨大改善，城市居民自有住房拥有率高达 95% 以上，远远高于发达国家，农村居民自有住房拥有率几乎达 100%[④]，再加上“租售并举”住房政策新导向，住房公积金已经积累起的庞大财富可以作为个人养老金的一个重要资金来源，而且还可以提高资金使用效率，获得更高回报，甚至可以增强人们当期消费意愿，带动经济转型和可持续增长。还需要明确的是，即使纳入到个人养老金中，也可以部分保留住房公积金贷款功能，并不会对住房“刚需”家庭造成太大的影响。

（三）通过民生保障建设把短期储蓄转变为长期养老储备

中国的高储蓄传统并非是人们非理性行为的结果，而是长期以来人们面对医疗、教育和养老“三座大山”的无奈选择。虽然这其中也包含了来自养老的压力，但考虑到其他短期性需求，人们只能选择解决眼下更紧迫更无法回避的挑战，而把养老问题放在最后。这所带来的危害是毋庸置疑的，即人们更倾向于选择短期储蓄工具，从而放弃可能获得更高收益的长期投资机会。毫无疑问，这不仅加剧了社会财富分配的不公，也削弱了个人自我养老储蓄的能力。解决这一问题的答案也是不言而喻的，即加快民生保障建设，不断强化医疗和教育等保障力度，降低家庭的预防性储蓄动机。

对于医疗保险而言，核心就是采取各种办法尽快大幅度降低医疗费用中的个人自付比例。不同于其他保障，即使采取免费医疗，医疗保险也不会造成道德风险，这也是 80 年前英国《贝弗里奇报告》的核心思想之一。当然，中国有特殊国情，未必会采取免费医疗制度，但进一步降低医疗费用个人自付比例仍然有巨大潜力可挖。对于教育来说，特别是基础教育除了继续加大财政投入以外，还有注重教育的公共属性，在财政资金的分配上降低效率至上的倾向，降低家庭的择校压力以及为此付出的巨大成本。当然，民生保障涉及方方面面，本报告不可能充分展开。但有一点是肯定的，即如果不能降低家庭储蓄的预防性动机，任何激励措施都不能让人们强化自我养老责任。

此外还有一个现象，个人养老保障责任发挥好的国家，基本都是采取贝弗里奇模式，而不是俾斯麦模式，而这两种模式背后的一个重要区别就是前者建立了一个强大的非缴费型“零支柱”[⑤]。对中国的启示就在于必须提高当前城乡居保的待遇标准，避免将这种养老负担转移到正要为自己谋划未来养老的子女身上。

①④ 黄少安、曹颖智：《中国现行住房公积金制度的公平与效率评估》，《江海学刊》，2020 年第 4 期，第 78–87 页。

② 陈峰：《住房公积金的属性争论与再思考》，《暨南学报（哲学社会科学版）》，2019 年第 9 期，第 1–11 页。

③ 汪利娜：《政策性住宅金融：国际经验与中国借鉴——兼论中国住房公积金改革方案》，《国际经济评论》，2016 年第 2 期，第 87–100页，第6页。

⑤ 齐传钧：《非缴费型养老金的历史、现状及启示》，《华中科技大学学报（社会科学版）》，2020 年第 3 期，第 36–44 页。

分报告三
个人养老金制度探索之路的几个误区

20世纪90年代初，我国开始建立多层次养老保险体系。历时30年，这一体系的形态逐步呈现，相继建立基本养老保险、企业补充养老保险、个人自愿参加的商业养老保险、企业年金、职业年金、个人税收递延型商业养老保险、个人养老金等制度。受世界银行多支柱养老保险理念影响，我国以“多支柱”划分养老保险体系，包括第一支柱基本养老保险、第二支柱企（职）业年金、第三支柱个人养老金，划分方式已形成社会共识。但是，如果各支柱发展不平衡，会造成群体之间保障不均衡。

2022年11月，我国在36个城市（地区）先行实施个人养老金制度。作为养老保险体系的“第三支柱”，个人养老金被寄予厚望，但实际运行并非一帆风顺。截至2022年12月末，在试点运行一个月后，开户人数达到1954万人，但实际缴存仅613万人，缴存金额总计142亿元，实际缴存占开户数的31%，实际缴存户均2316元；截至2023年5月25日，个人养老金制度参加人数近3744万人，截至6月底，开立个人养老金账户人数4030万人[①]。尽管开户数增速不慢，但实际缴存户和缴存额并不高。当前，个人养老金制度运行呈现“三多三少”现象：制度覆盖人群多，但享受优惠政策人数少；个人养老金开户数多，但实缴户数少；对税优期盼多，但缴存金额少。

从表象上看，个人养老金制度的市场知晓面还不大，观望情绪较普遍；但从深层原因看，制度理念、功能、治理等方面仍存在误区。需要深化认识、厘清误区，个人养老金制度方能持续发展。

一、层次划界误区

个人养老金与企（职）业年金都属于私人养老金领域，各国经验显示，二者有着密切联系，既是层次叠加累进待遇，也是支柱共担充实覆盖，“扯断”二者关系会影响个人养老金制度健康发展。

1991年6月国务院发布《关于企业职工养老保险制度改革的决定》，确定逐步建立基本养老保险与企业补充养老保险和个人储蓄性养老保险相结合的制度。1993年中共十四届三中全会和《“九五”规划和2010年远景目标纲要》明确建立多层次社会保障，虽未提出“多层次养老保险”概念，但地方已有实践，探索了企业补充养老保险与个人储蓄性养老保险挂钩缴费[②]。1994年世界银行发布《防止老龄危机——保护老年人及促进增长的政策》报告，提出了养老保障的三支柱框架。此后在1997年，世界银行发布了《中国养老保险体制改革》，所提出的三层次养老保险体系意见被中国政府采纳，同年，国务院发布《关于建立统一的企业职工基本养老保险制度的决定》。至此，我国多层次养老保险体系的框架已较为清晰。

2001年的“十五”计划纲要提出，“鼓励有条件的用人单位为职工建立补充养老和医疗保险，并发挥商业保险的作用”；2004年国务院第32号公报《中国的社会保障状况和政策》，将“建立多层次养老保险体系”作为制度可持续发展的前提之一；2006年的“十一五”规划纲要提出，“鼓励有条件的企业建立补充保险”；2011年的“十二五”

① 人力资源社会保障部：《人力资源社会保障部举行2023年二季度新闻发布会》，参见人社部官网。
② 曹岁明：《福建省推行企业补充与个人储蓄性养老保险挂钩的做法》，《中国劳动科学》，1993年第1期，第24页。

规划纲要提出，“发展企业年金和职业年金。……发挥商业保险补充性作用”；2016 年的“十三五”规划纲要提出，“构建包括职业年金、企业年金和商业保险的多层次养老保险体系，持续扩大覆盖面”；2021 年的“十四五”规划纲要提出，“发展多层次、多支柱养老保险体系，提高企业年金覆盖率，规范发展第三支柱养老保险”。可见，我国多层次养老保险体系在进入 21 世纪后得到加快发展。

无论是“支柱”还是“层次”的提法，企业年金和自愿性商业养老保险均被划作基本养老保险之外的补充保障，这一点在学界一直有共识。林义（1994）提出三层次共六项功能，第一层次是国家强制实施，一部分是由税收筹资面向低收入者的国家法定补充养老保险；另一部分是由缴费筹资面向劳动者的强制储蓄型养老保险，第二层次是企业补充年金保险，一种类型是待遇确定，另一种类型是缴费确定；第三层次是个人储蓄型补充养老保险，一项功能是提高退休收入保障，另一项功能是向未参保人员提供老年经济保障[①]。蔡亮（1999）认为，企业补充养老保险属于商业保险，资金应来自利润，不应计入成本，在基本养老保险替代率较高、国企转制尚未完成、金融市场还不成熟的情况下，不宜大力提倡发展企业补充养老保险[②]。世界银行专家（霍尔茨曼等，2006）也认为第三支柱是高收入者获得更高收入替代的制度安排[③]。

既然职能是公共养老金的“补充”，私人养老金本应在覆盖面上“查遗补缺”，在保障度上“叠加提待”。但是，因政策设计问题，并未起到有效补充作用。一方面，20 世纪 90 年代，第二支柱的初始形态是“企业补充养老保险”，2004 年 1 月原劳动保障部发布《企业年金试行办法》，提出参与企业年金的三个条件，即参加基本养老保险并履行缴费义务、具有经济负担能力、已建立集体协商机制，将“雇主养老金计划”与参加基本养老保险捆绑在一起。另一方面，2022 年 11 月在北京等 36 个城市（地区）先行实施个人养老金制度，被视作养老保险第三支柱的试运行，根据人社部等五部委联合印发的《个人养老金实施办法》（人社部发〔2022〕70 号），个人养老金的参加人应当是“参加城镇职工基本养老保险或者城乡居民基本养老保险的劳动者”，又将“个人养老金计划”与参与基本养老保险捆绑在一起。

在多层次多支柱养老保险体系中，企（职）业年金作为第二层次，税优型商业养老保险或个人养老金作为第三层次，但均以参加基本养老保险（第一层次）为资格前提，对“层次”“支柱”进行泾渭分明的划界会产生定位误区，造成待遇增补“幻觉”。但实际上，第二支柱参与率低，第三支柱惠及面窄，享受政策支持的群体面明显小于允许参保的制度覆盖面，获得“多层次”待遇增补的始终是少部分群体，补充保障的效果在群体之间差距大，不均衡。

二、功能目标误区

由于职工基本养老保险制度赡养率不断上升，第一支柱的目标替代率已由制度起步期的 80% 以上降至 60% 以下，实际替代率更低，但第二支柱和第三支柱的替代率并未“递补”上去。

1998 年原劳动和社会保障部在对统一职工基本养老保险制度的政策解读中指出，城镇职工基本养老保险的目标替代率为 58.5%。其中，社会统筹部分按 13% 缴费率筹资，目标达到 20% 替代率，个人账户部分按 11% 缴费率，目标达到 38.5% 替代率。当时退休职工的养老金替代率在 80% 以上，目标替代率远低于实际替代率，只能依靠第二、第三支柱“补充”。2005 年完善制度改革后目标替代率为 59.2%，其中，基础养老金目标替代率为 35%，个人账户养老金目标替代率调整为 24.2%，以确保职工退休收入不会明显下滑。直到目前，基本养老金替代率已降至 60% 以下，第二、第三支柱仍未得到有效发展。职工基本养老金替代率下降只是养老金增长率赶不上工资增长率的被动结果，而非“让利”第二、第三支柱的主动行为。

发展补充养老保险的前提是先夯实基本养老保险。目前我国基本养老保险制度已覆盖超过 10.5 亿人，有效抵御了老年绝对贫困，但未能缓解老年相对贫困。基本养老保险按人群分割，包括以无就业居民为对象的城乡居民基本养老保险，以就业群体为对象的城镇职工基本养老保险，以政府雇员（包括事业单位职工）为对象的机关事业单位基本养老保险，三个制度之间没有统一的基础保障线，私人养老金在发挥“补充”作用时，偏重于就业群体。

在基础保障不均衡情况下，补充养老保险只能发挥局部作用。第一支柱的城镇职工基本养老保险覆盖 5 亿人，城乡居民基本养老保险覆盖 5.5 亿人，缴费责任不同，待遇水平存在差异，城镇职工月平均养老金在 3000 元以上，城乡居民平均只有 100 余元，相差数十倍；不仅如此，我国仍有近 7000 万人未加入任何基本养老保险，城镇就业人员中至少有 1 亿人选择加入居民基本养老保险而不是职工基本养老保险，保障不充分。第一支柱保障不均衡，制

① 林义：《论多层次社会保障模式》，《中国保险管理干部学院学报》，1994 年第 1 期，第 1-10 页。
② 蔡亮：《关于企业补充养老保险的性质和推进力度》，《人口和经济》，1999 年第 1 期，第 55 页，第 64 页。
③ 罗伯特·霍尔茨曼、理查德·汉兹、林义、李静：《21 世纪养老保险改革展望》，《经济社会体制比较》。2006 年第 3 期，第 47-54 页。

约了补充养老保险的发展，目前第二支柱的企（职）业年金合计仅覆盖7200万人，第三支柱个人养老金虽然有4000万人开户，但实际缴存户数少，户均缴存金额低，还不能有效发挥补充作用。

由于"补充"地位和自愿原则，企业年金和个人养老金没能及时扩面，造成在替代率方面陷入"第一层次降，第二、第三层次未升"的被动局面。基本养老保险制度负担越来越重，财政转移风险压力越来越大，而民众对政府养老金的心理依赖性依旧很高，自主保障意愿不强，难以有效"补充"退休收入增速放缓释放的空间。

三、责任主体误区

第一支柱基本养老保险的责任主体是明确的，以雇主和雇员缴费为主，统筹地区的财政承担兜底责任；但第二支柱和第三支柱的责任主体面窄，过于倚重部分主体，造成主体责任不全面。

20世纪90年代，第二支柱的初始形态是"企业补充养老保险"，由于采取自愿性原则，只有少数有能力的企业参与。有学者建议采用半强制性和国家让利的手段，引导企业为职工建立补充养老保险（袁伦渠，1998）[①]，但也有学者认为基本养老保险替代率较高、金融市场不完善，没有必要大力发展企业补充养老保险（蔡亮，1999）[②]。由于没有明确的税收优惠政策，工会、社保经办机构举办的补充养老保险合计覆盖全国职工的5%，为职工购买团体型寿险或自建补充养老保险的也主要是大型企业（郑定铨，1997）[③]。可见，第二支柱起源于国企改制，因原有的单位保障转向社会保险，基本养老保险替代率下降，为了补偿待遇差，建立补充养老保险，因此，第二支柱发源时的责任主体是国有企业。

2004年1月，原劳动保障部发布《企业年金试行办法》，企业补充养老保险进化为企业年金。时任人社部官员在解读时表示，企业年金既不是社会保险，也不是商业保险，应属于企业内部的福利计划（陈良，2004）[④]。企业年金的责任主体开始向私营领域扩充。但是，根据《企业年金试行办法》，建立企业年金必须符合三个条件，即"依法参加基本养老保险并履行缴费义务""具有相应的经济负担能力""已建立集体协商机制"，2018年人社部发布实施《企业年金办法》，保留了这些条件。

企业年金采取税优激励和自愿加入方式，但设置了三个严格的建立条件，企业年金演变成受条件约束的内部员工福利，绝大多数雇主无积极性建立或参与企业年金计划。从参与企业性质看，从20世纪90年代建立企业补充养老保险，到21世纪初转为发展企业年金，责任主体没有明显变化，仍以大型国有企业为主。截至2022年末，建立企业年金计划共有12.8个企业，建立计划1860个，资产净值2.83万亿元，参与职工3010万人。其中，单一计划1783个，占全部企业年金计划数的96%，单一计划期末资产2.44万亿元，占样本期末总资产[⑤]的90%。单一计划是单个委托人交付的企业年金基金，单独进行受托管理的企业年金计划，主要由大型企业或企业集团建立，这些企业不到参与年金计划企业总数的1.4%，其余超过98%的企业参与集合计划或其他计划，资产合计仅占样本期末总资产的10%。

我国养老保险第三支柱的探索发端于20世纪90年代初，与基本养老保险制度同时实施。1991年《国务院关于企业职工养老保险制度改革的决定》（国发〔1991〕33号）设计了基本养老保险、企业补充养老保险、个人储蓄性养老保险相结合的养老保险体系，个人储蓄性养老保险由职工自愿参加、自愿选择经办机构，与企业补充养老保险挂钩推进，这是我国第三支柱个人养老金制度的最早构想。2018年4月，《关于开展个人税收递延型商业养老保险试点的通知》（财税〔2018〕22号）实施，明确了缴费和投资环节免税、提取时按比例纳税的税优办法（Exempt-Exempt-Tax，EET），在上海市、福建省（含厦门市）和苏州工业园区开展试点。2022年11月，36个城市（地区）启动先行实施个人养老金制度。目前，第三支柱的责任主体是个体劳动者，既无雇主责任，也无劳动者组织（例如工会等）的作用。由于参与条件的设置，第三支柱的发展面临与第二支柱同样的掣肘。

理论上看，个人养老金的责任主体是参与者本人。但从国外经验看，第三支柱与第二支柱同属于私人养老金范畴，两者的关键区别在于谁是发起人，而非谁是缴费者。第二支柱即企业年金，来自雇主发起的雇主养老金计划，雇主既是缴费责任者，也是既得权益分配者，通过设置不同的既得权益分配方案，留住企业所需的人才，即所谓的"金手铐"。第三支柱是由个人发起，市场机构向个人提

① 袁伦渠：《关于建立企业补充养老保险制度的几点看法》，《市场与人口分析》，1998年第5期，第39–43页。
② 蔡亮：《关于企业补充养老保险的性质和推进力度》，《人口与经济》，1999年第1期，第55页，第64页。
③ 郑定铨：《建立健全我国多层次社会保障体系》，《经济学动态》，1997年第5期，第25–28页。
④ 陈良：《积极发展企业年金 完善多层次养老保险体系》，《劳动保障通讯》，2004年第5期，第20–26页。
⑤ 人社部公布2022年企业年金样本期末资产2.71万亿元。

供各种投资选择，培育起个人养老金市场，但并非雇主不缴费。相反，一些国家对雇主向个人养老金缴费提供政策支持。例如，新西兰在 2007 年引入名为“KiwiSaver”的个人自愿性养老储蓄制度，采取自动加入机制，主要参与者是年轻人和中低收入群体。如果年满 18 岁则自动加入计划，自雇就业者可自愿加入，自动加入者有 2~8 周时间选择退出，选择退出的人不仅得不到相应税优，而且也会失去雇主的匹配缴费。制度一经实施，响应者众。个人按收入的 3%、4%、6%、8% 和 10% 缴费，雇主按工资 3% 缴费，所缴费用享受税收抵扣。截至 2022 年末[①]，超过 320 万人参与 KiwiSaver，占新西兰总人口的 62.5%，其中大约 40% 通过自动加入机制参与，50% 通过市场机构缴费参与，另有近 10% 的人通过雇主参与。

不同国家养老保险体系的基础不同、运行环境各异，尤其是在个人所得税方面，实践也证明，作为转型国家，我国与一些欧美发达国家不同，个税递延的激励效果有限。不同的是，覆盖机关事业单位工作人员的职业年金参与率高、缴费持续，基金规模成长快。与职业年金相比，无论是企业年金还是个人养老金，参与率低、基金规模成长慢，最主要的原因是参与的“自愿性”，其本质是基金制养老金的风险全部由个人承担，与个人相比，工会组织、雇主或雇主组织、政府等在风险责任方面缺位。简言之，发展个人养老金制度，需走出个人承担全部筹资压力和投资风险的责任主体误区。

四、政策支持误区

我国补充养老保险是单位保障转为社会保险的衍生物，第二支柱是经营效益好的企业为职工建立的内部福利，第三支柱纯粹是个人责任托举的补充保障，因此，从起步时，补充养老保险没有政策广泛优惠。直到 2003 年，辽宁等“东三省”相继引入税优政策，建立企业年金的用人单位可按不超过 4% 的比率在税前列支，为企业补充养老保险缴费，第二支柱才有了政策支持。但由于个人缴费没有税优政策，个人自愿参与积极性弱，加之受企业经营效益所限，参与企业不多。到 2001 年底，1.7 万家企业建立企业年金，参与职工 656 万人，积累基金 259 亿元（陈良，2004）[②]，参与职工人数仅占职工基本养老保险参保人数的 4.6%。

2013 年多部门下发《关于企业年金 职业年金个人所得税有关问题的通知》，明确个人参与企业年金的税优政策，即缴费按 4% 暂从应税收入中扣除。尽管个人缴费可享受税优，但从实施效果看，激励作用也不明显。有学者曾预测，2011 年企业年金的参与人数会达到在职职工的 25%~54%（陈秉正、郑婉仪，2004）[③]，但实际上，直到 2022 年，企业年金和职业年金合计的参与人数也只占基本险参保职工的 12%。

第三支柱摸索时间更久。自 20 世纪 90 年代提出个人补充性商业养老保险以来，长达 20 多年没有政策优惠。2018 年 5 月 1 日，上海市、福建省（含厦门市）和苏州工业园区三地开启个人税收递延型商业养老保险试点。根据 2018 年 4 月财政部等五部门发布的《关于开展个人税收递延型商业养老保险试点的通知》（财税〔2018〕22 号），个人税收递延型商业养老保险采取 EET 税优模式，缴费阶段按上限 12000 元 / 年从应税收入中先行抵扣，在领取阶段按 7.5% 纳税。这种优惠政策并未激发个人参与意愿。

个人税收递延型商业养老保险地方试点不到半年时间，2018 年 10 月，新个税法实施，工资薪金的个税起征点由每月 3500 元提高至 5000 元，个人所得税纳税人减少大约 8000 万人。由于个税起征点提高后，中低收入者享受不到税优政策，失去了缴费动力（董克用，2020）[④]。此外，延税政策并非不交税。有学者指出，这种税收递延政策的激励效果不具有普惠性（乔伟、锁凌燕，2017）[⑤]；有研究发现（王晓军、詹家煊，2019）[⑥]，按照财税〔2018〕22 号规定，领取时的税率相当于 7.5%，这对应税收入在 49 万元以下的人来说是“负担性税延”，得不偿失；为了保持税优型商业养老保险的激励性，应将领取时的税率大幅降至 2.01%（周海珍、吴俊清，2019）[⑦]。截至 2022 年末，共有 23 家保险公司参与试点，累计实现保费收入仅 6 亿元，参保人数也只有 5 万人。

2022 年 11 月个人养老金制度启动试点，与个人税收递延型商业养老保险相比，个人养老金保留了缴费阶段

① 新西兰政府网，https://www.ird.govt.nz/about-us/tax-statistics/kiwisaver/datasets。
② 陈良：《积极发展企业年金 完善多层次养老保险体系》，《劳动保障通讯》，2004 年第 5 期，第 20–26 页。
③ 陈秉正、郑婉仪：《中国企业年金的发展预测分析》，《数量经济技术经济研究》，2004 年第 1 期，第 20–29 页。
④ 董克用：《加快建设中国特色第三支柱个人养老金制度：理论探讨与政策选择》，《社会保障研究》，2020 年第 2 期，第 3–12 页。
⑤ 乔伟、锁凌燕：《时间偏好动态不一致框架下的个税递延型商业养老保险需求研究》，《保险研究》，2017 年第 6 期，第 59–69 页。
⑥ 王晓军、詹家煊：《税延政策真能刺激养老保险市场需求吗？》，《保险研究》，2019 年第 7 期，第 94–105 页。
⑦ 周海珍、吴俊清：《个人税收递延型商业养老保险受益群体和财政负担分析》，《保险研究》，2019 年第 8 期，第 70–80 页。

抵扣上限12000元/年的规定，但将领取阶段的税率降至3%，即无论收入高低，领取阶段均按最低税阶（3%）缴纳个人所得税。这种税优设置对于中等及以上收入者来说，很有吸引力，但对于较低收入者来说，存在"够不着"的问题。按照目前个人养老金采取的EET税制，在收入达不到一定水平的时候，节税效果并不明显，甚至可能增加税负。一是目前全国大约有8000万纳税人[①]，即仅占个人养老金覆盖人群（参加基本养老保险的劳动者）的1/10，有近90%的应参保人员没有税优激励。二是非税人员不仅得不到名义上的政策优惠，还因领取时须单独按3%计征个人所得税而遭受实际上的"税收惩罚"。

由于税优对象面窄、节税效果不明显，对于低税阶（7.5%税阶以下）纳税人或者非税群体还有"税收惩罚"，中低收入者参与积极性不高。在调研中又发现，一些较高收入者反映12000元的个税抵扣额度太低，呼吁继续提高额度，以享受更多税优。这就形成一种悖论，收入高的人既可以得到更多政策支持，还可为自己退休时增补收入保障，而收入相对低的人不仅得不到同等的政策支持，还因"短视"失去尽早增补退休收入的机会，收入差距向老年阶段蔓延。因此，有学者建议，个人养老金采取的是EET税延方式，这种税优方式有利于高收入者，对于中低收入者来说，TEE方式更优（席毓、孙玉栋，2020）[②]。为适应不同群体的收入特征，许多学者（郑秉文，2016[③]；董克用，2020[④]）建议应引入TEE，在第三支柱个人养老金采取EET和TEE并举的税优方式。

五、覆盖群体误区

尽管个人养老金制度可覆盖全部参加基本养老保险的劳动者，这部分人数规模可达到7亿多，但政策支持单一，实质上"纳税自然人"成了制度覆盖的隐性限定条件。

从覆盖对象的主观意愿上，人们对参与个人养老金获得实惠的时间容忍度不高。中国保险资产管理业协会于2023年5月发布的《中国养老财富储备调查报告（2023）》显示，七成受访者愿意参加个人养老金制度，已退休受访者和个体或灵活就业人员的参加意愿更高。50岁至59岁年龄段受访者对个人养老金试点参与意愿最强烈，约占78%；60岁至69岁年龄段受访者中有77%非常愿意以及有意愿参加个人养老金制度。临近退休或已退休人员参与意愿高，而年轻人参与意愿相对低，反映出人们对"增补"退休收入的意愿强但行动力弱，看重短期获利，忽视长期资产管理的意义，对取得利益的时间容忍度低。

从覆盖对象可参与的客观条件上，必须参加基本养老保险的要求实质上将一些有意愿参与的人排除在外。在对东部地区个人养老金试点的调研中发现，由于非正规就业较普遍，一些私营企业未实现全员参加职工基本养老保险，故无法自建或参与企业年金计划，企业职工也无法参与个人养老金。此外，许多灵活就业者由于参保缴费不连续或养老保险关系未转接到工作地等造成断保，无法在试点地区参与个人养老金。

在政策规定上，2018年财政部印发《关于开展个人税收递延型商业养老保险试点的通知》，对个人自愿参与的商业养老保险实施税优政策，即规定限额内的缴费可从个人应税收入中抵扣，纳税义务"递延"到领取阶段，该《通知》规定试点政策适用对象是"纳税人"，未再设其他条件；而在2022年11月颁布的《个人养老金实施办法》中则规定，"个人养老金的参加人应当是在中国境内参加城镇职工基本养老保险或者城乡居民基本养老保险的劳动者"，该《办法》对参与人的资格作了限定，要求必须已经参加基本养老保险，而且明确只覆盖劳动者。实际上，除了两个显性限定条件之外，由于政策支持只有税收递延，最低税阶之上的纳税人才有正的"减税利益"，实际上，个人所得税纳税人成了"隐性"限定条件，这进一步缩小了制度的有效覆盖范围。

由于我国个人所得税设置起征点，起征点之下的收入免于缴纳个人所得税，这就造成一部分人享受不到税优支持。从税阶和税率设置来看（见表3-1），按照每月1000元的抵扣额，享受税优力度（与个人收入相比）最大的是8000~17000元/月收入群体，其次是17000~30000元/月收入群体，收入高于或低于这个收入段的群体的税优力度相对较小。换句话说，目前个人养老金的政策对中等偏上收入者更有利，这就造成制度覆盖群体偏差，尤其是收入低于8000元/月的群体规模大，税优力度不够，影响个人养老金参与规模。

表3-1　个人所得税税阶与个人养老金最大免税额

应税收入（元/月）	税率	每月最多减免税额（元）	每年最多减免税额（元）
0~5000（含）	0	0	0

① 资料来源：2019年《政府工作报告》。

② 席毓、孙玉栋：《第三支柱养老保险税优方式探讨》，《经济问题探索》，2020年第1期，第49-62页，第81页。

③ 郑秉文：《第三支柱商业养老保险顶层设计：税收的作用及其深远意义》，《中国人民大学学报》，2016年第1期，第2-11页。

④ 董克用：《加快建设中国特色第三支柱个人养老金制度：理论探讨与政策选择》，《社会保障研究》，2020年第2期，第3-12页。

5000~8000（含）	3%	30	360
8000~17000（含）	10%	100	1200
17000~30000（含）	20%	200	2400
30000~40000（含）	25%	250	3000
40000~60000（含）	30%	300	3600
60000~85000（含）	35%	350	4200
85000 以上	45%	450	5400

资料来源：笔者计算。

六、投资选择误区

个人养老金参与者具有投资选择权，相比于企（职）业年金来说，自由度更大。但从试点情况看，非理性的投资选择较为普遍，反映个人养老金参与者的两个极端，一是过度追求短期获利，关注个人养老金投资组合的净值，忽略长期资产管理的意义；二是缺少投资知识，习惯于银行存款的利息收入稳定性，仅愿意投资储蓄类个人养老金产品。

据中国保险资产管理业协会发布的《中国养老财富储备调查报告（2023）》，71% 的受访者愿意参加个人养老金，40% 的受访者表示政策落地后第一时间参加，但仍有 24% 的受访者选择暂时观望[①]。一则因为个人养老金推出时，资本市场投资回报预期不高，经济受新冠疫情的影响还未褪去，“落袋为安”心理普遍，让渡当期消费进行养老金融产品投资的意愿不强；二则因为政策宣传还不到位，获取个人养老金政策信息的主要渠道是金融机构宣传，总工会和单位工会、单位人力资源管理部门等介入不足，很多人对个人养老金“实惠”的信任度不够。

截至 2023 年 8 月 31 日，人力资源和社会保障部官网公布的个人养老金目录产品共 680 款，其中保险类 48 款，理财类 18 款，基金类 149 款，储蓄类 465 款。与 2018 年个人税收递延型商业养老保险试点相比，产品种类拓宽，数据增多，可以满足个人养老金参加者不同风险和投资收益偏好的选择需求。但另外，由于缺少产品分类，大部分人面临选择困难的问题。在调查中发现，一些人开户并缴存资金后，并未及时购买个人养老金产品，问及原因是不知如何选择。

个人养老金产品包含储蓄、保险、基金和理财四大类，每类产品的特点和优势均不同。目前，680 款个人养老金产品仅按行业分类，大多数劳动者的金融素养不足，无法按风险 - 收益归类，理性选择困难。一是追求高收益而忽视风险性，偏好理财类和基金类产品；二是追求稳定性而忽视保障性，加之银行引流，偏好储蓄类产品；三是保险类产品复杂且不易理解，其“长期性”优势难被接受，加之监管严、精算难、上线慢，难以在个人养老金市场大展拳脚。个人养老金客户对政策不够了解、理解不到位，对个人养老责任履行和规划意识不足，亟须对大众进行养老金融宣传教育。

我国居民长期以银行储蓄作为家庭金融资产甚至唯一资产形式，金融素养不高，投资知识不足，参加个人养老金后不得不担当“场内投资者”角色，不仅要在四类个人养老金产品类型中进行选择，还要在 680 款产品中进行选择，对时间、精力、知识等的要求较高。我国企业年金运行 20 余年，学界和业内对个人投资选择权的呼声越来越高，而与企业年金截然不同的是，投资者从参与个人养老金时就有投资选择权，这本应是提升消费者效用的制度安排，但因选项过多，容易陷入投资选择权误区。

从国际经验看，较为成熟的养老金市场均有“产品清单”和“默认投资工具”，例如，美国的 401(k)、英国的国家就业储蓄基金（National Employment Savings Trust，NEST）、澳大利亚的超级年金和中国香港地区的强积金：对没有时间精力或缺少投研能力的人，提供默认投资工具；对愿意自主选择但缺少投研能力的人，提供数目不多的有限选择或指数基金；对既有自主投资意愿又有投研能力的人，提供多种类和多方案选择[②]。无论哪种提供方式，养老金融机构都承担“投资顾问”职能，为个人投资者提供专业的初筛服务，避免可选项过多造成选择困难。

七、经办运营误区

个人养老金依托银行作为平台连接，银行持有唯一开户机构和自营保障型养老金融产品两张“王牌”，吸收最多个人养老金客户。据调查，截至 2023 年 5 月底，先行城市某银行个人养老金开户数 38 万户，其中实际缴存户 26 万户，缴存资金 4 亿元，购买理财类、基金类、储蓄类产品的户数比例依次是 1∶2.1∶92.8，购买金额的比例依次是 1∶2.6∶7.8，户均购买金额的比例依次是 1∶1.2∶0.1。可见，银行自营的储蓄类个人养老金产品吸引购买人数多但人均购买金额少，人均购买金额最多的是基金类产品，显示这部分购买群体的收益期望和风险承受力均较高。

值得注意的是，许多先行城市上线保险类产品不多，

① 《保险资管业协会发布调查报告显示：七成受访者愿参加个人养老金》，《中国银行保险报》，http://www.cbimc.cn/content/2023-06/02/content_486242.html，2023 年 6 月 2 日。

② 王焯、姜禹杉：《第三支柱个人养老金的重要抓手》，《中国金融》，2023 年第 12 期，第 27–28 页。

除了银行引流之外，还有一些重要原因，例如，保险机构与银行之间系统对接较复杂，导致保险类产品上线慢，一些银行将获客成本转嫁给保险机构，造成这些机构市场开拓成本高，保险类个人养老金产品市场知晓率低，银行代销动力也不足，造成此类购买规模小，等等。

截至 2023 年 6 月 8 日，有 23 家银行获准开办个人养老金业务。这些银行并非都提供所有种类的个人养老金产品。其中，仅有 8 家银行均开通了基金、保险、理财、储蓄交易业务，有 2 家银行仅开通了储蓄交易业务。

在调研中“被诟病”较多的是银行引流问题。由于参与个人养老金的第一道程序是开户，开户银行有绝对优势可以“获客”。此外，在银行业绩考核中，个人养老金缴存金额计入银行存款收入，购买储蓄类和理财类个人养老金产品计入银行业务收入，开户银行也有很强动机“留客”，造成其他金融机构处于不公平竞争地位。

八、投资工具误区

根据“国家社会保险公共服务平台”个人养老金产品目录，目前已有 680 款个人养老金合格产品。产品供给不断增多，可以满足多样化的选择需求。不过，行业和产品竞争激烈，过度多样化也会造成选择困难。

一是选择环节太复杂。目前个人养老金产品包括储蓄类、理财类、保险类、基金类共四类，各类产品合计已近 700 款。个人养老金产品种类繁，数量多，类型复杂，即使有意购买，因金融素养不够而无从选择，一些人只能放弃或持币观望。

二是购买环节不顺畅。按政策规定，符合资格的劳动者可任意选择购买个人养老金产品，但在实践中，只能在开户行指定的产品范围内进行选择。调研中有不少人反映，因开户行还未上线全部合格个人养老金产品，只能舍弃最心仪的产品，这也限制了对个人养老金的参与。

三是领取环节不灵活。《个人养老金实施办法》规定领取个人养老金的条件是达到领取基本养老金年龄、完全丧失劳动能力或出国（境）定居，除此之外，不能提前支取。这就意味着在这些条件之外，缴存在个人养老金账户的钱完全丧失流动性，即使家庭遭遇重大疾病、意外事故等影响基本生活的突发事件，也不能提前支取应急，这对于具有很强预防性储蓄的人来说，对储蓄转为养老金“望而却步”。

个人养老金产品结构还不够理想。个人养老金产品投资期限应以中长期为主，而当前养老储蓄类产品居多，且投资期限多为中短期。商业养老保险在长期性和服务方面具备优势，保险年金是收益确定的长期投资选择，能够抵御长寿风险；与其他类型金融机构相比，保险机构在养老社区、健康管理、长期护理等方面积累很多经验，保险类养老金产品能够与这些领域衔接，延长保障线，提供全生命周期收入保障和健康管理。但是，目前保险类个人养老金产品上线慢，渠道销售动力不足。

据调查，某市银行在试点半年后开户 38 万户，实际缴存 26 万户，缴存资金 4 亿元；购买理财类产品约 2800 户，购买基金类大约 5800 户，购买储蓄类产品近 26 万户；户均购买理财类产品 1.2 万元，购买基金类和储蓄类产品的金额分别是 1.5 万元和 0.1 万元。这里反映出几个问题：一是实际缴存户占开户数比例低，不到 70%，许多人持币观望；二是户均缴存金额少，平均每户 1500 元，“空账户”不在少数；三是购买储蓄类产品的户数多但户均购买金额低，购买基金类和理财类产品的户数少而户均购买金额高，反映个人养老金客群向两端分化，一端是具有投研能力且风险厌恶度低，另一端是缺少投研能力且风险厌恶度高；四是保险类产品上线慢，本案例中尚无购买。

九、账户管理误区

从国际经验看，第三支柱与第二支柱是联动发展的。既有两个支柱的税优额度共享，也有两个支柱的账户互通。换句话说，两个支柱之间界限不明显，只是功能有所差别，不应割裂成两个完全独立的账户体系。

美国养老金资产居全球首位，按照 OECD 的统计口径，到 2021 年末，美国各类养老金投资资产超过 40.0 万亿美元，占 GDP 的 99.5%，其中企（职）业年金资产 22.9 万亿美元，商业养老保险 4.0 万亿美元，个人养老金 6.5 万亿美元，个人养老金约占养老金投资资产的 16%。另据美国投资公会（Investment Company Institute, ICI）数据，截至 2021 年末，美国退休资产总规模是 39.4 万亿美元，其中个人退休账户（Individual Retirement Accounts, IRAs）资产为 13.9 万亿美元，约占 35%。从资产规模看，美国的“IRAs > 个人养老金”，个人退休账户 IRAs 里不仅有个人养老金储蓄，而且还有其他养老金储蓄。实际上，IRAs 是美国养老金资产管理的一种方式，一方面连接雇主养老金和个人养老金，另一方面也是个人养老金资产管理载体。

国内学者和业界常把 IRAs 划为美国养老金的第三支柱，实际上放大了美国第三支柱个人养老金的资产规模。不仅如此，美国两大类 IRAs 分别是传统 IRAs 和罗斯 IRAs，截至 2021 年末，资产分别是 11.8 万亿美元和 1.3 万亿美元，分别占 IRAs 资产的 85% 和 10%，但其资产绝大部分是由雇主养老金计划转存（Rollover）。根据 ICI 数据，1997~2019 年，雇主养老金计划转存到传统 IRAs 的资产累计 7.0 万亿美元，相当于 2019 年末传统 IRAs 资产的 76%；2010~2019 年罗斯 IRAs 从雇主养老金计划和传统 IRAs 转存的资金累计 2493 亿美元，相当于 2019 年末罗斯 IRAs 资产的 25%。

我国第二支柱企（职）业年金和第三支柱个人养老金均采取账户管理方式，两个支柱设置有完全独立的税优政策。但实际上，两个支柱的账户管理方式没有实质性差别，账户资金均按委托 - 受托模式确定资产管理责任，两个支柱的税优政策也没有实质性差别，均采取 EET 模式，仅存在税优额度的不同。割裂两个支柱的账户管理会影响两个支柱的系统协同发展。

十、政策建议

个人养老金作为多层次多支柱养老保险体系的重要成员，应在覆盖面上发挥好“查遗补缺”作用，在保障度上发挥好“叠加提待”作用，与企（职）业年金协同发展。但目前在制度设计上还存在客观约束和主观误区，客观约束可逐步突破，但主观误区是影响制度健康发展的关键掣肘。如上所述，我国个人养老金制度在设计和运行中，在层次划界、功能目标、责任主体、政策支持、覆盖群体、投资选择、经办运营、投资工具、账户管理等方面仍存在不少认识偏误，制约着个人养老金制度的发展。针对这些误区，以下提出一些建议：

第一，针对层次划界误区。国际上，对养老保险体系的“层次”（Tier）或“支柱”（Pillar）划分没有统一标准。世界银行按照强制或自愿原则划分，将自愿性雇主养老金和个人养老金均划为第三支柱，而养老津贴和强制性的雇主养老金分别为第一支柱和第二支柱，但国际劳工组织（2018 年）将强制性和自愿性的雇主养老金均划为第二支柱；OECD[①] 按就业关系划分，将就业关联型（Employment-related）养老金计划归入第二支柱，将非就业关联的个人养老金计划归为第三支柱。可见，国际组织对私人养老金体系的划分没有统一标准，尤其是自愿性的雇主养老金也被纳入第三支柱，说明第三支柱并非完全属于“个人”领域。从一些国家的实践看，第三支柱也并非绝对是“自愿”原则。例如，新西兰、英国等国家引入自动加入机制后，使第三支柱具备了“强制性”特征。OECD 在对养老金进行统计时，将养老金体系分为三个子集，分别是社会保险养老金（Social Insurance Pension）、职业养老金（Occupational Pension）和个人养老金（Personal Pension）。对社会保险养老金的统计集中在隐性负债上，这类养老金由政府信誉担保，属于政府的负债；对职业养老金和个人养老金的统计集中在基金资产规模上，这两类养老金属于私人领域，一般情况下无政府信誉担保，由市场机构进行资产管理。这种统计方法主要区分公共养老金和私人养老金，对同属于私人养老金领域的职业养老金和个人养老金并未被对立或被割裂统计，而是被同样纳入“退休储蓄计划”，分别按强制性/准强制性、自动加入、自愿性职业养老金、自愿性个人养老金等类型，统计各自资产规模。

我国企（职）业年金和个人养老金制度的目标均是补充退休收入的保障水平，应整合看待其功能，从系统协同发展角度，重新认识多层次多支柱养老保险体系内部的关系，将实现退休收入保障作为统一制度目标，将协同发展互通互融作为统一运行方式。为了实现制度目标，完全可将企（职）业年金和个人养老金制度的税优额度合并，账户管理打通，参与者根据个人实际情况选择参与，能够公平且足额享受政策支持。

第二，针对功能目标误区。建议取消参加基本养老保险的前提条件，允许未参保人员也可自愿参与个人养老金，提高个体从业者、新业态灵活就业人员等群体的参与率。在 36 个先行城市（地区）取得一定经验后，尽快扩大个人养老金的实施范围，并逐步推广至全国，让更多人享受养老保障的政策红利。

第三，针对责任主体误区。鼓励企业推动员工参与个人养老金。企业员工参与个人养老金并享受延税优惠，实际上是在不增加企业成本的前提下，提高了员工的实际收入，相当于变相促进企业降低成本，增加效益。因此从这个角度讲，企业应积极推动员工参与个人养老金。建议税务部门提供参与个人养老金的节税规模，使企业管理层了解员工得到的实惠，有动力通过工会或人力资源管理部门，向员工积极宣传和引导参与个人养老金。

第四，针对政策支持误区。建议明确税优上限与工资增长的关联机制，引导参与者形成可享受税优的理性预期。2022 年 11 月，个人养老金制度启动实施，36 个先行城市（地区）的应税收入抵扣额是 12000 元，相当于 2022 年城镇非私营单位平均工资的 10.5%，可以 10% 作为挂钩机制，应税收入抵扣上限跟从工资增长率逐年变化。此外，

① OECD 官网，https://www.oecd.org/sdd/na/oecd-social-insurance-pension-schemes-database.htm。

建议尽快引入 TEE 税优方式。对于非纳税群体，领取阶段的 3% 税率不仅不是“税收优惠”而是“税收惩罚”，因此，领取阶段的纳税规定实质上将 6 亿多符合参与条件但属于非税群体的劳动者“排除”在外。这个问题上可用“TEE”税优方式加以纠正，即在缴费环节纳税（如果不符合纳税条件则无须纳税），而在领取环节不再缴纳收入所得税。为了避免税收流失，可附加规定以限制高收入群体选择 TEE 方式。

第五，针对覆盖群体误区。建议明确税收抵扣额与工资水平挂钩机制，低收入者享受较高应税收入抵扣率，较高收入者享受较低抵扣率，设置应税收入抵扣额上限，形成梯度税优机制，增强低收入群体的公平感和参与动机；避免参与个人养老金“仅为避税”，引导纳税人认知从避税单一功能向避税加养老双功能转变。

第六，针对投资选择误区。建议多管齐下：由监管部门牵头，制作个人养老金政策宣传片，在电视、广播、互联网等多渠道投放，结合积极应对人口老龄化国家战略，广泛进行养老金融普及教育；由全国总工会牵头，在各级工会和行业工会、基层工会积极开展个人养老规划宣传，参与个人养老金的金融机构积极配合并宣介养老金融知识；鼓励各类研究机构和学者积极投身养老金融普及教育，广泛开展研讨，客观传播养老金融常识；各类金融机构在官网平台开设养老金融知识栏，形式活泼多样，内容浅显易懂，做好线上线下咨询答疑。

第七，针对经办运营误区。一方面，促进不同类型金融机构公平竞争。改变个人养老金实施过程中银行既做“裁判”又当“球员”的局面，扭转银行与保险、基金等其他类型机构的不协调。建议尽快建立完善平台建设，调研中有不少人提出，可以由人社部建立统一的个人养老金产品购买平台，合格产品均可通过该平台购买，银行承担“托管”责任，积极对接个人养老金产品供应商（保险公司、基金公司等），加快系统对接建设，取消各种人为设置的障碍，方便客户在银行或保险、基金公司能够购买更多个人养老金产品，以满足客户多样化的养老需求。另一方面，协调各类金融机构合作共赢。首先，在行业协会的推动下，同类金融机构在个人养老金领域合作推进，例如，行业统一设计并推广个人养老金政策宣介资料。进一步地，在人社部门推动下，金融各业态的行业协会合作行动，借鉴惠民保类产品推广经验，每个地区多家机构共同参与，统一推广，减少过度竞争带来的内耗，提高个人参与度，例如可参照广州“穗岁康”商业补充健康保险的推广方式，联合银行、保险、基金公司等机构制作政策宣传文案，扩大宣传范围。

第八，针对投资工具误区。一方面，建议对目录内个人养老金产品进行多种组合，除了按行业分类以外，结合个人养老金潜在客群需求，按风险属性、账户管理特征、投资风格、养老保障能力等多种角度分类，化繁为简，化难为易，缓解个人的选择困难。鼓励各类金融机构加强智能化投顾建设，向查询的个人推送合适的收益 – 风险产品或产品组合。可以借鉴丹麦等国家私人养老金产品的成功经验，在保险类产品中引入延伸功能，将养老金与退休后的重大疾病风险产品相衔接，开发面向退休者的、兼顾多重保障功能的个人养老金产品。另一方面，建议结合个人养老金长期积累特征，设计专属投资产品，在现有产品基础上，以“长期锁定”换取“较高收益”。这就需要在投资门槛、运营周期、资产配置和产品收益等方面，开发出更具优势的，有别于一般投资产品的，更加稳定、更高收益、更具竞争力的差异化产品，以满足不同群体的养老金投资需求。

第九，针对账户管理误区，建议整合企业年金和个人养老金的税优政策。现行企业年金税优政策的依据是财税〔2009〕27 号文①，规定补充养老保险费、补充医疗保险费分别在不超过职工工资总额 5% 标准内的部分，在计算应纳税所得额时准予扣除。该政策于 2009 年出台，至今已有 14 年之久，考虑到市场的变化、国家政策的调整，原有政策逐渐不适应现实需要。针对很多个人养老金参与者提升税优上限的呼吁，建议打通企业年金和个人养老金的税优政策，整合应税收入抵扣额上限，对于未加入企业年金的劳动者来说，可将企业年金的税优额度“转移”到个人养老金，平衡不同劳动者在补充养老金方面的税优权益。

① 《财政部 国家税务总局关于补充养老保险费补充医疗保险费有关企业所得税政策问题的通知》。

分报告四
我国第三支柱个人养老金的评价体系构建
——以共同富裕为目标引领

一、引言

在共同富裕目标的引领下，我国多层次、多支柱养老保险体系建设应在覆盖范围内具有公平性，在保障水平上具有层次性。2022 年 4 月，《国务院办公厅关于推动个人养老金发展的意见》印发，标志着我国第三支柱个人养老金进入了全新的发展阶段。第三支柱个人养老金为所有群体提供了全新的保障思路，有助于满足人民群众日益增长的多样化养老保障需求，厘清第三支柱个人养老金建设与共同富裕的内在逻辑一致性，以此为目标引领，探究我国第三支柱个人养老金的评价体系，对于推进我国共同富裕的探索与实践，明晰第三支柱个人养老金的未来发展方向具有重要意义。基于此，本文从富裕的共享与共享的富裕两个角度出发论述第三支柱个人养老金与共同富裕的内在一致性，在此基础上，从覆盖范围、待遇充足性、产权明晰程度、政策激励效果及综合管理成效五个维度出发，构建我国第三支柱个人养老金的评价体系。

二、文献回顾

（一）有关个人养老金的研究

1. 个人养老金的内涵与属性

首先，个人养老金覆盖范围与就业形态无关。第三支柱个人养老金的目标群体广泛，是不受劳动关系、收入来源等因素影响的养老保险金融工具，为第二支柱覆盖范围之外的群体建立了一个长期的储蓄机制，是个人实现退休后平滑消费的有效补充手段。其次，个人养老金具有完全私有的产权属性。每位参保人都有专属的养老账户，可自由选择开户机构并对资产配置和投资作出决定，个人对账户资产具有所有权。最后，个人养老金属于长期资金。个人养老金账户中的资产属于以增值为目的的个人长期储蓄，在退休前不可随意用于消费，是投资者终生收入烫平的纵向共济资金（郑秉文，2022）。

2. 个人养老金的功能与定位

2022 年 4 月，《国务院办公厅关于推动个人养老金发展的意见》明确第三支柱个人养老金实行个人账户制度，其作为与第一、二支柱平行且独立运行的养老金制度，与基本养老保险、企业（职业）年金相衔接，实现养老保险补充功能。在此基础上，部分研究进一步讨论了第三支柱的功能定位，指出在覆盖范围方面，第三支柱广泛包含正规就业、灵活就业、退休人员、非就业等特殊群体，使我国养老保险体系逐步建设成为“中间小、两头大”的哑铃型结构，以有效应对第一支柱替代率下降的风险，缓解养老金领域发展不平衡的问题（郑秉文，2022）。此外，还有一些研究着眼于个人养老金在金融领域的定位，指出第三支柱个人养老金属于长期养老金投资，有利于推动投资养老理念的形成，长期养老规划形成一定规模后，有助于国家金融结构的优化，进一步完善我国资本市场（朱海扬等，2022）。

3. 个人养老金的管理与发展

一些研究聚焦于我国第三支柱的潜在规模，目前测算第三支柱缺口的方式可归纳为三类，通过国际对标预测我国未来发展趋势、第三支柱渗透率和每月缴费规模，以及估计当前居民总储蓄规模或总资产规模未来向养老金融产品转移的比例（刘方涛等，2022）。还有一些研究对个人养老金的管理进行了展望。发展个人养老金需要重点关注制度强制性、制度间替代性、家庭资产管理偏好或金融素养及制度弹性等要素，只有当制度激励措施效果显著，各类养老金制度之间替代性较弱，居民家庭金融素养普遍较高，制度弹性灵活，参与者拥有充分选择权时，才能形成合力，推动个人养老金高质量发展（张盈华，2022）。同时，统筹管理的账户平台不可或缺，统一的账户管理体系可以有效避免行业平台分散管理带来的“碎片化”问题，降低账户管理成本（房连泉，2022）。

（二）有关养老金评价指标体系的研究

现有研究从不同角度对养老保险体系展开了评价。部分学者以定量为基础，重点关注了养老保险的待遇水平。综观近年来国内外研究成果，学者们对养老保险待遇水平的评价逐渐从仅关注“替代率”这一单一标准到参照老年贫困风险、不同时期收入分布、代际及性别差异[①]等多维评价指标，从仅关注绝对标准到绝对水平与相对水平并重。例如，在关于我国养老保险待遇充足性的研究中，学者们指出养老保险待遇的充足性不仅意味着在绝对水平上能够防止老年人落入贫困境地，也意味着在相对水平上能保证一定水平的收入替代，进而从老年人收入水平、贫困程度和性别差异状况三个维度构建了中国养老金待遇充足性的评价体系（赵青等，2015），并从消费平滑与防止贫困两个维度对其进行了完善（赵青等，2021）。除了对待遇水平充足性的关注，还有学者探讨了社会保障待遇水平的适度性，如穆怀中（1998）将保障人民基本生活水平和实现保护与激励相统一作为社会保障适度水平的下限标准和上限标准。

还有一部分学者着眼于定性层面，从公平的角度出发来评价我国的社会保障制度，公平性评价标准的划分极具多元化，且同样适用于养老保险体系。一部分研究聚焦于制度层面，从纵向溇平和横向溇平两方面来探讨我国社会保障制度的公平性（郑秉文，2022）；另一部分研究聚焦于保障水平层面，以生存公平和劳动公平为标准，划定社会保障适度水平的区间范围（穆怀中，1998）；还有一部分研究综合聚焦于整个社会保障的发展过程，依据保证原则、事前原则、事后原则、调剂原则，重点关注公民享有社会保障的权利平等性、制度设计的公平性、待遇水平的公平性及社会保障制度在全国范围内的统筹协调情况（韩克庆，2019）。

此外，还有一些学者着眼于近年来我国养老保险体系运行过程中的实际问题，如个人账户性质界定不清、转移接续不畅等，针对性地探讨了评判关键问题的指标体系。例如，从产权明晰、微观经济、正外部性层面构建的强制性个人账户养老金四维度评价体系（李珍、黄万丁，2017）；从政策制定、制度内容、经办效率和权益损失层面构建的养老保险权益流动性四维度评价体系（路锦非、王桂新，2019），均可为第三支柱个人养老金发展评价体系的构建提供一定参考与借鉴。

三、第三支柱个人养老金与共同富裕的内在一致性

共同富裕是社会主义的本质要求和奋斗目标，是中国特色社会主义的根本原则，也是中国式现代化的重要特征。在全面建设社会主义现代化国家的新征程上，“要坚持以人民为中心的发展思想，在高质量发展中促进共同富裕”[②]。富裕和共同是共同富裕的两个核心关键词，要通过高质量发展推动社会整体达到富裕水平，并不断优化收入分配结构，同时实现富裕的共享与共享的富裕，以达到一种人人物质富裕与精神富足的生活，达到共享发展的境界[③]。以共同富裕为目标引领，多层次、多支柱养老保险体系建设有两个方面的主要内涵：一是在覆盖范围上具有公平性，广泛惠及不同代际、不同地区、不同职业特征的人口；二是在保障水平上具有层次性，在基本养老保险的基础上，为各类人群提供参与更高层次养老保险的选项。2022 年 4 月，《国务院办公厅关于推动个人养老金发展的意见》颁布，我国第三支柱个人养老金由此进入了全新的发展阶段，这有助于推动我国多层次、多支柱养老保险体系建设，满足人民群众日益增长的多样化养老保险需要。同时，第三支柱个人养老金建设与共同富裕具有内在的逻辑一致性，有助于推进我国共同富裕的探索与实践。

（一）个人养老金覆盖广泛，主体丰富，以共建共享迈向共同富裕，实现富裕的共享

第三支柱个人养老金扩大了高层次养老保险的覆盖范围，为不同就业类型、不同收入水平的人群提供了平等的参与机会，与共同富裕的理念高度契合。在我国个人税收递延型商业养老保险试点及许多西方国家的实践中，第三支柱对于中高收入群体来说满足了其更高水平的需要，达

① Chybalski F, Measuring the Multidimensional Adequacy of Pension Systems in European Countries, Working Paper, 2012.

② 《在高质量发展中促进共同富裕 统筹做好重大金融风险防范化解工作》，《人民日报》，2021 年 8 月 18 日，第 1 版。

③ 郑功成：《共同富裕与社会保障的逻辑关系及福利中国建设实践》，《社会保障评论》，2022 年第 6 期，第 3-22 页。

到了“锦上添花”的效果。然而，这种制度安排作为针对少数人的制度，惠及范围有限，可能会进一步固化阶层差距，与实现共同富裕的目标相悖。综观目前我国对于第三支柱个人养老金的定位，《国务院办公厅关于推动个人养老金发展的意见》将个人养老金的参加范围规定为“在中国境内参加城镇职工基本养老保险或者城乡居民基本养老保险的劳动者”，包含正规就业人员、灵活就业人员、未就业人员等群体，远远超越了原有第二支柱的覆盖范围，旨在形成一种“可替代模式”，逐步搭建“中间小、两头大”的“哑铃型”三支柱结构①，使第三支柱个人养老金真正发展成为全民共享的养老保障项目。

作为一种改善性的养老保险制度，第三支柱个人养老金缩小了不同就业类型群体在参与权利上的差异性和不公平性，显著增强了我国养老保险体系对数字经济发展与疫情冲击下劳动力市场变化的适应性，为灵活就业人员等广大新兴就业群体提供了获得更高水平养老保险的机会。在现有制度安排下，高层次养老保险的覆盖范围从第二支柱针对的特定群体扩展到参加基本养老保险的全体人民，从仅有部分人群能够享有高层次保障过渡到全体人民都有途径参加更高层次的保障，真正推进了多层次、多支柱养老保险的全民共享，有效提升了新兴就业群体和中低收入人群的养老保障能力，有助于缩小不同收入群体在老年阶段的生活水平差距。平等的参与机会也在一定程度上稳定了社会情绪，这与共同富裕所追求的全民共富的理念具有内在的逻辑一致性，让经济社会发展成果能够全面、公平地惠及全体人民。

同时，第三支柱个人养老金涉及主体广泛，在政府的统筹协调下，各主体充分发挥积极性和创造性，营造“各方参与、人人尽力”的发展环境，与共同富裕的理念相一致。第三支柱个人养老金建设坚持政府引导、市场运作、有序发展的原则，在推广与完善过程中，财政、税务等政府部门，商业银行、金融行业平台等金融机构，以及参与者个人等多元主体广泛参与，在政府引导下，充分调动各方积极性，推动个人养老金有序高效发展。这种多主体广泛参与的发展模式符合共同富裕的理念，生动诠释了“人人参与、人人尽力、人人享有”的发展路径。

（二）个人养老金优化保障结构，推动投资与消费，提升发展质量，实现共享富裕

第三支柱个人养老金完善了我国多层次、多支柱养老保险体系建设，有助于满足人民日益增长的养老保险需要，与共同富裕的内涵高度契合。第三支柱个人养老金的潜在参与对象囊括了广大新兴就业群体和尚未被第二支柱覆盖的人群，个人养老金为参与者获得补充养老保险提供了稳定且可持续性的渠道，重构了我国多层次、多支柱养老保险体系的结构，有力提升了养老保险体系的发展质量，增进了民生福祉，在推动共同富裕的进程上取得了实质性进展。

除了对制度的完善，第三支柱个人养老金还对投资和消费具有推动作用，可以有效提升我国经济发展效率，是实现共同富裕的有效抓手。相较于第一支柱基本养老保险，第三支柱个人养老金实行完全积累，作为一种长期资金，更加注重通过投资获取经济效益，进而达到更加富裕的生活水平。符合规定的金融机构为参与者广泛提供运作安全、成熟稳定、标的规范、侧重长期保值的金融产品，并接受相关金融监管部门的监管，参加者可自主选择在符合规定的金融产品销售机构购买银行理财、储蓄存款、商业养老保险、公募基金等金融产品，2022 年 6 月，中国证券监督管理委员会发布《个人养老金投资公开募集证券投资基金业务管理暂行规定（征求意见稿）》，规范了个人养老金投资公开募集证券投资基金业务的相关活动，进一步推动安全稳定与投资效益的统一。第三支柱个人养老金的投资运行在保障基本生活水平的基础上进一步提升了养老金的潜在价值，帮助个体对一生的财富进行合理的规划与分配，有助于提升老年时期的经济水平，在老年阶段达到相对富裕的生活状态。此外，第三支柱个人养老金以个人账户为载体，属于资产型养老金，参与者通过积极参与投资不断扩大资产积累，在提升个人养老储备的同时，推动税收转移分配，为资本市场带来大量的长期资本，构成股权资金的稳定来源，可以有效促进资本红利型经济结构升级②，推动资本市场的发展与完善，吸引更多投资。

同时，经济合作与发展组织（OECD）国家的研究发现，养老金占居民金融资产的比重越高，人均消费倾向就越高③。第三支柱个人养老金以基金积累为主，在资产总量一定的情况下，可以有效提升资产配置中养老金的比重，积累充分的养老财富，形成稳定的养老保险预期，进而缓解居民在进入老年阶段后对于消费降级和养老、医疗相关支出增加的焦虑，以即期消费替代预防性储蓄倾向，释放

① 郑秉文：《养老金三支柱理论嬗变与第三支柱模式选择》，《华中科技大学学报（社会科学版）》，2022 年第 36 期，第 20–37 页。

② 郑秉文：《面向 2035 和 2050：从负债型向资产型养老金转变的意义与路径》，《华中科技大学学报（社会科学版）》，2021 年第 35 期，第 20–37 页。

③ 邱晓华、李衡、徐灼、李珂：《新征程上我国保险业服务共同富裕的功能研究》，《保险研究》，2022 年第 4 期，第 3–18 页。

消费潜力，以消费助推经济社会发展。第三支柱个人养老金对于投资和消费的促进作用可以有效拉动我国经济增长，推动社会整体迈向富裕水平，为共同富裕的实现奠定坚实基础。

四、共同富裕视角下我国第三支柱个人养老金发展的评价体系

（一）覆盖范围

第三支柱个人养老金的目标群体广泛，在制度设计层面，个人养老金涵盖中国境内参加城镇职工基本养老保险或者城乡居民基本养老保险的劳动者。个人养老金的实际覆盖范围反映了我国第三支柱的发展程度，也体现了多支柱养老保险体系的参与公平性。第三支柱个人养老金发展的评价体系具体包含第三支柱个人养老金的总体参与规模、不同类型群体参与规模和个人养老金账户缴费活跃度。

1. 第三支柱个人养老金的总体参与规模

劳动年龄人口中参与第三支柱个人养老金计划人群所占的比重反映了个人养老金在劳动年龄人口中的普遍性和可获得性。表 4–1 呈现了 2013 年部分国家劳动年龄人口自愿参与养老保险计划的比率，可为我国第三支柱个人养老金预期参与水平提供一定参考。就美国的情况而言，截至 2021 年，美国拥有私人养老金计划的家庭数量达到 1.285 亿户，占比超过 64%①。美国投资公司协会的数据进一步显示，美国个人退休账户的资产规模在 2020 年第二季度末已达 10.8 万亿美元，在养老市场总资产中占比为 34%②。可见，第三支柱个人养老金发展空间广阔，要在充分结合我国基本国情、社会保障制度模式、经济发展状况、三支柱比例关系的基础上，确定最适宜我国实际的发展目标。同时，参照各国先进经验，未来应打通第二、第三支柱的个人账户，实现资金的自由流通，如此可以有效提升养老金的可携带性，促进劳动力的自由合理流动，扩大个人养老金的覆盖范围。

表 4–1　2013 年部分国家 15~64 岁人口自愿参与养老保险计划的比率

单位：%

国家	职业养老金计划	个人养老金计划	总计
澳大利亚	13.4	28.7	42.1
比利时	13.7	34.0	47.7
保加利亚	0.1	12.0	12.1
克罗地亚	0.8	7.2	8.0
捷克	0.0	69.0	69.0
丹麦	0.0	40.6	40.6
法国	9.0	7.2	16.2
匈牙利	0.0	19.8	19.8
冰岛	0.0	53.1	53.1
意大利	6.7	9.4	16.1
拉脱维亚	0.0	16.3	16.3
立陶宛	0.0	1.7	1.7
挪威	0.0	27.0	27.0
波兰	1.4	4.9	6.3
葡萄牙	2.4	35.4	37.8
罗马尼亚	2.3	0.0	2.3
斯洛伐克	0.0	22.8	22.8
斯洛文尼亚	35.2	0.0	35.2
西班牙	30.4	28.8	59.2
英国	19.4	19.6	39.0

资料来源：Marcinkiewicz E, Voluntary Pensions Development and the Adequacy of the Mandatory Pension System: Is There a Trade–off?, Social Indicators Research，2019 (143)，pp.609–636.

2. 不同类型群体参与规模

在此基础上，应进一步聚焦正规就业人员、灵活就业人员、未就业人员等不同类型群体的参与比重，尤其是当前第二支柱难以覆盖的人群，第三支柱将作为提升其养老保险能力的有效途径，缩小不同收入群体在老年阶段的生活水平差距，真正推进多支柱养老保险的全民共享。

3. 个人养老金账户缴费活跃度

个人养老金账户缴费活跃度即个人养老金缴费人数占开户人数的比例，自个人养老金试点启动以来，个人养老金账户开户规模持续增长。截至 2023 年 3 月底，我国 36 个先行城市（地区）开立账户人数达到 3324 万人，超过

① 朱海扬、王璐、宋林：《探索第三支柱个人养老金的发展逻辑与关键要素》，《价格理论与实践》，2022 年第 2 期，第 31–35 页。
② 郭金龙、刘亚萍：《建立个人养老金制度》，《中国金融》，2021 年第 10 期，第 67–68 页。

了企业年金 2875 万的参与人数[①]。但是个人养老金实际缴存情况不及预期，当前“个人养老金开户—账户资金缴存—存量资金投资”的转化路径并未充分打通，多数资金仍在存款端沉淀，尚未得到有效配置，这可能与投资者意识、经济环境、个人养老金投资产品等因素相关[②]。持续做好投资者教育，围绕财富管理、养老规划等方面不断完善综合配套服务，开发具有长期投资黏性的金融产品，推动已开户的投资者缴纳个人养老金，不断激活个人养老金的缴存意愿，真正发挥个人养老金对于投资和消费的促进作用，仍需要主管部门、税务部门、监管机构、金融机构发挥合力。

（二）待遇充足性

待遇充足性是反映第三支柱个人养老金运行效益和参保者获得感的重要维度，参照学者 De Deken[③] 和 Marcinkiewicz[④] 在自愿养老金计划实证研究中所提出的复合指数，选用个人养老金替代率、个人养老金的养老保障水平、个人养老金总量占 GDP 的比重、个人养老金产品投资回报率及个人养老金的纵向消费平滑效应来衡量我国个人养老金的待遇充足性。

1. 个人养老金替代率

养老金替代率是指劳动者退休时的养老金领取水平与退休前工资收入水平之间的比率，是衡量养老金待遇充足性的关键指标。OECD 的数据显示，公共养老金体系越发达的国家，其民众个人养老金参与率越低，即养老保险各支柱间存在一定的替代性。为保持退休后的生活水平与退休前大致相当，世界银行建议养老金替代率应达到 70%，而我国目前养老保险体系中的养老金替代率主要来源于第一支柱基本养老保险，其替代率一直保持在 45%~46% 的水平，“一支独大”产生的挤出效应对第二、第三支柱的发展有所制约。当下替代率与目标替代率之间的差值为第三支柱建设提供了潜在的发展空间，也可据此来推算我国第三支柱养老金的替代率。孙洁结合国际标准，指出我国理想的多层次养老保险总和替代率应达到 80% 左右，第三支柱替代率应达到 15% 左右，据此进一步推算出 2020 年第三支柱的适宜规模约为 3 万亿元[⑤]。

2. 个人养老金的养老保障水平

个人养老金的养老保障水平即第三支柱个人养老金替代率在养老金替代率中的贡献程度，可以在一定程度上反映出三支柱养老保险体系结构的合理性。未来可参照新西兰、智利、加拿大等典型国家的经验，继续调整我国三支柱养老保险体系结构，通过加大第三支柱养老金的比重，在逐步提高养老金替代率的同时平衡好三支柱替代率之间的关系，在基本养老保险的基础上真正发挥个人养老金补充性作用。我国养老金替代率应朝着世界银行的标准发展，争取达到 70% 以上，并以此为目标引领，结合我国经济发展实际情况和人口变化情况，将长期目标进行逐阶段分解。以第三支柱个人养老金提升替代率水平，缩小因职业类别或收入水平等因素带来的养老金差距，提升人民群众的老年生活水平，推进发展成果全民共享。

3. 个人养老金总量占 GDP 的比重

个人养老金总量在 GDP 中所占的比重反映了第三支柱个人养老金的整体规模，也反映了我国第三支柱养老金的发展程度。已有不同的机构和学者从不同视角对我国第三支柱的发展潜力展开了测算。中金公司研究发现，2018 年 OECD 国家“私人养老金 /GDP”的平均值为 49.7%，2020 年我国“私人养老金 /GDP”的平均值为 3.5%，在乐观、中性、悲观三种预测情形下，2030 年我国私人养老金的资产增量将分别达到 77 万亿元、37 万亿元和 21 万亿元；如若以“私人养老金资产 / 居民金融资产”指标计算，2020 年我国“私人养老金资产 / 居民金融资产”的比重为 2.2%，在乐观、中性、悲观三种预测情形下，2030 年我国私人养老金的资产增量将分别达到 79 万亿元、38 万亿元和 17 万亿元[⑥]。刘方涛等则以居民退休后实际的收入和支出为视角测算了个人养老金的潜在规模，得到 2025 年、2030 年、2035 年社会成员退休后支出和收入的缺口将分别达到 6.9 万亿元、9.9 万亿元和 13.6 万亿元，这便是我国第三支柱的潜在规模[⑦]。不同机构与学者所采用的视角和方式有所不同，预测结果也有所差距，但整体上都反映了我国第三支柱养老金巨大的发展潜力。表 4-2 呈现了 2013 年部分国家自愿养老保险计划占 GDP 的

① 董捷、张露月：《我国养老保险第三支柱个人养老金发展研究》，《保险职业学院学报》，2023 年第 37 期，第 14-20 页。

② 《个人养老金探路一周年：超 3300 万人开户缴存意愿待激活》，上海证券报，http://www.news.cn/money/20230505/d76e57ab11834e1cae6de30be7c36339/c.html，2023 年。

③ De Deken J, Towards an Index of Private Pension Provision, Journal of European Social Policy，2013(23)，pp.270–286.

④ Marcinkiewicz E, Voluntary Pensions Development and the Adequacy of the Mandatory Pension System: Is There a Trade–Off? Social Indicators Research，2019(143)，pp.609–636.

⑤ 孙洁：《养老保险第三支柱建设研究》，《中国特色社会主义研究》，2020 年第 Z1 期，第 43–52 页。

⑥ 《养老金第三支柱加快居民资产再配置，人身险公司或迎重大增量》，中金公司，2021 年。

⑦ 刘方涛、郭小楠、张蕊、邱明月：《基于需求角度的个人养老金潜在规模测算》，《保险研究》，2022 年第 1 期，第 64–78 页。

比重，可以为我国第三支柱个人养老金预期发展规模提供一定参考，但也要充分结合我国人口国情、社会保障制度模式、经济发展状况、三支柱比例关系，确定最适宜我国实际的发展目标。

表 4-2　2013 年部分国家自愿养老保险计划占 GDP 的比重

单位：%

国家	职业养老金计划	个人养老金计划	总计
澳大利亚	5.5	2.4	7.9
比利时	17.8	34.3	52.1
保加利亚	0.0	0.8	0.8
克罗地亚	0.2	0.7	0.9
捷克	0.0	7.3	7.3
丹麦	0.0	23.5	23.5
法国	2.6	1.9	4.5
匈牙利	0.0	5.0	5.0
冰岛	0.0	22.1	22.1
意大利	5.3	2.0	7.3
拉脱维亚	0.0	1.0	1.0
立陶宛	0.0	0.1	0.1
挪威	0.0	2.6	2.6
波兰	0.6	0.3	0.9
葡萄牙	8.5	8.1	16.6
罗马尼亚	0.1	0.0	0.1
斯洛伐克	0.0	1.8	1.8
斯洛文尼亚	4.0	0.0	4.0
西班牙	6.0	6.9	12.9
英国	106.6	31.2	137.8

资料来源：Marcinkiewicz E, Voluntary Pensions Development and the Adequacy of the Mandatory Pension System: Is There a Trade-off?, Social Indicators Research, 2019 (143), pp.609-636.

4. 个人养老金产品投资回报率

我国第三支柱个人养老金的资产属于以增值为目的的个人长期储蓄，参保者结合自身实际情况选择适宜的产品进行长期投资积累，丰厚的投资回报不仅可以提升参保者个人的养老金储备水平，还有助于提升个人养老金的参与规模与缴费活跃度，进而增强第三支柱发展的可持续性。相关机构应大力开发满足不同养老投资偏好的多元化投资产品，在符合规定的前提下，追求长期保值与运作安全。在制订个人养老金投资计划时，可充分参考国外相关经验，对符合规定的公募基金、债券、商业养老保险、银行理财等产品进行多元化投资，分散投资风险，同时适当提升权益类资产所占比重[①]，达到个人账户养老资产保值增值的效果，实现资产安全性、投资稳健性、运作长期性等目标。

5. 个人养老金的纵向消费平滑效应

养老保险制度具有收入再分配效应，可有效缩小收入分配差距，对于实现共同富裕具有重要意义，我国养老保险制度的收入再分配效应具体可分为代内收入再分配效应和代际收入再分配效应。第三支柱个人养老金是由个人发起，与第一、第二支柱平行且独立运行的养老金制度，是我国养老保险体系中的重要组成部分。第三支柱个人养老金实行完全积累，具有私有产权属性，是以增值为目的的个人长期储蓄资金，其再分配效应主要体现为代内收入再分配效应，即自我纵向消费平滑效应。在缴费阶段，通过参保者个人缴费，可在一定程度上减少不同收入水平群体的生活差距；在老年阶段，封闭运行模式及严格的领取规定可以有效烫平参保者的终生收入，达到纵向共济，如此可带来一定的纵向消费平滑效应。

在具体测算方法上，可以比较不同收入群体参加个人养老金的终生净转移额，即其终生获得的养老金现值与缴费现值之差，以及不同收入群体参加个人养老金的内部收益率，也就是当参保缴费贴现值等于个人养老金贴现值时的贴现率[②]。当个人养老金制度存在正向代内消费平滑效应时，高收入群体的终生净转移额小于零，低收入群体的终生净转移额大于零，高收入群体的内部收益率低于低收入群体；当个人养老金制度存在负向代内消费平滑效应时，高收入群体的终生净转移额大于零，低收入群体的终生净转移额小于零，高收入群体的内部收益率高于低收入群体。

（三）产权明晰程度

《国务院办公厅关于推动个人养老金发展的意见》明确规定，个人养老金实行个人账户制度，实行完全积累。个人养老金本质上是一种完全归个人所有的长期储蓄，具有私有产权属性。就第一支柱中个人账户的发展实践来看，产权模糊会导致权责关系不清，不利于基金管理效率的提升。明晰的产权关系不仅有利于形成激励机制，也有助于为第二、第三支柱的贯通创造条件，故而产权明晰程度是衡量第三支柱个人养老金发展可持续性的关键维度，具体包含排他性的所有权和充分的自由选择权。

① 杨娉、邢秉昆：《国外第三支柱个人养老金制度》，《中国金融》，2021 年第 8 期，第 92-93 页。

② 朱梅、姚露：《中国养老保险并轨后的收入再分配效应分析》，《湖南农业大学学报（社会科学版）》，2016 年第 17 期，第 77-82 页。

1. 排他性的所有权

个人养老金作为具有私有产权性质的储蓄资金，实行封闭运行。由于个人养老金烫平终生收入的长期储蓄资金定位，《国务院办公厅关于推动个人养老金发展的意见》明确规定，个人养老金资金账户除另有规定外不得提前支取，对参保者的使用权有所限制，但总体来说，在规定范围内，参保者对其个人账户内的资金具有排他性的所有权，具体表现在收益权、让渡权等一系列权利上。此外，这种所有权还表现为个人养老金具有完全的可携带性，即当参保者出现工作调动、出国（境）定居等情形时，个人养老金可以全部跟随转移，在参保者死亡后，其个人养老金资金账户中的资产可以继承。

2. 充分的自由选择权

个人养老金充分的自由选择权具体表现在对投资产品的自由选择和对管理机构的自由选择两方面。《国务院办公厅关于推动个人养老金发展的意见》明确指出，参保人可自主选择购买符合规定的银行理财、储蓄存款、商业养老保险、公募基金等金融产品，并承担相应的风险。国际经验证明，赋予参保人自由选择投资产品的权利可以减轻长期储蓄为当期消费带来的“被剥夺感”①，使其更加关注个人养老金的投资运作，以长远视角追求投资收益。未来可对金融产品设置负面清单，扩大可供个人养老金投资的产品范围，通过市场化竞争，为参保者提供符合其风险收益特征的优质金融产品。

对管理机构的自由选择意味着参保人可以在一定范围内以资产所有者的身份对其个人养老金进行交易和转让，即不同于目前第一支柱个人账户的管理方式，第三支柱个人养老金参保者可通过自由选择，把个人账户资金委托给最为合适的机构进行管理，如此不仅有助于在各资金管理机构间形成充分竞争，提升资金管理效率，更有利于参保者更为充分地行使自身的管理权和监督权。

（四）政策激励效果

激励性政策涵盖税收优惠和相关财政补贴等，是第三支柱个人养老金发展的重要动力。丰富且适当的激励性政策可以提升群众的参与积极性，扩大制度覆盖范围，提高制度发展的可持续性，也可以反映第三支柱个人养老金的发展后劲与价值导向，具体包含财税政策的多元性和财税政策的公平性。

1. 财税政策的多元性

个人养老金账户中的资产是一种以增值为目的的长期储蓄，充分运用好财政和税收政策，设计合适的税收优惠政策，激励参保人让渡这一资金长期内的使用权，有效提升群众参与积极性，对于个人养老金的可持续发展至关重要。

在之前第三支柱个人税收递延型商业养老保险试点实践中，随着我国个税起征点的提升，部分中低收入群体应纳税所得额较少，边际税率较低，税前列支的优惠方式对其吸引力度十分有限，个人税收递延的税收优惠政策能够真正覆盖到的群体规模不大。我国第三支柱个人养老金的潜在目标群体广泛，收入水平不一，为兼顾不同收入群体参保者的需求，未来应进一步丰富税收模式，提升税收优惠政策的多元性，加强政策效果的针对性。比如，针对低收入群体设计以 TEE 模式为主的税优政策，只对缴费征税，与此同时，还可为低收入群体提供更为直接的财政补助，激励更多对象参与第三支柱个人养老金。针对中高收入群体设计以 EET 模式为主的税优政策，通过延迟纳税提升该群体的参与积极性。

2. 财税政策的公平性

税收政策设计在追求激励性的同时，还需兼顾公平性，即不同收入水平的参与者都能够享受到相当的政策红利。因此在设计财税激励政策时，要充分考虑我国现行税收政策下不同收入水平群体的边际税率差异，在满足中高收入群体需要的同时，为低收入群体提供相当的政策红利，从制度设计层面减少不同收入群体之间潜在的权益不公平性，与共同富裕的价值追求相契合。

（五）综合管理成效

综合管理成效是第三支柱个人养老金制度整体建成后评价其发展水平与发展方向的重要维度，事关第三支柱个人养老金后续发展的稳定性与可持续性及其与我国三支柱养老保险体系乃至整个社会保障体系的连贯性与匹配性，具体包含账户管理体系的统一性、账户管理平台的完备性和监管制度的有效性。

1. 账户管理体系的统一性

我国第三支柱个人养老金实行个人账户制度，个人养老金账户是参加个人养老金制度、享受税收优惠政策的基础。《国务院办公厅关于推动个人养老金发展的意见》明确指出，“参加人应当指定或者开立一个本人唯一的个人养老金资金账户，用于个人养老金缴费、归集收益、支付和缴纳个人所得税”。相较于我国之前的个人税收递延型商业养老保险试点，个人养老金在一定程度上借鉴了美国

① 张盈华：《第三支柱个人养老金发展的制度要素：基于国际比较的分析》，《华中科技大学学报（社会科学版）》，2022 年第 36 期，第 48–57 页。

的个人退休账户，为参与者提供了一个汇聚养老储蓄、经营相关投资的集中平台，改变了以往分散化的资金汇集模式，有助于税收优惠政策实施的结构化与体系化，实现了第三支柱内部的整合与统一。

综观我国整体的养老保险体系，个人账户作为一种重要的制度要素，在各支柱中均有所体现，且其各自的性质定位、管理方式、运营模式等有所不同，这种多头管理的形式在未来可能会引发重复账户、交易成本高昂、制度衔接困难、信息不对称等一系列问题，不利于养老保险体系的现代化进程。从本质上看，各支柱的个人账户都通过完全积累制以增强个人养老储蓄的激励性，提升养老保障水平，缓解基本养老保险的压力。基于这一共同的初衷，未来的发展目标应是建立统一的账户管理体系，从打通不同支柱的养老金个人账户，建立养老金转移接续和跨越流动机制，到逐步将其融合成唯一的个人账户，升级为个人综合养老金融平台[①]，从制度设计上避免碎片化问题，缩小不同群体在参与权上的差异，真正发挥个人账户的激励作用，提升广大人民群众的养老保障水平。

2. 账户管理平台的完备性

第三支柱个人养老金作为参保者个人私有的长期储蓄性资产，在按照个人意愿进行资产配置和投资的过程中，会涉及与税务、金融等多个机构的数据对接。在政府主导下，运用数字化手段建立现代化的账户管理平台，实现信息的互联互通与数据的即时更新，是建立并完善统一账户管理体系的技术基础。《国务院办公厅关于推动个人养老金发展的意见》规定，我国第三支柱个人养老金的信息平台由人力资源和社会保障部组织建设，与符合要求的商业银行及相关金融行业平台对接，与财政、税务等部门实现信息共享，为参保人提供个人养老金账户管理、缴费管理、信息查询等服务，为个人养老金运行提供信息核验和综合监管支撑。此外，《个人养老金投资公开募集证券投资基金业务管理暂行规定（征求意见稿）》还规划了专门负责个人养老金投资基金业务的信息平台，与人力资源和社会保障部个人养老金信息管理服务平台和其他开展资金账户业务、投资基金业务的机构建立系统连接，为个人养老金投资提供平台支持。

在上述政策规范的指导下，相关部门应尽快推动个人养老金账户管理等平台的建设，运用“互联网 +”创新服务方式，提升各类平台的规范化、信息化、专业化管理水平，进而为统一的账户管理体系建设提供基础支持。在取得平台建设的阶段性成果后，应尝试进一步整合与构建多支柱养老金综合管理平台，在最大限度降低制度管理成本的同时，为参保人提供方便快捷的一体化信息服务。

3. 监管制度的有效性

有效的监管制度可以在一定程度上保障第三支柱个人养老金投资运营的安全性，加大资金管理的透明性，在提升参保者信任程度的同时，也能及时发现并解决个人养老金运行中出现的问题，吸纳更多的资金投入，推动个人养老金的发展。一方面，要在制度层面进行优化与完善，尽快出台相配套的法律法规，从制度设计上减少法律漏洞。目前我国关于第三支柱个人养老金的政策规定还较为笼统，宏观指导性政策居多，细节性规定较为欠缺。《国务院办公厅关于推动个人养老金发展的意见》明确指出，人力资源和社会保障部、财政部对个人养老金发展进行宏观指导，根据职责对个人养老金的账户设置、缴费上限、待遇领取、税收优惠等制定具体政策并进行运行监管。另一方面，各个相关部门要在明确自身责任的基础上加强沟通协调，实现信息资源共享，共同为第三支柱个人养老金的顺利运行保驾护航。例如，税务部门要依法对个人养老金实施税收征管；金融监管部门要依法依规对相关金融机构的经营活动进行监管，及时掌握产品的风险性。中国证券监督管理委员会要加强与人力资源和社会保障部、财政部、国家税务总局等部门的沟通配合，建立信息共享机制，完善信息披露机制，加强监管协调。

我国第三支柱个人养老金评价体系如表 4-3 所示。

表 4-3　我国第三支柱个人养老金评价体系

维度	指标	性质
覆盖范围	第三支柱个人养老金的总体参与规模	定量
	不同类型群体参与规模	
	个人养老金账户缴费活跃度	
待遇充足性	个人养老金替代率	定量
	个人养老金的养老保障水平	
	个人养老金总量占 GDP 的比重	
	个人养老金产品投资回报率	
	个人养老金的纵向消费平滑效应	
产权明晰程度	排他性的所有权	定性
	充分的自由选择权	
政策激励效果	财税政策的多元性	定性
	财税政策的公平性	
综合管理成效	账户管理体系的统一性	定性
	账户管理平台的完备性	
	监管制度的有效性	

① 孙洁：《我国第三支柱个人养老金账户研究》，《价格理论与实践》，2020 年第 10 期，第 9–15 页。

五、推动第三支柱个人养老金发展的对策建议

（一）加强共同富裕目标对个人养老金制度建设的引领性，进一步完善顶层设计

2022 年 4 月，国务院办公厅发布了《国务院办公厅关于推动个人养老金发展的意见》，指出个人养老金的发展要与基本养老保险、企业（职业）年金相衔接，明确了个人养老金的参与范围、制度模式、缴费水平、税收政策、投资、领取、信息平台、运营和监管、组织领导等实施原则。同年 6 月，中国证券监督管理委员会发布了《个人养老金投资公开募集证券投资基金业务管理暂行规定（征求意见稿）》，细化了个人养老金投资公开募集证券投资基金业务活动的系列规范，我国第三支柱个人养老金的政策制度体系正在逐步搭建。

发展第三支柱个人养老金有助于满足人民群众日益增长的多样化养老保险需要，提升人民晚年生活质量。未来在顶层设计中应进一步加强共同富裕目标对个人养老金制度建设的引领性，从源头上明确第三支柱个人养老金在整个养老保险体系中的定位，搭建“中间小、两头大”的“哑铃型”三支柱结构。同时细化并完善配套政策，在系统测算第三支柱个人养老金替代率水平的基础上，合理统筹相关税收优惠政策、投资政策等。在发展个人养老金的过程中从覆盖范围、参与机会等角度推进共同富裕建设，将第三支柱个人养老金发展成为全民共享的养老保障项目，实现养老保险的补充功能，健全多层次、多支柱养老保险体系，让经济社会发展成果真正全面、公平地惠及全体人民。

（二）探索三支柱间的转移续接机制，搭建资金结转通道

在我国目前的养老保险体系中，三支柱均设有个人账户，且均实行完全积累的基金筹集模式。在此基础上，可尝试打通基本养老保险的个人账户、企业年金（职业年金）个人账户及个人养老金账户，畅通资金流动渠道，统筹账户管理体系，提升管理效率，打破行业间的分割管理，扩大第三支柱的惠及范围。

具体而言，个人账户转移续接机制涉及信息综合平台、资金结转及税收优惠等方面。首先，建设养老金个人账户信息综合平台，统筹管理个人账户缴费、转移、投资、领取等相关事宜。当参保人变更工作单位或工作地点时，确保相关信息能够在转出方和转入方之间实现实时共享与顺畅衔接，保障个人账户的携带与转移。其次，搭建资金结转通道，当参保人发生工作变动时，其原有第二支柱个人账户资金可以转移至第三支柱个人养老金，以避免由于失业断缴或工作单位企业年金建立程度不一而造成的参保者个人权益损失。最后，统筹税收优惠政策，合理设置不同支柱间的税收优惠比例，当参保人所在单位尚未建立企业年金计划或个人缴费额尚未达到税优上限时，灵活运用个人缴费的税收优惠额度，适当将部分追加至个人账户的缴费上限。

（三）丰富税收优惠方式，增加制度吸引力

我国之前的第三支柱试点采用 EET 模式，即在养老保险购买阶段和资金运用阶段免税，在领取阶段征税。随着我国个税起征点的提升，低收入群体可能因达不到起征点而难以享受税前列支的优惠，故 EET 模式对其的激励作用十分有限，不利于第三支柱的推广与制度公平。

我国第三支柱个人养老金涉及群体广泛，未来应丰富税收优惠方式，以增加制度的吸引力。首先，丰富税收优惠方式。在现有 EET 模式的基础上，引入在购买阶段征税，在资金运用和领取阶段免税的 TEE 模式，建立 EET 和 TEE 相结合的税收激励体系。针对中高收入群体，税优政策以 EET 模式为主，通过超额累进与延迟纳税提升该群体的参与积极性。针对低收入群体，税优政策以 TEE 模式为主，通过减少税收或免税来达到一定的激励效果。其次，统筹各支柱间的税收政策。合理设置第三支柱个人养老金与企业年金（职业年金）的税收标准，推动政策衔接，为未来各支柱间的资金流动奠定基础。最后，为低收入群体提供更为直接的财政补贴，即由财政出资为低收入者的个人账户提供现金补贴。财政补贴数额在注重“多缴多得”的同时，也要关注低收入参保者的实际需求。例如，对于多子女家庭、具有大病负担的家庭，应提供更多的财政补贴，具体可参照个税六项专项附加扣除设置合理的补贴金额范围，激励不同收入水平的人群广泛参与个人养老金制度。

参考文献

［1］Barnett R C, Bhattacharya J, Puhakka M, Private Versus Public Old-age Security, Journal of Population Economics，2018 (31)，pp. 703-746.

［2］Bonenkamp J, Meijdam L, Ponds E, Westerhout E, Ageing-driven Pension Reforms, Journal of Population Economics，2017 (30)，pp. 953-976.

[3] Garcia M T M, Overview of the Portuguese Three Pillar Pension System, International Advances in Economic Research，2017 (23)，pp. 175–189.

[4] Góra M, Political Economy of Pension Reforms: Selected General Issues and the Polish Pension Reform Case, IZA Journal of Labor and Development，2013 (2)，pp. 1–31.

[5] Marcinkiewicz E, Voluntary Pensions Development and the Adequacy of the Mandatory Pension System: Is There a Trade–off?, Social Indicators Research，2019 (143)，pp. 609–636.

[6] Moreno–Herrero D, Salas–Velasco M, Sánchez–Campillo J, Individual Pension Plans in Spain: How Expected Change in Future Income and Liquidity Constraints Shape the Behavior of Households, Journal of Family and Economic Issues，2017 (38)，pp. 596–613.

[7] van Dullemen C E, Nagel I, de Bruijn J M G, Are the Chinese Saving for Old Age?: The Relationship between Future Pension Benefits of 45–60 Years Old Chinese and Current Household Expenditures, Journal of Population Ageing，2017 (10)，pp. 287–310.

[8] Vitali S, Moriggia V, Kopa M, Optimal Pension Fund Composition for an Italian Private Pension Plan Sponsor, Computational Management Science，2017 (14)，pp. 135–160.

[9] Ziegelmeyer M, Nick J, Backing out of Private Pension Provision: Lessons from Germany, Empirica，2013(40)，pp. 505–539.

[10] 陈成文：《论完善社会保险制度与实现新时代共同富裕》，《社会科学家》，2022 年第 1 期，第 34–41 页。

[11] 董捷、张露月：《我国养老保险第三支柱个人养老金发展探究》，《保险职业学院学报》，2023 年第 37 期，第 14–20 页。

[12] 房连泉：《个人养老金公共管理平台的国际经验与政策启示》，《华中科技大学学报（社会科学版）》，2022 年第 36 期，第 38–47 页。

[13] 傅志明、魏福临：《论共同富裕视角下的养老保险第三支柱》，《山东工商学院学报》，2022 年第 36 期，第 12–20 页。

[14] 韩克庆：《社会保障公平性的测量准则与效果评估》，《社会保障研究》，2019 年第 3 期，第 82–99 页。

[15] 何文炯、潘旭华：《基于共同富裕的社会保障制度深化改革》，《江淮论坛》，2021 年第 3 期，第 133–140 页。

[16] 李珍、黄万丁：《强制性个人账户养老金评价标准及其在中国的应用》，《新疆师范大学学报（哲学社会科学版）》，2017 年第 38 期，第 121–127 页。

[17] 路锦非、王桂新：《中国基本养老保险权益流动性评估》，《人口学刊》，2019 年第 6 期，第 5–18 页。

[18] 穆怀中：《中国社会保障适度水平研究》，辽宁大学出版社 1998 年版，第 38–42 页。

[19] 温来成、贺志强、张偲：《我国第三支柱养老保险税收政策完善研究》，《税务研究》，2021 年第 12 期，第 16–22 页。

[20] 赵青、王晓军、米海杰：《中国养老金体系待遇充足性的多维度评估》，《统计研究》，2015 年第 32 期，第 36–41 页。

[21] 赵青、徐静、王晓军：《“正规就业 – 灵活就业”比较视角下的养老金充足性研究》，《保险研究》，2021 年第 9 期，第 99–111 页。

[22] 郑秉文：《养老金三支柱理论嬗变与第三支柱模式选择》，《华中科技大学学报（社会科学版）》，2022 年第 36 期，第 20–37 页。

[23] 郑功成：《共同富裕与社会保障的逻辑关系及福利中国建设实践》，《社会保障评论》，2022 年第 6 期，第 3–22 页。

[24] 郑功成：《全面理解党的十九大报告与中国特色社会保障体系建设》，《国家行政学院学报》，2017 年第 6 期，第 8–17 页，第 160 页。

[25] 郑岩、孙蕊、杨栎天：《养老保险第三支柱的财税激励》，《中国金融》，2022 年第 5 期，第 56–57 页。

[26] 郑岩、杨栎天、夏宁：《养老保险第三支柱财税激励政策的国际经验及启示》，《税收经济研究》，2022 年第 27 期，第 88–94 页。

[27] 朱海扬、王璐、宋林：《探索第三支柱个人养老金的发展逻辑与关键要素》，《价格理论与实践》，2022 年第 2 期，第 31–35 页。

分报告五
个人养老金的经济效应与实现路径

随着人口老龄化压力加剧，预计未来几十年公共养老金制度的替代率将稳步下降。然而，未来养老金领取者面临的消费机会减少在政治上可能是不可接受的（Kaliciak et al.，2019）。同时，考虑到高企的公共养老金缴费率和经济全球化给各国国际竞争力带来的挑战与威胁，从工作一代向养老金领取者进行额外再分配也缺乏可行性（齐传钧，2020）。在此背景下，建立或扩大资产支持型养老金制度，提高退休收入中的资产积累比例，是降低基于“现收现付（PAYG）+待遇确定（DB）”理念设计的债务驱动型基本养老金（第一支柱）制度面临的财务不可持续压力的可行选择。资产支持型养老金的主要形式为建立“基金制（Fund）+缴费确定（DC）”型企业年金（第二支柱），或将无资产支持的待遇确定型企业年金制度转变为资产支持型制度（OECD，2022）。然而，更具“革命性”的改革是将第三支柱个人养老金有机嵌入多层次、多支柱养老金体系，利用制度化税收和非税优惠政策支持其发展。典型案例有美国的个人养老金计划（IRA）、在德国称为“个体劳动者的养老金”的吕路普养老金（Rürup-Rente）等。2022 年 4 月 21 日，国务院办公厅印发《国务院办公厅关于推动个人养老金发展的意见》（国办发〔2022〕7 号），提出探索建立个人自愿参加、市场化运营、政策支持的个人养老金，标志着个人养老金正式成为多支柱养老保险体系的重要制度安排。

个人养老金的引入和制度化改革具有“革命性”的原因有三个，一是给予自愿性个人养老金和强制性或准强制性企业年金类似的支持政策，打破了福利国家建立以来将个人养老金作为一个纯市场制度的传统。二是个人养老金打破了工业社会下企业年金的依附雇佣养老储蓄限制，是一个不依赖雇佣关系为全民提供的养老储备制度，体现了以个人而非以单位为中心的制度设计理念，为非标准就业和新型就业形态人口和非就业人口提供了养老储备渠道，为积极应对人口老龄化提供了制度基础。三是根据艾伦条件[①]，在人口老龄化加剧背景下，个人养老金制度更体现出经济学的以产出效率增加抵消人口老龄化冲击的生产性养老金理念。

引入个人养老金是经济效率的要求，也是提升养老金体系公平性的要求。从多支柱体系整体看，第一支柱以公平为主，第二、第三支柱则以效率优先。在企业年金主要惠及正规就业且收入较高的群体背景下，引入同等税收优惠和非税优惠的个人养老金是养老金体系走向公平与效率的必由之路（郑秉文，2018）。从国外实践看，有些国家的个人养老金改革取得了预期效果，提升了资产支持型养老金在养老金体系中的比例，而有些国家未能取得预期效果，甚至放弃了资产支持型养老金安排。其重要原因是，如今对个人养老金制度的经济本质和经济效应的认识存在偏差，政策设计和路径选择不尽合理。因此，深入研究个人养老金的经济效应及其发挥作用的条件，借鉴各国经验探索我国多层次、多支柱养老金体系下个人养老金发展路

① 如果人口增长率加实际工资增长率大于市场利率，现收现付养老金制度更有效率，有利于增加社会经济福利，反之基金积累制更适合。该条件由艾伦（Arron）在 1966 年首先提出，因此称为艾伦条件。详见 Aaron H, The Social Insurance Paradox, The Canadian Journal of Economics and Political Science, 1966 (32), pp. 371-374.

径具有重要的理论和现实意义。

一、个人养老金经济效应理论分析

（一）个人养老金概念界定及其经济效应之源

目前养老金体系分类有多种方式，个人养老金在世界银行的五支柱分类中属于第三支柱，在经济合作与发展组织（OECD）和国际劳工组织（ILO）的三层次分类中属于第三层次（OECD，2005），虽然在分类上存在差异，但对个人养老金制度目标和特征的界定高度一致。个人养老金制度目标旨在填补强制性养老金待遇缺口，其基本特征包括积累性、市场性、自愿性、补充性和政策支持。

个人养老金制度主要通过以下渠道发挥经济效应。第一，个人养老金缴费积累形成的基金可以提高储蓄率，通过市场化运营提高资产的回报率，降低整个养老金体系面临的人口挑战和财政可持续性问题（Feldstein，1997）。第二，建立个人养老金、企业年金等资产支持型计划，它们往往被认为是建立国内机构投资者基础和深化金融市场的有效工具。养老基金往往由投资者买入并持有，因此可以成为长期投资资金的额外来源（Croce，2011）。对于金融市场欠发达的国家，反过来又可以放宽借贷限制，消除其他金融摩擦，从而更有效地将储蓄用于生产性投资。第三，引入个人养老金可以降低 PAYG 公共养老金的主导地位，推动 DB 转向 DC，降低养老金体系对资金和劳动力供给的影响，提高资源配置效率。当然，养老基金能否提高资源配置效率，实际上取决于金融市场发展水平、投资策略和管理成本等诸多因素（Barr and Diamond，2006）。

（二）个人养老金制度发挥经济效应的机制

个人养老金作为一种资产支持型制度，积累性和市场性是其经济效应发挥的制度基础。制度设计者一般期望个人养老金制度发挥提高待遇水平、增加国民储蓄、提高劳动力市场激励性、稳定金融市场、促进经济发展、为降低公共养老金缴费创造条件等经济效应（巴尔，2014）。上述经济效应的前提条件包括相互影响的两个原则：激励更多的人参加“储蓄”；通过政府调控维持较稳定的宏观经济环境和有效的金融市场。将个人养老金储蓄转变为经济学意义上的生产性投资，而非仅仅是金融学意义上的投资（霍尔茨曼等，2006；德鲁克，2009）。

个人养老金形成的养老储蓄资金只能通过市场有效配置刺激资本形成，即只有鼓励资源从消费领域转向生产领域才能实现上述经济效应。市场化运营对个人养老金的吸引力源于审慎或积极投资策略的多样化资产配置空间和改善风险回报的能力。支持个人养老金的主要论点认为 DC 制度有矫正与人口老龄化和现收现付制相关的劳动力市场扭曲的潜力；提高储蓄率或更有效地利用现有资本来促进经济增长；投资组合应偏向风险较高的投资，促进创新和经济增长；作为机构运营的长期资金，养老基金还可以抑制股市波动，完善金融市场等（Boeri et al.，2006；Staehr，2011）。然而，个人养老金经济效应的实证研究尚无定论。Davis 和 Hu (2008) 利用柯布 – 道格拉斯生产函数对 37 个 OECD 国家的研究显示，养老金资产占 GDP 的比重与资本形成、经济增长呈显著正相关关系。Zandberg 和 Spierdijk（2013）及 Davis 和 Hu（2008）利用不同的方法和数据进行了实证研究，没有发现养老金资产与经济增长之间存在长期关系的证据。

个人养老金区别于其他养老金制度的主要特征是自愿参保缴费。在现代养老金体系下，公共养老金和企业年金制度改变了个人决策的约束条件，对个人自愿养老储蓄有一定的挤出效应，但自愿参保缴费属性未变。因此，参保和缴费目标函数及其驱动因素与强制性社会保障制度基本相同。传统退休储蓄的几个重要动机，如提前（准时）退休、退休待遇、留下遗赠和应对医疗等大额支出仍然适用（Marcinkiewicz，2019）。从行为经济学角度看，面对人口老龄化加剧和工资增长放缓，待遇确定制度下个人的最优行为是提前退休和少缴费，而缴费确定制度下个人的最优行为是自主延迟退休或增加缴费密度或强度（李亚军，2018）。从宏观经济条件看，个人养老金的“基金制（Fund）+ 缴费确定（DC）”制度设计与当前的人口、经济、就业环境更匹配。养老金采取现收现付还是基金积累由艾伦条件决定。如果人口增长率加实际工资增长率大于市场利率，现收现付更有效率，也更利于增加社会经济福利，反之基金积累制更有效率（Aaron，1966）。郑秉文（2021）认为，根据艾伦条件，2021 年到 2035 年我国具备了从负债型养老金体系向资产支持型养老金体系过渡的条件。虽然我国个人养老金和企业年金都是自愿性制度，但由于我国企业年金覆盖面较小，个人养老金刚起步，养老金占 GDP 的比例过低的现实，因此企业年金对个人养老金的挤出效应有限。

自愿性、补充性和政策支持三个特征是个人养老金成为养老金体系重要支柱或层次的必然要求。由于进入了多层次、多支柱养老金共同保障的退休收入体系，个人养老金具有“公共”属性，因此其具有补充公共养老金待遇的职能。这是各国提供各种税收和非税优惠的重要理论基础。

行为经济学理论证明，多数人在自主决定养老储备时存在非理性决策，受短视、心理账户核算等非理性因素的影响。在自愿参保并自主决定缴费水平的情况下，很难实现“经济人”假设的合意参保和合意缴费水平（Turner，2013）。个人养老金是自愿性制度，政策支持应采取助推措施。助推的实质是“自由主义的温和专制主义”。“自由主义”体现为不对个人决策进行强制干预，保留个人选择次优甚至最坏选择的权利。“温和专制主义”是通过精巧设计个人行为选择架构，改变个人决策环境，提供参保便利和缴费激励，“助推”个人选择对个人和社会都更好的最优决策（Thaler and Sunstein, 2008）。助推和个人养老金的“公共＋自愿”属性与干预措施和策略的要求高度契合。

二、个人养老金制度的宏观经济效应评估

（一）评估指标

1. 个人养老金发展评价指标

评估个人养老金制度经济效应的前提是对个人养老金制度发展进行评估。个人养老金需要依靠金融机构参保缴费形成积累，通过金融市场配置资产和管理风险，并对宏观经济产生影响。个人养老金投资评价标准分为三类：运营效率、风险管理能力和基金治理水平（Jurevičienė and Volkova, 2014）。个人养老金基金的盈利能力和风险管理能力取决于基金管理机构的治理能力和金融市场情况。单个基金管理机构不能直接影响金融市场，个人养老金制度参与者的数量和总资产价值取决于养老金公司的声誉及其整体业绩。本文采取多维指标对个人养老金发展情况进行评估（见表 5–1）。

表 5–1　个人养老金发展评估指标

指标	含义和作用
缴费占 GDP 的比重	养老金制度指标
待遇占 GDP 的百分比	
权益类投资比率	资产配置，投资对经济的影响
DC 资产占比	
风险调节收益率	承受单位风险获得的收益率
管理成本比率	管理成本占总资产的比例

资料来源：Jurevičienė D, Volkova M, Evaluation of the 3rd Pillar Pension Funds in Lithuania, Journal of Business Economics and Management，2014(15)，pp. 684–707.

2. 个人养老金发展的经济效应指标

世界银行提出多支柱养老金体系理论时正值经济全球化、人口老龄化的快速发展时期，很多国家的“PAYG+DB”第二支柱养老金正在向“Fund+DC”转型，个人养老金则明确为“Fund+DC”形式。世界银行和各国政府并未将促进经济发展作为养老金体系改革的首要目标，而是作为附属目标。引进或改革资产支持型第二、第三支柱，提高养老金体系的金融化程度，包含促进金融市场发展和提高产出，从而降低第一支柱负担，提升其财务可持续性的目标。在理想情况下，个人养老金的经济效应包括促进经济增长、降低经济波动、平滑收入与消费、降低公共养老金负担、降低财政负担等。个人养老金发展的四类经济效应的显示指标如表 5–2 所示。

表 5–2　个人养老金发展的经济效应指标

指标	研究假设
GDP 增长率	促进经济增长
固定资产形成增长率	
消费支出增长率	平滑收入与消费
人均可支配收入	
公共养老金支出占 GDP 的百分比	降低公共养老金负担
政府支出占 GDP 的比重	降低财政负担

资料来源：笔者自制。

（二）数据说明和方法说明

本文利用 OECD 在线数据库（OECD.Stat）量化分析个人养老金发展的经济效应。OECD 的养老金统计按照公共养老金和私人养老金、自治和非自治两个维度划分。自治养老金主要从市场运营投资方面界定，包括个人养老金和市场化运营的企业年金。两类制度的数据并未区分，需要特别说明的是，从资产支持经济发展角度看，个人养老金和市场化运营的企业年金制度的经济效应基本相同，这也是 OECD 统计数据未区分的原因。出于数据可获得性原因，本文在经济效应实证中也不对两类制度数据进行区分。

鉴于各国个人养老金制度所嵌入的养老金体系及经济社会环境差异巨大，且影响机制十分复杂，有研究采用老年人收入来源结构来综合反映个人养老金的发展背景差异。其主要指标包括公共养老金转移收入、私人职业年金收入、资本性收入和继续工作收入等（OECD，2019）。根据上述指标对 OECD 国家进行聚类（见表 5–3），用退休收入结构类型虚拟变量反映各国养老金制度环境和文化的综合差异。此外，实证研究将经济发展水平和老龄化程

度作为控制变量纳入回归方程，以提升结果的准确性。

表 5-3　基于老年收入来源结构的 OECD 国家聚类

类别	国家
第一类	加拿大、新西兰、瑞典、瑞士、日本、澳大利亚、英国、美国、荷兰
第二类	韩国、土耳其、以色列、墨西哥、智利、哥伦比亚、哥斯达黎加
第三类	法国、德国等欧洲 21 国

资料来源：OECD, Pensions at a Glance 2019: OECD and G20 Indicators, Paris: OECD Publishing, 2019, p.185.

（三）个人养老金发展与经济效应关系的实证分析

1. 资本形成和经济增长效应

理论上讲，个人养老金缴费积累有利于提高储蓄，养老储蓄形成的养老基金可通过有效投资提高资源配置效率，促进资本形成，进而推动经济增长。待遇发放可以通过需求拉动促进经济增长，而经济增长又为资本形成创造条件。

表 5-4 是个人养老金制度发展指标和基金治理指标对资本形成和经济发展的回归结果。制度发展指标包括缴费占 GDP 的比例和待遇占 GDP 的比例。基金治理指标包括权益类资产比例等五个指标。表 5-4 模型 1 显示，缴费占 GDP 的比例和待遇占 GDP 的比例与资本形成增长率正相关[①]，但不显著。模型 2 是全样本，结果显示，DC 型资产比例、风险调整收益率与资本形成增长率正相关，但不显著。权益类资产比例和管理成本占基金资产比例与资本形成增长率分别呈负相关和正相关关系，不仅相关性不显著，符号与理论预期也相反。其原因可能与权益类市场资源配置效率较低有关，也可能与发达国家发展水平较高资本形成缺乏空间有关。模型 3 是有基金国外投资比例数据的国家养老基金治理指标与资本形成增长率的回归结果[②]，结果显示两者显著负相关，这些国家属于小型经济体或经济发展水平相对偏低。养老金基金投向国际市场，制约了国内资本形成。虽然权益类资产比例与资本形成增长率相关性不显著，但两者呈正相关关系。这与模型 2 中权益类资产比例与资本形成增长率负相关形成对比。这可能与这些国家，尤其是经济发展水平相对偏低的经济体潜在的资本形成空间较大有关。该结论与理论预期一致，小型经济体或经济发展水平相对偏低国家的 DC 型资产比例与资本形成增长率呈显著正相关关系。

表 5-4　个人养老金与资本形成增长率的回归结果

变量类型	变量	模型 1	模型 2	模型 3
		资本形成增长率	资本形成增长率	资本形成增长率
基金治理	权益类资产比例		−0.00288	0.172
	DC 型资产比例		0.0216	0.250*
	风险调整收益率		0.0782	−0.0653
	管理成本占基金资产比例		0.471	−8.941
	基金国外投资比例			−0.491*
制度发展	缴费占 GDP 的比例	0.0575		
	待遇占 GDP 的比例	0.335		
控制变量	老年赡养比	−0.125	−0.350	1.837*
	经济发展水平	控制	控制	控制
	退休收入结构	控制	控制	控制
	常数项	4.022	11.08	−41.33
	样本数	317	128	49
	R-squared	0.015	0.063	0.348
	年数	11	11	11

注：*** 表示 $p<0.01$，** 表示 $p<0.05$，* 表示 $p<0.1$。

资料来源：笔者自制。

① 虽然表 5-4 采取了回归模型，但受数据限制，本文并未作因果计量分析，因此回归系数实际是控制其他变量后的相关系数。以下实证表格采用方法同表 5-4。

② 这些国家包括奥地利、智利、哥伦比亚、哥斯达黎加、爱沙尼亚、匈牙利、冰岛、以色列、立陶宛、墨西哥、荷兰、挪威、葡萄牙、斯洛伐克、斯洛文尼亚、瑞士、土耳其。

表 5-5 是个人养老金与经济增长率的回归结果。模型 4 中的缴费占 GDP 的比例与经济增长率正相关，待遇占 GDP 的比例与经济增长率负相关。虽然回归系数都不显著，但也可以反映一定的现实。第一，经济增长必然带动缴费的增长，缴费积累增长有利于促进经济增长。第二，领取待遇虽然从个体层面形成了实际需求，但从宏观看，养老金待遇低于工作收入，且老年人边际消费倾向相对偏低，因此养老金待遇占 GDP 的比例越高，经济增长率越低。在全样本模型 5 中，所有基金治理指标与经济增长率都呈正相关关系，与理论预期相同，但都不显著。不显著的原因可能与数据样本不足有关，也与发达国家养老金只是经济增长的附属目标有关。小型经济体或经济发展水平相对偏低国家的模型 6 的回归结果也可证明这一点。模型 6 显示，权益类资产比例和 DC 型资产比例与经济增长率正相关，且非常显著。其原因可能是样本中经济发展水平相对较低的国家比较多，这类国家重视养老金对经济增长的作用。管理成本占基金资产比例及基金国外投资比例与经济增长率负相关，且非常显著，这与理论预期一致。

表 5-5 个人养老金与经济增长率的回归结果

变量类型	变量	模型 4	模型 5	模型 6
		经济增长率	经济增长率	经济增长率
基金治理	权益类资产比例		0.0193	0.0955^{**}
	DC 型资产比例		0.00569	0.0905^{***}
	风险调整收益率		0.182	−0.0489
	管理成本占基金资产比例		0.168	-2.630^{**}
	基金国外投资比例			-0.136^{**}
制度发展	缴费占 GDP 的比例	0.0896		
	待遇占 GDP 的比例	−0.0294		
控制变量	老年赡养比	-0.0962^{**}	-0.169^{*}	0.502^{***}
	经济发展水平	控制	控制	控制
	退休收入结构	控制	控制	控制
	常数项	3.966^{**}	5.788^{*}	-14.79^{***}
	样本数	317	128	49
	R-squared	0.091	0.169	0.562
	年数	11	11	11

注：*** 表示 $p<0.01$，** 表示 $p<0.05$，* 表示 $p<0.1$。

资料来源：笔者自制。

2. 收入与消费效应

引入个人养老金制度成为各国养老金改革的趋势，其重要原因是个人养老金制度具有增加并平滑终身收入与消费的经济效应。表 5-6 是对个人养老金的宏观收入效应的评估结果。模型 7 中的缴费占 GDP 的比例、待遇占 GDP 的比例与可支配收入增长率分别呈正相关和负相关关系，虽然不显著，但也在一定程度上反映了现实情况。通过基金治理可以发挥缴费的生产性，从而促进经济和收入增长。待遇发放可以间接从有效需求渠道对可支配收入发挥促进作用。待遇发放是将生产基金转为消费基金，直接降低了可投资基金。在全样本模型 8 中，除权益类资产比例外，其他基金治理指标与可支配收入增长率均呈正相关，这与理论预期一致，但并不显著。在小型经济体或经济发展水平相对偏低国家的模型 9 中，DC 型资产比例与可支配收入增长率显著正相关。基金国外投资比例高，表明优质资金外流，因此该指标与可支配收入增长率显著负相关。消费与可支配收入高度相关，表 5-7 的回归结果与表 5-6 高度相似，不再赘述。需要特别指出的是，与表 5-6 的对应模型相比，模型 10 中缴费占 GDP 的比例和模型 11 中风险调整收益率与消费增长率显著相关。其原因是消费是一种更受收益影响的行为，个人风险调整收益可能不会影响总体可支配收入，但会通过收入增加刺激消费。

表 5-6　个人养老金与可支配收入增长率的回归结果

变量类型	变量	模型 7	模型 8	模型 9
		可支配收入增长率	可支配收入增长率	可支配收入增长率
基金治理	权益类资产比例		-0.0135	-0.0205
	DC 型资产比例		0.00614	0.132***
	风险调整收益率		0.372	-0.601**
	管理成本占基金资产比例		0.941	-2.105
	基金国外投资比例			-0.224***
制度发展	缴费占 GDP 的比例	0.289		
	待遇占 GDP 的比例	-0.0894		
控制变量	老年赡养比	3.106***	-1.631	5.501***
	经济发展水平	控制	控制	控制
	退休收入结构	控制	控制	控制
	常数项	4.935**	9.069*	-23.40**
	样本数	300	113	43
	R-squared	0.105	0.182	0.659
	年数	11	11	11

注：*** 表示 p<0.01，** 表示 p<0.05，* 表示 p<0.1。

资料来源：笔者自制。

表 5-7　个人养老金与消费增长率的回归结果

变量类型	变量	模型 10	模型 11	模型 12
		消费增长率	消费增长率	消费增长率
基金治理	权益类资产比例		0.0167	0.0833
	DC 型资产比例		-0.00117	0.0614**
	风险调整收益率		0.573*	0.415
	管理成本占基金资产比例		0.855	-0.465
	基金国外投资比例			-0.123**
制度发展	缴费占 GDP 的比例	0.241**		
	待遇占 GDP 的比例	-0.100		
控制变量	老年赡养比	-0.102***	-0.119	0.408*
	经济发展水平	控制	控制	控制
	退休收入结构	控制	控制	控制
	常数项	3.352**	4.021	-9.524
	样本数	317	128	49
	R-squared	0.143	0.263	0.485
	年数	11	11	11

注：*** 表示 p<0.01，** 表示 p<0.05，* 表示 p<0.1。

资料来源：笔者自制。

3. 降低公共养老金和公共财政支出负担效应

公共养老金制度的财务不可持续及其引起的财政支出负担是引入或改革个人养老金制度的重要原因。在多支柱养老金体系总体替代率既定条件下，个人养老金缴费积累形成的资产增值为降低公共养老金支出负担创造了条件。表 5-8 中的模型 13 显示，缴费占 GDP 的比例与公共养老金支出占 GDP 的比例显著负相关。考虑到各国公共养老金普遍面临支出负担大、财务不可持续的风险，并且在多数国家民众中已形成预期，可以认为补充性个人养老金形成的缴费为控制公共养老金支出膨胀创造了条件。待遇占 GDP 的比例与公共养老金支出占 GDP 的比例正相关，但不显著。在全样本模型 14 中，DC 型资产比例、管理成本占基金资产比例与公共养老金支出占 GDP 的比例显著负相关，这与理论预期一致。风险调整收益率与公共养老金支出占 GDP 的比例也呈负相关关系，也与理论预期一致，但不显著。在小型经济体或经济发展水平相对偏低国家的模型 15 中，权益类资产比例、DC 型资产比例与公共养老金支出占 GDP 的比例的相关性与模型 14 一致，但风险调整收益率、管理成本占基金资产比例与公共养老金支出占 GDP 的比例的相关性符号发生了由负转正的逆转，可能与这些国家个人养老金基金国外投资比例较大有关。基金投资的风险和收益归参保人个人及国外基金公司，这自然会对国内公共养老金支出占 GDP 的比例产生副作用。这一点可以通过基金国外投资比例与公共养老金支出占 GDP 的比例呈显著正相关关系来证明。需要说明的是，由于模型 15 中样本国家的个人养老金建立相对较晚，养老金基金治理产生的经济效益主要归工作一代，基金国外投资收益实际返回国内的比例很低，且回归中的公共养老金支出占 GDP 的比例是当期年度数据，因此只有当有个人养老金积累的一代大量退休，基金国外投资收益实际返回国内的比例提升，相关系数才可能会逆转为与理论预期一致的负号。

表 5-8　个人养老金与公共养老金支出占 GDP 比例的回归结果

变量类型	变量	模型 13	模型 14	模型 15
		公共养老金支出占 GDP 的比例	公共养老金支出占 GDP 的比例	公共养老金支出占 GDP 的比例
基金治理	权益类资产比例		0.0183*	0.0610**
	DC 型资产比例		−0.0332***	−0.0799***
	风险调整收益率		−0.290	0.193
	管理成本占基金资产比例		−1.742**	0.585
	基金国外投资比例			0.0445***
制度发展	缴费占 GDP 的比例	−0.606***		
	待遇占 GDP 的比例	0.0499		
控制变量	老年赡养比	0.300***	0.385***	−0.170*
	经济发展水平	控制	控制	控制
	退休收入结构	控制	控制	控制
	常数项	1.504***	−3.137*	10.40***
	样本数	258	116	44
	R-squared	0.597	0.677	0.963
	年数	11	11	11

注：*** 表示 p<0.01，** 表示 p<0.05，* 表示 p<0.1。

资料来源：笔者自制。

三、个人养老金经济效应的实现路径

（一）路径选择基础

自 1974 年美国颁布《退休金改革法案》以来，将个人养老金制度纳入多支柱养老保险体系，实现资产积累和 DC 型制度引致的经济效应一直是研究热点。目前，围绕个人养老金制度的第三支柱、补充性、自愿性、市场化、资产积累、DC 型等特征已经形成一些经过实践检验的普遍经验。

第一，明确个人养老金在多支柱体系中的定位。作为补充性制度，个人养老金的发展路径选择必须考虑第一支柱和第二支柱的目标和特征。例如，待遇水平相对较低的第一支柱特征为澳大利亚和美国的资产支持型第二、第三支柱养老金的发展提供了较大的发展空间，澳大利亚采取强制性超级年金，其个人养老金制度采取自愿性超级年金，其发展水平较低，对经济的影响较小。美国的个人养老金和 401（k）都是自愿性制度，但两者的目标群体有差异，个人养老金规模大，对经济的影响也大。

第二，在适应国家的人口、经济、社会文化、劳动力市场和金融市场特征的基础上，探索个人养老金制度的突破。英国和美国以直接金融为主，信托发达的金融市场结构更契合个人养老金的发展要求。从养老金市场看，养老金资产规模最大的 7 个 OECD 国家（以下简称 G7）主要是盎格鲁 – 撒克逊国家，作为保守主义福利国家的荷兰、瑞士和日本也名列其中（见表 5–9）。其重要的原因是近年来这些国家对第二、第三支柱进行了突破性改革，提高了个人养老金和企业年金等资产支持型养老金支柱在养老金体系中的作用。例如，自 21 世纪初日本引入第三支柱个人养老金，实行 iDeCo（个人缴费确定型养老金）和 NISA（个人免税储蓄账户）双账户以来，养老金资产占 GDP 的比例从 2001 年的 17.3% 上升至 2021 年的 31.4%。

表 5–9　2021 年养老金资产规模最大的 7 个 OECD 国家养老金资产情况

国家或地区	占 OECD 养老金总资产的比例（%）	占本国 GDP 的比例（%）
美国	67.3	174.1
英国	6.3	120.5
加拿大	5.4	166.1
澳大利亚	3.9	147.4
荷兰	3.5	213.3
日本	2.5	31.4
瑞士	2.3	170.9
其他 OECD 国家	8.8	—

资料来源：OECD, Pension Markets in Focus, https://www.oecd.org/finance/pensionmarketsinfocus.htm.

第三，建立资产支持型养老金发展的先决条件。引入“Fund+DC”型个人养老金制度是对长期以来“PAYG+DB”型公共养老金制度的变革，因此需要通过经济和公共管理改革培育以下先决条件。个人养老金属于多支柱养老金体系的组成部分，具有公共性，而缴费自愿和市场运营决定了制度的私人性。因此，改革需要同时考虑公共部门和私人部门的先决条件。引入私人养老金计划的公共部门的先决条件包括维护宏观经济稳定的能力和有效调控能力；私人部门的先决条件是足够的具备完全信息的人口数据、金融资产和金融市场条件，足够的基金管理运营能力和风险管理能力（巴尔，2014）。

（二）制度设计

前文实证评估中采用的缴费和待遇等养老金制度变量实际是制度设计及其运行后的结果，并非制度设计本身。对自愿性个人养老金而言，制度设计必须考虑对潜在参保人的目标定位和参保缴费激励。从 OECD 国家实践看，根据不同国情和养老金体系下各支柱的定位，个人养老金参保缴费可采取准强制、自动加入、自愿性职业关联、自愿性个人和自愿性职业与个人混合多种形式，目的是尽可能扩大制度的覆盖范围，提高制度的可及性。例如，美国根据就业、非就业及就业稳定性的不同，在 1974 年推出 401（k）和主要面向个体自雇人员的基奥计划（Keogh Plans）。随后，美国又推出面向全体国民的个人养老金账户（IRA），打通了个人养老金和 401（k）的转移接续。

对个人养老金实行税收优惠激励是各国对第二、第三支柱养老金的普遍做法。考虑到与第二支柱企业年金的差别，激励收入相对较低，就业相对不稳定的群体参加养老金积累，许多国家采取了和第一、第二支柱 EET 模式不同的税收优惠模式[①]。其主要做法是采取 TEE 模式，对收入较低的个人而言，实际就是采用 EEE 或 EE（T/PE）模式，激励低收入群体和灵活就业人员参加（见表 5–10）。

表 5–10　部分国家养老金个人税收模式

国家	缴费	积累投资	待遇领取
美国（罗斯计划）	T（退税 0~50%）	E	E
奥地利	T	E	T/PE
澳大利亚	T	PT（退税 15%）	E
德国（保险型私人养老金）	T	E	T/PE
日本	T	E	T/PE

资料来源：OECD, Financial Incentives for Funded Private Pension Plans: OECD Country Profiles 2021, https://www.oecd.org/daf/fin/private-pensions/financial-incentives-retirement-savings-country-profiles-2022.pdf.

① 养老金的征税环节包括缴费、积累投资和领取三个阶段。该阶段征税 T 免税用 E 表示，P 表示该阶段部分征税。

非税优惠也是激励个人养老金发展的重要政策，尤其是在第二、第三支柱发展相对落后的国家。德国是实行非税优惠和激励个人养老金发展的典型。作为保守主义福利国家的典型，德国养老金长期高度依赖第一支柱，其他支柱规模较小。2002 年，德国引入了自愿性个人养老金里斯特养老金计划（Riester–Rente），该计划原则上对所有德国公民开放，部分人群可直接获得国家补贴：法定养老保险的义务参保人（包括自由职业者、领取失业金者、接受长期护理的人员）、公务员及其他公职人员、农民等。里斯特养老金计划是一个家庭型计划，参保人的配偶或同居关系者也可获得国家的等额补贴。2005 年，德国引入了吕路普（Rürup–Rente）养老金计划，这是一种可以享受政府大数额、高比例退税优惠，门槛低，缴费灵活的商业养老保险计划。德国将吕路普养老金列为第一层次，原则上德国公民都可参加，对于绝大多数既不参加第一层次法定养老保险，也不属于特定职业养老保险保障范围的自雇者，吕路普养老金无疑将发挥基础性保障作用，因此吕路普养老金被称为个体劳动者的养老金[①]。

个人养老金是自愿性金融产品，它作为养老金体系的一个支柱应具有公共属性，需要根据潜在参保群体的行为特征提供相应的引导和激励措施。行为经济理论证明，多数人在自主决定养老储备时存在非理性决策，受短视、心理账户核算、惯性与拖延等非理性因素的影响。在自愿参保并自主决定缴费水平的情况下，很难实现“经济人”假设的合意参保和合意缴费水平，因此需要全过程政策助推其参保缴费（见表 5–11）。

表 5–11 自愿性养老金决策心理及助推政策

决策阶段	个人决策心理现象	助推政策
参保缴费	非完全自我控制	前置扣款；税收优惠和俱乐部理论提出政策；限制提前支取
	定格效应	默认加入、默认缴费率、税收优惠
	惯性与拖延	简化规则、利用信息网络技术、默认加入、默认自动扣费、人口老龄化和养老体系信息公开，强化宣传
	同侪效应	集合信息公布、教育和宣传、推进同事间交流
积累投资	偏好易变性	默认投资选项、生命周期投资组合
	定格效应	强化公司投资监管和备案、组合投资中标出权益类和债券类占比、强化金融和养老金培训和宣传
	锚定效应	发现预警、强化信息反馈、提供类比参照、提供专家咨询和培训、冷静期制度、限定选择
	心理账户核算偏差	提供生命周期产品、以 CPI 的百分比表示目标收益率
待遇领取	短视、非金融化	待遇领取默认年金化、限制一次性领取比例

资料来源：Thaler R H, Shefrin H M, An Economic Theory of Self–Control, Journal of Political Economy, 1981(39), pp. 392–406; OECD, OECD Pensions Outlook 2020, Paris: OECD Publishing, 2021, pp. 90–95.

（三）治理与监督

基金治理是个人养老金发挥资源动员和优化配置，利用投资收益抵消人口老龄化冲击，保障老年人退休收入的关键环节。前文实证评估结果揭示了基金治理对发挥个人养老金经济效应的重要作用。作为养老金体系的重要支柱，监督方式对养老金治理方式、基金投资策略和资产配置具有决定性影响。

在治理顶层设计上，《OECD 私人养老金监管核心准则》提供了路径选择的框架[②]。所有私人养老金治理建议的六大原则包括：治理和监管条件；养老金计划实体；治理模式和结构；投资和风险管理；缴费和待遇设计、信息披露与纠偏；监督管理。针对个人养老金的特殊性提出两大原则，包括资金、清算和破产治理；在产品、竞争和便利性方面平等对待个人养老金计划。

在治理实践上，投资策略和资产配置尤其重要。从个人养老金资产积累属性看，审慎投资策略与计划目标更匹配。从资产支持应对人口老龄化冲击上看，较高比例的权益类投资是重要条件。由于近年来权益类市场受到的冲击较大，OECD 国家全样本实证评估结果显示权益类投资比例与个人养老金部分经济效应呈现出与理论预期相悖的负相关

① 郑秉文：《中国养老金发展报告 2015》，经济管理出版社 2015 年版，第 206–213 页。

② OECD, OECD Core Principles of Private Pension Regulation, Paris: OECD Publishing, 2016.

关系，给基金投资和资产配置带来了新的挑战。然而，从资本形成和经济增长两个发挥资产支持型养老金效率、抵消人口老龄化冲击的机制看，权益类资产必须保持在一个较高水平。实际上，私人养老金发展水平较高的 G7 多为采取审慎投资策略和权益类资产配置较高的国家（见图 5–1）。

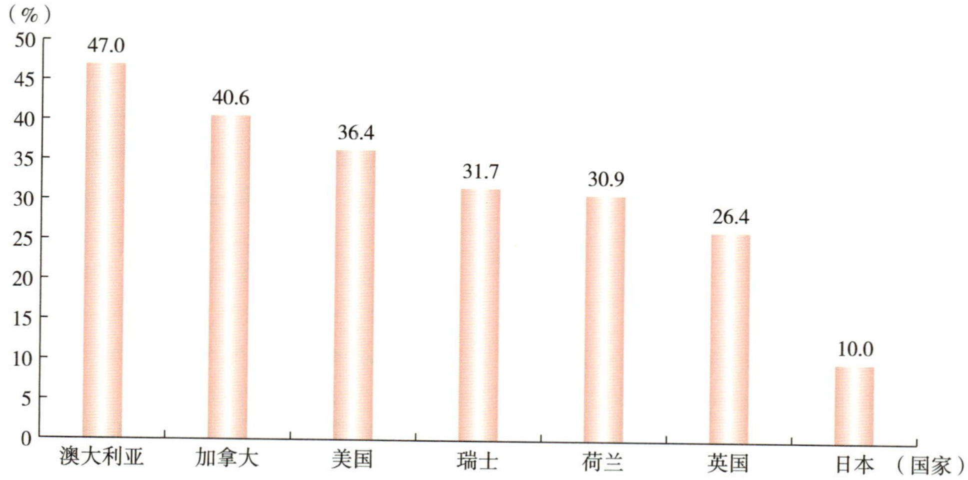

图 5–1 养老金市场 G7 国家积累型养老基金权益类资产配置占比

资料来源：OECD, Pension Markets in Focus, https://www.oecd.org/finance/pensionmarketsinfocus.htm.

四、结论与建议

引入个人养老金制度不仅是完善养老金体系，保障老年人退休收入的需要，也是建立资产型社会、推动经济发展的需要。2022 年 4 月国务院办公厅印发《国务院办公厅关于推动个人养老金发展的意见》（国办发〔2022〕7 号，以下简称 7 号文），明确了个人养老金是多支柱养老保险体系重要制度安排的定位，并提供了依据，但尚需在实践中进一步探索实施路径。基于前文关于 OECD 国家个人养老金经济效应和实现路径的研究，结合对 7 号文的解读，提出以下政策建议：

第一，为个人养老金投资运营创造良好的宏观经济条件。个人养老金采取市场化运营，要实现积累的保值增值离不开政府宏观政策的支持，包括促进持续的经济增长、维护金融市场健康发展、引导和支持个人养老金投向新兴产业和绿色低碳产业、监督个人养老金的管理和投资、提供全国统一的管理平台和信息平台等。

第二，进一步完善激励政策。7 号文并未明确个人养老金的税收优惠模式。目前，我国的个税覆盖人群明显小于个人养老金制度潜在的覆盖人群，因而需要统筹研究低于个税起征点的缴费者及领取者的税收优惠。为激励收入相对较低人员参保，可采取 TEE 模式或者“EEE+ 较低封顶缴费额”模式，甚至对有缴费意愿的特定低收入群体提供适当的财政补贴，以进一步激励个人缴费。

第三，探索并制定目标定位性助推政策。我国的个人养老金是一种基于基本养老保险的纯自愿性制度，目标定位性不强，可借鉴德国经验对灵活就业人员、非就业人员适当进行目标定位，并提供一定的补贴。在助推政策上，需要在深入研究我国居民养老储备意愿和行为特征的基础上，从参保缴费、积累投资和待遇领取三个阶段制定系统的激励政策。

第四，基于不同的养老储蓄动机，提供多样化的投资组合。个人养老金是面向全民的自愿性制度，目标参保人员差异很大。参与运营的公司既需要提供丰富的资产产品，又要考虑到不同生命周期养老储蓄和投资需求的差异，提供生命周期投资组合，还要针对参保人员金融素养不高的实际提供默认投资选项。

第五，根据多支柱、多层次养老保险体系的战略目标，理顺个人养老金与第一支柱的关系。在现行政策下，未建立劳动关系人员更倾向于参加城乡居民基本养老保险。按 7 号文规定，参加城乡居民基本养老保险并不影响参加个人养老金，但可能降低未建立劳动关系人员参加保障程度更高的城镇职工基本养老保险的积极性。因此，需要从优先激励参加城镇职工基本养老保险的视角探索完善个人养老金的参加条件。例如，超过一定收入、一定工作年限后，必须参加或转向城镇职工基本养老保险才能加入个人养老金制度。

第六，根据多支柱、多层次养老保险体系的战略目标，理顺个人养老金与第二支柱的关系。从第二支柱统筹视角看，需要建立企业年金和个人养老金的相互转化连接通道。近年来，青年人尤其是高校毕业生灵活就业、新业态就业、自主创业的比例不断上升，考虑到个人职业生涯的变动，未来转向正规就业的可能性很大。如果个人养老金转移到企业年金的通道不畅，可能会制约这些人参加个人养老金的积极性。

参考文献

[1] Aaron H, The Social Insurance Paradox, The Canadian Journal of Economics and Political Science, 1966 (32), pp. 371–374.

[2] Barr N, Diamond P, The Economics of Pensions, Oxford Review of Economic Policy, 2006(22), pp. 15–39.

[3] Boeri T, Bovenberg L, Coeuré B, Roberts A, Dealing with the New Giants: Rethinking the Role of Pension Funds, Geneva Reports on the World Economy, 2006, No. 8.

[4] Croce D R,Pension Funds Investment in Infrastructure: Policy Actions, OECD Working Papers on Finance, Insurance and Private Pensions, No. 13, 2011.

[5] Davis E P, Hu Y W, Does Funding of Pensions Stimulate Economic Growth?, Journal of Pension Economics and Finance, 2008(7), pp. 221–249.

[6] Feldstein M, Transition to a Fully Funded Pension System: Five Economic Issues, NBER Working Paper, 1997.

[7] Jurevičienė D, Volkova M, Evaluation of the 3rd Pillar Pension Funds in Lithuania, Journal of Business Economics and Management, 2014(15), pp. 684–707.

[8] Kaliciak A, Kurach R, Merouani W, The Importance of Behavioral Factors for Pension Savings Decisions–cross–country Evidence, Acta Oeconomica, 2019(69), pp. 357–391.

[9] Marcinkiewicz E, Voluntary Pensions Development and the Adequacy of the Mandatory Pension System: Is There a Trade–off?, Social Indicators Research, 2019(143), pp. 609–636.

[10] OECD, OECD Pensions Outlook 2022, Paris: OECD Publishing, 2022, pp.11–13.

[11] OECD, Pensions at a Glance 2019: OECD and G20 Indicators, Paris: OECD Publishing, 2019, p. 185.

[12] OECD, Private Pensions: OECD Classification and Glossary, Paris: OECD Publishing, 2005, pp.28–30.

[13] Staehr K, Funded Pension, Fiscal Strain and Stabilisation Policy in Central and Eastern Europe, In Mooslechner P, Ritzberger– Grünwald D, eds., Limited Fiscal Space in CESEE: Needs and Options for Post–Crisis Reform, Proceedings of OENB Workshops, 2011(17), pp. 41–60.

[14] Thaler R H, Sunstein C, Nudge: Improving Decisions about Health, Wealth, and Happiness, New Haven, CT: Yale University Press, 2008.

[15] Turner J A, Using Behavioral Economics to Encourage Annuitization by 401(k) Participants and IRA Holders, Benefits Quarterly, 2013(29), pp. 16–24.

[16] Zandberg E, Spierdijk L, Funding of Pensions and Economic Growth: Are They Really Related?, Journal of Pension Economics and Finance, 2013(12), pp. 151–167.

[17] 彼得·德鲁克：《养老金革命》，刘伟译，东方出版社 2009 年版，第 69–71 页。

[18] 李亚军：《个人账户制改革对公共养老金制度财务可持续的影响研究》，经济科学出版社 2018 年版，第 47–56 页。

[19] 罗伯特·霍尔茨曼、理查德·欣茨等：《21 世纪的老年收入保障——养老金制度改革国际比较》，郑秉文等译，中国劳动社会保障出版社 2006 年版，第 88 页。

[20] 尼古拉斯·巴尔：《福利国家经济学》，郑秉文、穆怀中等译，中国劳动社会保障出版社 2014 年版，第 13 页。

[21] 齐传钧：《自愿性个人养老金能填补公共养老金缺口吗？———从理论到实践的反思》，《保险研究》，2020 年第 8 期，第 103–115 页。

[22] 郑秉文：《财富储备与“资产型”养老金体系转型研究》，《中国人口科学》，2021 年第 1 期，第 23–37 页。

[23] 郑秉文：《发展个人养老金是建设我国现代养老金体系必由之路》，《美国如何支持养老》（中文版序言），中国金融出版社 2018 年版。

分报告六
个人养老金税优政策效应评估及路径优化

发展第三支柱养老金是实现共同富裕的重要抓手。纵观我国第三支柱养老金的发展历程，无论是2018年起试点的个税递延型商业养老保险，还是2022年实施的个人养老金制度，参保激励性始终是制约第三支柱发展的一大桎梏。毋庸置疑，税收优惠政策是撬动第三支柱养老金发展的重要杠杆和第一动力[①]。从当前个人养老金的市场实践看，参保扩面工作在多方努力下已取得一定成绩，但普遍存在“开户热、缴存冷”的问题。截至2023年6月底，全国36个先行城市（地区）开立个人养老金账户人数4030万人[②]，养老目标基金的Y份额累计规模达50.03亿元[③]，人均持有额仅为124元，与12000元的缴费上限相去甚远。

在税优政策设计中，税收模式的选择与组合至关重要。《中华人民共和国个人所得税法》第二条规定，“工资、薪金所得……利息、股息、红利所得应当缴纳个人所得税”，即个人在购买没有税收优惠的养老金融产品时采用的基准税收模式应是TTE模式[④]。而在实际执行中，暂时免征个人所得税的政策文件又与该法律兼容，如《财政部 国家税务总局关于储蓄存款利息所得有关个人所得税政策的通知》（财税〔2008〕132号）和《财政部 国家税务总局关于个人转让股票所得继续暂免征收个人所得税的通知》（财税〔1998〕61号）规定了对储蓄存款利息所得和个人转让股票所得暂免征个人所得税。因此，实际上我国现行的基准税收模式为TEE模式。在征收资本所得税的国家，个人养老金往往采用EET与TEE相结合的税优模式，而我国劳动者在未购买个人养老金的情况下已然享受到了TEE模式的红利。在此背景下，我国个人养老金的EET税优模式是否真正优于基准的TEE模式？劳动者能否真正从个人养老金税优政策中获益？不同群体间所享受的个人养老金税优力度是否存在差距？这些都是制约劳动者参保意愿的关键问题。此外，国家实行税优政策本质上是对财政收入的一种让渡，当前EET模式下的政策优惠力度是否对国家财政造成负担？在不同的预期参保率下，国家财政的承受能力如何？厘清这些问题，既是对现行个人养老金税优政策效果的一次检验，也是对未来实现个人养老金可持续发展所做出的必要准备。

一、我国个人养老金税优政策效应模型设计

个人养老金的税优政策效应体现在两个层面：一是参保者福利水平的提升；二是政府的税式支出，两者是税优政策效应的一体两面。其中，参保者福利水平的提升可通过参保全周期（即缴费、积累、领取阶段）获得的总税优

① 郑秉文：《第三支柱养老保险：产品设计、税收模式与功能定位》，《金融博览》，2023年第7期，第56–59页。

② 《人社部举行2023年二季度新闻发布会》，http://www.mohrss.gov.cn/SYrlzyhshbzb/dongtaixinwen/fbh/lxxwfbh/202307/t20230721_503273.html，2023年7月21日。

③ 数据来源于Wind数据库。

④ 个人养老金分为缴费、积累和领取三个阶段，E表示免税（Exempting），T表示征税（Taxing），典型的税收模式主要有TTE、TEE、EET、EEE等。

效用和对养老金替代率的影响来反映；政府税式支出是指政府在实施税优政策时所让渡的财政收入，也就是税收成本。本文通过在参保者层面构建个人养老金税优效用模型、在政府层面构建个人养老金政府税式支出模型，对个人养老金税优政策效应进行量化。

（一）参保者层面：个人养老金税优效用模型

1. 参保者全周期税优效用

所谓参保者全周期税优效用是指在税优政策实施前后参保者在缴费、积累和领取阶段所享有的税收优惠总额。这里考察参保者从基准 TEE 转变为 EET 模式的税优效用，即两种模式均在积累阶段免税，因此仅需计算缴费阶段和领取阶段参保前后两种模式的税优差额。考虑到货币的时间价值，税优效用表示为现值。

（1）缴费阶段。

缴费阶段税优额应为参保前 TEE 基准模式下纳税额与参保后 EET 模式下纳税额之差，因此，参保前纳税额 T_{TEE} 公式为①：

$$T_{TEE}=[(1-\alpha)\bullet W_t-60000]\bullet t_{1,j}-QD_j \qquad (6\text{–}1)$$

其中，α 为社会保险个人缴费率；W_t 为参保者在 t 年的缴费工资；$t_{1,j}$ 和 QD_j 分别代表缴费阶段 j 税级对应的税率和速算扣除数。参保后纳税额 T_{EET} 公式为：

$$T_{EET}=[(1-\alpha)\bullet W_t-f-60000]\bullet t_{1,j}-QD_j \qquad (6\text{–}2)$$

其中，f 为个人养老金年缴费额。因此，缴费阶段税优现值 T_1 为：

$$T_1=(T_{TEE}-T_{EET})+\frac{T_{TEE}-T_{EET}}{1+i}+\frac{T_{TEE}-T_{EET}}{(1+i)^2}+\dots+\frac{T_{TEE}-T_{EET}}{(1+i)^{n-1}}$$

$$=\ (T_{TEE}-T_{EET})\bullet\sum_{m=1}^{n}\left(\frac{1}{1+i}\right)^{m-1} \qquad (6\text{–}3)$$

其中，i 为贴现率；n 为个人养老金缴费年限。

（2）领取阶段。

TEE 模式在领取阶段免税，因此，参保后 EET 模式领取阶段缴税额现值为：

$$T_3=t_3\bullet p\bullet\left(\frac{1+r}{1+i}\right)^{n-1}+t_3\bullet p\bullet\left(\frac{1+r}{1+i}\right)^{n-2}\bullet\frac{1}{1+i}+t_3\bullet p\bullet\left(\frac{1+r}{1+i}\right)^{n-3}\bullet\left(\frac{1}{1+i}\right)^2+\dots+t_3\bullet p\bullet\left(\frac{1+r}{1+i}\right)^{n-15}\bullet\left(\frac{1}{1+i}\right)^{14}$$

$$=t_3\bullet p\bullet\sum_{m=1}^{n}\frac{(1+r)^{n-m}}{(1+i)^{n-1}}\quad p\leqslant 12000 \qquad (6\text{–}4)$$

其中，t_3 为领取阶段个人养老金税率；r 为投资收益率；p 为缴费阶段免税基数，根据现行规定，个人养老金的缴费上限为 12000 元 / 年。

由此，参保全周期税优效用 $T=T_1-T_3$。

2. 个人养老金对养老金替代率的影响

根据《个人养老金实施办法》规定，参加人可以按月、分次或者一次性领取个人养老金。为了更清晰地反映出个人养老金对总体养老金待遇的补偿程度，这里假定所有参保者的个人养老金均参照基本养老保险个人账户确定的计发月数逐月领取，以保证个人养老金始终作为参保者退休期间养老金待遇的重要组成部分。另外，现行政策暂将缴费上限设置为定额，本文将分两种情况讨论：方案一是个人养老金缴费上限不调整；方案二是个人养老金缴费上限随工资增长率每年调整。由此，参保者首年领取个人养老金的替代率应是参保者每年领取的个人养老金数额与其退休前一年税前工资收入的比值，则在方案一中参保者首年领取个人养老金的替代率 d 为：

$$d=\frac{\sum_{m=1}^{n}\dfrac{f\bullet(1+r)^{n-m}\bullet(1-t_3)}{M/12}}{W\bullet(1+g)^{n-1}} \qquad (6\text{–}5)$$

其中，M 为个人养老金计发月数；g 为工资增长率。在方案二中参保者首年领取个人养老金的替代率 d 为：

$$d=\frac{\sum_{m=1}^{n}\dfrac{f\bullet(1+r)^{n-m}\bullet(1+g)^{m-1}(1-t_3)}{M/12}}{W\bullet(1+g)^{n-1}} \qquad (6\text{–}6)$$

（二）政府层面：个人养老金政府税式支出模型

考虑到我国在投资积累阶段暂时免征个人所得税，本文分别考察基准模式为 TEE 和 TTE 两种情况下的政府税式支出。为便于衡量政府税式支出对地方财政收入的影响，这里以年为单位计算。政府每年承担的税式支出应是个人缴纳一年个人养老金所享有的参保全周期税优效用与参保人数的乘积。TEE 基准模式下政府税式支出为：

$$G_{TEE}=[(T_{TEE}-T_{EET})-t_3\bullet p\bullet\left(\frac{1+r}{1+i}\right)^{n-1}]\bullet P\bullet j \qquad (6\text{–}7)$$

其中，P 为个人养老金潜在参保规模；j 为预期参保率。

TTE 基准模式下积累阶段征税，而参保后 EET 模式下积累阶段免税，因此积累阶段免税额就是 TTE 基准模式下积累阶段投资收益纳税额。在不考虑管理费用和交易成本的情况下，积累阶段免税现值 T_2 为：

$$T_2=f\bullet\{\frac{r\bullet t_2}{1+i}+\frac{r\bullet t_2\bullet[1+r(1-t_2)]}{(1+i)^2}+\dots+\frac{r\bullet t_2\bullet[1+r(1-t_2)^{n-1}]}{(1+i)^n}\}$$

① 为便于测算，本文未将综合所得专项扣除、专项附加扣除以及依法确定的其他扣除考虑在内。

$$=\sum_{m=1}^{n}\frac{f\cdot r\cdot t_2\cdot[1+r(1-t_2)^{m-1}]}{(1+i)^m} \quad (6\text{-}8)$$

其中，t_2为积累阶段投资收益所得税率。由此，TTE基准模式下政府税式支出G_{TTE}为：

$$G_{TTE}=[(T_{TEE}-T_{EET})-t_3\cdot p\cdot\left(\frac{1+r}{1+i}\right)^{n-1}+T_2]\cdot P\cdot j \quad (6\text{-}9)$$

（三）相关参数校准

本文测算以杭州市为例，缴费工资等制度参数以杭州市平均水平为准，具体参数校准如下：①社会保险的个人缴费率α。假定所有正规就业人员均参加企业或职业年金，则社会保险缴纳“三险二金”（养老保险、医疗保险、失业保险、企业/职业年金、住房公积金），灵活就业人员缴纳“二险”（养老和医疗保险）。根据现行规定，各项社会保险个人缴费率分别为养老保险（8%）、医疗保险（2%）、失业保险（0.5%）[①]、企业/职业年金（4%），由于住房公积金个人缴存比例为5%~12%不等，这里取平均值8.5%。因此，正规就业人员和灵活就业人员的社保个人缴费率α取值分别为23%和10%。②参保者缴费工资。根据《2022年杭州统计年鉴》和《2021年杭州市单位从业人员年平均工资统计公报》数据计算得出，2021年杭州市全口径社会平均工资为114835元/年。③缴费阶段所得税税率和速算扣除数。参照《个人所得税税率表》[②]。④个人养老金年缴费额f。假定所有参保者均按照12000元/年上限缴费。⑤投资收益率和贴现率i。根据现行规定，个人养老金可用于购买储蓄存款、理财产品、商业养老保险、公募基金等金融产品。其中，5年期的储蓄存款收益率在3%左右；养老理财产品的业绩比较基准一般为5%~8%[③]；各保险公司官网数据显示，个税递延型商业养老保险产品收益率在2.5%~4.8%；首批养老目标基金运行5年来的14只养老FOF平均年化收益率约为6.07%[④]。因此，本文将个人养老金投资收益率设定为5%和7%。同时，将贴现率设定为5%，以便对投资收益率等于贴现率和投资收益率大于贴现率的两种情况分类讨论。⑥积累阶段投资收益所得税率t_2。根据《中华人民共和国个人所得税法》，TTE模式下积累阶段投资收益所得税率为20%，TEE模式下为0。⑦个人养老金缴费年限n。分别设定为15年、25年、35年三种情况。⑧领取阶段个人养老金税率t_3。根据现行规定，设定为3%。⑨个人养老金计发月数M。参照基本养老保险个人账户计发月数，男性60岁退休时计发月数为139个月，女性55岁退休时计发月数为170个月。⑩工资增长率g。根据《中国统计年鉴》相关数据计算，2021年全口径城镇单位就业人员工资增长率为9.0%，考虑到未来经济下滑，设定为8%。⑪个人养老金潜在参保规模与预期参保率j。《个人养老金实施办法》规定，个人养老金的参加人应当是在中国境内参加城镇职工基本养老保险或者城乡居民基本养老保险的劳动者。因此，个人养老金的潜在参保规模应界定为第一支柱养老金参保者中的劳动年龄人口。根据《2022年度杭州市人力资源和社会保障事业发展统计公报》，2022年杭州市城镇职工基本养老保险和城乡居民基本养老保险参保人数分别为902.91万人、79.68万人。同时，根据第七次全国人口普查数据计算可知，杭州市劳动年龄人口占16岁以上人口总数的80.6%[⑤]，由此可得，杭州市个人养老金潜在参保人数约为792万人。预期参保率按照10%、30%、50%三种情况分别计算。

二、模拟测算：以杭州市为例

基于模型分析，个人养老金税优政策对不同特征参保者的税收激励效应和养老金补偿效应存在较大差异，主要制约因素包括收入水平、就业形式、性别、缴费年限等。同时，政策效应也受投资收益率的影响。政府税式支出效应通过税式支出占地方财政收入比重的方式衡量。

（一）对参保者的税收激励效应

表6-1显示了在投资收益率5%、个人养老金缴费15年的情况下不同参保者享有的个人养老金税优效用。从参保者的收入水平看，在投资收益率等于贴现率的情况下，只有参保者收入适用所得税率大于10%时，参保者才能享受到个人养老金政策的税优效用，即只有参保者的税后年收入达到96000元（即适用所得税率大于10%），政策才具有参保激励性。由此可知，正规就业人员年收入要超过124675元、灵活就业人员年收入超过106667元才能享

① 根据人社部发〔2023〕19号文规定，“自2023年5月1日起，继续实施阶段性降低失业保险费率至1%的政策，实施期限延长至2024年底。在省（区、市）行政区域内，单位及个人的费率应当统一，个人费率不得超过单位费率”。因此，失业保险个人缴费率统一按0.5%计算。

② 网址链接：http://www.chinatax.gov.cn/chinatax/n363/c5161493/5161493/files/附件1：个人所得税税率表（综合所得适用）.pdf。

③ 石诗语：《养老理财产品分红进行时》，《中国证券报》，2023年8月1日，第A04版。

④ 王宁、冷翠华：《首批养老目标基金运行5年 最高平均年化收益率为9.22%》，《证券日报》，2023年8月9日，第B01版。

⑤ 劳动年龄人口的计算过程未区分男女法定退休年龄差异，可能导致最终潜在参保规模的高估，但不影响本文政府税式支出效应的总体结论。

受到税收红利。同时，随着缴费阶段所得税率的不断提高，超过此收入标准的参保者所享有的税优效用也逐步加大。从参保者的就业形式看，在能享受到税优效用的前提下，正规就业和灵活就业人员始终一致。

表 6–1　投资收益率 5% 情况下个人养老金税优效用

税前年收入（万元）＼就业形式	缴费阶段税优额 T_1（万元）		领取阶段缴税现值 T_3（万元）		总税优效用 T（万元）		收入适用所得税率 t_1（%）
	正规就业	灵活就业	正规就业	灵活就业	正规就业	灵活就业	
6	0	0	0	0	0	0	0
7.2	0	0.16	0	0.16	0	0	0
8.4	0.15	0.39	0.15	0.39	0	0	3
18	1.31	1.31	0.39	0.39	0.92	0.92	10
36	2.62	2.62	0.39	0.39	2.23	2.23	20
50	3.27	3.27	0.39	0.39	2.88	2.88	25
78	3.92	3.92	0.39	0.39	3.53	3.53	30
108	4.58	4.58	0.39	0.39	4.19	4.19	35
144	5.89	5.89	0.39	0.39	5.50	5.50	45

资料来源：笔者测算并制作。

表 6–2 显示了在投资收益率 7%、个人养老金积累 15 年的情况下不同参保者享有的个人养老金税优效用。从参保者的收入水平看，在投资收益率高于贴现率的情况下，低收入参保者将出现负的税优效用，即个人福利水平受损。原因在于，EET 模式下，中低收入群体在扣除社保后在缴费阶段并不能用足税收递延政策红利，而在领取阶段却要为未享受到政策红利的个人养老金所产生的投资收益纳税，若参保者不购买个人养老金，TEE 基准模式下反而无须为投资收益纳税，因此，低收入群体出现了负税优效用。对中高收入群体而言，7% 投资收益率下参保者享有的税优效用低于 5% 投资收益率下的税优效用。由此可得，投资收益率与贴现率的差值越大，参保者在领取阶段缴税越多，享有的税优效用反而越小。从参保者的就业形式看，低收入群体中，正规就业人员享有的负税优效用绝对值小于灵活就业人员，这是因为灵活就业人员社保扣除比例小，应纳税额更大；中高收入群体中，两类人群税优效用相同。

表 6–2　投资收益率 7% 情况下个人养老金税优效用

税前年收入（万元）＼就业形式	缴费阶段税优额 T_1（万元）		领取阶段缴税现值 T_3（万元）		总税优效用 T（万元）		收入适用所得税率 t_1（%）
	正规就业	灵活就业	正规就业	灵活就业	正规就业	灵活就业	
6	0	0	0	0	0	0	0
7.2	0	0.16	0	0.32	0	–0.16	0
8.4	0.15	0.39	0.34	0.81	–0.19	–0.42	3
18	1.31	1.31	0.81	0.81	0.50	0.50	10
36	2.62	2.62	0.81	0.81	1.81	1.81	20
50	3.27	3.27	0.81	0.81	2.46	2.46	25
78	3.92	3.92	0.81	0.81	3.11	3.11	30
108	4.58	4.58	0.81	0.81	3.77	3.77	35
144	5.89	5.89	0.81	0.81	5.08	5.08	45

资料来源：笔者测算并制作。

表 6-3 显示了在投资收益率为 7% 高于贴现率的情况下不同参保者享有的个人养老金税优效用。从个人养老金缴费年限看，随着缴费年限的增加，中低收入参保者负税优效用绝对值越大，而高收入参保者的正税优效用越小。从参保者的就业形式看，中低收入群体中，灵活就业参保者的负税优效用绝对值大于正规就业参保者；高收入群体中，两类人群税优效用一致。

表 6-3　投资收益率 7% 情况下不同积累年限的个人养老金税优效用

年收入（万元）	缴费阶段税优额 T_1（万元）	领取阶段纳税现值 T_3（万元）			总税优效用 T（万元）		
	正规就业 / 灵活就业	正规就业 / 灵活就业			正规就业 / 灵活就业		
		积累 15 年	积累 25 年	积累 35 年	积累 15 年	积累 25 年	积累 35 年
6	0	0	0	0	0	0	0
7.2	0 / 0.16	0 / 0.32	0 / 0.39	0 / 0.47	0 / −0.16	0 / 0.23	0 / −0.31
8.4	0.15 / 0.39	0.34 / 0.81	0.38 / 0.97	0.46 / 1.17	−0.19 / −0.42	−0.23 / −0.58	−0.30 / −0.78
18	1.31	0.81	0.97	1.17	0.50	0.34	0.13
36	2.62	0.81	0.97	1.17	1.81	1.64	1.44
50	3.27	0.81	0.97	1.17	2.46	2.30	2.10
78	3.92	0.81	0.97	1.17	3.11	2.95	2.75
108	4.58	0.81	0.97	1.17	3.77	3.60	3.40
144	5.89	0.81	0.97	1.17	5.08	4.91	4.71

注：正规就业和灵活就业参保者的领取阶段缴税现值和总税优效用仅在少数情况下有所不同，由于篇幅限制，这里将两者不同的结果表示为“正规就业 / 灵活就业”，未标注的即为两者结果一致。

资料来源：笔者测算并制作。

（二）对参保者的养老金补偿效应

表 6-4 显示了在 5% 投资收益率下，不同参保者购买个人养老金在退休首年的替代率变化情况。测算结果反映了不同特征参保者与领取首年个人养老金替代率的关系：①参保者缴费工资与个人养老金替代率成反比，即缴费工资越高，个人养老金替代率水平越低。由于个人养老金设置了缴费限额，随着收入水平的提高，个人养老金在参保者总收入中的占比将不断下降，因此个人养老金税优政策对中低收入者的养老金补偿效应更大。②男性个人养老金替代率水平高于女性。根据前文设定，由于男性的个人养老金计发月数小于女性，导致男性个人养老金积累额平分到每年的待遇水平将高于女性，因此个人养老金税优政策对男性的养老金补偿效应更大。③个人养老金缴费年限与个人养老金替代率水平不成正比。一般而言，缴费年限越长、积累年限越多，替代率应越高，这符合养老保险激励机制的“长缴多得”原则，而表 6-4 结果显然与其不符。原因在于，当前我国个人养老金的缴费上限为定额 12000 元 / 年，未考虑通货膨胀等因素的影响，而作为影响替代率水平的关键要素——退休前一年度缴费工资水平是多年工资增长率积累下的结果，且现实中工资增长率普遍大于投资收益率，这必然会导致积累年限越长、积累额“贬值”越多。

表 6-4　个人养老金领取首年替代率水平（方案一）

缴费工资（元）	个人养老金领取首年替代率（%）					
	缴费 15 年		缴费 25 年		缴费 35 年	
	男	女	男	女	男	女
100% × W（114835）	6.4	5.3	6.6	5.4	5.8	5.7
200% × W（229670）	3.2	2.6	3.3	2.7	2.9	2.4
300% × W（344505）	2.1	1.8	2.2	1.8	1.9	1.6

资料来源：笔者测算并制作。

表 6-5 是个人养老金缴费上限随工资增长率调整后的替代率情况。可以看出，在个人养老金缴费上限随工资增长率调整的情况下，缴费年限与个人养老金替代率水平成正比，符合“长缴多得”原则，个人养老金的政策激励性得以发挥。

表 6-5 个人养老金领取首年替代率水平（方案二）

缴费工资（元）	个人养老金领取首年替代率（%）					
	缴费 15 年		缴费 25 年		缴费 35 年	
	男	女	男	女	男	女
100%×W（114835）	10.9	8.9	15.9	13.0	19.7	16.1
200%×W（229670）	5.4	4.4	8.0	6.5	9.9	8.1
300%×W（344505）	3.6	3.0	5.3	4.3	6.6	5.4

资料来源：笔者测算并制作。

（三）对政府的税式支出效应

目前，官方没有披露杭州市居民收入分布数据，2023 年第二季度智联招聘发布的《中国企业招聘薪酬报告》中仅披露了杭州市月平均薪酬和中位数分别为 11796 元和 9743 元[①]，因此，本文选用对数正态分布函数对杭州市居民收入分布情况进行拟合。对数正态分布函数被广泛应用于各国的居民收入分布的拟合估计中：世界银行运用工业化国家和发展中国家的近 800 个居民收入数据，证明了人均收入服从对数正态分布的合理性[②]；Singh 等认为对数正态分布对中等和较低收入水平的拟合更加精确[③]，这与我国收入分布现状相吻合；成邦文验证了社会经济规模指标服从对数正态分布，并对 1989~2001 年中国城镇居民个人收入数据进行拟合[④]。对数正态分布函数的密度函数（PDF）为：

$$y = f(x \mid \mu,\sigma) = \frac{1}{x\sigma\sqrt{2\pi}} exp\left\{\frac{-(logx-\mu)^2}{2\sigma^2}\right\}, x>0 \quad (6\text{-}10)$$

其中，μ 为均值；σ 为标准差；参照陈建东等的研究[⑤]，平均值 $A= e^{\mu+\frac{\sigma^2}{2}}$，中位数 $M= e^{\mu}$。代入杭州市数据可得，$\mu \approx 11.67$，$\sigma \approx 0.62$；通过对应的累积分布函数（CDF）可求得不同收入组人数占比，这里根据参保者缴费阶段收入所适用的不同所得税率对收入进行分组，杭州市居民收入分布情况见表 6-6。

表 6-6 杭州市居民收入分布情况

年收入分组（万元）	收入适用所得税（%）	各收入组占总人数比重（%）	各收入组个人养老金潜在参保人数（万人）
$x \leq 9.6$	不超过 3	37.5	297.0
$9.6 < x \leq 20.4$	10	44.1	349.3
$20.4 < x \leq 36$	20	15.0	118.8
$36 < x \leq 48$	25	2.3	18.2
$48 < x \leq 72$	30	1.0	7.9
$72 < x \leq 102$	35	0.1	0.8
$x > 102$	45	0.0	0.0

资料来源：笔者测算并制作。

表 6-7 显示了不同基准模式下个人养老金积累 15 年政府税式支出情况。可以看出，在不同的预期参保率和投资收益率下，TEE 基准模式下政府税式支出为 0.22%~1.25%。根据杭州市统计局官网数据显示，2022 年杭州市个人所得税收入占地方财政收入比重仅为 9.30%，若要保证政府能够承受个人养老金税优政策对地方财政的冲击，税式支出占地方财政收入比重应控制在 3% 左右较为合理。按照这一标准，TEE 基准模式下政府完全可承受税优政策冲击。TTE 基准模式下，政府税式支出为 0.21%~4.15%，当预期参保率为 50% 时，政府税式支出占地方财政收入比重超过 3%，可能会对地方财政造成负担。

① 智联招聘：《中国企业招聘薪酬报告》，2023 年 7 月。

② Lopez J，Servén L，A Normal Relationship? Poverty，Growth，and Inequality，World Bank Policy Research Working Paper, 2006.

③ Singh N, Mishra T, Banerjee R, Projection of Private Vehicle Stock in India up to 2050, Transportation Research Procedia, 2020（40）, pp. 3380-3389.

④ 成邦文：《基于对数正态分布的洛伦兹曲线与基尼系数》，《数量经济技术经济研究》，2005 年第 2 期，第 127-135 页。

⑤ 陈建东、罗涛、赵艾凤：《收入分布函数在收入不平等研究领域的应用》，《统计研究》，2013 年第 9 期，第 79-86 页。

表 6-7　不同基准模式下政府税式支出情况

2022 年一般公共预算收入（亿元）	参保率（%）	TEE 基准模式下				TTE 基准模式下			
		税式支出（亿元）		税式支出占财政收入比重（%）		税式支出（亿元）		税式支出占财政收入比重（%）	
		r=5%	r=7%	r=5%	r=7%	r=5%	r=7%	r=5%	r=7%
2450.6	50	30.6	27.3	1.25	1.11	83.41	101.8	3.40	4.15
	30	18.4	16.4	0.75	0.67	38.17	61.1	1.56	2.49
	10	6.1	5.5	0.25	0.22	5.14	20.4	0.21	0.83

资料来源：2022 年一般公共预算收入数据来自杭州市统计局官网，其余数据为笔者测算。

三、我国个人养老金税优政策评析

实证分析不仅反映了当前我国个人养老金制度的保障现状和税优政策设计存在的诸多局限，也为试点实践中出现的“开户热、缴存冷”表象找到了深层次原因。

（一）税优政策受益范围较小，社会总体激励效果有限

当前我国个人养老金税优政策的真正受益范围非常有限。若我国个人所得税缴纳人数以 6500 万人为准①，2022 年个人养老金潜在参保规模按照前文算法为 79823 万人②，则有资格享受个人养老金税优政策的人群仅占约 8%。也就是说，个人养老金名义上是对所有第一支柱养老金参保者开放的普惠性政策，而实际真正有资格享受税优政策的人群仅不足 10%。不仅如此，根据表 6-1，只有税后年收入超过 9.6 万元的参保者才能享受到税收红利，这意味着，8% 的潜在参保群体中仍有相当一部分中等收入人群会因参保而利益受损。因此，当前的个人养老金税优政策仅对目标群体中极少部分的高收入人群具有激励性，社会总体激励效果十分有限。

（二）政策优惠形式亟待细化，未针对不同群体制定差异化政策

不同类型的参保者对个人养老金的需求强度差异很大，而个人养老金政策优惠形式较为单一，未向补充养老需求迫切的群体倾斜。首先，灵活就业人员收入水平普遍偏低且波动大，绝大多数仅按照缴费基数的最低标准缴纳基本养老保险，致使第一支柱养老金替代率水平不高。个人养老金对这部分群体的作用不应仅限于“锦上添花”，应更多地表现为“雪中送炭”。而实证结果表明，从个人税优效用看，中低收入的灵活就业者低于正规就业者。其次，中低收入人群第一支柱替代率低，且大概率没有第二支柱，本应是补充养老意愿最强的群体，而第三支柱的个税限制使这一群体与高收入人群的养老金水平进一步拉开距离。最后，由于女性法定退休年龄小于男性且预期寿命长于男性，致使其个人账户积累额较少、计发月数较大，因此女性个人账户养老金普遍低于男性，而个人养老金税优政策对男性的养老金补偿效应大于女性。

（三）政策设计缺乏激励性，不符合“长缴多得”原则

“多缴多得、长缴多得”是判断养老保险激励性的基本原则，当前个人养老金的税优政策设计能够做到“多缴多得”，却无法做到“长缴多得”。一方面，EET 模式下个人养老金的投资积累行为与个人福利水平的增进不成正比。通过对比表 6-1 和表 6-2 可知，投资收益率越高，个人税优效用反而越小。与市场上普通金融产品相比，个人养老金产品投资收益率较高本应是其显著优势之一，但现实却是，投资收益率越高，参保者要为投资回报“额外”纳税越多。同时，表 6-3 显示，缴费年限越长，领取阶段的“额外”纳税额越多，“长缴”无法“多得”。因此，TEE 基准模式下劳动者完全有理由选择流动性更强的自主投资。另一方面，当前个人养老金缴费限额缺乏动态调整机制，导致个人养老金缴费年限与个人养老金替代率水平不成正比。由于定额的缴费上限未考虑通货膨胀等因素的影响，在工资增长率普遍大于投资收益率的现实下，个人养老金必然会加速“贬值”。表 6-4 显示，缴费年限越长，替代率并没有随之增加，同样无法做到“长缴多得”。

① 限于数据可得性，该数据引自高庆波：《个人养老金规模预测与偏差——基于制度变迁的视角》，《华中科技大学学报（社会科学版）》，2023 年第 4 期，第 48-60 页。此为 2019 年数据，可能低于现阶段实际情况，因此最终结果可能存在低估。

② 根据《2022 年度人力资源和社会保障事业发展统计公报》，2022 年末全国参加基本养老保险人数 105307 万人，同时，由国家统计局公布的数据计算可得，我国劳动年龄人口占 16 岁以上人口的 75.8%，则个人养老金潜在参保规模为 79823 万人。

（四）政府税式支出相对较小，对国家财政收入影响甚微

税优政策在为参保者带来红利的同时，并不会对国家财政造成太大的负担。由表 6-7 可知，TEE 基准模式下政府完全有能力承担税式支出，因此，此模式下可充分利用税优政策的杠杆作用，提高参保者税优效用。但与此同时，也应注意到，随着我国资本市场不断成熟和发展，对上市公司股票以及基金单位的转让所得免征资本所得税只是时间问题①。表 6-7 显示，TTE 基准模式下，在 50% 的预期参保率假定下，政府税式支出占财政收入比重将超过 3%，有进一步加重国家财政负担的可能。

四、我国个人养老金税优政策的路径优化

大力发展第三支柱养老金是基于我国养老金替代率面临下降、新就业形态发展迅猛、国民储蓄率较高的基本国情做出的战略性判断②。从某种意义上讲，税优政策设计决定了第三支柱养老金可持续发展的成败。在个人养老金制度设计中，要始终将普惠性作为评估政策效应的关键指标，这既是个人养老金制度设立的初衷，也是促进代际共同富裕的基本前提。

（一）扩大受益范围，厘清政策重点目标群体

我国个人养老金制度的受益范围很小，税优政策设计存在明显的 EET 门槛效应③。当前政策的受益群体（高收入人群）并不是个人养老金最初想要保障的重点目标人群，这是导致个人养老金“开户热、缴存少”的根本原因所在。若不能有效扩大制度的真正受益范围，那么个人养老金终将是“名义上的”普惠性制度。因此，要想从根本上提高个人养老金的参保激励性，应从制度的功能定位出发厘清其重点目标群体。结合我国第三支柱养老金发展经验，我国个人养老金的功能定位应是可替代模式的④，即可以打破第一、第二支柱中对劳动者就业状态、劳动关系和收入来源的限制，有效调和因第一、第二支柱享受福利程度不同而带来的群体间不公平的矛盾。因此，个人养老金政策的重点目标群体应是第一、第二支柱养老金替代率不高、想要提高未来养老金待遇的人群，包括第一支柱保障水平相对不足的中低收入群体和女性劳动者，以及缺失第二支柱保障的新型就业群体或无业者等。

（二）尊重群体差异，政策设计向重点目标群体倾斜

当前我国个人养老金制度仅有税收优惠一种形式，而由于不同目标群体的特征和需求差异性很大，仅靠统一标准的税收优惠形式很难兼顾到所有目标群体，为此应分类施策。对于中低收入群体，有学者建议借鉴德国里斯特养老金的做法，对收入低于起征点的劳动者给予直接补贴⑤。然而，在我国收入未达到起征点的劳动者超过 90% 的目标群体的情况下，这一做法显然会给国家财政带来沉重负担，这与国家发展多层次养老金体系以缓解财政负担的初衷相悖，不具有可行性。对于新型就业者及其他相对弱势群体，可参考日本计划 iDeCo 将不同类型的目标群体进行分类，并设定不同的缴费限额，新型就业者和家庭主妇的缴费限额远高于公务员和企业雇员⑥，充分考虑相对弱势群体的替代性保障需求。

（三）优化制度设计，加强税优政策激励性

提高政策激励性是个人养老金制度可持续发展的基础。首先，要解决大部分中等收入群体在 EET 模式下领取阶段纳税额高于缴费阶段税优额的问题。与低收入和高收入群体相比，中等收入群体是既有补充保障需求、又有缴费能力的一批人。因此，在制度发展初期，应瞄准中等收入群体，将其作为重点扩面对象⑦。鉴于此，可考虑在 EET 模式的基础上推出 EEE 模式，专门针对税后年收入在 6 万 ~9.6 万元的中等收入群体。其次，缴费限额要充分考虑通货膨胀与工资增长等因素的影响，否则，产品的高投资收益率将不再是个人养老金的显著优势。《个人养老金实施办法》也提到要“根据经济社会发展水平、多层次养老保险体系发展情况等因素适时调整缴费额度上限”，除此之外，可将参保者整个家庭的养老保障程度、个人养老金规模增速、国家财政负担情况等纳入指标范畴，使缴费限额的调整更趋科学化、合理化。

（四）保持政策理性，密切关注国家财政承受能力

尽管当前个人养老金税优政策对国家财政的冲击很小，但从制度覆盖面和资金缴存规模上看仍有很大提升空间。已有学者对未来我国第三支柱养老金的参保规模进行预测，认为 2030 年第三支柱养老金的最佳参保率为 51%，

① 朱青：《论“新发展格局”下的财税改革》，《财贸经济》，2021 年第 5 期，第 31–42 页。
②④ 郑秉文：《养老金三支柱理论嬗变与第三支柱模式选择》，《华中科技大学学报（社会科学版）》，2022 年第 2 期，第 20–37 页。
③ 高庆波：《个人养老金规模预测与偏差——基于制度变迁的视角》，《华中科技大学学报（社会科学版）》，2023 年第 4 期，第 48–60 页。
⑤ 董克用、张栋：《完善个人养老金制度需落实三个关键点》，《中国社会保障》，2022 年第 7 期，第 20–21 页。
⑥ 日本厚生劳动省：《iDeCo の概要》，https://www.mhlw.go.jp/stf/seisakunitsuite/bunya/nenkin/kyoshutsu/ideco.html。
⑦ 董克用：《个人养老金：积极应对人口老龄化的战略举措》，《人民论坛》，2022 年第 24 期，第 84–87 页。

较为满意的参保率为81%[①]。根据现有数据估算，当前个人养老金的参保率仅为5%[②]。可见，税优政策力度对政府财政承受能力的影响仍是值得关注的问题。因此，国家应寻求政府责任与政策理性之间的平衡点，建立起科学合理的政府税式支出预警机制。建议为政府税式支出设定两条警戒线，若地方政府税式支出达到当地财政收入的3%，则立即降低税优政策力度；若地方政府税式支出小于当地财政收入的2%，则可加大税优政策力度，以此作为防范政府让利过度的有效屏障。

① 米红、朱海扬、马齐旖旎：《我国第三支柱养老保险覆盖人群界定与参保规模政策仿真》，《价格理论与实践》，2020年第4期，第25-30页。

② 根据前文引用数据，按照个人养老金参保人数占个人养老金潜在参保规模的比重计算得到。

分报告七
数据要素视角下我国个人养老金制度的多重困境及破解思路

一、引言

人口老龄化是我国在当前和今后较长时期内都会面临的基本国情。根据国家统计局数据，2022 年底我国 65 岁及以上人口为 2.1 亿，占全国总人口比重为 14.9%，已超过 14% 的中度老龄化社会标准，预计这一比例在 2035 年、2050 年将达到 21% 的重度老龄化阶段和 28% 的极度老龄化阶段[①]。在此背景下，未来我国如何在人口规模巨大和老龄化快速发展的复杂条件下稳步实现中国式现代化，成为事关国家发展全局和亿万百姓福祉的艰巨历史任务。党的二十大报告对我国养老保险制度的发展作了战略部署，其中明确指出要“发展多层次、多支柱养老保险体系”[②]，这为新形势下我国养老保险制度的深化发展指明了方向。客观来看，在人口老龄化趋势下，个人养老责任的唤醒几乎成为一种必然[③]，而个人养老金作为多层次多支柱养老保险体系的重要组成部分，能够积极因应人口老龄化下的养老风险，更好地满足个性化养老需求，是实现现代养老保险制度可持续发展的一项关键举措。2022 年 4 月 21 日，国务院颁布《关于推动个人养老金发展的意见》（国办发〔2022〕7 号），推动个人养老金在制度层面正式启航；2022 年 11 月 4 日，人力资源和社会保障部等五部委联合发布《个人养老金实施办法》（人社部发〔2022〕70 号），进一步促进个人养老金制度步入实质性运营阶段；2022 年 11 月 25 日，个人养老金制度在北京、上海等 36 个先行城市（地区）开展试点，该制度由此正式落地并标志着我国第三支柱养老保险进入一个全新历史阶段。至此，个人养老金成为与其他两个支柱并列的第三支柱，其在客观上有助于深化养老保险中国家、企业和个人三方分责的总体改革趋势[④]。

随着近年来数字经济在世界范围内的蓬勃发展，全球正面临着要素资源全面重组、经济格局持续变动的变革性调整。其中，数据要素作为数字经济时代的基础性资源、重要生产力和关键生产要素[⑤]，正在通过市场化配置深度融入到生产、分配、交换、消费和社会服务管理等环节，极大地推动着社会生产力的解放和发展。信息革命下数字生产力的变革也呼唤着生产关系的改革，为此我国在 2022 年 12 月 19 日发布《中共中央 国务院关于构建数据基础制度更好发挥数据要素作用的意见》（以下简称“数据二十条”），作为我国第一份系统构建数据基础制度的政策文件，其紧紧围绕“如何在数字经济时代充分激活数据

① 林宝：《积极应对人口老龄化，推进人口规模巨大的现代化》，《中国社会科学报》，2023 年 6 月 7 日，第 7 版。

② 习近平：《高举中国特色社会主义伟大旗帜 为全面建设社会主义现代化国家而团结奋斗——在中国共产党第二十次全国代表大会上的报告》，人民出版社 2022 年版。

③ 路锦非、李姝：《人口负增长与养老金制度高质量发展——基于宏观制度与微观待遇视角的分析》，《华中科技大学学报（社会科学版）》，2023 年第 3 期，第 21 页。

④ 郑秉文：《养老金三支柱理论嬗变与第三支柱模式选择》，《华中科技大学学报》，2022 年第 2 期，第 22 页。

⑤ 国家发展和改革委员会：《加快构建中国特色数据基础制度体系 促进全体人民共享数字经济发展红利》，《宏观经济管理》，2023 年第 3 期，第 13 页。

要素潜能”这一主题，试图从顶层设计层面积极推动构建符合中国自身特色和未来发展趋势的数据基础制度体系，进而为积极推进中国式现代化和实现中华民族伟大复兴提供坚实的体系化制度支撑。

可以预见，在未来由数据驱动的数字经济活动中，与个人生命全历程直接或间接相关近乎万物互联所产生的海量数据将成为经济发展的重要生产资料，因此有必要在探索数据要素与个人养老金制度之间内在契合性的基础上，进一步围绕我国个人养老金制度发展面临的相关挑战，从数据要素视域下探讨促进我国个人养老金制度不断深化发展的建议。

二、个人养老金制度与数据生产要素化的内在契合

数据的生产要素化一般是指运用数字技术对原始数据进行预处理，将其激活为可以被计算机识别的 0、1 二进制符号，承载着海量信息嵌入生产活动，并转化为数据生产力的系列过程[①]。初看之下，个人养老金和数据要素两个主题所涉领域存在较大差异，不过两者都是当前推动我国经济社会高质量发展、维护和发展广大人民根本利益、实现人民对美好生活向往的重要途径。与此同时，鉴于我国数字经济蓬勃发展的远大前景，特别是数据生产要素化在社会各界已经达成深刻共识的大背景下，随着个人养老金与数据要素各自领域的深化发展，两者之间亦会日渐显现出彼此之间存在的高度契合性，具体表现为两者在目标上具有一致性、功用上具有相辅性、路径上具有统合性。

（一）在目标上具有一致性

个人养老金制度与数据要素的深化发展都涉及重要生产要素的积累和分配，两者在目标上具有高度的一致性，特别是可以为实现全体人民共同富裕这个社会主义本质要求和中国式现代化重要特征提供重要助力。

个人养老金是我国积极应对未来人口老龄化冲击的重大举措，作为一项创新性的养老保险制度，其能够起到增加养老金替代率、丰富资本市场长期资金来源、满足多元化养老需求、增强养老保险制度可持续性等客观作用。在当前养老金财富逐渐转向藏富于民社会体制的趋势下[②]，需要我们跳出仅将个人养老金视为养老金制度下一个支柱或层次的单一认识，应该进一步将其看作国家引导规范财富积累机制的有益尝试[③]。如此，我们关于个人养老金的观察视角也从单一的社会保障和金融视角变为综合的经济发展和民生战略视角，进而成为更具宏观性的财富积累机制、更具系统性的多行业联合发展机制和更具发展性的个人养老金迭代版本。而鉴于我国于 2018 年 5 月开展的税延型商业养老保险试点结果不甚理想、养老替代率趋势性下降压力、二元劳动力市场特征明显、储蓄率高居世界前列且中等收入群体不断扩大等原因，目前我国个人养老金制度在功能定位上更应倾向于采用可替代模式这一多数人制度[④]。基于此，我国个人养老金制度必将演变为涉及众多民众财富积累和分配的“大众型养老金”，其后续发展也必然会融入到我国人人享有合理分配格局和促进共同富裕的公共政策体系之中[⑤]，进而成为助力实现人民对美好生活的向往、切实推进中国式现代化的重要途径[⑥]。

另外，随着我国从工业经济向数字经济转型发展，经济发展的核心更多是需要在万物数字化、数据化的基础上，能够充分挖掘并释放蕴藏在数据中的价值[⑦]。在此背景下，数据生产要素化在社会各界中逐步达成广泛共识，构建数据要素制度体系成为新时代我国改革开放事业持续向纵深推进的标志性、全局性、战略性举措。早在 2019 年 10 月召开的党的十九届四中全会中，我国就已首次提出要将数据作为生产要素并参与分配机制，这是我国在借鉴西方发展经验基础上，不断深化改革、顺应社会趋势，率先在国际上提出的重大理论创新和突破。鉴于数据要素本身具有易复制性、即时性、可再生性、强渗透性等与其他生产要素具有较大差异的主要特征[⑧]，使多方在共同使用数据要素时彼此之间一般不会相互影响，同时数据要素可在较大程度上实现跨领域、跨组织、跨时空使用，由此可以通过构建系统完备的数据要素基础制度体系，建立兼顾效率和公平的数据要素分配机制，积极鼓励广大民众提高参与数

① 孔艳芳等：《数据要素市场化配置研究：内涵解构、运行机理与实践路径》，《经济学家》，2021 年第 11 期，第 25 页。

② 郑秉文：《养老金财富藏富于民应是养老金制度重要目标》，中国社科院世界社保研究中心，https://mp.weixin.qq.com/s/BpSy-fO0xazc3S5A0l50pw，2023-01-12。

③ 杨勤：《发展个人养老金，构建多层次养老保险体系——访全国人大代表、中国社会保障学会会长、中国人民大学教授郑功成》，《中国人力资源社会保障》，2023 年第 4 期，第 26-27 页。

④⑤ 郑秉文：《养老金三支柱理论嬗变与第三支柱模式选择》，《华中科技大学学报（社会科学版）》，2022 年第 2 期，第 20-36 页。

⑥ 张磊、陈龙：《我国个人养老金制度设计优化刍议——基于部分西方国家实践的启示》，《云南大学学报（社会科学版）》，2023 年第 4 期，第 105-115 页。

⑦ 梅宏：《数据要素化迈出关键一步》，《经济日报》，2023 年 1 月 3 日，第 6 版。

⑧ 冯科：《数字经济时代数据生产要素化的经济分析》，《北京工商大学学报（社会科学版）》，2022 年第 1 期，第 3 页。

字经济活动的技能与贡献，深入探索围绕个人数据要素的财富积累机制，在人人参与、共建共享的基础上做大分好数字经济蛋糕，让全体人民共享数字经济发展时代红利，进而可以为实现全体人民的共同富裕创造新契机、新动力。

（二）在功用上具有相辅性

当前，虽然个人养老金制度和数据生产要素化各自所涉领域均处于初步发展阶段，不过两者在促进共同富裕等目标上具有高度的内在一致性。同时，随着我国数字经济的不断深化发展，特别是数据要素基础制度的逐步构建和完善，个人养老金与数据要素两者之间在功用上的相辅性将会越发凸显，在总体上将呈现出一种相互依存、相互作用的关系，后者因为前者得以深化和推进，前者因为后者而得以突破和发展。

首先，个人养老金对数据生产要素化的构建和发展具有一定推动作用。"数据二十条"以纲领性文件形式历史性地绘制了我国数据要素未来发展的长远蓝图，目前我国数据基础制度体系的构建进入落地期，其中数据产权制度、数据要素流通和交易制度、数据要素收益分配制度、数据要素治理制度四个主要领域成为当下制度落地的重点任务，而数据要素视域下个人养老金制度的深化发展也将从自身角度有助于实现这些目标，其中数据产权制度是数据生产要素化的前置性问题。具体来看，根据 2022 年 4 月 21 日国务院办公厅印发的《关于推动个人养老金发展的意见》，可推知个人养老金在定性上基本被确立为具有占有权、收益权、处分权和使用权的私有财产属性[①]，这种通过个人账户中存在的自有财产政策设定，可在较大程度上体现自有产权下的激励性等目标。与此同时，鉴于数据确权具有定分止争、矫正市场失灵、树立恒产者之恒心等比较优势，构建数据产权制度在当前具有必要性和急迫性[②]。而将数据所有权交给企业等中介数据处理者，容易造成个人从目的"异化"为手段，在当下人类社会迈入数字经济时代的历史节点，个人数据所有权正是全体公民自身参与塑造数字世界社会秩序、自主构建自身数字化生存空间的"权利之基"。此外，现实中已有如芬兰、英国、韩国和新加坡等国通过各自"MyData"项目开始探索如何实现个人数据产权[③]，主要模式呈现为第三方机构为每一数据主体开设类似银行账户的个人数据账户，通过数据聚合、管理、交易来实现个人数据的产权收益。由此可见，围绕个人主体聚合账户、产权私有性、激励性等特征，个人养老金和个人数据账户的运行模式存在极大共通性，由此个人养老金的当下和未来运行，必将为个人数据账户形式的深化发展和持续推进数据生产要素化的历史进程提供重要助力。

其次，数据生产要素化可以给个人养老金的发展带来重大战略机遇。近年来，我国人口老龄化加速发展，少子化问题亦不断凸显，老龄化与少子化相叠加的困局将给我国养老金制度的持续供给带来巨大压力，如何从顶层设计层面保障养老金制度的健康长续发展，成为党中央始终高度关注的重大现实难题。在制度设计上，个人养老金能够唤醒现代养老保险机制中的个人责任，如果能够通过合理配置相对固定的资金池，在较大程度上可以实现国家、企业和个人三方共责下有效应对人口老龄化风险。不过，当前我国个人养老金制度仍然处于发展初期，存在着覆盖面不足等现实问题，加上现有经济模式下资金的有限性、经济波动冲击等因素的存在，使存量资源配置具有一定程度的挤压效应、不稳定性等客观问题。在我国老龄化和少子化叠加的长期趋势下，未来我国账户养老金储备资金面临极大短缺，严峻形势需要我们加大力度进行制度设计，适度打破传统思维来填补巨大缺口[④]。而从数据要素视角下来看个人养老金制度的当下和长远发展，在很大程度上可视为是对现实情况和传统思维的突破，能够为未来我国个人养老金的长续发展带来重大历史战略机遇。具体来看，当前我国已将数据确定为生产要素，并开始从顶层设计层面推动构建数据基础制度体系，随着区块链、隐私计算等新型技术的不断成熟，可以实现数据"可用不可见"，进而可对数据计算价值使用的目的和方式进行有效管控[⑤]；此外，通过强化数字身份、算法、计算、监管等方面信任机制建设，可进一步完善数据要素的确权、定价和交易的可信体系建设[⑥]。在此情况下，围绕个人终身不同阶段近乎万物互联的各类相关数据变现所形成的资产，完全可以

① 赵跃辉：《个人养老金制度的意义和挑战》，《新金融》，2022 年第 7 期，第 12 页。

② 申卫星：《数据确权之辩》，《比较法研究》，2023 年第 3 期，第 7-12 页。

③ 罗力：《数字政府背景下全球个人数据开发进展研究》，《电脑知识与技术》，2021 年第 35 期，第 22-24 页。

④ 杨菲、郑利鹏：《郑秉文：〈实现账户养老金 2035 年目标 需打破传统思维〉》，中国经营报，https://mp.weixin.qq.com/s/DQzv8mzJ9GV8wUz4NK k4hg，2022 年 12 月 25 日。

⑤ 周民：《完善数据要素治理制度，保障数据流通交易安全 〈数据二十条〉解读》，国家发展改革委员会，https://www.ndrc.gov.cn/xxgk/jd/jd/202212/t20221 219_1343659_ext.html，2022 年 12 月 20 日。

⑥ 安信证券：《数据要素为基，掘金数字中国价值潜能》，2023 年，第 36 页。

成为自身养老金的部分资产来源，如果相关技术可以支持个人数据账户与未来我国个人养老金账户进行合理并轨设计，在维护所有公民自身数据自身做主、自身受益的基础上，能在较大程度上推动个人养老金制度实现跨越式发展和我国养老保险体系的健康长续。

（三）在路径上具有统合性

在发展路径方面，个人养老金制度和数据生产要素化之间也表现出非常强的统合性，主要表现在两者同走“去中心化”、政府引导、循序渐进之路等主要方面。

1. 同走“去中心化”之路

与第一支柱和第二支柱不同，第三支柱个人养老金在运行过程中具有“去中心化”特征，这与数据生产要素化后的发展形态具有极大相似性。具体来看，第一支柱和第二支柱分别以国家、企业为中心，进而也由国家和企业来为个人设计养老金的制度框架、组织管理后续主要流程。而第三支柱个人养老金的运行是以个人为中心的“去中心化”方式，这表现为每一位参保人都是以自身为中心的单独发起单位，可以在任何合规机构自己开设账户，各人对自身资产进行自主决策配置，其信息和缴费均直接流向市场，呈现为一种人人都是中心的制度运行形态，而人人都是中心的形式也同时意味着没有中心，因此个人养老金的制度属性具有“去中心化”特征①。

另外，在世界即将进入数字经济时代的大背景下，数据也逐步发展成为一种重要的生产要素，其中反映个体行为倾向、组织运行逻辑、物理世界信息等方面近乎万物互联的海量数据都具有价值。进一步聚焦于个体公民层面，反映其身份属性、行为逻辑和创造性价值等内容的相关数据也包含商业价值②，众多居民个体在客观上已经成为数据这一新型重要生产要素的生产者。随着数字经济的不断发展和信息技术的不断成熟，个人在数字经济活动中可以各自呈现为一个个独立的“数据源”，如在相关技术支撑和制度支持下构建围绕自身生命全历程的个人数据账户，那么个人亦可以对自身的数据资产进行自主管理，相关数据负载的信息可以在经过处理后进入关联市场进行交易，由此个人数据账户下展现的数据生产要素化发展形态亦呈现为一种人人皆为中心的“去中心化”特征。

2. 同走政府引导之路

虽然个人养老金制度和数据生产要素化在一定程度上强调公民对自身财产具有自主自决权，在形式上表现为“去中心化”特征，但这并不意味着要否定政府在两者发展过程中的客观作用。恰恰相反，如古人所言“阴在阳之内，不在阳之对”，个人养老金制度和数据生产要素化两者均应呈现为一种“有效去中心化”的运行模式，两者能否真正发展好均在很大程度上需要依靠政府的引导和激励。具体而言，当前我国个人养老金的制度框架为“政府政策支持、个人自愿参加、市场化运营”，在较大程度上体现为市场或非政府举办形式，不过该制度的整体运行遵循政府引导、市场运作、有序发展的原则，在现实发展过程中更需要统筹人社、财政、税收等政府部门，也要协调各类金融监管机构互相配合，建立跨部门、跨领域的联动合作机制，进而为政府和市场充分发挥各自优势来提供相应保障，由此个人养老金市场的稳步有序发展离不开政府的积极引导和支持。

另外，当前我国经济数字化转向成为大趋势，数据成为关键生产要素是数字经济时代的主要特征，而要发挥好数据要素的倍增效应，需要推动数据要素市场化配置这一重要任务，进而需要推动构建数据基础制度体系这一关系到国家发展和安全大局的战略举措。但由于数字经济活动本身往往具有跨边界、跨行业、跨部门、跨地区的快速流动特性，相关体系的构建不可避免将是一项复杂的系统工程，必然需要政府统筹构建个人、企业、政府和社会多方力量能够快速有效互动的多元共治协同体系。为此，我国在 2023 年 3 月专门成立国家数据局这一新设机构，试图在顶层设计层面构建全国统一的数据要素大市场，通过统一规划、管理、监督和实施来推动数据真正成为数字经济深化发展的核心引擎。

3. 同走循序渐进之路

个人养老金制度和数据生产要素化对我们来说都是新事物，需要我们在“摸着石头过河”的过程中找到各自运行规律，在从点到面深化认识过程中加强系统性、整体性、协同性的顶层设计，在走好循序渐进之路中处理好“摸着石头过河”与“顶层设计”之间的辩证关系。具体来看，个人养老金制度补齐了我国养老保险体系的第三支柱，虽然目前制度总体平稳，但实际运行情况并不乐观，不少人对这一新事物仍然保持观望态度，存在“政策热、市场冷”“开户热、投资冷”的现实困境。客观来看，作为一项制度创新，个人养老金在试点中不可避免会出现一些现实问题，同时其本身涉及众多部门、行业的政策和运行规则问题，牵涉的协调问题也较复杂，加之其作为国家制度性安排的属性，未来必然会成为影响我国很多代人的基础

---

① 郑秉文：《养老金三支柱理论嬗变与第三支柱模式选择》，《华中科技大学学报（社会科学版）》，2022 年第 2 期，第 30 页。

② 周兰序：《区块链或在未来十年改变个人收入来源——专访井通科技创始人周沙》，中国日报，https://cn.chinadaily.com.cn/a/201911/12/WS5d ca814da31099ab995eb858.html，2019 年 11 月 12 日。

制度[①]，相关制度的落实需要一整套相互配合的政策支持体系进行支撑。可见，个人养老金制度是一项非常复杂的系统工程，在顶层设计上需要我们在不断积累先期试点经验的基础上，结合后续发展情况不断加深认识，进而做到循序渐进稳步推进这项新制度[②]。

另外，我国于 2019 年 10 月率先在世界范围内明确将数据列为生产要素，此后社会各界对数据生产要素化的共识不断深化，并于 2022 年 12 月提出积极构建数据基础制度体系、推进数据要素市场化配置，这是具有前瞻性、引领性的重大战略决策，对于我国增强经济发展新动能、新优势具有重大意义。不过当前世界主要国家对数据要素这一新事物的认识还存在差异，其带有的复杂特征给相关制度规范带来众多挑战，世界范围内尚未出现成熟的解决方案。我国率先提出的数据基础制度改革涉及经济转型、社会稳定、国家安全和百姓切实利益等众多方面[③]，在全面深化改革进程中成为具有“牵一发而动全身”的战略举措，但由于尚未对数据要素市场化配置规律进行深刻认识，体系构建必然是一项目标宏伟且具有艰巨性、长期性和渐进性的系统工程。

三、当前我国个人养老金制度发展面临的主要困境

目前我国个人养老金制度正式落地时间较短，相关环节大多处于政策试点和市场探索阶段，目前与政策设计目的仍然具有较大差距。结合数据要素视角来看，当前我国个人养老金制度进一步发展面临的困境主要有以下几个方面：

（一）定位不清：制度功能定位尚不明晰，致使政策资源积聚效果不强

个人养老金制度的功能定位是该制度落地的前置问题，主要是指该制度创建初衷是定位于少数人还是多数人的养老金制度[④]。由于所处环境、地位和看问题视角等差异，当前世界上关于个人养老金的理解存在少数人制度和多数人制度两种对立方向，其中前者的后续发展在短期内难有起色，后者在自动机制加入下开始初露端倪[⑤]。不过目前有关方面对该制度的功能性质并未给予明确定性说明，从我国个人养老金制度试点情况来看，这一功能定位不清问题也致使众多相关政策资源未能形成合力，在客观上给制度本身规范落地、潜力释放及相关领域的综合协同发展带来极大困扰。一方面，我国个人养老金制度的推出在较大程度上内含了唤醒个人养老责任的意图，可见其在顶层设计层面偏向于多数人制度定位；另一方面，有关观点指出不应让个人养老金制度承担过多责任，认为其仅是第三层次众多养老金产品中的一种，同时目前制度试点现实效果不佳也在较大程度上表现为一种少数人制度。由此，目前我国个人养老金制度的发展面临着多数人制度目标与少数人制度实践两者割裂下制度功能定位不清困境，这在较大程度上导致相关政策资源未能集中用以支持制度发展，进而造成制度试点面临众多现实难题，致使个人养老金制度难以达到弥补第二支柱覆盖面偏小先天缺陷、对冲第一支柱替代率下降风险和促进共同富裕历史任务的制度目标[⑥]。

具体来看，2018 年 5 月开始试点的税延型商业养老保险[⑦]可视为个人养老金 1.0 版本，从金融产品上看仅覆盖商业保险，税优比例偏低，制度设计较复杂，最终试点效果远不如预期的一个重要原因在于其非多数人的功能定位及其后续影响。例如，个税提高大大减少了低收入人群参与者，税优限额设置也让收入较低人群受到隐形伤害，进而成为主要惠及较高收入人群的少数人制度[⑧]。进一步看，2022 年 4 月在制度层面启航的个人养老金可视为 2.0 版本，其将 1.0 版本所涉及的保险扩展至银行理财、公募基金领域[⑨]。此后，个人养老金在 2022 年 11 月开始试点，虽然截至 2023 年 6

① 关于第三支柱个人养老金是多数人制度还是少数人制度的功能定位问题，目前国内仅有中国社会科学院郑秉文教授在其《养老金三支柱理论嬗变与第三支柱模式选择》（详见《华中科技大学学报（社会科学版）》2022 年第 2 期）一文中进行了深入探讨，该文以世界银行、OECD、国际劳工组织和欧盟等国际组织的相关研究报告为主要分析根据，对第三支柱养老金功能定位的争议与最佳实践进行了系统研究。李愿：《4000 万账户个人养老金业务审视：试点效果待提升，多项储备政策将研究》，中国工商银行，http://icbc.com.cn/page/8673496942997 58592.html，2023 年 8 月 22 日。

② 韩宋辉：《人力资源社会保障部：个人养老金各项准备工作基本完成》，《上海证券报》，2022 年 11 月 24 日，第 1 版。

③ 国家发展改革委：《加快构建中国特色数据基础制度体系 促进全体人民共享数字经济发展红利》，《宏观经济管理》，2023 年第 3 期，第 14-15 页。

④ 税延型商业养老保险已在个人养老金开展试点后与之进行并轨。

⑤⑥ 郑秉文：《养老金三支柱理论嬗变与第三支柱模式选择》，《华中科技大学学报（社会科学版）》，2022 年第 2 期，第 35 页。

⑦ 根据《关于推动个人养老金发展的意见》（国办发〔2022〕7 号文）文件，可知个人养老金的参加范围为在中国境内参加城镇职工基本养老保险或者城乡居民基本养老保险的劳动者。

⑧ 周华林、李玉芳、袁中美：《我国个税递延型商业养老保险方案优化》，《兰州学刊》，2022 年第 7 期，第 138-139 页。

⑨ 郑秉文：《中国特色个人养老金税优模式如何设计？》，中新经纬，https://baijiahao.baidu.com/s?id=1738774688538456276&wfr=spider&for=pc，2022 年 7 月 19 日。

月底的开户人数达到4030万人，但缴费人数仅约1000万人，投资资金总量仅约200亿元，平均缴费仅约2000元[①]，这表明目前民众参与积极性仍然不高。事实上，目前个人养老金制度在理论上的潜在基数高达10.5亿人（未扣除退休领取人员），可见现实覆盖面与理论基数存在极大差距，一个主要原因即是个税提高让中低收入人群感受不到制度带来的税收优惠，在事实上进一步拉大了贫富差距。由此，从目前个人养老金2.0版本的运行情况来看，其同样暂未真正发展成为大多数人的养老保障制度，这与促进共同富裕这一潜在制度目标仍然存在不小距离，也导致关于个人养老金的政策资源大多集中在单一领域。

（二）弹性缺乏：制度运行缺乏弹性，导致账户管理僵化、制度覆盖率低

可以认为，以税收优惠等政策为主要引导“杠杆”的个人养老金制度是一项主要聚焦于养老功能以实现个人、社会和国家各个层面利益共济的合理制度设计。从目前个人养老金制度1.0版本和2.0版本的结构设计和制度实践来看，其体现的资金账户封闭运行特点为个人资金的微观特性赋予了更为宏观的长期资本使命，然而有限的税优等支持政策暂时并不足以满足用户对账户灵活性的需求。由此，从总体上来看对各方均有益处的系统制度设计，其在政策真实落地于微观个体时面临的一个主要问题即为政策运行缺乏制度弹性，进而导致账户管理僵化、制度覆盖率低等现实难题。具体来看，目前我国个人养老金制度在政策设计上为资金账户封闭运行，个人资金在缴费阶段只能进不能出，个人缴费和投资收益均在账户中滚存，制度弹性不足导致账户管理僵化，账户资金的“锁期”特征较为明显[②]，使不少人选择不参与个人养老金制度。一旦参加人开始在个人养老金账户中存入资金，就只能在达到领取基本养老金年龄、完全丧失劳动能力、出国（境）定居或国家规定的其他情形条件下才能领取资金；此外账户资金虽然可以投资符合规定的储蓄存款、公募基金、理财产品、商业养老保险四大类定向金融产品，但是赎回的资金并不能提前领取，同时也无法用于自身平时的流动性支出。

从目前试点情况来看，个人养老金确实面临“开户热、缴存冷”的现实困境，广大居民深度参与的积极性偏低，其中账户资金积存时间过长[③]体现出的管理僵化问题是劝退居民参加个人养老金的一个重要原因[④]。根据2023年5月中国保险资产管理业协会发布的《中国养老财富储备调查报告（2023）》显示，近1/3的受访者不参与个人养老金的原因，在于账户资金领取条件较为严格导致的资金锁定时间过长，其中未退休受访者中更是指出不愿意参加的主要原因，不仅存在账户资金锁定时间较长的因素，同时还有缺少余钱进行额外储备的现实难题[⑤]。从现实情况来看，目前人口老龄化程度不断加深与家庭部门杠杆偏高给我国经济发展带来了较大程度的不确定性[⑥]，同时我国居民部门在当前经济环境和模式下继续增加杠杆的空间已经非常有限[⑦]，外加年轻居民仍然面临如购房、生育、医疗和日常消费的现实压力，账户资金积存时间过长在极大程度上确实会导致其较难从本就不多的收入和储蓄中再单独划分出资金，用以进行流动性和确定性均显不足的超长周期封闭“投资”。

（三）储备不足：国民收入分配格局不均衡，造成居民个人养老金储备短缺

居民自身拥有相对充足的个人收入是其真正参加个人养老金的基础，而其自有资金准备得是否充分，在很大程度上取决于居民收入的增长情况及国民收入分配格局中居民所占份额大小[⑧]。一般认为，国民收入分配格局反映了国民总收入在政府、企业和居民三个部门之间的具体分布情况，初次分配和再分配构成了国民收入的基本分配格局。为增强居民个人自我养老保障能力，促进其更多参与个人养老金制度，就需要进一步提高居民劳动收入在国民收入分配中的占比份额。不过提高居民份额是一个复杂问题，需要综合考虑经济发展水平、社会公平、可持续发展和外部环境等众多因素，同时也需要制定科学合理的政策和措施。在传统经济视域下，可以通过适当增加劳动者报酬、增加居民部门财产性收入、增加转移支出、减税降费、

① 罗葛妹：《国民养老保险总经理黄涛：让养老金融及养老保障服务真正深入寻常百姓家》，《国际金融报》，https://mp.weixin.qq.com/s/Y1A0OrEOmhYUXDLmIGnxZQ，2023年9月10日。

② 张盈华：《如何提高个人养老金参与率》，《中国社会保障》，2023年第5期，第66-67页。

③ 曾仰琳、吕文琦：《个人养老金制度落地半年纪：产品为何“叫好不叫座”？》，界面新闻，https://mp.weixin.qq.com/s/apxmvxZErmBcic3u1zO DBw，2023年6月6日。

④ 孙诗卉：《个人养老金试点的喜与忧》，《21世纪经济报道》，https://mp.weixin.qq.com/s/Wdijk__kyQBBg8L3V97yQg，2023年5月31日。

⑤ 中国保险资产管理业协会：《中国养老财富储备调查报告（2023）》，2023年，第33页。

⑥ 展凯、钟沛希、周利：《人口老龄化、债务杠杆与居民消费》，《消费经济》，2022年第5期，第50-63页。

⑦ 刘哲希等：《人口老龄化对居民部门债务的非线性影响研究》，《经济学动态》，2020年第4期，第64-78页。

⑧ 朱俊生：《提升自我保障能力：养老保险改革新思维》，《老龄科学研究》，2013年第7期，第21页。

降低垄断行业收入等举措来提高居民部门收入份额[①]。近年来，我国国民收入分配格局大体趋向稳定，政府、企业和居民部门的收入份额之比基本维持在 15∶25∶60 左右，居民部门收入份额下降的势头得到一定缓解。需要注意的是，虽然相关措施的施行使我国收入分配格局明显向居民部分倾斜，但居民之间的收入差距在经过多年缩小后又呈现出一定扩大趋势[②]，这也在某种程度上表明传统语境中居民收入份额的持久提高具有挑战性。

具体来看，一方面，我国居民收入的主要来源为劳动收入[③]，其份额从 1978 年的 50% 降至 2008 年的 45%，此后提升至 2020 年的 55.7%，这些数据表明我国劳动收入仍然居于主体地位[④]。但另一方面，与发达国家和同等发展中国家相比，我国居民部门的收入份额均明显偏低；同时企业部门（特别是金融企业部门）的收入份额明显偏高；此外，虽然政府部门收入份额与其他国家之间的差异较小，但计入国有企业份额后的实际份额将继续增加[⑤]。在政府和企业部门收入份额相对较高的国民收入分配格局下（其中政府部门收入份额相对较高[⑥]），居民部门收入份额相对偏低的客观情况让广大劳动者不能充分共享经济发展成果，还可能进一步拉大居民之间的贫富差距，甚至导致社会出现阶层固化的低效率均衡格局，进而在事实上不利于居民个人准备充足的个人养老储备，不利于个人养老金发展成为惠及最广大人民的大众型养老金，进而也不利于支撑共同富裕国家社会基础设施的构建。

四、数据要素视角下我国个人养老金制度发展困境的破解思路

在人口老龄化和少子化加速发展的背景下，中央已将个人养老金作为完善我国多层次养老保险体系的一项重要制度安排，不过目前我国个人养老金制度的两次试点并不顺利，制度距离真正的规范落地仍然存在诸多现实困境。根据上文分析，我们可以充分结合日益蓬勃的数字经济发展浪潮，在数据要素视角下深入探讨更具系统性、综合性和发展性的破解思路，积极构建具有中国特色、符合中国国情、浸润中国传统历史文化的个人养老金制度。

（一）还权于民：充分结合数据基础制度建设，在顶层设计层面将个人养老金制度的功能定位明确为多数人制度

“道路决定方向，方向决定命运。”当前我国第三支柱个人养老金制度应当积极发挥促进而非阻碍社会公平的历史作用，走出制度发展困境的首要关键即在于对该制度的功能定位和发展方向加以清晰确定，在“定分止争”的基础上才能更好地动员全部政策资源以实现内在制度目标。然而在目前经济模式下，我国个人养老金制度在实际运行中呈现为多数人制度目标与少数人制度实践之间割裂状态的客观现实，由此可以尝试适当打破传统思维模式，积极探索从数字经济背景下为个人养老金的多数人制度的功能定位找寻符合未来经济发展方向的“实质性”支撑要素。从数据要素视角来看，随着数字经济的不断深化发展，众多居民个体将成为数据这一重要新型生产要素的生产者。不过在当前数字经济模式下，数据产权界定不清致使数据主要由互联网行业和有关平台终端掌握，这容易造成数据垄断、场内交易狭小、政企对接难、扼杀新创企业等问题[⑦]。同时，在收入分配主要由初次分配决定、初次分配主要由市场决定的情况下，随着线上市场配置资源的数量、能力和范围的不断提升，也让“绑架”数据要素的强势资本获得了更高分配份额，而作为数据要素重要生产者的广大居民反而得不到应有的“数据红利”，在客观上形成了违背共同富裕的不公正分配机制[⑧]。在当下中国式现代化开始进入“后半程”的关键历史阶段，共同富裕成为我国真正落实中国式现代化道路和建设现代化强国的必然要求，是进一步深化改革跨越中等收入陷阱的迫切需要[⑨]；由此积极构建社会主义制度下人人参与、共建共享的数据要素基础制度，成为我国数字经济深化发展的历史必然，如何充分释放数据要素巨大潜能并构建合理分配机制，成为事关各方现实利益和总体发展格局的重大问题。

鉴于围绕公民个体层面的数据产权，如属企业等中介数据处理者的类“数据霸权”模式，会极易导致个人从目的“异化”为手段，应通过推动数字经济的发展形态从当前的“数据霸权”模式转向“数据平权”模式，同时将当前处于顶层设计层面的数据基础制度与个人养老金制度进行充

①⑤ 周慧、岳希明：《中国国民收入分配格局的现状与国际比较》，《国际税收》，2019 年第 10 期，第 34 页。
② 张车伟、赵文：《国民收入分配形势分析及建议》，《经济学动态》，2020 年第 6 期，第 14 页。
③ 杨红娟、冯巧根：《新型政商关系能提升民营企业劳动收入份额吗？》，《证券市场导报》，2023 年第 8 期，第 27-39 页。
④ 刘长庚、柏园杰：《中国劳动收入居于主体地位吗——劳动收入份额再测算与国际比较》，《经济学动态》，2022 年第 9 期，第 31-50 页。
⑥ 殷剑峰：《为什么中国人不消费？》，剑峰聊宏观，https://mp.weixin.qq.com/s/ilRCdEAgAiVAXkTqhuUJ7g，2023 年 1 月 10 日。
⑦ 童楠楠、窦悦、刘钊因：《中国特色数据要素产权制度体系构建研究》，《电子政务》，2022 年第 2 期，第 14 页。
⑧ 刘诚：《数字经济与共同富裕：基于收入分配的理论分析》，《财经问题研究》，2022 年第 4 期，第 31-33 页。
⑨ 黄祖辉、张淑萍：《中国共同富裕发展的时代背景与“提低”路径》，《江苏大学学报（社会科学版）》，2022 年第 4 期，第 1 页。

分融合，可让居民个人数据要素的市场化价值体现于个人养老金制度之中。进一步看，这一通过“数据平权”将“数据权”内置于未来数字经济社会“人权”基本内容之中的定位多数思路，体现了通过将数据“归还”普通居民个人的“还数于民”或“还权于民”取向，可以帮助居民更为自主地参与塑造数字世界社会秩序，构建自身数字化生存空间，在实现居民个人于未来数字经济条件下个人数据要素中内含“数据权”的基础上，真正推动“每个人的全面而自由的发展”[①]这一更高级的社会形式逐步成为可能，同时在这一过程中亦可进一步促成符合未来社会发展趋势、涉及新型生产要素、定位为利涉全民多数人制度的个人养老金 3.0 版本。在凝聚如此共识的基础上，更能真正动员所有相关政策资源，为个人养老金的发展创造更为有利的政策环境，也可在新增量、激励性视角下助力推动个人养老金制度实现跨越式发展和我国养老保险体系的健康长续，进而亦可为实现全体人民共同富裕为本质要求之一的中国式现代化道路提供具有实质性承载力量的重要国家社会基础设施支撑底座。

（二）个人账户：积极推动个人数据账户建设，探索构建包含其在内的综合性个人养老金账户

根据上文，个人养老金制度从总体上来看有益于参与各方，然而在政策真实落地于微观个体时却呈现为政策运行弹性缺乏，进而导致账户管理僵化、制度覆盖率低等问题。进一步来看，即使后期通过强制性自动加入机制在制度上进行扩面，但当前经济模式下税优限额制度限制、居民部门收入份额偏低等众多客观因素的继续存在，或在较大程度上仍然将会抵消制度扩面能够带来的真实资金扩容。由此推断，在当前经济模式和制度机制之下，个人养老金制度 2.0 版本在现实运行过程中或将仍然长期面临“缴存冷”这一真实制度覆盖率低的现实难题。事实上，在进入数字经济时代后，数据要素的几何级增长将会创造出超越传统生产要素的经济和社会价值总量[②]，也即从当前工业机械文明逐步走向以数据为主要驱动、以智能化为主要特征的信息网络文明、智能价值文明的历史进程中，数据承载的生产力及其精神文明因素将成为推动社会发展的重要因素，物质生产相对于物质需求在总体上将不再稀缺。由此，可以适当跳出个人养老金 1.0 版本和 2.0 版本，更多通过引入原有经济模式中存量资金进行缴存的思路，通过充分调动未来数字经济发展趋势中数据生产要素形成的有效增量，以修正存量博弈和挤出效应下个人养老金制度弹性缺乏造成的管理僵化和覆盖率低等问题。

具体来看，为防止“数据霸权”模式下个人从目的“异化”为手段，由此在未来近乎万物互联的数字经济形态中，每一位居民个体都可以且应当成为包含自身生命全历程各类数据的独立“数据源”。伴随区块链、隐私计算信息技术的不断发展和成熟，在政府引导和规范的“有效去中心化”制度支持基础上，可在顶层设计层面联合相关部门共同为每位居民个体构建独立的个人数字身份，并围绕数字身份为每一居民个体“数据源”进一步开设个人数据账户。在此基础上，充分运用区块链、隐私计算、雾计算、雨滴计算等技术实现数据“可用不可见”，将众多居民个体“数据源”生产的小数据、微数据生成的原始数据要素生产资料进行原始产出固定，力求消除任何企业在未经个人许可时对私人信息的获取和存储，改变当前互联网公司等中介平台对个人隐私信息的免费使用甚至传播。此外，通过强化数字身份、算法、计算、监管等方面信任机制建设，完善数据要素确权、定价和交易的可信体系建设，将围绕个人终身不同阶段的各类相关数据变现所形成的资产，存储于为居民个体所拥有的个人数据账户之中，帮助居民个体实现对数据计算价值使用目的和方式进行有效管控。

另外，当前共同富裕背景下对第三支柱个人养老金进行多数人功能定位的正确理解，应该是为每一位公民都应建立一个享有税收优惠的个人账户，这一账户可以进一步扩展为包含三大支柱养老金甚至职业年金的统一个人账户平台[③]。从这一思路出发，鉴于个人养老金制度与数据要素化之间在功用上具有天然的相辅性，由此可将个人数据账户与个人养老金账户进行合理并轨设计，组成未来个人养老金制度 3.0 版本的个人账户载体。在此构想下，扩大后的个人账户中包括两个重要组成部分，一是以数据要素为主的个人数字账户，二是原有做实的个人账户。其中，个人数字账户的资金来源由个人数据账户中的数据要素产生的市场价值组成，由于此部分收益更多属于相对于当前经济体系中的有效新增量，同时其产出具有即时性、差异性、激励性等特征，其账户形式可采取能用于日常支出的灵活账户方式。同时，原有的个人账户也可以根据具体情况需要，合理采取灵活或封闭的账户方式。在此基础上，围绕个人终身不同阶段的各类相关数据变现所形成的资产，完全可以成为自身养老金的部分资产来源，在维护所有公民自身数据自身做主、自身受益的基础上，解决个人养老金

① 《马克思恩格斯全集（第 23 卷）》，人民出版社 1982 年版，第 649 页。

② 易子榆等：《数据要素如何重构全球价值链分工格局：区域化还是碎片化》，《国际贸易问题》，2023 年第 8 期，第 35 页。

③ 郑秉文：《中国个人养老金管理的新机遇、新问题与新时代》，中国社科院世界社保研究中心，https://mp.weixin.qq.com/s/F6G7elEgOYbbgkMJvrP3mQ，2018 年 7 月 12 日。

制度弹性缺乏造成的管理僵化、真实覆盖率低等问题，进而也能在较大程度上推动个人养老金制度实现跨越式发展和我国养老保险体系的健康长续。

（三）利出一孔：充分激活数据要素潜能，构建公平合理分配机制以增强居民个人自我养老保障能力

为切实提高居民个人自我养老保障能力，促进其更多参与个人养老金，还需要进一步在现实中真正提高居民劳动收入在国民收入分配中的占比份额。但提高居民收入份额是一个复杂问题，需要综合考虑经济发展水平、社会公平、可持续发展和外部环境等众多因素，同时也需要制定科学合理的政策和措施。在传统经济视域下，一般通过适当增加劳动者报酬、增加居民部门财产性收入、增加转移支出、减税降费、降低垄断行业收入等举措来提高居民部门收入份额[①]。客观来看，虽然近一个时期以来，相关措施使我国收入分配格局明显向居民部分倾斜，但居民之间的收入差距在经过多年缩小后又呈现出一定扩大趋势[②]。然而在近年来世界经济整体疲软、国际形势持续动荡、国内经济驱动需要挖掘内需助力等因素影响下，总体利益分配格局长期相对固定格局下的存量利益调整不可避免会面临较大强度内生阻力，处于相对弱势的居民部门也将必然面临收入能否持续有效增长和维持的客观压力。在数字经济日益蓬勃发展的大背景下，在维持国家层面总体利益体系大体稳定的前提下，需要着重考虑通过促进生产力的发展和生产关系的变革等方式创造有效增量并优化整体社会分配体系。

大体来看，在由权力、资本和科技主导的传统主流经济模式中，各类提高居民收入的原有应对举措依然面临内外环境改善困难和回报边际效应减少带来的历史困局。另外，个人养老金制度与数据生产要素化之间具有高度的内在契合性，不仅可以通过“还权于民”的数据平权为个人养老金制度找到定位为利涉全民多数人制度的实质性支撑，还可以通过设立包括个人数据账户在内的综合性个人养老金账户来应对制度僵化和覆盖率低等问题。这种将个人层面的数据要素进行原始产出确权的“还权于民”思路，能够为将居民个人数据生产要素转变为属于居民自身的真实收入创造十分有利的条件，如此可以通过进行数字经济条件下生产关系变革创造有效增量的基础上，真正突破传统主流经济模式中居民部分收入难以真正改善的历史困局。与此同时，数据是数字经济时代的基础性资源，也是新时代的关键生产要素，通过“还权于民”思路对居民个人层面这一核心数据生产要素进行原始确权后形成的新增资产具有较大体量，在客观上会占据未来我国数字经济总量的较大份额，也必定是涉及未来国家发展重大利益分配的基础性制度安排。由此，未来我国数字经济的整体发展在充分结合国家总体发展目标的基础上，必然应当从全国“一盘棋”的高度统筹推进数据基础制度建设，即在国家层面通过对居民个人“数据源”进行数据要素原始产出确权这一涉及第一次分配重要对象之后，需要进一步采用国家调控数据资产财富分配和再分配的“利出一孔”思路，建立兼顾效率和公平的数据要素分配机制，积极鼓励广大民众提高参与数字经济活动的技能与贡献，在定价、交易等市场变现环节出台合理政策以支持居民个人层面数据要素的合理市场化变现，进而围绕人人参与、共建共享的个人数据要素财富积累机制，以包括个人数据账户的综合性个人养老金助力形成全体居民人人享有合理分配格局，促进实现全体人民共同富裕的中国式现代化。

五、结语

当前，世界百年未有之大变局加速演进，全球进入新的动荡变革期；与此同时，中国特色社会主义进入新时代，实现中华民族伟大复兴进入不可逆转的历史进程。在此世界之变、时代之变、历史之变以前所未有方式展开的“大争之世”，我国任何制度改革和发展的总体方向都应以维护和增强党中央的领导力为主要方向。其中，将会影响我国很多代人切身利益的个人养老金制度与事关国家发展和安全大局的数据基础制度对我们来说都是新事物，两者均是当前推动我国经济社会高质量发展、维护和发展广大人民根本利益、实现人民对美好生活向往的重要基础性制度，同时两者之间也会随着各自深化发展而显现出彼此之间内含的高度契合性。面对目前个人养老金制度深化发展面临的不少现实困境，可以有效结合数据要素视角以突破传统思维束缚，通过充分结合数据基础制度帮助个人养老金制度定位为多数人制度、积极探索包含个人数据账户的综合性个人养老金账户、充分激活数据要素潜能并通过构建合理分配机制来增强居民个人自我养老保障能力等方式，以此有效应对我国日趋严重的老龄化和少子化双重叠加的危难困境。总的来看，通过将个人养老金制度和数据基础制度进行充分融合的整体体系构建，将有助于普通公民个人更为自主地参与市场经济活动，有助于最大多数人的自由全面发展，有助于激发更多的社会创新，有助于实现共同富裕这一社会主义的本质和中国式现代化的重要特征，进而或可构建我国未来社会保障体系发展的兜底性国家社会基础设施，起到实质性缓解社会保障压力的现实效用。

① 周慧、岳希明：《中国国民收入分配格局的现状与国际比较》，《国际税收》，2019 年第 10 期，第 34 页。

② 张车伟、赵文：《国民收入分配形势分析及建议》，《经济学动态》，2020 年第 6 期，第 14 页。

分报告八
个人养老金制度：预测偏差与潜在规模

2022 年 4 月，国务院办公厅颁布《关于推动个人养老金发展的意见》，自 1991 年提出“逐步建立起基本养老保险与企业补充养老保险和职工个人储蓄性养老保险相结合的制度”以来，长期缺位的个人养老金制度（第三支柱），终于迎来了清晰的制度框架。

在细则方面，2022 年 11 月出台了多部文件：人力资源和社会保障部与财政部等部门联合发布了《个人养老金实施办法》；中国银行保险监督管理委员会（以下简称“银保监会”）发布了《关于印发商业银行和理财公司个人养老金业务管理暂行办法的通知》；人力资源和社会保障部宣布个人养老金制度启动实施，并公布了 36 个先行城市（地区）名单①。随着首批符合个人养老金业务资格要求的机构名单确定（包括 23 家银行和 11 家理财公司）②，加上在 2018 年个税递延型商业养老保险试点中已经入场的保险机构，个人养老金业务的主要服务提供者已悉数入场，个人养老金制度也进入了制度定型前最为关键的大范围试点阶段。

与 2018 年个税递延型商业养老保险试点时相比，服务提供者从仅限于保险公司增加了银行与理财公司，个人加入个人养老金的资格条件也大幅放宽，从必须参加城镇单位职工基本养老保险制度放宽为参加基本养老保险制度即可，税收优惠政策力度更是明显加大。在这样的条件下，对于新构建的个人养老金制度不乏乐观的预测，一如当年构建企业年金制度之初。那么，在新的制度条件下，过往分析预测中引致偏差的要素已经发生了怎样的变化？它们又将带来什么样的影响？制度所能覆盖的有效规模到底能有多大？为了回答这些问题，下文拟从参保决策的角度入手，探析影响个人养老金制度变迁的关键约束因素。

一、普遍存在的预期偏差与分析框架

在探讨个人养老金制度规模时，始于 21 世纪初的那场关于企业年金前景与规模的探讨提供了诸多可供借鉴之处。企业年金制度与个人养老金制度均植根于个人账户模式，两种制度的服务提供者相同，运行管理模式相近，且决策过程均基于微观主体的判断，如果没有制度约束，两种制度形成的资金在投资运行过程中的实际流动并不存在障碍。从国际经验来看，在美国养老金法案（PPA 2006）以后，放开第二、第三支柱之间资金流通的限制以及共享税收优惠政策，在经济合作与发展组织（OECD）国家日渐成为一种趋势③。因此，分析过往在企业年金制度前景预测中的经验与教训，对个人养老金制度的分析与预测具有直观的参考意义。

① 姜琳：《个人养老金制度启动实施》，央视网，http://news.cctv.com/2022/11/25/ARTIHODdzD2lbAMaBRWOQ5R9221125.shtml，2022 年 11 月 25 日。

② 《首批开办个人养老金业务机构名单出炉 23 家商业银行、11 家理财公司入选》，中国网，http://finance.china.com.cn/news/20221121/5904103.shtml?from=ydzx，2022 年 11 月 21 日。

③ 高庆波：《多层次养老保险制度发展不平衡探析：约束与选择》，《华中科技大学学报（社会科学版）》，2021 年第 3 期，第 38–47 页。

（一）普遍存在的乐观预期

在探讨中国企业年金与个人养老金制度的相关文献中，为数众多的定性分析文献主要从国际比较、中国养老金制度体系缺陷以及人口老龄化的程度切入，或从理论角度阐释，或通过选取比较指标进行分析，虽然角度众多，但是定性分析的结论多偏于乐观。

巴曙松认为人口将是主要推动因素：中国是一个人口大国，即使假定较慢的参与率增长速度与较低的投资收益率，当时预计到 2010 年企业年金基金积累资产最低可能为 5000 亿元，条件好的情况下可能接近 2 万亿元[①]。

王延中等认为企业年金发展时机已经成熟，因为我国人口结构的变化，以及制度完善的需求为第二、第三支柱的发展腾出了空间。他们预测：中国未来每年新增企业年金缴费收入有望达到 1000 亿元，到 2030 年中国企业年金总规模将达 1.8 万亿美元[②]。

郑秉文使用了企业年金计划参与率等四个相对指标，证明我国企业年金的发展与 OECD 国家相比还存在较大差距[③]，此后多年间，众多国际比较文献持续验证了中国第二、第三支柱规模发展有限这一结论，并有部分文献根据这些国际比较经验做出预测。例如：孙洁认为，我国第三支柱替代率以达到国际平均水平（15%）较为适宜，据此得到2020年第三支柱的适宜规模约为 3 万亿元[④]；中金公司使用“私人养老金资产 / GDP”和“私人养老金 / 居民金融资产”两项指标，做了三个场景下未来发展（十年）预测，其中乐观场景意味着中国可以在十年内超过当前发达国家平均水平（中国现值的 15.3 倍和 9.09 倍），中性场景是达到发达国家现况一半（中国现值的 7.14 倍和 4.54 倍）左右，悲观场景是达到当前中国现况的 4.29 倍、2.27 倍[⑤]。

在定量研究方面，学者们得出的结果同样偏于乐观。从 2003 年到 2006 年，陈秉正团队发表多篇企业年金预测分析文献，其中最具代表性的是陈秉正与郑婉仪于 2004 年发表的。文中认为，企业年金计划参与率将随着企业年金计划的逐步推广而逐年上升——预计 2002~2011 年的参与率将从 2.5% 上涨为 40%，并进行了相应年金规模测算[⑥]。

孙博使用纳税人数总量以及以各省份城镇职工基本养老保险参加人数和各大城市薪资分布方法估算，预计个人养老金制度覆盖上限为 4525 万人，最大缴费规模为 3101 亿元（每年）。在假定参与率为 70% 的情况下，第三支柱每年缴费规模在 2000 亿元，覆盖人数为 3000 万人[⑦]。

米红等使用可能—满意度模型对第三支柱养老保险参保率进行了仿真测算，预测 2030 年第三支柱养老保险参保率的最适值为 51%（对应 4.2 亿参保人口），满意值为 81%[⑧]；刘方涛等预测 2025 年、2030 年与 2035 年的个人养老金潜在规模分别为 6.9 万亿元、9.9 万亿元和 13.6 万亿元[⑨]。

多年来，不仅学界的与业界的预测偏于乐观，而且相关部门也往往在制度构建初期做出乐观判断。例如，2007 年有关负责人预计，“我国企业年金每年新增数额将达到 1000 亿元左右，到 2010 年估计能达到 1 万亿元的规模”[⑩]，而 2021 年则表示，“我国 60 岁及以上老年人口为 2.64 亿，占比为 18.7%，养老金融需求巨大，而我国居民存款已超过 90 万亿元，可转化为长期养老资金的金融资产非常可观”[⑪]。

回顾企业年金制度发展进程与过往文献发现，各界对

① 巴曙松：《企业年金市场机遇与挑战》，《新财经》，2005 年第 9 期，第 22–23 页。

② 王延中、龚贻生、段家喜：《企业年金市场：国际经验及中国前景》，《中国金融》，2005 年第 20 期，第 11–12 页。

③ 郑秉文：《中国企业年金发展滞后的政策因素分析——兼论“部分 TEE”税优模式的选择》，《中国人口科学》，2010 年第 2 期，第 2–23 页，第 111 页。

④ 孙洁：《养老保险第三支柱建设研究》，《中国特色社会主义研究》，2020 年增 1 期，第 43–52 页。

⑤ 《中金公司：养老金第三支柱加快居民资产再配置　人身险公司或迎重大增量》，证券时报网，https://baijiahao.baidu.com/s?id=1717900997950211474&wfr=spider&for=pc，2021 年 12 月 1 日。

⑥ 陈秉正、郑婉仪：《中国企业年金的发展预测分析》，《数量经济技术经济研究》，2004 年第 1 期，第 20–29 页。

⑦ 孙博：《个税改革对养老金第三支柱的影响有多大——市场规模与覆盖人数预测》，《养老金融评论》，2018 年第十二辑，第 51–59 页。

⑧ 米红、朱海扬、马齐旖旎：《我国第三支柱养老保险覆盖人群界定与参保规模政策仿真》，《价格理论与实践》，2020 年第 4 期，第 25–30 页，第 163 页。

⑨ 刘方涛、郭小楠、张蕊、邱明月：《基于需求角度的个人养老金潜在规模测算》，《保险研究》，2022 年第 1 期，第 64–78 页。

⑩ 《企业年金三年后可达万亿元 20% 可进股市》，新浪财经，http://finance.sina.com.cn/stock/y/20070329/21303454667.shtml，2007 年 3 月 29 日。

⑪ 朱艳霞：《银保监会副主席肖远企：发展普惠金融需久久为功》，中国银行保险报网，http://xw.cbimc.cn/2021-10/22/content_413220.htm，2021 年 10 月 22 日。

企业年金速度与规模方面过于乐观，无论是制度资产规模还是覆盖人数。过往研究充分阐释了发展企业年金制度的重要性与紧迫性，其中绝大多数论断可以无缝替换为今天的个人养老金制度，尤其是基于人口与制度完善的文献，遗憾的是，它们无法在理论层面回答为什么长期以来企业年金制度发展速度与规模不及预期，为什么曾被寄予厚望的、最初的个人养老金试点——2018 年个税递延型商业养老保险试点会折戟沉沙。2018 年试点采用了各界长期呼吁引入的 EET 模式，但运行的结果远不及预期。

凡此种种，不禁让人产生了一个疑问，是什么因素导致过往对基于个人自主决策的、个人账户制度形式的企业年金与个人养老金制度的规模与发展速度的预测多偏于乐观？为了回答这一问题，下文构建了基于制度变迁与个体决策行为的分析框架。

（二）分析框架

过往各种预测偏差，如果从制度经济学的角度来看，相当于对制度变迁趋势判断失准。在制度变迁的条件方面，罗纳德·H. 科斯等提出："当内在化的收益大于成本时，产权就会产生，将外部性内在化。"[①] North 总结了制度变迁的逻辑：一旦某种制度被系统采纳，这一制度便将按照一定的发展路径演进，并很难为其他更优体系所取代。发生制度变迁的条件在于——只有新的外部条件带来的利润足以超越制度演化的预期成本，新的制度才可能被创建[②]。

从制度变迁的视角来看，如果制度变迁未能如期发生，更可能是存在着以下可能性中的一种或多种：一是外部条件未能满足费用和收益的内在化条件，即各方进行交易（内在化）所带来的费用超过了因内在化而得到的收益[③]；二是存在严重的路径依赖问题；三是存在关键性的前置制度缺失（或障碍）。

作为一种自愿参与的制度安排，个体参与个人养老金制度决策的前提是个体认知中的收益至少不低于成本，能够达成参保决策个体的总和即为该制度的总规模。在行为逻辑上，个人养老金制度的准参与者们更加接近查尔斯·蒂鲍特于 1956 年提出的"以足投票"情况[④]，他们无法干预制度内容，只能用脚做出决策（选择参与或者不参与）。扩展个人养老金制度参保决策过程将发现，分析预测这种由不同个体选择最终汇总而来的制度发展规模时潜在着如下类型的偏差：一是制度决策主体（即每个异质个体）的决策行为偏差。个体认知作为决策的关键前因变量，直接影响甚至决定着个体的选择行为。但在经典经济理论中，通常假定理性个体或理性预期，导致认知偏差这一现实中普遍存在的要素很少为人所关注。二是忽略了对制度路径依赖要素以及总资源约束探讨产生的偏差。在缴费养老保险体系中，不同制度目标相同，资金均源自参保者年轻时的缴费，参保者当期收入与支出是天然的决策约束条件，从这个角度来看，个人养老金制度（或第三支柱）只具备形式上的独立性。三是使用计量技术时出现的偏差，如在工资增长率、投资回报率乃至人口增长率等关键约束参数设置中出现的技术性偏差以及汇总偏差。

本文拟使用制度变迁的总体框架，从个体认知偏差与现实需要两者的背离入手，探讨导致偏差的种种要素在何种程度上影响制度变迁的发生。

二、长期存在却被忽视的老龄化认知偏差

养老保险领域的认知偏差问题普遍存在且演化时间漫长。早在 1979 年 Barr 已批评了当时被普遍接受的错误认知，即"比起现收现付制，积累制更不容易受到人口压力的冲击"[⑤]，直至今天，这一认知错误依旧在相当程度上存在。不仅如此，养老金制度参与者的决策需要跨越超长的时光，缴费与待遇的时空分离导致参保者在决策中必然存在着各种形式的认知偏差，其中最容易被人忽视而又对个人养老金制度决策影响巨大的，是个体对老龄化的认知偏差。

（一）对老龄化的认知滞后于存在

在现实层面，老龄化的存在早已不是一个新的问题。但是，人口老龄化的现实存在和公众认识到老龄化的客观存在两者之间却需要漫长的时间。Holzmann 研究证实，在世界范围内普遍存在老龄化认知滞后问题，即使在发达国家，即便 OECD 各国早在 20 世纪 90 年代人口已经严重老化，但公众真正认识到老龄化的现实存在却是在 20

① 罗纳德·H. 科斯等：《财产权利与制度变迁：产权学派与新制度学派译文集》，刘守英，陈剑波，胡庄君等译，格致出版社 1994 年版，第 97–98 页。

② North C D，Institutions, The Journal of Economic Perspectives, 1991(1), pp. 97–112.

③ Demsetz H R H, Coase and the Neoclassical Model of the Economic System, The Journal of Law & Economics, 2011(4), pp. S7–S13.

④ Singleton J D, Sorting Charles Tiebout, History of Political Economy, 2015(5), pp.199–226.

⑤ Barr N, Myths My Grandpa Taught Me, Three Banks Review, 1979(124), pp. 27–55.

余年以后[①]。

对于 Holzmann 的判断，依旧让人怀疑是否过于乐观。以法国为例，即使法国早在 1865 年即进入了老龄化社会（65 岁及以上人口占总人口比率超过 7%），在 1980 年 65 岁以上人口占总人口比率已达到 14%[②]，法国国民直到今天依旧在反对将法定退休年龄从 62 岁提升到 64 岁[③]，完全无视了人口老龄化的现实压力。

在个人养老金制度的参保决策过程中，在老龄化压力日益严峻的情况下，个体对老龄化认知滞后这一往往被忽视的要素起着至关重要的作用。

具体来看，当个体面对是否参与个人养老金制度的决策时，由于其不可能准确预估未来的收入与支出情况，因此个体决策过程将转化成一个简单的判断——需要在年轻时投入多少资源，以保证晚年能获得一定的收入保障。为了得出这个判断的最优解（即求解终生效用最大化），无论是使用生命周期假说，还是使用引入养老保险制度的世代交叠模型[④]，均将发现其中的决定性要素是退休后生存的时间。

现实情况是，直到今天大多数人仍无法区分预期余命与平均预期寿命间的差别，也无法正确解读人口普查公报中的数据。调查发现，老年个体甚至对自己是否已经失能这样重大健康情况判断也存在着巨大的偏差。在中国保险学会于 2018 年进行的覆盖近四万人的调查中发现，健康认知偏差普遍存在，更是有高达 40% 的群体存在严重的自我健康认知错误，主要体现为完全健康的个体误认为自己失能以及已失能个体误认为自己健康[⑤]。在这样的情况下，对大多数个体而言，相对准确地判断自身余命近似于一项不可能完成的任务，公众更加习惯使用的方式是，以最新一次人口普查的平均预期寿命计算自己未来退休时的生存时间（几乎不会考虑死亡率改善要素，也不了解平均预期寿命与退休时余命的差别）。而与民众认知相对应的现实情况却是，中国平均预期寿命已经从第五次人口普查时的 71.40 岁，上升到了第七次人口普查的 77.93 岁，详情参见表 8-1。

表 8-1 中国人口平均预期寿命

时间（年）	平均预期寿命（岁）	男性平均预期寿命（岁）	女性平均预期寿命（岁）
2000	71.40	69.63	73.33
2010	74.83	72.38	77.37
2020	77.93	75.37	80.88

资料来源：根据国家统计局数据库整理得来。

（二）老龄化认知偏差的成因与后果

导致人口老龄化认知偏差的因素，同样普遍存在于过往企业年金与个人养老金规模测算文献设定中。绝大多数文献使用静态死亡率进行估算；或基于最新的人口普查数据（包括利用最近两次普查数据）制作生命表，如刘方涛等基于第六次与第七次两次人口普查计算得出的生命表进行预测[⑥]；或利用人寿保险业经验生命表展开探讨，如刘昌平使用《中国人寿保险业经验生命表（男女混合表 1990~1993）》作为推演的基础[⑦]。仅有陈秉正与郑婉仪以每十年增加一岁的方式考虑了预期寿命增长情况，但仍明显低估了中国死亡率改善的速度[⑧]。

使用静态数据，尤其是使用人口普查中的平均预期寿命数据进行预测，天然存在着两种偏差：一是平均预期寿命是 0 岁预期余命，而制度参与者不可能是 0 岁，退休时余命与出生时余命相去甚远，这必然在很大程度上低估未来的退休保障需求；二是忽视了死亡率改善带来的巨大影响。虽然人口学界已构建了 Lee-Carter 模型（1992 年）、CBD 模型（2006 年）以及各种改进形式[⑨⑩]，但是这些模

① Holzmann R, Global Pension Systems and Their Reform: Worldwide Drivers, Trends and Challenges, International Social Security Review, 2013(2), pp. 1-29.

② 葛文博：《法国推动养老服务业优先发展（各国“银发经济”面面观）》，人民网，http://world.people.com.cn/n1/2018/0529/c1002-30019347.html，2018 年 5 月 29 日。

③ 李洋：《法国遭遇大规模罢工和示威游行浪潮 反对退休制度改革》，光明网，https://m.gmw.cn/baijia/2023-01/20/1303260227.html，2023 年 1 月 20 日。

④ 由于证明过程较为复杂，本文从略，详情可参见袁志刚（2001）、贺菊煌（2008）与高庆波（2016）。

⑤ 高庆波：《长期护理保险制度规模的影响因素分析：以郑州市为例》，《残疾人研究》，2019 年第 3 期，第 3-9 页。

⑥ 刘方涛、郭小楠、张蕊、邱明月：《基于需求角度的个人养老金潜在规模测算》，《保险研究》，2022 年第 1 期，第 64-78 页。

⑦ 刘昌平：《中国企业年金工资替代率敏感性研究》，《世界经济》，2005 年第 10 期，第 33-40 页。

⑧ 陈秉正、郑婉仪：《中国企业年金的发展预测分析》，《数量经济技术经济研究》，2004 年第 1 期，第 20-29 页。

⑨ Lee R D, Carter L R, Modeling and Forecasting U.S. Mortality, Journal of the American Statistical Association, 1992(419), pp. 659-671.

⑩ Cairns A, Blake D , Dowd K, A Two-Factor Model for Stochastic Mortality with Parameter Uncertainty : Theory and Calibration, Journal of Risk & Insurance, 2006(4), pp. 687-718.

型设定很少出现在第二、第三支柱发展预测中，现实的原因在于我国分年龄、性别人口死亡数据量少且波动性大，尚有众多问题需要深入研究[①]。

虽然在个人养老金制度规模测算中暂未有考虑死亡率改善要素的实例，但是仍有少量考虑死亡率改善的公共养老保险测算结果可供参考，如高庆波估算了基本养老保险制度中被忽视的死亡率改善要素的影响，发现忽视该要素将导致严重低估未来的养老保障风险[②]。在缺乏我国长期生命表数据的情况下，以澳大利亚为例，探讨死亡率改善要素对预期寿命长期变化预测的影响。

澳大利亚最早的生命表源自《生命表 1881—1890》，按照该表，生于 1886 年的居民平均预期寿命为 47.2 岁。但是，这部分居民真实的平均寿命却较预测提高了 6 岁以上。造成这一偏差的原因在于，测算假定未来的死亡率不发生变化，导致预期余命测算结果显著偏低。澳大利亚政府精算部门（Australian Government Actuary，AGA）在首份生命表发布 125 年后总结了历史死亡率变化趋势，发现随着时间的推移，各年龄段人口死亡率均有着明显的下降，尤其是在步入老年阶段之前。详情如图 8-1 所示。

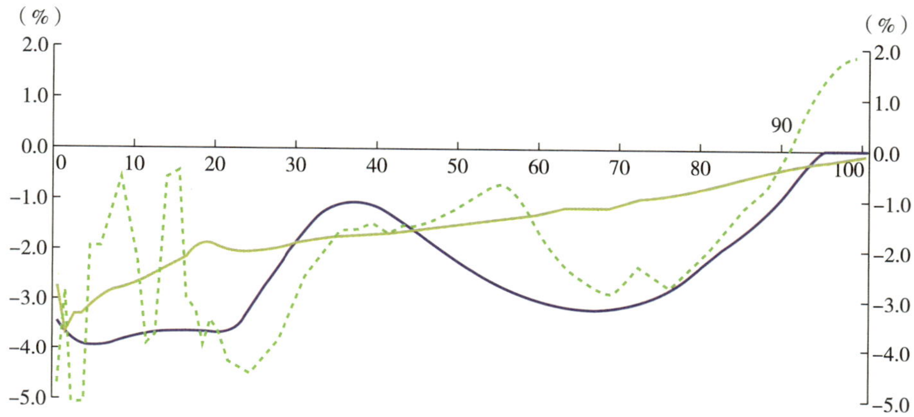

图 8-1　澳大利亚历史上 0~100 岁人口的死亡率改善情况

注：三条线中，最平滑的是 125 年趋势，其次是 25 年趋势，波动最大的是 5 年趋势。

资料来源：AGA, Australian Life Table 2010-2012.

以中国第五次和第七次人口普查数据中人均预期寿命进行模拟，将直观地展示忽视死亡率改善要素带来的偏差。以在 2000 年时 40 岁男性劳动者为例，当时他认为需要为退休后准备 10 年左右的保障资源（按照第五次人口普查男性平均预期寿命估计），却不知道当他 20 年后真正退休时，实际生存时间将在 20 年以上。显然，个体基于认知得出的未来需求预期数据远低于真实需求，却是个体决策的现实结果。这种体现方式既可能影响个体选择参加个人养老金制度的参保时间，也可能影响参保规模（金额），抑或是两者兼有。

三、制度要素与技术性偏差

除了个体认知偏差因素之外，导致预期偏差的还包括既有制度的路径依赖要素，以及预测参数设定、汇总乃至目标设定中的技术性偏差。

（一）缴费型养老金制度体系的路径依赖

在过往研究中，众多国际比较文献指出当前中国第二、第三支柱发展规模相对有限这一事实，并多以此作为中国未来发展潜力巨大的论据，但在这些论断中，往往忽视了不同国家公共养老金制度的发展路径差异。

缴费型养老保险体系[③]的根本目标是做好劳动者的晚年经济保障，无论一国是否构建了多层次（支柱）制度体系，无论公共养老保险体系采用的是何种制度模式，最终均面临着当代劳动者的支付上限问题。换言之，养老保险体系的各个层次（支柱）之间，既互为补充，又在某种程度上互相替代。因此，探讨个人养老金制度未来的发展规模，势必需要探讨其他两个层次（支柱）的运行状况，即需要讨论既有路径对制度变迁的影响。

① 王晓军、路倩：《动态死亡率模型的研究进展》，《应用概率统计》，2020 年第 4 期，第 415-440 页。

② 高庆波：《城镇职工“新人”养老金缺口探讨》，《社会保障研究》，2019 年第 2 期，第 30-39 页。

③ 所谓缴费型养老保险制度体系，即需要参保者支付相应费用的养老保险制度，不包括构建在转移支付基础上的福利制度。以世界银行（2005 年）的多支柱体系为参考，它对应第一、第二与第三支柱。

以被普遍用作国际比较参照对象的 OECD 国家为例，其发展路径至少可以被分为两种不同类型[①]：一是以美国、英国与加拿大等为代表的盎格鲁—撒克逊国家，公立养老金制度缴费与待遇低，企业年金计划与商业养老保险计划建立时间早且规模大；二是以德国、法国与意大利等为代表的欧洲大陆国家，公共养老金制度缴费率高，养老待遇水平高，第二、第三支柱发展相对滞后。除了上述类型之外，OECD 国家中还有缴费与非缴费型养老金制度待遇相差无几的爱尔兰，甚至还有非缴费型养老金制度至今仍在养老保障体系中占据主导地位的新西兰这样极具特色的国家。

通过绘制 OECD 国家既有公共养老金制度缴费水平与第二、第三支柱规模间的关系图，发现公共养老金缴费金额占工资的比率与第二、第三支柱养老金资产规模之间存在着明显的此消彼长的关系，即第一支柱缴费率较高的国家第二、第三支柱养老金发展规模通常有限。这一现象表明，在缴费型养老保险制度体系中存在着明显的路径依赖现象，在资源有限的情况下，公共养老金制度使用的资源多，自然会挤占第二、第三支柱发展的潜在空间。详情参见图 8–2。

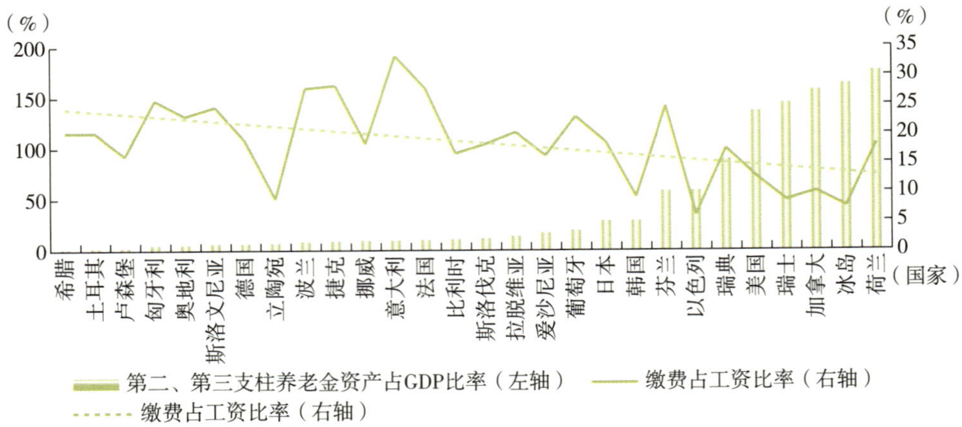

图 8–2　OECD 国家第二、第三支柱养老金资产规模与缴费负担间的关系

注：①第二、第三支柱养老金资产占 GDP 比率数据来自 OECD（2021），缴费占工资比率数据来自 OECD（2019），虽然年份不同，但是缴费率在短期内通常不会发生变化（即使变化，其幅度也很小），不影响趋势分析结论；②剔除掉了制度特殊（新西兰、澳大利亚、智利、墨西哥、爱尔兰）以及缺乏数据的国家。

资料来源：OECD, Pensions at a Glance 2021: OECD and G20 Indicators, OECD Publishing, 2021；OECD, Pensions at a Glance 2019: OECD and G20 Indicators, OECD Publishing, 2019.

（二）缴费型养老金制度的制约

虽然过往对企业年金与个人养老金制度规模预测文献很少涉及对总资源约束的探讨，但是在更广义的探讨中不乏相关研究成果。边恕等使用 C–D 生产函数分析了辽宁省企业利润构成。在扣除资本成本后，国有企业仅有 5.6 元的利润（每百元），对应工资总额的比率为 28.3%，他们认为这就是企业所有社会保障相关缴费的上限[②]。王增文和邓大松使用相近的方法，在参考发达国家产品借贷资本和折旧成本占比的基础上，认为中国工业企业能够承受的社会保障统筹缴费的最高限度为 24.51%，适度缴费限度为 20.56%[③]。

虽然学者们对于缴费合理区间（上限）的具体数值并未达成一致，但是公共养老金制度缴费负担过重显然是共识，仅公共养老金制度的规定缴费率即高达 20%~24%。这意味着，对个人养老金制度而言，在相当长的时间内来自缴费型养老金制度体系的总资源约束难以避免。

从中国养老保险制度体系实际情况来看，预计在相当长的时间内，个人养老金制度的潜在制约将主要来自公共养老金制度。从历史表现看，公共养老金制度（城镇职工基本养老保险制度）社会统筹部分的隐含回报率（萨缪尔

① 养老保险制度按照选取指标的不同可划分众多类型，在此仅以公共养老金制度缴费水平与第二、第三支柱规模两个维度进行划分。

② 边恕、孙雅娜、穆怀中：《辽宁省企业养老保险缴费水平与财政负担能力分析》，《社会科学辑刊》，2005 年第 1 期，第 97–101 页。

③ 王增文、邓大松：《基金缺口、缴费比率与财政负担能力：基于对社会保障主体的缴费能力研究》，《中国软科学》，2009 年第 10 期，第 73–81 页。

森的生物收益率，即工资增长率与制度内人口增长率之和）总体水平较高。从 2001 年到 2011 年，隐含回报率始终维持在 10% 以上；从 2012 年到 2019 年，制度内人口增长率转为负增长，但工资增长依旧维持在高位；从 2020 年开始，国家出台了社会保险费"减、免、缓"政策组合包，仅 2020 年全国社保降费即达 16896 亿元[①]，在系列政策帮助下，制度内人口增长率迅速转正，隐含回报率在 2021 年已上升到 10% 以上。详情参见图 8-3。

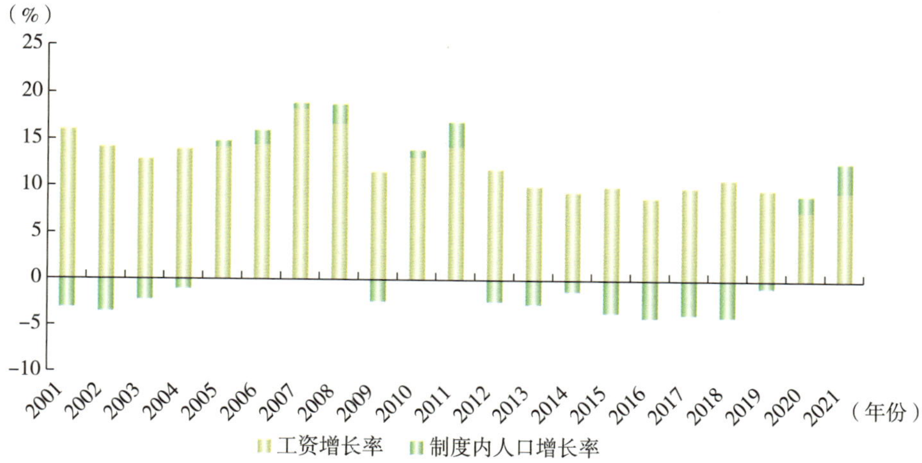

图 8-3　2001~2021 年中国城镇职工基本养老金制度社会统筹部分隐含回报率

资料来源：根据相关年份统计年鉴数据整理绘制。

公共养老金制度中的个人账户部分，对拟构建的个人养老金制度同样具备比较优势。从 2016 年开始，个人账户记账利率提升到 8.31%，并在此后数年间持续维持在高位（2021 年记账利率为 6.69%）。个人账户部分的记账利率明显高于同期由全国社会保障基金理事会受托运作的基本养老保险基金投资回报率，更高于个人现实中可能获得的投资回报水平。详情参见表 8-2。

表 8-2　2016~2021 年个人账户记账利率与基本养老保险基金受托投资回报率

单位：%

年份	2016	2017	2018	2019	2020	2021
个人账户记账利率	8.31	7.12	8.29	7.61	6.04	6.69
基本养老保险基金受托投资回报率	—	5.23	2.56	9.03	10.95	4.88

资料来源：历年《全国社会保障基金理事会基本养老保险基金受托运营年度报告》；历年人力资源和社会保障部办公厅、财政部办公厅关于确定职工养老保险个人账户记账利率等参数的通知。

需要强调的是，个人账户的相对优势不仅限于记账利率，还在于个人账户部分的特殊制度设计。个人账户制度从诞生之日起就不是一种精算均衡的制度，在个人账户累计余额发放完毕的情况下，政府依旧负有继续发放的义务，即公共养老金制度具备承担长寿风险的特征，而在个人养老金制度中，长寿风险显然由个体承担——无论制度最终表现为年金形式还是一次性领取，在没有相关补贴的情况下，市场法则决定了最终的风险必然落在相关参与主体身上。可以预期，公共养老金制度仍将在相当长的时间内具备相对优势，这也是个人养老金制度所面临的最大的系统性挑战。

（三）技术性偏差

在过往对企业年金制度与个人养老金制度的未来规模预期偏差中，还包括对各种计量关键参数设定偏差、目标设置偏差与汇总偏差等各种形式的技术性偏差。这里先从参数设定偏差开始探讨。

在关键的工资增长率参数上，过往文献中让人印象深刻的方法出自陈秉正教授团队系列研究成果。郑婉仪和陈秉正通过假设不同分布形式进行参数估计，随后比较近似卡方分布的 P 值，选择最适合工资增长率与物价指数两个变量分布函数[②]。但即使是这一经典预测方法，也显示出计量技术在面对时间跨度巨大的养老金主题时的无力。

观察王东杰等、郑婉仪和陈秉正的计算结果发现，在

① 国家税务总局：《中国税务年度报告 2020》，中国税务出版社 2021 年版，第 81 页。

② 郑婉仪、陈秉正：《企业年金对我国退休职工养老保险收入替代率影响的实证分析》，《管理世界》，2003 年第 11 期，第 64-70 页。

只多了一年数据的情况下（1978~2001 年与 1978~2002 年）[①]，工资实际增长率的分布函数已经从均值为 1.056、标准差为 0.50 的正态分布转为了众数为 1.036、标度为 0.051 的极值分布，物价指数分布函数也发生了一定的变化。正因如此，长期以来我国养老保险精算等预测技术更注重的是长期趋势判断，而不是关注某个具体结果。部分参数设置概况参见表 8-3。

表 8-3 过往文献中工资增长率与投资回报率假定

学者	工资增长率	投资回报率
郑婉仪和陈秉正[②]/刘方涛等[③]	工资实际增长率：均值为 1.056、标准差为 0.50 的正态分布。价格指数：众数为 1.041、标度为 0.058 的极值分布。两者乘积为工资增长率	正常（1+ 投资回报率）服从：lnN（1.10，0.09）的对数正态分布。另设慢速与快速两档
王东杰等[④]	工资实际增长率：众数为 1.036、标度为 0.051 的极值分布。价格指数：众数为 1.035、标度为 0.050 的极值分布。两者乘积为工资增长率	银行存款利率：3.6%。长期国债投资收益率：均值为 1.039、标准差为 0.003 的对数正态分布。权重另计
刘昌平[⑤]	7.2%（名义）	4%、5% 等多档
刘方涛等[⑥]	4.73%（同 GDP 增长率）	—
王晓军[⑦]	3%	3%~6%
彭浩然等[⑧]	8%、6% 与 4%	4%、5% 与 6%

注：王晓军与彭浩然等的测算主要针对公共养老金，在这里取其参数设置部分作为参照。

资料来源：笔者整理得来。

与现实的工资增长率相比，显然过往研究中对工资增长率的假定存在明显的偏差。需要强调的是，GDP 增长率是实际增长率（不包含物价因素），而工资增长率是名义增长率（包含通货膨胀因素），很难想象中国会成为一个工资增长率长期等于甚至低于 GDP 增长率的社会——那必然导致整个社会的收入差距幅度大到超过可以容忍的极限，但类似的设定在过往文献中并不鲜见。

除了参数设置偏差之外，过往文献中还往往存在汇总偏差，如直接将不同群体需求简单汇总得到潜在的制度需求规模，以及错误界定汇总目标（以愿望代替需求）等。问题在于：简单累加的前提是同质个体，而在个人养老金制度决策过程中，异质性问题极为突出；均值不等于中位数，富裕个体和贫穷个体的保障需求并不相同，两者的需求更无法直接累加。除此之外，需求是购买愿望和能力的集合，很多文献中的需求（或被称为潜在规模等）事实上只是愿望而不包括能力，明显忽略了他们倡导的、当前个人养老金制度实行的 EET 税收政策，必然存在着明显的门槛。

过往文献中突出的问题有两个：一是参数设置与现实差距偏大，主要体现为低估工资增长率等对公共养老金制度有利的参数，并在一定程度上高估投资回报率，导致工资增长率与投资回报率之间的差值设置向着有利于制度变迁的方向偏转；二是汇总方式乃至汇总目标设置过于理想化（如将养老金收入视为晚年唯一收入来源或只强调愿望），在相当程度上高估了需求，而低估了制度的门槛。总的来看，低估了制度变迁的成本，高估了制度变迁的收益。

①④ 王东杰、常蓁、陈秉正：《中国企业年金缴费率的模拟分析》，《管理科学学报》，2006 年第 3 期，第 68–73 页。

② 郑婉仪、陈秉正：《企业年金对我国退休职工养老保险收入替代率影响的实证分析》，《管理世界》，2003 年第 11 期，第 64–70 页。

③⑥ 刘方涛、郭小楠、张蕊、邱明月：《基于需求角度的个人养老金潜在规模测算》，《保险研究》，2022 年第 1 期，第 64–78 页。

⑤ 刘昌平：《中国企业年金工资替代率敏感性研究》，《世界经济》，2005 年第 10 期，第 33–40 页。

⑦ 王晓军：《中国养老金制度及其精算评价》，经济科学出版社 2000 年版，第 123–147 页。

⑧ 彭浩然、申曙光、宋世斌：《中国养老保险隐性债务问题研究——基于封闭与开放系统的测算》，《统计研究》，2009 年第 3 期，第 44–50 页。

四、制度约束与潜在规模

随着2022年底个人养老金制度各项实施细则的出台，过往预测中的制度不确定性已不复存在，这意味着在过往研究基础上，具备了构建更加贴近制度实际运行结果预测的可能性。在预测的过程中，除了前文所述的老龄化认知与技术性偏差之外，制度自身特性将发挥多重作用：一是EET的门槛效应将长期发挥作用（在制度不做系统性变革的情况下）；二是将参保客户分为不同类型，直观体现为是否支付一定水平的缴款，以换取未来一定水平的保障，即制度保障型客户（有效需求）和逐利型客户（无效需求）。

（一）EET模式的门槛效应与制度潜在规模

财政部、国家税务总局《关于个人所得税法修改后有关优惠政策衔接问题的通知》与《关于个人养老金有关个人所得税政策的公告》规定，个人养老金制度资金账户缴费按照12000元/年的限额标准执行，领取个人养老金不并入综合所得，单独按照3%的税率计算缴纳个人所得税。该规定意味着，过往文献中长期呼吁的EET税收优惠模式得以明确。

但是，在当前制度环境下，EET模式本身就是一道门槛。这一规定意味着，所有全年综合所得税率在3%及以下的个体目前完全不适合投资个人养老金（当前为年纳税收入为96000元以下的群体）①，而这一门槛在企业年金制度中并不存在。

由于缺乏个人所得税相关数据，为探讨可以跨过综合个人所得税税率门槛的收入水平在人群中的位置，需要借助收入分布函数的相关研究成果。

在过往实证研究中，已有众多文献支持收入分布函数服从对数正态分布的论断。例如，Lopez和Servén利用近40年跨度的、发达国家和发展中国家的收入数据，证明收入分布服从对数正态分布②；Hellebrandt和Mauro发现，发达国家人均可支配收入的函数分布更接近对数正态分布③。

不过，有关中国人均收入分布函数的探讨却和国际经验不尽相同。王兢通过分析郑州居民收入数据认为，使用对数正态分布拟合效果较好④；章上峰等认为，广义Logistic分布函数是估计城乡居民收入分布更为可行的选择⑤。为简化起见，在此依旧使用应用最广泛的对数正态分布函数进行相关探讨，则概率密度函数$f(x)$可以表示为：

$$f(x)=\frac{1}{x\sigma\sqrt{2\pi}}e^{-\frac{\ln(x-\mu)^2}{2\sigma^2}}$$

其中，μ为均值，σ为标准差。显然，数学期望$E(x)=e^{\mu+\frac{\sigma^2}{2}}$，中位数为$e^{\mu}$。

根据国家统计局2021年数据，城乡人均可支配收入均值为35128元，中位数为29975元，由此求解可得：$\mu\approx10.31$，$\sigma\approx0.56$。利用误差函数求解，可得收入在96000元以上的群体占比规模约为9.2%。由于我国劳动年龄人口总数为7.8亿，由此推测，当前个人养老金制度当前缴费规模的上限大致为8000万人。

需要指出的是，张萌旭等根据安徽省数据发现，对数正态分布无法准确模拟高收入群体的规模⑥，而本文所探讨的正是高收入群体规模，因而9.2%的规模只是一个相对粗略的短期模拟。尽管如此，这一上限规模依旧为预测打下了基础。原因在于，可以跨越EET门槛的高收入群体在所有两参数估计分布函数图形中均处于“长尾”状态。由于该数值远高于均值和标准差，这意味着相关群体的函数累积概率密度必然不大，这一特征可以从全国居民家庭收入数据中得到印证。

按照第七次人口普查公报数据，平均每个家庭户的人口为2.62人。截至2021年，高收入组家庭人均可支配收入为85836元，中等偏上收入组家庭人均可支配收入只有44949元。分城乡来看，农村居民高收入组家庭人均可支配收入只有43082元，城镇居民高收入组家庭人均可支配收入为102596元，中等偏上收入组家庭人均可支配收入为59005元⑦。五分位法人均可支配收入数据显示，主要是城镇收入最高的家庭组中的部分成员可以跨越EET门槛，相应地，个人养老金制度对农村居民的覆盖将极为有限。详情参见表8-4。

① 在个人养老金制度EET模式下，投资收益需要缴税，所以所得税率为3%的个体显然先纳税再投资更为划算。

② Lopez H , Servén L, A Normal Relationship? Poverty, Growth, and Inequality, World Bank Policy Research Working Paper, 2006.

③ Hellebrandt T, Mauro P, The Future of Worldwide Income Distribution, PIIE Working Papers 15-7, https://www.piie.com/sites/default/files/publications/wp/wp15-7.pdf, April 2015.

④ 王兢：《拟合的收入分布函数在贫困线、贫困率测算中的应用》，《经济经纬》，2005年第2期，第66-68页。

⑤ 章上峰、许冰、胡祖光：《中国城乡收入分布动态演进及经验检验》，《统计研究》，2009年第12期，第32-40页。

⑥ 张萌旭、陈建东、蒲明：《城镇居民收入分布函数的研究》，《数量经济技术经济研究》，2013年第4期，第57-71页。

⑦ 国家统计局：《第七次全国人口普查主要数据情况》，http://www.stats.gov.cn/tjsj/zxfb/202105/t20210510_1817176.html。

表 8-4 2017~2021 年全国居民家庭人均可支配收入（五分位法）

单位：元

指标	2017 年	2018 年	2019 年	2020 年	2021 年
低收入组家庭	5958	6440	7380	7869	8333
中等偏下收入组家庭	13843	14361	15777	16443	18446
中等收入组家庭	22495	23189	25035	26249	29053
中等偏上收入组家庭	34547	36471	39230	41172	44949
高收入组家庭	64934	70640	76401	80294	85836

资料来源：国家统计局数据库，https://data.stats.gov.cn/easyquery.htm?cn=C01.

（二）制度短期有效规模展望

人力资源和社会保障部相关数据显示，截至 2023 年 6 月底，全国 36 个先行城市（地区）开立个人养老金账户人数达 4030 万[①]。虽然开户人数在不到一年时间即超过了企业年金制度多年探索的总覆盖人数（不含职业年金），但是在各地实地调研中发现，其中存在着大量低缴费用户（低于 100 元），甚至存在着为数众多的“0 元党”。显然，在当前个人养老金开户优惠政策引导下必然会存在此类现象，长期缴费不受益不等于短期开户不受益。本文不讨论此类群体，而是主要探讨制度的有效规模，即可以从制度税收优惠政策中受益的群体。

关于这部分群体的探讨，需要利用过往工资数据加以拟合。由于缺乏全国数据，这里只能使用新浪财经曾经的调查结果：2020 年全国平均工资较高的城市前五位分别为北京、上海、杭州、深圳和广州，其中北京的平均工资最高，为 11623 元，但工资中位数只有 6906 元，中位数只相当于平均数的 59.4%；深圳的工资平均数为 10758 元，工资中位数只有 5199 元，只相当于平均数的 48.3%。所有城市工资的平均数和中位数之间均存在着巨大差距。在工资均值甚至可达中位数两倍的情况下，不同城市中高工资群体同样处于“长尾”的末端，规模极为有限。各城市工资概况参见表 8-5。

表 8-5 2020 年五城工资平均数与中位数

城市	工资中位数（元）	工资平均数（元）	中位数占平均数比率（%）
北京	6906	11623	59.4
上海	6378	11468	55.6
杭州	5385	10062	53.5
深圳	5199	10758	48.3
广州	4811	9483	50.7

资料来源：《速看！ 2020 年北京工资中位数曝光！你拖后腿了吗？》，腾讯网，https://new.qq.com/rain/a/20210602A06SPK00，2020 年 12 月 20 日。

在个人所得税方面，根据财政部数据，个人所得税基本减除费用标准从 3500 元提升到 5000 元后，预计“修法后个人所得税的纳税人占城镇就业人员的比例将由现在的 44% 下降至 15%”[②]。代入 2018 年城镇就业人数可知，当时个人所得税纳税总人数大概为 6500 万。这是改革后未考虑引入综合所得税制度的总纳税人数。

在考虑综合所得税制度的情况下，即执行《个人所得税专项附加扣除操作办法（试行）》第二条规定，“纳税人享受子女教育、继续教育、大病医疗、住房贷款利息或者住房租金、赡养老人、3 岁以下婴幼儿照护专项附加扣除”[③]，可以通过 EET 门槛的群体无疑将继续缩小。

采用 EET 模式意味着，每次个人所得税起征点的调整均将带来个人养老金制度加入门槛的提升。由于 2018 年个税起征点仅提升 1500 元就带来了纳税人数的巨幅下降，考虑到还有综合个人所得抵扣项目在相邻个人所得税起征点调节期内平滑纳税人数，未来综合个人所得税税率在 3% 以上的群体规模即使有所增加，也依旧有限。同样使用前文中分布函数的方法并计算求解概率密度可知，短期可以跨过 EET 门槛的群体规模大致在 1600 万 ~ 3000 万人，这也是中短期内具备持续缴费可能性群体的潜在规模。需要指出的是，这一规模显然会受到工资增长与税收政策变化的影响，工资增长将提升制度潜在受益群体规模，而调高起征点或提升综合所得抵扣水平，则会导致潜在受益群体规模缩小。

① 人力资源和社会保障部：《人社部举行 2023 年二季度新闻发布会》，http://www.mohrss.gov.cn/SYrlzyhshbzb/zxhd/zaixianzhibo/202307/t20230721_503273.html，2023 年 7 月 21 日。

② 《解读第七次个人所得税法修改：个税制度从分类迈向综合与分类相结合》，中国日报网，https://baijiahao.baidu.com/s?id=1611493649511636704&wfr=spider&for=pc，2018 年 9 月 13 日。

③ 国家税务总局：《关于修订发布〈个人所得税专项附加扣除操作办法（试行）〉的公告》，http://www.chinatax.gov.cn/chinatax/n363/c5173958/content.html，2022 年 3 月 25 日。

（三）制度完善展望

早在半个多世纪之前，新自由主义者们曾对养老保险制度的存在提出了广泛的质疑，他们的质疑可以归结为一个核心问题，“这个世界上只有极少数的傻瓜才不会为晚年考虑，那为什么强迫所有人加入一种为傻瓜设计的制度？”这个源自半个多世纪前的问题，直到今天依旧有着现实的意义。

在参保范围上，个人养老金制度的参与资格限制远远低于企业年金制度，前者的要求是“在中国境内参加城镇职工基本养老保险或者城乡居民基本养老保险的劳动者，可以参加个人养老金制度”，而后者仅限于“企业及其职工在依法参加基本养老保险的基础上，自主建立的补充养老保险制度”①，换言之，个人养老金制度在理论上可以适用于所有劳动者。

当前对试点中的个人养老金制度的定位为：“与基本养老保险、企业（职业）年金相衔接，实现养老保险补充功能。”② 这一定位显然限制了个人养老金制度在养老保险制度体系下所能发挥的作用。这一表述意味着，个人养老金制度的作用仅限于提供补充养老保险，只是一项旨在应对老年风险而不是应对参保者晚年不确定性的制度，换言之，其更多的只是投资的替代品，不能过于强调保障功能。同时，EET 模式的门槛效应以及税收优惠的特殊设置（上限为 3%），进一步降低了制度的潜在发展空间。

公共政策是事关全社会利益的权威性分配，在人口老龄化面前，社会面临的最主要风险是产出的下降。在这种情况下，完善个人养老金制度的关键在于制度的定位何时能从“实现养老保险补充功能”转化为养老保险制度的重要支柱，这也是个人养老金制度的真实受益群体规模能否突破 EET 门槛、收入分布、认知偏差与总资源约束联合形成的参保人数上限的关键所在。在此基础上，构建更加完善的个人养老金制度还需补上缺失的关键前置制度，并消解阻碍制度变迁的因素。

具体建议如下：一是构建企业（职业）年金与个人养老金制度间互相转换与共享税收优惠的通道，并探索个人养老金制度税收优惠有条件累积机制。这既可以提高制度的运行效率，推迟因路径依赖要素所导致的总资源约束生效的时间，还可以提升制度的公平性。二是在完善对低收入群体、非正规就业群体参加城镇职工基本养老保险制度的基础上，完善税收优惠形式，对没有享受税收优惠群体领取时不再征税，适时建立对低收入群体的缴费补贴机制，这也是破解当前制度路径依赖要素的关键所在，更可以让制度发挥更加重要的作用。三是建立更有吸引力的个人养老金投资产品体系，如通过构建合格默认投资工具（QDIAs）等式，在产品设计中充分展示预期寿命增加的影响，以便在潜移默化中改善老龄化认知偏差，进而改善参保者的决策质量。

最后，文章依旧存在着诸多有待完善之处。文中探讨的是在特定制度条件下长期可受益群体做出参保决策的潜在参保规模，并没有对其他群体参保展开探讨，而两者之和才是现实中的参保总量，更没能在理论上解释错误决策行为的产生机制。除此之外，本文还存在以下方面有待完善：一是虽然初步在过往预测方法基础上阐释了死亡率认知偏差、制度依赖要素的约束作用机制，并隐含着对既有预测增加死亡率改善模组、改善收益预期函数、分解认知因素和预测因素的建议，但是只估计了个人养老金制度在现实条件下短期可能达到的规模，以论证制度变迁因素的作用，缺乏使用上述多参数的长期预测；二是对如何促使制度变迁落在预期的轨道上探讨不足。正如预测技术努力的方向一直是尽可能贴近现实一样，如何进一步完善养老保险制度体系同样是一个恒久的主题，未来仍需继续努力。

① 人力资源和社会保障部：《企业年金办法》，http://www.mohrss.gov.cn/xxgk2020/gzk/gz/202112/t20211229_431752.html。

② 国务院办公厅：《国务院办公厅关于推动个人养老金发展的意见（国办发〔2022〕7 号）》，http://www.gov.cn/zhengce/content/2022-04/21/content_5686402.htm。

中篇

现实篇

分报告九
个人养老金制度的发展历程：从产品型向个人账户制的变迁

一、引言

个人养老金是政府政策支持、个人自愿参加、市场化运营的补充养老保险制度①，属于养老保险体系中的第三支柱，与基本养老保险（第一支柱）、企业年金或职业年金（第二支柱）共同组成多层次、多支柱的养老保险体系。广义的个人养老金最早可追溯到1984年中国人民保险公司（以下简称"中国人保"）推出的"个人养老金保险"，即囊括产品型、账户制等多种形式的商业养老保险，包含狭义层面上2022年开始推行的"个人养老金"。本文的研究对象为广义上的个人养老金。

个人养老金伴随城镇职工养老保险制度改革而出现在制度规划中，1991年起，企业职工养老保险改革的方向是由政府、企业、个人三方负担，其中就包含与基本养老保险、企业补充养老保险制度并列的职工个人储蓄性养老保险，但现实发展与顶层设计存在一定差距。进入21世纪以来，随着社会经济发展的进步，商业保险公司及其养老保险产品遍地开花，但从缴费规模和覆盖率来看，相较于发达国家，我国的个人养老金发展仍十分薄弱。为进一步提高个人养老金的制度吸引力，2018年我国开始在上海等地试点个人税收递延型商业养老保险，尽管这一产品在税收优惠上具有一定优势，但是由于投资收益、覆盖对象等方面的制度障碍，其于运行5年后停止销售。2022年，为充实壮大养老保险的第三支柱，适应新就业形态的发展，我国开始在36个先行城市（地区）试点实施个人养老金制度，凭借税收空前优惠等优势，获得了较快发展，但制度在参保激励、税收和投资等方面仍有待进一步加强与完善。

一言以概之，个人养老金制度的发展历程开始于个人储蓄性养老保险，其间进行了产品型、投资型制度的探索，最终账户制个人养老金得以发展，这反映了市场化产品型业态的自发探索向系统性制度设计的转变。从国际经验来看，大多数国家的个人养老金采用个人账户制；从我国养老保险体系发展的基本现实来看，个人账户制更符合我国在消费储蓄传统上的社情民意与劳动保障权益需求，更有利于第三支柱养老保险发展壮大。在个人养老金制度在储蓄型和产品型制度模式之间的选择和转换过程中，个人账户制的比较优势得以凸显，如福利可携带、缴费灵活、覆盖群体多元普惠、责任明晰等。从宏观的制度变迁逻辑和微观的个人参保决策过程来看，个人养老金实施个人账户制的路径选择方向逐渐得以明确。

从具体实践来看，随着社会经济发展水平的提升和整个养老保险体系的不断健全，个人养老金经历了从无到有再到日益优化的过程。从早期商业保险公司的市场行为发展为政府进行制度设计及政策支持，个人养老金的制度定位不断提高，保险产品的市场多样性和具体产品设计也不断优化，多部门开始探索税收优惠政策以及投资产品扩容，市场参与度和活跃度也经历了从零到社会开始接纳再到空前提升的过程，经办服务的便捷性也进一步增强，特别是在近期完成了一定的制度整合，基本确立了以2022年开始实施的个人养老金产品为中心的第三支柱养老保险制度。

不过，仍需注意的是，个人养老金在各个发展阶段面

① 李心萍、曲哲涵、欧阳洁：《政府政策支持、个人自愿参加、市场化运营的补充养老保险——个人养老金制度正式实施》，中国政府网，https://www.gov.cn/zhengce/2022-11/07/content_5725060.htm，2022年11月7日。

临一些共性问题。例如：由于产品设计、税收优惠等政策支持方面的问题，对潜在对象的激励不足，从而导致参与率不高；缴费规模和覆盖范围相对于第一支柱、第二支柱来说仍然较小；受限于资本市场总体发展障碍而投资收益不高；等等。产品型相较于账户型而言存在特殊的个性问题，如部分保险产品最终退市，试点未能全面推开，根本原因在于参保门槛高、普惠性欠缺，以及税收优惠政策设计无实际优惠效果，经办服务能力不足、效率低等。2022年个人账户制试点后，也仍面临参保激励、扩大市场规模等挑战。因此，有必要对个人养老金制度始于个人储蓄性养老保险、转向产品型的市场化探索、最终个人账户制得以发展的历史发展规律，以及各阶段的有益发展经验进行总结，也有必要及时梳理各历史发展阶段中个人养老金制度面临的障碍与困境，这样才能较为系统清晰地预判未来制度发展的总体趋势和风险与挑战，为后续制度发展提出改进建议。

二、个人储蓄性养老保险发展：1991~2000 年

（一）个人养老金从市场行为上升为制度设计

改革开放带动了商业保险的发展，为了满足农民、乡镇企业职工和个体劳动者对保险的要求，中国人保于 1984 年推出了个人养老金保险[①]，以交费期内死亡则退费为原则，被保险人生存至领取保险金年龄后，每月领取一定数额的养老金直到身故，可每十年固定给付。为了配合计划生育这一基本国策的实施，该公司还在 1991 年推出了独生子女父母养老金保险等。但以上保险业务仅是保险公司的市场行为，个人养老金作为政府规划的制度设计应从 1991 年企业职工养老保险制度改革算起。随着经济体制的市场化改革，社会保障事业也开始快速发展，以往国家保障、企业统包的形式逐渐退出历史舞台，国家开始探索政府、企业和个人三方共担的养老保险社会统筹模式。为和基本养老保险配套，建立起多层次的养老保险体系，个人养老金制度被提出并得到广泛关注。

（二）个人养老金的最初形式：个人储蓄性养老保险

1991 年 6 月，国务院发布《关于企业职工养老保险制度改革的决定》，要求逐步建立起基本养老保险与企业补充养老保险和职工个人储蓄性养老保险相结合的制度，即三支柱的养老保险体系。其中，个人储蓄性养老保险由职工根据个人收入情况自愿参加。1993 年 11 月，中国共产党第十四届中央委员会第三次全体会议通过的《中共中央关于建立社会主义市场经济体制若干问题的决定》指出，建立多层次的社会保障体系，还进一步明确了社会保障体系包括社会保险、社会救济、社会福利、优抚安置和社会互助、个人储蓄积累保障。同年 6 月，民政部发布《关于做好农村社会养老保险工作几个问题的通知》，我国开始试点建立农村居民养老保险制度（以下简称“老农保”），但城市居民和下岗职工的养老问题仍未得到较好的解决。为应对这一问题，国务院于 1995 年 3 月发布《关于深化企业职工养老保险制度改革的通知》，明确国家在建立基本养老保险、保障离退休人员基本生活的同时，鼓励建立企业补充养老保险和个人储蓄性养老保险。1997 年 7 月，国务院发布《关于建立统一的企业职工基本养老保险制度的决定》，要求建立适用于城镇各类企业职工和个体劳动者，资金来源多渠道、保障方式多层次、社会统筹与个人账户相结合、权利与义务相对应、管理服务社会化的养老保险体系，各地区和有关部门要在国家政策指导下大力发展企业补充养老保险，同时发挥商业保险的补充作用。但是这一阶段的个人养老金仍停留在顶层设计层面，并无具体的实施细则或者保险业务的指导意见出台，实际市场运行仍停留在此前中国人保开展的养老保险业务。

（三）个人储蓄性养老保险未能广泛推广的历史原因

20 世纪 90 年代，个人储蓄性养老保险这一形式的个人养老金发展滞后的主要原因可归结为收入水平和购买力不足，当然，也有整个养老保险制度体系构建中的若干桎梏。1995 年前后，我国开始进行国有企业改革，社会保障改革的核心任务在于解决下岗职工的生活保障、再就业和失业问题，确保企业离退休人员基本养老金按时足额发放，确保国有企业下岗职工基本生活费按时足额发放。个人养老金作为第三支柱，改革的紧迫性和必要性不及基本养老保险等制度，这直接导致个人养老金的发展未能实现突破。

三、产品型个人养老金快速发展：2001~2017 年

（一）商业养老保险产品应需而生

随着社会经济的发展，我国职工和居民的收入水平不断提升，多样化的养老需求日益凸显。在制度建设方面，依据国务院发布的《关于建立统一的企业职工基本养老保险制度的决定》，城镇职工基本养老保险制度于 1997 年正式建立；2009 年，国务院发布《关于开展新型农村社会养老保险试点的指导意见》，新型农村社会养老保险（“新农保”）开始试点；养老保险体系总体已经具有了较为扎实的基础。2004 年，劳动和社会保障部出台《企业年金试

① 楚军红：《中国寿险产业发展报告（下）：中国寿险的市场潜力与面临的困境》，《内蒙古保险》，1997 年第 3 期，第 41–47 页。

行办法》；2011 年，中共中央、国务院下发《关于分类推进事业单位改革的指导意见》，国务院办公厅出台《事业单位职业年金试行办法》。企业年金和职业年金制度也开始实施。建立健全个人养老金制度成为建立健全多层次、多支柱养老保险体系的必要举措，成为提高养老金总体水平、增强风险应对能力、缩小养老金待遇群体间差距的需要。商业保险市场的整体发展也为个人养老金发展提供了机遇，投资市场的逐渐繁荣以及社会储蓄和消费观念的转变使得商业养老保险在进入 21 世纪以后实现了空前的发展。

（二）产品型个人养老金发展壮大

2003 年 10 月，中国共产党第十六届中央委员会第三次全体会议通过的《中共中央关于完善社会主义市场经济体制若干问题的决定》提出，鼓励有条件的企业建立补充养老保险，积极发展商业养老、医疗保险。2004 年，平安、太平等首批养老保险公司成立，随后国寿、泰康、长江养老保险公司相继成立。同年，中国保监会宣布允许外资寿险公司提供养老金 / 年金险业务。2006 年 6 月，国务院出台《国务院关于保险业改革发展的若干意见》，提出要充分认识加快保险业改革发展的重要意义，鼓励大力发展商业养老保险业务。此后，各保险公司开始扩充养老保险市场中的份额。例如，2007 年平安养老保险先后获准在辽宁、湖北、山东等 10 个省市设立分公司，太平保险向其养老保险企业增资 3 亿元，太平养老的注册资本提高到 5 亿元[①]。在此期间，商业养老保险产品数量不断提升，创新产品层出不穷。起初商业养老保险大多是固定利率的养老保险产品，2005 年之后各商业保险公司开始加入分红或万能险的投资功能，将固定利率转变为浮动利率，实际分红和结算利率将视寿险公司的经营水平而定。商业养老保险的市场规模也实现了空前的增长，2001~2007 年的年均增长速度达 15%[②]，超过同期 GDP 的增长速度。

随着商业养老保险公司及其产品不断增多，以及市场体系日益健全，政府开始引导商业养老保险的产品和经营管理。2008 年 1 月，中国保险监督管理委员会（以下简称“保监会”）审议通过的《保险公司养老保险业务管理办法》实施，首部专业的商业养老保险管理规定为养老保险行业进一步向专业化纵深发展提供了政策基础，成为我国商业养老保险史上的一个重要转折。同年 6 月，第一款商业养老保险地方性试点法规《天津滨海新区补充养老保险试点实施细则》发布，规定投保人购买补充养老保险，可享受天津市人民政府给予的税收优惠。同年 12 月，国务院办公厅发布《关于当前金融促进经济发展的若干意见》，明确提出鼓励和支持有条件企业通过商业保险建立多层次养老保障计划，研究对养老保险投保人给予延迟纳税等税收优惠。

此后，商业养老保险在多项重大社会经济发展改革中被赋予重要角色。2011 年 3 月，《中华人民共和国国民经济和社会发展第十二个五年规划纲要》要求坚持广覆盖、保基本、多层次、可持续方针，发挥商业保险补充性作用。2014 年 8 月，国务院发布《关于加快发展现代保险服务业的若干意见》，明确了把商业保险建成社会保障体系的重要支柱。商业保险要逐步成为个人和家庭商业保障计划的主要承担者，企业发起的养老健康保障计划的重要提供者，社会保险市场化运作的积极参与者。2016 年 3 月，《中华人民共和国国民经济和社会发展第十三个五年规划纲要》提出，构建包括职业年金、企业年金和商业保险的多层次养老保险体系。制度的完善进一步加速了商业养老保险的产品创新和税收优惠政策的探索。在此期间，应市场扩展的需求，商业养老保险的产品进一步丰富，住房反向抵押等新产品形式出现并得到政策支持。2014 年 6 月，保监会发布《关于开展老年人住房反向抵押养老保险试点的指导意见》，提出开展老年人住房反向抵押养老保险试点工作。

（三）产品型个人养老金发展滞后的原因

尽管随着居民总体收入水平的提升，进入 21 世纪以来，我国商业养老保险实现了较快发展，但是相较于第一支柱的基本养老保险而言，商业养老保险的市场规模仍有限，与发达国家也存在一定差距。2000~2015 年，个人商业养老保险的保费占寿险保费的比例仅在 10% 上下浮动。深究其原因，首先，这与我国商业保险市场总体发展滞后相关。长期以来，由于消费者认知不够和专业化经营水平不足等，商业养老保险的市场打开较为困难。我国基本养老保险制度建设被视为养老保险体系中的首要问题。其次，商业养老保险的产品和服务供给不足且单一，更多是银行养老储蓄产品，住房反向抵押虽有试点但未成功，基金类推出不久，而信托类、证券类则几乎空白。产品资金的投资渠道少，金融属性不强，彼时未形成较为成熟的资本市场以确保可观的投资收益。最后，对于商业养老保险发展的政策支持不足，政府层面未在税收优惠等方面激发参保积极性。尽管自 2008 年开始鼓励研究对养老保险投保人

① 孟繁龙：《保险公司争食“养老险”养老保险市场圈地“鼓声”急》，中国经济网，http://finance.ce.cn/insurance/scroll-news/200704/02/t20070402_10896741.shtml，2007 年 4 月 2 日。

② 新华社：《中国保监会人身保险监管部负责人就〈保险公司养老保险业务管理办法〉答记者问》，中国政府网，https://www.gov.cn/zwhd/2007-11/13/content_803510.htm，2007 年 11 月 13 日。

给予延迟纳税等税收优惠，但是实际上并无具体细则和办法，税优型养老保险产品的发展停滞不前。

四、产品型个人养老金对税优的继续探索：2018~2022 年

（一）产品型个人养老金改良创新的背景

商业养老保险长期市场活力不足，不仅导致整个养老保险体系过度依赖第一支柱，严重影响制度可持续性，还难以形成较高的养老金替代率水平。如前文所述，尽管企业年金和职业年金制度早已建立，但是第二支柱建立的门槛相对较高，覆盖人群仅限于就业稳定的城镇职工，这进一步拉大了与城乡居民等群体的养老金差距。从个人层面来看，随着社会经济的发展，多层次的养老需求不断显现，为满足个人和家庭在风险保障、财富管理等方面的需求，也为进一步提升社会总体养老金水平，有必要发展安全性高、保障性强的个人养老金，并广泛激发参保积极性。从以往发展经验来看，产品型商业养老保险市场发展薄弱的主要原因在于税收等环节的设计吸引力不足，参保积极性不高。因此，为推进多层次养老保险体系建设，对养老保险第三支柱的探索开始转向税收优惠等制度设计。

（二）个人税收递延型商业养老保险的探索

2017 年 6 月，国务院办公厅发布《关于加快发展商业养老保险的若干意见》，明确支持商业保险机构开发多样化商业养老保险产品，支持符合条件的商业保险机构积极参与个人税收递延型商业养老保险试点。2018 年 3 月，中国证券监督管理委员会（以下简称“证监会”）发布《养老目标证券投资基金指引（试行）》，我国养老目标公募基金的法律地位正式确立。2018 年 4 月，财政部、国家税务总局、人力资源和社会保障部、中国银行保险监督管理委员会（以下简称“银保监会”）、证监会联合发布《关于开展个人税收递延型商业养老保险试点的通知》，规定自 2018 年 5 月 1 日起，在上海市、福建省（含厦门市）和苏州工业园区实施个人税收递延型商业养老保险试点，试点期限暂定一年，其税前扣除标准按 6% 和 1000 元孰低办法确定，领取时对积累养老金总额的 25% 免税，其余 75% 按 10% 税率征收。同年 4 月，银保监会、财政部、人力资源和社会保障部、国家税务总局联合发布的《个人税收递延型商业养老保险产品开发指引》，是个人税收递延型商业养老保险试点期间，保险公司开发设计税收递延型养老保险产品的基本要求和统一规范。2018 年 5 月，银保监会发布《个人税收递延型商业养老保险业务管理暂行办法》，明确了保险公司开展税延养老保险业务的经营要求，确保经营主体具备较强的专业能力和持续经营能力。

同期，包括无税优产品在内的各类商业养老保险也在发展中。2018 年 7 月，银保监会发布《关于扩大老年人住房反向抵押养老保险开展范围的通知》，将老年人住房反向抵押养老保险扩大到全国范围开展。多种能起保险保障作用的养老金融工具，如养老储蓄、养老年金保险、养老目标基金、养老信托、养老理财等金融产品也在这一时期得到一定发展，但此类无税优产品未能在产品设计上体现出制度吸引力。

（三）产品型个人养老金转型中的突出问题

银保监会公布的数据显示，截至 2020 年 4 月底，共有 23 家保险公司参与个人税收递延型商业养老保险试点，其中有 19 家公司出单，累计实现保费收入 3 亿元，参保人数 4.76 万人[①]。在 2021 年底，参保人数仅上升至约 5 万人，保费收入约为 6 亿元，参保人大多是保险公司内部职工，一些公司的“自保件”占比甚至高达 69%。从基金规模涨幅和参保人结构来看，个人税收递延型商业养老保险基本处于停滞状态[②]，主要原因包括：第一，受限于投资产品范围，试点产品投资收益偏低，吸引力不足；第二，税收优惠力度不高，现行税前扣除标准降低了第三支柱养老金的贡献率和替代率，向高收入者倾斜，不利于中等收入人群。第三，覆盖对象偏离制度设计初衷，现行政策仅覆盖取得工资薪金、连续性劳务报酬所得的个人以及个体工商户，将灵活就业人员、低收入的城乡居民养老保险参保人等排除在外。第四，操作复杂，税收征管成本高。目前，城镇职工须依靠所在单位在发放工资时按月办理抵扣税收优惠，抵扣流程烦琐、复杂，且当月工资收入或劳务报酬变动较大时，须逐月进行比较确定扣除标准，增加了单位的执行成本。

五、账户制个人养老金的发展：2022 年至今

（一）账户制个人养老金出现的历史背景

多年以来，我国养老保险体系中的第三支柱补充性养老保险的发展较为缓慢。产品型的投资方式导致第三支柱养老保险发展始终未实现较大突破，并由此造成养老保险体系结构失衡，不仅不利于分担化解养老风险，还在一定程度上固化了不同群体之间的养老收入差距。当前退休职工的基本养老金远超城乡居民的基本养老金水平，迫切需

① 《税延养老险试点与个人养老金衔接工作启动，原则上年底前完成》，蓝鲸财经，https://baijiahao.baidu.com/s?id=1776289225331769455&wfr=spider&lfor=pc，2023 年 9 月 6 日。

② 郑秉文：《养老金三支柱理论嬗变与第三支柱模式选择》，《华中科技大学学报（社会科学版）》，2022 年第 2 期，第 20-37 页。

要新的调节手段。新时期我国劳动力市场日趋灵活，就业流动愈加频繁，多种新就业形态出现，但我国尚未建立与新业态就业人员等新型劳动关系匹配的保险形式，如果以灵活就业人员身份参保，负担太重，快递员等群体不愿缴纳，而如果以城乡居民身份参保，则享受的待遇又太低，且灵活就业人员中存在大量漏保和断保人员[①]。在此背景下，为推进多层次、多支柱养老金体系建设，以“个人养老金”命名的账户制个人养老金进入了大范围试点阶段。

（二）账户制个人养老金的制度确立和发展进程

1. 个人养老金试点实施

2022年4月，国务院办公厅印发《关于推动个人养老金发展的意见》，要求推动发展适合中国国情、政府政策支持、个人自愿参加、市场化运营的个人养老金，与基本养老保险、企业（职业）年金相衔接，实现养老保险补充功能，协调发展其他个人商业养老金融业务，健全多层次、多支柱养老保险体系。同年10月，人力资源和社会保障部、财政部、国家税务总局、银保监会、证监会联合发布《个人养老金实施办法》，指出个人养老金实行个人账户制，缴费完全由参加人个人承担，自主选择购买符合规定的储蓄存款、理财产品、商业养老保险、公募基金等金融产品，实行完全积累，按照国家有关规定享受税收优惠政策。11月，财政部、国家税务总局发布《关于个人养老金有关个人所得税政策的公告》，明确自2022年1月1日起，对个人养老金实施递延纳税优惠政策。随后，证监会公布《个人养老金投资公开募集证券投资基金业务管理暂行规定》，明确了相关公募基金产品要求；银保监会发布《关于印发商业银行和理财公司个人养老金业务管理暂行办法的通知》，明确了开展个人养老金业务中的商业银行和理财公司的任务与功能。

2022年11月，人力资源和社会保障部办公厅、财政部办公厅、国家税务总局办公厅发布《关于公布个人养老金先行城市（地区）的通知》，公布了36个先行城市（地区）名单，个人养老金制度开始在先行城市（地区）实施。随后，银保监会发布首批开办个人养老金业务的商业银行和理财公司名单，包括6家大型银行、12家股份制银行、5家城市商业银行和11家理财公司；证监会发布首批个人养老金投资基金产品和销售机构名录，包含40家基金管理人的129只养老目标基金以及37家基金销售机构。银保监会发布《关于保险公司开展个人养老金业务有关事项的通知》，明确保险公司应当落实个人养老金制度要求，提供简明易懂、安全稳健、长期保值增值的商业养老保险，健全客户权益保护机制，满足人民群众日益增长的多样化养老需求。

较以往产品型的商业养老保险而言，2022年推出的个人养老金税收优惠力度前所未有，个人养老金所有缴费可以税前扣除，领取环节全额的固定税率从7.5%降至3%，且参保条件在地域、职业等方面均未设置过多限制，全国统一信息平台统筹管理的条件下参保人操作快捷方便。因此，个人养老金凭借多方优势获得了较快发展。根据人力资源和社会保障部公布的数据，截至2023年6月底，个人养老金制度参加人数已达4030万[②]，至7月25日正式启动实施满8个月，储蓄存款、银行理财产品、商业养老保险、公募基金四类产品总数达到674只[③]。

2. 税延养老保险试点业务与个人养老金制度衔接

2023年7月，国家金融监督管理总局向经营税收递延型养老保险业务的保险公司下发《关于个人税收递延型商业养老保险试点与个人养老金衔接有关事项的通知（征求意见稿）》，拟开展税收递延型养老保险与个人养老金衔接工作，税收递延型养老保险试点公司将停止向新客户销售税延养老保险产品，支持将税收递延型养老保险保单变更为个人养老金税延养老保险保单。该征求意见稿要求中国银行保险信息技术管理有限公司（以下简称“银保信公司”）统筹做好税延养老保险保单信息确认工作。此后，银保信公司将关闭税收递延型养老保险信息平台保险合同新单接口，停止税收递延型养老保险投保人新开户功能，停止向投保人出具税收递延型养老保险税收扣除凭证。这意味着自2018年开始实施的个人税收递延型商业养老保险被整合到2022年开始实施的个人养老金制度之中。

（三）账户制个人养老金面临的挑战

自2022年实施以来，个人养老金的发展也显现了一定的问题。第一，开户不缴费的问题。截至2022年底，个人养老金参加人数1954万，缴费人数613万，缴费总额142亿元[④]，人均缴费约2316元，未达到12000元可延税额度的1/5。2021年，我国人均可支配收入为3.69万

① 赵耀辉：《个人养老金制度的推出意味着什么？》，《商学院》，2022年第6期，第13页。

② 李婕：《开立个人养老金账户人数4030万》，人民网，http://health.people.com.cn/n1/2023/0724/c14739-40041874.html，2023年7月24日。

③ 冷翠华：《个人养老金制度实施满八个月　产品数量达674款》，《证券日报》，2023年7月25日，第B01版。

④ 刘超：《人社部：截至2022年底，个人养老金参加人数达1954万人》，光明网，https://m.gmw.cn/baijia/2023-01/18/1303258460.html，2023年1月18日。

元[①]，也就是说，能够达到每年缴纳个人养老金上限 12000 元的仅为少数高收入群体。个人养老金的缴费越多，享受的税收优惠也就越多，通过个人养老金制度领取的养老金也就更高。一旦个人养老金成为中高等收入群体的专享，那么中高等收入群体就又多了一项保险制度，其可以享受由国家财政买单的税收优惠，这将与普惠的制度初衷相背离。第二，投资收益低的问题。截至 2023 年 4 月，约有 70% 的养老 FOF（基金中的基金）跑输基准，养老 FOF 的平均收益仅为 1.42%，在养老理财中，29 只产品平均收益率仅为 0.47%[②]。一方面，一些如货币基金、同业存单指数基金等低风险产品暂时未被列入个人养老基金范围；另一方面，股票等高投资收益的投资方式被排除在外，投资风险结构仍较为单一。这样不利于激发个人养老金投资的积极性和制度扩面，也无法较好地兼顾投资产品的抗风险性和盈利性。第三，个人养老金账户实行完全积累制，封闭运行的规定意味着账户资金不能随意支取，流动性欠缺，让本就对该制度的收益预期和风险缺少了解的潜在参保群体的参保及缴费的积极性大大降低。第四，税收激励与普惠性背道而驰。由于我国设置了较高的个税起征点，未来应适当提高税收递延型养老保险税前抵扣标准，并建立抵扣额度与社会平均工资增长指数化挂钩的动态调整机制。此外，税收优惠政策对低收入群体的激励作用受限，因而根据扩大覆盖面和保证社会公平的目标，还需设计对低收入群体采取其他税收补贴措施做好配套保障。尽管我国已将个人税收递延型商业养老保险试点规定的提取时按 7.5% 税率降至按 3% 缴纳个人所得税，但是对于中低收入人群来说，还是面临不仅享受不到税收递延的减税福利，还可能因参保增加了税收负担的风险。

六、个人养老金制度的发展趋势与改进建议

（一）规律反思与未来发展趋势预判

纵观个人养老金制度的总体发展历程，本质上是产品型向个人账户制变迁的过程，也是市场化业态自发探索向系统性制度安排的转型过程。个人养老金发展历程的若干阶段可概括为：始于个人储蓄性养老保险，开展了大量产品型和投资型的探索，最终个人账户制大范围推开。反思这一制度变迁规律可以发现，这不仅源于制度指导思想上为适应制度变迁和个人决策逻辑所进行的转变，还在具体制度实践中更加契合我国在消费储蓄方面的社情民意和基本国情，以及新就业形态发展的现实，顺应国际上大多数国家个人养老金采用账户制的趋势。

我国个人养老金具体的制度实践经历了从无到有，再到不断扩大参保群体和覆盖范围的演变过程，这与数十年来我国社会总体经济的发展相吻合。在这一过程中，保险产品不断多样化，且为了提高参保率，出台了税收优惠等政策，但受限于各类发展障碍，产品型个人养老金的发展始终相对滞后。原因在于这种市场自发探索形态存在一些短板，如欠缺税收优惠、政府补贴等政策扶持，欠缺便携性转移接续等制度规定，以及风险分担与保障等政府承诺担保事项不完善等。而在 2022 年开始实施的个人养老金制度上升为国家制度安排，实现了空前的广泛覆盖。换言之，个人养老金制度中的不同制度模式实现了优胜劣汰，个人账户制体现出了独特优势，因参保门槛低、普惠性强、待遇可携带等得到了社会的广泛认可和肯定。目前，我国基本确定了个人养老金实行账户制，未来个人养老金制度的发展还将呈现以下趋势。

第一，个人养老金制度实现整合，第三支柱由产品型向账户制转型。2023 年，个人税收递延型商业养老保险被整合进个人养老金制度。未来，个人养老金随着制度的完善发展，还将进一步扩面，并在制度吸引力方面体现出一定优势。此前部分市场活力不足的第三支柱产品型个人养老金中的若干保险产品也将陆续在市场中被取代或整合，实现制度整体向账户制的转型。其一，在占有权上，权益归参加人所有，强调账户的个人财产属性，且具有私有财产属性，这将一定程度上提高个人的参保积极性。其二，个人养老金账户采用托管的投资方式，面向的是整个金融产品市场，可投资产品更加多元化。其三，个人养老金以参保人个体为单位，税收递延的计算更易操作。因此，向账户制的转型，不仅能够提高个人养老金账户的投资效率，还能对潜在参保人产生更多的吸引力。

第二，个人养老金的社会需求还将增加，待遇普惠性将不断增强。个人养老金对参保群体的职业、地域不作限制，缴费和待遇领取独立于政府和雇主，这顺应了劳动力市场日趋灵活、多种新就业形态出现的趋势。目前我国尚未建立与新业态就业人员等新型劳动关系匹配的保险形式，大量灵活就业人员将激发个人养老金的社会需求。随着社会经济的发展，中高收入阶层对更高保障水平养老保险的需求也将愈加凸显，个人养老金在此基础上能够更好地满足这一群体提高老年生活水平的需要。对于未能参加第二支柱企业（职业）年金的人员来说，个人养老

① 国家统计局：《中华人民共和国 2022 年国民经济和社会发展统计公报》，https://www.gov.cn/xinwen/2023-02/28/content_5743623.htm，2023 年 2 月 28 日。

② 余世鹏：《个人养老金投资最新成绩出炉 七成养老 FOF 跑输基准》，《证券时报》，2023 年 4 月 3 日，第 A05 版。

金为其提供了可选项，替代性地起到了分担养老风险的作用。

第三，个人养老金在参保激励、产品设计、税收优惠、投资收益等方面面临较大挑战。从近些年我国补充性养老保险制度的发展来看，由于收益低、社会信任和宣传不足等因素，社会参与积极性不高成为制约制度发展的普遍问题，个人养老金吸引力不足的问题有待破解。参考 2018 年在部分城市试点个人税收递延型商业养老保险产品的发展经验来看，税收优惠力度不足则无法形成吸引力。同时，税惠力度也不能过大，一旦对个人养老金给予较大的税收优惠，会吸引大批有支付能力的中高收入群体参保，他们的养老金水平进一步提升，而低收入者因无力购买而无法得到税收优惠，最终“补贴富人”导致全社会收入差距扩大。个人养老金资金账户实行完全积累，因而对账户运行和投资行为的长期性提出了较高要求，但从目前我国金融产品市场的发展来看，可供个人养老金投资的金融产品仍显不足。

（二）未来发展建议

从个人养老金的发展历程来看，其始终面临参保率不高、税收优惠等制度设计吸引力不足、基金投资收益不高等问题，难以形成可观的市场规模，第三支柱的补充作用发挥有限。在产品型个人养老金的发展阶段，个人养老金也显现了与当时的社会经济发展总体情况、社会养老需求不匹配的问题。例如，个人税收递延型商业养老保险将灵活就业人员排除在外，参保范围十分局限。针对个人养老金在各发展阶段的共性和个性问题，以及账户制个人养老金当前面临的挑战，笔者在此提出以下建议：

第一，多措并举提升个人养老金参保率。首先，应明确制度定位，提升个人养老金制度在养老保险体系中的地位。从国家层面到社会各主体，都应重视个人养老金对于提高养老水平、健全多支柱养老保险体系的重要作用。其次，在新经济、新业态蓬勃发展的背景下，不断扩大个人养老金的覆盖面，特别是从参保条件、收益待遇、操作便捷性等方面，提升该制度对于小微企业雇员、个体工商户、灵活就业人员等群体的参保友好度。再次，目前相对偏低的缴费上限限制了有能力缴费人群，影响个人养老金整体规模发展。为实现制度的充分激励，吸引更多人参与，应明确个人养老金缴费上限调整办法。最后，未来我国可借鉴国际经验，运用税收和政府补贴的双重手段，扩大个人养老金覆盖面。例如，美国对个体退休账户不同参保群体设置了不同的减税办法，德国“里斯特计划”还对不同群体设置了不同的政府补贴标准，以激发参保热情。

第二，不断提升个人养老金制度的便携性。一方面，应确保个人养老金制度和养老保险体系中其他支柱保险的制度衔接，打通各保险制度账户之间的资金流动，并解决对应的缴费和待遇转移接续等现实问题。一是打通企业（职业）年金等第二支柱与个人养老金的税收优惠比例和额度；二是针对个人养老金制度封闭账户的特征，实现个人养老金缴费和其他保险的个人账户积累的转移接续；三是实现各支柱在投资管理上的对接。另一方面，为提高个人养老金的投资收益和待遇水平，考虑到个人养老金资金具有期限长的优势，今后可将其投资在需要长期资金支持的实体经济上。此外，建议逐步放开养老金投资范围，适当放宽投资风险限制，鼓励各类金融机构根据个人养老金账户的特征设计投资产品和运营方式。

第三，完善个人养老金的保险产品设计和税收优惠等环节。首先，在产品设计上，从纵向的生命周期角度来看，应根据投资者风险承受能力设计不同风险和收益等级的金融产品。随着参保人的年龄增大，应逐渐降低高风险产品的比例。从横向的参保范围来看，应合理设计缴费负担层次，确保各群体的收入水平能够在缴纳基本养老保险之后，还有余力参加个人养老金。其次，为最大限度吸引并鼓励参保，国际上大多采用 TEE 模式（在缴费期征税，在投资期和领取期免税的模式）进行税延[①]。我国虽然采用 EET 模式（在缴费期和投资期免税，在领取期征税的模式），但是设置了较高的个税起征点，未来应适当提高税延养老保险税前抵扣标准，并建立抵扣额度与社会平均工资增长指数化挂钩的动态调整机制。税收优惠政策对低收入群体的激励作用受限，因而根据扩大覆盖面和保证社会公平的目标，还需设计对低收入群体采取其他税收补贴措施做好配套保障。如果采取 EET 模式，参考此前补充性养老保险的发展经验来看，还应合理设置领取阶段的税率。最后，应推进统一的养老金信息管理平台建设，以保障账户跟踪、各层次养老金账户之间的资金积累转移等服务，同时完善税收抵扣等配套服务，简化税收抵扣操作流程，让职工和居民参保和获得税优更加方便。

① 郑秉文：《第三支柱商业养老保险顶层设计：税收的作用及其深远意义》，《中国人民大学学报》，2016 年第 1 期，第 2–11 页。

分报告十
个人养老金制度对新就业形态劳动者的重要意义与政策建议

一、新就业形态劳动者的定义与类型、发展现状及主要特征

（一）新就业形态劳动者的定义及三种类型

在新一代信息技术的助推下，数字经济得到蓬勃发展，成为继农业经济、工业经济后的又一种重要的经济形态。数字经济不仅深刻地改变着现有的生产方式、生活方式和治理结构，还催生了新型的就业形态，创造出新的就业机会。通常而言，新就业形态劳动者是指依托互联网平台实现就业的劳动者。人力资源和社会保障部等八部门共同印发的《关于维护新就业形态劳动者劳动保障权益的指导意见》，将新就业形态劳动者划分为三种类型，分别是符合确立劳动关系、不完全符合确立劳动关系以及自由职业[①]。又如《关于促进新就业形态健康发展的若干措施》对新就业形态劳动者范围进行了界定，新就业形态劳动者主要划分为三种类型：一是依托互联网平台，与平台企业不完全符合确立劳动关系情形，根据平台规则完成工作和接受劳动管理，获取劳动报酬的劳动者，即平台网约劳动者；二是依托互联网平台，依法从事个体经营或个人自主利用自己的体力、专业技能等依法从事劳务、咨询、设计等活动，并取得劳动报酬的劳动者，即平台个人灵活就业人员；三是与平台企业或加盟、代理、外包平台业务的合作企业、劳务派遣企业建立劳动关系或形成事实劳动关系，完成平台企业、平台、平台内经营者等所赋予的工作任务的劳动者，即平台单位就业人员[②]。也有研究将新就业形态划分为三种类型，分别是以“去雇主化”为典型特征的新就业形态，以“多雇主化”为典型特征的新就业形态，以及以标准劳动关系下劳动方式新型化为典型特征的新就业形态（方长春，2020）。

新就业形态与传统就业形态在劳动关系、工作时间等方面有着较大的差异。从劳动关系角度来看，在传统就业形态中，劳动者与用工单位之间有着稳定、排他的雇佣关系。但在新就业形态中，这种关系被打破，劳动者身份和雇佣关系趋于模糊化，劳动者经常同时为多个用工单位提供服务，因此在新就业形态中，劳动者与用工单位之间的劳动关系通常难以厘清，用工单位往往也不与劳动者签订劳动合同。从工作时间角度来看，传统就业的工作时间相对固定，劳动者对于工作时间安排缺乏灵活性。但在新就业形态中，劳动者可以根据自身偏好决定工作时间，对工作时间安排具有更强的自主性。除与平台企业建立或形成事实劳动关系的平台单位就业人员以外，由于劳动关系的模糊化、劳动合同的缺失以及工作时间的灵活性，绝大多数平台网约劳动者和平台个人灵活就业人员在参加养老保险制度第一支柱和第二支柱时有较大的参保局限性，企业不愿意为新就业形态劳动者提供城镇职工养老保险和企业年金，劳动者通常只能选择参加城乡居民养老保险。在这种情况下，仅依靠城乡居民养老保险的养老金收入显然无

① 人力资源和社会保障部、国家发展改革委、交通运输部等：《关于维护新就业形态劳动者劳动保障权益的指导意见》，2021 年 7 月 16 日。

② 北京市就业工作领导小组：《关于促进新就业形态健康发展的若干措施》，https://www.gov.cn/xinwen/2021-09/24/content_5639115.htm，2021 年 9 月 5 日。

法让新就业形态劳动者达到理想的退休收入替代率，亟须依托第三支柱为养老财富储备提供有力补充。

（二）新就业形态劳动者的发展现状——规模庞大且持续增长

随着数字经济、平台经济的迅速发展，以及就业观念的转变，新就业形态劳动者数量持续快速增长。在消费新需求不断涌现、信息技术持续进步、社会分工更加细化的当下，新就业形态作为就业“蓄水池”的重要作用越来越凸显，形成了越来越多的新就业形态劳动者。根据第九次全国职工队伍状况调查显示，目前我国新就业形态劳动者规模约为 8400 万人，主要为货车司机、网约车司机、快递员、外卖配送员等群体，以男性青壮年为主，农业户籍人员比例较高[①]。从目前情况来看，新就业形态劳动者大部分是灵活就业人员[②]。据交通运输部统计，2023 年 4 月全国网约车司机数量达 540.6 万人。根据《2022 年美团骑手权益保障社会责任报告》显示，2022 年有超过 624 万骑手在美团获得收入，日均活跃骑手超过 100 万人，其中全国来自县域乡村地区的农村转移劳动力约占骑手总量的 81.6%[③]。与此同时，新就业形态劳动者的社会保险参保问题已成为各方关注的焦点之一。2020 年 11 月在北京的调查研究显示，受访的外卖骑手中有六成以上没有参加社会保险，参加社会保险的骑手多为兼职骑手，或是自行缴费[④]。有研究指出，缴费负担较重、断缴现象较为普遍、个人缴费比例较高等是导致新就业形态劳动者养老保险参保率较低的重要因素（薛惠元、舒怡，2019）。

上述证据表明，新就业形态劳动者数量庞大，规模持续增长，同时也意味着需要支持和规范发展新就业形态，加强劳动者权益保障，为新就业形态劳动者创造更好的从业环境和发展前景。

（三）新就业形态劳动者的四个主要特征

与传统就业形态劳动者相比，新就业形态劳动者在部分特征上表现出显著的差异性，主要反映在以下四个方面：

1. 非标准劳动关系

与传统就业劳动者与用工单位的标准劳动关系（雇主—雇员关系）相比，新就业形态带来的用工多样性使得新就业劳动者与用工单位之间的关系非标准劳动关系，即由于劳动关系的模糊化和劳动合同的缺位，新就业形态劳动者在法律上或实践中难以享受劳动保护和社会保障等方面的权益（International Labour Organization，2016；周畅，2020；汪敏，2021；封进，2022）。新就业形态劳动者与用工单位之间的非标准劳动关系使得新就业形态劳动者在参加社会保障时存在诸多困难和顾虑，也亟须社会保险制度做出相应的变革，以应对新就业形态的出现对现行社会保险制度带来的需求和挑战。

2. 收入较高但不稳定

与传统就业形态中的月薪制、底薪加提成等常见工资模式不同，在新就业形态中，平台企业通常将劳动者视为“独立承包商”（independent contractor），并不会与劳动者签订劳动合同，劳动者的收入水平主要取决于自主选择接单的数量和按要求完成任务的情况。接单数量和完成任务情况既受到消费者的需求影响，也取决于局部劳动力市场的竞争程度和劳动者的主观工作意愿，在两方面因素作用下，新就业形态劳动者的收入水平呈现平均水平较高但波动幅度大的分布特征（谢富胜、吴越，2019）。

根据 2019 年发布的《中国网约车新就业形态发展报告》，全国网约车司机（含专职和兼职）的平均月收入为 2522 元，在一线城市的平均月收入更高一些[⑤]。从美团研究院的问卷调查来看，2020 年全国骑手的月均收入为 4950.8 元，其中专送骑手的月均收入为 5887.0 元，众包骑手月均收入为 4557.2 元[⑥]，另外有 7.7% 的骑手月均收入超过 1 万元（李力行、周广肃，2022）。有研究指出，平台劳动者的工资收入并不稳定，且高度依赖平台派单提成（华中师范大学社会学院郑广怀研究团队，2020）。综上可知，虽然新就业形态劳动者中不乏高收入者，但是收

① 易舒冉：《全国新就业形态劳动者达 8400 万人》，人民网，http://gd.people.com.cn/n2/2023/0327/c123932-40352365.html，2023 年 3 月 27 日。

② 任欢：《切实维护好新就业形态劳动者劳动保障权益》，光明网，https://epaper.gmw.cn/gmrb/html/2021-08/19/nw.D110000gmrb_20210819_3-02.htm，2021 年 8 月 19 日。

③ 美团外卖社会责任委员会：《2022 年美团骑手权益保障社会责任报告》，https://waimai.meituan.com/cpc/csrpc/index.html，2023 年 2 月 28 日。

④ 王井怀、梁姊、王晖：《灵活用工渐成趋势，外卖骑手的社保“谁来保”？》，新华网，http://www.xinhuanet.com/fortune/2021-01/16/c_1126990635.htm，2021 年 1 月 16 日。

⑤ 中国劳动保障报：《网约车研究报告显示新就业形态成为稳就业重要渠道》，《半月谈》，http://www.banyuetan.org/kj/deta-il/20190128/1000200033136211548645425243136177_1.html，2019 年 1 月 28 日。

⑥ 政邦智库“高质量就业”课题组：《@ 美团，保障“骑手”正当权益，也是“利益均衡”》，搜狐网，http://news.sohu.com/a/501970741_121193337，2021 年 11 月 18 日。

入波动性较大，且群体间的收入差距较为明显。

3. 工作时间较长且碎片化

虽然工作时间灵活、自由可控是新就业形态吸引广大劳动者从事相关工作的重要原因，但是在实际中，新就业形态劳动者的工作时间超长且碎片化的情况往往被忽视。例如，平台通过抢单、等单的工作机制设计，隐形地控制劳动者的经验、思想和感受，并无形间塑造劳动者“自我加压”式的超时劳动观念。平台通过评分机制管控劳动者的工作方式和工作环境，并结合奖惩机制间接控制劳动者的工作时间，使得劳动者在追求“虚假自由”时深陷“接单游戏”之中（李胜蓝、江立华，2020；邓智平，2021）。

根据相关研究对网约车司机的工作时间统计，网约车司机平均每周的工作时间为 27.2 小时，其中专职司机平均每周的工作时间为 37.2 小时，兼职司机平均每周的工作时间为 20.1 小时（吴清军、李贞，2018）。上述数据反映出部分新就业形态劳动者的实际工作时长，与我国《中华人民共和国劳动法》平均每周工作时间不超过 44 小时的有关规定已经非常接近。有研究指出，超时工作和疲劳驾驶是导致网约车司机和外卖骑手出现交通事故的主要原因（周畅，2020）。

另外，由于新就业形态的特殊性，劳动者的工作时间呈现典型的碎片化特征。例如，对于外卖骑手而言，其工作量并非均匀分布在整个工作时期，而是高度集中于用餐高峰时段。在用餐高峰时段，外卖订单量呈现骤增态势，骑手需要连续高强度工作数个小时，但在非高峰时段，外卖订单量将急剧回落，骑手需要通过持续等待进行抢单，其间进行碎片化的工作，在这种工作模式下骑手花费的等待时间经常不亚于实际工作时间。大量的等待时间既没有薪酬，也进一步挤压了骑手的休息时间。网约车司机也常常面临类似困境，据调查发现，网约车司机接单时长占在线时长比重为 46%，说明网约车司机有近一半的时间花费在路边等待或空车行驶中（张成刚，2018）。以上情况也说明，工作时间的碎片化是造成新就业形态劳动者工作时间长、工作压力大的重要原因。

4. 工作流动较为频繁

相关数据显示，新就业形态青年群体从事本职业工作时长不足 3 个月的比重为 19.5%，从事工作时长 3~6 个月的比重为 14.8%，从事工作时长半年至一年的比重为 14.6%，分别高于非青年群体 11.3%、5.3% 和 4%，而新就业形态青年群体从事工作时长一年以上的比重仅为 51.1%，远低于非青年群体的 71.6%，反映出新就业形态劳动者的流动性较强，尤其体现在青年群体中[①]。造成这一现象的主要原因在于，在新就业形态中，劳动者与用人单位通常不签订劳动合同，劳动者与用人单位之间缺乏从属关系的基础。虽然表面上劳动者和用人单位任意一方均可随时中断或终止雇佣关系，但是事实上劳动者和用人单位的地位是不对等的，劳动者并不受到《中华人民共和国劳动合同法》的保障，因此在与用人单位的谈判中处于弱势地位。尤其是在面对平台企业时，劳动者只能被动遵守平台企业制定的规则，并接受平台算法的监督与控制（陈龙，2020；李胜蓝、江立华，2020）。同时，新就业形态劳动者的准入和退出门槛较低，且手续简便，多数情况下只需在平台注册、等待通过审核即可开始工作。在上述因素的影响下，新就业形态劳动者更换工作所需付出的机会成本远低于传统就业，从而导致了新就业形态劳动者的流动频率相对偏高。

造成新就业形态劳动者流动性较高的另一个原因在于，新就业形态劳动者对自身工作的职业归属度和工作满意度不高，更多的是将其视为暂时性或过渡性工作。有研究通过对外卖骑手的访谈发现，部分外卖骑手并未将从事外卖工作视为正式的全职工作，而是希望利用业余空闲时间谋求一份额外收入（华中师范大学社会学院郑广怀研究团队，2020）。此外，工作强度大、工作时间长、缺乏职业发展前景和升职空间以及主观社会地位较低也是造成新就业形态劳动者职业归属度和工作满意度不高的重要原因。

二、个人养老金制度对新就业形态劳动者的重要意义及局限性

（一）第一支柱和第二支柱对新就业形态劳动者的覆盖有限

从制度设计角度来看，由于新就业形态的灵活性和自主性，以及劳动关系的模糊化和劳动合同的缺失，原本构筑在劳动关系基础上的城镇职工养老保险制度难以覆盖新就业形态劳动者群体。我国人力资源和社会保障部认为：“若简单将平台企业和新就业形态劳动者之间认定为劳动关系，纳入现行劳动保障法律调整范围，将大幅增加平台企业责任，不利于新经济新业态发展，也不利于吸纳劳动

① 吴军、李章龙：《把握新就业形态青年劳动者的群体特征》，中青在线，http://zqb.cyol.com/html/2023-04/04/nw.D110000zgqnb_20230404_3-10.htm，2023 年 4 月 4 日。

者就业。"[①]从官方文件中不难看出，中央和地方在认定劳动关系时主要依据劳动者与平台企业是否存在从属性劳动关系[②]，而对待新就业形态下的非标准劳动关系基本持审慎态度（汪敏，2021）。

一方面，从平台企业角度来看，平台企业与新就业形态劳动者之间没有签订劳动合同，没有替劳动者缴纳社会保险的责任；另一方面，由于平台企业与新就业形态劳动者双方地位存在不对等性，如果强制平台企业为新就业形态劳动者提供城镇职工养老保险，势必将大幅增加平台企业的用工成本，反而可能造成平台企业向劳动者转嫁社保缴费负担，如通过降低工资、提高抽成比例、降低雇佣人数、减少就业机会等方式来保证企业利润率（封进，2014，2022）。

从微观个体角度来看，由于没有企业替新就业形态劳动者分担缴费压力，劳动者在多数情况下只能自行选择是否参保。例如，《广东省灵活就业人员服务管理办法（试行）》规定，"鼓励和引导灵活就业人员参加企业职工基本养老保险。灵活就业人员可凭有效身份证件在户籍地参加企业职工基本养老保险，灵活就业人员（含外省户籍）可凭有效身份证件和就业登记证明在就业地参加企业职工基本养老保险"[③]，但经济负担能力不稳定、流动性强和参保意识不足等因素仍然在很大程度上限制了新就业形态劳动者的参保率。由于经济收入不稳定、缴费压力较大、工作流动频繁，新就业形态劳动者对于社会保险断缴、异地转移接续等情形心存顾虑。同时，新就业形态劳动者较为年轻，其工作特性也决定了在社会保险各险种中对工伤保险的参保需求更为迫切，对养老保险的参保需求相对靠后，这一因素也削弱了新就业形态劳动者的养老保险参保意愿。

基于上述分析可知，就目前情况来看，我国养老保险体系中第一支柱对新就业形态劳动者的覆盖范围和保障力度较为有限。由于新就业形态劳动者的工作流动性较大、职业发展空间有限，参加企业年金的概率较小，第二支柱也难以成为构筑新就业形态劳动者养老财富储备的补充来源，通过第三支柱夯实新就业形态劳动者的养老财富储备迫在眉睫。

虽然为了缓和劳资关系，少数平台企业已经尝试与商业保险公司合作，试图推出针对新就业形态劳动者的补充养老保险产品，但是由于需要新就业形态劳动者独自承担缴费负担，以及劳动者金融素养不足、产品设计欠缺吸引力、产品信任度较低等，整体效果较为有限。因此，个人养老金的推出正逢其时，在较好地契合了新就业形态劳动者主要特征的同时，也为新就业形态劳动者提供了重要的养老保险参保选项，为新就业形态劳动者构建以第一支柱和第三支柱为主要支撑的"哑铃型"养老金结构提供了重要机遇（郑秉文，2022）。

（二）个人养老金制度对新就业形态劳动者的重要意义

为了推动多层次、多支柱养老保险体系建设，促进养老保险制度可持续发展，改善三支柱发展不平衡、不充分的问题，更好地满足人民群众多层次、多样化的养老保障需求，2022 年 4 月 21 日《国务院办公厅关于推动个人养老金发展的意见》的印发，表明我国开始推动个人养老金制度建设[④]。个人养老金制度的正式推出，不仅为壮大养老保险第三支柱提供了发展机遇，还对夯实新就业形态劳动者养老财富储备有着重要意义。

1. 个人养老金制度为新就业形态劳动者提供了重要的参保选项

通过上文分析可知，当前新就业形态劳动者在参加养老保险时面临诸多障碍和顾虑，第一支柱的城镇职工养老保险、第二支柱的企业年金难以适配新就业形态下劳动者与用人单位之间的非标准劳动关系，多数情况下新就业形态劳动者只能参加城乡居民养老保险，无法为劳动者在退休后提供理想的养老保障。个人养老金的出现扭转了这一局面，为新就业形态劳动者提供了新的养老保险参保选项，弥补了原有养老保险体系的制度性缺陷（董克用、施文凯，2020）。个人养老金是政府政策支持、个人自愿参加、市场化运营的补充养老保险制度，作为我国社会保障体系建设顶层设计中关于第三支柱的重要制度安排，与少数保险公司推出的商业养老保险相比，个人养老金更具公信力和

① 人力资源和社会保障部：《人力资源和社会保障部对政协十三届全国委员会第三次会议第4282号（社会管理类373号）提案的答复》，http://www.mohrss.gov.cn/xxgk2020/fdzdgknr/zhgl/jytabl/tadf/202101/t20210113_407548.html，2021 年 1 月 13 日。

② 劳动和社会保障部：《关于确立劳动关系有关事项的通知》，http://www.mohrss.gov.cn/xxgk2020/fdzdgknr/zcfg/gfxwj/ldgx/201407/t20140717_136260.html，2005 年 5 月 25 日。

③ 广东省人力资源和社会保障厅、广东省财政厅：《广东省灵活就业人员服务管理办法（试行）》，hrss.gd.gov.cn/zmhd/cjwtk/jycy/content/post_3244933.html，2020 年 7 月 30 日。

④ 国务院办公厅：《国务院办公厅关于推动个人养老金发展的意见》，https://www.gov.cn/zhengce/content/2022-04/21/content_5686402.htm，2022 年 4 月 21 日。

普适性。此外，与商业养老保险相比，个人养老金还享有递延纳税优惠政策，使得个人养老金制度对于部分高收入的新就业形态劳动者而言具有较强的吸引力。

2. 个人养老金制度契合了新就业形态劳动者的核心特征

新就业形态劳动者的核心特征是收入不稳定和流动较为频繁，这意味着新就业形态劳动者在参加养老保险时通常难以保证持续、稳定的缴费，因而导致新就业形态劳动者在参加养老保险时经常出现断缴断保现象，这样不利于保障新就业形态劳动者的劳动权益。个人养老金在参保条件、缴费模式和缴费水平等方面较好地契合了新就业形态劳动者的上述特征，从该角度来看，个人养老金制度的建立对于扩大社会保障体系覆盖范围、提高新就业形态劳动者养老保障待遇具有重要的现实意义。

从参保条件来看，个人养老金制度规定，在我国境内参加城镇职工基本养老保险或者城乡居民基本养老保险的劳动者，均可参加个人养老金。人力资源和社会保障部数据显示，截至 2022 年末，我国基本养老保险参保人数已达 10.5 亿[①]。结合国家统计局的人口总量数据，2022 年末我国 16~59 岁劳动年龄人口为 8.8 亿，60 岁及以上人口为 2.8 亿[②]。对比易知，由城镇职工养老保险和城乡居民养老保险组成的基本养老保险制度基本覆盖了绝大多数人群，新就业形态劳动者自然也在其中。因此，只要新就业形态劳动者在该时点处于基本养老保险的参保状态，就满足了个人养老金的参保条件，就该标准而言，其对于新就业形态劳动者并不困难，也间接督促了劳动者为第一支柱持续缴费或断保续缴。

从缴费模式和缴费水平来看，个人养老金制度规定，个人养老金实行个人账户制度，缴费完全由参加人个人承担，实行完全积累；参加人每年缴纳个人养老金的上限为 12000 元，后续根据经济社会发展水平和多层次、多支柱养老保险体系发展情况等因素适时调整缴费上限。个人账户制的缴费模式，不仅能够直观地反映参保者个人权益的多少，也方便参保者自主选择投资产品和投资风格，以及完整地记录参保者的缴费、投资情况，便于后续在领取养老金阶段充分地享受税收优惠待遇，凸显出了个人养老金的完全积累特征，有利于吸引新就业形态劳动者积极参保。个人养老金按年份规定缴费额度也与新就业形态劳动者收入不稳定特征非常契合，避免了劳动者收入在季节性波动时可能导致的少缴或不缴等问题，有效激发了新就业形态劳动者的参保积极性。

3. 个人养老金制度兼顾了新就业形态劳动者对劳动关系灵活性的诉求

虽然社会保障是新就业形态劳动者非常重视的劳动者权益，但是劳动者之所以选择在新形态工作，也反映出劳动者希望从中获得就业身份选择权的强烈意愿，即拥有对自身工作和时间安排的掌控力，而非甘愿成为传统就业形态中的“打工人”。个人养老金的制度设计使得新就业形态劳动者只要满足参加城乡居民基本养老保险的前提条件即可参加个人养老金，而非强制劳动者必须参加城镇职工养老保险。这一规定既最大化保证了个人养老金制度的覆盖范围，又不强求劳动者与用人单位建立劳动关系，有效兼顾了新就业形态劳动者对劳动关系灵活性的诉求。同时，个人养老金账户制的设计也降低了劳动者在工作流动中可能造成的权益损失，避免了城镇职工养老保险或企业年金制度实际运行中的常见问题，从而提升了个人养老金制度对新就业形态劳动者的参保吸引力。

4. 个人养老金制度激发了新就业形态劳动者对养老保险第三支柱的参保意愿

自新就业形态出现以来，新就业形态劳动者社会保险参保率偏低的问题已成为社会保险制度扩面增效工作的关注重点之一。关于新就业形态劳动者养老保险参保率低的背后原因，现有研究主要持两类观点：一是主观参保意愿不足，即由于缺乏养老储备意识、参保收益率低于预期等因素，新就业形态劳动者主观上不愿意参加养老保险，或更倾向于参加城乡居民养老保险；二是缺乏客观参保条件，即由于现行制度设计不完善等，新就业形态劳动者虽然有参加养老保险的意愿，但是客观条件制约了劳动者参加多支柱养老保险以夯实养老财富储备。由于新就业形态下的非标准劳动关系，新就业形态劳动者通常难以参加城镇职工养老保险，现实中许多从业者常常呼吁希望能参加其他补充养老保险项目以提高养老保障水平，而个人养老金制度的推出为探究新就业形态劳动者参保率较低究竟是主观参保意愿不足所致，抑或是缺乏客观参保条件提供了契机。

从个人养老金制度推出近一年的情况来看，虽然开户规模较为可观，但是实际缴存情况并不尽如人意。人力资源和社会保障部相关数据显示，截至 2023 年第一季度末，全国有 3038 万人开立了个人养老金账户，但其中只

① 姜琳、郭晓蕾:《全国基本养老保险参保人数达 10.5 亿人》，中国政府网，https://www.gov.cn/xinwen/2023-01/22/content_5738486.htm，2023 年 1 月 22 日。

② 王萍萍:《人口总量略有下降 城镇化水平继续提高》，国家统计局，http://www.stats.gov.cn/xxgk/jd/sjjd2020/202301/t20230118_1892285.html，2023 年 1 月 18 日。

有900多万人完成了资金储存，实际缴费人数仅占1/3左右，人均储存仅为2022元[①]。究其原因，主观参保意愿不足是造成该情况的主要原因。与个人养老金同为第三支柱的专属商业养老保险，从2021年5月开展试点至2022年7月末，一年左右的时间内专属商业养老保险累计投保件数近21万件，其中新经济、新业态人员和灵活就业人员投保近3万件[②]。对比可知，新就业形态劳动者对养老保险第三支柱实际上有着较为强烈的参保意愿，但个人养老金的参保情况不理想，可能是因为其对个人养老金制度不够了解，政策试点有待推广，以及个人养老金制度设计存在一定的局限性，导致现行个人养老金制度对新就业形态劳动者的吸引力不足，从而持观望态度。

（三）个人养老金制度覆盖新就业形态劳动者时面临的局限性

个人养老金制度启动后的近一年时间内，取得较为明显的积极进展，截至2023年6月底，全国36个先行城市（地区）开立个人养老金账户人数达4030万[③]，但其中也陆续暴露出一些痛点、难点问题，如运行机制不平衡、产品供给同质化严重等。尽管个人养老金制度的出现为新就业形态劳动者提供了全新的养老保险参保选项，但是从现阶段试点情况来看，参保人数与预期仍然存在一定差距，而决策主体的认知偏差、既有制度路径依赖约束以及技术性偏差是造成预测偏差的重要因素（高庆波，2023）。综合来看，目前的个人养老金制度设计在覆盖新就业形态劳动者时面临四个方面的局限性。

1. EET模式下，劳动者难以享受实质性的税收优惠

当前个人养老金制度实行的是EET税收优惠政策：在缴费环节，个人向个人养老金资金账户的缴费按照12000元/年的限额标准据实扣除；在投资环节，计入个人养老金资金账户的投资收益暂不征收个人所得税；在领取环节，个人领取的个人养老金不并入综合所得，单独按照3%的税率计算缴纳个人所得税[④]。虽然EET模式是最常见的一种税收优惠模式，也被社会各界广泛认为是个人养老金制度的重要组成部分，但是EET模式在我国个人养老金制度实际运行中产生的效果仍需要进一步探讨。

事实上，我国养老保险制度三支柱均享受税收优惠政策，其中，第一支柱基本养老保险采取的是缴费环节、投资环节和领取环节全免税的EEE模式，第二支柱企业年金实行的是与第三支柱养老金类似的EET模式，仅在税前扣除方面的具体规定有所区别。个人养老金采用EET模式带来的益处主要有两方面：一是明确锁定受益人群，在鼓励高收入群体参加个人养老金的同时，尽可能降低个人养老金制度的逆向激励效应；二是减少个人养老金制度对公共养老金制度的冲击。但EET模式也带来了明显的门槛效应，即全年综合所得税率超过10%及以上的高收入人群才可能从中受益，因此也间接限制了个人养老金制度的潜在参与者规模（高庆波，2023）。由上可知，EET模式虽然是延续既有路径下的稳妥选择，但是也存在一定的局限性。

虽然通过税收优惠政策鼓励居民参加个人养老金制度是世界多数国家和地区的通行做法，但是目前的税收优惠政策对于新就业形态劳动者在内的中低收入人群缺乏足够的参保激励。这部分群体中大多数人的收入水平达不到个人所得税起征点，而只有缴纳个人所得税的人群才能享受个人养老金制度的税收优惠政策，抑或是超过个人所得税起征点的少数人群在参加个人养老金制度中所能享受的税收优惠极其有限，因此现行的税收优惠政策设计实际上并未充分发挥预期应有的作用，又或者说投资环节不征税、提取环节补缴个税的做法使得税收优惠的实际力度打了折扣，从而导致新就业形态劳动者在内的中低收入群体在参加个人养老金制度时更多地是“参而不缴”，这样并没有实现个人养老金制度的有效覆盖。

2. 产品种类繁多，劳动者难以从中选择合适的产品

目前个人养老金的产品种类主要分为四大类，分别为保险类产品、理财类产品、基金类产品和储蓄类产品。截至2023年8月底，在人力资源和社会保障部网站公布的个人养老金产品目录中，共有48种保险类产品、18种理财类产品、149种基金类产品、465种储蓄类产品。暂且不论产品发行机构和销售机构的市场地位、购买渠道等因素对参保者在个人养老金产品种类选择上的影响，种类繁

① 王俊龄：《养老“第三支柱”发展再加把劲》，人民网，http://finance.people.com.cn/n1/2023/0705/c1004-40027861.html，2023年7月5日。

② 王善涛、刘世军、曹美丽等：《银保监会：专属商业养老保险将常态化推进》，光明网，https://m.gmw.cn/2022-08/18/content_1303097863.htm，2022年8月18日。

③ 李婕：《开立个人养老金账户人数4030万》，人力资源和社会保障部，http://www.mohrss.gov.cn/SYrlzyhshbzb/dongtaixinwen/buneiyaowen/rsxw/202307/t20230724_503418.html，2023年7月24日。

④ 财政部、国家税务总局：《关于个人养老金有关个人所得税政策的公告》，https://www.gov.cn/zhengce/zhengceku/2022-11/05/content_5724790.htm，2022年11月3日。

多的个人养老金产品使得参保者需要花费相当多的精力进行选择，而新就业形态劳动者养老金融素养不足、缺乏时间精力的典型特征使得该问题进一步放大。在现实生活中，新就业形态劳动者往往缺乏对个人养老金制度、账户操作及产品种类的了解，也难以分辨个人养老金与其他养老储蓄产品的差异，因而常常在产品选择时面临难以抉择的处境。由于在缴费环节和投资环节都需要耗费较多时间精力和学习成本，因此容易使得新就业形态劳动者等缺乏时间精力和养老金融素养的人群在参加个人养老金时停滞在开户环节，阻碍了参保者进一步参与账户管理和获取投资收益。

3. 三支柱个人账户不互通，劳动者的管理成本骤升

当前养老保险制度三支柱的个人账户处于各自独立的状况，互不联通。由于新就业形态劳动者通常只参加养老保险第一支柱和第三支柱，因此此处对打通第二、第三支柱个人账户等方面的相关问题不再展开讨论。在现行养老保险制度下，第一支柱基本养老保险的个人账户实行名义账户制，而第三支柱个人养老金的个人账户与第一支柱基本养老保险的个人账户不互通，导致参保者需要同时管理多个账户，往往使得参保者对自身权益状况不甚明了，这不仅增加了参保者的管理成本，而且不利于最大化个人账户的投资收益。因此，三支柱个人账户不互通在相当大程度上降低了新就业形态劳动者的参保激励。

4. 劳动者收入不稳定，缴费额度容易被浪费

上文已经提到，新就业形态劳动者的收入水平呈现不稳定的典型特征，因此在考虑个人养老金覆盖新就业形态劳动者群体时，需要充分考虑到劳动者收入波动对个人养老金参保的影响。由于个人养老金的缴费额度仅在当年有效，因此当劳动者处于收入低谷时，出于预算约束考虑，很可能会降低或停止个人养老金的缴费，如此便会导致缴费额度被浪费。而当劳动者处于收入高峰时，受制于该年的缴费额度，劳动者的个人养老金缴费也存在严格的上限，无法弥补其他年份缴费不足带来的养老权益缺失。对于部分新就业形态劳动者而言，其收入水平呈现更为明显的峰谷特征。例如，网络主播、电商销售等从业者职业寿命相对较短，在年轻时期可能有着较高的收入水平，但当行业风口消失或是职业竞争加剧时，可能导致劳动者的收入水平骤减，不复从前。因此，从夯实养老财富储备的角度来看，个人养老金现行的缴费额度设计与新就业形态劳动者收入不稳定特征的兼容性仍有待优化。

三、促进新就业形态劳动者参加个人养老金的政策建议

基于上述分析，未来时期亟须进一步完善个人养老金制度体系，优化个人养老金制度设计，鼓励更多新就业形态劳动者参加个人养老金，通过提升参保激励促使劳动者积极缴费。基于此，本文提出以下四点政策建议：

（一）调整税收优惠模式

由上文可知，个人养老金在现有的 EET 模式下容易造成受益人群较窄、税收优惠力度有限等问题，不利于吸纳新就业形态劳动者参加个人养老金制度。为解决上述问题，本文建议应当进一步调整税收优惠模式，如尝试采用“EET+TEE”的并行税收优惠政策，即在目前 EET 制度的基础上，平行引入 TEE 制度，由个人自由选择[①]。TEE 制度指个人在缴费环节缴纳个人所得税，在投资环节和领取环节不征税。由于新就业形态劳动者通常不缴纳个人所得税，在 TEE 制度下新就业形态劳动者参加个人养老金的投资收益率将会提升，此举有助于扩大个人养老金制度覆盖范围，鼓励新就业形态劳动者积极参加个人养老金制度。实际操作中可在个人养老金账户下设立 EET 和 TEE 两个平行账户，子账户之间相互独立，个人在向个人养老金账户缴费时自主选择将资金注入目标子账户。收入水平不够个人所得税起征点的新就业形态劳动者可自主选择 TEE 模式，由于不缴纳个人所得税，因此该情况下的 TEE 模式等同于 EEE 模式，如此一来可提高新就业形态劳动者参加个人养老金的参保激励，从而吸引新就业形态劳动者积极参保缴费。

（二）提供便捷式投资管理模式

许多个人养老金参保者由于缺乏金融素养和养老规划能力，在参加个人养老金过程中暴露出对金融产品了解不深、不清楚如何操作投资管理等方面问题。对于工作时间长、劳动强度大的新就业形态劳动者而言，更是缺乏足够的时间精力对个人养老金制度以及数量与种类多样的养老金融产品进行深度了解，也对不同养老产品的投资风险缺乏相应的认知，容易盲目追求高收益、忽略潜在的投资风险，不利于保障参保者的个人养老金权益。因此，可尝试加强个人养老金制度的宣传推广力度，普及养老金融教育，增进参保者对个人养老金制度的了解，提高参保者养老金融素养和投资管理能力，并为参保者提供更加便捷的个人养老金账户投资管理模式，如通过风险偏好测试从稳健型投资和风险型投资两种模式中推荐符合参保者偏好的养老

① 张晓云：《如何提高个人养老金获得感？郑秉文：建议探索采取“EET+TEE”税制》，新浪财经，https://finance.sina.com.cn/jjxw/2023-04-03/doc-imypahkr0190311.shtml，2023 年 4 月 3 日。

金融产品；简化参保者在管理个人养老金账户时的操作步骤，如设定默认投资工具或投资组合，或筛选有限种类的投资产品供缺乏时间、精力和养老金融素养的参保者参考，具体可借鉴如美国第二支柱企业年金 401（k）、美国联邦节俭储蓄计划（TSP）、英国国家职业储蓄信托（NEST）和澳大利亚超级年金等采用的做法。通过加强产品宣传，简化产品清单，优化管理操作，可促进更多新就业形态劳动者积极参加个人养老金制度，从而为新就业形态劳动者的养老财富储备提供有力补充。

（三）打通三支柱个人账户，允许多支柱相互转换

账户制模式是世界先行国家的主流做法，我国个人养老金制度实行个人账户制也是出于借鉴国际经验、立足我国实际和吸引广大居民参保的综合考量。但是，三支柱个人账户相互独立、资金互不流通的现状，不仅导致三支柱个人账户结构复杂、资金沉淀，而且造成账户养老金权益的隐性损失。以新就业形态劳动者主要参保的城乡居民养老保险为例，城乡居民养老保险个人账户养老金虽然规定为实账积累，但是由于种种因素，实际上一直并未进行投资积累，账户资金的年均实际收益率仅为一年期定期存款利率，这意味着城乡居民养老保险个人账户资金的名义收益率不仅低于第一支柱城镇职工养老保险基金受托后的年均投资收益率，还低于第二支柱企业年金采用市场化投资策略下的年化投资收益率，相较之下导致城乡居民养老保险个人账户遭受近 30% 的隐性损失（房连泉、毛冰雪，2023）。如果能允许新就业形态劳动者使用第一支柱城乡居民养老保险个人账户资金购买个人养老金，不仅能够盘活第一支柱城乡居民养老保险个人账户资金，还能促进新就业形态劳动者参加个人养老金制度，并增加参保者的养老财富储备。更进一步地，如果能够打通三支柱个人账户，实现多支柱相互转换，如第二、第三支柱的资金互通，具体可参考美国的个人退休账户（IRA）计划，那么就有利于增强第三支柱个人养老金制度的吸引力，增强我国养老保险制度的包容性，推动制度弹性和公平性相应提升。

（四）推动缴费额度灵活化，适度提供缴费补贴

目前个人养老金制度规定，参加人每年缴纳个人养老金的上限为 12000 元，后续会根据多方面因素适时调整缴费上限。上述规定主要考虑到主要群体的收入水平在退休年龄前是较为稳定的，但新就业形态劳动者的收入水平在整个生命周期内存在较大的不确定性，并呈现不稳定、碎片化的特点，使得目前的缴费额度设定与新就业形态劳动者的收入水平可能存在错配的问题。因此，新就业形态劳动者更加需要提早规划养老财富储备。当新就业形态劳动者在参加个人养老金时，其缴费额度可考虑灵活化处理，即允许参保者保留一定时期内未使用的缴费额度，或允许参保者在一定范围内预支未来的缴费额度，以确保参保者在职业巅峰期获得的丰厚收入能有效转化为养老财富储备，避免缴费额度的限制造成个人养老金积累受限，最终导致养老财富储备不足的情况发生。

另外，为鼓励和引导新就业形态劳动者参加个人养老金制度，针对新就业形态劳动者收入不稳定的典型特征，可通过财政手段为其适度提供缴费补贴。由于低收入的新就业形态劳动者难以从个人养老金的税收优惠政策中获益，引入缴费补贴对吸引该部分人群参保无疑更具吸引力。具体做法可参考德国里斯特养老金计划，其参保激励可分为缴费补贴和税收优惠，其中缴费补贴包括基础补贴、子女补贴和特别补贴（林义、周娅娜，2016）。基础补贴只有当参保者必须将上一年工资总收入的规定比例存入里斯特养老保险账户后才能全额获取，子女补贴按照每孩每年补贴金额支付给参保者（通常支付给母亲），特别补贴是针对不满 25 周岁、新参加工作的年轻人发放的一次性补贴。事实上，里斯特养老保险计划的补贴政策取得了较为不错的效果。研究显示，平均 1 欧元的补贴能促进家庭向里斯特养老保险账户额外供款 1.9 欧元。综上所述，通过借鉴类似经验，适度提供缴费补贴，能有效激励新就业形态劳动者参加个人养老金制度，提高新就业形态劳动者的补充养老储备。

参考文献

［1］陈龙：《“数字控制”下的劳动秩序——外卖骑手的劳动控制研究》，《社会学研究》，2020 年第 6 期，第 113–135 页。

［2］郑智平：《“接单游戏”与平台经济中的劳动实践——以外卖骑手为例》，《求索》，2021 年第 3 期，第 108–117 页。

［3］董克用、施文凯：《加快建设中国特色第三支柱个人养老金制度：理论探讨与政策选择》，《社会保障研究》，2020 年第 2 期，第 3–12 页。

［4］方长春：《新就业形态的类型特征与发展趋势》，《人民论坛》，2020 年第 26 期，第 56–59 页。

［5］房连泉、毛冰雪：《账户养老金记账利率的确定机制研究——兼论城乡居民基本养老保险制度改革》，《华中科技大学学报（社会科学版）》，2023 年第 4 期，第

37–47 页。

［6］封进：《社会保险对工资的影响——基于人力资本差异的视角》，《金融研究》，2014 年第 7 期，第 109–123 页。

［7］封进：《劳动关系变化、劳动者需求与社会保险制度改革》，《社会保障评论》，2022 年第 5 期，第 66–78 页。

［8］高庆波：《个人养老金规模预测与偏差——基于制度变迁的视角》，《华中科技大学学报（社会科学版）》，2023 年第 4 期，第 48–60 页。

［9］李力行、周广肃：《平台经济下的劳动就业和收入分配：变化趋势与政策应对》，《国际经济评论》，2022 年第 2 期，第 46–59 页。

［10］李胜蓝、江立华：《新型劳动时间控制与虚假自由——外卖骑手的劳动过程研究》，《社会学研究》，2020 年第 6 期，第 91–112 页。

［11］林义、周娅娜：《德国里斯特养老保险计划及其对我国的启示》，《社会保障研究》，2016 年第 6 期，第 63–70 页。

［12］汪敏：《新业态下劳动与社会保险政策的检视与选择》，《社会保障评论》，2021 年第 3 期，第 23–38 页。

［13］吴清军、李贞：《分享经济下的劳动控制与工作自主性——关于网约车司机工作的混合研究》，《社会学研究》，2018 年第 4 期，第 137–162 页。

［14］谢富胜、吴越：《零工经济是一种劳资双赢的新型用工关系吗》，《经济学家》，2019 年第 6 期，第 5–14 页。

［15］薛惠元、舒怡：《新业态从业人员养老保险问题与对策探析》，《决策与信息》，2019 年第 8 期，第 49–55 页。

［16］张成刚：《就业发展的未来趋势、新就业形态的概念及影响分析》，《中国人力资源开发》，2016 年第 19 期，第 86–91 页。

［17］张成刚：《共享经济平台劳动者就业及劳动关系现状——基于北京市多平台的调查研究》，《中国劳动关系学院学报》，2018 年第 3 期，第 61–70 页。

［18］郑秉文：《养老金三支柱理论嬗变与第三支柱模式选择》，《华中科技大学学报（社会科学版）》，2022 年第 2 期，第 20–37 页。

［19］华中师范大学社会学院郑广怀研究团队：《“平台工人”与“下载劳动”：武汉市快递员和送餐员的群体特征与劳动过程》，集刊全文数据库，https://www.jikan.com.cn/pD/p?id=23&pN=%25E9%25A2%2584%25E5%258D%25B0%25E6%259C%25AC，2020 年 3 月 30 日。

［20］周畅：《中国数字劳工平台和工人权益保障》，《国际劳工组织工作报告》，https://www.ilo.org/wcmsp5/groups/public/---asia/---ro-bangkok/---ilo-beijing/documents/publication/wcms_761763.pdf，2020 年 11 月。

［21］International Labour Organization, Non-standard Employment around the World: Understanding Challenges, Shaping Prospects，https://www.ilo.org/wcmsp5/groups/public/---dgreports/---dcomm/---publ/documents/publication/wcms_534326.pdf，2016.

分报告十一
养老金融教育在推动个人养老金发展中的作用

一、研究背景

人口老龄化对我国经济社会发展有着重大而深远的影响。与发达国家相比，我国人口老龄化具有“未富先老、未备先老”的特点。2019 年 11 月，中共中央、国务院印发了《国家积极应对人口老龄化中长期规划》，明确提出要“稳步增加养老财富储备”①。2022 年 4 月，国务院办公厅发布了《国务院办公厅关于推动个人养老金发展的意见》，提出要推动发展与我国国情相适应、受到政府支持、市场化运营、居民自愿参加的个人养老金制度②。个人养老金实行个人账户制，缴费完全由参加人个人承担，自主选择购买符合规定的银行理财、储蓄存款、商业养老保险、公募基金等金融产品。个人养老金产品的数量和种类较多，参加人需充分考虑自身条件，自主决定资金账户的投资计划，包括个人养老金产品的投资品种、投资金额等③。目前，个人养老金制度在北京、上海、广州、西安、成都等 36 个城市或地区先行先试④。然而，个人养老金制度自试点以来，遇到了“开户热、缴存冷”的困境。可见，个人养老金制度的推出对个人金融投资素养提出了一定的要求，正如上述意见所指出的，要“加强对投资者的教育”。

如果只对现有的投资者进行教育，不足以突破个人养老金“缴存冷”的困境，还需要扩大范围，广泛开展金融普及教育和养老金融教育，让更多的旁观者加入进来。金融普及教育旨在帮助个人提高金融知识水平和技能，使其能够采取有效行动来获得金融福利，目前学界有着较为丰富的相关研究成果。现有研究主要关注金融普及教育的有效性，以及探究金融教育项目成功的“条件”⑤⑥。在公共养老金替代率下降、个人要承担更多养老责任的大趋势下，许多国家都迫切需要提高国民的养老规划能力和养老金融素养⑦。但是，作为金融教育的一项重要内容，关于养老金融教育的研究并不多，结合个人养老金发展的相关研究则更少。现有研究主要通过问卷调查分析养老金融素养、养老金融教育需求的现状，并对完善养老金融教育提出建

① 中共中央、国务院：《中共中央 国务院印发〈国家积极应对人口老龄化中长期规划〉》，https://www.gov.cn/xinwen/2019-11/21/content_5454347.htm，2019 年 11 月 21 日。

② 国务院办公厅：《国务院办公厅关于推动个人养老金发展的意见》，https://www.gov.cn/zhengce/content/2022-04/21/content_5686402.htm，2022 年 4 月 21 日。

③ 人力资源和社会保障部、财政部、国家税务总局等：《个人养老金实施办法》，http://www.mohrss.gov.cn/xxgk2020/fdzdgknr/shbx_4216/ylbx/202211/t20221104_489352.html，2022 年 11 月 4 日。

④ 敖蓉：《在三十六地先行落地——个人养老金制度启动实施》，中国政府网，https://www.gov.cn/zhengce/2022-11/27/content_5729046.htm，2022 年 11 月 27 日。

⑤ Miller M J, Reichelstein J, Salas C E, et al., Can You Help Someone Become Financially Capable? A Meta-Analysis of the Literature, World Bank, Policy Research Working Paper, 2014.

⑥ Xue R, Gepp A, O'Neill T, Stern S, Vanstone B J, Financial Literacy amongst Elderly Australians, Accounting and Finance, 2019(59), pp. 887-918.

⑦ OECD, Financail Planning and Financial Education for Old Age in Times of Change, OECD Publishing, 2022, pp. 7-9.

议[①②]。结合以上背景，本文聚焦于养老金融教育在推动个人养老金发展中的作用，第二部分展开论述养老金融教育的价值，第三部分总结国际上一些值得借鉴学习的养老金融教育经验，第四部分围绕中国如何开展养老金融教育并借此推动个人养老金发展进行讨论，第五部分进行总结。

二、开展养老金融教育的价值

一方面，开展养老金融教育具有重要性。近年来，越来越多金融教育项目的有效性被证实了，其可以提高参与者的金融素养。在人口老龄化和少子高龄化的背景下，养老保险体系不断变革，个人面临一系列金融风险，养老金融教育越发重要。另一方面，开展养老金融教育具有紧迫性。从需求端来看，我国居民的养老金融素养亟待提高；从供给端来看，我国养老金融教育仅处于起步阶段，缺乏规划性和系统性。

（一）开展养老金融教育的重要性

1. 金融教育的有效性

2008 年全球金融危机爆发后，许多国家进行了反思，将金融普及教育的缺位归结为引发金融危机的一个重要原因[③]。虽然当时的研究大多表明传统的金融教育项目效果不佳[④]，但是许多国家还是选择大力推广金融教育，在实践中探索更好的教育模式。众多具有创新性的金融教育项目陆续在世界各地推出，也相应地带来了大量的评估研究[⑤⑥]。总体而言，金融教育项目是具备有效性的，但是其教育效果会因课程设计、目标群体、所针对的金融行为、教育时机等关键因素而有所差异[⑦]，具有针对性和及时性的金融教育项目更加有效[⑧]。

更进一步地，部分学者进行了金融教育有效性的机制研究。基于有限理性假设，行为金融学证实了经济个体无法完全按照理性要求进行决策，表现出背离绝对理性的金融行为[⑨]。有研究从行为金融学角度揭示了中国个人投资者的非理性特点，比如过度自信、风险偏好不稳定、买便宜基金不买贵基金、偏好补仓已持有基金、购入年度冠军基金等[⑩]。国内外的经验研究都探索过金融教育提高金融理性程度的影响机制。一方面，金融教育能够显著增强投资者的事前防范意识和金融产品选择能力[⑪]；另一方面，金融教育通过减少基金投资者的交易行为偏差、提高投资者的投资组合分散化程度，提高基金投资收益[⑫⑬]。

2. 养老金融教育的特殊性

不同于金融普及教育，养老金融教育要兼顾金融方面的养老规划和投资的基础知识。在人口高龄化和少子老龄化的背景下，全球养老保险制度的改革趋势是公共养老金替代率下降、确定缴费（Defined Contribution，DC）型养老金计划兴起、个人承担更多金融风险，因此养老金融教育越发重要。具体而言，个人面临一系列金融风险，包括积累阶段的投资风险、退休节点的资产波动、领取阶段的长寿和通货膨胀风险等，而有效的养老金融教育可以在一定程度上帮助个体应对这些风险[⑭]。

养老金融产品的重要属性之一是“长期性”，这决定了要优先培育潜在购买者看待此类产品的长期性心态。然

① 中国人民银行永州市中心支行课题组：《人口老龄化背景下的养老金融教育调查研究》，《金融经济》，2021 年第 5 期，第 82–90 页。

② 何少锋、孙博：《关于个人养老金发展的若干思考——基于个人养老金融认知的调研分析》，《新金融》，2023 年第 4 期，第 43–47 页。

③ 顾雷：《数字化时代新市民金融触达与普及教育》，《清华金融评论》，2022 年第 6 期，第 41–43 页。

④ Lyons A, Palmer L, Jayaratne K S, et al., Are We Making the Grade? A National Overview of Financial Education and Program Evaluation, Journal of Consumer Affairs, 2006(40), pp.208–235.

⑤ Miller M J, Reichelstein J, Salas C E, et al., Can You Help Someone Become Financially Capable? A Meta-Analysis of the Literature, World Bank, Policy Research Working Paper, 2014.

⑥ Kaiser T, Menkhoff L, Does Financial Education Impact Financial Literacy and Financial Behavior, and If So, When? World Bank, Policy Research Working Paper, 2017.

⑦ 孟祥轶、伦晓彤：《金融普及教育：国家战略正式出台的时机已经成熟》，《清华金融评论》，2022 年第 6 期，第 38–40 页。

⑧ Hastings J S, Madrian B C, Skimmyhorn W L, Financial Literacy, Financial Education and Economic Outcomes. Annual Review of Economics, 2013(5), pp.347–373.

⑨ 彭倩：《金融教育、投资经验与投资者非理性行为研究》，西南财经大学博士学位论文，2022 年。

⑩ 王立新：《让理性之外回归理性——从行为金融学看基金投资者教育》，《清华金融评论》，2022 年第 6 期，第 34–37 页。

⑪ 杜征征、李云峰、闫彬：《金融教育有助于投资者权益保护吗？》，《证券市场导报》，2017 年第 6 期，第 43–49 页。

⑫ 李凤、吴卫星、李东平、路晓蒙：《投资者教育发挥作用了吗？——来自公募基金个人投资者调查数据的证据》，《金融研究》，2023 年第 1 期，第 150–168 页。

⑬ 彭倩、李建勇、宋明莎：《金融教育、金融素养与投资组合的分散化行为——基于一项投资者金融教育调查的实证分析》，《财经科学》，2019 年第 6 期，第 14–27 页。

⑭ OECD, Improving Financial Education and Awareness on Insurance and Private Pensions, OECD Publishing, 2008, p.117.

而，根据《中国养老财富储备调查报告（2021）》，只有极少数受访者非常了解养老金融产品和普通金融产品之间的差异[①]。养老金融产品需要让潜在购买者了解此类产品的资产配置特征和收益特征，这要求购买者接受过相关教育，从而具备一定的养老金融素养。此外，养老金融教育的不足，会影响民众未来养老财富储备，也不利于构建与人口老龄化相适应的养老金融市场。

（二）开展养老金融教育的紧迫性

1. 需求端：养老金融素养亟待提高

近年来，我国居民退休准备指数有所提升，在荷兰全球人寿的多次全球调研中，我国居民退休准备指数一直较高。该指数的提升主要源于居民在退休计划、退休储蓄等主观层面的认识改变迅速，越来越多的居民有了个人承担养老责任的意识，然而，居民的金融素养和财务认知等客观能力提升较缓[②③]。类似地，2017 年、2019 年及 2021 年中国人民银行三次消费者金融素养调查结果也显示，我国消费者金融素养得分提升较缓，分别为 63.71 分、64.77 分及 66.81 分，在国际上处于中等偏上水平；从国际比较看，我国消费者有着优越的金融态度，在利率计算、日常收支管理和及时还款等方面具有优势[④]。

具体到退休养老这一长线规划上，我国国民大多已具备养老规划意识，然而，由于养老金融素养不足，很多人“心动有余，行动不足”，抑或“病急乱投医”。一方面，根据《中国养老财富储备调查报告（2023）》，约 55%的受访者具有进行养老规划的意识但还未具体动手规划，作出完整规划并进行财富储备的受访者比例仅为 6%[⑤]。另一方面，随着“银发经济”的迅速发展，众多不法分子针对人们的养老需求实施金融诈骗，以“投资养老”“养老银行”“以房养老”最为典型。研究发现，金融知识水平不足是受害人遭遇金融投资诈骗的重要原因，个人金融素养与其受骗的可能性为显著负相关关系[⑥]。许多受访者对分散化投资等基本金融投资常识缺乏正确的认知，对金融投资的收益预期呈现非理性特征[⑦]。

因此，无论是为了积极规划养老，还是为了避免遭遇金融诈骗，通过金融教育提高金融素养已成为民众的迫切需求。从中国人民银行发布的《消费者金融素养调查分析报告（2021）》来看，与 2019 年相比，2021 年受访者认为金融教育非常重要的比例提高了 14.04 个百分点，认为金融教育不重要的比例则下降近 10 个百分点[⑧]。具体到养老金融教育的需求上，《中国养老财富储备调查报告（2023）》显示，20.44% 的受访者表示希望获得多渠道、多方式和多频次的养老金融教育，对于国家养老金政策法规、养老金融产品特点与购买渠道以及养老财富 / 财务规划的学习诉求较多[⑨]。

就推进个人养老金制度而言，我国民众目前对于养老金融产品的了解甚少，即使想要购买养老金融产品，也没有相关知识来进行产品配置。虽然开户数已达到 4030 万（截至 2023 年 6 月底）[⑩]，但是许多账户尚未真正进行投资，而已缴存用户偏好保守型养老投资，大多选择了储蓄产品。不过，这也与个人养老金“产品圈”现状有关（截至 2023 年 7 月 24 日，共计 674 款），储蓄类产品数量最多，达 465 款，并且仅有 66 只基金从成立以来的净值增长率为正（共计 152 只个人养老金基金产品）[⑪]。同时，现有的税收优惠没有覆盖中低收入群体。因此，为提高个人养老金的居民参与度：一方面，要加强养老金融教育，转变居民的养老投资观念；另一方面，要尽快改善投资产品和税

---

① 中国保险资产管理业协会：《中国养老财富储备调查报告（2021）》，https://www.cei.cn/defaultsite/s/article/2022/02/15/4b4ff607-7e942c97-017e-fb7e7dbb-15ef_2022.html?referCode=fnjrzx&columnId=4028c7ca-37115425-0137-115606a0-0018，2022 年 2 月 15 日。

② 清华大学经济管理学院中国保险与风险管理研究中心、同方全球人寿保险有限公司：《2018 中国居民退休准备指数调研报告（养老）》，https://www.docin.com/p-2157486417.html，2018 年 12 月 11 日。

③ 朱艳霞：《〈2019 中国居民退休准备指数报告〉发布 退休金融教育亟待加强》，《中国银行保险报》，http://shh.cbimc.cn/2019-11/21/content_313053.htm，2019 年 11 月 21 日。

④ 中国人民银行：《消费者金融素养调查分析报告（2019）》，http://www.pbc.gov.cn/jingrxfqy/145720/145735/4117932/2020103014575894607.pdf，2020 年 10 月 29 日；中国人民银行：《消费者金融素养调查分析报告（2021）》，https://jrj.sh.gov.cn/cmsres/48/48cd4773521a481ca2510a6c487e1a04/fd261e9ce347c8e43f9d4bb8a5c03fe5.pdf，2021 年 9 月 6 日。

⑤⑨ 中国保险资产管理业协会：《中国养老财富储备调查报告（2023）》，https://www.doc88.com/p-47616418081935.html，2023 年 6 月 1 日。

⑥ Engels C, Kumar K, Philip D, Financial Literacy and Fraud Detection, The European Journal of Finance, 2020(26), pp.420-442.

⑦⑧ 中国人民银行：《消费者金融素养调查分析报告（2021）》，https://jrj.sh.gov.cn/cmsres/48/48cd4773521a481ca2510a6c487e1a04/fd261e9ce347c8e43f9d4bb8a5c03fe5.pdf，2021 年 9 月 6 日。

⑩ 人力资源和社会保障部：《人社部举行 2023 年二季度新闻发布会》，http://www.mohrss.gov.cn/SYrlzyhshbzb/zxhd/zaixianzhibo/202307/t20230721_503273.html，2023 年 7 月 21 日。

⑪ 冷翠华：《个人养老金制度实施满八个月 产品数量达 674 款》，《证券日报》，2023 年 7 月 24 日，第 B1 版。

收优惠的设计，增强制度的吸引力。

2. 供给端：养老金融教育缺乏规划性和系统性

由于种种因素所限，我国大规模的金融教育起步较晚，并且以普及教育为主。相关政府部门虽然开展了多种多样的金融教育，但是未明确提及养老金融教育。作为细分领域，我国养老金融教育仅处于起步阶段，虽然行业协会、涉老金融机构已有一些实践探索，但是总体来看，养老金融教育缺乏规划性和系统性，还没有受到社会各界足够重视。现阶段，积极推进养老金融教育的主体是一些行业协会（中国银行业协会、中国证券投资基金业协会和中国保险行业协会等）的养老金专业委员会，以及提供养老金融产品的金融机构所成立的相关部门或工作小组。政府部门、教育系统、社会组织等主体尚未给予养老金融教育足够重视。此外，我国养老金融教育的师资力量相对薄弱，部分销售人员“重产品销售，轻知识教育”，并且现有的教育内容不能满足国民真正的学习需求[①]。

从个人养老金的试点情况来看，“开而不缴”“缴而不投”反映出民众对个人养老金制度认知和投资意愿不足。但是，根据 2022 年中国养老金融调查，76.14% 的受访者表示愿意了解个人养老金制度，80.52% 的受访者表示愿意为养老金融投资咨询付费[②]。“高意愿”和“低缴存”既说明个人养老金制度推进的群众基础较好，又表明该制度目前缺乏足够的吸引力、有效的宣传和养老金融教育。目前正值个人养老金制度建设初期，应趁热打铁改进制度和产品设计，并且积极推进养老金融教育。因此，为了我国养老金融教育和个人养老金制度的有序发展，我们要从国际实践中总结经验、吸取教训。

三、养老金融教育的国际经验

随着人口老龄化加深、私人养老金兴起以及金融数字化转型，许多国家已采取各种举措来开展养老金融教育，以帮助民众获得更多的养老资源、增强其老年阶段的经济韧性。从国际经验来看，养老金融教育需求主要包括知识和理解、态度和偏好以及技能和行为（见表 11–1）。

表 11–1　养老金融教育需求

知识和理解	基本理解养老金规则，包括公共和私人养老金规则、退休储蓄税收、养老金相关的权利和责任	
	基本理解有关养老金系统和退休的风险	长寿风险
		政治风险
		通货膨胀风险
		投资风险
	理解与养老规划相关的金融知识概念	通货膨胀
		金钱的时间价值
		复利
		风险－收益关系
		资本成本的影响
	基础算术能力	
态度和偏好	提前规划、“货比三家”、做退休相关决策的动机和信心	
	长期取向	
技能和行为	在积累和领取阶段预测退休收入需求	
	积累阶段的决策	参加养老金计划
		供应商
		缴费率 / 水平
		投资分配
	领取阶段的决策	开始领取待遇时间
		领取选项
		供应商
	在积累和领取阶段对产品“货比三家”	

资料来源：OECD, OECD Pensions Outlook 2016, OECD Publishing, 2016, p.136.

养老金融教育主要包括传达养老金相关信息、培养养老规划意识、开展养老金融知识教育以及提供养老金融的建议与咨询（见表 11–2）。总体来看，养老金融教育一般由政府主导、多元主体积极参与，兼顾教育对象的广泛性和优先级，教育内容、形式和渠道多样。

① 董克用、王振振：《积极开展养老金融教育 助力完善我国养老金制度体系》，《中国银行业》，2022 年第 7 期，第 35–37 页，第 6 页。

② 何少锋、孙博：《关于个人养老金发展的若干思考——基于个人养老金融认知的调研分析》，《新金融》，2023 年第 4 期，第 43–47 页。

表 11-2　OECD 国家的养老金融教育举措

国家	信息和意识								教育	建议
	一般性			个人性						
	网站	宣传活动	比较工具	公共养老金报告	私人养老金报告	在线个人养老金信息—公共	在线个人养老金信息—私人	计算器和模拟器	养老规划研讨会	咨询/建议
奥地利	√			√	√	√	√	√		√
澳大利亚	√				√	√	√	√	√	
比利时	√			√	√	√				
加拿大	√				√	√		√		
智利	√	√	√		√		√	√	√	√
捷克	√	√							√	
丹麦	√		√	√	√	√	√			
爱沙尼亚	√		√		√	√	√	√		
芬兰	√			√		√		√		
法国	√			√		√		√		√
德国	√			√	√	√	√			√
匈牙利	√		√	√		√		√		
爱尔兰	√		√		√			√		
以色列	√				√					
意大利	√	√		√	√	√		√		
日本	√			√	√	√	√			
拉脱维亚	√		√			√	√	√	√	
墨西哥	√	√	√	√	√		√	√	√	
荷兰	√	√		√	√	√	√	√	√	√
新西兰	√	√	√	√	√	√	√	√	√	
葡萄牙	√					√				
斯洛伐克	√					√	√			
西班牙	√		√	√	√	√		√		
瑞典	√			√	√	√	√			
瑞士	√			√	√					
土耳其	√				√		√			
英国	√	√		√	√	√	√	√		√
美国	√	√	√	√	√	√	√	√	√	√
共计	28	8	10	17	21	21	16	17	8	7

资料来源：OECD, OECD Pensions Outlook 2016, OECD Publishing, 2016, p.138.

（一）养老金融教育的内容

1. 传达养老金相关信息并培养养老规划意识

与养老金相关的信息分为一般性信息与个人性信息，一般性养老金信息的传达主要依靠官方介绍、纸质手册、专题宣传活动、产品比较工具等方式，个人性养老金信息的传达则依靠政府发送养老金个人报告、用户自主查询个人信息及使用“养老金计算器”等方式。一些电子政务发达的国家已建立一站式养老金公共服务平台，如丹麦的“PensionsInfo”、瑞典的“MinPension”、荷兰的“Mijnpensioenoverzicht”等。这些平台通常会提供该国的养老金制度介绍、用户养老金信息查询、未来退休待遇测算、养老金融咨询等服务，将一般性和个人性养老金信息集成在一个平台上[①]。不过，目前很多国家没有建立这样的一站式平台，各类养老金信息分散在不同的信息源中，这样既不便于向参保者有效传达养老金信息，也不利于养老金三支柱体系的整体性发展，不能完全发挥信息的教育功能。

在养老金信息服务中，有两个工具值得关注：其一是金融产品比较工具，它降低了投资选择难度、促进了市场竞争。在德国、新西兰、荷兰等国家，个人养老金产品提供商必须提供标准化的产品信息表，包括风险评级、收益率、管理费用等信息，投资者可以横向比较不同公司、不同类型的金融产品。对于自愿参加型的养老金计划，传达公开透明的产品信息、给出明确的操作步骤指引能够有效提高参与度。其二是“养老金计算器”，它需要用户自主填写一部分个人信息，比如年收入、预计退休年龄、缴费金额等。通过改变核心参数，用户能够直观感知到未来养老保险待遇的差异，因此在操作“养老金计算器”时，用户便获得了一次养老金融教育。丹麦的“PensionsInfo”不仅给出估算结果，还提供了直观的估算图表。荷兰的“MoneyWise”则进一步给出了提高退休待遇的行动建议。

除了提供在线服务以等待用户使用，还有一些国家定期主动发送养老金个人年度报告，以保证一般性和个人性的养老金信息能够及时传达到位。比如，丹麦发送给参保者其公共养老金和私人养老金的全部情况，美国和瑞典提供给参保者其公共养老金的情况。不过，虽然参保者获得了丰富的信息，但是一项来自美国的研究发现，这并不会促使参保者改变其预期的退休年龄[②]。

此外，宣传活动也是非常有必要的。以自愿参加型的个人养老金计划为例，制度建设初期的宣传尤为重要，广泛的宣传活动能够提高新制度被接受的速度与程度，制度建设的前期成果直接奠定了后期发展的基础。定期的宣传活动还可以加强国民对养老金融的重视。例如，意大利将金融教育月的一周时间都用于养老金融教育，宣传关注养老金制度、及早制定养老规划、养成长期储蓄投资的习惯，即便是年轻人也能从中获益；拉脱维亚的年度金融教育周则邀请学生参与其中，从而让学生影响他们的家人。还有一些国家定期呼吁国民关注养老金，比如荷兰和爱尔兰分别设置了国家养老金日（National Pension Days）和养老金宣传周（Pensions Awareness Week）。无论以何种形式传达养老金相关信息，最重要的是信息传达具备有效性，这类信息应该是适量的、易得的和易于理解的。

2. 开展养老金融知识教育

养老金融知识教育一般是金融普及教育的分支，或是专项的养老规划教育，前者相对而言更为常见。一方面，许多国家都建立了金融教育网站，比如澳大利亚的“MoneySmart”、新西兰的“Sorted”、瑞典的“Gilla Din Ekonomi”、美国的“MyMoney.gov”等，金融教育网站是金融教育目前最广泛使用的教育方式（见表 11-2）。由于金融教育大多按照全生命周期来设计，因此这些网站或多或少都涉及养老金融教育，比如关于养老金融产品的种类、养老金的税收优惠、如何制定养老规划、培养长期储蓄（及投资）习惯等。

另一方面，专项的养老规划教育由雇主（如美国）、养老基金公司（如荷兰）、独立的养老投资信息服务部门（如澳大利亚）等各种主体提供。其中，金融机构是养老金融教育的重要力量。例如，瑞士的银行和私营公司向老年人提供金融教育；加拿大的银行家协会为 55 岁及以上的老年人提供养老金融教育的研讨会，三次研讨会的主题分别是防范金融诈骗、财务滥用、资金管理；泰国的证券交易所设计了促进养老规划的教育项目“Happy money, Happy retirement”，该项目的门户网站上包含储蓄和养老规划计算器以及关于如何为了退休进行有效规划和储蓄的指导建议等。

养老金融教育的受众可以是在工作单位的员工、购买养老金融产品的参保者，甚至可以是暂时待业的人。这类教育的形式多样，包括正式培训、研讨会、在线课程、社

① 房连泉：《个人养老金公共管理平台的国际经验与政策启示》，《华中科技大学学报（社会科学版）》，2022 年第 2 期，第 38-47 页。

② Mastrobuoni G, The Role of Information for Retirement Behavior: Evidence Based on the Stepwise Introduction of the Social Security Statement, Journal of Public Economics, 2011(95), pp.913-925.

区活动、网络宣传视频等。研究发现，最能带来行为改变的方式是由工作单位提供养老金融教育[①]。但是，由于专项的养老规划教育需要一定的成本（时间、金钱、精力等），因此被更少的国家使用（见表 11–2）。对此，荷兰的经验具有启发性——“MoneyWise”为雇主准备了丰富的在线工具箱，帮助雇主以更低的成本向其员工提供养老金融教育。

3. 提供养老金融的建议与咨询

养老金融涉及的内容较多，因此民众需要的建议与咨询也较为繁杂。以澳大利亚的应对方案为例，网站“MoneySmart”为“Prepare to Retire”提供了全面的咨询途径及链接：关于养老金融产品的问题，直接咨询金融机构；关于政府福利和退休制度的问题，拨打政府专门的咨询热线；关于纳税的问题，访问政府相关网站或者咨询税务专业人士；关于养老规划的问题，网站给出了免费的和收费的咨询方式。除了澳大利亚这种半自助式的网络形式，还有一些国家提供免费的、一对一的综合咨询服务。比如，法国为 45 岁及以上的人士提供一次免费的、与养老金顾问面对面交流的福利；英国提供一次免费的、面对面或通过电话开展的 45 分钟指导课程。

专业人士提供咨询服务，能够在一定程度上解决金融教育不足、国民金融素养不高的问题，帮助民众获取更多的相关信息，并且指导他们应对风险、做出更好的投资选择及养老规划。在实际运行中，咨询服务要注意避免过度的市场营销倾向，这会对消费者造成误导。只有中立的、易得的咨询服务，才能真正促进行业有序发展。

（二）养老金融教育的特点

1. 政府主导、多元主体积极参与

首先，养老金融教育的体系化需要通过立法、制定国家战略、成立专门的部门或者工作小组、建立网站等政府主导的行动打下根基。例如，美国通过《公平准确信用交易法案》（2003 年）后，成立了金融素养与教育委员会，该委员会负责建立国家金融教育网站“MyMoney.gov”以及制定国家金融教育战略。2008 年全球金融危机之后，许多国家陆续走上普及金融教育的道路，目前大约 100 个国家已出台金融教育国家战略[②]。

其次，涉老金融机构是养老金融教育的主力军。比如，新西兰政府要求自愿退休储蓄计划（KiwiSaver）的提供商必须以投资信息的形式为参保者提供金融教育和他们 KiwiSaver 的整体情况，并帮助他们根据个人情况做出适合的投资选择。教育方式包括宣传活动、研讨会、咨询建议以及各种在线教育工具。如上文所述，银行、私营公司、银行家协会、证券交易所等各类金融机构也有可能提供养老金融教育。需要注意的是，应将金融教育和金融营销加以区分，养老金融教育应该是公正的、中立的，并且与金融监管是互补的关系。

最后，许多国家将金融教育纳入终身教育体系，在生命不同阶段层层递进。英国、日本、美国、澳大利亚等国家，将金融教育纳入学校教育体系中，其中包括养老金融教育所涉及的金融知识、技能和长期取向。研究发现，养老金融教育的“可教育时刻”（teachable moments）往往与特定的生命事件相关联，比如督促新入职场的员工培养长期储蓄的习惯，鼓励他们参加自愿性私人养老金，为中年员工提供养老规划教育等[③]。

2. 兼顾教育对象的广泛性和优先级

如前文所述，养老金融教育面向广大的受众，但是根据国情，各国养老金融教育也有不同的特殊目标群体，具有特定需求的目标群体可能包括女性、自雇者、少数族裔、空巢老人、刚进入职场的年轻人等。举例来看，荷兰拥有大量的自雇者，其养老金融教育的重要目标群体是没有参与强制性职业养老金计划的自雇者，养老金融素养对于促进他们参加自愿性个人养老金、做出适合的投资选择具有重要意义。作为移民国家，澳大利亚在多个领域都强调“全纳性”（inclusive），其养老金融教育的特定目标群体是土著人和来自不同文化及语言背景的群体。新加坡的性别平等指数在全球位列前茅，一家基金会为年长女性提供金融教育项目，帮助她们更好地管理财务，并实现晚年经济独立。

3. 教育内容、形式和渠道多样

综观各国的实践，养老金融教育的内容、形式和渠道多样，重要的是根据目标受众的养老金融素养、教育需求和教育模式偏好来因材施教。比如，针对即将退休的群体和年轻员工的养老金融教育一般是不同的：前者更注重对养老生活成本的估算和储备，后者则强调为若干年后的养老生活尽早开始长期储蓄及做出规划；前者偏好线下咨询服务，后者对数字金融服务的接受度更高。

2008 年的 OECD 报告显示，当时最常使用的宣传方式是印刷品，包括手册、杂志、年度报告等[④]，而 2016 年

① Atkinson A, Messy F A, Rabinovich L, et al., Financial Education for Long-term Savings and Investments: Review of Research and Literature, OECD Working Papers on Finance, Insurance and Private Pensions, 2015.

② 孟祥轶、伦晓彤：《金融普及教育：国家战略正式出台的时机已经成熟》，《清华金融评论》，2022 年第 6 期，第 38–40 页。

③ OECD, Financail Planning and Financial Education for Old Age in Times of Change, OECD Publishing, 2022, p.29.

④ OECD, Improving Financial Education and Awareness on Insurance and Private Pensions, OECD Publishing, 2008, p.127.

的 OECD 报告则显示，网站已成为最高频的宣传方式[①]，可见数字化发展的势头之猛。人们现在可以在线了解养老金制度、查询养老金信息、估算未来退休待遇收入、寻求养老金融建议等。然而，过量的信息可能会导致参保者压力过大，从而放弃主动了解养老金融知识，因此，越来越多的养老金融教育重视与用户的互动性。除了常见的“养老金计算器”，澳大利亚的“MoneySmart”还提供了“养老规划计算器”，我国香港则研发了一款 Facebook 对话机器人（Facebook Messenger Chatbot），其能够与用户就养老规划与养老投资的主题进行一对一的即时聊天。

虽然各式各样的数字化工具为养老金融教育带来了极大的便利性，但是不可忽视的是，数字技术的发展会导致数字鸿沟问题。数字素养低的群体难以享受到数字红利，他们很少使用数字养老金融服务，也很少有机会学习养老金融教育的在线资源。解决这一问题的方式分为两种：一是提高弱势群体的数字素养，从而缩小数字鸿沟，使其获得数字红利；二是对于难以提高数字素养的群体，为他们提供电话、面对面的养老金融服务及教育也是一种解决方式。

四、中国开展养老金融教育的实现路径

结合国际经验与中国国情，下文围绕中国如何开展养老金融教育并借此推动个人养老金发展进行讨论，可能的实现路径包括如下四条：一是建立养老金融教育体系；二是开发供需匹配的养老金融教育；三是与养老保险体系联动；四是配合消费者保护、默认投资、自动加入机制等方法。

（一）建立养老金融教育体系

养老金融教育需要金融普及教育打好地基，所以首先要确保公众掌握基本的金融知识和技能。《中国金融教育国家战略》（初稿）已提交十年，一直没有推出终稿，鉴于金融对人们的生活越来越重要，应尽快确定正式的国家金融教育战略。目前相关的政策文件是 2015 年印发的《国务院办公厅关于加强金融消费者权益保护工作的指导意见》（国办发〔2015〕81 号），该文件明确要求“建立金融知识普及长效机制。金融管理部门、金融机构、相关社会组织要加强研究，综合运用多种方式，推动金融消费者宣传教育工作深入开展。教育部要将金融知识普及教育纳入国民教育体系，切实提高国民金融素养”[②]。当前金融消费者宣传教育已较为广泛，但金融知识普及教育进入校园的广度和深度尚不足，亟须加快推进[③]。

养老金融教育应尽快体系化，这需要政策端搭建整体框架并厘清职责边界，政府相关部门、金融机构、行业协会、教育系统等主体各司其职。对于个人养老金制度而言，养老金融教育或应给潜在购买者提供权威的政策宣传、必备的投资知识、透明的产品信息以及客观的宣传介绍。首先，政府相关部门要加大政策宣传力度，并且要求金融机构提供标准化产品信息，确保产品信息是公开透明的；其次，各主体要积极开展金融知识普及活动；最后，规范养老金融宣传标准，防止出现过度营销、虚假宣传等乱象。除了以上与用户体验直接有关的事项，及时评估各项举措的有效性，建立养老财富规划师的行业标准，以及从行为金融学角度展开学术研究，都可以为养老金融教育的体系化发展提供养分。

（二）开发供需匹配的养老金融教育

在教育内容和形式上，研究发现，我国消费者对待金融教育的态度呈现出如下特点：更愿意投入时间而非金钱，偏好“快餐式”学习，以掌握金融产品相关知识为目标，对于金融基础知识的学习兴趣最低[④]。因此，金融教育应该作为纯公共物品免费提供给广大民众，课程设计上也要以结果为导向，在短期内能够提高学习者的金融投资水平。作为互联网大国，养老金融教育要发挥互联网的力量。很多人偏好免费的、“短平快”的金融教育，因此我们可以探索在微信公众号、短视频平台上开展养老金融教育，金融机构提供线上投资咨询服务、研发在线教育游戏等。

从现有的个人养老金宣传来看，短视频宣传中最具人气的作品以真人解读类型为主，在公众号推文中，结合福利的内容更能引起用户的关注，如立减金、话费、三重礼、省税等关键词在高阅读量文章中被提及次数最多[⑤]。此外，《中国养老财富储备调查报告（2023）》显示，45% 未购买养老金融产品的受访者因为“不了解养老金融产品，不敢乱买”[⑥]。因此，对于个人养老金制度而言，为增强覆盖

---

① OECD, OECD Pensions Outlook 2016, OECD Publishing, 2016, p.138.

② 国务院办公厅:《国务院办公厅关于加强金融消费者权益保护工作的指导意见》, https://www.gov.cn/gongbao/content/2015/content_2973146.htm，2015 年 11 月 4 日。

③ 廖理:《加强金融素养教育 推进共同富裕建设》,《清华金融评论》，2022 年第 6 期，第 16–17 页。

④ 周弘:《金融教育需求、闲暇时间配置与消费者金融教育选择》,《上海财经大学学报》，2016 年第 4 期，第 40–51 页。

⑤ Yiwealth :《试点半年，银行个人养老金推广策略大比拼》，第一财经，https://www.yicai.com/news/101818845.html，2023 年 7 月 27 日。

⑥ 中国保险资产管理业协会:《中国养老财富储备调查报告（2023）》，https://www.doc88.com/p-47616418081935.html，2023 年 6 月 1 日。

面，应增加频次、使用各种媒介来开展通俗易懂、丰富多样的教育活动，尽可能降低学习者的认知成本、经济成本、时间成本，帮助他们尽快掌握养老金融的基础知识、认清不同投资方式的利弊、了解不同金融产品的特征。

在教育内容的优先级上，过去由于缺少相关金融知识，我国消费者在借贷和投资领域受损较大。对此，我国监管机构近年来持续在这些领域进行治理整顿。此外，还需要加大养老金融教育的力度，以提高国民的金融风险防范意识，守护好“养老钱”。在教育目标群体上，如前文所述，各国会为特定群体提供针对性的养老金融教育支持，我国也不应例外。以我国 2 亿多的灵活就业人员为例，调查显示，约 50% 的灵活就业人员表示了解个人养老金制度，高出平均值近 5 个百分点[①]。未来可以为这一群体提供具有针对性的、与个人养老金相关的宣传教育活动。在教育阶段上，考虑到日益复杂的金融市场、生命不同阶段的金融需求，金融教育应当成为一项终身教育。因此，要从全生命周期的角度来平衡收入、消费和储蓄的关系，建立全生命周期养老金融教育体系。

（三）与养老保险体系联动

现阶段想要满足养老金融教育需求（见表 11–1），我国的养老金融教育需要与养老保险体系进行联动，相互协商、配合。对于个人养老金制度而言，民众期待的是设计简单易懂、优缺点明确，且公开透明、标准可比、按时披露的养老金融产品。因此，未来应规定个人养老金产品信息标准和宣传标准，保证信息是清晰易懂、中立可信的，尽可能减少民众对缴存个人养老金的顾虑。此外，目前个人养老金产品的分布相当分散，未来要进一步完善国家社会保险公共服务平台，将多层次的养老保险信息一并上传到一站式服务平台中，持续提升便捷性和参保者的获得感。不过，最根本的还在于增强制度吸引力，包括引入更灵活的税制、提升投资体验和支取灵活性以及持续改善产品设计等。

（四）配合其他方法

如图 11–1 所示，养老金融教育只是确保获得充足养老收入的方法之一，需要与其他方法互为补充。一方面，金融教育的着眼点在于使投资行为发生变化，然后是态度、知识、技能等[②]。从这个角度来看，简化选择、提供默认投资组合也是非常有必要的。然而，金融教育的重要性并不会随着默认机制和其他简化决策的金融工具的存在而减弱，因为默认投资组合并不是所有人的最佳选择，金融教育或许能帮助投资者判断如何做出更佳的投资选择[③]。此外，当具备一定的养老金融素养后，民众也更有可能参与自愿性个人养老金，到时再配合简化选择、提供默认投资组合，将会相得益彰。

另一方面，由于金融教育难以在短时间内大幅提高全民的金融素养，因此消费者保护、金融监管同样重要。《中国养老财富储备调查报告（2023）》显示，部分受访者“过度自信”，认为自己已经理解收益率、风险、流动性以及三者之间的关系，但是他们在回答相关问题时，暴露了他们遭受金融诈骗的风险概率较大[④]。因此，养老金融教育应该与其他方式方法相配合，形成合力，增厚养老财富储备。未来在推动个人养老金发展时，应综合考虑多种方法，以免顾此失彼。

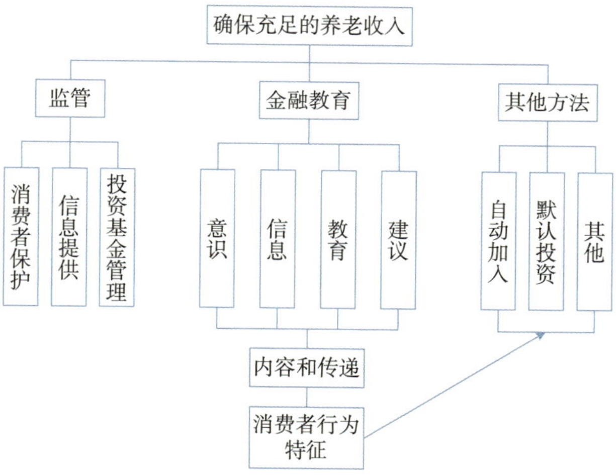

图 11–1　获得充足养老收入的方法

资料来源：OECD, Improving Financial Education and Awareness on Insurance and Private Pensions, OECD Publishing, 2008, p.116.

五、总结

义利之辩对中国社会影响至广至深，在《论语·里仁》中，子曰“君子喻于义，小人喻于利”，一直以来，无论是家庭教育，还是学校教育，我们很少谈及钱[⑤]。然而，现代金融体系已深深融入生活中，随着互联网金融市场的普及，人们的投资自主性越来越强。同时，随着人口老龄

①④　中国保险资产管理业协会：《中国养老财富储备调查报告（2023）》，https://www.doc88.com/p-47616418081935.html，2023 年 6 月 1 日。

②　孙同全、潘忠：《普惠金融建设中的金融教育》，《中国金融》，2014 年第 10 期，第 62–63 页。

③　OECD, OECD Pensions Outlook 2016, OECD Publishing, 2016, p.135.

⑤　廖理：《加强金融素养教育 推进共同富裕建设》，《清华金融评论》，2022 年第 6 期，第 16–17 页。

化程度的加剧，人们面临的养老金融风险越来越大，比如养老金融排斥风险、养老金体系可持续性风险、养老金融资产保值增值风险以及养老金融欺诈风险等[①]。由于缺少相关金融知识，我国消费者在借贷与投资领域受损较大。因此，养老金融教育应当被提升为利民工程、金融保护工程。从国际经验来看，养老金融教育一般包括传达养老金相关信息、培养养老规划意识、开展养老金融知识教育以及提供养老金融的建议与咨询。

对于我国来说，建设养老金融教育需要政府牵头主导、多主体积极参与，共同建立养老金融教育体系、开发供需匹配的养老金融教育，并且将养老金融教育与养老保险体系联动起来。对于个人养老金制度而言，除了提供基础的养老金融教育，还需要配合金融监管、自动加入机制、默认投资组合等其他方式，共同守护人们的“养老钱”。然而，尽管实施养老金融教育的重要性和紧迫性不言而喻，但是不能盲目行动、加大财政负担。因此，我们还需及时评估政策的有效性，明确养老金融教育的可行性边界。养老金融教育应当分层分类实施，探索具有针对性、差异性的试点方案。未来在调研数据的支持下，相关研究可进一步分析养老金融教育在干预不同群体、使用不同方案时的异质性效果。此外，未来研究或可关注养老金融教育如何达到养老、金融、教育三者的平衡、协同、融合，使其更好发挥应有之作用。

① 朱文佩、林义：《人口老龄化背景下养老金融风险的识别、防范与治理》，《当代经济管理》，2023 年 7 月（网络首发）。

分报告十二
数字经济时代发展个人养老金的现实基础与逻辑依据

一、问题提出与文献综述

以大数据、人工智能、区块链等为代表的数字技术逐渐成熟，推动了数字经济的蓬勃发展，对人们的生产和生活方式产生了深刻影响。根据《中国数字经济发展研究报告（2023年）》发布的数据，2022年我国数字经济规模达到50.2万亿元，同比名义增长10.3%，已经连续11年显著高于同期GDP名义增速，占GDP比重提升至41.5%，对GDP的增速贡献达到4/5[①]。数字经济不仅促进了经济增长，而且对就业领域产生了深刻影响，催生了平台经济、外卖经济等新就业形态，进而催生了自由职业、灵活就业等多元就业形式。

相较于传统就业形式，新就业形态更加符合我国现阶段数字经济下灵活用工的需要，但也呈现出劳动关系非标准化、工作内容多样化、工作安排去组织化、工资薪酬不确定等特征，对现行的社会养老保险制度造成了巨大的冲击和挑战。一方面，现行的社会养老保险制度是以标准劳动关系为基础的，新业态从业人员只能以非正规就业者的身份参加职工基本养老保险，这使得不少新业态从业人员游离在社会养老保险制度之外。同时，由于新业态从业人员缴费负担重、户籍限制等各种原因，使得该群体参保人数不多、参保比率较低，导致难以真正解决未来养老的后顾之忧。另一方面，新业态从业人员的增加，意味着正规就业劳动群体的规模将会相应缩小。长此以往，以标准劳动关系为基础的社会养老保险制度的覆盖面也会逐步缩小，使得社会养老金成为“无源之水”。因此，随着数字经济的蓬勃发展，灵活就业人员的社会保障问题已经成为相关领域关注的焦点。

（一）数字经济及其带来的就业形态变革

数字经济是继工业经济之后的一种新型经济形态，经济形态的不同造成劳动用工方式的差异。在数字化浪潮下，数字技术带来的实时交互能力加速了职业的大众化，伴随着新产业、新业态、新模式的快速发展，新就业形态应运而生[②]。由于新就业形态是伴随着互联网技术进步与大众消费升级出现的，新就业形态是一种去雇主化以及偏离传统正规就业并借助信息技术升级的灵活就业模式[③]，它的出现是与新兴的平台经济、共享经济、零工经济、众包经济和众筹经济等领域相伴随的[④]。新就业形态的主要特征是灵活就业，即在劳动时间、收入报酬、工作场所、保险福利、劳动关系等方面不同于建立在工业化和现代工厂制度基础上的传统主流就业方式的各种就业形式[⑤]。此外，灵活就业人员在劳动关系中有事实劳务关系但无劳动合同，其收入来源于自身劳动或经营利润，且无固定工资收入，

① 中国信息通信研究院：《中国数字经济发展研究报告（2023年）》，http://www.caict.ac.cn/kxyj/qwfb/bps/202304/t20230427_419051.htm，2023年。

② 戚聿东、丁述磊、刘翠花：《数字经济时代新职业发展与新型劳动关系的构建》，《改革》，2021年第9期，第65–68页。

③ 张成刚：《就业发展的未来趋势，新就业形态的概念及影响分析》，《中国人力资源开发》，2016年第19期，第86–91页。

④ 曹佳：《经济新业态下劳动用工和社会保障制度相关问题研究》，《中国劳动》，2018年第6期，第87–92页。

⑤ 汪敏：《新业态下劳动与社会保险政策的检视与选择》，《社会保障评论》，2021年第3期，第23–28页。

对自身负责并独立作出经营决策。由于灵活就业人员具有自主经营、自担风险、自负盈亏的职业状态①，自然造成了社会保障方面的一些困境，主要体现在三个方面：一是劳动关系归属模糊；二是劳动风险问题凸显；三是缺乏社会保障支持②。

（二）就业形态变革对社会养老保险的挑战

在数字经济时代背景下，新就业形态导致以外卖骑手、网约车司机为代表的灵活就业人员越来越多，但我国社会养老保险主要是为有正规劳动关系、稳定劳动收入的劳动者所设计，因此新业态灵活就业人员参与社会养老保险存在诸多挑战，主要集中在政策制度和个人两个方面。在政策制度方面，现行政策对灵活就业人员参加城镇职工基本养老保险或者城乡居民基本养老保险不具有强制性，因此其可以灵活选择参保③。但目前基本养老保险存在参保规则不灵活、户籍限制、转移接续困难等问题，使得灵活就业人员参保率低、断保现象普遍④。同时，个人缴费机制设置不合理，个人缴费基数及缴费比例过高，需要个人承担全部缴费导致缴费负担过重，使得灵活就业人员望而却步⑤。在个人方面，由于灵活就业人员具备劳动雇佣关系不明确、工作流动性比较高、工作内容灵活等特点，灵活就业人员容易出现参保障碍以及断保现象⑥。加上灵活就业人员没有稳定的收入来源且收入水平不高，无力承担社会养老保险的费用，即便一些灵活就业者想要参保，也会因为经济负担而退却⑦。同时，新业态就业人员社保意识淡薄，存在侥幸心理，参保积极性不高⑧。可见，传统的社会保障体系不能完全适应数字经济就业模式的变化，出现社会保险覆盖面较小、责任主体难以落实、保险资金筹措困难等问题⑨。因此，现行的社会养老保险制度需要进行改革以满足新业态下灵活就业人员的养老需求。

（三）我国养老保险体系存在的问题

虽然我国已经基本形成了完整的养老保险体系，却存在着结构失衡的突出问题，加之人口老龄化加剧，使得我国养老保险体系面临前所未有的压力。针对这种情况，我国许多学者进行了相关研究。董克用和施文凯研究表明我国现行养老金体系面临第一支柱“一支独大”、第二支柱“发展滞缓”、第三支柱“刚刚起步”结构失衡问题，因而积极倡导发展与完善第三支柱个人养老金⑩。郝建彬和杨兴俊也认为仅仅依靠第一支柱的养老保险很难满足我国人口老龄化趋势下退休居民的生活需求，我国需要加快建设第三支柱养老保险，以缓解养老保险发展不均衡问题⑪。郑秉文的研究表明第二支柱养老金远不如第三支柱有优势，发展第三支柱个人养老金十分有必要⑫。

第三支柱个人养老金通常是由个人主导、国家给予财税政策支持、个人自愿参与的养老金制度模式。不少学者对当前个人养老金发展状况进行了研究。路锦非和李姝认为我国个人养老金存在许多突出的问题：一是实际收益过低导致吸引力不足；二是已退休人群被明确排除于制度之外；三是现行税收政策不仅有门槛效应还有排斥效应⑬。董克用和施文凯同样表明个人养老金试点政策在覆盖人群、税优制度设计以及运行流程等方面存在问题⑭。王虎云认为个人养老金制度的参与人数、缴费人数和缴费金额仍有较大提升空间⑮。还有一些学者对个人养老金发展迟缓的原因进行了研究，表明个人养老金发展不理想既与自愿参与的属性有关，也与税优激励不足、制度设计缺陷等有关。朱海扬等认为尽管参与者对个人养老金产品具有投资选择权，但是大多数参与者受教育水平有限，易导致参保积极性降低⑯。张栋和张琳认为影响第三支柱个人养老金制度发展的决定因素是个人参与积极性，并且个人参与积极性

① 段雅俊：《在线新经济下灵活就业者社会保险缴费问题剖析与解决路径》，《经济研究导刊》，2023 年第 9 期，第 83–85 页。

②⑧ 匡亚林、梁晓林、张帆：《新业态灵活就业人员社会保障制度健全研究》，《学习与实践》，2021 年第 1 期，第 93–104 页。

③ 薛惠元、万诗雨：《灵活就业人员参加城乡居民基本养老保险兜底措施研究》，《保险研究》，2022 年第 2 期，第 79–98 页。

④ 赵建国、周德水：《灵活就业流动人口的养老保险覆盖率及其收入效应》，《社会保障评论》，2020 年第 2 期，第 29–42 页。

⑤ 张盈华：《灵活就业人员社保实践与探索》，《中国社会保障》，2022 年第 6 期，第 40–41 页。

⑥ 席恒：《融入与共享：新业态从业人员社会保险实现路径》，《社会科学》，2021 年第 6 期，第 3–11 页。

⑦ 陈嘉慧：《灵活就业人员社会保险参保思考》，《合作经济与科技》，2023 年第 52 期，第 166–168 页。

⑨ 刘志国、栾瑞华：《数字经济条件下就业模式的变化及社会保障体系的调整》，《商学研究》，2020 年第 6 期，第 110–119 页。

⑩⑭ 董克用、施文凯：《加快建设中国特色第三支柱个人养老金制度：理论探讨与政策选择》，《社会保障研究》，2020 年第 2 期，第 3–12 页。

⑪ 郝建彬、杨兴俊：《强化我国三支柱养老保险研究》，《经济研究导刊》，2022 年第 21 期，第 57–59 页。

⑫ 郑秉文：《养老金三支柱理论嬗变与第三支柱模式选择》，《华中科技大学学报（社会科学版）》，2022 年第 2 期，第 20–37 页。

⑬ 路锦非、李姝：《人口负增长与养老金制度高质量发展——基于宏观制度与微观待遇视角的分析》，《华中科技大学学报（社会科学版）》，2023 年第 3 期，第 12–27 页。

⑮ 王虎云：《我国个人养老金制度稳步推进》，《经济参考报》，2023 年 6 月 28 日，第 006 版。

⑯ 朱海扬、王璐、宋林：《探索第三支柱个人养老金的发展逻辑与关键要素》，《价格理论与实践》，2022 年第 2 期，第 31–35 页。

受到参与激励性、制度灵活性、选择广泛性等核心要素的制约①。高和荣和陈凤娟认为现行的税收优惠政策激励不足，导致的结果便是低收入阶层无用、中等收入群体嫌少而高收入人员无感，难以有效激励劳动者参与个人养老金，造成个人养老金的实际发展状况不甚理想②。

事实确如学界分析，当前个人养老金的发展与理想状态差距甚远，不仅不能缓解第一支柱养老金的压力，还影响了我国多支柱养老体系的完善，更无法达到保障灵活就业人员权益的目的，与未来新业态发展的大趋势背道而驰。基于此，本文从个人养老金的制度逻辑出发进行分析，研究该制度在具体实行过程中面临的问题及其可能的解决方案，以使个人养老金制度真正发挥应有的作用。

二、发展个人养老金的必要性分析

（一）数字经济及其新就业形态的影响日显

继 2017 年数字经济被正式写入政府工作报告之后，2019 年的政府工作报告进一步提及“数字经济等新兴产业蓬勃发展”，表明数字经济发展战略定位已经上升到了国家层面。在此背景下，随着数字经济规模的不断壮大，在引发新一轮技术变革的同时，对就业领域也产生了深刻的影响。

第一，数字经济催生了许多新的就业岗位。数字经济与实体经济融合赋能，加速传统产业转型升级，改善了整体就业环境，涌现了大量互联网经济背景下的平台用工、社群经济、共享用工、众包用工等新就业形式，给灵活就业人员创造了众多新型就业岗位和职业，导致各个行业吸纳就业能力显著提升，特别是第三产业的生产性服务业与高端生活性服务业。根据人力资源和社会保障部发布的《中华人民共和国职业分类大典（2022 年版）》，较 2015 年版职业分类大典净增 158 个新职业，并首次标识 97 个数字职业。

第二，数字经济促使就业方式更加灵活。从劳动力市场需求看，更多企业主动采取灵活用工的方式。由于我国社会的快速发展和市场经济体制的进步，国内经济环境发生变化使得灵活用工成为大多数企业提升竞争力的有效方式。伴随着企业业务体量的扩大，企业对灵活用工的需求不断增加，更加倾向于扩大灵活用工的规模，而不是缩减灵活用工的规模。加之灵活用工市场具有多元化的服务形式，有力地满足了不同企业和个人的需求。从劳动力市场供给看，由于数字经济所衍生的新就业形态具有就业容量大、就业门槛低、灵活性强的特点，使得越来越多劳动者愿意选择灵活就业。

第三，数字经济发展促进就业增长，灵活就业人员的规模越来越大。目前灵活就业人员规模已经达到 2 亿人左右，占总人口数量近 1/7，在就业人口中占比超过两成，其中一些平台外卖骑手超过了 400 万人，在平台上从事主播及相关从业人员达到了 160 多万人③。这说明我国新业态从业人员规模越来越大，已经成为一个庞大且迅速增长的新就业形态劳动者群体。另外，据“青年与数字经济”的调查数据，愿意加入到数字经济领域进行就业的年轻人超过七成，预计到 2025 年数字经济将会带动我国 3.79 亿人就业④。此外，大学生灵活就业的比例也在提高。根据全国高等学校学生信息咨询与就业指导中心的数据，2020 届和 2021 届全国高校毕业生的灵活就业比率分别为 16.9% 和 16.25%⑤。

（二）劳动关系非标准化带来的社会保障难题

非标准劳动关系是在灵活就业与制度转轨中产生出来的一种特殊类型的劳动关系⑥。与标准劳动关系限定合同形式、工资、工时制度不同，非标准劳动关系在以上方面的要求都更为灵活，更加符合我国现阶段企业在经济下行形势下灵活用工的需要。与之相应，当前我国新就业形态的劳动用工具有非标准劳动关系的特点。具体表现为：一是新业态从业人员的工作自主权相对较大、工作时间自由、工作地点不固定、准入和退出门槛低，与传统的、与单一雇主建立了长期和稳定劳动合同的就业方式有显著区别；二是收入分配形式灵活，劳动者的薪酬不固定；三是劳动过程依赖于互联网技术，呈现隐蔽化和碎片化的特征；四是用人单位具有灵活性和非正规化的特征。而我国现行劳动法律的核心仍然是以标准劳动关系为核心的，因此新业态从业人员与企业之间的非标准劳动关系造成劳动者权益保障难以切实得到保障。

一是在社会保险方面，劳动关系非标准化带来了参保障碍。现行的《中华人民共和国社会保险法》规定，部分新业态从业人员可以以自由职业者的身份参加基本养老保

① 张栋、张琳：《第三支柱个人养老金财税激励制度设计：基于国际经验的中国路径》，《国际税收》，2022 年第 12 期，第 33-41 页。
② 高和荣、陈凤娟：《个人养老金制度的实施、挑战与优化》，《西北大学学报（哲学社会科学版）》，2022 年第 6 期，第 82-89 页。
③ 《直播国务院新闻办新闻发布会》，中国政府网，https://www.gov.cn/xinwen/zhibo1/20220117fbh1/index.htm，2022 年 1 月 17 日。
④ 资料来源于中国青年报社社会调查中心联合问卷网（wenjuan.com）进行的“青年与数字经济”调查。
⑤ 樊未晨、叶雨婷、张茜：《灵活就业成大学生就业新形态》，《中国青年报》，2022 年 1 月 17 日，第 005 版。
⑥ 董保华：《论非标准劳动关系》，《学术研究》，2008 年第 7 期，第 50-57 页。

险和基本医疗保险，保险费由个人缴纳，但由于新业态从业人员工作变动频繁，收入不稳定，很容易出现参保“有心无力”、参而不缴、转移接续困难等参保困境①。同时，新业态从业人员的缴费负担远远超过有企业共同缴纳保险费的正规就业者，容易导致心理不平衡而不愿参保，甚至造成收入水平不高的新业态从业人员经济负担过重。另外，许多没有签订正规劳动合同的新业态从业人员无法参加失业保险和工伤保险，因为这两者适用于与企业签订正规劳动合同构成标准劳动关系的就业者并由企业为其缴费。二是在社会福利方面，劳动关系非标准化导致了劳动福利权益保障缺失。由于大多新业态从业人员没有签订劳动合同，与单位或者组织难以形成比较固定的关联，导致没有明确的雇主，因此很难享受到雇主提供的职业福利，如免费体检、带薪假期、加班补贴等职工福利，甚至连最基本的休息、休假和工伤等法定福利都难以得到保障。

（三）对社会养老保险的制度结构带来挑战

我国现行的社会保险主要是针对正规就业人员设计，不利于新业态从业人员参保。与正规就业人员相比，新业态从业人员的工作方式、工作地点、工作内容、报酬支付方式等发生了根本性的变化，对社会养老保险制度带来了巨大冲击和挑战。一是现行的缴费方式不利于该人群参保，阻碍当前社会养老保险制度体系发展。一般传统的正规就业人群参加基本养老保险，用人单位缴费比例为16%，个人缴费比例为8%。而新业态从业人员参保，缴纳比例为20%，全部由自己承担。这对于收入不稳定和没有单位保障的新业态从业人员来说，个人缴费比例较高容易导致因经济负担重而不参保。二是新业态从业人员的参保可能给未来养老金支出带来压力，使得财政负担变重。这是因为，目前新业态从业人员绝大部分是以最低基数进行参保。可以做一个简单的测算，假设该类人群参保并且选择最低基数 60% 缴费，缴满 15 年，假如未来养老金每年增长 5%，那么政府财政需要存下 15 万元，才能使其终身养老金的缴费与养老金支出相平衡②。这种局面会给我国未来的社会养老保险基金带来较大的隐性债务，不利于社会养老保险的可持续性发展。三是新业态从业人员本身特性对参加社会养老保险造成阻碍，不利于社会养老保险扩大覆盖面并且难以保障该类人群的老年生活。相当一部分的新业态从业人员受教育程度普遍偏低，导致其对基本养老保险的了解比较匮乏，加上收入相对较低的特性导致其更偏好当期收入而不是未来收益，这些特征往往会降低参保的积极性，这显然对新业态从业人员参加社会养老保险造成了直接的阻碍作用。此外，由于新业态从业人员工作流动性高且变动频繁，加之户籍制度的限制，无形中提高了参保的难度，极易出现因异地转移接续困难而导致的断保。

与此同时，随着我国老龄化程度的不断加重，人口结构的变化必然会导致缴费的人数减少，领取待遇人数增多，最终造成养老金的支出压力。因此，我国养老保险制度已经陷入老龄化和新业态“前后夹击”的窘境。基于此，为了维持整个养老金的替代率和应对未来养老风险，本文认为我国大力发展包括个人养老金制度在内的多支柱养老保险体系是明智之举。

三、发展个人养老金的现实需求

（一）养老保险体系的结构失衡

虽然我国养老保险体系已经初步建成，但无法回避的现实是存在巨大的结构失衡。具体表现为第一支柱“一支独大”，难以实现可持续性发展。一方面，我国居民退休后收入的主要来源是第一支柱基本养老金保险，退休人员严重依赖第一支柱，致使以城镇职工基本养老保险为主体的第一支柱养老金日益面临支付的压力。另一方面，随着我国老龄化趋势加剧，退休人数增加，对社会养老保险的需求大大增加。然而，第一支柱城镇职工养老金替代率却在逐年下降，现在仅为 44.08%③，养老金替代率在未来会继续面临下降的压力。与此同时，第一支柱还存在保障水平低和待遇支付差距大的问题。2022 年城镇职工基本养老保险人均养老金待遇水平为 43268 元，而城乡居民基本养老保险人均养老金待遇水平为 2456 元，仅为城镇职工基本养老金的 5.68%，城乡待遇支付差距大④。因此，第一支柱面临着使命重大但替代率不得不下降的双重压力，加上城乡待遇的差别，养老金结构的调整势在必行。

第二支柱发展缓慢，作为补充养老保险的功能比较薄

① 匡亚林、梁晓林、张帆：《新业态灵活就业人员社会保障制度健全研究》，《学习与实践》，2021 年第 1 期，第 93–104 页。

② 汪德华：《零工经济的社保难题与应对思路》，《探索与争鸣》，2020 年第 7 期，第 20–22 页。

③ 陆颖：《养老金三支柱体系的替代率与收入再分配效应：“两全其美”抑或“顾此失彼”》，《财政科学》，2022 年第 8 期，第 102–116 页。

④ 根据《2022 年度人力资源和社会保障事业发展统计公报》的相关数据：2022 年末城镇职工基本养老保险基金支出为 59035 亿元，参保离退休人员 13644 万人，人均月工资约为 3605.68 元，而城乡居民基本养老保险基金支出为 4044 亿元，实际领取待遇人数为 16464 万人，人均月工资约为 204.69 元，由此可推算出两者的差距。

弱。由于第二支柱采取自主自愿的原则，参保人数较少，对第一支柱的补充功能有限。根据人力资源和社会保障部的统计，截至2022年底参加第二支柱中企业年金的企业有12万户，参保职工人数为3010万人，全国31个省（区、市）、新疆生产建设兵团和中央单位职业年金参保人数为7200万人，第二支柱覆盖人数不及第一支柱的10%①。相比较而言，35个经济合作与发展组织（OECD）成员国的企业年金基金总额占国内生产总值（GDP）的比重平均为60%以上，而我国这一指标不到2%，基金规模非常小②。故而，第二支柱远远落后于预期。

第三支柱个人养老金刚刚起步，发展尚未成熟，制度框架和实施细节尚在探索，覆盖规模和筹资规模远低于第一、第二支柱。人力资源和社会保障部数据显示，截至2023年6月底，全国36个先行城市（地区）的61家金融机构试点个人养老金，开户人数为4030万人，而我国劳动年龄人口总量为8.8亿人，前者仅占后者的4.6%，开户人数较少③。可见，我国现行的养老金体系面临着第一支柱“一支独大”、第二支柱“发展滞缓”、第三支柱“刚刚起步”的结构失衡问题。

（二）新业态从业人员的参保状况不够理想

近年来，新业态等灵活就业人员的数量迅速增加，但该群体的实际参保状况并不理想。目前，养老保险覆盖全部人群的90%左右，剩下不到10%的人群尚未参与社会保险，其中灵活就业人员占有很大比例④，说明灵活就业人员的基本养老保险参保率并不高⑤。根据2020年中国劳动学会2000余份抽样调查数据，灵活就业人员整体参保率仅为52%⑥，2亿多人的灵活就业群体大约只有一半人参加了城镇职工基本养老保险⑦。同样，根据《2022年度人力资源和社会保障事业发展统计公报》的数据，2022年末我国城镇就业人员45931万人，而城镇职工基本养老保险的参保职工为36711万人，这表明其中有9220万人没有参保，也能反映出社会保险参保状况不够理想⑧。除此之外，商业养老保险的参保也不够理想，一是参保费用较高的商业养老保险对于本不富裕的群体是一种“奢侈品”；二是新业态灵活就业人员的低收入群体占比较高。虽然部分平台企业为新业态灵活就业者购买了商业养老保险或让其自己购买，但是由于缴费成本偏高且无法实现对该类群体的长期保障，容易出现断保现象。

现实的参保困境导致大部分参保的灵活就业人员只能选择城乡居民基本养老保险，但是城乡居民基本养老保险的待遇水平远远低于城镇职工的保障水平。这很容易导致该群体在年老时会面临养老金水平过低甚至没有养老金的困境，给社会带来未来养老风险。根据有关调查，53.3%的从业人员认为目前的社会保障新业态从业者社保政策比较滞后，满足不了实际需要⑨。

（三）第三支柱个人养老金亟待优化

2018年4月，财政部等部门联合印发《关于开展个人税收递延型商业养老保险试点的通知》，明确规定自2018年5月1日在上海市、福建省（含厦门市）和苏州工业园区实施个人税收递延型商业养老保险试点，拉开了我国第三支柱养老金试点大幕。然而试点以来，个税递延型养老保障试点区域未扩张，保费收入也未达预期，与第一、第二支柱规模差距很大。为激励第三支柱个人养老金的发展，“第三支柱养老保险”在2021年首次被写入政府工作报告，随后2022年个人养老金制度全面落地实施。在政策支持层面，第三支柱个人养老金制度取得了历史性的突破，但在现实中却是“雷声大雨点小”。

首先，个人养老金的参与人数、缴费人数和缴费金额仍有较大提升空间。截至2023年6月底，个人养老金试点半年有余，开户人数已经超过4000万人，但实际的缴费人数和缴费金额很少，距离1.2万元的年度缴费金额上限仍有较大空间。同时，由于近两年资本市场不景气，个人养老金的收益率也较低，因此居民开户和参与的积极性也不高。2023年第一季度末，养老金产品的投资收益率

① 根据《2022年度人力资源和社会保障事业发展统计公报》数据测算而来：2022年末基本养老保险参保人数为105307万人，而第二支柱总参保人数为3010万人和7200万人的总和，即10210万人，占基本养老保险参保人数的比重小于10%。

② 董克用：《建立和发展中国特色第三支柱个人养老金制度》，《中国社会保障》，2019年第3期，第34-36页。

③ 人力资源和社会保障部：《人社部举行2023年二季度新闻发布会》，http://www.mohrss.gov.cn/SYrlzyhshbzb/dongtaixinwen/buneiyaowen/rsxw/202307/t20230721_503273.html，2023年7月21日。

④ 匡亚林、梁晓林、张帆：《新业态灵活就业人员社会保障制度健全研究》，《学习与实践》，2021年第1期，第93-104页。

⑤⑥ 薛惠元、万诗雨：《灵活就业人员参加城乡居民基本养老保险兜底措施研究》，《保险研究》，2022年第2期，第79-98页。

⑦ 郑秉文：《中国养老金精算报告（2019-2050）》，中国劳动社会保障出版社2019年版，第97页。

⑧ 人力资源和社会保障部：《2022年度人力资源和社会保障事业发展统计公报》，http://www.mohrss.gov.cn/xxgk2020/fdzdgknr/ghtj/tj/ndtj/202306/t20230620_501761.html，2023年。

⑨ 陈丽丽：《新业态从业者社会保障情况调研报告》，《统计科学与实践》，2021年第10期，第37-39页。

仅为 1.49%[①]。其次，已退休人群被明确排除在个人养老金制度之外。调查显示，已退休受访者和个体或灵活就业人员的参加意愿更高，其中参与个人养老金的意愿最强烈（占比高达 78%）的受访者年龄段是 50 岁至 59 岁，60 岁至 69 岁以上受访者参加意愿占比为 77%，因而个人养老金制度需要放宽年龄限制并扩大覆盖人群[②]。最后，税收优惠政策存在激励困境，对低收入群体吸引力不足。2018 年 10 月，我国将个人所得税起征点从 3500 元 / 月调整至 5000 元 / 月，这使得原本可以享受个人养老金税收优惠的群体无法继续享受优惠政策。而根据国家统计局的数据显示，按全国居民五等份收入分组，低收入组、中间偏下收入组、中间收入组、中间偏上收入组和高收入组每月人均可支配收入分别为 716.8 元、1608.6 元、2549.8 元、3949.8 元、7509.7 元，这表明只有高收入组的月均收入超过了 5000 元，绝大多数群体的收入不超过 5000 元[③]。因此，绝大部分的低收入群体无法享受个人养老金的优惠政策。所以，第三支柱个人养老金的缴费激励亟待优化升级，以吸引更多的人群参保。

四、发展个人养老金的逻辑依据

（一）经济形态决定社会政策

经济形态是人类文明史上不同历史时期代表当时先进生产力水平及其结构和特点的经济活动的抽象表现。每种经济形态包含了其独特的生产要素、生产方式、基本结构和政策等。经济基础决定上层建筑，经济形态的演变和更替也决定着社会政策必须与时俱进以适应这种变化。社会保障制度是社会经济政治发展到一定阶段的产物，是社会化生产、市场经济正常运行的客观需要。我国现行社会保障制度是在经济体制改革的过程中逐步建立起来的，经历了从与计划经济体制相适应的“国家—单位”保障制向与市场经济体制相适应的“国家—社会”保障制的深刻制度变革[④]。20 世纪 50 年代，为适应计划经济体制的要求，我国社会保障制度主要实行的是以劳动保险为主的社会保障制度，用人单位只负责本单位雇员的保险待遇，本质上是为少数行业工人提供的一种福利保障。1978 年，我国开始进行经济体制改革，原有的社会保障制度也成为经济改革的重要对象。经过一系列的改革探索，社会保障开始从“单位化”走向“社会化”。20 世纪末到 21 世纪初，我国基本形成了一套全新的社会保障制度以适应市场经济体制，包括职工基本养老保险、职工基本医疗保险、工伤保险、生育保险和失业保险共 5 个保险项目。虽然新型社会保障制度仍由政府主导，但单方负责转变为多方负责，单位包办的封闭式保障机制被社会化保障机制所替代，风险也由全社会分担，因此具有社会性质，且与社会主义市场经济体制和工业化、城市化进程相适应。

随着数字技术广泛而深入的应用，生活方式发生了深刻的变化，整个经济形态也随之转型。互联网、大数据等新技术的应运而生、互联网平台的广泛应用，数字经济催生了平台经济、零工经济、共享经济、宅经济、新零售、个体私营经济等新经济、新业态。而新经济、新业态的快速发展带来了灵活用工模式，大大增强了就业的灵活性。与此同时，数字经济时代下，第三产业发展迅速，产生了许多新型服务行业，使得灵活就业的空间增大。可以说，随着新经济形态以及产业结构的调整，社会保障制度运行的环境随之发生变化，对其权益的公平性、普惠性、可持续性、制度运行效率等造成了巨大冲击。因此，现行社会保障领域的诸多项目难以适应，亟须重新思考未来社会保障体系的整体设计，改造现行社会保障制度，构建一个与数字经济时代相适应的社会保障体系。

（二）就业形态决定社会保障模式

社会生产方式决定了社会保障的模式[⑤]，同时就业形态作为劳动者参与社会生产的表现形式，也决定着社会保障的结构。社会保障制度内嵌于经济社会体系之中，是应对劳动者风险的重要制度安排。在农业社会，劳动者主要从事农业活动，农民群体面临着自然风险，主要是依靠家庭和土地进行保障。进入工业化社会之后，就业形态发生了变化，从事非农业就业人员数量急速增加。同时，工业化也带来了新的风险，集体化的大生产方式使劳动者的劳动时间固定和收入稳定，劳动者为了获得稳定的收入就会期望稳定的雇佣关系，而一旦因为年老、疾病、失业、工伤等风险的加剧丧失工作机会，产生了收入风险，就会给社会的稳定带来不利的影响。因而，现代社会保障制度随之诞生。

随着第四次工业革命推动数字经济的蓬勃发展，新业

① 人力资源社会保障部社会保险基金监督局：《养老金产品业务数据摘要（2023 年一季度）》，2023 年 5 月。
② 中国保险资产管理业协会：《中国养老财富储备调查报告（2023）》，2023 年 5 月。
③ 国家统计局：《中华人民共和国 2022 年国民经济和社会发展统计公报》，http://www.stats.gov.cn/xxgk/sjfb/zxfb2020/202302/t20230228_1919001.html，2023 年。
④ 郑功成：《中国社会保障：现状、挑战与未来发展》，《中国社会保障》，2022 年第 9 期，第 20–23 页。
⑤ 鲁全：《生产方式、就业形态与社会保险制度创新》，《社会科学》，2021 年第 6 期，第 12–19 页。

态应运而生。与传统的正规就业相比，新业态灵活就业人员大多没有与企业签订劳动合同，劳动关系也比较模糊。因而，灵活就业成为一种社会保障制度未完全覆盖的新就业形态。同时，新业态带来了新的社会风险。新业态灵活人员面临着新的职业风险，主要包括工作贫困、职业福利缺位和社会保障缺失三类风险，其中社会保障缺失是新风险规避的最主要挑战。由于原有的社会保障制度是为了对抗传统社会风险而产生的，面对新社会风险就需要对其进行适应性的改革。因此，新就业形态带来了各种新的风险，要求现行的社会保障做出改革。正如德国社会学家乌尔里希·贝克开创的风险社会理论所认为的，随着工业化、现代化的发展，生产力呈现指数式增长，使风险和潜在自我威胁的释放达到了前所未有的程度，由原来的自然风险为主转化为人类活动造成的“人化”风险为主导，因此国家需要通过制度去防范和规避各种社会风险，也要积极应对制度化所产生的各种社会风险①。

（二）个人养老金对新业态的适应性分析

在新业态和老龄化加速的双重影响下，我国现有的养老制度难以满足未来的养老需求。因此，在面对新的经济形态对现有社会政策提出新的挑战之时，不能要求社会去适应原有的制度，而是要让制度去适应社会的变化。在此背景下，个人养老金应运而生，对满足数字经济趋势下灵活就业人员的未来养老需要，保证社会养老保险制度的可持续性发展具有重要意义。

这是因为，个人养老金面向全体劳动者，没有身份和地点限制，几乎所有劳动年龄段人口均可购买，能够满足所有就业人群的参保要求，同时参保人员可以在任何地方缴费。这与大部分灵活就业人员的工作地点、缴费金额、缴费时间不固定是相契合的。一是灵活就业人员没有正规的劳动关系，收入往往并不稳定，因此无法保证每次都有能力缴纳同样的保险金；二是工作的灵活性使得其难以在一个固定的城市投保；三是收入水平的限制，难以保障持续性的投保固定的金额。所以，个人养老金制度的实施使灵活就业人员可以根据自己的经济收入状况决定缴费的金额和时间，同时缴费也没有了地点的限制，加上个人养老金的供给渠道较多，人们还可以自行选择供给方。可见，个人养老金制度的出台及其参保的灵活性，十分符合当前我国的发展形势，不仅有利于完善我国多层次、多方面的养老保险体系，有效缓解第一支柱的压力，还有助于保障新业态从业人员的社会保障权益问题。

五、促进个人养老金发展的政策建议

从36个试点城市（地区）的试点情况来看，个人养老金的开户人数、实际缴费人数和人均缴费资金水平都偏低，说明个人养老金制度尚未取得预期的效果。虽然其中的原因有很多，但本文认为最主要的还是缴费激励问题。比如，个人养老金制度税收优惠的受益者主要是月收入5000元以上的高收入群体，目前来看能够达到这个收入水平的群体还是少数，因此仅仅依靠税收优惠激励在当前不是一个最优选择，需要在未来的政策执行中多管齐下，形成全方位的缴费激励。

（一）缴费的激励性

我国第三支柱试点效果不理想主要原因之一是税收优惠政策吸引力有限，存在激励困境，因此可以采取财政补贴和税收优惠兼顾的政策激励格局，以扩大第三支柱的覆盖面，最终增强全社会的养老保障和风险抵御能力。虽然高收入群体达到了税收优惠的纳税起征点，但优惠额度对其吸引力不足，因此可以按照一定的经济规律提高税收优惠的额度，充分发挥个人养老金的税收优惠激励作用。同时也要注意控制税收优惠的额度上限，避免高收入者借此避税以保证税收优惠的公平性。相较于税收优惠，财政补贴更能惠及我国广大低收入群体，撬动更多资金参与个人养老金的积累。因此，对于低收入群体或者无法享受优惠政策的群体，比如灵活就业人员，可以给予一定的现金补贴。补贴额度可以与参与者缴费的额度相挂钩，并且与财政承受能力相匹配，以激励低收入群体进行缴费和保证财政的稳定。因此，对不同收入区间的人群进行合理的优惠机制安排，个人可以根据利益最大化原则选择适合自己的方式，使缴费激励效用最大化。

（二）经办的便利性

提升经办的便利性，使运作流程更加灵活便捷，有利于提高个人养老金制度的参保积极性以扩大覆盖面。一方面，个人养老金实行个人账户制度，建立个人账户是参加个人养老金、享受税收优惠的前提。因此，经办机构对个人养老金账户注册登记的流程进行简化，将各类群体无差别地拉入个人养老金制度，会使参保更加便利。具体而言，对于正规就业人员，本单位或本企业为其办理社保参保登记的同时，协助办理个人养老金的开户手续，并享受相应的税收优惠政策，降低了参保流程的烦琐程度，增强个人养老金制度的便利性。对于灵活就业人员，其可以在参加社会保险时，同步办理个人养老金的注册登记，并且可以在参保地进行而无须回到户籍地，能够避免灵活就业人员

① 张浩淼：《新业态、新风险与社会保障的适应性改革》，《改革与战略》，2019年第9期，第35-40页。

由于劳动关系模糊以及户籍转移接续困难导致参保障碍的问题。另一方面，人力资源部门建设的个人养老金账户平台要安全、简单、易懂，让参与者能够便捷地进行资金划拨与账户查询，确保个人养老金账户资金安全。同时，在面临突发的大额医疗费用支出、子女教育支出等一些特殊情况时，可以申请临时支取个人账户的资金，并且规定在一定年限内归还，让劳动者感受到参与个人养老金的便利之处，保证制度更加人性化。

（三）投资的灵活性

第三支柱个人养老金本质是政府税收优惠下的个人养老储蓄安排，并通过多元化的投资渠道实现资金的保值增值，因而保障个人养老金投资收益是参保激励的另一核心。如果投资的收益过低或者没有收益，劳动者自然就不愿意参与。如果投资收益理想，大批劳动者自然而然会被个人养老金吸引。因此，第三支柱个人养老金离不开资本市场，实现投资的灵活性，有利于增强个人养老金制度的吸引力，也能满足数字经济时代下规模庞大灵活就业人员群体的未来养老需要。目前我国居民的投资能力有限、金融知识薄弱以及尚未形成较发达的第三方投资顾问行业，因此有必要建立默认投资产品。如果参与者在缴费后一定时间内没有主动投资，则资金自动进入其事先选定的默认产品。同时，第三支柱个人养老金的参与者涵盖多种群体，其风险偏好、收入状况以及投资产需求是多样化的，比如灵活就业人员具有工作贫困风险且收入不高，更偏好低风险的投资产品以获取预期投资收益。因此，需要推进供给主体多元化和养老金产品多样化，为参与者提供更多的投资选择权。

分报告十三
基于四类产品分析看个人养老金缴存积极性不高的问题

一、引言

个人养老金制度作为我国养老保险三支柱的重要组成部分，自 2022 年 11 月 25 日在 36 个先行城市（地区）实施以来，就引发全社会关注。商业银行作为个人养老金开户推广的主力军，看准其在获客吸金方面的独特优势，在制度落地后，便立即开展了各类营销活动，以多种开户福利吸引客户。但缴存情况却不尽如人意。一方面，花式营销、互助开户、地推开户等现象在市场衍生，造成开户数“虚高”，个人养老金参加人数持续增加，但这些过度营销的行为并不能刺激客户的投资需求，特别是一些只为拿到开户礼品的“薅羊毛”个人客户。另一方面，个人养老金产品不断扩容，本是为制度参加人提供多样化的投资选择，但主动投资的人没有占多数[①]。“缴存冷”现象是多种因素共同作用的结果，从产品来看，由于个人养老金投资自主权在制度参加人自己手里，未来养老金的水平，直接来源于产品投资收益。基于此考虑，本文认为面对当前个人养老金缴存积极性不高的情况，需要针对四类产品存在的不足加以优化。

二、个人养老金参保缴费现状

商业银行在个人养老金制度推动过程中起了关键作用，如表13-1所示，政策实施后，各家商业银行推出各类开户优惠活动吸引居民开立账户。截至2022年末，全国的个人养老金参加人数就达到1954万人，其中缴费人数613万人，总缴费金额142亿元[②]。商业银行发动全员开展个人养老金营销活动，主要有以下考虑：一是个人养老金作为我国多层次、多支柱养老保险体系的重要组成部分，未来前景广阔，商业银行要承担应尽的社会责任；二是客户在银行开立个人养老金账户后，缴存的资金可作为银行的存款，并且由于个人养老金账户的资金要在客户退休时才能领取，期限较长，这对于商业银行来说是一个稳定的存款来源；三是个人养老金制度上线初期，个人养老金账户如要注销、变更银行等，需要付出较多的时间成本，且目前许多商业银行还未上线该业务，因此客户一旦开立账户就容易与账户银行形成黏性，这对于商业银行来说是开拓客户群体的一大抓手；四是客户在个人养老金资金账户缴存后，会用来购买各类个人养老金产品，这又会为商业银行的中间业务收入开拓新的增长点。基于上述原因，商业银行全员营销个人养老金账户具有很大的积极性。

① 《个人养老金“开户热缴存冷”待解》，中国证券报，2023 年 6 月 12 日，第 A03 版。

② 《人力资源社会保障部举行 2022 年四季度新闻发布会》，http://www.mohrss.gov.cn/SYrlzyhshbzb/dongtaixinwen/fbh/lxxwfbh/202301/t20230118_493693.html，2023 年 1 月 18 日。

表 13-1　部分商业银行个人养老金开户优惠活动（截至 2022 年末）

银行	优惠信息
中国工商银行	开户得 50 元微信立减金；首次缴存再得 20 元微信立减金
中国建设银行	开户得 50 元微信立减金；当年累计缴存 500 元以上，得 20 元微信立减金；推荐好友开户，好友可获得 50 元微信立减金，推荐人本人每成功邀请一人即可获得 10 元微信立减金，至多成功邀请 60 人，可享高达 600 元微信立减金
交通银行	首次开户可获得支付贴金券礼包 58 元；推荐人（手机银行实名认证客户）成功推荐首次开立交通银行个人养老金资金账户的好友数达到 1 人、3 人、5 人、7 人、10 人，可获得相应贴金券礼包奖励，每名推荐人可获得奖励上限为 280 元
招商银行	预约个人养老金账户，最高可抽取 66 元现金红包；开户可抽取 0.88~288 元不等的现金红包；开通用户缴存金额达 10 元，则可再领取 10 元现金红包
中信银行	开户领 20 元微信立减金；存入 1000 元可领 18 元微信立减金，存入 12000 元可领取 68 元微信立减金
兴业银行	开户领 18.8~288 元现金红包

资料来源：笔者根据公开数据整理。

个人养老金制度理应是普惠性的制度安排，在以商业银行为代表的众多金融机构的大力推动下，个人养老金账户开立人数逐渐增加。从 2022 年 11 月政策落地到 2023 年 3 月底，全国有 3324 万人开立了账户[①]，这一数字在 2023 年 6 月底就增加到了 4030 万人[②]，已经超过了企业（职业）年金 3000 多万的参加人数。但与此同时，我国在 2023 年 6 月底就有 10.57 亿人参加了基本养老保险[③]，从这个数据来看，个人养老金开户数未达第一支柱养老保险参保人数的 5%，仍有相当大的增长空间。

虽然个人养老金开户数在增加，可无论是缴存人数、缴存人数占开户数的比例，还是人均缴费水平都较低。从全国范围来看，截至 2023 年第一季度末，共有 900 多万人完成了资金缴存，约占开户人数的 27%，账户总缴费金额达 182 亿元，人均账户资金余额（实际缴费人数口径）为 2022 元，仅为最高限额（12000 元 / 年）的 16.9%[④]。从微观主体来看，各家商业银行的个人养老金缴存比例也呈现较低的趋势。图 13-1 显示了 X 银行广州分行 2023 年 1~7 月个人养老金的新增开户和缴存情况。X 银行在全国特大城市中，个人养老金的开户数和缴存数都名列前茅，较有代表性。从图 13-1 中可以看出，X 银行广州分行个人养老金开户人数和缴费人数相差悬殊，2023 年 1~7 月的缴费人数仅占开户人数的 17% 左右。总的来看，个人养老金政策实施以来，缴存的情况未达到预期。

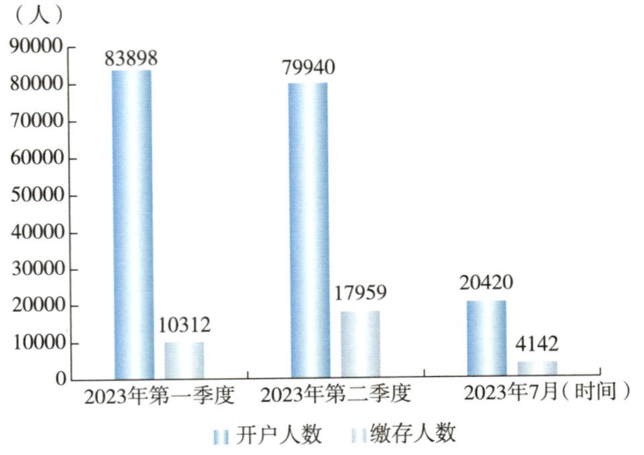

图 13-1　X 银行广州分行 2023 年 1~7 月个人养老金开户及缴存人数

资料来源：X 银行广州分行个人养老金业绩，由笔者整理而成。

三、个人养老金产品分析

个人养老金的缴费完全是由个人承担的，资金由参加人支配，自主购买个人养老金产品。个人养老金产品包括个人养老储蓄存款、个人养老金理财、个人养老金公募基金、个人养老金保险等金融产品[⑤]。截至 2023 年 7 月 25 日，个人养老金产品总量就已达 674 款，涵盖储蓄类产品（465 款）、银行理财产品（18 款）、基金产品（152 款）以及保

① 《人力资源社会保障部举行2023年一季度新闻发布会》，http://www.mohrss.gov.cn/SYrlzyhshbzb/dongtaixinwen/fbh/lxxwfbh/202304/t20230424_498996.html，2023 年 4 月 24 日。

②③ 《人社部举行 2023 年二季度新闻发布会》，http://www.mohrss.gov.cn/SYrlzyhshbzb/dongtaixinwen/fbh/lxxwfbh/202307/t20230721_503273.html，2023 年 7 月 21 日。

④ 《2023 年 6 月非银金融行业个人养老金跟踪研究报告》，东方财富网，https://caifuhao.eastmoney.com/news/20230616163843936019360，2023 年 6 月 16 日。

⑤ 《中国银保监会关于印发商业银行和理财公司个人养老金业务管理暂行办法的通知》，http://www.cbirc.gov.cn/cn/view/pages/ItemDetail.html?docId=1082274&itemId=928/，2022 年 11 月 18 日。

险产品（39 款）[①]。财新网的数据显示，截至 2023 年 4 月，个人养老金产品中储蓄存款规模最大，占比近六成；另有超过三成的资金投向公募基金；而保险产品和银行理财的规模占比仅在 4% 左右[②]。投资人如果要想实现养老资金的稳健增值，就必须将资金合理地投资于存款、理财、保险、公募基金等产品中。按照目前活期存款的水平（年利率约 0.2%），如果个人养老金账户的资金长期不做投资，只放入活期账户，显然是不能保值的。

财政部、国家税务总局的公告显示，自 2022 年 1 月 1 日起，对个人养老金实施递延纳税优惠政策。在缴费环节，个人向个人养老金资金账户的缴费，按照 12000 元 / 年的限额标准，在综合所得或经营所得中据实扣除；在投资环节，计入个人养老金资金账户的投资收益暂不征收个人所得税；在领取环节，个人领取的个人养老金，不并入综合所得，单独按照 3% 的税率计算缴纳个人所得税，其缴纳的税款计入“工资、薪金所得”项目[③]。目前的个人养老金产品收益除了考虑产品本身运作带来的收益，还需要考虑税优政策和投资者行为，本文在分析产品的投资回报时将考虑这几个因素，下面将逐一进行分析。

（一）储蓄存款

我国居民的储蓄率在全球范围来看都是相当高的，作为为数不多的保本产品，储蓄存款长期以来就很受中国居民的欢迎。新冠疫情三年来，国内股债市场波动剧烈，经济下行压力较大，居民消费动力不足，许多投资者将自己的资金存入银行的存款账户，一些长期在银行投资理财、基金的客户由于亏损严重，也把相当一部分资金转入存款，这些因素都使得近些年国内多家商业银行的储蓄存款不断创历史新高，而基金、理财等产品的销量低迷。

自 2022 年 11 月 20 日起，中国工商银行、中国农业银行、中国银行和中国建设银行在合肥、广州、成都、西安和青岛开展了特定养老储蓄试点，首个 5 年周期享受 4% 的年化利率。该产品因保本高息吸引了众多投资者，2023 年上半年特定养老储蓄存款就达到了 377 亿元的销售规模[④]。许多投资者还用个人养老金资金账户的钱投资于特定养老储蓄。目前，各家商业银行还推出了自家的个人养老金储蓄存款产品，暂未实现交叉销售，参缴人只能购买个人养老金账户所在银行的存款产品。表 13-2 以中国工商银行、招商银行、兴业银行为例，显示了它们的整存整取定期存款和个人养老储蓄存款的相关要素。从目前已上线的个人养老储蓄存款产品来看，时间多为 3 年期、5 年期，年利率大多在 3% 左右。

表 13-2　部分商业银行存款产品要素对比（2023 年 7 月）

种类	期限	中国工商银行		招商银行		兴业银行	
		起存金额（元）	年利率（%）	起存金额（元）	年利率（%）	起存金额（元）	年利率（%）
整存整取定期存款	3 年	5 万	2.85	1000	2.90	50	3.10
	5 年	50	2.50	50	2.50	50	3.15
个人养老储蓄存款	3 年	100	2.85	50	3.10	50	3.10
	5 年	100	2.90	50	3.15	50	3.25

资料来源：笔者根据公开数据整理。

表 13-2 还反映了一个突出现象：中长期存款利率“倒挂”，即存款时间越长反而利率越低。例如，中国工商银行和招商银行的 5 年期整存整取定期存款利率均为 2.50%，低于 3 年期的存款利率。这背后有一个深层次的原因便是“利率下行”。从长期市场发展的角度来看，资金面会趋于宽松，政府大力支持实体经济，降低企业融资成本是趋势，同时商业银行还考虑到资产负债结构优化，未来整个市场的利率水平是下行趋势，即时间越长，利率水平越低。图 13-2 以某国有银行 Z 银行为例，展现了过去 15 年、1 年期和 3 年期的整存整取定期存款（挂牌）

① 冷翠华：《个人养老金制度实施满八个月 产品数量达 674 款》，证券日报网，http://www.zqrb.cn/jrjg/insurance/2023-07-25/A1690213054790.html，2023 年 7 月 25 日。

② 吴雨俭：《个人养老金缴存资金达 200 亿元 储蓄最多 理财最少 还有三成未投资》，财新网，https://finance.caixin.com/m/2023-04-20/102021803.html，2023 年 4 月 20 日。

③ 《财政部 税务总局关于个人养老金有关个人所得税政策的公告》，https://www.chinatax.gov.cn/chinatax/n363/c5182621/content.html，2023 年 11 月 3 日。

④ 《银行业保险业 2023 年上半年数据发布会》，http://www.cbirc.gov.cn/cn/view/pages/ItemDetail.html?docId=1120084&itemId=920，2023 年 7 月 27 日。

利率走势。本文认为，储蓄存款利率未来大概率也是下行的，将低于3%。在这样的趋势下，对于偏好于储蓄存款的这一群体，假定他们缴存个人养老金只用于投资于储蓄存款产品，是否能获取较好的收益呢?

按照目前的税优政策，由于个人养老金投资者在领取时需要单独缴纳3%的个人所得税，但目前个人养老储蓄存款的利率走势是低于3%的，若按照这个趋势，也就意味着存款收益难以覆盖个人养老金领取时缴纳的个税。特别是对于不缴税的群体，他们本身就无须缴税，反而在领取时需要缴税，这就会造成本金的亏损。因此，如果税优政策既定，那么目前的个人养老储蓄存款的利率水平，难以让不缴税群体（多数为中低收入群体）充分享受制度红利，投资该品种将难以实现养老金的保值增值。而目前仍有许多个人养老金投资者选择投资储蓄存款，主要原因是：一是与长期以来的投资习惯有关，许多投资者会投资于市场上年利率较高的储蓄存款产品；二是与股债市场行情有关，许多投资者近些年投资银行理财和公募基金出现亏损，短期内为了回避风险，仍在观望；三是投资者对于保险产品有顾虑，尽管产品稳健，但出于对保险的流动性、安全性的考虑，整体购买意愿不高。后文将做进一步分析。

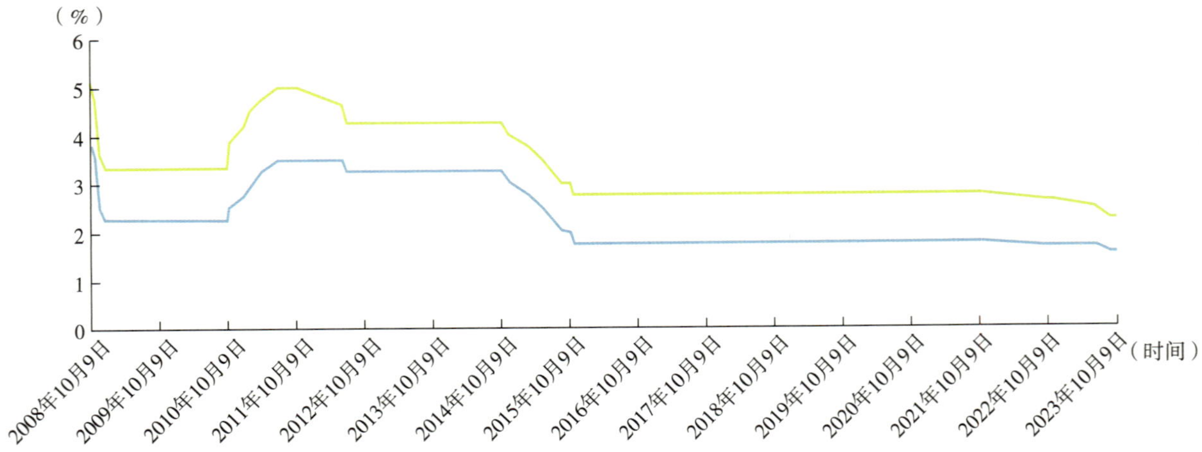

图 13-2 Z 银行定期存款（挂牌）利率走势（2008 年 10 月至 2023 年 10 月）

资料来源：Z 银行人民币存款利率表。

（二）理财

在商业银行，过往通过刚性兑付的理财产品发掘培育了庞大的客户群体，许多客户依靠银行理财实现资产的保值增值，长期以来，银行理财成为居民仅次于储蓄存款的一大投资方向。但《关于规范金融机构资产管理业务的指导意见》（以下简称“资管新规”）实施后，局势逐渐变化。在银行销售的理财产品，大多是由理财子公司发行与管理的净值型产品，不再像过去那样刚性兑付，不承诺保本保收益。加上我国宏观经济经历了一段较大的波动时期，市场上以固收类为主的理财产品净值出现大幅波动，甚至“破净”，对公众的吸引力降低。事实上，理财产品收益呈现“下降”趋势。在理财投资收益方面，2022 年各月度的理财产品平均收益率为 2.09% ①，2023 年上半年各月度，理财产品平均收益率为 3.39% ②。

为了满足居民多样化的投资需求，近些年市场上出现了和养老主题相关的理财产品。2021 年 12 月，我国养老理财在武汉、成都、深圳、青岛试点，几家理财子公司发行的养老理财产品期限都是 5 年，工银理财试点产品业绩比较基准为 5%~7%，建信理财和招银理财试点产品业绩比较基准为 5.8%~8%，光大理财试点产品业绩比较基准为 5.8%。这些养老理财产品引入平滑基金、风险准备金等设计，使得产品更具安全性、稳健型。自 2022 年 3 月起，养老理财产品试点范围扩展到十个城市。

随着养老理财的持续运作，市场上对养老理财的热度

① 《中国银行业理财市场年度报告（2022 年）》，中国理财网，https://www.chinawealth.com.cn/zzlc/xwzx/xwgg/20230217/6418775.shtml，2023 年 2 月 17 日。

② 《中国银行业理财市场半年报告（2023 年上）》，中国理财网，https://www.chinawealth.com.cn/zzlc/xwzx/xwgg/20230804/7278457.shtml，2023 年 8 月 4 日。

也逐渐增高。个人养老金制度实施后，养老理财产品进一步扩容，一上线就获得了更多关注。截至 2023 年 2 月 24 日，市场上推出了 18 只产品，发行机构主要有工银理财（6 只）、中邮理财（3 只）、农银理财（4 只）和中银理财（5 只）[①]。从期限来看，这些理财产品的期限都在一年以上；从风险等级来看，都为中低风险或中风险等级（具体等级会根据产品代销机构的风险等级评价体系而定）。

作为以稳健为主的理财产品，个人养老金理财产品主要投资中高评级主体，维持中低信用风险偏好，投资策略以追求产品长期稳健增值为目的，通过投资债券、股票等大类资产兼顾稳健运作和收益弹性[②]。以工银理财为例，首批上线的 4 只理财产品，期限分别为 365 天、540 天、720 天、1080 天，业绩比较基准分别为年化 3.7%~4.2%、4.1%~4.6%、4.4%~4.9%、5.25%~5.75%。从投资范围来看，前三款个人养老金理财债权类的投资比例为 0~100%；权益类中优先股的投资比例为 0~20%，其他权益类资产投资比例为 0~10%；商品及金融衍生品类的投资比例为 0~5%。第四款的投资比例是：债权类 80%~100%，权益类 0~20%，商品及金融衍生品类 0~20%。从实际运作情况来看，从 2023 年 2 月成立到 8 月 30 日，4 只理财产品实际运作的年化收益率分别为 3.01%、2.91%、2.91%、2.81%，不过这只是阶段性的投资运作情况，实际收益会随着市场情况浮动，并不一定完全达到业绩基准，可能低于或高于业绩基准水平。

若个人养老金理财长期投资回报率能达到业绩基准，那么对于投资者特别是缴税群体来说，也能获得养老金的增值收益，收益多少取决于个人养老金理财管理人的投资运作能力和市场表现，仍有很大的不确定性。主要原因在于资管新规实施后至今并未很久，净值型理财在我国发展时间较短，先前试点的养老理财均未到期，市场对于个人养老金理财的长期收益表现仍有顾虑。理财产品净值化不再保本，对公众的吸引力降低。而公募基金作为一种规范透明的投资工具，种类丰富，注重风险管理和投资回报率，长期投资实现较好收益的可能性大，能满足不同风险偏好投资者的资产配置需求。在同样承担风险的前提下，许多投资者开始从银行理财转向公募基金，参与资本市场投资。

（三）公募基金

公募基金产品种类繁多，包括股票型基金、债券型基金、混合型基金、基金中基金（FOF）等各类产品，基金经理一般拥有较普通投资者更为专业的投资能力和经验，基金公司团队也具有更强大的投研能力。参与资本市场投资，实现财富保值增值已经越来越成为许多投资者的共识。数据显示，截至 2023 年 6 月底，银行理财市场存续规模为 25.34 万亿元，公募基金总规模为 27.69 万亿元，公募基金规模首次超越银行理财[③]。个人养老金基金在个人养老金产品中，收益具有很大优势。在目前已上线的个人养老金基金中，以 FOF 居多，贯彻稳健投资理念。多家基金公司将原有的公募养老基金增设 Y 份额供个人养老金参加人购买。截至 2023 年 6 月末，共有 46 家机构 151 只养老目标基金 Y 份额入围个人养老金基金名录，合计规模突破 50 亿元。但目前的养老 FOF 存在的一个问题就是业绩缺乏亮点，规模增长乏力，有的甚至面临可能触发基金合同终止的情况[④]。

从运作表现来看，2023 年个人养老金基金积极调整投资策略，投资较为谨慎，以应对市场震荡，151 只个人养老目标基金 Y 份额平均收益率为正，65 只直接持有个股，平均股票仓位仅为 5.17%，产品回报率有所分化，仅有 62 只基金实现正收益，但同时也表现出较好的控制回撤能力。Wind 数据显示，截至 2023 年 7 月 23 日，个人养老金基金年内平均收益率为 –0.34%，相比主动权益类基金 –3% 左右的回报，表现更为抗跌[⑤]。表 13–3 显示了 2023 年上半年个人养老金基金的收益率排行情况，可以看到，前十名均实现了 2% 的绝对收益。以南方养老目标日期 2030 三年持有混合发起基金为例，该基金 Y 份额成立以来实现了 –1.2% 左右的绝对收益（截至 2023 年 8 月 30 日）；A 份额成立三年多以来，穿越市场牛熊，实现了约 4% 的年化收益（截至 2023 年 8 月 30 日）。

① 《个人养老金理财产品名单（截至 2023 年 2 月 24 日）》，中国理财网，https://www.chinawealth.com.cn/zzlc/xwzx/xwgg/20230223/6439927.shtml，2023 年 2 月 24 日。

② 《首批个人养老金理财产品开售》，《晋江经济报》，2023 年 2 月 17 日，第 008 版。

③ 张凌之、王诗涵：《公募规模首超银行理财 折射居民财富结构变迁》，中国证券报·中证网，https://www.cs.com.cn/xwzx/hg/202308/t20230808_6359951.html，2023 年 8 月 8 日。

④ 陈姗：《养老 FOF“开闸”五年：业绩缺乏亮点 规模压力悬顶》，《经济观察报》，http://app.myzaker.com/news/article.php?pk=64e952108e9f091eb5752795，2023 年 8 月 26 日。

⑤ 方丽、陆慧婧：《个人养老金基金规模突破 50 亿元 二季度增长 12%》，《中国基金报》，2023 年 7 月 24 日，第 003 版。

表 13-3　2023 年上半年个人养老金基金收益前十名

个人养老金基金简称	绝对收益率（%）
平安稳健养老一年持有混合（FOF）Y	3.4496
中欧预见养老 2025 一年持有混合（FOF）Y	3.3873
富国鑫旺均衡养老目标三年持有混合发起式（FOF）Y	2.9340
兴证全球安悦稳健养老一年持有混合（FOF）Y	2.7275
华夏安盈稳健养老目标一年持有混合（FOF）Y	2.6445
华夏保守养老一年持有混合（FOF）Y	2.6403
兴全安泰平衡养老三年持有混合（FOF）Y	2.5957
南方富祥稳健养老目标一年持有混合（FOF）Y	2.5037
南方养老目标日期 2030 三年持有混合发起（FOF）Y	2.4167
万家养老目标日期 2035 三年持有混合（FOF）Y	2.3831

资料来源：Wind。

基金投资的收益，除了产品本身运作的损益，还需要考虑基金投资者的行为带来的损益。“基金赚钱，基民不赚钱”的问题长期存在，“追涨杀跌”的投资行为让基金投资者难以充分享受红利。从历史数据来看，长期投资更容易提升投资者收益。《2022 年公募基金投资者盈利洞察报告》的调查结果显示，基金持有时长在半年以内的投资者占比 41.63%，仅有 11.25% 的投资者持有时长超过 3 年。但从收益来看，持有时长不足 1 个月时，投资者平均年化收益率仅 -4.59%，盈利人数占比仅 37.46%。持有时长为 2~3 年时，投资者平均年化收益率转正，盈利人数占比达到 80% 以上。持有时长达到 3~5 年时，投资者平均年化收益率大幅提升至 6.52%，盈利人数占比也超过 90%[①]。目前已上线的个人养老金基金，以中长期为主，也是考虑了这个因素，希望投资者做长期投资，提升盈利体验。但如果产品到期后，投资者频繁操作，就容易出现“不赚钱”或“赚的不多”的现象，这将深深影响投资者个人养老金的投资收益。

公募基金虽说是提升个人养老金收益的重要投资品种，但 2023 年以来个人养老金基金投资积极性并不高，最主要的原因如下：一是市场因素。无论是个人养老金基金还是其他公募基金，近些年的销售情况并未特别火热。股债市场波动频繁，国内经济在经历疫情后，复苏还处于起步阶段，不少投资者仍有顾虑。二是投资者的风险偏好。由于公募基金在四类产品中的风险最大，净值波动较其他产品大，基金客户在银行客户群体中并未占最大比例，虽然这一比例呈现不断提升的趋势，但是公募基金的公众接受程度还需继续提升。三是 Y 份额的竞争优势不显著。目前许多养老目标基金有 A 份额、Y 份额等，Y 份额作为个人养老金的专属份额，参缴人在投资该基金时很容易将其与 A 份额进行对比。事实上，A 份额与 Y 份额的投资收益相差不大，但是 A 份额不需要从投资者的资金里收取额外的个税，并且流动性相对于 Y 份额要高得多，这样比较，Y 份额的竞争优势并未太大，投资者容易选择灵活性更好一些的 A 份额。

（四）保险

个人养老金制度实施以来，首批有 6 家保险公司 7 款产品入围个人养老金保险产品名单。2023 年 7 月，国家金融监督管理总局就个人税收递延型商业养老保险试点与个人养老金衔接有关事项公开征求意见，支持将税延养老险保单变更为个人养老金税延养老保险保单。变更完成后，投保人后续通过个人养老金资金账户交纳保费[②]。未来还有望在个人养老金账户中购买税延养老产品，将进一步实现个人养老金保险产品的扩容。

表 13-4 显示了 2022 年上线的 8 款个人养老金保险产品结算利率情况，从表中可以得知，产品大多采取“进取型”和“稳健型”双账户模式，投资者可根据自己的风险承受能力和风险偏好选择适合自己的品种，其中稳健型账户通常设置有保底收益，大多在 2.0% ~ 3.0% 的水平；进取型账户的收益则具有不确定性，保底收益普遍为 0~1%[③]。除此之外，也有固定收益类的保险产品。稳健型账户主要配置长期固定收益类资产，少量配置权益类资产，进取型则灵活配置长期固定收益类资产和权益类资产。受市场因素影响，2022 年已上线的商业养老保险结算利率较 2021 年有所下降，具体来看，产品结算利率最高可达 5.70%。其中，稳健型结算利率最低为 4.00%，最高为 5.15%，平均结算利率为 4.80%；进取型结算利率最低为 5.00%，最高为 5.70%，平均结算利率为 5.27%。总体来看，各产品 2022 年的结算利率平均值为 5.04%[④]。

① 《2022 年公募基金投资者盈利洞察报告》，http://www.igwfmc.com/main/zxzx/gsxw/a/20230524/1059307.html，2023 年 5 月 24 日。

② 袁园：《国家金融监督管理总局：拟开展税延养老保险试点与个人养老金衔接工作》，每经网，http://www.nbd.com.cn/articles/2023-07-08/2908028.html，2023 年 7 月 8 日。

③ 刘欣琦、谢雨晟、孙坤：《个人养老金落地 保险个人养老金产品优势独特》，《上海保险》，2022 年第 12 期，第 8-11 页。

④ 《个人养老金保险产品两大优势满足消费者需求》，东方财富网，https://finance.eastmoney.com/a/202301182616821477.html，2023 年 1 月 18 日。

表 13-4　2022 年个人养老金保险产品利率对比

保险公司	产品简称	最低保证利率（%）		2022 年结算利率（%）	
		稳健型	进取型	稳健型	进取型
中国人寿	国寿鑫享宝	2.00	0	4.50	5.00
人保寿险	福寿年年	3.00	0.50	4.80	5.10
太平人寿	太平岁岁金生	2.00	0	4.00	5.10
太平养老	太平盛世福享金生	3.00	0.55	5.10	5.70
泰康人寿	泰康臻享百岁	2.85	0.50	5.05	5.50
泰康人寿	泰康臻享百岁 B 款	2.85	0.50	4.80	5.00
国民养老	国民共同富裕	3.00	0	5.15	5.60
新华保险	卓越优选	2.50	1.00	5.00	5.15

资料来源：笔者根据公开数据整理。

保障责任方面，各保险产品都提供了养老年金、身故保险金等，2023 年新加入的保险产品中还包含了两全保险（或称返还型保险），其保障责任中还包括满期金。产品领取方面，各产品均提供固定期限领取或终身领取方式供选择。转换方面，各保险养老年金转换情况相差不大，根据养老年金领取起始日的保单账户价值，按约定的养老年金领取方式及养老年金领取起始日当时适用的养老年金领取转换表，确定养老年金受益人每月（或每年）养老年金领取金额[①]。

招商银行较早开通了个人养老金保险产品的购买通道，若按照产品收益类型的标准分类，招商银行代销的保险产品分为固定收益类和保底 + 浮动类，其中固定收益类的产品收益确定，领取金额写进合同，提供不同的领取期限和增值服务；保底 + 浮动类的收益不确定，投资账户有一定的浮动收益，持有越久收益越高，但都会规定一个最低的保证利率。目前仍有部分试点银行未开通个人养老金保险产品销售渠道，从已上线的保险产品来看，目前收益水平大多超过 3%。

总的来看，保险产品相比于基金、理财等产品来说，具有独特优势，一方面，许多个人养老金产品设置了保底收益，同时从目前的运作情况来看还可以获得更好的增值收益，甚至这一收益高于同期的存款和理财产品。另一方面，个人养老金保险产品能够抵御长寿风险，投资者在领取个人养老金时，可以获得养老年金、失能护理保险金、身故 / 全残金等保险权益，一般是以给付其中一种权益为限，取最大值，这对于投资者来说也是一种保障。未来专属商业养老保险是对接个人养老金制度的主要产品[②]，个人养老金保险产品种类有望进一步丰富。个人养老金保险产品的改革，可以将更多的保险品种纳入进来，如分红型、万能险、年金险、投连险等。

未来个人养老金产品的发展，除公募基金外，保险产品是另一着重点。目前许多居民开立个人养老金账户都在银行端，而大多数居民的金融投资水平是有限的，他们做出投资决策很大程度上会与银行理财经理进行沟通。但从银行过往的销售情况来看，存款、理财、基金、保险在银行客户群体中，或者说在整个市场上，接受程度是不同的。对于保险产品，由于我国保险产品发展年限不长，加之市场常有保险乱象，长期以来保险产品饱受客户诟病，不少人仍对保险产品有误解，在银行端进行投资理财的客户中，保险群体占据的比例并不大。因此，在向投资者推动保险产品的过程中，目前仍受到很多阻力。

四、创新产品设计和服务，提高个人养老金缴存积极性

个人养老金制度未来将成为居民财富积累机制的重要组成部分，对于提高个人养老金参缴人的养老水平具有很重要的作用。制度落地以来，“开户热、缴存冷”的问题十分突出，如若不对个人养老金产品做出优化，势必会影响居民参与个人养老金制度的积极性，个人养老金制度便不能发挥其应有的作用。

一是推出有竞争力的个人养老金专属存款产品。在税优政策等其他因素不变的前提下，单一投资储蓄存款并不能使个人养老金投资者获利。目前的税优政策不利于调动低收入群体的参缴积极性，未来中国需要的个人养老金税优模式应是 EET 和 TEE 两个模式并行[③]，应针对不同的收入人群采取不同的税优政策。但无论采取哪一种税优模式，商业银行均应优化资产负债结构，借鉴特定养老储蓄经验，针对个人养老金推出专属存款产品，让投资者即使在缴税前提下也能获利。

二是产品期限注意中长期和短期相结合。目前上线的

① 孙诗卉、徐若萱、陶雨晴：《养老金融测评（第二期）| 个人养老金保险产品进一步扩容 25 款产品如何分类比较？》，《21 世纪经济报道》，http://baijiahao.baidu.com/s?id=1762131561066728833&wfr=spidor&for=pc，2023 年 4 月 5 日。

② 《更多险企将入围 个人养老金产品加速扩容》，《北京商报》，https://baijiahao.baidu.com/s?id=1773494782210057927&wfr=spider&for=pc，2023 年 8 月 7 日。

③ 郑秉文：《第三支柱养老保险：产品设计、税收模式与功能定位》，《金融博览》，2023 年第 4 期，第 56-59 页。

多为中长期产品，如存款多为 3 年、5 年，基金、理财多在一年以上，保险产品时间更长，但中国的投资者长期以来偏好短期产品，这一现状短期内难以改变。应该考虑中国投资者的特点，适当推出一些短期产品，长短结合供投资者选购。此外，可以增加个人养老金领取的条件，提高流动性。如若个人养老金产品的收益、流动性与市面普通投资产品相差无几，甚至更显不足，这会大大影响个人养老金制度的参缴积极性。

三是提升公募基金公司投研能力。公募基金在所有个人养老金产品中，给投资者带来的预期收益率更高，而且参与的投资者群体数量在不断扩大，必须抓住这个关键，考虑进一步提高基金的收益率水平。基金经理及团队要不断提高投研能力，同时基金管理机构应合理设置费用结构，适度向投资者让利，以增加产品吸引力，吸纳更多的投资者参与。平衡好投资者收益和管理人利润两个方面，最终能给基金管理机构带来更多的总利润，投资者的投资回报率更高，实现双赢。

四是从理念入手，加大保险产品销售力度。保险产品在四类产品中，无论是保本属性、收益率水平还是保障责任，都优势显著。但目前保险产品销售的痛点在于公众对商业保险的接受程度普遍不高。未来一方面需要加强保险的产品设计，让投资者充分享受红利；另一方面还需要商业银行等金融机构的销售人员加大客户保险意识的培育，让保险理念深入人心，才能推动保险产品配置。

五是平衡好产品收益提高和管理成本降低两个方面。这本质上是处理好投资者积极性和管理机构积极性的问题。诸如理财、基金、保险等产品呈现在投资者面前的收益率是扣除了相关成本后得出的。产品收益的提高需要不断提高投研能力，但也可以通过降低管理运作成本的途径实现。如果产品收益太低，那么个人养老金参缴人的积极性会有所下降，如果产品收益高而成本低，又会使得管理机构的积极性降低，不利于产品销售和运作。因此，必须要解决好或平衡好两者之间的矛盾，管理机构和产品代销机构应适当让费让利。

分报告十四
个人养老金制度下的保险产品供给研究

1994 年，世界银行首次明确提出养老金三支柱体系[①]。“三支柱”养老保险体系已成为当今大部分经济体养老保险制度的主流选择。

狭义的第三支柱是政府给予税收优惠、以个人名义自愿参与的养老金，即个人养老金，包括保险、基金、信托、理财等多种形式。广义的第三支柱则是指具备长期锁定属性，资金用途为应对养老开支的由个人自愿购买并承担相应费用与风险的金融产品。保险，特别是养老保险，就是具备长期属性、以养老为主要目的的养老金融产品。在我国三支柱养老体系的探索和建立过程中，保险业一直在其中发挥积极重要的作用。

一、人身保险的发展为个人养老金奠定保险产品基础

人身保险是指以人的寿命和身体为保险标的的保险。按保障责任类型划分，人身保险分为人寿保险、健康保险、意外伤害保险、年金保险，其中，人寿保险中的两全险和年金保险都有生存给付的责任，具有相应的储蓄功能。按产品设计类型划分，人身险分为普通型、分红型、投资连结型、万能型[②]，四种设计类型的产品在利益分配方面有所不同。普通型人身险又称为传统险，分红险、投连险、万能险则属于新型人身保险产品，是在普通型产品仅提供保险功能的基础上衍生而来，与保险功能相比，更突出了投资功能。

（一）储蓄型人身险一直是寿险行业产品演化的主线

自 1980 年恢复保险业以来[③]，我国人身保险主流产品从保障型的普通型寿险演化为具备理财功能的投资型寿险及其他多元保障型产品，从单一死亡风险保障到多元风险覆盖。在近 40 年的快速发展中，寿险行业一直以“做大”为目标，储蓄型人身险产品的演化始终是行业的产品发展的主线。储蓄型人身险产品的演化，本质上是公司与客户利益分配机制的不断调整，是在市场竞争、资本市场波动、消费者成熟度和监管政策的多重因素影响下形成的。

1. 起步阶段（1980 ~ 1995 年）

这一阶段处于市场恢复的起步阶段，市场主体相对较少。保险公司销售的产品主要为简易人身保险、团体人身保险、团体人身意外伤害保险。产品种类少，结构简单，同时宣传力度低。

2. 储蓄型保险登上舞台（1995 ~ 1999 年）

随着友邦保险率先引入代理人制度[④]以及 1995 年《中华人民共和国保险法》产寿险分业经营的要求，业务从团体展业向个险转移，该阶段产品功能以死亡及养老保障为主，健康保障功能也逐渐受到重视，涌现出大量终身型产

① 世界银行：《防止老龄危机——保护老年人及促进增长的政策》，中国财政经济出版社 1996 年版。

② 原保监会：《人身保险公司保险条款和保险费率管理办法 (2015 年修订)》。

③ 金融时报：《中国金融改革开放最具影响力 50 件大事》，http://finance.sina.com.cn/g/20081229/07345694992.shtml。1979 年 11 月，全国保险工作会议决定恢复停办 20 多年的国内保险业务。

④ 今日保：《百年友邦中国往事：28 年只做了一件事》，http://finance.sina.com.cn/stock/relnews/hk/2019-05-17/doc-ihvhiqax9436796.shtml，2019 年 5 月 17 日。

品及定期返还两全保险，提供周期性生存给付与终身身故保障，如 1995 年中国太保推出了第一款“老来福终身寿险”的养老险产品[①]。

3. 新型人身险产品百花齐放（1999～2009 年）

受到高额利差损的影响，1999 年原保监会发布《关于调整寿险保单预定利率的紧急通知》，定价利率上限调整为 2.5%，并一直保持到 2012 年。为提高竞争力、抢占市场份额，保险公司加大了产品创新力度，投连险、分红险、万能险等具备投资属性的新型产品纷纷上市且保费收入增长迅速。各主流保险公司积极推出新型人身保险产品，市场首款投资连结保险、分红保险、万能保险先后面世，销售火爆。

4. 分红险“一险独大”（2009～2013 年）

资本市场波动叠加新会计准则实施，产品结构发生改变，分红险“一险独大”。全球金融危机发生后资本市场波动，2009 年保险业新会计准则［《财政部关于印发〈保险合同相关会计处理规定〉的通知》（财会〔2009〕15 号）］实施后，分红险保费全部计入保费，万能险和投连险保费只能计入保障部分[②]，寿险公司普遍调整产品结构，资源向分红险集中，一度占比超过 80%。与此同时，万能险和投连险的保费大幅下滑。

5.“传统险＋万能险”组合成为主流（2013～2019 年）

2013 年，人身保险费率进行市场化改革[③]，降低了包括重疾险在内的普通型人身险保费；代理人渠道扩张和“偿二代”实施等多重因素叠加，使重疾险进入高速增长时期。2012 年以来，保险资金运用放开，显著提升了保险公司投资收益率，叠加万能险费率市场化改革，降低了保险公司定价限制。2013～2016 年，以万能险为代表的中短期存续产品引领的保费上升潮如期而至。2017 年 5 月，《中国保监会关于规范人身保险公司产品开发设计行为的通知》出台，明确禁止万能险、投连险以附加险形式存在，要求保险产品都要回归传统的设计理念。在政策上提出“保险姓保”，明确寿险产品降低投资性质，回归保障的本职。万能险上涨势头被终止，占比被分红险、传统险反超。在这一期间，线上渠道发展迅速，保障产品市场仍有空缺，因此百万医疗险应运而生。

6. 传统险回归（2019～2023 年）

资管新规[④]重塑理财环境，原银保监会调整部分险种的评估利率水平（长期年金产品的预定利率上限由之前的 4.025% 降低为 3.5%[⑤]），普通型增额终身寿险在进入国内多年后迎来发展机遇，占据了较高的市场份额。普通型增额终身寿险的销售火爆，引发监管和行业对利差损的担忧，2023 年 7 月以后，普通型产品的定价利率上限由 3.5% 下降到 3.0%[⑥]，此类产品的销售带来一场“最后的盛宴”。

（二）保险业在个人养老金领域进行了长期探索

随着人口老龄化程度的日益加深，以养老财富保值增值功能为主的商业养老保险产品也开始发展。商业养老年金保费收入情况如表 14-1 所示。保险业通过开展两全保险 / 年金保险、个人税收递延型商业养老保险以及专属商业养老保险等产品积极参与第三支柱养老体系建设，大概分为如下四个阶段：

1. 2018 年以前

2018 年以前，养老第三支柱政策尚未提上议事日程，保险业主要通过年金保险、两全保险和终身寿险等储蓄型产品，满足个人的养老需求。

两全保险和终身寿险都具有长期保值增值的储蓄功能，在市场上受到消费者的广泛欢迎。通过对两全保险的生存给付、终身寿险的减保（部分退保）功能的设计，可以发挥一定的养老效用，也可以视为广义的个人养老保险产品。

商业养老年金保险能够为居民提供养老年金保障的年金保险产品，其符合商业养老金融产品的特征，同时在产品设计上具备明显的养老属性：①提供养老保障；②年金给付起点为特定年龄，多为 60 周岁；③提供终身或长期固定期限的给付。

如果以产品设计中明确“退休后才能领取”定义养老保险产品来看，尽管相关业务规模一直在增长，但是总体规模仍然很小。2022 年，养老年金保费收入规模为 642

① 《21 世纪经济报道》:《中国太保“老来福”强势回归，每一笔年金都为未来美好生活添彩》，https://baijiahao.baidu.com/s?id=1589010740832068400&wfr=spider&for=pc。

② 财政部网站:《财政部会计司 保监会财务会计部负责人就〈保险合同相关会计处理规定〉的发布实施答记者问》，http://kjs.mof.gov.cn/zhengcejiedu/200912/t20091230_254294.htm，2009 年 12 月 30 日。

③ 中国保监会:《关于普通型人身保险费率政策改革有关事项的通知》（保监发〔2013〕62 号）。

④ 资管新规指的是由央行、银保监会、证监会、外汇局四部委联合发布的《关于规范金融机构资产管理业务的指导意见》。

⑤ 银保监会办公厅:《关于完善人身保险业责任准备金评估利率形成机制及调整责任准备金评估利率有关事项的通知》（银保监办发〔2019〕182 号），https://www.gov.cn/xinwen/2019-09/02/content_5426431.htm。

⑥ 财联社:《监管窗口指导险企 7 月 31 日前下架定价利率大于 3.0% 保险产品》，https://baijiahao.baidu.com/s?id=1771822953691463700&wfr=spider&for=pc, 2023 年 7 月 19 日。

亿元[①]，仅占2022年寿险保费收入的2.6%。美国、英国、加拿大等国家具有养老保险功能的人身保险保费收入约占全部保费收入的50%，而养老年金保险保费收入占比超过35%[②]，与之相比我国仍有较大差距。

表14-1　商业养老年金保费收入情况（2019～2022年）

单位：亿元

项目	2019年	2020年	2021年	2022年
养老年金保费收入	543	712	620	642
人身险保费收入	29628	33329	33229	34245
其中：寿险保费收入	22754	23982	23572	24519
养老年金占比人身险	1.8%	2.1%	1.8%	1.9%
养老年金占比寿险	2.4%	3.0%	2.6%	2.6%
养老年金保险责任准备金	5285	5800	6300	6659

资料来源：根据原银保监会官网、新闻发布会等公开信息整理得到。

2. 2018～2021年

2018年，财政部等五部委联合启动税延养老保险试点，"第三支柱"的表述才首次出现在官方文件中[③]。在上海市、福建省（含厦门市）和苏州工业园区实施的税延养老保险试点，标志着酝酿十年之久的第三支柱个人税延型商业养老保险正式进入政策实践阶段。

3. 2021～2022年

2020年10月，时任银保监会主席郭树清在金融街论坛年会上表示，要努力促进第三支柱养老保险健康发展。从规范现有业务和发展创新业务两方面入手：现有业务方面，主要是清理名不副实的养老产品，规范相关产品标准；发展创新业务方面，主要是大力发展真正具备养老功能的专业养老产品，包括养老储蓄存款、养老理财和基金、专属养老保险、商业养老金等[④]。2021年，专属商业养老保险试点率先在保险行业落地[⑤]，此后养老理财、养老储蓄等产品试点相继落地。

4. 2022年至今

2022年4月，国务院发布推动个人养老金发展的意见，开启了三支柱养老体系的元年[⑥]。原银保监会持续规范和促进养老保险业务发展，先后发布《关于规范和促进养老保险机构发展的通知》《关于开展养老保险公司商业养老金业务试点的通知》《关于保险公司开展个人养老金业务有关事项的通知》等多个文件，指导保险公司开展相关业务。

根据现行规定，保险公司开展个人养老金业务，可提供年金保险、两全保险，以及银保监会认定的其他产品（保险期间不短于5年，保险责任限于生存保险金给付、满期给付、死亡、全残、达到失能或护理状态）[⑦]。

根据全国人社政务服务平台披露的个人养老金产品信息，截至2023年8月底，共有17家保险公司48款保险产品入围个人养老金保险（见表14-2）。

表14-2　个人养老金保险产品清单

序号	产品类型	产品名称	产品发行机构
1	专属商业养老保险	国寿鑫享宝专属商业养老保险	中国人寿保险股份有限公司
2	专属商业养老保险	人保寿险福寿年年专属商业养老保险	中国人民人寿保险股份有限公司
3	专属商业养老保险	太平岁岁金生专属商业养老保险	太平人寿保险有限公司
4	专属商业养老保险	太平盛世福享金生专属商业养老保险	太平养老保险股份有限公司

① 财联社：《银保监会持续深化养老金融改革》，https://baijiahao.baidu.com/s?id=1758716873487463119&wfr=spider&for=pchttps://baijiahao.baidu.com/s?id=1758716873487463119&wfr=spider&for=pc，2023年2月24日。

② 翟文博：《保险经纪市场将至》，《经济》，2021年第9期，第105页。

③ 中国政府网：《关于开展个人税收递延型商业养老保险试点的通知》（财税〔2018〕22号），https://www.gov.cn/xinwen/2018-04/12/content_5282068.htm。

④ 欧阳剑环、彭扬：《郭树清：促进第三支柱养老保险健康发展》，《中国证券报》，2020年10月22日。

⑤ 中国政府网：《中国银保监会办公厅关于开展专属商业养老保险试点的通知》（银保监办发〔2021〕57号），https://www.gov.cn/zhengce/zhengceku/2021-05/16/content_5606788.htm。

⑥ 中国政府网：《国务院办公厅关于推动个人养老金发展的意见》（国办发〔2022〕7号），https://www.gov.cn/zhengce/content/2022-04/21/content_5686402.htm。

⑦ 中国政府网：《中国银保监会关于保险公司开展个人养老金业务有关事项的通知》（银保监规〔2022〕17号），https://www.gov.cn/zhengce/zhengceku/2022-11/23/content_5728387.htm。

续表

序号	产品类型	产品名称	产品发行机构
5	专属商业养老保险	泰康臻享百岁专属商业养老保险	泰康人寿保险有限责任公司
6	专属商业养老保险	泰康臻享百岁 B 款专属商业养老保险	泰康人寿保险有限责任公司
7	专属商业养老保险	国民共同富裕专属商业养老保险	国民养老保险股份有限公司
8	专属商业养老保险	新华卓越优选专属商业养老保险	新华人寿保险股份有限公司
9	两全保险	太平鑫多多两全保险（互联网专属）	太平人寿保险有限公司
10	养老年金	阳光人寿阳光寿养老年金保险	阳光人寿保险股份有限公司
11	养老年金	工银安盛人寿盛享颐年养老年金保险	工银安盛人寿保险有限公司
12	年金保险	工银安盛人寿金账户年金保险（万能型）	工银安盛人寿保险有限公司
13	两全保险	国寿鑫民宝两全保险	中国人寿保险股份有限公司
14	年金保险	泰康尊享一生年金保险 E 款（万能型）	泰康养老保险股份有限公司
15	年金保险	泰康幸福赢家年金保险（分红型）	泰康养老保险股份有限公司
16	养老年金	国民美好生活养老年金保险	国民养老保险股份有限公司
17	养老年金	国民美好生活 B 款养老年金保险	国民养老保险股份有限公司
18	两全保险	国民福寿双全两全保险	国民养老保险股份有限公司
19	养老年金	交银人寿个人养老年金保险（万能型）	交银人寿保险有限公司
20	专属商业养老保险	太保易生福专属商业养老保险	太平洋人寿保险股份有限公司
21	养老年金	农银人寿金穗兴民养老年金保险（万能型）	农银人寿保险股份有限公司
22	两全保险	农银人寿金穗利民两全保险	农银人寿保险股份有限公司
23	养老年金	建信悦享延年养老年金保险（万能型）	建信人寿保险股份有限公司
24	养老年金	建信尊享延年养老年金保险	建信人寿保险股份有限公司
25	专属商业养老保险	新华养老盈佳人生专属商业养老保险	新华养老保险股份有限公司
26	年金保险	太平共享盛世年金保险 H 款	太平养老保险股份有限公司
27	年金保险	友邦悦享年年年金保险	友邦人寿保险有限公司
28	两全保险	友邦悦享未来两全保险	友邦人寿保险有限公司
29	专属商业养老保险	泰康福享百岁专属商业养老保险	泰康养老保险股份有限公司
30	养老年金	泰康福寿百岁养老年金保险	泰康人寿保险有限责任公司
31	两全保险	太保鑫享颐两全保险	太平洋人寿保险股份有限公司
32	两全保险	太平睿选稳赢两全保险	太平人寿保险有限公司
33	两全保险	人保寿险金裕颐养两全保险（万能型）	中国人民人寿保险股份有限公司
34	养老年金	人保寿险鑫享嘉养老年金保险	中国人民人寿保险股份有限公司
35	养老年金	泰康福寿百岁 2023 养老年金保险	泰康人寿保险有限责任公司
36	年金保险	友邦优享年年年金保险	友邦人寿保险有限公司
37	养老年金	工银安盛人寿盛世颐年养老年金保险	工银安盛人寿保险有限公司
38	养老年金	招商信诺养老年金保险 C 款（分红型）	招商信诺人寿保险有限公司
39	养老年金	泰康尊享一生养老年金保险 H 款（万能型）	泰康养老保险股份有限公司
40	两全保险	国寿鑫颐宝两全保险	中国人寿保险股份有限公司
41	两全保险	太平岁穗丰两全保险	太平人寿保险有限公司
42	养老年金	中信保诚保稳盈养老年金保险（万能型）	中信保诚人寿保险有限公司
43	两全保险	友邦优享未来两全保险	友邦人寿保险有限公司
44	养老年金	工银安盛人寿金账户养老年金保险（2023 版）（万能型）	工银安盛人寿保险有限公司
45	养老年金	中宏养老无忧养老年金保险	中宏人寿保险有限公司
46	养老年金	国民美好生活 A01 款养老年金保险	国民养老保险股份有限公司
47	养老年金	国民美好生活 B01 款养老年金保险	国民养老保险股份有限公司
48	两全保险	国民福寿双全 A01 款两全保险	国民养老保险股份有限公司

资料来源：全国人社政务服务平台（http://si.12333.gov.cn/233297.jhtml?menuguide=1）。

从保障责任分类来看，产品主要集中在年金保险（含养老年金）、两全保险和专属商业养老保险（见表 14-3）。从设计类型来看，除了专属商业养老保险采用账户型设置外，9 款产品采用万能型设计，2 款采用分红型设计，其余产品均为传统型设计。

表 14-3　个人养老金保险产品类型分布

产品类型	产品数量
两全保险	12
年金保险	7
养老年金	18
专属商业养老保险	11
总计	48

资料来源：根据人社政务服务平台数据整理得到。

二、个人养老保险产品的发展

从大众消费者的视角看，个人养老金账户参与者购买任何一款个人养老金产品都是为了获取更多的收益，实现养老资金的持续保值增值。各类金融机构只有通过专业化运作，在风险可控的范围内保持产品收益率，才能满足客户的需求。当然，不同客户群的风险偏好不同，在获取收益的同时，能够承担的风险也不尽相同，风险偏好低一些的客户，则更适合保险或者储蓄类产品；风险偏好高一些的客户，则更适合基金、理财等产品。

从过往的税延、专属商业养老保险等产品的试点来看，更受客户喜欢的是具有投保简便、交费灵活、收益稳健等特点的产品。在互联网时代，越来越多的人群，特别是中青年，更喜欢使用线上方式购买金融产品。

（一）商业年金保险

根据中国保险行业协会数据，截至 2021 年，我国老年人商业保险产品供给覆盖近 6000 万人，其中，65 岁及以上老年人商业保险渗透率 35.5%；险种类别涵盖人身险四大类，但真正具有强养老属性的产品有限[①]。国内具有较强养老属性的商业养老险产品存在一定的供给不足、结构单一、同质化严重、规模积累能力差、市场体量小等问题[②]。

从观念层面来看，多数老百姓传统观念里对第一支柱养老保险依赖程度较高，强制储蓄观念不足。对于长交费、低流动性的养老保险认知不足，缺乏主动购买意愿。

从产品供给来看，由于过往各家公司多以短期限的产品去迎合客户较短的期限偏好，未能突出养老功能，与其他金融理财类产品并无本质差异，导致许多产品名不副实，难以满足居民对于养老金管理长期性、稳定性需要。同时，长期养老产品设计难度较大，对保险公司的专业化经营能力要求较高，需要完善的资产负债管理体系，管理利差损等风险。

从监管政策来看，此前除了税延养老保险外，无相关税收等政策激励；即使是税延养老保险也因税优额度有限等原因发展并不尽如人意。

（二）税延养老保险

1. 发展概况

2018 年 4 月，财政部宣布在上海市、福建省（含厦门市）和苏州工业园区等地开展个人税收递延型商业养老保险试点；随后，原银保监会细化了业务管理、产品设计、投资管理等方面的要求。税延养老保险试点标志着酝酿十年之久的第三支柱个人养老金正式进入实践阶段，相关政策如表 14-4 所示。

表 14-4　我国税延养老相关政策梳理

时间	文件名称	主要内容
2018 年 4 月	《关于开展个人税收递延型商业养老保险试点的通知》	在上海市、福建省（含厦门市）和苏州工业园区实施个人税收递延型商业养老保险试点。试点期暂定一年
2018 年 4 月	《关于开展个人税收递延型商业养老保险试点有关征管问题的公告》	明确了试点产品缴费税前扣除环节和领取征税环节流程
2018 年 5 月	《个人税收递延型商业养老保险产品开发指引》	明确了税延养老保险产品开发设计遵循的原则，提供了三类、四款产品供消费者选择
2018 年 5 月	《个人税收递延型商业养老保险业务管理暂行办法》	明确产品经营管理的规范要求
2018 年 7 月	《个人税收递延型商业养老保险资金运用管理暂行办法》	明确养老保险资金运用在投资范围和比例投资能力、投资管理、风险管理等方面的规范要求

资料来源：根据原银保监会发布的相关政策整理得到。

① 邢炜：《全面推进金融服务养老产业发展 保险业大有可为》，《清华金融评论》，2022 年第 2 期，第 22–24 页。

② 马振涛：《人口老龄化背景下商业保险参与三支柱养老体系建设进展、问题及发展建议》，《西南金融》，2022 年第 2 期，第 79–88 页。

个人税延型养老保险由寿险公司经营。原银保监会先后批准了 23 家寿险公司开展个人税收递延型商业养老保险业务（见表 14–5）。

表 14-5　个人税收递延型商业养老保险经营公司清单

批次	公告时间	合计家数	获批保险公司
第一批	2018 年 5 月 28 日	12	中国人寿、太保寿险、平安养老、新华保险、太平养老、太平人寿、泰康养老、泰康人寿、阳光人寿、中信保诚、中意人寿、英大人寿
第二批	2018 年 7 月 3 日	4	人保寿险、民生人寿、工银安盛人寿、东吴人寿
第三批	2018 年 9 月 3 日	3	建信人寿、恒安标准人寿、交银安联人寿
第四批	2019 年 1 月 4 日	1	光大永明人寿
第五批	2019 年 3 月 26 日	3	利安人寿、复星保德信人寿、合众人寿

资料来源：根据各年度原银保监会公告整理得到。

税收递延型商业养老保险税收采取 EET 模式，即支付阶段进行税前抵扣，领取阶段缴税，实际缴税比例 7.5%（25% 的部分免税，75% 的部分缴税比例为 10%）；每月缴费额度为月收入的 6% 与 1000 元的较低值。根据 2022 年财政部与国家税务总局发布的公告，将领取环节的税率从 7.5% 调整为 3%①。

截至 2022 年 11 月末，税延养老保险累计实现保费收入 8.35 亿元，参保人数 5.5 万。其中，上海累计保费收入约 6.5 亿元，占比 77.84%②。

2. 产品形态

税延养老保险有四款产品（见表 14–6），A 款产品保证年利率，收益确定，类似传统险，一般保证利率为 3.5% ~ 3.8%；B 款产品收益由保底收益与额外收益组成，额外收益不固定，故投资者需承担部分风险，可细分为 B1（每月结算，类似万能险）、B2（每季度结算，类似分红险），一般保底收益为 2.5%，结算利率为 4.5% 左右；C 类产品下设投资账户，收益视投资绩效决定，风险完全由投资者承担，类似投连险。产品收费比较透明，主要为初始费用、资产管理费用和产品转换费用，多数产品收费未达到上限。领取期阶段将账户价值转换为传统年金领取，有定期领取和终身领取可选。

表 14-6　不同类型税延养老保险产品比较

类型	A 类	B 类		C 类
		B1 类	B2 类	
保险责任	养老年金给付、全残保障、身故保障			
收益类型	收益确定型	收益保底型		收益浮动型
投资风险	保证年利率，收益确定	结算利率≥保证利率	保证利率 + 保单分红	浮动收益，投资风险由投保人全部承担
结算频率	每月	每月	每季度	至少每周一次
初始费用	不超过 2%		不超过 1%	
资产管理费用	不设立投资账户，不收取		不超过账户资产净值的 1%	
产品转换费用	内部产品转换，每次收取比例不超过 0.5%； 跨公司产品转换时，前三个保单年度收取比例依次不超过 3%、2%、1%，第四保单年度起不再收取			
保障责任	提供养老年金给付、全残保障和身故保障			

资料来源：根据原银保监会发布的《个人税收递延型商业养老保险产品开发指引》整理得到。

3. 存在的问题

税延养老保险是首次有税收优惠的第三支柱保险产品，并且率先在保险行业落地。试点过程中存在的问题及实践经验，为进一步加强我国养老保障体系中第三支柱商业养老保险的建设提供了宝贵的经验。

税延养老试点推进缓慢、覆盖面窄、公众参与积极性不高，总体实施效果不佳，低于市场预期，主要有以下四方面的原因：

一是适用人群少，政策向高收入者倾斜。交费时免税，领取时按照 7.5% 税率计税。这一档税率高于不少人群的

① 中国政府网：《关于个人养老金有关个人所得税政策的公告》，https://www.gov.cn/zhengce/zhengceku/2022-11/05/content_5724790.htm。

② 茹梦怡：《商业保险参与第三支柱养老保险的现状和前景思考》，《上海保险》，2023 年第 5 期，第 6–8 页。

实际税率，使受益人群大幅缩小。2018 年个税政策调整后，对月收入约为 18000 元以上（对应税率 10% 以上）的人群才能比较有吸引力，政策优惠覆盖面窄。

二是税收优惠额度低，吸引力有限。参保人每月最多可获得 1000 元抵税优惠额度，且年终绩效部分无法充分享受政策优惠，税收优惠带来的吸引力边际减弱。

三是操作流程复杂，投保意愿较低。大多数参保者采用单位代扣代缴的个税申报方式，客户投保后的抵扣操作不够简便，需提供保险合同、缴费凭证、收入证明等材料，增加较大工作量，导致投保意愿较低。

四是试点区域有限，销售渠道单一。试点区域仅限上海市、福建省（含厦门市）和苏州工业园区①，相对比较有限。保险公司主要通过企业团体保险方式直接销售税延养老保险。传统代理人队伍因销售佣金激励极低，对税延养老险产品推广积极性也十分有限。

在个人养老金制度发布后，税延养老保险将会纳入个人养老金体系。根据监管部门的相关安排，税延养老保险试点公司将停止向新客户销售税延养老保险产品，支持将存量税延养老保险保单变更为个人养老金税延养老保险保单②。整个衔接工作将于 2023 年底前完成，自 2024 年 1 月 1 日起，税延养老保险信息平台将停止为投保人提供账户管理、续期缴费、信息查询等其他服务。

（三）专属商业养老保险

1. 发展概况

2021 年 5 月，原银保监会决定于 2021 年 6 月 1 日起，在浙江省（含宁波市）和重庆市开展专属商业养老保险试点，期限暂定一年，六家保险公司（中国人寿、人保寿险、太平人寿、太保寿险、泰康人寿以及新华人寿）参与此次试点（见表 14-7）③。2022 年 2 月，原银保监会进一步将试点区域扩大到全国范围、试点公司增加各养老保险公司④。

表 14-7　主要试点公司专属商业养老保险产品

试点公司	产品名称	稳健账户保证利率（%）	进取账户保证利率（%）	初始费用	养老年金开始领取日	养老年金责任领取方式	年金转换表锁定方式
人保寿险	福寿年年	3	0.5	不超过 3%	最早为 60 周岁生日	终身、10 年、15 年、20 年、25 年（月领、年领）	领取时
中国人寿	鑫享宝	2	0	不超过 5%	60~100 周岁	终身、10 年、15 年、20 年（月领、年领）	领取时
太平人寿	岁岁金生	2	0	不超过 2%	60 周岁（含）后	终身、10 年、20 年（月领、年领）	领取时
太保人寿	易生福	2	0.5	A 账户不高于 2%，B 账户不高于 5%	60~80 周岁	终身、10 年、15 年、20 年、25 年（月领、年领）	投保时 / 领取时
泰康人寿	臻享百岁	2.85	0.5	不超过 3%	不早于 60 周岁	终身、10 年、15 年、20 年、30 年（月领、年领）	领取时
新华人寿	卓越优选	2.5	1	不超过 3%	60~80 周岁	终身、保证 20 年终身、10 年、15 年、20 年（月领、年领）	领取时

资料来源：根据各公司官网、中国保险业协会披露条款等信息整理得到。

根据原银保监会披露的数据，截至 2023 年第一季度末，专属商业养老保险累计保费规模 50.8 亿元，投保件数 42.9 万件，其中新产业、新业态从业人员和灵活就业人员投保超过 6 万件⑤。

在专属商业养老保险试点过程中，保险公司已结合产品特点和自身经营策略形成了相关业务发展模式，业务拓展初见成效，特别是在服务灵活就业人员方面积累了宝贵的经验。

① 中国政府网：《关于开展个人税收递延型商业养老保险试点的通知》（财税〔2018〕22 号），https://www.gov.cn/zhengce/zhengceku/2018-12/31/content_5439299.htm。

② 银保监会：《关于个人税收递延型商业养老保险试点与个人养老金衔接有关事项的通知（征求意见稿）》。

③ 中国政府网：《中国银保监会办公厅关于开展专属商业养老保险试点的通知》（银保监办发〔2021〕57 号），https://www.gov.cn/zhengce/zhengceku/2021-05/16/content_5606788.htm。

④ 中国政府网：《中国银保监会办公厅关于扩大专属商业养老保险试点范围的通知》（银保监办发〔2022〕13 号），https://www.gov.cn/zhengce/zhengceku/2022-02/22/content_5674947.htm。

⑤ 《金融时报》：《专属商业养老保险迎来重要利好消息》，https://baijiahao.baidu.com/s?id=1767235935591271299&wfr=spider&for=pc，2023 年 5 月 29 日。

2. 产品形态

专属商业养老保险产品采取账户式管理模式，收益使用浮动 + 保底模式。分为积累期和领取期两个阶段，其中领取期不得短于 10 年。同时，多款专属商业养老保险产品在现阶段可以免除初始费用。

相比普通商业养老保险，专属商业养老保险产品（见表 14–8）起保门槛更低、交费更灵活、不同账户可以切换满足不同风险偏好、更加强调养老属性、流动性更低、销售费用更低。相比税延养老保险，专属商业养老保险产品由于没有税收优惠的限制，可保年龄范围更广、交费更灵活、支持企事业单位提供交费支持、领取方式更加多样。

表 14-8 专属商业养老保险形态

产品目的		养老保障
领取年龄		60 周岁及以上
交费方式		保费在扣除初始费用后全部进入个人账户
产品设计	累积期	为投保人提供风险偏好不同投资组合，允许账户之间相互转换
	领取期	提供定期领取、终身领取等多种方式。领取标准按照年金转换表换算，保险公司可根据预定利率、生命表变化等因素对转换表适时调整
保险责任		包括身故责任、年金领取责任，鼓励保险公司以适当方式提供重疾、护理、意外等其他保险责任
退保规则		前 5 年：现价不得高于已交保费 第 6~10 年：现价不得高于已交保费和 75% 账户累计收益部分之和 10 年以后：现价不得高于已交保费和 90% 账户累计收益部分之和 领取期：现价为 0
权益类资产配置		权益类资产配置比例可按照《中国银保监会办公厅关于优化保险公司权益类资产配置监管有关事项的通知》要求上浮一档执行

资料来源：根据《中国银保监会办公厅关于开展专属商业养老保险试点的通知》中附件《专属商业养老保险业务方案》整理得到。

从收益表现上来看，稳健账户保底利率更高，虽然与现阶段银行定期存款相比稍缺乏吸引力，但其结算利率能实现 4% 以上的回报（见表 14–9）。横向比较来看，稳健账户与进取账户结算利率差额在 10 ~ 100bps。

表 14-9 专属商业养老保险结算利率

单位：%

保险公司	产品	2021 年	2022 年
太保	太保易生福专属商业养老保险——稳健 A	4.80	4.30
	太保易生福专属商业养老保险——稳健 B	5.00	4.50
	太保易生福专属商业养老保险——进取 A	5.30	4.80
	太保易生福专属商业养老保险——进取 B	5.50	5.00
人保寿险	人保寿险福寿年年专属商业养老保险——稳健型	5.00	4.80
	人保寿险福寿年年专属商业养老保险——进取型	5.30	5.10
国寿	国寿鑫享宝专属商业养老保险投资组合账户（A）	4.00	4.50
	国寿鑫享宝专属商业养老保险投资组合账户（B）	5.00	5.00
太平人寿	太平岁岁金生专属商业养老保险——A 账户	4.50	4.00
	太平岁岁金生专属商业养老保险——B 账户	5.35	5.10
泰康人寿	泰康臻享百岁专属商业养老保险——稳健型	6.00	5.05
	泰康臻享百岁专属商业养老保险——进取型	6.10	5.50
国民养老保险	国民共同富裕专属商业养老保险——稳健型	—	5.15
	国民共同富裕专属商业养老保险——进取型	—	5.60
新华人寿	卓越优选专属商业养老保险——稳健型	5.00	5.00
	卓越优选专属商业养老保险——进取型	5.50	5.15

资料来源：根据各公司官网披露信息整理得到。

3. 存在的问题

尽管相对于税延养老保险试点规模有所扩大，但是产品整体规模仍然相对有限。其原因：一是从客户角度来看，尽管产品收益相对较高，但是产品相对较为复杂，流动性相对较低，特别是退保相对较严，即使持有较长时间，退保仍面临较高退保惩罚。二是从保险公司的角度来看，产品价值率相对较低，保险公司推动意愿相对不足；同时也无法在销售渠道进行投入，渠道积极性不高。

三、个人养老金制度下保险产品供给的优势和挑战

（一）保险产品在个人养老金领域具有天然优势

1. 保险产品具备超长期限、保底收益的特点

在银行理财产品打破“刚性兑付”后，商业养老保险产品是唯一可以提供超长期限、保底收益的金融产品；即使是固定收益类的传统型产品，长期锁定的利率可以规避再投资风险。

保险产品的这一特点首先来源于保险行业强监管的制度设计。以偿付能力为主线，保险保障基金制度作托底的审慎监管制度，使保险产品长期的保证收益和可预期的合理收益得到保障和加持。即使保险公司因为自身因素或市场环境因素，无法实现预期的投资收益，保险公司必须动用自身的利润或者资本去兑付承诺给客户的收益。极端情况下，保险公司可能会被接管或者并购，但是被保险人利益一般不受影响。

寿险公司的资产负债管理能力是这一特点的根本保证。经过多年的发展和逐步积累，寿险公司已经建立了同时兼顾久期匹配、流动性、风险与收益等多重约束的资产负债管理体系，可以穿越不同经济周期，实现长期稳定回报。

以万能险和分红险为主的新型产品，在保底收益之外还有浮动收益，相关收益水平需要市场对标。这就要求保险公司的收益不能仅以兑现保证收益为目标，必须还要在保证保底收益的基础上努力获取超额回报。

2. 保险产品提供风险保障，养老年金转移长寿风险

客户的养老风险，一个是积累期的收益波动风险，另一个是“生命的长度超过资产的厚度”，即领取期的长寿风险。寿险公司运用“大数法则”，以专业的精算技术，通过保险产品设计为客户提供养老资金规划，把风险留给自己，把确定性留给客户。年金保险是市场上唯一可以提供保证领取、终身领取的产品。

在产品设计中保险公司会结合历史经验数据、客户群体特征、销售方式等因素，对行业发生率进行调整。同时，还会考虑经济社会发展及医疗技术进步等因素对死亡率改善、预期通胀率、利率的影响，兼顾公司的风险、成本、利润等因素，厘定保险产品费率，通过为客户转移和分散风险，实现自身价值。

3. 保险业不仅解决养老资金问题，还提供养老综合解决方案

养老问题不仅是资金问题，还有养老服务问题。在个人养老金制度下，银行业的优势是账户开立、资金收付和服务网点；证券基金行业的优势则在于较强的股权投资研究能力；保险公司则在长寿风险管理、医疗健康养老产业协同等领域有相对竞争优势。保险公司通过自建或者合作等方式布局社区与居家养老模式下养老服务、疾病管理等相关产业链，将保险产品从单一的资金保障模式转变为养老资金规划、服务提供、疾病治疗、康复管理多位一体的综合解决方案。

（二）当前养老保险产品供给面临的挑战

1. 产品形态问题：保险产品形态复杂、投保流程烦琐

从投保人角度来看，保险产品的条款特别晦涩难懂，专业术语较多，涉及交费、退保、年金领取、身故赔付等诸多方面，比银行理财、基金等更复杂。同时，保险产品还涉及双录、健康告知等流程，投保流程烦琐。养老规划涉及大量资金支付，如果没有当面沟通，保险公司可能较难了解客户需求并形成有针对性的投保方案，难以促成客户购买。与之相对的则是，越来越多的人群，特别是中青年，更喜欢使用线上方式购买金融产品。

从收益角度来看，不同的保险产品的收益模式是不同的，比如传统型收益是确定的，分红和万能的收益则是在保底基础收益上有浮动，而投连险是无保底的净值型的理财产品。受到定价利率和利益演示等因素的影响，保险公司的产品难以体现收益优势，比如万能险演示收益为4%，分红险的演示利率为4.5%[①]，不能以实际收益率作为演示基础，即使公司的收益水平更高也不能演示更高的收益，基金、理财、股票市场等可以有与更高的预期收益相应的更大风险。在与其他金融产品比较的时候，人们往往关注了收益率的演示，忽略了收益背后的风险，造成保险产品收益难以与银行或基金收益演示有效对比。

从流动性角度来看，根据现行规定，个人养老金要求

① 中国政府网：《中国银保监会关于印发一年期以上人身保险产品信息披露规则的通知》（银保监规〔2022〕24号），https://www.gov.cn/zhengce/zhengceku/2023-01/04/content_5735014.htm?eqid=b1fb0f1f000803610000000 6646c1b1b。

期间不得短于 5 年[①]。2018 年试点的税延养老保险、2021 年试点的专属商业养老保险，退保限制严于一般产品，领取年龄设置为退休年龄以后，极大地降低了产品流动性。与保险产品形成对照的是，银行理财产品依托银行背景、个人养老金开户便利及其广泛的销售网络具备独特的销售优势，成本更低，同时在销售门槛上更低、产品演示利益（业绩基准）更高、锁定期限短（5 年）、灵活性更好。

2. 投资问题：未建立与养老长期限资金相匹配的投资策略

第三支柱养老资金管理的一个重要目标是提升投资收益。当前，保险公司的投资普遍同质化、配置效率偏低、与保险资金长周期风险收益相匹配的资产规模不足，同时受到政策和资本市场发展尚不规范等环境制约，未能充分发挥养老保险资金超长期限的特性，获取低流动性下的更高收益。

根据现行监管要求，在满足相关要求的情况下，权益类资产最高可达总资产的 45%[②]。目前，实际情况是大多数公司的权益配置比例远未达到该上限，一般为 10% ~ 20%，显著低于欧美等发达国家 60% 的配置水平[③]。

3. 成本问题：成本和客户收益等约束性下产品竞争力有限

与其他金融产品相比，保险产品的销售成本、客户利益刚性保证的成本较高，导致保险产品很难有明显的竞争优势。

销售成本方面。商业养老保险的营销主要是依赖于代理人、银行等渠道，成本相对较高。税延养老保险和专属商业养老保险的试点过程中都采取了低收费、让利客户的模式：初始费用收取较低，客户长期收益相对较高。如果保险公司通过贴息来提高客户收益，销售费用势必受到影响，渠道难有积极性，业务自然难以可持续发展。

资本成本方面。保险产品是保险公司表内负债，提供刚性保证，需要满足严格的资本要求。因此，保险公司的产品经营成本是明显高于其他金融产品的。

在个人养老金制度下，商业银行客户资源丰富，同时具有账户优势。商业银行作为居民储蓄的最主要载体，拥有广泛的线下网点，深度触达客户的全方位需求，在体系内形成完善的客户画像，拥有其他类型金融企业不具有的客户优势。同时，银行产品销售牌照多元，与保险、信托代销合作广泛，也能与理财产生协同，更容易提升客户体验。此外，个人养老金账户需在银行开设，进一步提升其账户优势。相较于保险业，银行业在成本方面具备明显优势。

四、提升个人养老保险产品供给能力的建议

（一）打造符合养老储蓄习惯的产品形态并简化流程

建议进一步放宽现有的个人养老金产品准入机制，由监管机构制定产品设计的框架性原则，鼓励市场和金融机构开展更多产品创新。针对保险产品，建议从以下三方面做进一步改进：

一是鼓励为个人在同一张保单下建立税优和非税优账户，通过个人养老账户资金购买的保险产品资金进入税优账户，同时个人可以结合实际用更多资金购买保险产品，这部分资金进入非税优账户。实现一次性购买，统一投资运作，享受更多规模运作的超额收益。

二是建立个人养老金账户的人群已经经过了个人养老资金账户层面的资格审核，建议对于该账户下购买保险产品的人群豁免双录、健康告知、反洗钱等保险购买流程。

三是鼓励人们通过购买年金产品实现长期领取。目前个人养老金产品无论是分期领取还是一次性领取都采用 3% 的税率，建议对于在领取阶段使用个人养老金购买不同期限年金产品的人群给予不同程度的税收优惠，以更好地培育长期领取的习惯。

（二）建立合理的利益分配机制，形成行业自律公约

个人养老金保险产品主要依靠银行渠道和代理人渠道销售，但这一过程中无论是银行渠道的手续费率还是代理人渠道的“基本法成本”都居高不下，间接影响到客户的长期利益。

近日，国家金融监督管理总局下发的《关于规范银行代理渠道保险产品的通知》，对银保业务必须明示费用结构及佣金上限等提出了新要求，同时，鼓励各保险公司探索佣金费用的递延支付，通过与业务品质挂钩，实现销售激励的长期可持续。

建议可从监管层面进一步引导形成关于个人养老金产品（包括保险、基金、理财等）代销费率的自律公约，特

① 中国政府网：《中国银保监会关于保险公司开展个人养老金业务有关事项的通知》（银保监规〔2022〕17 号），https://www.gov.cn/zhengce/zhengceku/2022-11/23/content_5728387.htm。

② 中国政府网：《中国银保监会办公厅关于优化保险公司权益类资产配置监管有关事项的通知》，https://www.gov.cn/zhengce/zhengceku/2020-07/19/content_5528207.htm。

③ 中国财政学会招标课题“应对人口老龄化财政政策研究”课题组：《2021 年我国商业养老保险市场调研分析》，《财政科学》，2021 年第 8 期，第 78-85 页。

别是促成在银行业和保险业两端发力，推动手续费率水平方面形成合理的定价机制和上限标准，更好地引导养老金融事业健康发展。

（三）发挥长周期投资优势，持续完善养老资产配置

建议保险公司在控制风险的前提下，充分利用已有政策，比如加大权益资产配置，同时根据养老资金的特点进一步争取有关配套政策，如养老产业投资等，发挥保险资金的长期性特性，做好相关资产配置策略，提升保险公司资产负债管理、投资组合管理、再平衡等能力。

为了实现绝对收益之上的相对收益目标，投资管理人需进一步提升资产配置方面的能力，持续发挥专业机构的资产创设能力，尤其是探索将个人养老金投资管理与健康养老产业布局的有效衔接，公募REITs、养老社区投资、股权投资等投资模式与保险资金长期性具有天然匹配的特性，也可积极探索债权计划、股权计划、ABS、公募REITs等金融工具的投资机会，拓展养老金融产品管理资产配置的新方向。通过不同资产久期和负债久期的匹配，加强利率端风险把控，同时兼顾低波动率和实现较高弹性收益。

（四）丰富保险产品和供给主体，适时纳入保险资管

养老金融产品投资范围的拓展并非一蹴而就，在内外部条件尚未成熟时，也可考虑发挥保险资管机构专业投资管理优势，将保险资管产品作为可投品种之一，逐步纳入个人养老金投资范围。首先，保险资管产品在审慎监管原则下运作稳健，且负债端资金属性与个人养老金相似，可作为个人养老金实现多元化配置、提高投资回报的重要工具。其次，将保险资管产品纳入个人养老金投资范围符合养老金融产品化进程，有助于实现养老金融产品投资管理的规模化及标准化，不仅能够充分发挥保险资管机构的长久期低回撤资金运用及投资管理专业能力，更能有效助力个人养老金实现专业化投资管理，促进养老保障体系的建设和发展。

（五）提供“保险+健康+养老”全周期综合解决方案

经过多年布局，已有部分保险公司完成健康管理、养老服务、财富管理、医疗康复等多方面资源整合，可以为客户提供全方位的养老保障服务。通过养老保险产品，向客户提供资金给付和康养服务，发挥“医、药、健、护、养”等领域对保险产品端的协同作用。形成养老服务闭环是构建“大养老”体系的选择，对于银行、基金等机构而言，则是缺乏相关经验积累。

寿险公司经营的业务，特别是养老金等业务，具有长久期、稳定回报的特点。这些特点与养老产业长投入周期和回报周期是高度吻合的。因此，保险资金参与养老健康产业投资具备独特优势。保险公司可以通过投资养老产业形成养老服务闭环，发挥协同优势。

参考文献

［1］本刊编辑部：《多层次养老保险体系（个人养老金）发展历程》，《中国社会保障》，2023年第4期，第42–43页。

［2］财通证券研究报告：《四文齐发，个人养老金制度再加速》，2022年11月。

［3］长江证券研究报告：《保险行业养老畅想一：“中国版IRA”会带来什么？》，2022年1月。

［4］东吴证券研究报告：《〈关于推动个人养老金发展的意见〉深度解析，个人养老金落地，迎接金融业二次成长曲线》，2022年11月。

［5］董捷、张露月：《我国养老保险第三支柱个人养老金发展探究》，《保险职业学院学报》，2023年第6期，第14–20页。

［6］冯靓：《浅析我国个人商业养老保险税收优惠政策》，《金融与资本》，2021年第1期，第108–110页。

［7］海通国际证券研究报告：《中国人身险产品变迁史与未来展望》，2022年6月。

［8］开源证券研究报告：《养老保障体系建设加速，养老保险产品或迎新增量》，2022年1月。

［9］李金辉：《税延养老保险试点经验与探索》，《中国金融》，2022年第5期，第52–53页。

［10］李思捷、余凯月：《银保监管合并下保险公司资产负债管理改进思路》，《中国商论》，2022年第9期，第127–128页。

［11］马振涛：《人口老龄化背景下商业保险参与三支柱养老体系建设进展、问题及发展建议》，《西南金融》，2022年第2期，第79–88页。

［12］麦肯锡研究报告：《拥抱老龄化时代：保险机构参与中国养老保障的整合式探索》，2023年8月。

［13］梅励：《保险在个人养老金配置中特点和作用的研究》，《财富管理》，2023年第1期，第78–85页。

［14］欧阳剑环、彭扬：《郭树清：促进第三支柱养老保险健康发展》，《中国证券报》，2020年10月22日。

［15］茹梦怡：《商业保险参与第三支柱养老保险的现状和前景思考》，《上海保险》，2023年第5期，第6–8页。

［16］申万宏源证券研究报告：《个人养老金账户制试点初现成效，未来发展空间仍然较大》，2023 年 7 月。

［17］孙守纪：《构建第三支柱养老保险综合性公共管理平台》，《中国保险》，2021 年第 4 期，第 15–19 页。

［18］夏诗园：《第三支柱养老保险的中国实践和国际经验》，《黑龙江金融》，2022 年第 9 期，第 34–40 页。

［19］邢炜：《全面推进金融服务养老产业发展　保险业大有可为》，《清华金融评论》，2022 年第 2 期，第 22–24 页。

［20］翟文博：《保险经纪市场将至》，《经济》，2021 年第 9 期，第 105 页。

［21］招商证券研究报告：《2023 年上半年养老理财发展情况如何？》，2023 年 7 月。

［22］郑秉文：《第三支柱养老保险：产品设计、税收模式与功能定位》，《金融博览》，2023 年第 4 期，第 56–59 页。

［23］中国财政学会招标课题“应对人口老龄化财政政策研究”课题组：《2021 年我国商业养老保险市场调研分析》，《财政科学》，2021 年第 8 期，第 78–85 页。

［24］周家立：《个人养老金保险产品市场营销战略研究》，《投资与创业》，2023 年第 4 期，第 16–18 页。

［25］周旭明：《“第三支柱”个人养老金制度发展的哲与思》，《上海保险》，2023 年第 3 期，第 42–45 页。

［26］朱俊生：《建设养老金第三支柱　发挥“长钱”优势》，《金融博览》，2021 年第 3 期，第 52–55 页。

分报告十五
个人养老金和年金衔接转换研究

一、个人养老金和年金衔接转换的必要性分析

（一）我国个人养老金和年金发展情况

1. 我国个人养老金发展情况

2022 年 4 月 21 日，国务院办公厅发布了《关于推动个人养老金发展的意见》（国办发〔2022〕7 号），该《意见》对个人养老金账户设立、参与范围、领取方式、投资方式作了明确规定，并且将国内个人养老金管理从“产品制”转向“账户制”。2022 年 11 月 25 日，个人养老金制度在 36 个城市和地区开展试点工作[①]。据有关数据统计，截至 2023 年第一季度末，开户人数共计 3038 万人，存入资金人数 904 万人，只有 31.7% 的开户人员进行了缴费，存储资金总额 182.79 亿元，人均储存仅 2022 元，与 1.2 万元的年度缴费金额上限相比，户均缴费金额并不多[②]。在 648 款个人养老金产品中，以银行类定期存款为主（约占 72%）[③]。

2. 我国年金发展概况

2004 年 5 月 1 日我国正式实施《企业年金试行办法》和《企业年金基金管理试行办法》，并开展市场化投资运营。截至 2023 年 3 月底，参加企业年金的职工人数为 3058.86 万人（对应表 15-1 中 2023 年第一季度数据），参与主体以国企为主，民企和外企的参与积极性不高。如表 15-1 所示，从 2019~2023 年我国企业年金参加人数情况看，自 2020 年以后参加人数逐年减少，说明我国企业年金发展已进入瓶颈期。

表 15-1　2019~2023 年我国企业年金参加人数情况

时间	2019 年第一季度	2020 年第一季度	2021 年第一季度	2022 年第一季度	2023 年第一季度
参加职工（万人）	2438.64	2612.32	2778.92	2925.41	3058.86
增加人数（万人）	102.46	173.68	166.6	146.49	133.45
增长率（%）	4.39	7.12	6.37	5.27	4.56

资料来源：人力资源和社会保障部发布的历年《全国企业年金基金业务数据摘要》。

① 姜琳：《个人养老金制度在 36 地启动实施》，中国政府网，https://www.gov.cn/xinwen/2022-11/25/content_5728841.htm，2022 年 11 月 25 日。

② 王俊岭：《养老“第三支柱”发展再加把劲》，《人民日报（海外版）》，2023 年 7 月 5 日，第 11 版。

③ 李愿：《个人养老金理财 18 只产品累计销售规模 7.79 亿元》，东方财富网，https://finance.eastmaney.com/news/1355，202308042803614816.html，2023 年 8 月 7 日。

2015 年 4 月，国务院办公厅印发《机关事业单位职业年金办法》，规定自 2014 年 10 月 1 日起实施财政部机关事业单位工作人员职业年金制度。2016 年 10 月，人社部、财政部印发《职业年金基金管理暂行办法》(人社部发〔2016〕92 号)，标志着机关事业单位职业年金基金投资运营有了制度规范。截至 2022 年底，全国 31 个省（自治区、直辖市）、新疆生产建设兵团和中央单位职业年金基金投资运营规模超过 2.11 万亿元。自启动投资运营以来，全国职业年金基金年均投资收益率 5.29%①。目前尚未有权威渠道发布职业年金参与人员数据。

（二）我国个人养老金和年金存在的问题

我国企业年金覆盖率低，个人养老金存在有效参与率较低、个人缴费意愿不高的问题，没有很好地起到补充养老保障的作用。本文认为主要存在以下问题：

1. 个人养老金和年金之间相互独立未形成合力

发展养老保障事业要坚持系统性思维，促进养老金多层次的协调发展，其核心是搭建并完善我国多层次养老金体系，让更多民众积极参与其中，将养老责任合理分配给政府、单位、个人，通过多渠道和多途径的财务筹资与管理运营，能够更好地保护老年群体并实现财政可持续，更灵活地适应养老金制度各主要目标人群的保障需求。

当前，我国个人养老金和年金都是独立的制度，制度之间没有形成联动，不能起到相互促进的作用。具体来说，不同企业的企业年金计划之间转移存在手续麻烦、流程复杂的问题，由于民营企业、外资企业人员流动性比较高，这在一定程度上影响了这些企业参加企业年金计划的积极性。此外，年金和个人养老金账户各自独立，税收优惠和养老金待遇也各不相同，这无疑加大了个人养老规划的难度。

2. 个人养老金和年金之间存在制度摩擦影响扩面

企业 / 单位主导的企业年金和职业年金，由于制度模式不同，企业年金和职业年金之间转移接续困难，在不同企业中企业年金计划之间转移也存在手续麻烦、流程复杂的问题。这对于个人来说，参加不同的养老金计划，再加上个人养老金账户，该职工就会有多个养老金账户，如果个人多次变换工作，忘记转换企业年金计划账户，那么该职工就会有多个企业年金账户，这无疑加大了该职工的管理难度，也增加了制度摩擦，其个人养老保障权益很大程度上也将受到影响。

个人养老金和年金实现衔接转换，既可解决当前个人养老金最迫切的资金来源的问题，也可解决企业年金和职业年金，以及不同企业年金计划之间相互转移接续困难的痛点，这将极大方便人力资源的合理流动，提升人们参与年金与个人养老金的效率，进而提升年金与个人养老金的覆盖面。

二、相关国际经验

如何解决上文提到的问题，促进年金、个人养老金的相互融合与发展呢？通过考察海外经验，主要是通过实现个人养老金和年金衔接转换来实现。在其他国家，年金和个人养老金账户的开设是相对独立的，也存在一些相互衔接的机制。为了促进年金、个人养老金的相互融合与发展，我们选取了美国、加拿大和英国三个典型国家，聚焦于三个部分进行研究，即账户衔接转换、税收优惠衔接，以及投资前后对比②。

（一）账户衔接转换

从海外经验看，养老金账户的衔接转换权利由法律规定。以英国为例，养老金账户衔接转换的规定由《养老金计划法案 1993》提出。其中，该法案第 93 条规定允许个人在更换工作或希望巩固养老金安排时转移其应计养老金储蓄。该法案第 95 条、第 96 条提供了计算转让价值（Transfer Value）的方针与条件。养老金计划的受托人或管理人需在指定时间点提供会员所持有价值的等价现金值。该法案第 98 条包括确保转让过程中保障会员权利的规定，受托人或管理人需要提供转移该方案所带来的潜在损失。

对于职业养老金，英国《养老金计划法案 2008》制定了“自动加入”制度，于 2012 年起实行，雇主有法律义务将满足一定条件的雇员加入职业养老金中。由于“自动加入”机制，参与直接支付（DC）型职业养老金规模以及人数呈快速增加形式。国家职业储蓄信托（National Employment Savings Trust，NEST）作为“自动加入”机制的重要组成部分，为大量新增的养老金资本运营提供了保障，并为大量中小企业提供了托管选择。在 2021/2022 年

① 社会保险基金监管局：《2022 年全国职业年金基金市场化投资运营情况》，https://rst.ln.gov.cn/rst/zxzx/shbz/2023052310033561781/index.shtml，2023 年 4 月 24 日。

② 年金包括美国的雇主养老金计划，如 401（k）计划（主流雇主发起型 DC 型计划），加拿大的注册退休金计划（RPP）以及英国对应的职业养老金（Workplace Pension）计划等。个人养老金包括美国的个人养老金计划，其中个人退休账户（IRA）和罗斯个人退休账户（Roth-IRA），加拿大的注册退休储蓄计划（RRSP）、自管锁定退休账户（LIRA），以及英国的对应个人养老金计划，包括自主投资式个人养老金（SIPP）等。

底，NEST 拥有 11.1 百万参与者，约占总职业养老金成员数的一半[①]。

以 NEST 为例，该机构允许成员的养老金进行转移。在转移前，成员需要确保：该成员与其雇主均停止向 NEST 缴款；该成员向其他英国养老金计划或满足英国税务局（HMRC）标准的海外养老金计划。在确认后，该参与者将需要询问新的养老金计划提供者是否允许并使用“OriGo”公司提供的转移服务，这是英国主流的养老金转移方案提供商之一。一般情况下，养老金转移需要四周左右时间完成。若新的养老金提供商不适用该服务，则 NEST 会提供给计划参与者一个转移包，其中包括转移说明以及所需填写的表格等内容[②]。

1. 账户衔接转换方式

通过考察海外国家的做法，在拥有法律保证后，个人可选择合适的方式对自己的养老金账户进行转换。通常，参与人员在跳槽或准备退休时，其账户通常有以下四种处理方式[③]：

（1）参与人员将年金资产留在前雇主的年金计划中。参与者可以与新雇主协商，将新的工资纳入现有的年金计划中。然而，这种做法可能存在一定风险，如当前雇主遇到财务困难等状况时，某些公司也可能不再提供折扣的“团体”费率。

（2）参与人员将年金资产转至新雇主的年金计划中。如果参与者更换工作且新雇主提供年金计划，可将其年金转入新计划。通过将账户合并为一个计划，能够简化退休储蓄。

（3）参与人员在满足一定条件下，可以进行年金现金分配。然而，这通常会导致额外的税收和处罚性费用，并且可能对养老金储备造成不利影响。

以加拿大为例，从自管锁定退休账户（Locked-in Retirement Account，LIRA）中提取资金，需符合以下条件之一[④]：预期寿命减少；失业或低收入的情况；年满 50 岁，想要一次性解锁 50% 的 LIRA 并将其转入终身收入基金（Life Income Fund，LIF）或终身收入类型福利（Life Income Type Benefit，LITB）；以及成为非加拿大居民。而注册退休储蓄计划（Registered Retirement Savings Plan，RRSP）对于资金的提取限制则更为宽松。RRSP 在任何时候都可以取款，但需要按照个人所得进行缴税。RRSP 也能在退休前在一定条件下进行免税取款，如购买第一套房屋或用于偿还学业贷款[⑤]。

对于英国，在 2015 年以前，为引导个人在退休后长期领取养老金而非一次性领取，在税收政策的设计上有较强的约束，多数人如果一次性提取将按高达 55% 的税率被征税[⑥]；因此，大部分人在退休时不得不选择购买终身年金保险，并且只有积累得更多才能获得更高的自由度，引发了较大的质疑。在《养老金计划法案 2015》颁布后，个人一次性或部分领取按照当年收入的边际税率进行征税，并且无论养老金累积多少，每个人都拥有相同的支配自由度，可以选择一次性全额领取、以年金或其他灵活形式领取，或者投资于养老金机构提供的其他产品。

（4）参与人员将年金资产转入个人养老金账户。在加拿大，如果希望转移注册养老金计划（Registered Pension Plan，RPP），个人需要填写养老金福利表并计算计划内的总金额以确定转移金额。对于直接支付型（DC）计划，计算的是累计福利价值；对于确定支付型（DB）计划，计算的是精算的折现价值。转移金额也可以被转入个人养老金账户中，公司缴存部分可能以锁定形式存在。一些 RPP 将完全转入 LIRA 或 L-RSP（即锁定类型的 RRSP），有时 RPP 的一部分可以转入常规 RRSP。如果希望保留原计划，但不希望保留在原雇主处，个人可以选择模仿年金。模仿年金允许个人获得与前雇主承诺的相同养老金，但该养老金由保险公司而非雇主支付。

以英国职业养老金为例，在一般条件下可以被随时转移。一般在 55 岁后可以选择提取现金或者递延。持有者不会失去所积累的价值，但可能失去额外福利，比如死亡福利等。管理该职业养老金的受托人会将所积累的价值转换为现金等价转让价值（Cash Equivalent Transfer Value，CETV），其可被用于投资新的职业养老金或其他形式的

① Corporate annual report and accounts 2021/2022，https://assets.publishing.service.gov.uk/government/uploads/system/uploads/attachment_data/file/1090753/nest-annual-report-and-accounts-2021-to-2022-web-ready.pdf.

② Transferring your money out of NEST，https://www.nestpensions.org.uk/schemeweb/nest/my-nest-pension/transfer-your-pension-pots/transferring-your-money-out-of-nest.html.

③ Considerations for an old 401（k），https://www.fidelity.com/viewpoints/retirement/what-to-do-with-an-old-401k.

④ When can you unlock a LIRA?，https://www.canadalife.com/investing-saving/retirement/pension-plans/locked-in-retirement-account-lira/when-can-you-unlock-lira.html.

⑤ RRSP withdrawal rules，https://www.canadalife.com/investing-saving/saving/registered-retirement-savings-plan-rrsp/rrsp-withdrawal-rules.html.

⑥ Tax when you get a pension，https://www.gov.uk/tax-on-pension/higher-tax-on-unauthorised-payments.

个人养老金。

立法规定了两种计算 CETV 的方法：一种方法是基于对在计划中提供会员福利的预期成本的最佳估计；另一种方法是受托人希望支付高于最低金额的 CETV。立法建立了一个框架，规定了“初始现金等价物”（ICE）的计算方式，并根据需要进行调整，以获得可供会员转让的最终 CETV。ICE 必须对会员的应计福利以及受托人决定应包括的任何选项和酌情福利进行评估。

自 2008 年 10 月 1 日起，受托人有责任做出计算现金等价转让价值（CETV）所依据的决定。CETV 代表在计划内提供会员福利的预期成本。就金钱购买福利而言，这通常代表累计缴款以及投资回报。在待遇确定（DB）的情况下，CETV 是根据精算原则确定的值，这需要对影响计划和会员福利的未来事件进程做出一定假设[①]。

对于英国的自行投资个人退休金（Self-Invested Personal Pension，SIPP）为例，由 DC 型职业年金转入步骤较为简单，通常只需向新养老金提供者提供相关养老金详细信息就可安排转账。将 DB 型年金转入 SIPP 则较为复杂，且一般不被推荐，因为个人会放弃终身有保障的收入，以及一些其他福利。法律规定，如果 DB 型养老金的转移价值超过 3 万英镑，个人必须在转出之前寻求独立的财务建议[②]。对于 DC 型年金转入 SIPP，将多个养老金储蓄合在一起，个人管理更为简单，但同时也需为投资负责；同时，SIPP 中没有默认投资基金，可能不能投资目标日期基金。SIPP 可能提供更低的费率，但关闭年金账户也需要收费。

在美国，401（k）计划转存至个人退休账户（Individual Retirement Account，IRA），参与者可通过填写 IRA 提供商和 401（k）计划管理人要求的申请资料，直接完成转存。资产可通过电子或支票形式转存。转存的资金无须计税，且任何新的累积收益可以递延纳税。根据 401（k）计划和 IRA 种类的不同，一般存在两种方式：一是拥有税前资金的 401（k）计划参与者可以选择将资金转入传统 IRA，然后将传统 IRA 转换为 Roth-IRA（即罗斯个人退休账户）。转换需就转换资产的市场公允价值缴纳所得税。二是拥有 Roth-401（k）资金的计划参与者可以将这些资金免税转入 Roth-IRA。转账可以是直接的也可以是间接的。但是，Roth-IRA 的间接转存只能每 12 个月进行一次[③]。

将 401（k）计划转存进 IRA 的优点包括：IRA 通常提供比 401（k）计划更广泛的选择，因此参与者可以更好地控制所持资金；根据参与者的投资选择，IRA 的费用可能低于 401（k）计划；将 401（k）计划资金存入 IRA 后，参与者可以将其退休储蓄整合到一个账户中，从而更轻松地进行投资管理并跟踪实现退休目标的进度。缺点包括：如果在 59.5 岁之前从 IRA 中提款，参与者通常需要支付 10% 的罚款和提款时欠的任何所得税[④]，并且在某些州，401(k) 计划资金受到债权人的保护，而 IRA 可能不会。这意味着，如果参与者将 401（k）资金存入 IRA，在破产或其他财务困难的情况下，对应资金可能更容易被债权人没收[⑤]。

与直接转存不同，间接转存将资金从 401（k）计划转移到退休账户所有者，他们将有 60 天的时间可以随意地使用资金且无须纳税或罚款，之后必须在该时间段结束之前将资金转入 IRA 或其他退休计划。

2. 账户衔接转换的意义

美国 IRA 的主体功能是养老金转账归集的功能，承接了大量雇主养老金计划资金转入。根据 2022 年的统计数据，美国传统 IRA 新增资金 60% 来自雇主养老金计划转存的资产。

IRA 在美国家庭资产负债表上的重要性也有所上升。到 2022 年中，IRA 资产占所有家庭金融资产的 11%，高于 20 年前的 8% 和 30 年前的 5%；5500 万美国家庭（41.9%）报告称他们拥有 IRA；在拥有 IRA 的家庭中，近九成的家庭还拥有雇主资助的退休计划。也就是说，他们有缴费确定型计划余额、当前固定收益计划付款或预期未来固定收益计划付款。另有 30% 的美国家庭表示有雇主赞助的退休计划，但没有 IRA。总的来说，约有 9400 万美国家庭（72%）拥有某种形式的正式、税收优惠的退休储蓄。由于处于储蓄生命周期的后期，10 个接近退休的家庭中超过 8 个有退休储蓄。

① Pensions Regulator UK. Transfer values，https://www.thepensionsregulator.gov.uk/en/document-library/scheme-management-detailed-guidance/administration-detailed-guidance/transfer-values.

② Money Helper UK. Transfer your defined benefit pension，https ://www.moneyhelper.org.uk/en/pensions-and-retirement/building-your-retirement-pot/transferring-your-defined-benefit-pension.

③ IRS，Rollovers of retirement plan and IRA distributions，https://www.irs.gov/retirement-plans/plan-participant-employee/rollovers-of-retirement-plan-and-ira-distributions.

④ The role of IRAs in US households' saving for retirement, 2022，https://www.ici.org/system/files/2023-02/per29-01_0.pdf.

⑤ ERISA 法案：https://www.law.cornell.edu/cfr/text/29/2509. 2015-02。

所有年龄段的人都拥有 IRA，但 35 岁及以上家庭的持有量更高。在拥有 IRA 的家庭中，18% 的家庭收入低于 50000 美元，27% 的家庭收入为 50000~99999 美元，55% 的家庭收入为 100000 美元或更多。这反映了生命周期对储蓄的影响，也就是说，随着年龄的增长，家庭倾向于关注与退休相关的储蓄（年轻时，他们为教育或买房等其他目标储蓄）。

在上述三个国家中，我们可以看到一些共性特征：这三个国家，都允许年金账户向个人养老金账户的转移。灵活的转移政策，能够让账户持有者对自己所持养老金进行统一管理，享受更丰富的投资选择，同时也可能存在一些福利的减少。

（二）税收优惠衔接

税收优惠作为养老金政策的重要部分，在账户转换前后是否有区别，以及相互是否存在联动。在本部分，我们关注相关国家在养老金转移前后，有关税收方面的政策以及相关衔接操作。

1. 年金相关税收政策

英国的职业养老金，个人可选择将其转入另一个职业养老金计划，或者购买延期年金合同，以期在未来保证一定的收入，这样的转移将不需缴税，而转移至其他地方或未经授权的一次性提取，将会被征税。

对于 DC 型职业养老金计划，员工缴纳养老金，有两种抵扣税款方式：净薪安排和源头减免。这些安排可能以不同方式影响高薪和低薪的计划成员。

净薪安排（Net Pay）：雇主在对雇员的薪水进行税前扣除时，会从中扣除雇员的养老金缴费，雇员只需对剩下的金额缴纳税款。这意味着雇员可以享受全额的税务减免，除非他们不需要缴税，如他们的收入低于所得税起征点。

源头减免（Relief at Source）：雇主在扣除会员薪资的税款后，再扣除会员的养老金缴费，然后养老金提供者会为会员的养老金账户增加 20% 的税务减免。纳税率较高的会员可能需要通过向英国税务海关总署（HMRC）提交自我评估纳税申报来追回税款。

可以看到，在净薪安排下，收入低于所得税起征点的雇员可能会受到不利影响，因为他们无法获得养老金缴费的税务减免。虽然这不会影响其进入养老金计划的金额，但与使用源头减免的计划相比，会对其实际收入产生影响[①]。对于纳税率高于 20% 的高薪雇员，则更适用于净薪安排，因为不需要进行额外申请。每个纳税年度可以存入养老金的金额没有限制，但只有不超过工资的存入金额能够享受税收减免。对于超过 6 万英镑的雇员，其税收减免额度为 6 万英镑[②]。而对于超高薪酬者，其减免额度将会减少。例如，调整后收入为 28 万英镑，其年度津贴将减少至 5 万英镑。减免额度最低至 1 万英镑[③]。对于个人养老金，大部分缴款都是通过源头减免进行支付的，同样可获得 20% 的基本税率减免。

在加拿大，一些省份对雇主的 RPP 缴费设有最低要求，雇主需要按照规定的最低比例为员工缴纳 RPP。加拿大税法规定了 RPP 的最高缴费限额，即员工和雇主的缴费总和不能超过一定的上限。这个上限是根据员工的年度工资和年度免税额来确定的。具体的限额会根据每年的税法法规进行调整。除联邦所得税外，个人还需缴纳省或地区所得税。个人还需要计算调整后的应税收入，并在计算常规应税收入时纳入某些可扣除或免税的“税收优惠”项目。如果调整后的应税收入超过 4 万加元的最低免税额，则对超出部分适用约 25% 的联邦和省 / 地区综合税率，从而产生替代性最低税（Alternative Minimum Tax，AMT）[④]。

2. 个人养老金相关税收政策

个人养老金账户税收政策主要包含两种形式，即 EET 和 TEE。多数账户遵循 EET 模式，即缴费和投资阶段免税，待遇领取时纳税，包括美国的 IRA，加拿大的 RRSP 和 LIRA，以及英国的个人储蓄账户（Individual Savings Account，ISA）等。部分账户遵循 TEE 模式，即缴费阶段纳税，投资阶段和领取时均免税，如美国的 Roth-IRA，以及加拿大的免税储蓄账户（Tax-Free Savings Account，TFSA）。部分 TEE 模式计划可能不分属养老金一类，但能够承担部分养老储蓄的功能。EET 和 TEE 的适用场景将在下文展开叙述。

以美国为例，其个人养老金计划的主流是 IRA，无论

---

① Pensions Regulator UK, Communications to DC scheme members about tax relief on their contributions, https://www.thepensionsregulator.gov.uk/en/trustees/communicate-to-members/tax-relief-communications-to-dc-pension-members-.

② Money Helper UK, Tax relief and your pension, https://www.moneyhelper.org.uk/en/pensions-and-retirement/tax-and-pensions/tax-relief-and-your-pension.

③ Money Helper UK, Tapered annual allowance, https://www.moneyhelper.org.uk/en/pensions-and-retirement/tax-and-pensions/tapered-annual-allowance.

④ Minimum Tax, https://www.canada.ca/en/revenue-agency/services/tax/individuals/topics/about-your-tax-return/tax-return/completing-a-tax-return/deductions-credits-expenses/minimum-tax.html.

是参加的家庭数量还是积累的金额，都是最高的。但考虑到个人情况的差异性很大，在 20 世纪 90 年代末期，美国又陆续推出 Roth-IRA 和 SIMPLE IRA（即简单个人退休账户）等，旨在照顾不同层次人群的个人养老需求。

传统 IRA 或 Roth-IRA 如何选择能够最大化个人利益？假设退休前后税率一样，设为“所得税率”，每年的投资收益率固定，每年定期缴费为 P 进入 IRA 账户。设定期交费为 P，缴费年限为 n，投资收益率为 r，所得税率为 t，最终收益 S 为：

$$S=[P\times(1+r)+P\times(1+r)^2+\cdots+P\times(1+r)^n]\times(1-t)$$

对于 Roth-IRA，与上式类似，但定期缴费 P 为税后所得，记为 P_{after}。最终获取收益时不需缴纳所得税，故最终收益 S_{Roth} 为：

$$S_{Roth}=P_{after}\times(1+r)+P_{after}\times(1+r)^2+\cdots+P_{after}\times(1+r)^n$$

可以发现，传统 IRA 每一项的缴费 P 乘以（1- 所得税率 t）等于 Roth-IRA 每一项的税后的缴费 P_{after}，且投资收益率恒定不变的。因此，我们可得出以下结论：Roth-IRA 与 IRA 一个先交税，另一个后交税，如果退休前和退休后税率一样，两者的效果完全一样。缴税时间的不同，并不会影响税后的投资收益。也就是说，投资者只需用当前的税率以及对于提款时税率的预期做一个比较，即可做出对自己最有利的决定。

一般来说，个人通常在 30~40 岁对 IRA 进行缴费，而在这个时间段，其总收入通常处于工作生涯中最高的一个时间段。同理，需缴纳税率也是一生中的一个高点。此时，IRA“税收延迟”功能可以使这部分人群在最高点降低一部分税款，并在退休或到了取款时，以更低的税率来领取，这是由于退休总收入较低，于是和 30~40 岁相比，税率大幅降低。因而相比于中低收入人群，高收入人群更能被 IRA 吸引。

中低收入人群更倾向于 TEE 模式的 Roth-IRA。因为中低收入人群的个人所得税率较低，EET 模式的 IRA“税收延迟”的特性对其税收递延效果不明显，因此会影响中低收入人群参加 IRA 的积极性。而 TEE 模式的 Roth-IRA，尽管是缴费不免税，但在投资和领取阶段提供了免税政策，且支取灵活、缴费没有年龄上限，账户余额可终身积累，受到中低收入人群欢迎。从遗产规划角度来看，Roth-IRA 比 IRA 更好，因为 Roth-IRA 的收益以及本金在提取阶段时不需缴纳所得税，且没规定 72 岁必须把所有累积余额提取出来。这笔钱过世后可以传给子女不用缴纳所得税[①]。

3. 个人养老金和年金衔接政策

通常将年金转至个人养老金并不需要缴税，也不会占用个人养老金当年的缴费限额；但年金和个人养老金存在税收政策上的联动，如共同的缴费限额，以及其他免税政策。

以美国为例，其税收优惠将年金和个人养老金都纳入统筹考虑。已参加了雇主养老金计划的人，同等条件下，比没有参加雇主养老金计划的更少享受 IRA 免税优惠。IRA 保留了补充养老金在税收递延上的政策连贯性。

美国个人所得税采用“综合所得”概念，意指将纳税人个人的总收入，如薪资、股息、利息等所得全数以一份申请书 1040 表[②]加总后，按不同申报身份，即单身人士、已婚人士联合报税、已婚人士分别报税，以及户主（即部分单身人士，与受抚养人共同生活，并符合其他条件），扣抵其基本扣除额后，依其净额配合该级距的税率，计算出纳税人应缴纳的税额。当纳税人填报个人所得税（表格 1040）时，第一个需要确认的便是报税身份。不同的报税身份对应着不同的减免额度，以及税收抵扣项目。美国联邦所得税为累进制度，这意味着当纳税人提高收入的同时，也提高了税率。

美国税率总共分为 7 个等级，对于 2022 年纳税年度[③]：收入超过 539900 美元的单身纳税人的最高税率仍为 37%（已婚夫妇共同申报的为 647850 美元）；收入超过 215950 美元的税率为 35%（已婚夫妇共同申报的为 431900 美元）；收入超过 170050 美元的税率为 32%（已婚夫妇共同申报的为 340100 美元）；收入超过 89075 美元的税率为 24%（已婚夫妇共同申报的为 178150 美元）；收入超过 41775 美元的税率为 22%（已婚夫妇共同申报的为 83550 美元）；收入超过 10275 美元的为 12%（已婚夫妇共同申报的为 20550 美元）；收入为 10275 美元或以下的单身人士的最低税率为 10%（已婚夫妇共同申报的为 20550 美元）。

在美国，并不是 IRA 中的所有缴费都可享受免税，这取决于账户拥有者的收入、申报状态、是否加入了雇主养老金计划等。已参加了雇主养老金计划的人，同等条件下，比没有参加雇主养老金计划的更少享受传统 IRA 免税。比如没有参加雇主养老金计划的个人（单身或单独报税并且在一年中的任何时间都不与配偶同住），IRA 缴费全部免税，到领取时再缴纳个人所得税。而参加了雇主养

① IRS, IRS reminds those over age 72 to start withdrawals from IRAs and retirement plans to avoid penalties, https://www.irs.gov/newsroom/irs-reminds-those-over-age-72-to-start-withdrawals-from-iras-and-retirement-plans-to-avoid-penalties.

② IRS, Form 1040, https://www.irs.gov/instructions/i1040gi.

③ IRS, IRS provides tax inflation adjustments for tax year 2022, https://www.irs.gov/newsroom/irs-provides-tax-inflation-adjustments-for-tax-year-2022.

老金计划的个人，根据修正年收入及婚姻状态，被分化为几个区间，每个区间有着不同的免税额度。对于有雇主养老金计划的单身个人及已婚人士的 IRA 免税额度如表 15–2 所示（2023 年标准）。

表 15–2　参与工作场所养老金个体的修正年收入对扣除的影响

2023 年报税状态	修正年收入	已参加雇主养老金计划 IRA 免税额度
单身或户主	小于等于 73000 美元	全额免税
	73000~83000 美元	部分免税
	大于等于 83000 美元	不免税
已婚共同申报或符合条件的寡妇（鳏夫）	小于等于 116000 美元	全额免税
	116000~136000 美元	部分免税
	大于等于 136000 美元	不免税
已婚分开报税	小于 10000 美元	部分免税
	大于等于 10000 美元	不免税

资料来源：IRS，2023 IRA Deduction Limits-Effect of Modified AGI on Deduction If You Are Covered by a Retirement Plan at Work，https://www.irs.gov/retirement-plans/2023-ira-deduction-limits-effect-of-modified-agi-on-deduction-if-you-are-covered-by-a-retirement-plan-at-work.

对于没有雇主养老金计划的单身个人及已婚人士，法规规定如果参与者以及已婚参与者的配偶没有工作退休计划，则可以全额扣除，具体如表 15–3 所示。

美国 401（k）计划和 IRA 的年度缴款限额在近年来有所增加。2023 年，401（k）计划的个人缴款限额增加至 22500 美元，IRA 的个人缴款限额增加至 6500 美元（50 岁以上为 7500 美元）[①]。两者限额不同，但是通过账户转移的资金则不算在缴款限额中。在实际操作中，通常计划参与者会收到一张金额为 401（k）账户余额减去 20% 的支票。计划管理员会扣留这 20% 的款项用于支付分配所需的税款。为了取回全部金额，须将完整的账户余额（包括为税款扣留的部分）存入其 IRA[②]。

例如，假设个人的 401（k）账户总余额为 20000 美元，前雇主寄来一张 16000 美元的支票（这是完整的账户余额减去 20% 的金额）。假设个人不选择 Roth–IRA（即 TEE 模式账户），则个人需要凑齐 4000 美元，将完整的 20000 美元存入 IRA。在报税时，国税局会看到个人转移了整个退休账户，并会退还给扣留的税款金额。以此，个人可以避免 10% 的罚款。此外，如果个人只将 16000 美元存入 IRA，美国国税局将视之为剩余的 4000 美元的提前支取，将需要支付这 4000 美元的提前支取罚款，并且还要缴纳所得税。

表 15–3　未参加雇主养老金计划者免税额度

2023 年申报状态	修正年收入	免税额度
单身、户主或符合资格的寡妇（鳏夫）	任何数量	全额扣除，最高可达供款限额
已婚人士与不在工作计划承保范围内的配偶共同或单独报税	任何数量	全额扣除，最高可达供款限额
已婚人士与受工作计划承保的配偶共同报税	218000 美元以下	全额扣除，最高可达供款限额
已婚人士与受工作计划承保的配偶共同报税	超过 218000 美元，但低于 228000 美元	部分扣除
已婚人士与受工作计划承保的配偶共同报税	228000 美元以上	没有扣除
已婚人士与受工作计划承保的配偶单独报税	10000 美元以下	部分扣除
已婚人士与受工作计划承保的配偶单独报税	10000 美元及以上	没有扣除

资料来源：IRS，2023 IRA Deduction Limits - Effect of Modified AGI on Deduction If You Are Not Covered by a Retirement Plan at Work，https://www.irs.gov/retirement-plans/2023-ira-deduction-limits-effect-of-modified-agi-on-deduction-if-you-are-not-covered-by-a-retirement-plan-at-work.

在加拿大，若同时参与 RPP 和 RRSP，两者的扣除限额会相互影响。加拿大规定，每人每年的最高养老金收入基准（Yearly Maximum Pensiem Earnings，YMPE）为一固定制，2023 年为 66600 加元。YMPE 规定了可用于计算每年养老金缴款的收入金额。对于已经缴纳 RPP 的个人，加拿大税务局将减少可以投入 RRSP 的金额，称作养老金调整金额。养老金调整金额代表个人在上一年获得的养老金福利的价值，它由税务局确定的公式计算。在大多数情

① IRS, Taxpayers should review the 401(k) and IRA limit increases for 2023, https://www.irs.gov/newsroom/taxpayers–should–review–the–401k–and–ira–limit–increases–for–2023.

② Rollovers of retirement plan and IRA distributions, https://www.irs.gov/retirement–plans/plan–participant–employee/rollovers–of–retirement–plan–and–ira–distributions.

况下，个人可以在其年度 T4 信息单上找到具体养老金调整金额。

由三个国家的对应税收政策可以看到，由年金转至个人养老金通常不收取税费，且转移的金额不占用个人养老金的当年可抵税额度。这样能够帮助账户转移更加顺畅地进行。而同时参加年金和个人养老金时，可能会存在免税额度的变化，且该额度一般会与个人工资相关。

（三）投资前后对比

1. 年金投资情况

以美国为例，雇主在 401（k）计划的创立、设计和日常管理方面，扮演着计划发起人和受托人的角色。同时，公司也为雇员提供多种投资选择，并监控计划投资的执行情况。事实上，大部分雇主都将这些工作外包给金融服务公司，比如银行、共同基金、保险公司和第三方管理人。目前在美国存在两种代表性的管理模式[①]：

（1）托管人模式。在这种模式下，雇主委托托管人决定计划资产的投资方式。发起计划的雇主在选择投资产品时必须遵循《雇员退休收入保障法》的 404c 条款，并确保参加者能够构建适度风险和回报率的投资组合。雇主在满足一定法律规定和要求的基础上，应当将个人账户的投资管理权适当转交给计划参加员工，并向他们提供关于如何进行投资和所选投资工具的所有必要信息。在这种情况下，计划的受托人和投资管理人将不会对参加员工的投资决策产生的后果（包括亏损）负任何法律责任。

（2）参与者管理模式。这是目前最常见的管理模式。在这种模式下，雇员可以从发起人提供的三种不同风险投资对象中选择。这些投资对象包括股票、债券、货币市场基金或混合型基金，同时也可以直接投资股票、债券和现金账户等。一些公司还为 401（k）计划提供购买本公司股票的选项，雇员通常可以在任何时间对这些投资进行资金再分配。根据美国劳工部颁布的自律监管规则，雇主应该提供三种不同风险的投资选择，并允许计划参加员工定期更改选择。

在加拿大，对于 RPP，通常会有专门的投资委员会或机构负责资金管理。每个 RPP 都需要一个管理员，通常由雇主或董事会担任。RPP 的投资选择通常较为有限，可能受到雇主或相关法规的限制。常见的 RPP 投资品种包括股票、债券和现金等。RPP 方案可以以多种形式持有，包括保险合同、信托协议、养老金公司或由加拿大政府、加拿大某个省政府或其代理所管理的安排，或者是上述任何组合，只要符合特定条件。同时，RPP 也受到一些投资限制，如 RPP 不能持有参与雇主及其关联人和企业的股本、利息或债务。

在大多数缴费确定（DC）型养老金计划中，计划成员通常可以从多种养老金计划中预先选择可用的投资基金，并决定每个基金的投资金额。一般而言，较大型养老金计划的政策允许提供 13 种投资选择，而规模较小的养老金计划的政策则通常允许更多的投资选择，平均约为 34 个选项[②]。许多计划还引入了生命周期或目标日期基金，这些基金可以根据计划成员临近退休的情况自动调整资产组合，使之更加保守。许多缴费确定型计划将生命周期或目标日期基金作为“默认选项”，这意味着如果计划成员没有做出其他选择，他们的养老金缴款将自动投资于该基金。与 RRSP 相比，RPP 没有类似的年龄限制。

英国对于养老金的投资监管主要基于原则，要求确保投资多样化，且资产主要投资于受监管的市场。根据《职业养老金计划（投资）条例（2005）》，受托人需要履行以下职责：确保基金的安全性、质量、流动性和盈利能力；以符合该计划预期未来退休福利性质和期限的方式进行投资；考虑到该计划需要多样化投资选择；确保计划资产主要投资于受监管的市场。

在制定投资策略时，受托人应该考虑不同资产类别是否适合满足计划和未来负债的需求，以及其风险和回报特征以及多样化的需求。这一战略在投资原则声明中得到详细阐述，法规要求受托人编写这一声明。在编写投资原则声明之前，受托人必须取得并考虑到在财务事务和投资管理方面具有适当知识人士的书面建议，并向雇主征求意见[③]。

对于待遇确定（DB）型养老金计划的参与者来说，他们无须对投资决策负责。该计划的受托人负责决定如何投资资金，以确保能够提供承诺的退休收入。而对于缴费确定（DC）型养老金计划的参与者来说，他们的资金通常会投资于一个或多个基金。根据基金的类型，参与者的资金可以投资于房地产、公司股票、债券或不同类型投资的混合。当个人加入雇主养老金计划时，资金通常会自动投资到默认基金中。该基金由雇主养老金计划选择，以满

① DOL, Meeting your fiduciary responsibilities，https://www.dol.gov/sites/dolgov/files/ebsa/about-ebsa/our-activities/resource-center/publications/meeting-your-fiduciary-responsibilities.pdf.

② Pension plan investment policies and procedures，https://www.fsrao.ca/media/15961/download.

③ Pensions Regulator UK, DB investment governance，https://www.thepensionsregulator.gov.uk/en/document-library/scheme-management-detailed-guidance/funding-and-investment-detailed-guidance/db-investment/db-investment-governance.

足大多数成员的投资需求。一般来说，这个默认基金是目标日期基金。然而，如果个人对默认选择不满意，大多数雇主养老金计划还提供其他不同的基金选择。例如，道德或社会责任基金对一些雇员可能更有吸引力。

2. 个人养老金投资情况

对于美国 IRA 投资，大多数金融机构都遵循类似的 IRA 规则，并且将资金转入 IRA 通常能够降低管理费用。IRA 计划的种类繁多，其中许多计划提供多种选择。参与者可以从多种类型的投资中进行选择，包括股票、债券、共同基金、年金、单位投资信托、交易所交易基金甚至房地产。参与者还可以随时买卖所持有的股份，灵活性较高。这些选择给予了参与者更多的投资机会和自主权，以根据自身的目标和风险承受能力进行投资。

IRA 的投资范围仍然受到一些限制。总体而言，任何类型的人寿保险合同都不能称为 IRA 或合格计划的一部分，也不能将其放入这类账户或计划中。然而，合格计划中存在一个例外规定，即附带利益规则。根据该规定，合格计划可以为特定计划参与者购买少量的人寿保险。

此外，美国国税局禁止进行任何具有无限或未定义风险的衍生品交易，如裸看涨期权立权或比率利差。美国国税局还禁止使用 IRA 中的资金或资产作为贷款的担保。收藏品如艺术品、地毯、古董、金属、宝石、邮票、硬币和酒精饮料也不能存放在 IRA 中。虽然 IRA 可直接持有房地产，但是 IRA 所有者不能从这些房地产中直接获益，如通过收取租金收入或居住在该财产中①。

在加拿大，作为个人自行设立和管理的退休储蓄计划，RRSP 计划参与者可以选择投资于各种金融产品，包括股票、债券、现金、共同基金或独立基金、交易交易型开放式指数基金（ETF）等。根据个人的风险承受能力和投资目标，投资者可以选择适合自己的投资品种。开设 RRSP 账户需要个人自行办理，可选的金融机构包括银行、信托公司、保险公司等，但只有在加拿大税务局注册的金融机构才允许销售 RRSP②。

对于 RRSP，一般有两种投资方式可供选择。第一种是直接方案，包括保险公司、银行等金融机构提供的特定合同。该合同中会规定购买的投资品种，单一品种或多品种的混合都有可能，个人可以根据自己的偏好进行选择。第二种是自主方案，受托人负责管理资金，但投资方式由计划参与者进行指导。这种方式的好处在于方案更加灵活，但需要更多地参与到资金管理中。对于 RRSP 账户，个人没有持有个数的限制，但可能需要支付更多的管理费用。为增加投资品种的多样性，个人一般可以选择持有共同基金或隔离基金。

RRSP 在退休后可以领取，但在 71 岁对应年份必须到期。在普遍情况下，个人可以将 RRSP 转为多种投资方式：一是注册退休收入基金（Registered Retirement Investment Fund，RRIF）。RRIF 与 RRSP 类似，能够提供丰富的投资选择，但每年需要取出一定的金额。通过将 RRSP 转为 RRIF，个人可以在退休期间从资金中取出所需的金额，并继续投资剩余的资金。二是定期年金。定期年金能够提供持续的现金流直至 90 岁。个人将 RRSP 转换为定期年金后，每月或每年会收到固定的支付金额，确保退休生活的稳定收入。三是终身年金。终身年金能够在个人一生中提供持续的现金流。通过将 RRSP 转为终身年金，个人可以获得终身的固定支付金额，无论其寿命有多长③。

在英国，相比存托养老金计划（SPP）和 Stakeholder Pension，SIPP 账户可以提供更广泛的投资选择，包括公司股票、共同基金、投资信托、房地产和土地等。SIPP 不能直接投资于住宅，但可以通过某些共同基金进行间接投资，如房地产投资信托。大多数个人养老金计划提供一系列投资基金供选择。这些基金可以专注于特定的“资产”，如股票、债券或房地产；也可以投资于特定的地理区域或国家；或者投资于不同资产的组合。对于投资经验不丰富的人来说，通常需要寻求受监管的财务顾问的帮助来选择和管理 SIPP 的投资。

3. 个人养老金和年金投资衔接的情况

在美国，当将 401（k）转移到 IRA 时，一般情况下，401（k）中的任何投资都会被出售，现金会被存入新的 IRA，这意味着 401（k）和 IRA 的投资是独立的两个阶段。然而，如果希望保留 401（k）中的投资项目，计划参与者可以选择保留该 401（k）账户，并且不进行展期。通常情况下，IRA 提供的投资选择比 401（k）更广泛，除非雇员所在公司能够提供高质量的计划，如部分财富 500 强公司。大多数 401（k）计划会限制每年重新平衡投资组合的次数，或者只允许在某些特定时间进行重新平衡。此外，在实际操作中，如果将账户保留在原雇主处，该计划参与者可能会受到较少关注。由于常常通过公司电子邮

① IRS, Contributions to individual retirement arrangements，https://www.irs.gov/publications/p590a#en_US_2022_publink1000230855.

② Everything you need to know about RRSPs，https://www.retraitequebec.gouv.qc.ca/en/flashretraite/Pages/capsule_retraite_010.aspx.

③ Converting an RRSP into a RRIF，https://www.canadalife.com/investing-saving/retirement/registered-retirement-income-funds-rrif/converting-rrsp-into-rrif.html.

件发布新闻或者需要与顾问或管理员联系，因此获得有关该计划的信息可能会更加困难。

在加拿大，大多数情况下，如果允许，新养老金接收方可以按原样转让个人在前养老金计划的投资，称为实物转账。通常公开交易的北美股票和 ETF 都可以实物转账，大多数共同基金也可以实物转账。而如果请求以现金方式进行转账，则许多共同基金都会附加递延销售费用（Deferred Sales Charge，DSC），其中共同基金将在转账完成之前清算并出售。

在英国，在账户转移时，系统通常会询问个人需要现金转账或实物转账。若为前者，在新 SIPP 中购买新投资之前需要出售 DC 型年金中的投资；通过实物转账，投资可以直接转移，无须出售和重新购买。然而，只有当新 SIPP 提供商提供相同的投资机会时，实物转账才有效。对于保险公司养老基金或有目标日期基金等产品，可能不能进行实物转账。

可以看出，通常从年金转至个人养老金能够为个人带来更大的投资自由度，同时账户归集能够减轻养老金投资管理的负担。在转换时，可以通过现金或者实物对投资进行转换。转换后个人养老金的投资相比年金还存在其他优势，这些因素可能促进个人进行账户转换。

三、对我国个人养老金和年金衔接转换的建议

通过考察海外个人养老金和年金衔接转换做法和经验，结合我国现实情况，对我国个人养老金和年金衔接转换的建议如下：

（一）对账户衔接转换的建议

1. 年金、个人养老金的转换建议设置为自由转换

本文建议年金、个人养老金可自由转换，年金和个人养老金各有优点，这样可匹配不同人群的养老需求。从年金转到个人养老金的好处是：一方面，企业年金、职业年金可一人多户，而个人养老金只能一人一户，从年金转到个人养老金，便于账户统一管理；另一方面，个人养老金的参与者可直接参与到自己个人退休金账户资产的投资管理中，不受雇主或单位的控制，可投资一种或多种金融产品，个人拥有更大的产品自主选择权，对于个人来说，也要求其具备更专业的投资理财知识。

从个人养老金转到年金的好处是：年金成熟的运作经验、优秀的长期投资业绩（企业年金基金收益率方面，2007~2022 年市场平均年化收益率达到 6.58%[①]，超过同期平均通货膨胀率 4.01 个百分点）、可为投资专业能力尚欠缺的个人养老金参加者提供专业的养老金投资管理服务。

考虑到年金、个人养老金的转换的流程较复杂，建议在办理相关年金、个人养老金的转换手续时，应将转换前后账户的优缺点，转换的相关风险以及可能出现的问题进行详尽说明，在确保用户明确充分了解有关账户转换的情况后，再进行实际转换的操作。同时可以建立申请后一定时间的犹豫期，即申请后一段时间内（如 10 天），申请人可以撤销该申请。

2. 年金、个人养老金的衔接转换的触发点建议

年金转换到个人养老金的触发点可设置为年金参与人员工作单位变更或准备退休时（比如距离退休年龄还有 1 年时间）。工作单位变更可以是参与人员跳槽，或原单位被收购或合并。当企业年金、职业年金参与人员工作单位变更时，其可选择是否将年金账户资金转到个人养老金账户，或转到下一个就职单位的企业（职业）年金计划（如有）中。

个人养老金转换到年金的触发点可设置为随时，只要雇员的工作单位建立年金计划，就可随时把个人养老金转移到其个人的年金账户中。

年金参与人员准备退休时，可选择将企业年金、职业年金账户资金转到个人养老金，补充养老退休待遇从个人养老金账户中领取，也可保留在原年金账户中，并领取年金待遇。

3. 年金向个人养老金转换的流程建议

通过考察海外经验，我们对年金向个人养老金转换的流程建议如下：

（1）在年金参与人发起年金向个人养老金转换时，可类比企业年金赎回，将赎回资金全部转入企业（职业）年金保留账户中。

（2）默认由年金托管行为参与人开立个人养老金账户，如果参与人有更好的托管行选择，也可联系该托管行为其开立个人养老金账户。

（3）参与人个人养老金账户开立好后，再申请将资金由企业（职业）年金保留账户划入该人的个人养老金账户。

（4）年金划入个人养老金账户后，该笔资金将被认定为个人养老金，并严格遵循个人养老金的相关规定。

4. 个人养老金向年金转换的流程建议

我们对个人养老金向年金转换的流程建议如下：

（1）在个人发起个人养老金向年金转换时，可类比个人养老金赎回，资金先以现金形式存放在其个人养老金账户。

① 资料来源：《2022 年度全国企业年金基金业务数据摘要》。

（2）个人再向企业（职业）年金受托人发起个人养老金转换申请。

（3）企业（职业）年金受托人审核批准后，将个人养老金转到其企业（职业）年金个人账户中。

（4）资金划入企业（职业）年金个人账户后，该笔资金将被认定为企业（职业）年金，并严格遵循企业（职业）年金的相关规定。

（二）对税收优惠衔接转换的建议

1. 我国企业（职业）年金税收政策

《关于补充养老保险费、补充医疗保险费有关企业所得税政策问题的通知》（财税〔2009〕27号）和《关于企业年金、职业年金个人所得税有关问题的通知》（财税〔2013〕103号）构建了我国企业年金、职业年金税收政策的总体框架，其政策主要内容如表15-4所示。

表15-4　我国企业（职业）年金税收政策

单位缴费	职工缴费	投资收益	待遇领取	税收模式
职工工资总额的5%可在企业所得税前扣除，计入个人账户时免征个人所得税	个人缴费在工资计税基数的4%标准内的部分，免征个人所得税	免税	征个人所得税（按个人所得税税率表进行征收）	EET

资料来源：笔者编制。

2. 我国个人养老金税收政策

2022年11月3日，财政部和税务总局颁布了《关于个人养老金有关个人所得税政策的公告》，构建了我国个人养老金税收政策的总体框架，其政策主要内容如表15-5所示。

表15-5　我国个人养老金税收政策

个人缴费	投资收益	待遇领取	税收模式
按照12000元/年的限额标准，在综合所得或经营所得中据实扣除	计入个人养老金资金账户的投资收益暂不征收个人所得税	个人领取的个人养老金，不并入综合所得，单独按照3%的税率计算缴纳个人所得税，其缴纳的税款计入“工资、薪金所得”项目	EET

资料来源：笔者编制。

3. 对税收优惠衔接转换的建议

从海外经验看，年金、个人养老金将税收优惠纳入统筹考虑，年金、个人养老金实现衔接转换后，个人享受税优的比例或者额度，允许两者的税收优惠正常叠加，其政策效力更大。具体来说：

（1）在缴费阶段，如果职工个人参加企业年金或职业年金个人缴费没有达到税优上限的比例或者额度，职工可将差额部分追加至个人养老金的缴费上限；如果职工所在单位没有建立年金计划，可将全部比例或额度追加至个人养老金的缴费上限，并享受税收优惠。

（2）在待遇领取阶段，允许个人选择对自己最有利的税收优惠，以目前的税收优惠政策来看，个人养老金的待遇领取的税收优惠政策（仅相当于个人所得税税率表最低档的税率）优于年金待遇领取的税收优惠政策。

（三）对投资衔接的建议

我国年金基金（包括企业年金基金、职业年金基金）采取市场化委托投资管理方式，具体又可细分为组合投资管理和计划层面直投养老金产品方式。在年金制度设计中，年金基金受托人全权代表所有年金计划参与人，做出年金基金投资的决策。年金基金受托人制定投资政策和进行战略资产配置，由年金基金投资管理人进行投资管理操作，这种管理方式的好处是年金投资决策主要由专业机构做出，缺点是投资产品相对有限，年金经办机构缺乏对高超额收益的诉求，厌恶风险，投资相对保守，偏好较高收益能承担一定风险的人也被动接受这种保守的投资方式。个人养老金在制度设计层面赋予了产品设计的灵活性和个人投资产品选择的灵活性，但是也面临个人投资专业能力欠缺的现实困境。由年金账户转到个人养老金账户，就要面临个人自主选择投资产品的问题。从现阶段的发展来看，我国多数个人投资者对个人养老金投资缺乏认知，不懂得如何挑选适合自己的投资品种与投资周期。这部分人，可选择将个人养老金向年金转换，提高个人养老金的资金使用效率。

随着人们金融理财知识的逐步积累以及个人养老金的

发展，参考海外经验，我们对个人养老金和年金投资衔接的建议如下：

1. 加强产品创新，满足个人养老金的投资需求

要确保个人养老金和年金衔接转换的顺利进行，核心问题就是要满足个人的养老金的投资需求。从海外经验看，随着第三支柱养老金和基金行业的发展，市场上涌现出越来越多的公募资金产品，提高了个人配置养老金的难度。1996 年 10 月美国富达基金推出第一只目标日期基金（生命周期基金）——富达自由基金（Fidelity Freedom Fund）。目标日期基金（生命周期基金）的诞生解决了投资者选不对、不好选、选择困难、配置积极性低等“痛点”。在账户制下的个人养老金投资中，投资者能够自由地选择多样化的基金品种，全面满足投资者的个性化投资需求，事实上助力了个人养老金的蓬勃发展。

个人养老金的投资管理机构要立足国内个人养老金投资者的投资目标、风险承受能力、年龄、受教育程度等特征，充分发挥自身投研能力和产品开发优势，全面布局以养老为目标的公募基金产品谱系，设计出费用合理、结构明晰、服务便捷的多样化养老产品，并加强产品的精细化设计，以便满足不同层次、不同需求个人养老金投资者的个性化、多元化投资需求。

2. 大力发展养老金投顾服务

在各国个人养老金发展的初期，都面临着对个人养老投资不熟悉、不清楚的情况，考虑到个人金融理财技能参差不齐，投资者通常会通过专业的投资咨询机构获取养老金投顾服务。根据美国投资公司协会的市场调查统计，制定退休资产的投资策略时，约有 68% 的个人或家庭会通过专业的金融机构获取投资咨询建议[①]。海外基金公司是其中重要的参与者之一，如美国富达基金将个人养老业务和经纪业务、规划和咨询业务、保险和大学储蓄计划等业务一同作为个人投资（Personal Investing）业务板块，围绕客户养老这一核心需求提供全生命周期的规划和咨询服务。通过专业可靠的投顾服务，降低了个人养老金的渗透难度，使之在过去数十年间得到了快速发展。

我国的基本养老保险基金、年金基金均采取统一委托投资，不需要个人做投资决策，个人养老金首次给予了个人自主投资选择权，然而从当前发展来看，多数个人投资者对个人养老金投资缺乏认知，不懂得如何挑选适合自己的投资品种与投资周期。针对我国现实情况，个人养老金的投资管理机构提供高质量的投顾服务尤其是智能投资顾问服务，来帮助个人投资者挑选合适投资品种。借助智能投资顾问服务，运用金融科技手段针对不同的家庭状况、职业背景、年龄层段的人群的风险偏好、养老需求进行测算与分析，设计出风险资产下滑曲线，使得各类资产配置比例更适宜不同人群的风险承受能力。同时，开发一站式养老投资服务 APP，将产品介绍与全面的投资管理、交易和风险分析相结合，兼具风险管理、交易管理、运营管理、合规管理等功能，构建起完整的养老金投资与产品管理体系，并覆盖到投前、投中、投后各个阶段。同时，投顾服务也可帮助个人养老金投资者树立长期投资、分散化投资意识，培养良好投资习惯，正确看待市场波动，改善盈利体验，助力实现养老金长期增值、保值的投资目标。

① 2022 investment company factbook，https://www.ici.org/doc-server/pdf%3A2022_factbook.pdf.

分报告十六
证券行业服务个人养老金发展的路径选择

一、引言

2022年4月21日，国务院办公厅印发《关于推动个人养老金发展的意见》，规定个人养老金可以投资银行理财、储蓄存款、养老保险、公募基金四类产品。据人社部个人养老金产品名录查询（2023年7月14日），当前上线个人养老金产品共有664只，其中储蓄类产品、理财类产品、基金类产品、保险类产品分别为465只、18只、149只、32只。目前，从证券公司参与个人养老金的方式看，主要是作为个人养老金基金销售机构的角色出现。2022年11月个人养老金试点落地时，14家证券公司获得代销资格；2023年7月证券公司数量扩容至19家[①]。作为个人养老金业务的代销主渠道之一，证券公司与权益产品天然具有紧密联系，对风险偏好型投资者了解更为深入，在养老基金销售方面已有较多实践，服务个人养老金发展初步有了较好的基础。

证券行业加快服务我国个人养老金体系建设，对助力国家应对老龄化社会挑战、服务共同富裕目标、促进资本市场枢纽地位提升意义重大。同时，证券行业对个人养老金业务试点抱有极大期待，不仅是因为可以通过代销公募基金为业务增长找到发力点；更重要的是可以为证券公司经营带来较好的外部环境。从国外情况看，美国个人养老金的快速发展推动了共同基金的繁荣，我国个人养老金实施后可为资本市场带来长期稳定的资金，长期来看能够提高股市的稳定性，从而使得权益市场和养老金良好互动，相互成就。个人养老金业务也与证券公司财富管理转型的核心需求相匹配，通过完善客户服务体系，满足客户多层次金融需求，可以促进财富管理业务高质量发展。

本文集中探讨在试点阶段我国证券公司如何参与个人养老金发展；同时在分析我国证券公司服务个人养老金发展的优劣势基础上，探讨我国证券行业可以从哪些方面进一步改进和完善，以提升服务个人养老金发展的能力。本文主要从以下三个方面进行论述：一是我国证券行业参与个人养老金的现状及其典型做法；二是证券公司参与个人养老金发展的优劣势分析；三是我国证券行业进一步参与推进个人养老金发展的措施和手段。

二、证券行业参与个人养老金现状分析

（一）目前证券行业主要以基金销售机构参与

从个人养老金参保流程看，首先是开户，包括个人养老金账户和个人养老金资金账户。通过全国统一的线上服务平台，即国家社会保险公共服务平台或者商业银行渠道，在信息平台开立个人养老金账户，用于登记和管理个人身份信息，并与基本养老保险关系关联，记录个人养老金缴费、投资、领取、抵扣和缴纳个人所得税等信息；参加人可以选择一家商业银行开立或者指定本人唯一的养老金资金账户，参照个人人民币银行结算账户项下Ⅱ类账户进行管理。资金账户和个人养老金账户绑定，为参加人提供资金缴存、缴费额度登记、个人养老金产品投资、个人养老金支付、个人所得税税款支付、资金与相关权益信息查询等服务。其次是投资计划，参加人自主决定个人养老金资

① 《个人养老金基金销售机构名录》，中国证券投资基金业协会网，https://www.amac.org.cn/informationpublicity/institutionalpublicity/findPensionFundSalesOrganizationPage/，2023年7月14日。

金账户的投资计划，包括个人养老金产品的投资品种、投资金额等，目前投资产品有四类，即银行理财、储蓄存款、养老保险、公募基金。最后是封闭运营，并在达到领取基金养老金年龄、完全丧失劳动能力、出国（境）定居等条件下按月、分次或者一次性领取养老金[①]。

在上述流程中，证券公司作为个人养老金基金销售机构参与其中，主要体现在投资环节。参与人在商业银行开立个人养老金资金账户后在个人养老金基金销售机构绑定，即可开通个人养老金交易账户，实现个人养老金充值、购买 Y 类基金等功能（见表 16–1）。需要指出的是，个人养老金账户购买养老基金是购买养老基金 Y 类份额，这与传统的 A 类、C 类相比，只是资金购买路径上的差异。Y 类份额只能通过个人养老金账户进行购买，而 A 类、C 类养老基金在各基金销售平台都能购买；比起 A 类和 C 类，可以豁免申购限制和申购费用，可以对管理费和托管费实施一定费率优惠[②]。其中，交易账户不是唯一的，资金账户可绑定多家销售机构。截至 2023 年 7 月，有 45 家机构入围个人养老金基金销售机构名录，包括 19 家商业银行、19 家券商（见表 16–2）及 7 家独立基金销售机构[③]。

表 16–1　个人养老金参加人员各类账户关系

账户类型	开户机构	账户作用	账户说明
个人养老金账户	人社部个人养老金信息管理服务平台	个人参加个人养老金制度并享受税收优惠的依据，与基本养老保险关系关联	记录个人养老金缴费、投资、领取、抵扣和缴纳个人所得税等信息，是参加人参加个人养老金、享受税收优惠政策的基础
个人养老金资金账户	获得资格的商业银行	用于控制每年限额及资金进出、纳税控制等。一般可通过线上方式自助办理，性质为银行Ⅱ类卡（无实体卡）	转入该账户的资金即作为个人养老金，用于购买个人养老金相关产品（不购买的资金在卡内作为个人养老金银行储蓄，利率由银行约定）。该卡理论上可以开立多个，但一个人同时生效的只能有一个，变更成本较高，参加人一般不会随意更换
资产账户、交易账户	获得资格的销售机构，2023 年 7 月底有 45 家机构，包括 19 家商业银行、19 家券商及 7 家独立基金销售机构	用于投资交易，记录客户交易和份额持有情况等	在证券公司开立的账户属于该性质。绑定参加人在银行开立的资金账户后，可用于购买证券公司代销的个人养老金产品。资金不在证券公司账户停留，只做资产份额登记。此类账户可以在多个销售机构开立并绑定，理论上无数量限制。但所有销售机构总额度为每年 12000 元，由资金账户负责控制

资料来源：笔者根据相关材料整理。

表 16–2　个人养老金基金销售机构（证券公司）名录

序号	证券公司名称	序号	证券公司名称
1	华泰证券股份有限公司	6	中国银河证券股份有限公司
2	中信证券股份有限公司	7	国泰君安证券股份有限公司
3	广发证券股份有限公司	8	国信证券股份有限公司
4	中信建投证券股份有限公司	9	东方证券股份有限公司
5	招商证券股份有限公司	10	兴业证券股份有限公司

① 《参加个人养老金，流程是什么？》，中华人民共和国人力资源和社会保障部，http://www.mohrss.gov.cn/xxgk2020/fdzdgknr/zcjd/zcjdwz/202211/t20221121_490447.html，2022 年 11 月 21 日。

② 以中欧预见养老 2035 三年持有混合为例，对于新增的 Y 类基金份额（017277），不收取销售服务费，管理费、托管费实施了一定的费率优惠，管理费年费率为 0.3%，托管费年费率为 0.075%。参见静言知识库：《不止 5 折！详细了解个人养老基金 Y 份额》，https://baijiahao.baidu.com/s?id=1750689981974266215&wfr=spider&for=pc，2022 年 11 月 28 日。

③ 《个人养老金基金销售机构名录》，中国证券投资基金业协会网，https://www.amac.org.cn/informationpublicity/institutionalpublicity/findPensionFundSalesOrganizationPage/，2023 年 7 月 14 日。

续表

序号	证券公司名称	序号	证券公司名称
11	海通证券股份有限公司	16	中信证券华南股份有限公司
12	申万宏源证券有限公司	17	平安证券股份有限公司
13	中国中金财富证券有限公司	18	安信证券股份有限公司
14	长江证券股份有限公司	19	方正证券股份有限公司
15	中信证券（山东）有限责任公司	—	—

资料来源：《个人养老金基金销售机构名录》，中国证券投资基金业协会网，https://www.amac.org.cn/informationpublicity/institutional-publicity/findPensionFundSalesOrganizationPage/，2023 年 7 月 14 日。

（二）部分证券公司直接持牌或参控公募基金参与发行个人养老金产品

从可获得的公开信息看，个人养老金参加人更倾向于储蓄存款。截至 2023 年 4 月，个人养老金累计缴费约 200 亿元，购买金融产品的规模为 135 亿元，其中储蓄规模最大，占比近六成，另有超过三成的资金投向公募基金，而保险产品和银行理财的规模占比均在 4% 左右。除了购买金融产品的 135 亿元之外，剩余有 60 多亿元资金并未进入投资环节，而是以活期存款的形式存在个人养老金账户中[①]。从《关于推动个人养老金发展的意见》规定来看，证券公司发行的公募养老 FOF 产品属于个人养老金资金账户可用于购买符合规定的金融产品的范围，具有公募基金业务牌照的证券公司或证券资管子公司可通过发行公募养老 FOF 产品参与个人养老金投资。长期来看，个人养老金作为长久期资金，预计未来随着规模增长、投资经验成熟以及政策逐步放开，将更多流入资本市场，投研能力强、所提供产品适配性高的头部基金管理公司在产品供给端优势更为明显。2022 年，证监会发布《公开募集证券投资基金管理人监督管理办法》及其配套规则，适度放宽同一主体持有公募牌照数量限制，“一参一控一牌”正式落地，即同一主体在参股一家基金、控股一家基金的基础上，还可以再申请一块公募牌照。因此，证券公司要获得个人养老金基金产品发行权，可通过直接（持牌）/间接（参股、控股）方式获得公募牌照，包括参控股公募基金公司、设立资管子公司申请公募牌照，或以券商总部为主体申请牌照并在公司公募业务部等部门开展公募基金管理业务。其中，券商资管子公司申请公募牌照属成本较低、与券商系统协同度较高、更灵活的方式。中国证券投资基金业协会网站数据显示，截至 2023 年 6 月基金管理人总数为 157 家，其中券商资管 8 家，证券公司 6 家（见表 16-3）。2023 年以来，多家证券公司进入公募基金赛道，招商证券资管、广发证券资管、兴业证券资管、上海光大证券产管相继递交公募基金管理人资管申请；此外，多家券商通过提升在已参股基金公司持股比例，寻求控股权。例如，2023 年 1 月底，证监会核准万家基金变更实际控制人，此次股权变更完成后，中泰证券对万家基金的持股比例将由原来的 49% 提升至 60%。可以预计，随着证券公司对参控股、直接持牌公募牌照增多，也将会通过公募基金产品更深入地参与到个人养老金发展中。

表 16-3　具有公募牌照的证券公司、券商资管

序号	名称	序号	名称
1	东兴证券	8	渤海汇金资管
2	国都证券	9	财通资管
3	山西证券	10	华泰资管
4	中银证券	11	东方资管
5	华融证券	12	长江资管
6	北京高华证券	13	浙商资管
7	国泰君安资管	14	中泰资管

资料来源：根据中基协公募基金管理人名录整理（截至 2023 年 7 月 15 日）。

（三）在基金投顾方面为个人养老金参与者提供服务

除作为销售机构外，证券公司也通过为参加人提供一站式个人养老金资产配置建议，提供专业投顾服务，在参保前、参保中、参保后为参与人提供持续的专业陪伴。从目前证券公司的具体实践看，主要集中在以下几个方面：一是产品代销，这本身也凝结着专业投顾和专业服务，帮助个人养老金参与人甄选适合自身的养老产品，做好养老规划和资产配置。二是给个人养老金参与人更多更好的深

① 吴雨俭：《个人养老金缴存资金达 200 亿元 储蓄最多 理财最少 还有三成未投资》，财新网，https://finance.caixin.com/m/2023-04-20/102021803.html，2023 年 4 月 20 日。

度研究服务，以研究能力为依托，证券公司在研究报告、投资者教育、资产配置等方面给出更为专业的服务。三是利用比较优势，通过不同机构的优势定位，在资产配置和账户管理方面，全面加强同银行、公募和保险等机构的联动。具体到证券公司投顾服务的途径和内容，主要是在App、微信公众号等中开设投教专区，介绍了个人养老金的参与对象、参与好处、参与及领取条件、投资范围等；在App、视频号等渠道开展养老投教直播。证券公司借助投顾队伍的培训，策划、组织及实施各类投资者教育活动，设计、制作投资者教育宣传产品，以做好投资者教育工作，也提高了个人养老金投资者金融素养，助力中国养老体系走向成熟。例如，中信证券推出个人养老金投资一站式解决方案——信养计划，为客户提供集账户管理、资产配置、服务陪伴于一体的个人养老金投资综合服务。兴业证券在公众号推出个人养老金投教专题，通过专题文章的形式对个人养老金投资知识进行科普。

三、证券公司参与个人养老金发展的优劣势分析

从目前证券公司参与个人养老金的基本情况看，证券公司主要作为金融产品销售机构、具有公募牌照的券商或券商资管子发行养老 FOF，以及投资顾问等角色参与其中。在参与个人养老金发展的过程中，证券公司既有其优势，也存在其不足之处。

（一）优势分析

第一，具有完善的投研体系和高素质的投研团队，可以在产品设计上发挥优势，吸引风险偏好较高的客户。证券公司的核心优势与公募基金较为类似，在于其专业的投研能力。在《关于规范金融机构资产管理业务的指导意见》（即“资管新规”）出台后，各大券商纷纷抓住机遇，通过成立资管子公司或者成立、控股公募基金公司的方式申请或获取公募牌照，并进而在养老基金产品市场上发力。未来，随着证券公司往公募基金赛道上加大投入，更深程度地参与公募养老 FOF 产品，其在产品设计方面以及在权益投资、多资产投资、量化投资等方面的业务经验和优势将进一步得到凸显。

第二，具备强大的投顾团队，作为金融产品代销机构，可以为个人养老金参与者提供更全面的财富管理服务。由于个人养老金退休后才能取出，目前每年 12000 元上限的额度需要在账户内充分利用长期投资，才能够真正实现养老金储备保值增值的目标。但如何投资也是参加人所难以选择的：买什么、买多少？在哪买、怎么买？选择越多，困难越多。现有个人养老产品 660 多只已令个人养老金参加人目不暇接，如何让投资者选择到适合自己的产品，证券公司的投顾力量在这个过程中可以发挥其应有作用。证券公司拥有庞大的投顾团队和完善的投顾体系，2021 年我国证券业证券投资咨询业务净收入达到 54.57 亿元，投资顾问人数也突破 7 万人[①]。尽管目前个人养老金投资限额较低，但个人养老金业务可作为重要的获客渠道，吸引更多的高风险偏好的客户。目前，证券公司作为金融产品销售机构，可将个人养老金纳入投顾体系，依托强大的资产管理能力为客户提供更全面的财富管理业务，从而提高客户黏性，带动整体投顾业务的发展，实现产品、渠道、服务三者的有机结合。

（二）不足之处

第一，渠道销售能力不足，客户基础不及银行。数据显示，截至 2021 年末，全国范围内共计有 11850 家本土券商的证券营业部（见图 16-1）。但这一数目仍不足工商银行一家 2021 年的营业网点数量（15767 家）[②]，由此可见证券公司在线下渠道方面与银行存在较大差距。尽管现阶段证券公司纷纷发力线上渠道，利用 App 及官方网站等渠道扩大客户规模，但券商的客户基础仍远不及银行，再加上银行拥有绝对的账户优势，未来在养老金融产品销售方面，证券公司相比银行存在渠道和客户上的劣势。从实际参与情况看，由于银行采用“现金补贴”等方式进行营销揽客，如北京地区，中国邮政储蓄银行开立个人养老金账户最高可抽取 500 元红包，北京银行则推出开通个人养老金账户可参与抽取 30~288 元不等的微信立减金或京东 E 卡活动[③]，证券行业并无这种优势。此外，不少证券公司在支持个人养老金资金账户绑定时提供的银行仅有 2 家至 4 家的选择，也减少了参加人员的选择权。因此完善的投顾体系以及提供个性化的综合服务是券商取得竞争优势的关键。

第二，科技赋能不足，用户体验有提升空间。尽管目前头部证券公司纷纷发力金融科技，同时加强外部合作，打造线上投顾生态圈。但是券商投顾业务仍依托于传统的线下服务，手机 App 及线上体验较差，月活跃用户数远低于银行，这在一定程度上制约了券商养老金融产品的销售。

① 中国证券业协会：《中国证券业发展报告（2022）》，中国财政经济出版社 2022 年版。

② 《中国工商银行股份有限公司 2021 年度报告》，http://v.icbc.com.cn/userfiles/Resources/ICBCLTD/download/2022/1ndbg_A.pdf，2022 年。

③ 李海颜：《个人养老金开户白刃战：银行工作人员背指标，抽奖、红包满天飞》，《北京商报》，https://baijiahao.baidu.com/s?id=1750651351806451353&wfr=spider&for=pc，2022 年 12 月 27 日。

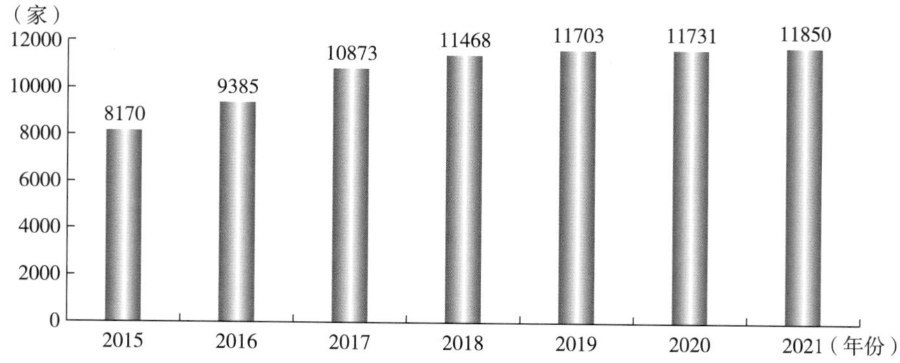

图 16-1　2015~2021 年我国证券公司营业部数量情况

资料来源：同花顺 iFinD。

四、证券公司参与个人养老金发展的可行路径

目前，证券公司已通过代销基金产品，公募牌照的券商或券商资管以发行养老 FOF 或以投资顾问等角色参与到个人养老金发展过程中，对于未来，证券公司可以在国家相关部门的支持和规划下，通过中长期行业共同努力，更好地服务于养老金第三支柱建设。具体而言，短期看可以考虑扩大个人养老金投资品种，将养老指数基金纳入可投范围；中长期看可以在证券公司开通个人养老金账户，推动证券公司获得银行、保险等个人养老金产品代销资质等方面着力。

（一）建议将指数基金纳入个人养老金配置范围

我国个人养老金的权益配置比例较低，投资收益有待提高。目前，个人养老金产品多偏重于风险保障，投资属性不强，造成大部分产品的投资收益不高，吸引力不足，阻碍了个人养老金缴存意愿的提升。为增加个人养老金投资收益，进而提升参与人数和制度缴存意愿，在国家相关部门研究和论证下，可考虑扩大个人养老金投资产品类别，将指数基金纳入投资范围。指数基金具有低成本、大容量、风险分散、风格稳定、策略透明等多种优势。首先，指数基金属于被动投资，投资组合调整频率较低，相比其他主动管理型基金而言具有更低的管理费用和交易费用等。其次，通过分散投资于标的指数成分股，可以容纳较大的资金规模，即使是大规模资金也不会对投资回报产生影响。再次，指数基金严格跟踪标的指数表现，不受基金经理风格影响，基本不会出现风格飘移的情况。最后，指数基金在投资策略上按照指数成分股及其权重进行投资，投资组合也更清晰透明。因而，指数基金可以作为个人养老金配置权益资产的合适工具之一。截至 2022 年底，全市场共有超过 1800 只指数基金，合计规模近 2.5 万亿元。指数基金产品目前已涵盖股票、货币、跨境、债券、商品五大类品种，股票指数基金涵盖各种行业、主题和策略，可以满足个人养老金的多元化资产配置需求[①]。

（二）建议探索证券公司开设个人养老金账户的可行性

大力发展第三支柱个人养老金，已成为全球的普遍共识，相关国家在这方面有了较多探索，具体到个人账户开户方面，从国外相关国家的实践看，目前已实行账户制养老金的国家，证券公司多数可以开设个人养老金账户（见表 16-4）。美国、英国、澳大利亚、日本在立法上，主要是规定个人养老金账户应当进行受托管理，要求账户管理机构要“管住钱”，主要体现为对缴款、资金投向、领取的要求，同时要求账户管理机构要配合税务部门申报涉税信息。个人养老金账户的主要开户机构包括银行、基金、保险、证券以及其他金融机构。在主要开户机构中，证券公司大都可以参与到个人养老金账户的开户中，账户属性均为受托管理的账户，通过履行信义义务，保障资金安全和投资者权益，各国账户管理机构均包括多类金融机构。目前，我国个人养老金账户由个人养老金信息管理服务平台开设，资金账户只有获得资质的银行可以开设，这两个账户是相互对应的，且通过商业银行渠道可以一次性开立这两个账户。借鉴国外经验，可以逐步探索我国通过证券、保险开设个人养老金账户的可行性，增加参保人员的便捷性，也有利于发挥各方积极性，进一步促进个人养老金制度的发展壮大。

① 解旖媛：《全国政协委员蔡建春：建议指数基金纳入个人养老金配置范围》，《金融时报》，2023 年 3 月 8 日，第 004 版。

表 16-4　部分国家个人养老金账户主要开户机构

国家	个人养老金名称	主要开户机构（银行、基金、保险、其他金融机构）
美国	个人退休账户（IRA）	☑银行 ☑基金公司 ☑保险公司 ☑证券公司 ☑其他金融机构[①]
英国	存托养老金计划（SHPs）自主投资型个人养老金计划（SIPP）	☐银行 ☑基金公司 ☑保险公司 ☐证券公司 ☑其他金融机构
澳大利亚	超级年金储蓄（Voluntary Superannuation Saving）	☑银行 ☑基金公司 ☑保险公司 ☑证券公司 ☑其他金融机构[②]
日本	个人型缴费确定养老金计划（iDeCo）	☑银行[③] ☑基金公司 ☑保险公司 ☑证券公司 ☑其他金融机构[④]

注：①包括联邦担保信用合作社、储蓄和贷款协会，以及税务局批准的其他机构；②通过雇主制定基金（Employer Stand-Alone Fund）、雇主工会或工会成立的行业基金（Industry Fund）、公共雇员基金（Public Sector Employees Funds）以及自行管理基金（Self-Managed Superannuation Fund）；③包括办理储蓄业务的信用银行、信用社，参见 https://www.ideco-koushiki.jp/operations/；④包括信用组合、劳动金库等。

资料来源：黄钊蓬、刘净姿、刘晓棠：《境外个人养老金账户属性及业务模式研究》，《声音》，2019 年第 20 期。

（三）推动证券公司获得银行、保险等个人养老金产品代销资质等

从目前证券公司代销个人养老金产品现状看，由于政策对代销个人养老金产品的管理要求，证券公司可代销养老基金类产品，养老保险需具备保险兼业代理牌照的券商才能进行销售，养老理财的代销资质问题尚未解决，因而证券公司作为销售机构可供投资者选择的产品种类较为单一，难以进一步为投资者提供更丰富的个人养老金配置方案。有些个人养老金参加人风险承受能力较低，想寻求更低风险等级的产品，纯公募基金难以达到资产配置的需求。因此，相关政府管理部门可以推动证券公司获得银行、保险等个人养老金产品代销资质等，切实从参保人养老需求出发，为其提供“长期限”“陪伴式”“全生命周期”的服务，将符合老年人特点的储蓄、理财、保险、公募基金等符合监管要求和发展导向的养老金融产品，全部纳入证券公司的销售范围和服务范围，给予券商在多样化个人养老金品种的引入和研发上的政策支持，丰富客户多元化的投资选择。当然，即使证券公司获得银行类、保险类个人养老金产品代销资质，也面临一些问题需要突围：一是目前具备保险兼业代理牌照的证券公司数量较少，2022 年中信证券保险代理销售业务正式上线，成为业内首家且唯一获批保险兼业代理业务“法人持证、网点登记”创新试点公司。其他券商是分支机构或营业部取得兼业代理保险资质，法人机构是否具有资质则未统一[①]。二是业务开展的挑战是巨大的，个人养老金划款账户在银行端，而银行本身又能销售各类个人养老金产品，客户群体也更为广泛，占据“地利”和“人和”，证券公司发力仍面临一定的困难。

① 陈靖：《业内首家！中信证券保险代理销售业务正式上线，财富管理转型升级提速》，界面新闻，https://baijiahao.baidu.com/s?id=1763409952427817202&wfr=spider&for=pc，2023 年 4 月 17 日。

分报告十七
中国个人养老金制度引入合格默认投资工具的必要性分析

一、引言

一直以来，中国补充养老保险的投资选择模式广受关注。何种情况、何种条件下可以向个人开放投资选择权、是否有必要引入或设立默认投资选择是政府、市场与社会各界长期关注的焦点问题。之前实施的企业年金和职业年金均未向个人开放投资选择权。也就是说，企业内员工作为同一计划下的参保人享受一样的投资收益率，省（自治区、直辖市）内职业年金计划的每一个参保人也享有同一个投资收益率。不同年龄、不同性别、不同缴费、不同偏好的参保人在一个年金计划内承担的是同样的投资风险，享有同样的投资收益。2022 年颁布的《个人养老金实施办法》在个人投资选择上迈出了实质步伐，作为个人养老金制度的参加人，可以自主选择购买符合规定的储蓄存款、理财产品、商业养老保险、公募基金等金融产品。

截至 2023 年 7 月底，个人养老金产品总量已达 674 款（韩宋辉，2023）。各类金融产品看上去丰富多样、琳琅满目，面对这么多的选择，我们会发现更加难以作出投资抉择。个人养老金制度在全国 36 个城市（地区）试运行半年多来，并没有出现预期的井喷式参与现象。虽然开户人数有 4030 万人（李婕，2023），但存在"开户热、缴存冷"的现象。经对有意向组织职工参与个人养老金制度的企业调研得知，大量个人养老金参与者因缺少金融技能，进而导致"开户后不敢缴费""缴费后不知道买什么""买了又担心投资亏损"等现象出现。在当前的制度条件和市场环境下，进行是否有必要在个人养老金制度中引入或设立默认投资选择、解决基金有效投资不足问题的研究，就显得更为必要也尤为重要了。

本文首先从我国个人养老金制度模式出发，分析现有模式制度特点，总结提炼引入合格默认投资工具的制度空间；其次，从理论分析和现实条件方面阐述中国个人养老金制度设置合格默认投资工具的必要性与可行性；再次，从美国、英国、澳大利亚等养老制度案例中分析合格默认投资工具对我国个人养老金制度的借鉴意义；最后，本文尝试给出可行的合格默认投资工具方案及实施难点和配套条件。

二、我国个人养老金制度模式及引入默认投资工具的制度空间

2022 年 4 月，国务院办公厅印发《关于推动个人养老金发展的意见》（国办发〔2022〕7 号，以下简称《意见》）；同年 10 月，人力资源社会保障部、财政部、国家税务总局、银保监会、证监会联合印发《个人养老金实施办法》（人社部发〔2022〕70 号，以下简称《办法》）。按照《意见》和《办法》的规定，我国的个人养老金是指政府政策支持、个人自愿参加、市场化运营、实现养老保险补充功能的制度。《意见》和《办法》规范了覆盖人群、管理模式、税优政策、资金投资等方面的内容，分别从不同角度为引入合格的默认投资工具提供了必要与可能，但同时也形成了引入合格的默认投资工具的现实困境与制度约束。

一是合格默认投资选择工具与参加人员的扩面。按照《办法》的规定，个人养老金的参加人应当是在中国境内参加城镇职工基本养老保险或者城乡居民基本养老保险的劳动者。根据《2022 年度人力资源和社会保障事业发展统计公报》，2022 年末参加全国基本养老保险的人数为 10.53 亿人，去掉 1.36 亿参保离退休人员和 1.65 亿城乡居民待遇领取人员，理论上适合参保人群约为 7.52 亿人。根据国家统计局发布的《中国统计年鉴 2022》，2021 年中国劳动力人口为 78024 万人。按照中国月收入在 5000 元以下人群占 90%，纳税人群占 10% 进行计算（许淼，2023），能够达到享受个人养老金制度税优政策的群体约为 7800 多万人。鉴于实现共同富裕是我国社会主义的奋斗目标，我国的个人养老金制度要服务于这一目标，这就要求个人养老金制度除通过税优的方式吸引约 7800 万参与者，更需要通过其他方式吸引更庞大的非交税人群，使个人养老金制度成为具有普惠性质的制度。汪泓（2023）也认为实现个人养老金制度的普惠化是个人养老金制度优化的首要任务。在不涉及税优政策调整的情况下，可以通过在个人养老金制度内设置合格默认投资工具（Qualified Default Investment Alternative，QDIA）的方式，扩大个人养老金制度的适用面。QDIA 可以作为仅属于个人养老金制度的有国家背书效应的高质量的默认养老投资产品（高庆波，2017），以其高质量的投资收益抵消领取期税收产生的“惩罚效应”，吸引剩下的非交税人群参与，以帮助个人实现养老资金更高效、更充足的积累。

二是合格默认投资选择工具与多金融产品选择困境。《办法》规定，参加人自主选择购买符合规定的储蓄存款、理财产品、商业养老保险、公募基金等金融产品。目前市场上 600 多只个人养老金的金融产品，一方面因种类和数量繁多而选择困难，另一方面因产品结构设计缺乏创新、产品结构趋同而选择困难。在个人养老金账户制产品清单的口径下，现阶段养老公募基金规模最大、养老储蓄产品数量最多。分析来看，四类产品中除了专属商业养老保险属于创新开发的“养老”产品外，其他三类产品的“养老”特色略显不足，综合来看在产品结构设计上主要是通过拉长持有期限而达到区别其他同类产品、达成所谓的“养老”目的，但整体的投资策略并无较大改变。结合缴费账户中有 40% 未购买产品的实际情况，现阶段个人养老金账户制度下的产品创新性不足，并不能有效激发已参加、已缴费人群的购买欲望。面对个人养老金产品的市场现状，政府通过推动引入合格默认投资选择的方式来引导并激发市场投资管理机构的创新活力，引导并调动参加人理性选择金融投资产品的自主性与自觉性，将不失为一项及时且有效的政策选择。

三是合格默认投资选择工具与个人账户制度约束。《办法》要求个人养老金计划参加人需同时开立个人养老金账户和个人养老金资金账户，个人养老金账户用于登记和管理个人身份信息，个人养老金资金账户作为特殊专用资金账户，具有唯一性，须在商业银行开立。尤为值得一提的是，按照《办法》规定，是要求个人养老金资金账户与个人养老金账户绑定。从半年多的市场运营情况看，600 多只不同种类的金融产品分散在不同的平台中销售，目前不足 10 家银行实现了四类产品交易业务的全面开通，但是并未支持所有产品的交易；支付宝、微信等互联网平台已上架“个人养老金账户”专区,但支持的银行数量也有限。也就是说，现阶段还无法实现账户参与人员在单个交易平台凭需求购买任意产品的需求，此类情况对于因为特定产品想要参加个人养老金账户制度，或者已参加、已缴费但尚未购买产品的人群来说，存在为了购买一款、多款产品而要频繁更换开户银行账户的可能性，此外个人养老金账户开户手续较为复杂，相关操作流程的时间成本和机会成本会进一步降低居民的参加意愿。因而，QDIA 的引入必将会受到现有的双账户制度模式的制约，但同时也为打破双账户的现有困境，建立更加公平统一的个人账户管理平台提供了机会、创造了可能。

三、引入 QDIA 的理论与现实条件分析

国外养老金制度中的 QDIA 出现较早，对 QDIA 在养老金制度中的作用研究较充分。在养老金制度中引入 QDIA 的作用主要体现在两个方面：一是帮助不做投资选择的人做出选择（以默认选择的方式）；二是让投资选择更加有效。同时，从中国发展水平和文化特征的实际出发，也有引入 QDIA 的必要性。引入 QDIA 既有助于解决当下存在的缴费资金未投资的问题，也有助于缓解个人无法做出有效投资选择的问题。

（一）QDIA 有助于解决资金未投资问题

个人不做投资选择的原因是多方面的。根据决策理论，人的拖延症是不做投资选择的主要原因（Brown et al., 2016），这与行为科学中的惰性和现时偏向型偏好一致，都是指人们偏好现状，不愿意做出改变，因此拖延不做出决定。这种现状如果没有强刺激，个人是没有动力改变的（Muir, 2019）。因此，在需要做出投资选择的养老金

制度中，如果没有设置QDIA，个人出于惰性，就会不做出投资选择，从而降低了资金的投资效率。而中国个人养老金制度中存在的缴费后没有进行投资选择的现象，就是因为一部分群体希望推迟做出决定，或缺少选择动力，从而表现出的不愿在当下做出投资选择的行为。

除此之外，根据行为科学的复杂性，人们在面对复杂性时，更倾向于做出最简单的决定，因为复杂性让人们产生选择偏差，倾向于选择简单的选项而不是选择复杂的选项（Muir，2019）。个人在面对个人养老金制度提供的多款产品时，如何做出合适选择即是一个复杂性极强的问题，面对这种复杂性，个人最简单的选择就是不做选择。而缺乏金融知识和金融技能，是投资选择之所以是复杂性问题的原因（Dahlquist et al.，2018）。因此，个人没有在个人养老金制度中缴费并做出投资选择，也是因为缺乏金融能力和技能，面对投资选择这种复杂性问题，无法做出选择，进而不做出选择。

QDIA的设置可以有效解决缴费后没有进行资金投资的问题。QDIA可以在个人不做出投资选择的情况下，将资金配置到默认的投资选择产品上，可以有效解决因惰性不愿在当下做出投资选择从而导致的资金没有进行有效投资的问题。有研究表明，有拖延症的人因为不愿意做出选择而更愿意进入默认选项（Brown et al.，2016）。同时，QDIA的设置可以最小化复杂性，解除金融知识和能力对个人投资选择的束缚，帮助个人做出投资选择（Towarnicky，2023）。因此，个人养老金制度设置QDIA可以有效降低已缴费资金不做投资选择的问题。

（二）QDIA有助于解决资金有效投资问题

国外的很多研究显示，受多种因素的影响，个人无法做出有效投资选择，而设置QDIA有助于帮助个人做出更有效的投资选择。

根据行为科学理论，人们无法做出有效投资选择的最根本原因在于人的认知是有偏差的，如受限于个人能力的推理错误，或是缺少做出正确决定所需的全部信息，这将导致个人做出的决定不能符合个人利益的最大化（Ivanov，2021）。然而，由于经典经济学理论中理性人的假定过于有影响力，导致认知偏差的存在总是被人们忽视（高庆波，2023）。通过对开放个人选择的养老金制度的研究发现，认知偏差普遍存在，比如个人在做出投资选择上所用的时间非常短，通常依赖过往经验而非客观的投资标准来做出选择，并且在做出投资选择后很少进行资产的再平衡或是重新审视自己的投资组合，因而导致大量的个人养老金积累不达预期（Muir，2019）。行为科学理论有四个认知偏差可以用来解释个人无法做出最优投资选择的现象：一是“锚定效应”，指人们只会根据已知和已有信息做出决定，并认为自己的信息是有用的（Bernheim et al.，2015）。人们会根据过去自己的认知和经验做出投资选择，如果过去投资股市，就会投资权益产品，如果过去不做风险投资就会买保守产品，而过往的经验对于养老金的投资选择没有多少帮助，因而很难做出正确的投资选择。二是“确认偏差”，与“锚定效应”类似，指一旦人们接受一种观念，所有新的信息都会按照已经接受的逻辑进行处理，即人很难改变已有投资观念，在做出投资选择后一段时间重新审视投资产品时，“确认偏差”会阻止个人做出改变（Muir，2019）。三是前文提到的“惰性”，同样会阻止个人重新审视自己最初的投资选择是否合理，也不会再平衡自身的资产，即使外部的资本市场环境已经发生了很大的改变（Stabile，2002）。四是“羊群效应”，指人们倾向于随大流，而不是评估自己的处境并做出符合自身处境的决策（Muir，2019）。在选择金融产品时，人们会倾向于选择身边人都选择的产品，而不去考虑该产品是否适合自己。同样，金融能力也是限制参与者做出正确选择的阻碍（Tang et al.，2010）。国外对具有个人选择权的养老金制度的研究显示，大多数参与者的投资选择是非常粗浅的资产配置，并且在资产配置和资产再平衡上体现出低分散化、过度投资股票、过度追随群体进行调整的特征（Tang et al.，2010）。由于在不同产品间来回切换的成本不低，对个人资金的积累造成了较大负面影响（Yamaguchi et al.，2006）。这些认知偏差都会影响个人使其无法做出符合自身最大利益的投资选择，并且阻碍个人定期审视产品是否仍然符合自身利益，不能在有需要时及时做出调整和改变。

由于投资决策对投资收益有决定性影响（高庆波，2017），个人在投资时会做出怎样的投资选择至关重要。而个人的主动选择从来都很难是最优选择，因此设置QDIA可以帮助个人做出比自身主动选择更好的投资选择，从而实现参与总体的平均损失最小化（Ivanov，2021）。并且，人们一旦做出投资选择，很少会再进行更换（Byrne et al.，2010），因此合适的投资选择显得尤为重要。有研究显示，超过半数的人在十年中都没有改变过资产配置，就算有专家给出个人专业的调整建议，也很难让个人遵从专家的建议做出投资调整（Bhattacharya et al.，2011）。这说明做出改变的阻力是非常大的，即使有专家和投顾人员，其作用也是相对有限的。QDIA 的设置免去了个人要为投资选择做出的定期审视和资产再配置、产品再调整的工作，消除了做出改变的阻碍，是更好地解决投资选择不合理问题的方式。

（三）中国引入 QDIA 的必要性分析

中国的个人养老金制度要从中国基本国情出发，与现有的养老金制度相匹配，与中国当下的经济金融环境相适应；既要立足当下，也要有长期视野。

首先，从我国的国情出发，虽然我国经济总量已成为全球第二，但人均 GDP 仍处于全球中等水平，人均收入与发达国家相比仍有较大差距。根据美国商务部发布的数据，美国 2021 年居民人均年收入为 36430 美元[①]，而国家统计局公布 2022 年中国居民人均可支配收入 36883 元（方晓丹，2023），约 5269 美元，可见与发达国家相比还有较大差距。收入的差距说明中国人均风险承受能力远低于发达国家水平。除此之外，我国的人均受教育水平与全球其他国家相比也大致处于中位水平，且与发达国家有较大差距。根据 Barro-Lee 数据的估算结果显示，2020 年中国 15~64 岁人口的平均受教育年限为 8.99 年，这相当于经济发达国家 20 世纪 80 年代的水平（牛建林，2021）。根据《国人养老准备报告》（中国证券投资基金业协会，2018），中国居民金融素养仅处于世界平均水平。受教育程度和金融素养的差异说明，在不借助外力的情况下，中国居民在个人养老金制度中，能做出有效投资选择的概率要远低于发达国家个人养老金制度参与者。

其次，从我国现有的养老金制度出发，我国养老金制度的设计与发展与国外的养老金制度也有显著不同。以美国为例，美国第二支柱的 401（k）计划的设置就赋予了个人一定的选择权，并且美国个人退休账户（IRA）的资金大多是个人从 401（k）计划转入的资金，因此当个人在美国的 IRA 下进行产品选择时，参保者已经在 401（k）计划下积累了一定的选择经验。但即使具备一定经验，依然不能确保参保者的投资选择是有效的。而我国的第二支柱的企业年金制度设计并没有参考美国这种开放个人选择权的方式，而是由企业委托的受托专业机构做专户管理，个人不用做投资选择。因此，就算是已参加企业年金的个人在个人养老金制度下也不像美国参加第二支柱的个人，具备一定的产品选择经验，而是更多地与仅参加了基本养老的个人一样，面对个人养老金制度下众多的产品，无从选择。因此，中国个人养老金制度的潜在参与者中的绝大多数，都没有投资产品的自主选择经验，因而难以做出选择，更难以做出有效选择。

同时，从个人养老金制度的定位来看，为了实现个人养老金制度的补充作用，不仅让已参加基本养老且年金达到企业年金 12% 缴费上限的约 5000 万人（笔者估计）可以找到满足个性化需要的产品（体现个人养老金制度的多样性），也应让已参加基本养老且年金未达到缴费上限的约 2000 万人（笔者估计）可以在个人养老金中弥补年金缴费的不足，更重要的是让已参加基本养老但未参加企业年金的劳动人口的大多数，在个人养老金制度下找到企业年金的替代产品。由于对类企业年金管理的产品有需求的人群占劳动人口的大多数（体现个人养老金制度的普惠性和灵活性），因此，作为个人养老金制度占大多数的潜在参与群体，适合设置一款 QDIA，使其满足类似企业年金计划管理的属性，满足绝大多数人口的养老储蓄需求。

从养老金制度的出台与经济社会发展水平的匹配来讲，由于中国老龄化的发展深度、人口结构的快速变动，促成了我国对养老金规模积累的迫切需求，进而使中国养老金制度的改革进程提前于中国居民资产规模水平和金融素养准备。在这种情况下，为了促进整个社会养老金的快速积累，通过制度设计，提升养老金的投资效率至关重要。QDIA 正是能达成此目的的一种制度设计。虽然 QDIA 被认为是“软家长主义”（Sunstein and Thaler，2003；Thaler and Sunstein，2003），但是如果政策制定恰当，QDIA 可以比向公众提供更多信息和知识更能增加社会的整体福利（Sunstein and Thaler, 2003; Benartzi and Thaler, 2007）。因此，这种“家长式”的管理方式更符合中国现阶段养老金积累的需要，是一种“双赢”的选择（Brown et al.，2016）。

再次，从中国人的文化传统来看，中国人有着天然的风险规避的思想传统，因而在过往很长时间，中国的储蓄率一直位居全球前列。2010 年，我国的储蓄率为 50.65%，远高于世界平均水平，尽管近十年来由于年轻人消费习惯的改变，我国居民储蓄率有所下降，到 2019 年为 44.22%，但受疫情影响，2020 年之后储蓄率又开始上升[②]。此外，我国居民的家庭资产配置也可以体现我国民众相对保守的心态。2021 年，中国居民持有实物资产（以房地产为主）占比为 69%，远高于美国的 24% 和全球的 48%；2020 年中国居民金融资产中持有现金和存款的比例为 54.9%，同期两者在美国家庭金融资产中的占比为 13%（任泽平团队，2022）。因此，在没有外力的影响下，个人养老金制度的潜在参与者，在主动选择时，很可能将

①② 资料来源：CEIC DATA，http://www.ceicdata.com/zh-hans/indicator/united-states/annual-household-income-per-capita.

全部资金配置在不能满足养老需要的活期或定期储蓄上。现实情况也确实如此，据媒体消息，目前参与个人养老金的资金，除了有近 40% 的资金未做出投资选择，仍是活期存款，还有约 60% 选择了定期存款，活期或定期储蓄合计已接近 80% 的比重（李愿，2023）。因此，QDIA 的设置是有必要的，它可以有效避免这类低效的养老金投资行为。

最后，从中国资本市场的发展状况来看，由于我国资本市场起步较晚，目前仅有 30 多年，相比美国 200 多年的资本市场成熟度有很大差异。美国的股票市场有其特殊性，它是全球性的资本市场，并吸引全球的资本和公司参与美国股票市场，因而股市的稳定性和成长性远好于我国的 A 股市场。中国的资本市场相对美国发展时间较短，制度尚不完善，因而投资相对美国市场复杂性更高，从而加大了投资收益的波动性。在不设置 QDIA 的情况下，各金融供应商未必能按照符合参与者最大利益的角度进行股票市场的投资操作，可能使制度参与者面临较大的损失，从而降低对个人养老金制度的缴费，甚至不再缴费。

因此，不论是出于对 QDIA 应用于个人养老金制度的理论分析，还是出于中国个人养老金制度发展的实际需要，QDIA 的设置都有其必要性，是提升个人养老金制度吸引力，提高个人投资有效性，完善个人养老金制度建设的必要选择。

四、实施 QDIA 的国际经验的比较分析

过去十多年中，在全球范围内，越来越多的养老金计划采用自动加入、自动提额和自动投资选择政策设置。本文将以美国、英国和澳大利亚为案例，分析 QDIA 及类似 QDIA 的默认投资选择在这些国家养老金制度中的应用，从其推出的原因、QDIA 的制度设计、评估 QDIA 达成的效果，进而分析我国个人养老金制度可从中借鉴的经验和要吸取的教训。

（一）美国的 QDIA

美国设置 QDIA 的是其第二支柱的确定缴费型计划（Defined-Contribution Plan，即 DC 计划）其中又以 401（k）计划为主。之所以在以 401（k）为主的 DC 计划中设置 QDIA，与美国第二支柱 DC 计划的制度设计有关。美国的 401（k）计划是由企业作为计划受托人，建立包含企业缴费和个人缴费的企业年金计划，该计划由金融机构提供养老金融产品，企业作为受托人为员工筛选出多种符合员工养老需求的金融产品，供员工在此范围内自主选择配置。

2006 年以前，401（k）计划并没有设置 QDIA，企业主提供的投资选择包括股票、基金、年金保险、债券、专项定期存款等。由于美国股票市场在 20 世纪 90 年代的牛市行情，绝大多数个人选择投资股票，上涨的资本市场行情掩盖了类似 401（k）计划这种由个人主导的年金产品选择制度设计的缺陷；直到 21 世纪初的牛熊转换，个人主导下的养老金计划发生大幅亏损，才暴露了这种制度下个人金融能力不足，投资选择失恰的问题。彼时，政策制定者才开始重新审视 401（k）计划的投资选择、企业的受托责任，以及企业作为受托人在参与者投资选择方面的义务，并得出了放任参与者自由选择是企业没有履行受托责任的结论（Reish and Faucher，2002）。

根据《雇员退休收入保障法案》（Employee Retirement Income Security Act, ERISA）的规定，企业作为受托人，要审慎和合理地评估并纳入基金产品，要从参与者利益最大化的角度出发，监督基金的运营（Verdeyen and Scherer，2018）。同时，ERISA 还规定，不能因为是参与人自己做出的投资选择而被认为受托责任是参与者个人，也不能因为参与者的投资组合发生亏损而由参与者个人承担责任。受托人尽管提供多种组合由个人选择，但受托人仍然对选择结果负有责任。法规保护受托人不会因为参与人自主非有效的产品配置而付相应责任，但不会保护受托人纳入的投资产品本身是“非有效的”的受托责任（Reish and Faucher，2002）。

由于这样的设置，企业的受托责任和个人的受托责任边界不清晰，很多企业因此被诉讼。为了减轻企业的受托责任，降低企业因受托边界不清晰带来的诉讼，帮助个人更好地做出投资选择（Basu et al., 2014），减少个人因金融知识匮乏而做出的错误选择，2006 年美国推出了《养老金保护法案》（Pension Protection Act，PPA），并于次年在法案中增补了在 DC 计划中设置 QDIA 的规定，认为 QDIA 应该具备以下特征：一是充分分散化，认为没有充分分散化的产品是低效的投资选择；二是产品费用低；三是股票市场风险暴露要与年龄相关（Muir，2019）。最终，将平衡基金、目标日期策略基金、带投资服务的有管理的账户和保本产品作为有效可供选择的 QDIA 方案（Verdeyen and Scherer, 2018）。随着更多的企业和 DC 计划选择设置 QDIA，更多的参与者也选择了 QDIA（无论是主动选择还是默认选择），401（k）计划参与者的投资效率得到了显著提升（Blanchett，2007；Tang et al.，2010）。

（二）英国的 DIS

英国的默认投资策略（Default Investment Strategy，DIS）设置与美国的 QDIA 类似，它运用在英国养老金第二支柱的工作养老金计划（Workplace Pension Plan）和利益相关者计划（Stakeholder Pension Plan）中，为那些不能或者不愿意做出投资选择的人，提供默认基金（Default Fund）。英国的 DIS 是由立法确定的，要求每个退休计划要有一个默认基金，作为默认基金的 DIS 产品要对资产进行自动再平衡，以让风险与年龄相适应（Byrne et al.，2007）。这些默认基金通常是有风险的，并且不同养老产品供应商的投资资产配置的差异很大，这种差异使得年金的投资结果差异也很大。在英国的 DC 计划开始提供默认投资选项后，英国的员工也更倾向于这种选择简单、阻力最小的投资选项，即将资产被动配置到默认投资选项中。有研究显示，80% 的资金接受了默认基金的选项（Byrne et al., 2007）。

DIS 的设置带来了一系列好处，比如对于金融能力欠缺的人，默认基金使储蓄养老金变得容易，从而提升了计划覆盖率；又如默认基金帮助个人在复杂的投资选择中找到一个相对简单的选择。同时，金融分析人士和规划师在英国的 DC 计划下发挥重要作用，他们帮助企业找到适合纳入投资选择池的基金产品，帮助个人在企业划定的产品范围中找到适合自己的投资选择（Byrne et al.，2007）。

英国的工作养老金制度是由独立非营利机构国家职业储蓄信托（National Employment Savings Trust，NEST）管理，提供自己管理的目标日期基金（TDF）作为默认选择，性质为基金中的基金（FOF）。基金投资标准为大型跨国公司股票、新兴市场公司股票、主要国家政府债券、英国公司债券，还可以直接投资英国或跨国房地产公司。其中，绝大多数参与者将资产配置到了默认 TDF 中（高庆波，2017）。

英国的利益相关者年金计划（Stakeholder Pension Plan，SPP）是 2001 年推出的为中低收入者设计的，提供简单、有规划、低费用的养老储蓄产品的私人养老金计划，由金融机构运作，采用 DC 计划的形式，这个计划与其他 DC 计划最大的区别在于对于没有经验的投资者更加友好（Byrne et al., 2007）。该计划的产品大多由保险公司和资产管理公司提供。这个计划的产品既可以销售给个人，也可以用来作为企业年金计划的养老产品。对于只有 5~6 个雇员的企业，在没有能力建立有质量的单独的年金计划的情况下，必须加入 SPP。SPP 提供的默认基金选择，以有策略的资产配置基金和生命周期投资基金为主。从 2005 年 4 月起，英国所有的利益相关者养老金被要求必须具备生命周期基金选项。根据休伊特培根和伍德罗（Hewitt Bacon and Woodrow）公司的调查结果，大约 80% 的个人选择了项目提供者所设置的默认项目（高庆波，2017）。对 SPP 提供的 DIS 的研究发现，该计划的 DIS 持有股票的权重较高，从而风险较高，并且产品的管理费差异较大。SPP 计划下的产品选择由金融专业人士和规划师提供投顾服务。

（三）澳大利亚的 DIS

澳大利亚在其为所有雇员提供的超级年金（Superannuation）中提供默认投资策略（DIS）。1991 年，澳大利亚以法律的形式规定所有雇主都要向其职工提供超级年金，雇主最低缴费为 3%，并陆续提升到 9%（Iskra, 2012）。到 2007 年，80% 的计划提供多种投资选择（Gallery et al., 2011）。为了提升对个人投资者的保护，帮助个人了解金融产品从而帮助个人更好地做出投资选择，澳大利亚通过了 2001 年《金融服务改革法案》（Financial Services Reform Act，FSRA），要求提升产品的信息披露；同年，《澳大利亚公司法案》（Corporations Act 2001）要求所有的超级年金中的基金产品都要提供产品披露说明（Product Disclosure Statement，PDS），以帮助个人做出投资选择。然而，提供信息并没能帮助个人做出更好的投资选择，信息只是做出有效投资选择的一部分，还需要丰富的金融知识，了解不同投资产品的差异及其相应的风险（Gallery et al., 2011）。

为了更好地帮助个人做出投资选择，超级年金也开始提供 DIS，即自动将缴费进行资产配置到不同类型资产的默认投资策略，如股票、产权和现金。澳大利亚审慎监管局（Australian Prudential Regulation Authority, APRA）的数据显示，这种 DIS 的配置是 65% 投资成长性资产（如股票和产权），17% 投资其他资产（如对冲基金），总体有 82% 的资产是风险资产，并且金融机构并不提供相应的投资建议服务（Iskra, 2012）。在所有适用 DIS 的产品中，平衡基金占主导地位，其 70% 投资成长性资产，其余投资防御性资产；数据显示，超级年金中进入默认投资选择的雇员占 80%，即绝大多数个人都没有行使选择权（Gallery et al., 2010）。

在制度设计上，与美国 401（k）计划相似，由于雇主附有产品选择的职责，使其在与产品供应商的交涉中占据有利位置，可以帮助雇员找到费用更低、收益更高的产品。而没有企业参与，个人购买的年金产品则倾向于更高的费用和更低的收益（Langford et al.，2006）。

在资金投资上，由于澳大利亚超级年金的DIS没有立法规定，导致对DIS的投资策略和资产调整没有清晰界定，在运作过程中存在很大风险。比如，澳大利亚超级年金在DIS上的风险资产比例严重高于其他同样设置了默认投资选择的国家。对超级年金中某个行业年金的研究发现，它的DIS中92%的资产投资于风险资产，并且不会自动进行资产再平衡，导致其在2008年的金融危机中12个月损失14.6%，以一名年龄65岁、养老金资产为198000澳元的男性来说，损失额度相当于一年的养老金收入。又如，由于立法中没有DIS要随年龄变化重新配置风险权重的要求，因此，存在DIS风险暴露与年龄不匹配的问题（Iskra，2012）。澳大利亚的DIS资产配置特征导致其资产受资本市场牛熊转换影响大，且没有严格考虑年龄对投资风险的要求，而是出于最优化资产配置角度，因此存在很大风险。

（四）可借鉴的国际经验

通过分析美国、英国和澳大利亚养老金制度中对默认投资选择的设置和发展情况，不难看出，设置QDIA最主要的动机是让没有做出投资选择的制度参与者做出有效的投资选择，从而使他们的养老储蓄能够在退休时产生充足的养老金（Basu et al., 2014）。美国、英国和澳大利亚的案例说明默认投资选择存在“背书效应”（高庆波，2017），使其在推出后成为了这些国家绝大多数人的共同选择。通过设置QDIA，降低了参与者的选择难度，缓解了自主选择下资产配置组合的不合理性（Basu et al., 2014），进而提升了养老金的充足率（Gallery et al., 2011），达到了设置QDIA的预期目的。由于QDIA的成功，也提升了制度的吸引力，进而促进了制度覆盖率的提升。

从美国、英国和澳大利亚养老金制度设置默认投资选择的案例中，可以得到很多值得借鉴的经验。第一，以法律的形式确立设置QDIA的必要性。美国401（k）制度引入QDIA的成功，最重要的就是以法规的形式确立了每个企业年金计划要有默认投资选择，并规定了QDIA需要具备的特征。英国企业年金也同样强制要求所有计划设置默认投资选项。与之相对应的是澳大利亚的DIS并没有立法保障，从而导致其DIS产品偏离设置DIS的初衷，即金融供应商在没有法律规范的情况下很难随着资本市场变动和参与者年龄变化，主动调整基金产品使其符合选择该产品的绝大多数人的利益。因此，设置默认投资选择不能缺少立法规范，否则将无法保障默认投资选择产品始终与绝大多数人的利益一致。

第二，设置默认选择统一标准的重要性。澳大利亚超级年金的DIS因为没有默认选择的统一标准，导致DIS产品存在与养老金制度目标冲突的问题，不能满足养老金审慎投资的准则（高庆波，2017）。美国是以TDF为主的QDIA，具有充分分散化、低费用、与年龄相关的特征，显著提升了参与者的投资效率。然而美国的默认选择标准也是一种宽泛的标准，相同退休年份的不同TDF之间的资产配置和下滑曲线没有统一标准，存在较大差异（Kaleda and Mao，2009）。英国SPP计划下的TDF也存在类似问题，但在英国工作养老金制度中，默认基金是由独立非营利机构国家职业储蓄信托（NEST）自主管理的TDF，具有统一标准，从而使得默认产品的投资结果更有保障。与之相对应的是SPP的DIS是由企业主自主选择的生命周期基金。虽然都是TDF，但是没有统一管理的TDF出现了不同TDF之间管理费之间差异大的问题。因此，QDIA的统一标准是QDIA能否发挥其有效投资作用的重要保障。

第三，外部受托责任和受托监督对于个人投资选择的必要性。美国401（k）的成功，很大一部分是基于企业受托责任对市场产品的筛选和监督，企业的受托责任进一步提升了QDIA投资运作的有效性。而没有受托人的筛选和监管，没有默认选择的IRA，使得个人在该制度下的投资效率远低于401（k）计划。具体体现在：一是IRA下充斥着各类高风险产品，这些产品只适用于高净值客户，不适用于普通制度参与者；二是没有设置QDIA时个人又回到了不选、错选、不调整等与自身利益不符的投资行为上；三是投顾人员对个人投资选择的引导结果无须负责任，因此存在利益冲突的投顾建议有上行风险；四是有研究批判美国的TDF存在代理问题（Balduzzi and Reuter，2019），即TDF的管理动力在于扩张市场份额，而非满足参与者的最大利益（Wong and Mao，2023）。因此，美国不少学者认为，对于大多数普通人，资产在401（k）下比在IRA下更合适。这充分说明了普通个人在完全由个人主导的养老金制度下需要有完全从参与者利益出发的外部受托责任主体，或是通过有监管的默认产品设置，以保护制度参与者。美国的此项经验对于中国个人养老金制度引入QDIA有至关重要的借鉴意义。没有企业监督和QDIA的美国IRA，对于普通人的相对低效性也说明了在完全由个人主导的养老金第三支柱中引入 QDIA 对普通养老金投资者的重要性。

第四，默认产品的设置要考虑与该制度下绝大多数制度参与者的匹配程度。研究认为，英国养老金制度中，提供给 SPP 作为 DIS 的 TDF 权益比重较高，这与中低收入者的养老储蓄利益不相符，与 SPP 制度是中低收入者年金计划的制度设定不相符。Dahlquist 等（2018）的研究表明，在 QDIA 的设计上，不能只考虑年龄因素（对 TDF 的质疑之一就是只考虑了年龄因素的变量），其他可观测的因素也要考虑，如账户资金量、是否有股票投资经历等。合适的默认产品设置要与该制度下绝大多数群体的自身条件相匹配。

对国外的养老金制度实施 QDIA 之后的效果进行分析，也验证了 QDIA 对于解决个人投资产品选择问题的有效性。QDIA 的设置不仅提升了资金的投资比重，更是成为最受欢迎的投资选择。比如，Byrne 等（2010）的研究显示，绝大多数个人，无论是主动还是被动，都选择了 QDIA 的投资选项。尽管个人在选择了 QDIA 之后可以自由选择退出该默认选项，但很少有人会选择退出（Choi et al., 2001）。人们因为“羊群效应”，主动选择随大流，QDIA 越是成为更多人的选择，越会被更多人选择，也就越成功。因此，QDIA 的成功成为行为科学在养老金制度上的有效运用。它说明了 QDIA 的设置可以影响人们的行为（Brown et al., 2016）。经过巧妙设置的 QDIA，可以避免个人错误的选择行为，促使人们的行为与公共政策一致，同时还保留了个人的选择权利（Muir, 2019）。

除此之外，有研究显示 QDIA 对养老金制度的贡献不仅于此。QDIA 不仅是优化个人投资选择的重要工具（Dahlquist et al., 2018），还在客观上促进了个人养老储蓄计划的发展（Choi et al., 2001）。对美国 401（k）计划设置 QDIA 的研究结果也表明，增加默认选项后的 401（k）计划参与度与资金规模都有大幅度的提升（Brown et al., 2016）。

因此，在个人养老金制度中增加 QDIA 设置，以此来解决个人资金未进行投资的问题，以及投资选择的非有效问题，从而促进整个个人养老金制度的发展，有其现实依据。

（五）可吸取的国际教训

与美国 401（k）计划设置 QDIA 相对应的是，美国养老金第三支柱的 IRA 并没有设置 QDIA，这也引来了不少批判，没有充分保护的 IRA 制度并不符合大多数美国人的利益，并不适合将资产从雇主年金计划转移到 IRA 制度下。

1974 年，美国颁布的 ERISA 提出建立 IRA，为那些没有参加雇主资助养老金计划的个人提供有税优的养老金储蓄工具（West et al.，2023）。后续法令将 IRA 的受众群体逐渐扩充至参与第二支柱的人（Muir, 2019）。由于美国的传统 IRA 大多为 401（k）计划资金转入，并且个人在转入之前已经对金融服务商提供的产品比较了解，并且其在 IRA 账户中选择的产品大多与其在 401（k）计划下选择的产品同属于一个金融供应商，因此选择困难较少，也就未设置默认选择（Muir, 2019）。然而随着没有 401（k）资金转入的罗斯 IRA（Roth–IRA）参与人数的增多和规模的扩大，近年来，对 IRA 的批判越来越多。

对 IRA 的批判主要集中在三个方面：一是对于 IRA 中提供的产品类型的批判。不同于 401（k）计划下可供选择的产品都是经过了企业作为受托人的筛选和监督，IRA 中充斥着各类产品。在个人主导、个人承担全部受托责任的 IRA 中，不符合 401（k）计划产品选择标准的产品，在 IRA 中可以被购买，但是这种购买并不符合大多数人的利益，而是只适合于部分高净值人群和金融能力强的个人用于风险分散。因此，在 IRA 中放任大多数人自由触达各类不符合其利益的产品是不合适的做法。二是对 IRA 下过多产品选择的批判。太多的选择导致个人根据感觉选择或者因惰性而无法做出选择的情形增多，导致投资选择未能实现充分的风险分散，进而导致非有效的投资结果。三是对 IRA 投顾服务的批判。为了帮助个人在没有 QDIA 的 IRA 制度下做出投资选择，IRA 下产生了大量的投顾服务人员，然而很多情况下投顾人员所给到的投资建议并不符合投资人的最大利益，是一种潜在的损失。除了对 IRA 制度存在缺陷的批判，美国学者也在质疑在没有充分保护的情况下，普通人是否适合将资产从 401（k）计划（有受托人保护的养老金制度）转移到 IRA（无受托人保护的养老金制度），去承担完全独立的受托责任（Muir, 2019）。

面对美国 IRA 制度被质疑的相应问题，2016 年，美国劳工部（United States Department of Labor，DOL）曾通过条例的方式将“游说个人将 401（k）计划中资金转移的 IRA”的举动定义为“信托行为”，个人可以就游说人或机构非出于对自身利益最大化角度而进行的游说行为所造成的经济损失提起法律索赔。在整个法规制定过程中，金融机构都在反对这种信托义务的延伸。在条例通过后，金融团体不停对条例提起法律挑战，并最终获得成功，该条例被撤销。最终，法律对 IRA 下的个人投资保护，仅能通过要求金融机构提供完全的信息披露来解决存在的利益冲突的问题（Muir，2019）。然而，大量研究表明，信息披露并不能有效地实现对投资者的保护。

因此，从美国 IRA 制度的案例中不难看出，完全由个人选择的养老金第三支柱制度下需要对参与者有充分的制度保护，才能避免参与人的资产利益受损，否则参与者的利益容易为金融机构所剥削。而仅是信息披露是完全不够的，更好的做法是由某一主体为所有不能承担自身受托责任的个体提供受托责任保护。QDIA 就是一种为所有无法承担自身投资责任的个体提供保护的机制，确保个人在 QDIA 制度下选择了更好的投资产品，所投产品处于有效监督之下，个体的权益受到了良好的保护，最终可使每个个体的投资收益能够获得一定程度的保障。

五、个人养老金制度下可行的 QDIA 方案及困难

根据各国默认投资选择的产品设计方案，并结合个人养老金制度的需要，本文尝试提出四种 QDIA 方案。本文认为：一是从最基本的投资组合理论出发，一个合格的默认投资选择产品应当具备足够的分散化。二是鉴于 QDIA 将会成为绝大多数人的投资选择的特点，其管理费应该体现规模效应，即要足够低。三是 QDIA 是要有监管的，以确保 QDIA 始终符合绝大多数人的利益。本文建议，为提升个人养老金制度参保率、缴费率和有效投资率，进而做强、做大个人养老金制度，应由监管单位牵头出台个人养老金制度下的默认产品选择，以实现加快个人养老金制度社会化积累的目的。

本文尝试提出四种 QDIA 方案，也将阐明相应方案下所面临的困难。第一种方案是以年金计划作为个人养老金制度中的 QDIA。如前所述，个人养老金制度占大多数的潜在参与者都有对类企业年金计划产品的需求。因此，本文认为，在个人养老金制度下，是否可以由政府或监管部门，如全国社会保障基金理事会，设立一个统一的大年金计划，下设多个小计划，采用职业年金多受托人的管理模式，统一收益率，开放给个人养老金制度下的资金申购。年金计划的优势在于有四方管理人的治理结构，尤其是其有明确的受托主体，完备的监管体系，经过市场检验并匹配养老资金特性的投资范围和比例，投资收益在长期有保障。企业年金经过 20 年的发展，通过了中国资本市场的检验，得到了受益人的认可，适合成为个人养老金制度下的默认投资选择。然而由于年金和个人养老金分属于两种制度，该方案下的 QDIA 需要两种制度的融合作为前提，基础工作量较大，需要突破现有制度，虽然理论上成立，但可操作性难度较高。

第二种方案是以保险公司发行的年金保险作为 QDIA。前文分析过，从个人养老金制度可容纳的 7.52 亿人的角度来看，由于我国人均收入和受教育程度与发达国家还有一定差距，加之我国居民长期较保守的理财观念，对于波动性产品接纳程度较低，对于确定性的收益有较高需求，年金保险作为保底保收益，能够匹配和对冲长寿风险的产品，风险由保险公司来承担，既符合大多数国民现阶段确定性收益的投资需求，也能对冲个人的长寿风险，实现养老储蓄的目的。而符合大多数投资人需求的产品才能保证个人养老金制度对于参与者的吸引力。日本和德国等理财观念相对保守的国家，在养老金第三支柱的制度下，选择保险产品的群体占比相对较高。我国正处在个人养老金制度发展建设的初期阶段，保障性较强的保险产品与现阶段大多数人的养老投资需求相匹配。在该方案下，受托责任相当于由保险公司来承担，方案简单，操作可行度高，但需要出台相应的政策，同时可能遇到来自其他类型产品发行机构的较大阻力。

第三种方案是采用企业年金相同投资范围和比例的“平衡型”目标风险基金。虽然 TDF 仍是美国 QDIA 的主流选择，但是近年来对 TDF 的质疑越来越多。比如，有研究显示，美国市场上的平衡基金表现比生命周期基金更为出色，生命周期基金只有在长期下行的资本市场才能有更好的表现（Pang and Warshawsky，2023）。2010 年以后，TDF 的受欢迎程度不断下降，研究显示，越来越多的企业雇主认为平衡基金和目标风险基金是比 TDF 更好的默认选择，而 TDF 的支持者比重也从曾经的 57% 下降到了近年的 34%（Keller et al., 2010）。由于中国的资本市场相对美国的资本市场还远未发展完善，有很大的发展空间，未来长期上行的概率较大，因此，TDF 从长期看与中国资本市场的长期发展趋势并不匹配。本文认为可以考虑将企业年金的投资范围和比例运用到主动管理的平衡基金作为 QDIA，企业年金的主动管理模式类似于设定一定权益比重的平衡基金，基于企业年金策略过往的成功投资经验，更容易为大众所接受，且是大众能接受的风险容忍度下的较好配置。并且，企业年金的投资比例和范围本身已为资产设置了一层保护，在此基础之上，通过设置一定

的标准，筛选出绩优平衡基金作为 QDIA，将未做出投资选择的资金向绩优平衡基金自动配置，实现对 QDIA 的监督。该方案的难点在于谁来设置、如何设置挑选绩优平衡基金的标准，以及当被选中的基金业绩发生反转时，如何处理等问题。可以通过建立 QDIA 产品决策委员会的形式，由多方专家组成专家小组，定期召开会议研讨关于 QDIA 选择、评价、监督的相关问题，受托责任由 QDIA 产品决策委员会来承担。

第四种方案是借助人工智能的个性化资产配置 QDIA。Verdeyen 和 Scherer（2018）的研究显示，美国新的 QDIA 已经开发出来，可以自动从记录保存系统中收集参与者的信息，如性别、年龄、收入、金融资产规模、是否有参与其他养老金计划等，通过智能投顾模型实现对每个人资产个性化配置的 QDIA。通过这种方式，可以实现在现有模型下，每个人的投资选择都符合自身的最大利益的产品配置，并且模型会根据每只产品的运作情况来判定是否将产品纳入个人养老金的配置选择范围中，从而解除了对产品运作监督的需要。然而，执行该方案需要两个前提条件，一是销售渠道或平台需要上架个人养老金制度下的所有产品，而现阶段以银行代销为主流渠道的平台并不具备相应的条件，各产品分散在不同的渠道销售。二是整合四类产品的代销牌照。目前，四类个人养老金产品的代销牌照，除银行渠道外，无法整合在同一平台，增加了智能 AI 作为投顾服务的操作难度，而银行作为主流销售渠道没有动力进行 AI 智能投顾的研发。因此本文建议，由监管机构牵头，整合代销牌照，统一平台上架的产品和信息，运用市场化的创新力量，来优化个人养老金的产品选择。在满足上述前提后，市场上拥有投顾牌照的金融机构可开发个人养老金制度下的智能投顾模型并提供相应服务，由各提供金融投顾服务的机构来承担产品选择的受托责任。该方案的难点在于，上述的两个前提需要多部门协调配合、多方参与和统一的系统开发。

本文提供的四种方案，各有利弊，都有各自相应的困难。其中，第二种方案，保险年金产品作为 QDIA 实施的技术难度最低，但阻碍较大；第四种方案，AI 智能投顾的阻碍相对较小，但技术难度较大。根据国际经验来看，最大的阻碍通常不是来源于技术，而是各参与方之间的利益角逐。我国应从社会福利最大化的角度出发，积极研究 QDIA 的政策，找到可使各参与方达到利益均衡的方案，尽可能通过技术手段，解决可能存在的利益冲突，实现社会福利最优。以上 QDIA 方案仅是理论层面的方案讨论，作为首次提出在个人养老金制度设置 QDIA 的构想，仅是引出更多学者对个人养老金制度设置 QDIA 的可行性及相应方案的研究，未必具有实操层面的参考价值。希望后续学者通过不断研究，能够有更成熟可落地的方案产生。

参考文献

［1］方晓丹：《方晓丹：居民收入与经济增长基本同步，消费支出实际增速略有回落》，中国经济网，http://www.stats.gov.cn/sj/sjjd/202302/t20230202_1896744.html，2023 年 1 月 18 日。

［2］高庆波：《QDIAs 的发展与引入可行性探析》，《开发研究》，2017 年第 5 期，第 15–20 页。

［3］高庆波：《个人养老金规模预测与偏差——基于制度变迁的视角》，《华中科技大学学报（社会科学版）》，2023 年第 4 期，第 48–60 页。

［4］韩宋辉：《税延养老保险衔接政策有望尽快出台，有助个人养老金制度进一步完善》，上海证券报 · 中国证券网，https://news.cnstock.com/news,bwkx-202308-5106425.htm，2023 年 8 月 15 日。

［5］李婕：《开立个人养老金账户人数 4030 万》，《人民日报（海外版）》，2023 年 7 月 24 日，第 003 版。

［6］李愿：《4000 万账户个人养老金业务审视：试点效果待提升 多项储备政策将研究》，东方财富网，https://finance.eastmoney.com/a/202308212819272656.html，2023 年 8 月 21 日。

［7］牛建林：《中国人口教育发展的特征、结构性矛盾与下一步思路——基于第七次全国人口普查公报和相关人口教育统计的发现》，《教育研究》，2021 年第 11 期，第 36–47 页。

［8］汪泓：《个人养老金制度：共同富裕的战略选择与路径优化》，《新金融》，2023 年第 7 期，第 11–16 页。

［9］任泽平团队：《中国财富报告 2022》，https://wealthplus.org.cn/202205279410.html，2022 年。

［10］中华人民共和国人力资源和社会保障部：《2022 年度人力资源和社会保障事业发展统计公报》，http://www.mohrss.gov.cn/xxgk2020/fdzdgknr/ghtj/tj/ndtj/202306/W020230630516037377667.pdf，2023 年。

［11］许森：《从"个人养老金制度"看第三支柱养老保险的发展》，《商业经济》，2023 年第 9 期，第 177–179 页。

［12］国家统计局：《中国统计年鉴 2022》，http://www.stats.gov.cn/sj/ndsj/2022/indexch.htm，2022 年。

［13］中国证券投资基金业协会：《国人养老准备报告》，https://www.amac.org.cn/researchstatistics/publication/cbwxhsy/201812/P020191231763720732227.pdf，2018 年 12 月 10 日。

［14］Balduzzi P, Reuter J, Heterogeneity in Target Date Funds: Strategic Risk-taking or Risk Matching? Review of Financial Studies, 2019(32), pp. 300–337.

［15］Basu A K , Chen E T , Clements A, Are Lifecycle Funds Appropriate as Default Options in Participant-directed Retirement Plans?, Economics Letters, 2014, 124(1), pp.51–54.

［16］Benartzi S, Thaler R, Heuristics and Biases in Retirement Savings Behavior, Journal of Economic Perspectives, 2007(21), pp.81–104.

［17］Bernheim B D , Fradkin A , Popov I , The Welfare Economics of Default Options in 401(k) Plans, American Economic Review，2015, 105(9), pp. 2798–2837.

［18］Bhattacharya U , Hackethal A , Kaesler S ,et al., Is Unbiased Financial Advice to Retail Investors Sufficient? Answers from a Large Field Study, Social Science Electronic Publishing, 2011, 25(4), pp.975–1032.

［19］Blanchett D M, Optimal QDIAs: A Quantitative Analysis, Journal of Pension Benefits, 2007, 14(4), pp.15–22.

［20］Brown J R , Farrell A M , Weisbenner S J , Decision-Making Approaches and the Propensity to Default: Evidence and Implications, Journal of Financial Economics, 2016, 121(3), pp.477–495.

［21］Byrne A, Blake D, Cairns A, et al., Default Funds in U. K. Defined Contribution Plans, Financial Analysts Journal, 2007, 63(4), pp.40–51.

［22］Byrne A, Blake D, Mannion G, Pension Plan Decisions, Review of Behavioral Finance, 2010(2), pp.19–36.

［23］Choi J J , Laibson D , Madrian B C ,et al., Defined Contribution Pensions: Plan Rules, Participant Decisions, and the Path of Least Resistance, NBER Working Papers, 2001.

［24］Dahlquist M , Setty O , Vestman R, On the Asset Allocation of a Default Pension Fund, Journal of Finance, 2018, 73(4), pp.1893–1936.

［25］Gallery G , Gallery N , McDougall L , Don't Judge a Superannuation Default Investment Option by Its Name, Australian Accounting Review, 2010, 20(3), pp. 286–295.

［26］Gallery N , Gallery G , Brown K , et al., Financial Literacy and Pension Investment Decision, Financial Accountability & Management, 2011, 27(3), pp.286–307.

［27］Iskra L, A Technical Note on Australian Default Superannuation Investment Strategies, Australasian Accounting Business & Finance Journal, 2012, 6(2), pp.113–120.

［28］Ivanov A, Optimal Pension Plan Default Policies When Employees Are Biased, Journal of Public Economic Theory, 2021,23(3), pp.583–596.

［29］Kaleda D, Mao E, Target-date Retirement Funds in the Crosshairs: Part One, Benefits Law Journal, 2009, 22(3), pp.36–66.

［30］Keller E R , Harris S H, Sternoff J H, et al., New DOL Proposed Regulations Require Additional Disclosures for QDIAs and Target Date Retirement Funds, Employee Benefit Plan Review, 2010(December), pp.13–15.

［31］Langford B, Faff R, Marisetty V, On the Choice of Superannuation Funds in Australia, Journal of Financial Services Research, 2006, 29(3), pp.255–279.

［32］Muir D M , How Behavioral Science Ultimately Fails Retirement Savers: A Noble Experiment, American Business Law Journal, 2019, 56(4), pp.707–770.

［33］Pang G , Warshawsky M J, Default Investment Options in Defined Contribution Plans: A Quantitative Comparison, Social Science Electronic Publishing, 2023-07-31.

［34］Reish F, Faucher J, EROSA Section 404(c): How Does It Really Work, and What Does It Matter? Journal of Pension Benefits, 2002,10(1), p.53.

［35］Stabile S J, Freedom to Choose Unwisely: Congress' Misguided Decision to Leave 401(k) Plan Participants to Their Own Devices, 11 CORNELL J.L. & PUB. POL'Y 361, 2002, p.376.

［36］Sunstein C, Thaler R, Libertarian Paternalism is Not an Oxymoron, The University of Chicago Law Review, 2003(70), pp.1159–1202.

［37］Tang N , Mitchell O S , Mottola G R ,et al., The Efficiency of Sponsor and Participant Portfolio Choices in 401(k) Plans, Journal of Public Economics, 2010, 94(11–12), pp.1073–1085.

［38］Thaler R, Sunstein C, Libertarian Paternalism, American Economic Review Papers and Proceedings, 2003(93), pp.175–179.

[39] Towarnicky J M, My QDIA is Better Than Your QDIA, Benefits Quarterly, 2023, 39(2), p.23.

[40] Verdeyen H, Scherer A, Best Practices for TDFs and Managed Accounts, Benefits Quarterly, 2018, 34(1), p.26.

[41] West T , Byrnes W , Bloink R S , Has the Individual Retirement Account Lost its Luster? Recent Scrutiny of Rollovers and Non-Spousal Inheritance Rights May Dull the Ira for Retirement and Estate Planning, Social Science Electronic Publishing, 2023-08-29.

[42] Wong C , Mao M Q , Managerial Commitment and Heterogeneity in Target-Date Funds, Social Science Electronic Publishing, 2023-07-31.

[43] Yamaguchi T, Mitchell O S , Mottola G R, et al., Winners and Losers: 401(k) Trading and Portfolio Performance, Social Science Electronic Publishing, 2006.

分报告十八
信息化在中国个人养老金制度及老龄化进程中的发展和探讨

一、养老金三支柱制度建立及信息化历程回顾

（一）养老金第一支柱制度建立及信息化回顾

20 世纪 80 年代，计算机在政府管理中的使用逐渐普及，也逐渐引入社保经办中。1991 年，城镇国有企业职工养老保险制度改革启动以后，一些地区就开始在经办服务中探索运用信息技术。在国家层面，1997 年建立了劳动和社会保险统计管理信息系统（SMIS）。1998 年，《劳动和社会保险管理信息系统建设规划要点》印发，开始进行部级办公管理系统和基层单位管理平台建设，开发由部、省、市、县四级组成的统一业务操作系统，为地方劳动和社保经办业务工作提供信息技术支持。1999 年，《社会保障卡建设总体规划》印发。2000 年 5 月，推出社会保险管理信息系统核心平台[①]。

2002 年，中共中央办公厅、国务院办公厅发布《国家信息化领导小组关于我国电子政务建设指导意见》，明确了“十五”期间电子政务建设的主要目标和任务。社会保障被列为要建设和完善的 12 个重要业务系统之一，即“金保工程”，标志着社保经办进入了全面网络化的新阶段。“金保工程”的基本任务包括两个方面：一是统一和完善业务系统，包括建立标准统一的应用系统，重构和优化业务处理模式，以实现对经办业务全过程的信息化管理；二是建立中央、省、市三级劳动保障数据中心，搭建中央、省、市三级安全高效的网络系统[②]。2005 年和 2008 年，分两批在全国范围内确定了 171 个“金保工程”建设示范城市，2012 年，“金保工程”一期建设竣工验收，形成了以业务网络三级互联、应用软件基本统一、数据资源集中管理为主要特征的网络化信息体系[③]。

2015 年，国务院发布《关于积极推进“互联网 +”行动的指导意见》，强调应积极推广以移动互联网为入口的居民便民服务等方面的社会保障新兴服务。2016 年将加快推进基本医保全国联网和异地就医结算，建立完善国家级异地就医结算平台，逐步与各省份异地就医结算系统实现对接，基本实现跨省异地安置退休人员住院费用直接结算，到 2017 年，基本实现符合转诊规定的异地就医住院费用直接结算[④]。党的十九大提出了建立全国统一的社会保险公共服务平台的任务[⑤]。2019 年，国家社会保险公共

① 人力资源和社会保障部：《金保工程社会保险管理信息系统核心平台三版》，中华人民共和国人力资源和社会保障部，http://www.mohrss.gov.cn/SYrlzyhshbzb/zhuanti/jinbaogongcheng/jbgcxitongjieshao/201112/t20111206_47485.html，2011 年。

② 国务院：《关于加快推进全国一体化在线政务服务平台建设的指导意见》，中华人民共和国中央人民政府，https://www.gov.cn/xinwen/2018-07/31/content_5310825.htm，2018 年。

③ 傅志明、李梦璐：《社保经办发展的四个阶段与四次跨越》，《中国社会保障》，2023 年第 6 期，第 42-44 页。

④ 国务院：《2017 年实现住院费用异地结算 30 省市已实现辖区内异地就医联网》，中华人民共和国中央人民政府，https://www.gov.cn/xinwen/2016-05/03/content_5069944.htm，2016 年。

⑤ 国务院：《国家社会保险公共服务平台正式上线》，中华人民共和国中央人民政府，https://www.gov.cn/zhuanti/2019-09/16/content_5430175.htm，2019 年。

服务平台上线运行[①]。财政部于 2021 年 3 月 5 日提请十三届全国人大五次会议审查《关于 2021 年中央和地方预算执行情况与 2022 年中央和地方预算草案的报告》，2022 年起，实施企业职工基本养老保险全国统筹制度，通过建立养老保险基本要素中央统一管理机制、地方财政补充养老保险基金投入长效机制、工作考核机制等，实施全国统筹调剂，增强基本养老保险制度的可持续性。

当前，由之前的散点分散线下方式为主的社保服务经办方式，转变成线上智能为主的社保服务经办方式；由单一经办主体，转变成经办机构、银行网点等多元化主体；由单一服务体系，转变成自上而下贯通一体的服务体系。

（二）养老金第二支柱制度建立及信息化回顾

2004 年 1 月 6 日，《企业年金试行办法》发布，通过国家政策规范企业为个人进行的补充型养老保险福利，自 2004 年 5 月 1 日起施行。至此正式奠定个人养老金第二支柱企业年金规范化运营基础。2004 年 12 月 31 日，劳动和社会保障部发布《企业年金基金管理机构资格认定暂行办法》，并于 2005 年 3 月 1 日起施行，正式规范了企业年金以受托人为中心，账户管理人、托管人、投资管理人各司其职的运营架构（见图 18–1）。

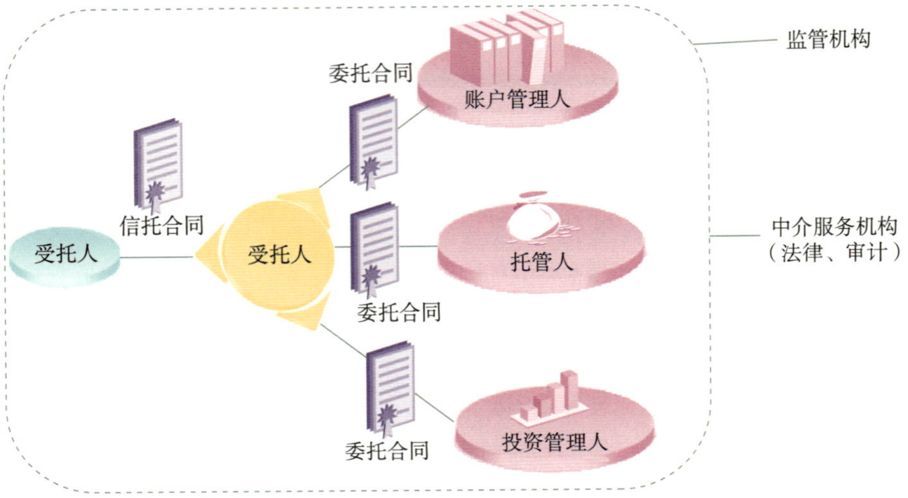

图 18–1　以受托人为中心，账户管理人、托管人、投资管理人各司其职的运营架构

资料来源：用友科技。

在公布第一批企业年金基金管理机构之前，各家大型金融机构纷纷建立企业年金相关运营系统，新建的系统主要包括企业年金受托人系统和企业年金账户管理人系统，托管人系统和投资管理人系统基本复用了原有相关业务系统，此时的系统均为独立运营系统。

2005 年 8 月 1 日，原劳动和社会保障部公布第一批企业年金基金管理机构，企业年金正式进入市场化运营阶段，此时虽然各角色系统都已经具备完整的相关业务流程处理功能，但各角色之间信息交互全部为邮件交互，运营效率不高，人工成分较高。

2007 年之后，基于部分大型企业对本机构年金业务信息的归集、审核、提交等周期长、经办烦琐、容易出错、个性化规则明显的痛点问题，受托人及账户管理人相继提出了建设委托人系统的设想，之后，满足电力公司及部分大型多层级企业组织架构的国企机构企业年金信息提交，以及个性化需求的委托人系统逐步建立，在之后长达 15 年的历程中，委托人系统逐步完善，在满足客户服务，尤其是大客户个性化服务方面起到了极其重要的作用。在此发展过程中，部分大型受托人机构为方便满足各类规模企业的需求，在建立委托人系统的基础上，为满足中小企业提交业务的便捷性，同步建设了网上服务平台系统，主要满足标准化较高的中小企业需求。同时，也有部分账户管理人机构为满足理事会模式的企业需求，建立了年金客户端系统，将账管系统经办端前移至客户，客户可直接提交业务需求，实现客户的业务经办。自 2007 年开始，部分账户管理人为提高客户满意度，提高品牌效应，增强市场竞争力，建立了全面的客户服务渠道体系，包括养老金专属查询网站、个人 / 企业网上银行、邮件、短信、ATM、

① 国务院：《2017 年实现住院费用异地结算 30 省市已实现辖区内异地就医联网》，中华人民共和国中央人民政府，https://www.gov.cn/xinwen/2016-05/03/content_5069944.htm，2016 年。

自助服务端、电话银行等。

2011 年之后，运营机构对提高运营自动化需求越来越迫切，尤其是对于受托人与账管人之间的业务指令传输自动化要求越来越迫切，部分金融机构提出了受托人与账管人直连的设想。同时，部分受托人率先提出了对接规范标准，由于标准并非由监管机构提出，所以在推行过程中并没有达到较高的普及率，只是从一定程度上打开了受托人与账户管理人自动化直连的基础。此时，由于业务量的不断增长，运营机构的运营差错率也在逐步上升，尤其是作为管理个人明细账的账户管理人，对于业务指令的管理难度不断增加，同时监管部门对运营机构的监管要求越来越高，部分先进的运营机构提出了将原有的邮件指令与系统结合，并同步与业务经办紧密关联，建立了业务辅助系统（部分机构也称为业务后督系统或业务指令管理系统）。它一方面解决了业务经办指令漏做、丢做的问题，对业务指令有了体系化管理；另一方面实现了业务指令与业务经办的紧密结合，充分满足了业务经办有源可循的监管要求，大幅提高了业务指令的查询效率，同时对运营机构内部绩效考核提供了良好数据基础。业务辅助系统的运营，很大程度上实现了对账管运营机构业务闭环的管理。

2013 年之后，部分运营机构开始对运营系统进行大幅改进，尤其是既具有受托人资格又具有账户管理人资格的机构对于一体化运营的需求越来越强烈，开始将原有独立的受托人系统和账户管理系统推翻，建立受托账管一体化系统，受托账管一体化系统的逐步建立和推广，提高了业务的运营效率，也同步将业务运营由人工驱动逐步变为了业务流程驱动，同时结合原有的业务辅助系统，真正实现了整个业务自动化闭环管理。

自 2018 年 8 月中央国家机关养老保险管理中心启动职业年金市场化管理机构招标（限于三个管理角色，即受托管理人、投资管理人及资产托管人）以来，形成了以央保中心、31 个省 / 自治区 / 直辖市，以及新疆生产建设兵团社保厅下专设职业年金服务管理机构（一般定名为 ×× 省 / 自治区 / 直辖市 / 兵团社保基金管理中心）为委托人和代理人机构（兼任账户管理人），再市场化选聘其他三个角色——受托人 / 托管人 / 投资管理人的管理模式。此类中心出于对接公务员系统基本养老保险以及特定政府工作人员个人信息安全方面的考虑，地市级沿用了原来的社保客户端系统，省级建立了独立的代理人系统，因代理人具有监督管理和核心记账的双重职责，所以代理人系统基本架构相当于将企业年金账户管理系统功能与企业年金受托系统的监管与审核功能相结合。具体运营的信息系统架构如图 18–2 所示。

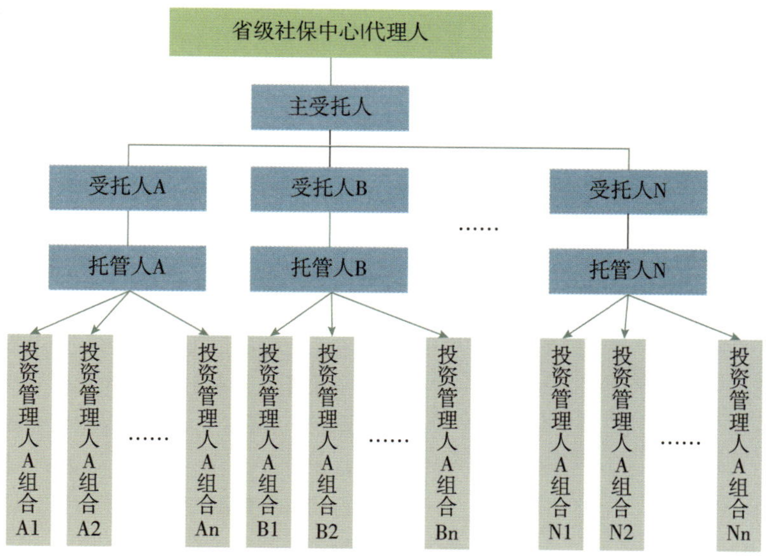

图 18–2　职业年金基本运营架构

资料来源：笔者整理。

（三）养老金第三支柱制度建立及信息化建设过程

2018 年，财政部等 5 部门联合发布《关于开展个人税收递延型商业养老保险试点的通知》，正式提出个人税收递延型商业养老保险试点，自 2018 年 5 月 1 日起，在上海市、福建省（含厦门市）和苏州工业园区实施个人税收递延型商业养老保险试点，试点期限暂定一年。

方向已定，脚步不停，试点期间人力资源和社会保障部正式开始建立个人养老金信息管理服务平台，个人养老金信息管理服务平台主要承担个人养老金信息核验、信息稽核、信息监管等职责，为后续个人养老金第三支柱业务全国运营奠定基础，同时部分对个人养老金第三支柱业务研究较早的头部银行着手建立个人养老金第三支柱业务系统。2019 年开始，所有大型股份制商业银行着手建立个人养老金第三支柱业务系统，但由于缺少政策对于运营流程中的细节规范，绝大多数机构仅仅是与人力资源和社会保障部信息平台进行对接以及建立账户开立内容。

2020 年开始，部分运营机构在建设个人养老金第三支柱业务管理系统的同时，基于老系统架构陈旧、不易扩展、性能低下、不满足信创要求等问题，着手建设新一代企业年金业务相关系统（包括受托系统、账管系统、受托账管一体化系统、委托人系统等），新一代企业年金业务相关系统多数是基于信创模式下在各家运营机构自有研发平台上进行研发，考虑企业年金业务的复杂性，新一代企业年金业务系统建设也将是个较为漫长的过程。

2022 年 4 月 21 日，国务院办公厅印发《关于推动个人养老金发展的意见》（国办发〔2022〕7 号），明确了个人养老金运营中所涉及的参加范围、账户开立、缴费水平、产品购买方向、个人养老金领取等方面内容，伴随人力资源和社会保障部（以下简称人社部）《商业银行信息系统与个人养老金信息管理服务平台接口技术规范 3.0.2》发布、中登个人养老金投资公募基金信息平台（以下简称中登平台）系统对接规范发布以及银保信系统对接规范发布，银行端个人养老金业务管理系统建设也趋于清晰化，在此过程中，部分银行考虑国家信创要求以及新时期信息化技术架构要求，个人养老金业务管理系统在使用行内技术架构并适配国产数据库条件下进行建立，实现了与人社部信息平台、中登平台、银保信平台、理财登平台对接。2022 年 9 月至 12 月，先后有 22 家银行建立个人养老金业务管理系统并正式运营[①]。

二、养老金第二、第三支柱信息化基础架构

截至目前，养老金第二支柱业务已发展 20 多年，基本形成了以委托人系统为业务出发点，受托系统审核，账户管理系统记账，成功后返回受托人系统并同步委托人系统的闭环业务管理体系。各系统各司其职，形成完整的第二支柱运营体系架构。

委托人系统 / 网上服务平台：委托人端使用系统，参加年金的企业通过委托人系统或网上服务平台提交业务申请，同时大型客户通过委托人系统实现多层级信息审核和归集，汇总完毕后通过与受托系统建立接口方式提交给受托人。

受托人系统 / 受托账管一体化系统：受托人端使用系统，受托人接收委托人通过委托人系统提交的业务申请信息，实现业务指令的生成并同时通过系统直联方式发送给账户管理人。

账户管理人系统 / 受托账管一体化系统：账户管理人端使用系统，账户管理人接收受托人审核完毕的业务申请信息，进行记账处理，记账处理成功后形成业务回单反馈给受托人并同步给委托人系统。同时，根据托管人发送的估值信息进行投资组合净值记账处理，并同步对个人账户进行记账处理。

托管人系统：记录年金计划及其投资组合总账信息，实现投资组合估值并将估值结果传输给账户管理人。

投资管理人系统：实现投资组合投资，记录投资组合的总净值信息，将投资组合总净值信息定期发送给托管人。

2022 年 4 月 21 日，国务院办公厅下发《关于推动个人养老金发展的意见》（国办发〔2022〕7 号），基本明确了个人养老金业务的整体运营架构，整体运营架构如图 18-3 所示。

个人养老金业务整体架构以“一体两翼”为总体架构，各参与方通过与个人养老金信息平台关联和集成，实现信息的实时核验或批量报送，形成业务闭环，支持个人养老金制度运行。“一体”即个人养老金信息平台，支撑个人养老金业务运行的核心，在人社部数据中心集中部署运行，“两翼”中的一翼是商业银行，作为个人养老金资金账户行，另一翼是三大金融行业平台，即中登平台和银行理财与保险产品信息平台（以下简称银保信平台），支持公募基金、商业养老保险、银行理财三类个人养老金产品的交易业务。

个人养老金信息平台（参见图 18-3 中人社部信息平台），全称为个人养老金信息管理服务平台，指由人力资源和社会保障部组织建设的个人养老金信息管理服务平

① 国务院：《中国银保监会关于印发商业银行和理财公司个人养老金业务管理暂行办法的通知》，中华人民共和国中央人民政府，https://www.gov.cn/zhengce/zhengceku/2022-11/18/content_5727776.htm，2022 年。

台，简称信息平台，与专户行个人养老金业务管理系统、中证登平台、银保信平台、理财登记平台、养老保险全国统筹系统、社保信息比对查询系统、社保卡持卡人员基础信息库等进行对接，主要负责个人开户核验、社保卡绑定、凭证打印、参保状态核验、待遇核验、接收专户行报送信息（开户信息、缴存信息）、业务统计监控以及信息披露查询。

专户行，即图 18–3 中的专户行（银行），也是个人养老金资金账户开户行（以下简称专户行），负责资金账户额度管理、投资资金扣划、领取并计缴个人所得税以及账户转移等账户操作业务，确保个人养老金资金封闭运行。专户行和人社部个人养老金信息管理服务平台对接，进行资金账户和个人养老金账户的校验、绑定，向人社部报送监管数据；专户行和中证登平台对接，办理中证登平台账户信息校验，接收中证登平台推送的参与机构信息，可根据中证登平台流转的资金划付指令执行对应账户的资金划付，通过中证登平台向基金销售机构发送资金划付结果。此外，专户行直接向参加人提供资金账户相关服务。

中证登平台（参见图 18–3 中的中证登），即个人养老金投资公募基金信息平台（以下简称中登平台），是基金行业的信息平台。平台与基金销售机构、开户行对接，负责投资者基金产品投资相关账户信息和业务信息的管理；与基金管理人对接，进行个人养老金基金产品信息管理；与人社部个人养老金信息管理服务平台对接，向人社部报送监管数据；此外，根据中国证券监督管理委员会（以下简称证监会）有关要求，向证监会报送业务运行情况。

中银保信平台（参见图 18–3 中的中银保信，以下简称银保信平台），是参加人开立的唯一保险平台账户，作为记录其参与个人养老金保险和储蓄业务情况的载体。同时，银保信平台为平台参与机构开展个人养老金保险产品相关业务提供数据流转服务，对于数据发出方发出的符合相关数据接口、交互时点等技术规范要求的数据，接收方及时予以处理、反馈。

理财登记平台（参见图 18–3 中的理财登），即个人养老金理财产品行业信息平台（以下简称理财登平台），为每个使用个人养老金投资理财产品的投资者开立唯一一个人养老金理财行业平台账户，记载其个人养老金理财产品投资情况，直联各家参与个人养老金投资理财产品业务的商业银行和理财公司等金融机构，统一汇总个人养老金投资理财产品相关信息，向人社部信息平台统一报送理财产品信息和投资者信息。

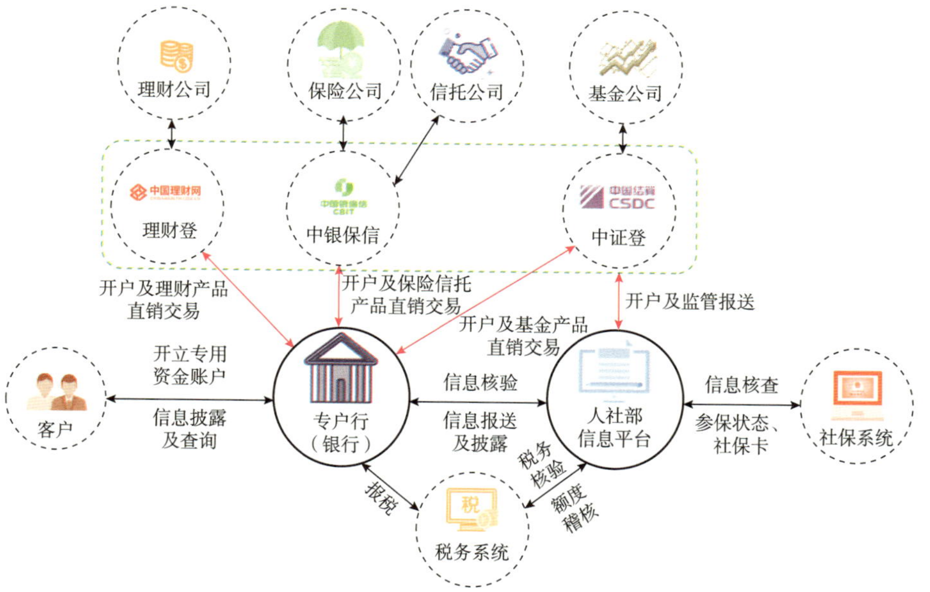

图 18–3　个人养老金业务的整体运营架构

资料来源：用友科技。

三、个人养老金制度信息化现状及问题建议

（一）个人养老金制度信息化先进点及不足点分析

个人养老金业务在《关于推动个人养老金发展的意见》及相关个人养老金制度的指导下平稳有序开展，截至2023年6月底，全国36个先行城市（地区）开立个人养老金账户人数4030万人，较2022年底个人养老金参加人数（1954万人）数量翻倍①。目前，个人养老金业务运营体系主要有以下先进点：

首先，人社部端统一建立个人养老金信息平台，信息标准统一。人社部统一建立个人养老金信息平台，实现全国个人养老金业务的统一核验、统一监管、统一报送归集，为个人养老金的标准化运营奠定了良好基础。

其次，银行端个人养老金业务管理系统标准化，为后续养老金全账户管理奠定基础。从专户行的角度来看，各家专户银行开户标准一致，产品范围一致，与三大产品平台对接一致，使用统一的数据报送安全规则，有效防范了因安全机制不一致导致的数据报送安全问题。同时，在多数大型银行中将个人养老金第三支柱记账、第二支柱企业年金记账以及商业养老金记账统一规划，形成养老金全账户管理体系，为后续提供更多的养老金服务奠定良好的基础。

最后，产品平台接口标准化，信息统一，安全管理机制统一。从产品管理平台的角度来看，三大产品平台的建设和运营，针对个人养老金投资专门运作的特点，精准发挥基础设施功能，加强基金、保险、理财以及储蓄投资业务相关信息整合，促进投资业务相关信息标准化处理，保障个人养老金投资公募基金业务运行，有力支持和配合个人养老金体系总体监管和金融行业监管。

结合目前整个养老金体系来看，个人养老金存在部分不足，需要在后续的发展中逐步加强补充，为个人提供更便捷的养老金服务，综合评估来看，目前主要存在以下不足：

第一，缺少个人养老金一、二、三支柱统一查询平台，个人无法全视图查询个人养老金情况。目前，国家已经基本建立起个人养老金多支柱体系，但就个人而言，还没有建立个人养老金一、二、三支柱统一查询平台，个人无法全视图查询个人养老金账户情况，需要分散到各个平台中去分别查询各养老金情况。

第二，缺少统一转移平台，个人账户转移不畅。企业年金业务缺少统一转移平台，导致众多参加企业年金的个人在原企业离职或在新企业参加年金后，遗忘做个人账户转移申请，同时，在原企业中个人资产可能以资金形式存在个人账户中，致使受托资金户中存在大量“无人认领”资金，在个人领取支付年金时漏支原企业资产。

第三，个人养老金账户转移支持不足，个人养老金转移烦琐。目前，在发生个人养老金账户转移时，个人需要在原专户行提出转移申请并将所有个人养老金资产全部赎回，在新专户行开户后再回原专户行提交资金转移申请并在转移成功后提交销户申请，此过程非常烦琐，而且周期较长。

第四，产品平台与专户行个人养老金业务管理系统缺少产品直销模式下交易信息的传递，专户行无法为个人提供全面服务。目前，产品平台在个人养老金产品直销模式下，在交易成功后直接将产品交易信息报送给人社部信息平台，而未将产品交易信息报送给专户行，导致个人在专户行端查询个人交易明细时，只能查到资金专户扣款明细而无法查明扣款交易情况，如果希望查询到交易的情况需要去产品管理平台查询，致使个人在专户行端体验的服务不足。

第五，税务系统对接不足，致使个人报税不方便。当前无论是人社部信息平台或专户行个人养老金业务管理系统均未实现与税务系统对接，致使个人缴纳完个人养老金后需要在专户行端下载个人延税证明，同时在个人所得税App端进行上传才可以将个人养老金缴存额度划入当年的个人所得免税额度中，如此操作给个人报税带来众多不便。

第六，信息安全上的考虑。目前，因为我国个人养老金的全部数据集中在人社部统一建立个人养老金信息平台，这就对平台的信息安全性提出了最高要求——在响应各个联入方访问效率的同时，要确保集中管理的个人养老金相关数据不丢失、不篡改且不被窃取。各个相关联入机构方，也要根据本行业、本企业相关制度规范要求确保自身所保管数据的安全。

（二）个人养老金制度信息化问题建议

基于国家对个人养老金的发展期望，同时结合目前个人养老金的发展情况、运营机构的服务诉求以及目前养老金信息化建设的不足，提出以下建议：

第一，打通养老金三大支柱账户，配套合理的税收政策，实现更贴合市场运营需求。打通养老金一、二、三支柱账户，同时配套出台账户间转移的税收政策，奠定账户资金互转的基础。在当前运营体系下，可优先将二、三支

① 《全国36个先行城市（地区）开立个人养老金账户人数4030万人》，央视网，https://news.cctv.com/2023/07/21/ARTI1iMyAVKGSMz9YwJaR6Wt230721.shtml，2023年7月21日。

柱账户打通，实现参加企业年金计划的个人在原企业离职后可将个人养老金第二支柱资产在扣税后（需要有税收政策支持）申请转入个人养老金第三支柱账户运营，同时在第三支柱中不占用个人当年额度，并且在第三支柱账户领取时对此部分资产做不扣税处理。这样可以合理解决参加企业年金的个人离职后资产“无人认领”的问题，同时可提高个人对个人养老金资产的掌控感，实现个人养老金资产的更好增值。

第二，在部端建立企业年金信息平台及统一转移平台，解决目前企业年金个人转移痛点。从养老保险制度运行与监管的角度看，基本养老保险（养老金第一支柱）、个人养老金（养老金第三支柱）的业务运行、数据汇聚服务和管理，在模式上基本实现了部级集中、标准化、体系化以及可跟踪，而企业年金（养老金第二支柱）亟须建立起部级集中的数据查询、服务协同信息平台，建成统一的业务平台对企业年金个人账户开立和领取待遇资格信息提供业务核验服务；建成集中统一的公共信息查询服务平台供个人查询年金数据；形成有效的数据来源供监管部门对企业年金数据进行数据分析，对第三支柱养老保险体系下养老金的综合替代率及其适度水平等基础指标进行科学严谨的测算；建立统一的服务平台协助年金机构及时完成个人转移业务，保障个人转移权益。

第三，打通税务系统对接，实现无感个税申报。实现人社信息平台与税务系统打通，实现在个人缴存信息报送信息平台后自动报送到税务系统，实现个税抵扣的自动执行而无须个人通过下载延税证明并在个人所得税 App 上进行申报，如图 18-4 所示。

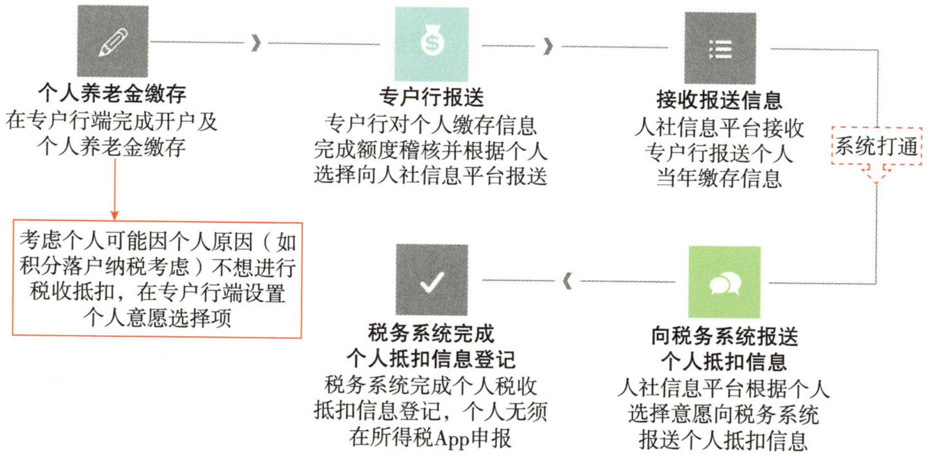

图 18-4　个人缴存信息报送信息平台

资料来源：用友科技。

同时，打通专户行个人养老金业务管理系统到税务系统的对接，实现专户行在个人领取养老金扣税后可直接将税收信息报送税务系统。

第四，完善专户行与产品平台的信息同步，提高专户行对个人的服务品质。扩大专户行个人养老金业务系统与三大产品平台数据对接范围，将三大产品平台的直销交易模式下的交易信息定期传送给专户行个人养老金业务管理系统，专户行个人养老金业务管理系统将个人直销交易内容与本行代销交易内容进行合并，作为个人养老金交易的整体数据源对个人提供查询服务，方便个人在专户行端查看个人所有的交易信息。

第五，加强专户行端系统自动化能力，实现个人养老金的自动扣缴、自动投资。目前，个人养老金业务需要个人通过转账形式将缴存信息划入个人养老金资金专户，划入成功后需要个人手工进行养老金产品购买，这对于某些每月都进行养老金缴存的个人来说极为不方便，后续专户行养老金业务管理系统可提供自动代扣功能。同时个人可在系统中设置个人的专属投资计划，待资金代扣成功后自动根据个人的投资计划进行投资，大幅提高个人的操作便捷性，同时结合与税务系统的打通，可真正实现全流程的自动化，提高个人服务品质。

第六，加强个人养老金产品规划。目前，在专户行端并未提供个人产品规划功能，应提供产品规划功能，使个人可设置专属投资策略及投资计划，在资金手工转入或自动转入后都可以选择个人的专属投资计划进行投资，这样在以后产品众多的情况下可以极大地提高个人的投资便捷性以及投资准确性。

第七，加强个人领取待遇测算功能。专户行端后续打通个人养老金一、二、三支柱账户后，可方便提供个人养老金一、二、三支柱的全方位视图，同时提供个人领取测算功能，领取测算的数据基础是所有个人养老金数据信息，而不是单一支柱的数据信息，将个人养老金一、二、三支柱所有数据进行统一测算，可以实现个人领取计划的准确性，更符合个人测算目标。

四、老龄化进程中的信息化建设探讨

对三支柱信息化过程进行回顾可以看出，养老金制度信息化的过程和自 20 世纪八九十年代开始至今的其他行业的信息化进程其实并无特殊之处，伴随计算机技术及网络的发展大致都可以分为三个阶段：手工作业流程被计算机单机替代的第一阶段（1980~2000 年）；计算机小型化、计算能力快速提升、局域网络普及、效率提升和信息化服务范围大幅拓展的第二阶段（2001~2010 年）；以及 2011 年至今的个人移动终端深度普及后的互联网化、数字化下的第三阶段。

数字化冲击和改变每个行业，区别只在于规模和速度。伴随当今时代人工智能、物联网、云计算、移动技术以及以区块链为代表的软件技术迅猛发展与创新融合，不只是社保、养老，各个行业都会被深刻地影响和冲击，即将进入更高阶生产力阶段所特有的智慧化时代的第四阶段。回到老龄化进程中的信息化、数字化建设探讨问题上，尝试从三个方面予以展开。

（一）国家政策驱动下的信息化、数字化服务需求

党的十八大以来，全党坚持以人民为中心的发展思想，把养老保险制度建设摆上更加突出的位置，养老保险制度改革的系统性、整体性、协同性明显增强，党的十八大以来的这段时期是改革力度最大、发展速度最快、覆盖范围最广的时期。2016 年至今国家层面推行多种有效政策，不断提升养老保障水平。信息化、数字化建设政策如表 18–1 所示。

表 18–1　信息化、数字化建设政策

发布时间	政策文件	内容
2016 年 10 月 25 日	《“健康中国 2030”规划纲要》	《“健康中国 2030”规划纲要》是今后 15 年推进健康中国建设的行动纲领。要坚持以人民为中心的发展思想，牢固树立和贯彻落实创新、协调、绿色、开放、共享的发展理念，秉持正确的卫生与健康工作方针，要始终坚持健康优先、改革创新、科学发展、公平公正的原则。以改善人民的健康水平为中心，通过体制机制的改革和创新来推动，从各个方面入手，涵盖广泛的健康影响因素，来提升人民的整体健康状况。以健康生活的普及、健康服务的优化、健康保障的完善、健康环境的建设、健康产业的发展等为重点，把健康融入所有政策，全方位、全周期保障人民健康，大幅提高健康水平，显著改善健康公平。“共建共享、全民健康”，是建设健康中国的战略主题。共建共享是建设健康中国的基本路径，全民健康是建设健康中国的根本目的
2017 年 2 月 6 日	《智慧健康养老产业发展行动计划（2017–2020 年）》	文件指出，一是要推动智慧健康养老新技术研发。利用科学技术，研发维持或者促进老人身体健康的产品，以提高长者健康寿命，提升幸福感。二是要拓展智慧养老产品供给。重点研发具有行为监护、安全看护等功能的养老监护类产品，提高老年人生活质量，提升安全感
2020 年 11 月 15 日	《关于切实解决老年人运用智能技术困难的实施方案》	关注老年人日常生活中的常见问题和服务场景，有效解决老年人在使用智能技术方面所面临的主要困难，为老年人提供更周全、更贴心、更直接的便利化服务，让老年人在信息化发展中有更多获得感、幸福感、安全感。集中力量推动各项传统服务兜底保障工作，尽快实施一批解决老年人运用智能技术困难最迫切问题的有效措施，切实满足老年人基本生活需要。2021 年底前，围绕老年人出行、就医、消费、文娱、办事等高频事项和服务场景，推动老年人享受智能化服务更加普遍，传统服务方式更加完善。到 2022 年底前，老年人享受智能化服务水平显著提升、便捷性不断提高，线上线下服务更加高效协同，解决老年人面临的“数字鸿沟”问题的长效机制基本建立。重点任务主要包括“做好突发事件应急响应状态下对老年人的服务保障”“便利老年人日常交通出行”“便利老年人日常就医”“便利老年人日常消费”“便利老年人文体活动”“便利老年人办事服务”“便利老年人使用智能化产品和服务应用”等

续表

发布时间	政策文件	内容
2021 年 10 月 20 日	《智慧健康养老产业发展行动计划（2021–2025 年）》	立足新发展阶段、贯彻新发展理念、构建新发展格局，深入实施健康中国战略和积极应对人口老龄化国家战略，坚持以人民为中心，坚持供给侧结构性改革和需求侧管理相结合，强化科技支撑，优化产业生态，协同推进技术融合、产业融合、数据融合、标准融合，推动产业数字化发展，打造智慧健康养老新产品、新业态、新模式，为满足人民群众日益增长的健康及养老需求提供有力支撑。以"需求拉动，供给升级""创新驱动，科技赋能""政府引导，多方联动""统筹推进，示范引领"为原则。以科技支撑能力显著增强，产品及服务供给能力明显提升，试点示范建设成效日益凸显和产业生态不断优化完善作为发展愿景。强化信息技术支撑，提升产品供给能力；推进平台提质升级，提升数据应用能力；丰富智慧健康服务，提升健康管理能力；拓展智慧养老场景，提升养老服务能力；推动智能产品适老化设计，提升老年人智能技术运用能力；优化产业发展环境，提升公共服务能力
2022 年 2 月 21 日	《"十四五"国家老龄事业发展和养老服务体系规划》	明确"十四五"期间促进健康老龄化的指导思想、基本原则和发展目标。明确到 2025 年，老年健康服务资源配置更加合理，综合连续、覆盖城乡的老年健康服务体系基本建立，老年健康保障制度更加健全，老年人健康生活的社会环境更加友善，老年人健康需求得到更好满足，老年人健康水平不断提升，健康预期寿命不断延长。提出九项任务，一是强化健康教育，提高老年人主动健康能力；二是完善身心健康并重的预防保健服务体系；三是以连续性服务为重点，提升老年医疗服务水平；四是健全居家、社区、机构相协调的失能老年人照护服务体系；五是深入推进医养结合发展；六是发展中医药老年健康服务；七是加强老年健康服务机构建设；八是提升老年健康服务能力；九是促进健康老龄化的科技和产业发展

资料来源：笔者根据各官方网站的政策性文件整理。

我国数字养老的发展始于 2012 年，当时全国老龄工作委员会办公室（以下简称老龄办）提出了"智能化养老"的理念；2013 年国务院发布了《关于加快发展养老服务业的若干意见》，全国老龄工作委员会成立全国智能化养老专家委员会，为我国智慧养老产业发展制定目标，陆续在全国 7 家养老机构开展国家智能养老物联网应用示范工程试点工作，我国数字养老产业进入探索期；2016 年，工业和信息化部、民政部、国家卫生健康委三部委联合召开"信息技术和健康养老融合发展论坛"，发布《智慧健康养老产业发展白皮书》；2017 年，国家出台《智慧健康养老产业发展行动计划（2017–2020 年）》；由民政部社会福利中心开发的"养老通"（官方版）手机查询小程序，在北京、海南等逐步开通，作为国内首个官方开发运营的养老机构查询平台，标志着我国数字养老进入推广期。

除了表 18–1 中的五份文件外，2019 年印发的《国务院办公厅关于推进养老服务发展的意见》，2020 年印发的《国务院办公厅关于促进养老托育服务健康发展的意见》和 2022 年印发的《国务院关于印发"十四五"国家老龄事业发展和养老服务体系规划的通知》，这三份文件均提出了加快养老服务数字化的要求，这意味着在未来的五年里，养老服务将更加注重数字化的发展。2022 年，民政部印发《贯彻落实〈国务院关于加强数字政府建设的指导意见〉的实施方案》，明确了数字民政建设的整体目标、核心工作与保障措施。此外，还有一个重要的举措是制定了《"十四五"民政信息化发展规划》，这个规划对于推动民政部门的数字化转型起到了重要的作用。它提出了一系列的具体措施和目标，为民政部门进一步推进数字化转型提供了系统性的部署。通过规划展示民政部门对于信息化发展的重视程度以及未来的发展方向，这是一个重要的里程碑，将为民政部门的数字化转型提供指导和支持。

（二）老龄化进程必然依附信息化基础上的数字化进程

"十四五"时期，我国将进入人口老龄化快速增长的平台期。我国正在面临着人口高龄化和老龄人口失能化的趋势，同时人口出生率也在快速下降，而人口的预期寿命却在不断上升，人口拐点即将到来，我国面临的人口老龄化形势变得越来越严峻。民政部预测，"十四五"期间，中国老年人口将突破 3 亿，标志着我国从轻度老龄化阶段进入中度老龄化阶段。与此同时，人口老龄化趋势的增加导致我国适龄养老人口的养老需求日益增长，而社会中可利用的养老资源却供给不足，导致养老服务供需矛盾较为突出，为我国养老产业的持续高质量发展带来一定程度上的挑战。如何有效降低养老服务成本、提升养老服务效率和完善养老服务体验，是养老数字化变革的必由之路。

随着数字经济的快速发展，数字化转型已经成为大势所趋。数字化技术如 5G、人工智能和机器人等正在广泛应用于养老行业的各个环节，从养老产业的运营到整个生命周期，以加快数字化技术在养老产业中的渗透。为了解决老年人行动不便的医疗护理问题，衍生出了一种网约医护服务。这种服务允许老年人在家中通过互联网平台预约护士或医生上门提供诊疗服务，如老年护理、健康监测、换药等日常医疗操作逐渐由机器人代替人力。数字化正在对医疗行业全链条和医疗运营模式进行深刻的变革，同时也进一步推动我国的养老模式、养老服务体系以及养老方式的变革。养老产业数字化具体情况如图 18-5 所示。

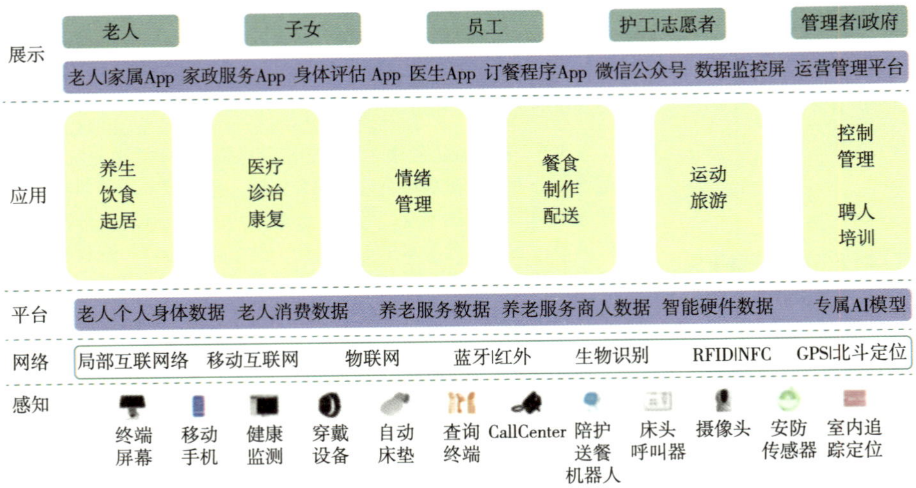

图 18-5　养老产业数字化

资料来源：笔者整理。

（三）迎接智慧养老时代的到来

为了满足老年人的健康和养老服务需求而产生了一种新模式，即智慧养老。它通过将物联网、大数据、云计算、人工智能等数字化技术深度融合，为老年人提供更加智能化、便捷化的养老服务。这些技术的应用可以实现老年人的健康监测、智能助力、社交互动、安全保障等方面的需求。通过智慧养老，老年人可以享受到更加便利和贴心的养老服务，提高他们的生活质量和幸福感。通过数字化技术，可以推动养老服务的全面变革。数字化技术可以提高养老服务的精准性，使服务供需更加匹配。同时，数字思维的运用可以增强老龄社会的治理能力，通过“平台 + 产业 + 社会化”的产业数字化模式，打造健康养老服务新生态，以养老产业激发新的经济增长点，进一步推动老龄事业和老龄产业的全面发展。

参考文献

［1］拉兹 · 海飞门、习移山、张晓泉：《数字跃迁：数字化变革的战略与战术》，机械工业出版社 2020 年版，第 211-248 页。

［2］傅志明、李梦璐：《社保经办发展的四个阶段与四次跨越》，《中国社会保障》，2023 年第 347 期，第 42-44 页。

［3］周毅钦：《2022 年 11 月银行理财月度资讯合辑》，腾讯网，https://new.qq.com/rain/a/20221201A096VL00，2022 年。

［4］国务院：《智慧健康养老产业发展行动计划（2017-2020 年）》，中华人民共和国中央人民政府，https://www.gov.cn/gongbao/content/2017/content_5222955.htm，2017 年。

［5］国务院：《智慧健康养老产业发展行动计划（2021-2025 年）》，中华人民共和国中共人民政府，https://www.gov.cn/zhengce/zhengceku/2021-10/23/content_5644434.htm，

2021 年。

［6］国务院：《关于切实解决老年人运用智能技术困难的实施方案》，中华人民共和国中央人民政府，https://www.gov.cn/zhengce/content/2020-11/24/content_5563804.htm，2020 年。

［7］国务院：《"十四五"国家老龄事业发展和养老服务体系规划》，中华人民共和国中央人民政府，https://www.gov.cn/zhengce/content/2022-02/21/content_5674844.htm，2021 年。

［8］国务院：《"健康中国 2030"规划纲要》，中华人民共和国中央人民政府，https://www.gov.cn/zhengce/2016-10/25/content_5124174.htm，2016 年。

［9］恩士迅（NCS）：《数字经济时代，智慧养老发展趋势展望》，恩士迅信息科技（中国）有限责任公司，https://www.ncs.com.cn/zh-cn/knowledge-center/smart-elderly-care-industry，2022 年。

分报告十九
个人养老金制度运行现状、问题与展望

一、个人养老金运行现状

（一）个人养老金开户及展业情况

1. 现状概览

2022 年 11 月 25 日，人力资源和社会保障部宣布个人养老金制度启动实施，标志着我国养老体系第三支柱正式落地，以“账户制”为核心的个人养老金制度在我国正式实施。得益于制度的合理设计以及投资者和市场机构高度的参与热情，个人养老金业务在展业初期取得了不错的效果。具体来说：

第一，个人养老金在开户环节已取得良好成效。截至 2023 年 6 月 30 日，人社部数据显示，我国个人养老金参加人数达 4030 万人[①]，相较 2022 年底参加人数增长 2076 万人。缴费率方面，截至 2022 年底，缴费人数 613 万人，缴费率 31% 左右；总缴费金额 142 亿元，户均缴费金额 2316 元[②]。

第二，个人养老金业务在投资环节已纳入丰富的产品。截至 2023 年 6 月 30 日，根据人社部的个人养老金产品名录，当前个人养老金产品包含保险、基金、储蓄、理财四大类，其中保险 32 只、基金 149 只、储蓄 465 只、理财 18 只[③]。

2. 银行开展个人养老金业务现状：以银行 App 为视角看渠道货架情况

商业银行作为个人养老金制度中的重要参与主体之一，根据 2022 年 11 月 18 日发布的《商业银行和理财公司个人养老金业务管理暂行办法》，其主要涵盖两大类业务：资金账户业务和个人养老金产品代销业务。具体来看：

资金账户业务方面，虽然暂缺全量数据，但部分商业银行 2022 年度报告数据显示，截至 2022 年底，兴业银行的个人养老金资金账户数量为 229.16 万户、招商银行为 165.92 万户、民生银行为 39.52 万户、中信银行为 30.25 万户（累计缴存金额 5.08 亿元，户均缴存金额 1678.65 元），差异较大[④]。

个人养老金产品代销业务方面，银行 App 作为代销渠道，其货架的完整度以及产品的展示顺序，将在很大程度上影响客户的投资选择。即使大部分银行暂未在年度报告中披露相关内容，但是依然可以从 App 的“个人养老金”专区看到银行在推动个人养老金业务上的较高积极性。通过分析“个人养老金”专区和产品进入接口的深度、便利性，以及货架展示的产品类型、顺序与偏好，可以发现：

① 《开立个人养老金账户人数 4030 万》，人民网，http://www.mohrss.gov.cn/SYrlzyhshbzb/dongtaixinwen/buneiyaowen/rsxw/202307/t20230724_503418.html，2023 年 7 月 24 日。

② 中华人民共和国人力资源和社会保障部：《全国基本养老保险参保人数达 10.5 亿人》，http://www.mohrss.gov.cn/SYrlzyhshbzb/dongtaixinwen/buneiyaowen/rsxw/202301/t20230128_493914.html，2023 年 1 月 28 日。

③ 全国人力资源和社会保障政务服务平台、国家社会保险公共服务平台：《个人养老金产品目录》，http://si.12333.gov.cn/233297.jhtml?menuguide=1，2023 年。

④ 参见兴业银行、招商银行、民生银行、中信银行的 2022 年度报告。

首先，大部分银行 App 均在首页显眼位置嵌入了个人养老金接口，也有部分银行的养老金接口位置不显眼，进入方式不够便捷。

其次，在个人养老金产品大类货架的齐全度上，大部分银行的基础货架的产品品类是齐全的。根据人力资源和社会保障部（以下简称人社部）发布的商业银行个人养老金业务开办情况（见表 19–1），目前 23 家具备个人养老金业务开办资格的银行中，已有 11 家银行开通了四类产品（基金、保险、理财、储蓄）的交易业务；7 家银行开通了三类产品的交易业务；2 家银行开通了两类产品的交易业务；2 家银行仅开通了一类产品（储蓄）的交易业务。

最后，各家银行在大类产品的推荐顺序上存在一定差异，如部分银行首页主推基金产品，部分银行首页主推储蓄和理财这类相对稳健和低风险的产品。

表 19–1　商业银行个人养老金业务开办情况

商业银行	开通业务				
	资金账户业务	基金交易业务	保险交易业务	理财交易业务	储蓄交易业务
招商银行	√	129	8	8	√
交通银行	√	134	8	1	√
平安银行	√	133	—	2	√
兴业银行	√	126	4	3	√
中信银行	√	121	2	—	√
光大银行	√	113	5	—	√
中国银行	√	109	4	5	√
宁波银行	√	106	1	6	√
建设银行	√	100	3	—	√
民生银行	√	76	1	1	√
广发银行	√	74	1	—	√
农业银行	√	50	6	4	√
工商银行	√	37	6	6	√
华夏银行	√	48	—	—	√
邮储银行	√	42	1	3	√
上海银行	√	31	3	1	√
江苏银行	√	33	1	3	√
浦发银行	√	29	2	—	√
北京银行	√	27	3	—	√
浙商银行	√	—	3	—	√
南京银行	√	—	—	—	√
渤海银行	√	—	—	—	√
恒丰银行	—	—	—	—	—

资料来源：人力资源和社会保障部：《商业银行个人养老金业务开办情况查询》，http://si.12333.gov.cn/235897.jhtml?menuguide=1，2023 年 6 月 30 日。

3. 非银机构开展个人养老金业务情况

除了银行外，非银机构也是个人养老金业务的重要参与方之一。根据 2023 年 6 月 30 日公布的个人养老金基金销售机构名录，除 19 家商业银行外，目前 45 家个人养老金销售机构还包含 19 家证券公司，7 家独立基金销售机构[①]。

目前来看，相比银行，非银机构整体在个人养老金业务上的展业稍慢，一是非银机构可以连通的银行资金账户相对较少，大多不超过 10 家，特别是没有和一些大型银行渠道开通绑定资金账户业务，限制了其实际可以服务的客户数；二是在这些渠道开立个人养老金销售户的户数较少等。造成上述问题的原因主要有两方面：一方面，目前在非银渠道开立个人养老金账户整体并不便捷，影响了客户的开户积极性；另一方面，由于在获客上存在竞争，银行与非银机构的合作意愿并不高。

当然随着个人养老金业务的落地与开展，券商、互联网三方和基金公司逐步与越来越多的账户行完成系统对接，丰富了可以连通的个人养老金资金户数量，前述问题获得了一定程度的缓解，但由于在机制上并无实质性变化，因而客户的操作便捷性依然有待进一步改善。

（二）养老目标基金 Y 份额投资运作情况

1. 养老 Y 份额现状：规模、产品类型、管理人、户数

截至 2023 年 6 月 30 日，个人养老金账户专属的养老目标基金 Y 份额共有 151 只，根据基金披露的 2023 年第一季度数据，Y 份额累计规模达到 44.41 亿元[②]。截至 2022 年 12 月 31 日，户数[③]合计 38.78 万。

从养老目标基金 Y 份额的策略类型来看：虽然目标风险策略产品数（TRF）（94 只）比目标日期策略（TDF）（57 只）更多（见图 19–1），但是目标日期策略规模为 27.60 亿元，明显高于目标风险策略的规模（17.35 亿元）（见图 19–2）。

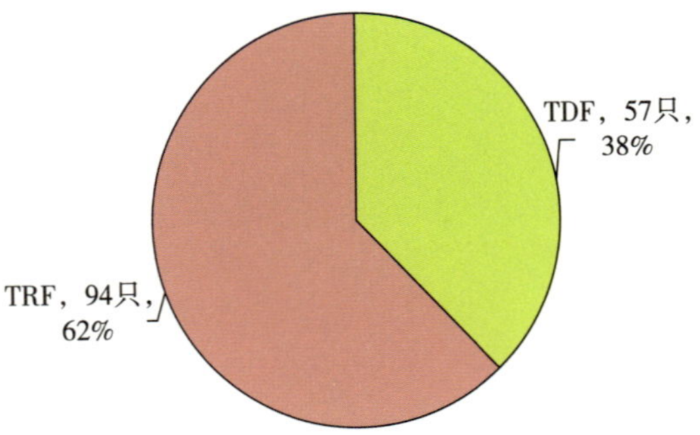

图 19–1　养老 Y 份额——TDF 和 TRF 产品只数分布

资料来源：Wind，中欧基金整理。

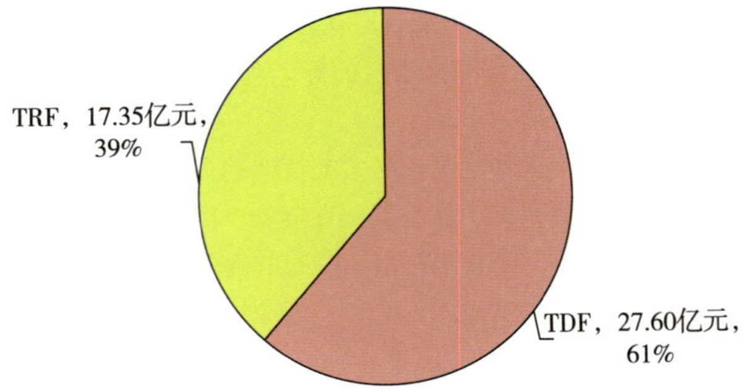

图 19–2　养老 Y 份额——TDF 和 TRF 产品规模分布

资料来源：Wind，中欧基金整理。

这可能和 TDF、TRF 两类产品策略的定位差异有关。目标日期策略产品（TDF）定位于为客户提供“一站式”的资产配置服务，客户只要按照退休日期购买就可以实现有效的养老资产配置，适合对基金投资不了解或者无暇顾及的客户；目标风险策略产品（TRF）主要定位于清晰、明确的风险等级，适合对投资、基金、风险有一定认知的客户自行配置。在个人养老金账户中，大部分客户可能并非专业的金融从业人员，那么 TDF 作为一款可以根据客户退休日期来选择的养老基金产品，其产品养老定位更精准、更清晰，同时也便于客户根据自身的退休日期进行选择。

从具体的细分策略来看，如图 19–3 和图 19–4 所示，TRF 产品中，稳健 TRF 产品只数和规模占比分别达到 43%、18%；TDF 产品中，2040 和 2035 产品只数占比均为 10%；产品规模占比分别为 16%、15%。与产品只数分布相比，产品规模在不同策略中的分布更为均衡，并且中高权益中枢的产品有较高的规模占比。

从产品管理人分布来看，全市场共有 46 家管理人成立了养老 Y 份额，养老 Y 份额规模靠前的十家管理人如图 19–5 所示。整体来看，行业呈现出头部管理人集中的竞争格局，前十大管理人的养老 Y 份额规模达 38.37 亿元。

对于养老 Y 份额户数，从产品策略上看，中低权益中枢产品的户数领先，其中稳健 TRF 户数超 8 万，2040 年户数超 6 万。从管理人来看，前十大管理人合计户数达 38.78 万，依然呈现出头部集中的特征（见图 19–6）。

① 中国证券监督管理委员会:《个人养老金基金销售机构名录（截至 2023 年 6 月 30 日）》，http://www.csrc.gov.cn/csrc/c101900/c6550572/content.shtml，2023 年。

② 有 141 只养老目标基金 Y 份额披露了 2023 年 3 月 31 日的规模数据。

③ 有 133 只养老目标基金 Y 份额披露了 2022 年 12 月 31 日的户数数据。

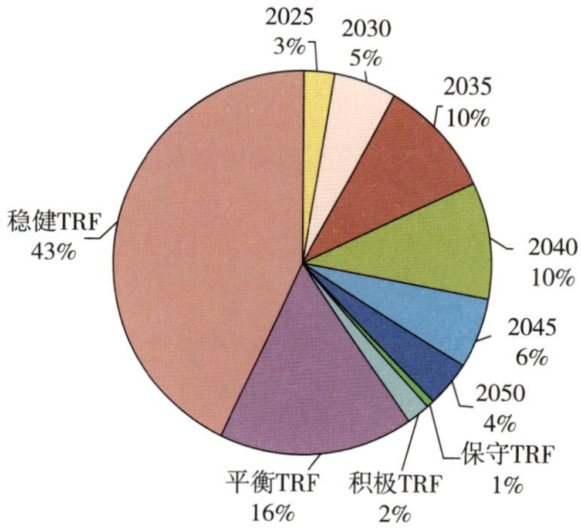

图 19-3　养老目标基金策略——产品只数分布

资料来源：Wind，中欧基金整理。

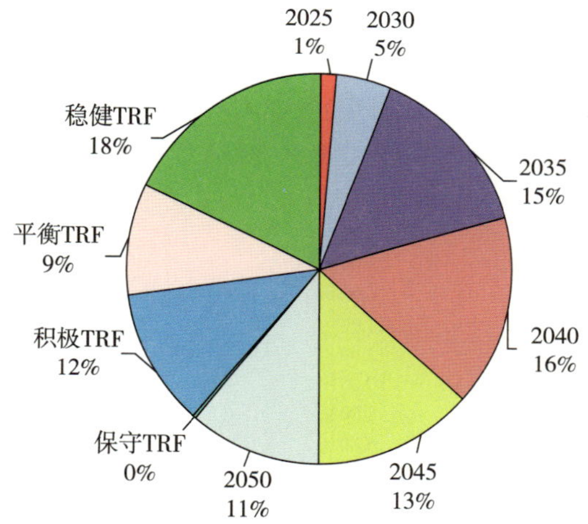

图 19-4　养老目标基金策略——产品规模分布

资料来源：Wind，中欧基金整理。

图 19-5　养老 Y 份额规模前十大管理人

资料来源：Wind，中欧基金整理。

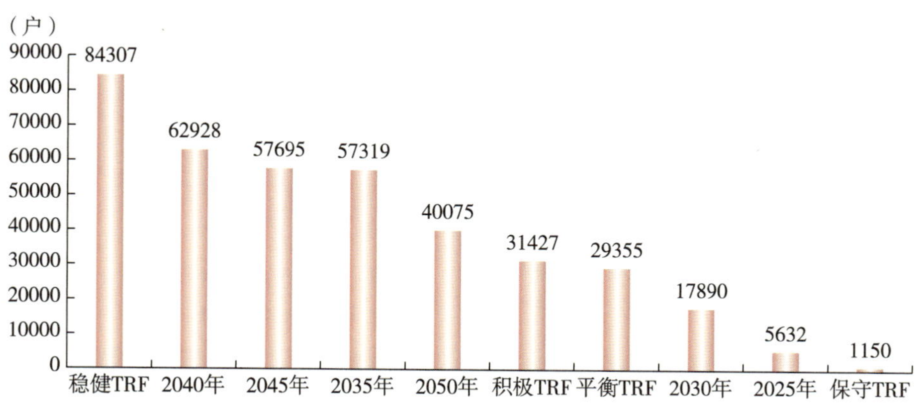

图 19-6　养老目标基金策略——户数分布

资料来源：Wind，中欧基金整理。

从成立年限来看（见图 19–7），截至 2023 年 6 月 30 日，全市场 151 只养老 Y 份额基金初始份额的平均成立年限为 2.9 年，大部分基金成立于 2018 年和 2019 年，尤其是大规模的 Y 份额基金。这意味着初始份额成立时间越早、运作时间更久、业绩积累期更长、经历更多市场考验，在一定程度上能得到更多的投资者认可，这也侧面解释了养老 Y 份额在管理人中的“头部集中”效应。

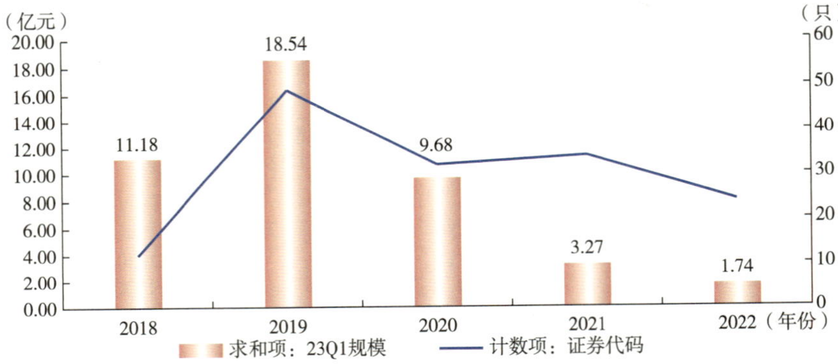

图 19–7　养老 Y 份额——初始基金成立年限分布

资料来源：Wind，中欧基金整理。

2. 业绩表现

（1）收益率情况。对于养老 Y 份额业绩分析，将统一使用主份额业绩，主要是因为 Y 份额成立时间较短，主份额业绩积累期更长且更具代表性。

从收益率的绝对值来看：长期收益率方面，近三年以来 85%[①] 的养老目标基金实现正收益，平均收益率为 5.94%（年化收益率，下同），中位数收益率为 2.21%，长期表现较好。从历年表现来看，2022 年整体市场表现不佳，平均收益率为 –9.05%，中位数收益率为 –9.21%。2021 年在市场震荡和结构化行情的环境下，养老目标基金整体表现优异，体现了其大类资产配置和风险分散功能，平均收益率为 4.94%，收益率中位数为 4.74%，最小收益率为 –0.60%。2020 年由于整体市场表现较好，养老目标基金也跟上了市场涨幅，实现了 24.21% 的平均收益率。养老目标基金收益率情况如表 19–2 所示。

表 19–2　养老目标基金收益率情况　　单位：%

收益率	近三年（年化）	2020 年	2021 年	2022 年
平均值	1.92	24.21	4.94	–9.05
中位数	2.21	24.65	4.74	–9.21
最大值	6.19	50.38	12.88	0.25
最小值	–2.38	6.44	–0.60	–21.93
标准差	1.63	10.30	2.58	5.31

注：近三年指 2020 年 7 月 1 日至 2023 年 6 月 30 日，成立不满三年的基金不纳入统计。

资料来源：Wind，中欧基金整理。

除了绝对收益率以外，作为养老目标基金，长期目标是实现相较业绩比较基准的超额收益，这也是管理人主动管理能力的重要体现。表 19–3 统计了各年度养老目标基金相对业绩比较基准的超额收益率情况。首先是超越基准收益率，近三年以来有接近 60% 的养老目标基金实现了超越业绩比较基准的收益，2020 年和 2021 年养老目标基金收益超越基准的概率分别高达 93% 和 78%，2022 年受到整体市场表现不佳的影响，仅 23% 的养老目标基金实现了超越业绩比较基准的收益，平均值为 –2.04%，中位数为 –1.77%。

表 19–3　养老目标基金超越基准收益率情况　　单位：%

超越基准收益率	近三年（年化）	2020 年	2021 年	2022 年
超越基准概率	59	93	78	23
平均值	0.56	10.50	3.19	–2.04
中位数	0.40	8.96	2.91	–1.77
最大值	5.41	34.80	15.36	7.47
最小值	–3.51	–4.71	–4.48	–14.94
标准差	1.91	8.05	3.50	3.22

注：近三年指 2020 年 7 月 1 日至 2023 年 6 月 30 日，成立不满三年的基金不纳入统计。

资料来源：Wind，中欧基金整理。

（2）回撤情况。表 19–4 统计了养老目标基金成立以来最大回撤区间分布，可以发现最大回撤区间主要集中于 2021 年 2 月至 2022 年 4 月、2021 年 12 月至 2022 年 4 月、

① 业绩截至 2023 年 6 月 30 日，下同。

2022 年 1~4 月以及 2022 年 8~12 月这四个时间段。151 只养老目标基金中，仍有 138 只基金最大回撤未修复，仅 13 只基金修复了最大回撤，平均修复天数为 204 天①。

通过统计最大回撤区间内偏股基金指数和偏债基金指数的表现，可以看到 2022 年 1~4 月、2022 年 8~12 月这两个区间内，养老基金中基金（FOF）表现不佳主要是因为受到股、债两类品种表现均不佳的影响，其余区间内 FOF 表现不佳则更多受到权益类市场的影响。

表 19-4　养老目标基金成立以来最大回撤情况

最大回撤区间	产品只数（%）	平均权益中枢（%）	平均最大回撤（%）	偏股基金指数表现（%）	偏债基金指数表现（%）
2021 年 2 月至 2022 年 4 月	23	50	-20.20	-27.68	3.52
2021 年 12 月至 2022 年 4 月	22	50	-10.52	-28.87	0.01
2022 年 1~4 月	12	31	-6.81	-27.82	-0.36
2022 年 8~12 月	11	21	-3.69	-12.25	-1.04
2021 年 12 月至 2022 年 12 月	8	21	-6.39	-25.80	1.00
2021 年 2 月至 2022 年 10 月	8	53	-18.94	-31.01	5.40
2021 年 9 月至 2022 年 4 月	8	43	-15.00	-28.46	0.58

资料来源：Wind，中欧基金整理。

（3）波动率情况。从波动率来看，养老 FOF 平均波动率呈现出逐年下降趋势（见表 19-5），且波动率的标准差也在逐年下降，意味着养老 FOF 在运作的过程中其收益率的稳定性有所提升。

表 19-5　养老目标基金波动率情况　单位：%

波动率	近三年（年化）	2020 年	2021 年	2022 年
平均值	9.22	11.66	9.45	8.27
中位数	9.81	11.86	10.07	9.01
最大值	17.00	20.36	19.38	17.62
最小值	2.58	2.89	2.47	2.11
标准差	3.92	4.89	4.14	4.03

注：近三年指 2020 年 7 月 1 日至 2023 年 6 月 30 日，成立不满三年的基金不纳入统计。

资料来源：Wind，中欧基金整理。

二、个人养老金业务推动过程中面临的问题

（一）个人养老金开户取得一定成效，但缴费率和投资率还有待提高

虽然个人养老金在开户数据上取得了非常不错的成绩，但整体缴费率和投资转化率还有进一步提高的空间。

整体缴费率不高可能有两方面的原因：

第一，当前个人养老金制度下对缴费者按每年 12000 元的限额予以税前扣除，投资收益暂不征税，领取收入实际税负由 7.5% 降为 3%。虽然实际税负降低，但是并未使得投资者的实际税负低于个人所得税起征的最低档（3%），因此对于部分适用税率较低的人群来说，个人养老金并未有实际的税收优惠，而当前银行已开户的部分客户可能正是这些低税率人群，因此这些客户现阶段天然缴费意愿较弱。

第二，对银行来说，在当前个人养老金业务覆盖人群总数既定的情况下，迅速开立更多账户是决定未来竞争格局的胜负手，因此银行提供了很多吸引客户开立账户的优惠活动，在这个过程中也吸引了较多“薅羊毛”客户，往往在开立账户后不再进行任何缴费投资，这也是实际缴费率较低的原因之一。未来银行若能有效地将这些客户进行个人养老金投资的转化，将明显提升银行整体个人养老金的缴费率和转换率。

即使客户进行缴费以后，也还有大量资金闲置在账户中，未能进行有效投资。这可能有三方面原因：一是客户将个人养老金账户当作简单的节税工具，并未意识到其作为养老账户的作用；二是客户有投资意识，但是担忧养老资金投入有波动性的产品中可能面临亏损，对产品的收益风险特征认识不够清晰，因此选择暂不投资；三是客户有投资意愿，但是面对繁多的个人养老金产品，不清楚如何做好适合自己的个人养老金投资。

（二）非银渠道系统连接有断点，基金购买体验差

投资者参与个人养老金业务需要开立个人养老金账户和个人养老金资金账户，其中个人养老金账户主要用于查询缴费额度、个人资产信息和个人养老金产品等信息，参加人可以通过商业银行渠道直接开立，也可以在其他个人养老金产品销售机构，间接通过商业银行渠道开立。个人养老金资金账户与个人养老金账户绑定，主要提供资金缴存、投资等服务。参加人可以选择一家商业银行开立或者

① 最大回撤恢复天数统计时间区间：基金成立日至 2023 年 6 月 30 日。

指定本人唯一的个人养老金资金账户，也可以通过其他符合规定的个人养老金产品销售机构指定。

无论是个人养老金账户还是个人养老金资金账户，均有直接通过银行开立和通过其他销售机构间接开立两种方式，而间接开立在业务流程上存在明显断点，且效率低，客户体验不佳。主要表现为以下三个方面的问题：

1. 开户中遇到的问题

非银代销渠道为银行做了客户引流工作，但是在客户完成个人养老金资金账户的开户后，商业银行并不会将相关客户再引流回对应渠道，而是需要客户重新回到非银代销机构，再进行一遍绑定养老资金账号（手工输入）的操作，才能购买个人养老金产品。整个操作过程比较烦琐，同银行"一站式"完成开户和投资相比，客户体验不佳。

2. 投资中遇到的问题

在完成个人养老金账户的开户后进行投资的过程中，客户若需要对个人养老金资金账户进行缴款，则必须通过银行 App 或线下网点进行。如果客户在购买个人养老金产品的过程中发现账户中的储蓄资金余额不足，不能直接在非银代销机构的 App 上充值，而是需要返回到银行网点或者 App 去补充余额，才能继续在账户中购买产品。在投资过程中的操作不便容易造成客户购买产品失败，或造成客户资金闲置的情况。

3. 数据传输、信息展示中的问题

目前在非银代销端无法查询个人养老金账户余额、缴费额度等信息，客户信息缺失导致非银机构为客户进行养老投资陪伴和养老投资配置服务时比较困难，也容易造成客户可以查询信息的渠道比较有限，容易因疏忽而无法有效为个人养老金资金账户做出合理规划配置，进而造成资金闲置。

（三）银行渠道货架展示待优化，同业竞品较多

1. 银行 App 个人养老金产品货架展示待优化

银行 App 是客户了解个人养老金可投资产品最直接和最便捷的方式，这意味着银行 App 的货架展示，如对于大类产品的推荐顺序、某大类产品下代销的具体产品，以及购买操作便捷度等，在一定程度上都会影响客户的购买决策和购买行为。目前，经过半年多的发展调整，银行 App 的货架展示上虽然较前期有所改善，如引入了多种产品类别的展示、标明了各种产品的应用场景等，但仍然存在可以完善之处。

第一，部分银行 App 页面重点展示的产品在风险收益特征上过于保守。从个人养老金专区的大类货架推荐顺序上看，仍有部分银行仅重点推荐存款或者保险这类保本保息的产品，没有列示风险收益稍高的其他品种。个人养老金作为有长期稳健保值和有一定增值需求的资金，如果银行渠道将"保值"放在更重要的位置，从长期来看在这个渠道的投资者就可能在整体配置上过于保守，养老资产无法做到充分积累。

第二，部分渠道仍需更好地平衡代销产品取舍和客户的自主选择权。虽然就理论而言个人养老金基金需要充分考虑客户选择产品的自主性，为客户提供丰富多样的产品，但实际中大部分银行可以提供的产品是相对有限的，这里可能存在两方面原因：一方面，对银行来说，挑选并重点展示部分个人养老金基金在一定程度上体现了银行作为财富管理机构在产品研究上的专业性，对所有产品都进行充分研究既不现实也不经济。另一方面，对基金管理人来说，将某只产品与所有的银行建立代销合作，需要付出一定的时间和物质成本，而部分银行代销规模并不大，因此存在"成本—收益"的抉择。综上所述，银行 App 上代销或者重点展示部分个人养老金基金是大势所趋。但目前渠道 App 在进行产品选择时往往并不会明确筛选规则，甚至部分渠道仅会优先展示托管合作产品或股东产品，这样无疑不利于最大化个人养老金客户的利益。银行 App 养老目标基金展示和推荐顺序如表 19-6 所示。

表 19-6　银行 App 养老目标基金展示和推荐顺序总结

产品展示和推荐顺序	产品推荐数量和逻辑	对投资者和基金公司的影响
区分产品策略，针对每类策略介绍定位和购买场景	每类策略下重点推荐 3~5 只产品，基于银行的产品筛选与评价体系，如成立时间、业绩、规模、管理人的投研能力	有利于投资者选择。加剧基金公司间竞争，尤其是同一策略下产品数量众多的情况，拥有先发优势的头部管理人市场占有率集中
按收益率排序推荐	例如，按照过去一定时间（近 1 月、近 1 年）的收益率，进行排序推荐	有一定缺陷，使投资者忽视风险与产品匹配度，而过度关注短期业绩
无明显推荐顺序	仅展示产品净值和收益率	有利于投资者自主选择，但是若产品数量过多，反而容易无从下手，可能造成资金闲置

资料来源：银行 App，中欧基金整理。

2. 同业竞品的优势

当前纳入个人养老金账户中的产品包括养老理财、养老储蓄、养老保险和公募基金（当前主要是养老目标基金）。一方面，自个人养老金制度实施以来，个人养老金基金无论是从规模和户数来看，都得到了投资者一定的认可。但是另一方面，和养老理财、储蓄和保险相比，公募基金仍然存在一些不足，表现在以下三个方面：

第一，风险方面。理财、储蓄、保险均强调养老资金的保值，如养老理财设置了预期收益型的业绩比较基准和收益平滑机制，投资类型以固收类为主；养老储蓄则是保本保息的投资品种；养老保险也属于中低风险的产品，并且更侧重保障功能，投资属性较弱。仅公募基金中包含部分中高风险的投资品种，能够通过承受一定波动，获取资产的长期增值。但是，权益类产品如果波动过大，既不符合养老金的稳健投资需求，又会导致投资者频繁申赎，不利于提升盈利体验。

第二，资金流特征方面。养老资金和一般的理财资金在投入和领取模式上有一定差异，养老资金的投入往往是固定周期和频率、固定金额、长期多笔投入，在领取方式上则会因人而异，如领取的方式、年龄、频率、金额等。因此，个人养老金账户中的产品，需要设置灵活的投入和领取方式，才能满足大众需求。当前公募基金的投入和领取模式相对单一。以养老保险为例，其具备灵活的缴费方式（一次性缴纳或年缴，年缴又可以分为多个周期如 3 年、5 年、10 年等），和灵活的领取方式，如领取的年龄、领取的频率等。

第三，投资策略稳定性方面。养老资金投资年限往往较长，因此对产品投资目标的清晰性和投资策略的稳定性提出了更高要求，理财、储蓄、保险由于过往给投资者传递更多的是“预期收益”概念，因而投资者并不会特别关注投资目标和策略稳定性。对于基金来说，管理人希望通过自身的投资研究分析，力争在长期创造稳定的超额收益，因此投资策略和风格就会受到管理人尤其是基金经理的个体影响，从而导致投资策略变化、风格漂移情况，加大投资者的持有难度，可能导致投资者产生一些不理性的交易行为，阻碍其盈利体验的提升。

三、个人养老金业务展业中的优化路径

针对目前个人养老金业务展业的实际情况，基金公司虽然无法直接影响投资者开户行为或改善个人养老金账户接口的便捷度，但仍然可以从公司专业度、销售账户展示，以及个人养老金政策机制完善等方面去优化个人养老金账户的基金投资体验，从而让投资者更有效便捷地参与个人养老金基金投资。具体来说：

（一）优化制度设计，建议引入默认投资制度和投资顾问，并探索实现多资金模式，以提升缴费率和转化率

1. 引入默认投资制度

从海外经验来看，默认投资机制是一种由投资管理人代投资者开户、缴款并进行产品选择的机制。这一机制在海外运用获得了较好的反馈，以 401（k）计划为例，该机制的推出对于美国私人养老金的推广和投资者资产配置情况的改善都起到了决定性作用。默认投资制度的设计有利于避免养老金的闲置以及因个人缺乏专业的金融知识从而投资不当导致的损失，使投资者能更长期地持有养老金，提高养老金的参与率。

从现阶段技术改造难度、个人养老金账户各机构的配合意愿来看，推动投资者完成缴款后实施默认投资选择，帮助其完成组合构建是最实际的选择。

默认投资机制有助于帮助个人养老金账户的参与人因自身惰性或某些原因未能有效做出投资决策时，避免资金闲置带来的损失，并改善投资者的资产配置情况，由投顾或销售机构代为选择投资方案，可以显著提升个人养老金资产配置的有效比例。

2. 引入投资顾问服务个人养老金

2023 年 6 月 9 日出台的《公开募集证券投资基金投资顾问业务管理规定（征求意见稿）》中提及投资顾问服务养老金融，如果可以尽早在个人养老金账户中引入投资顾问角色，通过投资顾问引导投资者合理配置养老资产，也有助于提高个人养老金账户内资金的转化率。

3. 探索多资金账户的实现可能

目前一个参与人绑定唯一个人养老金资金账户的模式，用于个人养老金缴费、归集收益、支付和缴纳个人所得税，使得个人在参与个人养老金业务时与账户银行的销售渠道是高度绑定的，其他渠道，特别是非银渠道，在业务中可能会遇到积极性、流程对接等问题。解决这一问题，有助于优化客户被单一渠道深度绑定的问题，调动各类渠道的参与积极性，更加全面地覆盖客户。海外有一些成熟的经验，投资者可以开设多个第二或者第三支柱养老金账户，并加入多个养老金计划，不同的养老金计划的缴费额度和享受税收优惠的额度合并控制，给投资者提供了更多开立账户的选择，从而提升了账户操作及投资选择的便利性。

当然我国个人养老金业务刚刚起步，可能在系统实现、安全性管理、税延额度控制等方面尚存在一些待完善之处，初期直接落地多资金账户模式可能有难度，但依然建议可以尽早启动相关多资金账户的探索工作，充分调动全市场机构服务个人养老金业务的积极性。

（二）保持积极沟通，争取解决系统连接断点

针对银行个人养老金资金账户和销售机构的销售账户连接不顺问题，可以从以下两方面考虑解决：

第一，继续和银行业保持积极沟通，争取优化个人养老金资金账户和个人养老金销售账户的对接流程。

第二，对个人养老金基金销售机构开放账户查询服务接口，或通过提供账户信息页面等形式让客户在销售机构端即可了解到其个人养老金相关业务信息，一方面给客户更多便捷性，另一方面也方便各类销售机构为投资者提供定制化的个人养老金服务。

（三）提升基金公司专业度

基金公司未来要进一步优化对个人养老金业务的服务，根本上需要提升基金公司专业度，以更专业严谨的水平服务养老金事业。

1. 提升投资专业度，提升管理大资金的能力

服务个人养老金和普通基金管理并不完全相同，从长期来看，个人养老金是典型的大体量资金，若还是遵循过去小体量级别资金的管理经验显然已不合适，基金公司和基金经理都必须将自身的管理边界不断拓宽。这就要求基金公司一方面建立基于长线基本面理念基础上的深度研究，最大化投资策略容量；另一方面还需要加强专业协作，深度研究和协作是互为因果的关系。如果没有团队协作，深度就往往只能流于表面，但一个人是无法完成这些研究的，只有依靠团队其他的投资伙伴把相关领域研究清楚，通过互相高效率的分享，才能解决研究深度的问题。

2. 推动更多公募基金产品纳入账户

虽然目前公募基金行业纳入个人养老金账户中的产品仅有养老目标基金，但从个人养老金业务的长期良性发展需求来看，股票基金、混合基金、债券基金等多元化风险收益特征的基金产品都应尽早纳入个人养老金账户。

在此背景下，作为资产管理生态中的“制造商”，基金管理人迫切需要提高自身的产品专业度，给投资者提供多元且清晰的权益基金图谱。

具体来说，一方面产品布局需要更加多元化，虽然目前权益基金数量多、规模大，但除股票外其他可投资标的相对较少，总体产品间的相关性是比较强的，从丰富居民投资可选标的角度来说，可以鼓励更多另类资产和另类策略权益基金的发展，如不动产投资信托基金（REITs）、商品基金和对冲策略基金等。另一方面在通过创新提升丰富度的同时还应当对传统权益基金进行更加清晰的图谱化区隔，应当明确界定每只基金风格，再按照风格确定应当如何在基金名称和业绩基准中予以体现，并在后续持续运作中确保产品风格持续稳定。

3. 加大产品创新的力度

（1）通过引入“中低波动”策略，实现个人养老金策略创新。养老需求并不止于退休，投资者退休后依然需要资产管理服务，基金公司可以针对这些需求，参考海外“退休收益”基金的要素设置，并考虑与期货、期权等衍生品资产相结合，为我国个人养老金账户提供一些创新型中低波动开放式稳健类产品供给。

（2）参考养老理财“风险准备金”机制，尝试平滑波动机制创新。A股市场和公募基金的长期波动性是影响投资者参与的最主要阻碍因素之一，降低基金的波动性无疑有利于提高投资者在个人养老金中投资公募基金的积极性。为了解决这一问题，可以尝试借鉴银行养老理财的“收益平滑”机制，让渡部分收益来平滑产品净值波动，提升投资者持有体验。具体来说：可以考虑对该产品设置风险准备金账户，当投资者持有份额的年化回报达到一定水平后，其获得的一部分收益将优先进入风险准备金账户，风险准备金账户将回补进入基金资产，从而在产品下跌时平滑净值波动。不过此方案由于让投资者进行了一定的收益让渡，还需进一步研究如何解决基金投资公平性的瑕疵。

（四）优化基金公司的销售账户展示

在个人养老金业务中基金公司除了承担“制造商”角色外，还肩负着通过直销平台或销售子公司进行个人养老金可投资产品“销售商”的职能。

目前优化个人养老金资金账户外接流程较为复杂，在一定程度上抑制了个人投资者通过银行外渠道参与个人养老金业务的积极性。在这种情况下，基金公司可以探索通过优化账户设置，构建投资者友好的养老账户这一途径来提升服务个人养老投资的品质，吸引更多客户选择直销平台或代销子公司来进行个人养老金投资。

1. 构建用户友好的个人养老金销售账户

从个人养老金缴款到买入基金的路径比较长，投资者第一时间难以充分理解，因而销售机构在构建养老页面时需要尽可能做到用户友好，一方面要对养老问题的关键点进行清晰定量的评估且方便执行，如投资资金需求、资产

配置安排、投资期限等；另一方面要尽量淡化投资回报，强调投资者教育、投资建议咨询、投资陪伴等服务，侧重展示养老资产的积累，减少中短期波动对投资者心理的影响。养老账户资产管理规划与路径如图 19-8 所示。

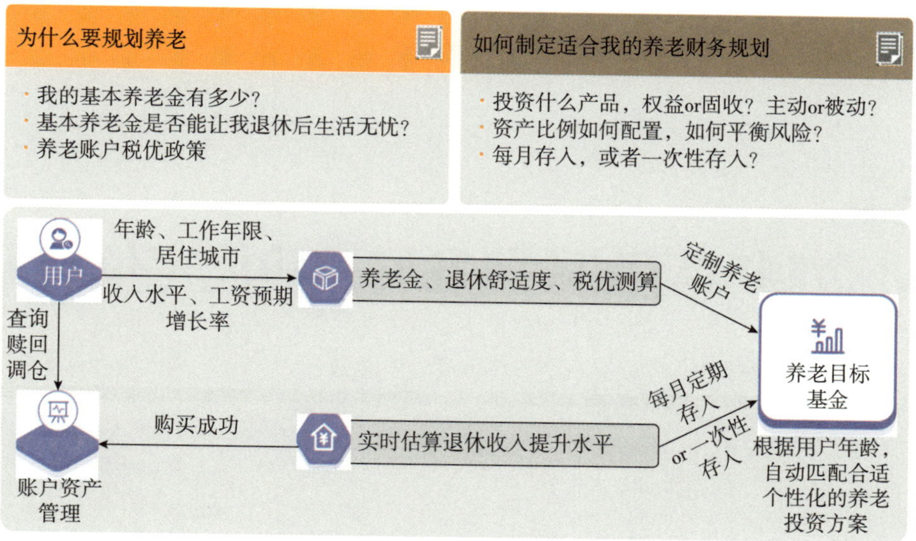

图 19-8　养老账户资产管理规划与路径

资料来源：中欧基金整理。

2. 打通税延和普通账户，满足投资者的全量养老投资需求

目前个人养老金账户的年资金限额为 1.2 万元，虽然可以满足绝大多数投资者的养老投资需求，但是这一额度对于少部分客户仍然不足，并且这部分资金与投资者其他资金之间是相对割裂的，可能会影响投资者整体资产配置安排，因而基金公司可以尝试通过 IT 改造，实现将税延和普通基金账户嵌入同一整体页面，使投资者实现既能在账户内做税延养老投资，又能做其他额外的养老投资，甚至其他普通投资，"一站式"展示投资者的整体资产配置和资金运用情况。

（五）增强公募基金投资的便捷性

基于过往个人养老金业务试点的经验，便捷与否是个人养老金业务推广成败的关键之一，这一点不仅反映在开户过程中，也会反映在基金投资过程中。如果投资者感觉投资基金产品操作烦琐或者难以选择，很大程度上会影响其投资基金的积极性，增加养老资金闲置的可能，不利于践行养老资产配置。如果基金公司在现行的个人养老金制度框架内能推动一些条款的优化与落地，提升基金投资便捷度，无疑有助于公募基金行业更好地服务个人养老金业务。

1. 优化定投等机制，丰富公募基金的购买方式

从前述公募基金竞品所使用的一些机制中，公募基金行业可以取长补短，如养老保险灵活的缴费方式对个人养老金账户中的公募基金品种就很有借鉴意义。目前个人养老金账户中的公募基金购买方式仍以一次性购买为主，仅有少数销售渠道开始尝试简单的定投。结合个人养老金账户每年缴费金额一定，但缴费频率和单次缴费金额可变的特征，建议销售渠道可以丰富公募基金投资模式，如引入更加高频（如按月）的定投模式，不定期缴款后定时扣款投资的模式，甚至引入一些特定的策略定投方案，便于投资者自主便捷地购买个人养老金基金。

2. 研究并推动公募基金在个人养老金账户内对客户长期支付的实现机制

建议可以研究并推进基金长期支付的实现机制问题，实现向投资者进行持续甚至永续的现金流供给。

设置此类机制有助于帮助客户在持有养老目标基金至退休后进行个性化的长期资金安排，增强基金要素对投资者的吸引力，并弥补公募基金相对保险产品缺乏永续给付机制的问题。

此类机制在海外也有运用于养老基金产品的销售和服务中的案例，主要通过两种形式实现：一种是在销售养老基金时为其绑定如"系统赎回计划"等定期赎回机制；另一种是由基金管理人借助可变年金通道让可变年金投向旗下公募基金并执行目标日期 / 风险策略，利用可变年金的长期支付特性实现对客户养老资金的长期支付。

分报告二十

个人养老金制度与保险业发展：功能定位与发展路径

个人养老金制度是指政府政策支持、个人自愿参加、市场化运营、实现养老保险补充功能的制度。发展个人养老金是积极应对老龄化，健全多层次、多支柱养老保险体系，增强人民群众获得感、幸福感、安全感，促进社会保障事业高质量发展、可持续发展的重要举措。

本文旨在思考保险业在个人养老金制度中的功能定位与发展路径，全面梳理了保险业参与个人养老金制度建设总体情况，从国际比较入手，总结分析保险业在我国个人养老金制度中可以实现和应予侧重的功能定位，并就行业下一步更好地参与制度建设和市场发展提出相关建议。

一、保险业参与个人养老金制度建设总体情况

我国于1999年进入老龄化社会，且老龄人口基数大、人口老化速度快，至2022年60岁及以上人口已达2.80亿，占总人口的19.8%。据国家卫健委预测，至2035年我国60岁及以上老年人口将突破4亿，进入重度老龄化阶段。社会养老成为亟须解决的问题，保障“老有所养”刻不容缓，构建合理的养老保险体系、大力发展养老第三支柱成为解决我国社会养老问题的重中之重。

经过多年的发展，目前我国已初步建立第一支柱为主、第二支柱为辅、第三支柱不断探索的“三支柱”养老保险体系。其中第一支柱主要由基本养老保险基金和作为战略储备的社会保障基金组成，第二支柱主要由企业年金和职业年金组成，第三支柱的个人养老金从个税递延型商业养老保险起步探索，随着个人养老金制度启动试点，目前已经涵盖了银行理财、公募基金以及商业养老保险等产品。截至2021年末，我国养老金总规模约10.7万亿元，其中第一支柱占比约65.76%，第二支柱占比约34.23%，第三支柱占比微乎其微。

2022年4月，国务院办公厅《关于推动个人养老金发展的意见》（国办发〔2022〕7号）正式发布。2022年11月，个人养老金制度开始在全国36个城市（地区）开展试点，监管部门分别制定印发了商业银行、理财公司、公募基金、保险机构开展个人养老金业务相关实施细则，明确机构、产品、账户、运营管理等要求，推动金融机构规范开展个人养老金业务。

个人养老金实行个人账户制，缴费完全由参加人自己承担，自主选择购买符合规定的储蓄存款、理财产品、商业养老保险、公募基金等金融产品，并实行完全积累，按照国家有关规定享受税收优惠政策。实行个人账户制，能够比较直观地体现个人权益，方便职工个人操作，能够为参加人提供完整的记录和服务。

个人养老金制度具有以下特点：一是普惠性，个人养老金的参加范围是城镇职工或城乡居民基本养老保险的参保者，缴费水平没有门槛限制，具有普惠性的特征；二是长期性，个人养老金仅可在账户持有人退休、死亡或永久移居国外的情形下领取，投资周期具有鲜明的长期特征；三是避险性，作为退休后的补充经济来源，个人养老金应具有较高的抗风险性，包括投资风险、通胀风险、长寿风

险等；四是保障性，个人养老金在提供退休后收入来源的同时亦可兼具退休后健康、医疗、护理等风险管理能力，为人民的养老生活提供全方位的保障。

个人养老金是国家关于第三支柱的制度性安排，第三支柱除了个人养老金之外，还有其他个人商业养老金融业务，这两者都是第三支柱的重要组成部分。作为我国多层次、多支柱养老保险体系建设的重要参与者，长期以来，保险业充分发挥市场主体作用，先行参与第三支柱政策前瞻研究和行业试点，全力配合个人养老金制度框架搭建和试点推广等有关工作，创新开展其他个人商业养老金融业务探索，在制度建设过程中做出了突出的贡献。

（一）保险业参与我国个人养老金制度建设概况

1．保险业积极开展个人养老金制度探索

事实上，自《国务院关于企业职工养老保险制度改革的决定》（国发〔1991〕33 号）提出，“随着经济的发展，逐步建立起基本养老保险与企业补充养老保险和职工个人储蓄性养老保险相结合的制度”，保险业即开始了个人商业补充养老保险的制度探索。2006 年，保险业着手开展个人税收递延型保险产品政策制度的前瞻研究。在财政部、原保监会等政府相关部门的指导下，太平养老、泰康养老等保险机构积极配合，总结梳理了企业年金和商业养老保险市场开展情况及有关经验，对推进我国个税递延型养老保险（EET 模式）发展提出了具体建议。2009 年，国务院发布《关于推进上海加快发展现代服务业和先进制造业建设国际金融中心和国际航运中心的意见》（国发〔2009〕19 号），首次提出在上海适时开展个人税收递延型养老保险产品试点，随后由原上海保监局牵头，召集太平养老等保险公司开展了有关制度、产品、流程、系统等方面的研究。

2013 年，原保监会在上海、北京召集了多次会议讨论税延相关制度及细节，并在此后发布《个人税收递延型养老保险上海试点管理暂行办法（征求意见稿）》，标志着个人税延养老保险产品正式进入政策制度筹备阶段。此后，保险业在政策研究探索方面投入大量精力，贡献了重要力量。以太平养老为例，公司成立了个税递延养老保险专项工作小组，明确工作机制，定期召开例会，积极开展产品准备，及时向监管部门建言献策。2015 年，太平养老参与中国社会科学院世界社保研究中心《中国养老金发展报告 2015——“第三支柱”商业养老保险顶层设计》研究工作，承担了“商业养老保险的产品承载：个人商业养老保险账户的意义”子课题，在郑秉文教授及其团队指导下，就我国第三支柱养老保险制度建设，提出了探索建立个人账户制、由保险业在一定范围内先行开展试点等政策建议。

2018 年 4 月，财政部等五部委联合发布《关于开展个人税收递延型商业养老保险试点的通知》（财税〔2018〕22 号），在上海市、福建省（含厦门市）和苏州工业园区先行开展试点，正式按下保险业参与第三支柱养老保险制度前沿探索的“启动键”。截至 2021 年末，共有 23 家保险机构参与其中，实现保费 6.29 亿元、承保 5.2 万件（见表 20–1）。

表 20–1　全国税延养老保险试点地区累计承保情况（截至 2021 年 12 月）

试点地区	保费收入（万元）	保费占比（%）	保单件数（件）	件数占比（%）	件均保费（万元）
上海市	49754.56	79.13	33232	63.75	1.5
苏州工业园区	3339.79	5.31	2497	4.79	1.34
福建省（含厦门）	9786.30	15.56	16401	31.46	0.60
合计	62880.65	100	52130		1.35

资料来源：财政部、《中国金融》杂志。

税延养老险制度推出之后，引发了业界关于加快第三支柱建设的更多呼吁，此后不断有专家学者以及两会代表、委员等发声，提议扩大税延政策适用范围。

2022 年 4 月，《关于推动个人养老金发展的意见》正式印发，明确个人养老金实行个人账户制度，第三支柱的顶层设计得以进一步完善。2022 年 11 月，原银保监会印发《关于保险机构开展个人养老金业务有关事项的通知》，对保险机构开展个人养老金业务的制度路径进一步加以明确，推动多层次、多支柱养老保险体系不断完善。

此外，在第三支柱相关政策引导下，保险业相继创新推出专属商业养老保险产品、商业养老金产品。试点保险机构创新开发投保简便、交费灵活、收益稳健的专属商业养老保险产品，已初步形成了符合自身特点的经营模式，特别是在服务新产业、新业态从业人员和灵活就业人员方面积累了一定经验，并已纳入个人养老金合格产品范围，叠加税收优惠激励政策，进一步促进了产品推广。同时，养老保险机构经营的创新型商业养老金产品，是第三支柱养老保险的组成部分，对个人养老金制度发展具有支持和补充的作用。

随着个人养老金产品试点扩容，以及商业养老金产品启动试点，保险业正不断探索个人养老金制度新的扩围之路（见表 20–2）。

表 20-2　政策鼓励保险机构参与第三支柱建设

发布时间	制度文件 / 政策要点	发布主体	概要
2009 年 4 月	《关于推进上海加快发展现代服务业和先进制造业建设国际金融中心和国际航运中心的意见》	国务院	首次提出在上海适时开展个人税收递延型养老保险产品试点
2013 年 3 月	《个人税收递延型养老保险上海试点管理暂行办法（征求意见稿）》	中国保监会	个人税延养老保险产品在上海正式进入政策制度筹备阶段
2018 年 5 月	《关于开展个人税收递延型商业养老保险试点的通知》	中国银保监会	在上海市、福建省（含厦门市）和苏州工业园区实施个人税收递延型商业养老保险试点。试点地区个人通过商业养老资金账户购买符合规定的商业养老保险产品的支出，允许在一定标准内税前扣除。计入个人商业养老资金账户的投资收益，暂不征收个人所得税。个人领取商业养老金时，再按规定征收个人所得税
2021 年 5 月	《开展专属商业养老保险试点的通知》	中国银保监会	自 2021 年 6 月 1 日起，在浙江省（含宁波市）和重庆市开展专属商业养老保险试点。试点期限暂定一年。积极探索服务新产业、新业态从业人员和各种灵活就业人员养老需求；消费者达到 60 周岁及以上方可领取养老金，且领取期限不短于 10 年
2022 年 2 月	《关于扩大专属商业养老保险试点范围的通知》	中国银保监会	自 2022 年 3 月 1 日起，专属商业养老保险试点区域扩大到全国范围，在原有 6 家试点保险机构基础上，允许养老保险机构参加试点
2022 年 4 月	《关于推动个人养老金发展的意见》	国务院	推动发展适合中国国情、政府政策支持、个人自愿参加、市场化运营的个人养老金。明确缴费完全由参加人个人承担的积累制，可由个人直接购买符合条件的金融产品
2022 年 9 月	个人养老金抵扣 12000 元个税优惠	国常会	决定对政策支持、商业化运营的个人养老金实行个人所得税优惠：对缴费者按每年 12000 元的限额予以税前扣除，投资收益暂不征税，领取收入实际税负由 7.5% 降为 3%
2022 年 11 月	《关于保险机构开展个人养老金业务有关事项的通知》	中国银保监会	保险机构正式开展个人养老金制度建设
2022 年 12 月	《关于开展养老保险机构商业养老金业务试点的通知》	中国银保监会	养老保险机构经营的新型商业养老金业务开始落地实施

资料来源：各政府部门网站。

2. 保险业积极参与个人养老金制度实施

2022 年 11 月，首批可参与个人养老金的保险机构和产品名单发布，6 家公司的 7 款产品入围，其中包括：中国人寿“国寿鑫享宝专属商业养老保险”、人保寿险“人保寿险福寿年年专属商业养老保险”、太平人寿“太平岁岁金生专属商业养老保险”、太平养老“太平盛世福享金生专属商业养老保险”、泰康人寿“泰康臻享百岁专属商业养老保险”和“泰康臻享百岁 B 款专属商业养老保险”、国民养老保险“国民共同富裕专属商业养老保险”。参与机构均为大型保险公司和专业养老险公司，先行产品则为此前试点的专属商业养老保险产品。根据中国银保信官网显示，截至 2023 年 6 月，17 家保险机构共有 32 只个人养老金保险产品在售（见表 20-3）。产品类型较为多样，主要包括专属商业养老保险、两全保险、年金保险等。

表 20-3　保险机构个人养老金保险产品名单（截至 2023 年 6 月）

序号	产品名称
1	中国人寿保险股份有限公司《国寿鑫享宝专属商业养老保险》
2	中国人民人寿保险股份有限公司《人保寿险福寿年年专属商业养老保险》

续表

序号	产品名称
3	太平人寿保险有限公司《太平岁岁金生专属商业养老保险》
4	太平养老保险股份有限公司《太平盛世福享金生专属商业养老保险》
5	泰康人寿保险有限责任公司《泰康臻享百岁专属商业养老保险》
6	泰康人寿保险有限责任公司《泰康臻享百岁 B 款专属商业养老保险》
7	国民养老保险股份有限公司《国民共同富裕专属商业养老保险》
8	新华人寿保险股份有限公司《新华人寿保险股份有限公司卓越优选专属商业养老保险》
9	太平人寿保险有限公司《太平鑫多多两全保险（互联网专属）》
10	阳光人寿保险股份有限公司《阳光人寿阳光寿养老年金保险》
11	工银安盛人寿保险有限公司《工银安盛人寿盛享颐年养老年金保险》
12	工银安盛人寿保险有限公司《工银安盛人寿金账户年金保险（万能型）》
13	中国人寿保险股份有限公司《国寿鑫民宝两全保险》
14	泰康养老保险股份有限公司《泰康尊享一生年金保险 E 款（万能型）》
15	泰康养老保险股份有限公司《泰康幸福赢家年金保险（分红型）》
16	国民养老保险股份有限公司《国民美好生活养老年金保险》
17	国民养老保险股份有限公司《国民美好生活 B 款养老年金保险》
18	国民养老保险股份有限公司《国民福寿双全两全保险》
19	交银人寿保险有限公司《交银人寿个人养老年金保险（万能型）》
20	中国太平洋人寿保险股份有限公司《太保易生福专属商业养老保险》
21	农银人寿保险股份有限公司《农银人寿金穗兴民养老年金保险（万能型）》
22	农银人寿保险股份有限公司《农银人寿金德利民两全保险》
23	建信人寿保险股份有限公司《建信悦享延年养老年金保险（万能型）》
24	建信人寿保险股份有限公司《建信尊享延年养老年金保险》
25	新华养老保险股份有限公司《新华养老盈佳人生专属商业养老保险》
26	太平养老保险股份有限公司《太平共享盛世年金保险 H 款》
27	友邦人寿保险有限公司《友邦悦享年年年金保险》
28	友邦人寿保险有限公司《友邦悦享未来两全保险》
29	泰康养老保险股份有限公司《泰康福享百岁专属商业养老保险》
30	泰康人寿保险有限责任公司《泰康福寿百岁养老年金保险》
31	中国太平洋人寿保险股份有限公司《太保鑫享颐两全保险》
32	太平人寿保险有限公司《太平睿选稳赢两全保险》

资料来源：中国银保信网站。

随着个人养老金保险产品的持续扩容，保险机构加速对接银行系统、三方渠道，加强个人养老金自营平台建设，不断发力个人养老金业务。参保人在具备资格的商业银行柜面或手机银行 App 开立个人养老金账户和个人养老金资金账户后，可在保险机构的自营 App 或支付宝、微信小程序等平台购买个人养老金产品。保险机构宣传个人养老金产品的方式不尽相同，包括以文字为主的产品介绍、文字与图片结合的"一图看懂个人养老金"漫画、以视频形式呈现的"一分钟了解个人养老金"动画及代理人讲解，以及帮助测算养老金缺口的小程序等，有效普及了个人养老金知识，促进了制度推广。

3. 保险业参与个人养老金试点市场情况

根据人力资源和社会保障部公布的数据显示（见图 20–1），2022 年末，个人养老金参加人数 1954 万人，缴费人数 613 万人，缴费总额 142 亿元人民币，人均缴费为 2316 元。截至 2023 年 6 月末，个人养老金开立账户人数已达 4030 万人，人均缴费额为 2022 元（见表 20–4）。个人养老金产品合计 664 只，包括 465 只储蓄类产品、149 只基金类产品、32 只保险类产品、18 只理财类产品。

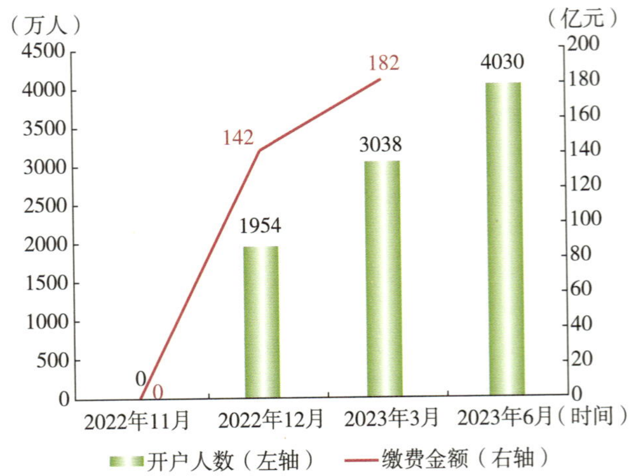

图 20-1 个人养老金账户开立人数及缴费额

资料来源：人社部网站。

表 20-4 个人养老金人均缴费额 单位：元 / 人

时间	2022 年 12 月	2023 年 3 月
个人养老金人均缴费	2316	2022

资料来源：自行测算，按缴费人数平均。

据各保险机构官网披露个人养老金保险产品 2022 年的结算利率显示，稳健型账户 2022 年年化结算利率在 4.0%~5.15%，进取型账户年化结算利率在 4.5%~5.7%，业绩表现总体超越预期，在个人养老金各类金融产品中较为突出。

从 2022 年的情况看，太平养老的“太平盛世福享金生专属商业养老保险”进取账户结算利率最高，达到 5.7%，其稳健账户结算利率则为 5.1%。国民养老“国民共同富裕专属商业养老保险”稳健账户结算利率为 5.15%，在此类账户中结算利率最高，该产品进取账户结算利率也达到了 5.6%。此外，两类账户结算利率都达 5% 以上的还有泰康人寿的“泰康臻享百岁专属商业养老保险”，其稳健、进取两类账户的结算利率分别为 5.05%、5.5%。

4. 保险业发展其他个人养老金融业务情况

长期以来，保险业参照“三支柱”的建设思路，结合行业特点，积极推动各类个人储蓄性养老保险发展，为个人养老金制度的建立、“协调发展其他个人商业养老金融业务”积累了丰富的理论研究和市场实践基础。

（1）年金保险。年金保险是指按照保险合同约定，以生存为给付保险金条件，按约定分期给付生存保险金，且分期给付生存保险金的间隔不超过一年（含一年）的人寿保险。据统计，2019 年我国个人年金险保费收入达到了 1200 亿元，同比增长了近 50%。

目前，市场上的个人年金险产品已经不再局限于传统的固定收益型和分红型，还涌现出了多种新型产品，如投资连结型、万能型等。这些产品的出现，为消费者提供了更多的选择，也促进了市场的进一步发展。随着市场规模的扩大和产品种类的丰富，越来越多的保险公司开始进入个人年金险市场，为了吸引更多的客户，保险公司不断推出更具吸引力的产品和服务，提高产品的性价比。总体而言，个人年金险市场正处于快速发展的阶段，未来还有很大的发展空间。

（2）两全保险。两全保险是指被保险人在保险合同约定的保险期间内死亡，或在保险期间届满仍生存时，保险人按照保险合同约定均应承担给付保险金责任的人寿保险。两全保险兼具储蓄性和返还性，在保险期间若发生事故可获得风险保障的，期满未发生理赔则可领取生存保险金用来满足养老需求。正是基于两全保险这样的特点，其市场接受度较高，长期以来，其一直是寿险行业保费规模贡献占比靠前的主力产品。

（3）专属商业养老保险。2021 年 5 月，原银保监会发布《关于开展专属商业养老保险试点的通知》，决定自 2021 年 6 月 1 日起，在浙江省（含宁波市）和重庆市开展专属商业养老保险试点，六家人寿保险公司参与试点。专属商业养老保险投保简便、交费灵活、收益稳健等特点逐渐为消费者所理解和接受，保险公司也初步形成了符合自身特点的经营模式，特别是在服务新产业、新业态从业人员和灵活就业人员方面积累了一定经验。

由于试点效果符合预期，监管部门明显加快了专属养老保险推广的步伐。2021 年 12 月 24 日，原银保监会办公厅印发《关于规范和促进养老保险机构发展的通知》中提到：支持符合条件的养老保险公司参与专属商业养老保险试点。

2022 年 3 月 1 日，根据原银保监会办公厅下发的《关于扩大专属商业养老保险试点范围的通知》，专属商业养老保险试点区域扩大到全国范围。在原有六家试点公司基础上，允许养老保险公司参与试点。截至 2023 年 3 月末，专属商业养老保险累计保费规模 50.8 亿元，投保件数 42.9 万件，新产业、新业态从业人员和灵活就业人员投保超过 6 万件，占比超 14.0%。

（4）商业养老金。此外，我国养老金融市场还新增由专业养老保险公司经营的一项新型商业养老保险业务——商业养老金，2022 年 12 月，原银保监会发布《关于开展养老保险机构商业养老金业务试点的通知》，将自 2023 年 1 月 1 日起，在北京市、上海市、江苏省、浙江省等十个省（市）开展商业养老金业务试点，试点期限暂定一年。参与试点的全部为养老保险机构，首批包括人保养老、国寿养老、太平养老以及国民养老。作为第三支柱养老保险的组成部分，商业养老金对个人养老金制度发展具有支持和补充的作用。试点养老保险公司均已第一时间推出商业养老金产品和服务，业务规模稳步增长。同时，养老保险机构正在积极探索利用多渠道开展商业养老金业务，以更广泛地覆盖和触达广大消费者。

5. 保险业参与个人养老金制度建设面临困难和问题

个人养老金制度的建立实施，补齐了我国“三支柱”养老保险体系的重要拼图。从长远来看，个人养老金为保险行业发展带来重大机遇，增添了新的长期稳定业务来源，有利于群众保险认知的提升和行业获客、相关业务的带动，但在当前制度推广过程中，也面临着一些困难问题。

第一，我国第三支柱养老保险起步较晚，现行制度激励措施和政策配套仍不完备。一方面，目前激励手段仅限于个税优惠，对于有能力进行养老储备的中高收入人群来说，限额 12000 元 / 年的税收优惠激励作用有限，大部分消费者不愿放弃资金流动性去购买锁定期限长、无显著收益优势的个人养老金产品，而对于低收入群体和贫困人群，养老储备能力有限且不缴纳个税，税收激励无效，迫切需要采取对低收入人群直接补贴式等其他更有效的激励手段。另一方面，我国目前的个人养老金制度虽然采用了账户制，但一、二、三支柱相互隔离，造成居民养老资金自主投资管理困难，养老金领取时资金来源过多等问题。

第二，优质产品供给能力不足。当前保险业个人养老金产品与银行理财、基金产品等较为同质，除管理期限略有延长外，在产品收益、服务手段或风险措施方面行业特征体现不明显，在目标客群、风险偏好和财务能力的定位等方面差异化不够突出。

第三，产品期限长降低了个人参与度。个人养老金产品的长期化符合国家政策导向，但在产品收益利差不显著、税收激励效果有限的情况下，客户资金本已通过账户长期锁定，加之产品的双重锁定，主动让渡当前流动性购买长期养老金融产品的难度较大。在民众完全接受长期化、市场化的养老金融产品前，迫切需要制度创新引导客户逐步延长产品层面的锁定期限，做好短期化向长期化的衔接过渡。

第四，产品体系较为单一。当前的个人养老金产品普遍聚焦于养老资产的增值回报率，在养老的综合风险防范方面有较大的缺失，民众在缴纳个人养老金的同时，仍需花费额外的资金以防范退休后，因医疗、健康、大病、护理等风险导致养老钱被消耗、被挤占，而目前的个人养老金产品无法完全覆盖其退休后的综合保障需求，进一步降低了该人群对个人养老金产品的购买意愿。特别是对于新市民、新业态及其他灵活就业人员和低收入人群，基于其实际经济情况，更加期待覆盖养老、健康综合保障的普惠产品。

6. 各国保险业参与个人养老金制度建设经验

从发达国家的经验看，保险业在第三支柱的个人养老资产配置方面大有可为。以美国、德国、日本为例，在不同的宏观、市场环境下，三国的年金保险市场呈现了不同的特色，都在本国养老第三支柱的体系中找到了相应的定位，发挥了保险业的重要作用。

（1）美国：个人退休金（IRA）。美国养老保险体系如图 20-2 所示。

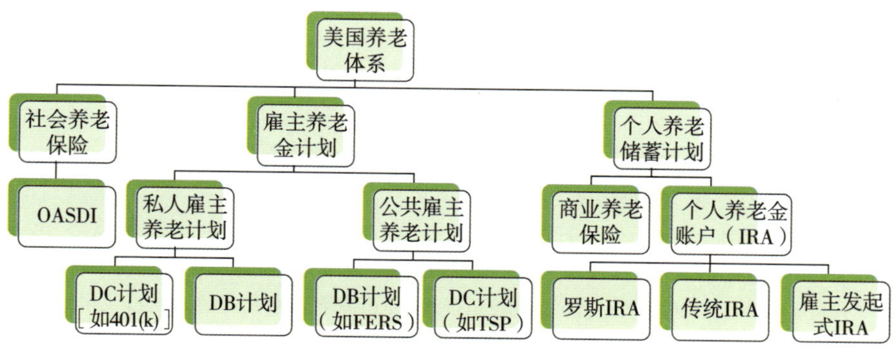

图 20-2　美国养老保险体系

资料来源：SSA、ICI、东方证券研究所。

美国养老体系以第二、第三支柱为主，第一支柱规模较小。2021 年，美国第一支柱、第二支柱、第三支柱占比分别为 7%、54%、39%。在由第二、第三支柱组成的家庭退休资产中，保险规模为 4.0 万亿美元，占比达 9%（见表 20–5）。

表 20–5　保险占美国家庭退休资产比重

类别	规模（万亿美元）	占比（%）
家庭退休资产（第二支柱 + 第三支柱）	45.0	100
第二支柱：固定给付计划 DB	16.8	37
第二支柱：固定缴费计划 DC	11.0	24
第三支柱：个人退休金计划 IRA	13.9	31
IRA：保险	0.8	2
第三支柱：商业养老保险	3.2	7
保险占家庭退休资产比重	4.0	9

资料来源：美联储网站。

从 1975 年至今第三支柱 IRA 账户的资产配置情况看，保险规模占比保持在 5% 左右（见图 20–3）。

（2）德国：里斯特养老金。

德国是世界上最早开展现代社会保障养老制度的国家，早期德国的社会公共养老金一直是德国民众退休后的主要经济来源，但随着人口老龄化的加深和经济增长的减缓，社会公共养老金缺口逐渐扩大。因此，德国政府进行了里斯特养老金制度的改革，吸引民众参与个人养老金账户，缓解社会公共养老金替代率下降的问题。

里斯特养老金制度改革设置了税收优惠政策和直接补贴两种方式（见表 20–6），补贴政策分为基础补贴、子女补贴和特别补贴三类。经过多年的改革发展，德国第三支柱里斯特养老金已经覆盖 1/3 的就业人口。因德国民众具有较强的保险意识，在投资方面优先选择稳健的寿险和不动产投资。同时，德国保险业对于养老保险的功能定位在欧洲负利率时代下，充分发挥了养老保障与投资管理的有效结合，使得保险产品在里斯特养老金中占主导地位，目前占市场份额的 2/3。

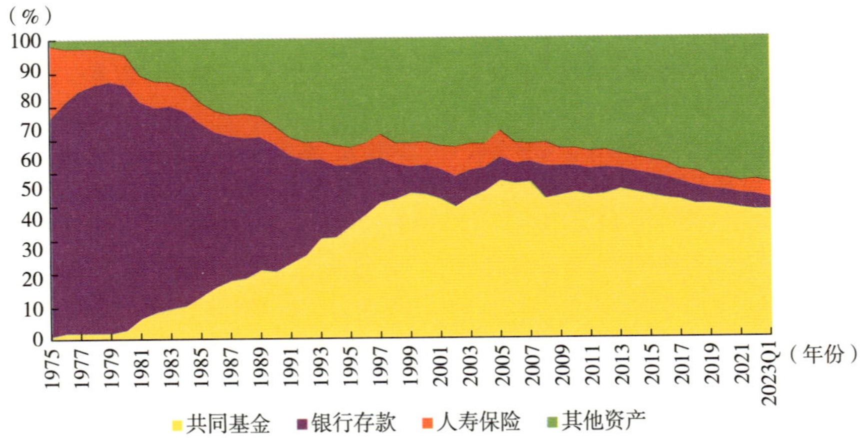

图 20–3　1975~2022 年末及 2023 年第一季度末美国 IRA 中各类资产占比

资料来源：美国投资公司协会（Investment Company Institute）。

表 20–6　里斯特养老金税收优惠和补贴政策细则

优惠类型	实施细则
基础补贴	参与者缴纳年收入的 4%（缴费上限为 2100 欧元）用于购买里斯特养老金相关产品，政府将给予每人每年 175 欧元的基础补贴；如果交费比例不足 4%，则补贴金额按比例相应减少
子女补贴	参与者有 25 岁以下未参加工作的子女，每孩每年补贴 185 欧元（2008 年以前出生）或 300 欧元（2008 年以后出生）
特别补贴	不满 25 岁新参加工作的年轻人，一次性给予 200 欧元补贴
配偶受益	已婚夫妇一方满足最低缴款额的条件，另一方无论是否满足最低缴款额条件，且每年至少支付 60 欧元，则两人均可享受全额补贴
税收递延	用于购买里斯特养老金的费用（包括政府发放的补贴金额）可以享受抵扣税收的优惠，但领取里斯特养老金时需要全额纳税

资料来源：ICI 统计数据。

（3）日本：个人型定额供款养老金计划（iDeCo）。

日本同我国类似，以第一支柱为养老体系的基础，第三支柱资产规模相对较小（见图 20–4）。截至 2019 年末，日本养老金第一支柱（公共年金）、第二支柱（DB 计划、DC 计划）和第三支柱（iDeCo、NISA）的资产管理规模分别为 157.9 万亿日元、74.6 万亿日元和 10.7 万亿日元，占比分别为 65%、31% 和 4%。其中，第三支柱的 iDeCo 中保险占比约 13%。

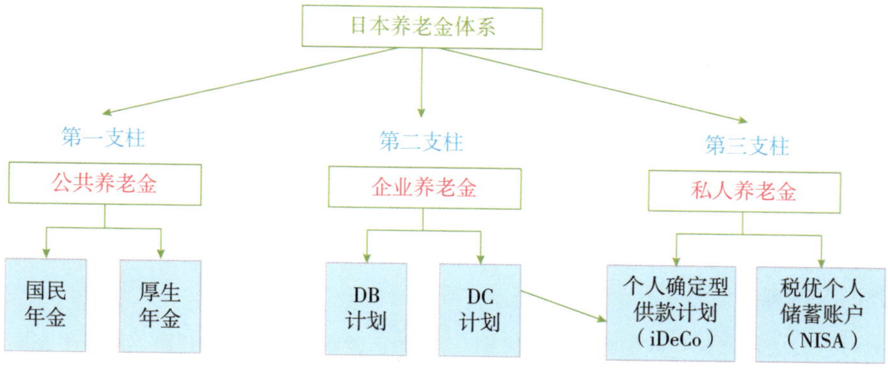

图 20–4　日本养老保险体系

（4）各国保险业参与第三支柱建设的经验启示。

从美、德、日等发达国家市场情况来看，保险业在第三支柱中的发展有如下经验：

一是在美国的第三支柱中，年金险主要聚焦在养老金积累期发挥资金积累的功能。在成熟的资本市场环境下，通过发展变额年金险、指数年金险等投资属性较强的细分产品类型，通过提供保底收益率或损失下限等方式，凸显保险产品的优势，从而在第三支柱中获得了一部分稳定的市场份额。

二是德国的实践表明，直接补贴比税收优惠的激励效果更加直接，也更有利于低收入家庭。里斯特养老金受制于最低收益保证的规则，在发展后期出现投资收益不理想、产品成本过高、吸引力下降等一系列问题，这说明发展多元化个人养老金保险产品，加强国民养老金融教育，提供更多不同风险收益特征的投资组合和产品，巩固提升长期产品开发与销售、长寿风险管理服务、长期资金投资与管理等核心竞争力，推出长期或终身的保险产品，才能更好地实现养老投资的稳健增值。

三是日本在长期低利率市场环境下，年金保险在第三支柱中的主要功能已经从传统的提供长期至终身的养老资金积累及领取，iDeCo 计划中选择按年金方式领取养老金，与第一、第二支柱养老金计划中按年金方式领取养老金适用同样的税收政策，将养老金所得并入综合所得课税，普通扣除之外再提供养老金专项扣除，既达到了多层次的扣除效果，还使得不同支柱间的税收优惠政策实现了统一，强化了各支柱之间的联系。日本的保险公司也具备了较丰富的应对长期利率下行的经验。

（二）保险业参与我国个人养老金制度建设的特色优势

近年来，随着人口老龄化程度不断加剧，人民群众的多层次多样化养老需求日益增长。保险业充分发挥在精算技术、销售队伍、服务资源整合等方面的优势，从产品端、服务端、资产端持续发力，形成了较为鲜明的行业特色，呈现出功能丰富的比较优势。

1. 产品端：提升全生命周期产品供给

相较于其他个人养老金产品，保险业是唯一能提供长期保障、年金化领取并可扩展康养护理保障责任的养老金融产品，能更好地贴合全生命周期的全方位养老需求，是其他任何养老金融产品无法替代的（见表 20–7）。

表 20–7　个人养老金典型产品比较分析

金融行业	保险	银行	理财	基金
典型产品	专属商业养老保险	养老储蓄	养老理财	养老目标基金
产品期限	长期，最长至终身	1~5 年	一般为 5 年，最高 10 年	锁定期 1~3 年，可长期持有

续表

金融行业	保险	银行	理财	基金
产品收益	最低保证利率 0.55%~3%，实际结算利率视账户收益率确定	1.5%~3.5%	业绩基准 5%~8%，实际收益率视资产收益浮动	不同产品收益不同，高风险高收益
收益特征	保本且有最低收益	保本保收益	非保本浮动收益	非保本浮动收益
投资门槛	1000 元起	1000 元起	1 元起	1 元起
风险	低风险	低风险	中低风险为主	低 / 中 / 高风险均有
领取方式	可一次、按固定期限或终身领取每年 / 每月领取	到期领取或滚存	到期领取或转存	锁定期后可一次或分多次灵活申赎
可否承担长寿风险	可	否	否	否

资料来源：根据公开信息整理。

一是长期保障特性。保险产品的长期保障特性是区别于其他养老金融产品的独特优势，主要体现在期限保障和收益保障两个方面。以专属商业养老保险产品为例，保障期限一般长达几十年甚至直至终身，是市场上能覆盖“全生命周期”的金融产品。产品收益以“保证利率 + 浮动收益”为主，其中保证利率通常从 0.55% 至 3% 不等。这个特性是保险机构充分发挥精算技术优势，综合考虑生命表、利率、公司投资预期及风险承受能力等各相关因素，贴合长期养老规划的产品设计，能满足养老资金长期保值增值的基本要求，更好地契合每一个体的长期养老规划。

二是灵活领取功能。个人养老金的合格保险产品还具备灵活缴费、年金化领取的特点。缴费方面，可根据投保人的经济状况，追加、降低或停缴保费；领取方面，退休后可选择一次性领取、固定期限或终身按年 / 月领取，兼具灵活性和个性化，可根据个体情况差异量身定制缴费和领取方案，满足不同年龄、不同经济状况群体的差异化需求。需要特别指出的是，保险产品提供的年金化领取安排，能够有效解决个人预期寿命不确定性带来的挑战，也是养老金融产品中唯一能承担长寿风险的金融产品。

三是扩展照护责任。除了具备长期养老资金规划功能外，部分专属商业养老保险在被保险人达到失能护理或疾病全残状态时，提供失能护理、疾病全残等保障责任，可一次性或分期领取护理金，更好地满足多样化、个性化的养老保障需求，形成差异化竞争优势。

2. 服务端：构筑专业化养老服务体系

个人养老金融服务具有跨生命周期的特征，涵盖养老资金规划、健康保障、失能护理等一系列多样化、个性化的安排。保险业通过着力打造专业化的人才队伍，优化完善运营服务体验，构建康养服务生态圈，凸显“保险 + 服务”特色优势。

一是养老社区服务。“保险 + 养老社区”的模式是近年来大型保险集团公司提供长期养老规划的典型成功案例，通过“养老社区”这一服务特色和亮点，带动业务端养老保险产品营销，获得了市场广泛认可。以中国太平为例，统筹推进保险、投资、生态圈产业协同发展，按照“重中轻”相结合的方式加快推进养老社区建设，实现布局上“东西南北中”广覆盖，功能上“医养、康养、旅养”差异化。其中，“太平小镇 · 梧桐人家”是中国太平倾力打造的高端养老社区旗舰项目，拥有丰富的医疗资源和专业的照护服务，并组织各类老年社团和文娱活动，给予入住老人全方位的身心呵护。

二是老龄照护服务。保险机构根据自理、半自理，不能自理、临终关怀等不同老龄阶段的生活需求及家庭实际情况，通过整合医疗健康等服务资源，针对性地提供疾病预防与慢病管理、康复治疗、长期护理等日常照护及健康管理服务。尤其是在长期护理服务方面，保险机构凭借多年来参与经办政府长期护理险业务运营管理的经验，借鉴国外失能照护评估标准和管理工具，逐步建立专业化、标准化的失能照护评估体系，利用数字化方式赋能失能标准制定与评估，进一步提升了服务品质，具有独特的优势。

三是专业化、适老化服务。保险机构着力加强专业人才队伍建设，利用科技化手段，赋能专业化运营和适老化服务。在业务端，保险机构通过广泛的机构网点布局，加强销售队伍专业化培训，实现客户有效触达，普及养老规划和养老金融理念，在协助客户做好长期养老现金流规划的同时，为客户提供合理避税、长期资产配置、健康保障与就医服务、老龄照护等的对策与建议。在运营端，保险公司着力打造养老服务专业能力，与养老专业人才服务培训学校合作，针对养老服务岗位人员提供专业培训课程，为广大客户提供多样化的养老护理服务；同时，保险机构加快提升适老化服务水平，以客户端服务平台为载体完善老年“关爱版”服务模式，以便捷的服务体验、丰富的服务内容，提升客户对养老服务的满意度。

3. 资产端：打造长期稳健投资管理能力

一方面，保险业具备丰富的长期资金管理经验。保险资金具有长久期的特性，保险机构通过建立完善的资产负债管理体系，打造长期资产管理能力，坚持审慎稳健的投资理念，依托大类资产配置，优化全品种投资结构，实现穿越周期、熨平波动、获取长期稳定收益的目的。这与个人养老金产品的长期存续性质高度匹配，个人养老金本质是长期养老资产积累，在较长的积累期提高养老保险资金的投资收益是关键，也使得保险业对养老资金投资有着深刻的理解和独特优势。

另一方面，多支柱养老资金管理运作经验优势突出。专业养老保险机构通过参与基本养老保险、企业（职业）年金基金、个人养老金等多支柱养老保险资金投资管理，形成了专注于养老基金投资管理的理念和实践经验，在推进投研融合、资源共享等方面具备特色优势，为未来探索打通第二、第三支柱奠定了理论实践基础。

二、保险业在我国个人养老金制度中的功能定位

习近平总书记在 2016 年 5 月的十八届中央政治局第三十二次集体学习时的讲话中强调：“坚持应对人口老龄化和促进经济社会发展相结合，坚持满足老年人需求和解决人口老龄化问题相结合，努力挖掘人口老龄化给国家发展带来的活力和机遇，努力满足老年人日益增长的物质文化需求，推动老龄事业全面协调可持续发展。”《中共中央国务院关于加强新时代老龄工作的意见》和《“十四五”国家老龄事业发展和养老服务体系规划》，均就“促进和规范发展第三支柱养老保险，推动个人养老金发展”等作出明确部署。我国经济已由高速增长阶段转向高质量发展阶段，人口老龄化趋势日益明显，人口结构也出现显著改变，2022 年人口增长由正转负，老龄化趋势已经确立，且具有“未富先老”“未备先老”的鲜明特征，应对人口老龄化带来的挑战已经成为一项长期任务。面对长寿时代带来的挑战和压力，保险业依托自身优势，在积极应对人口老龄化国家战略指引下，稳步拓展养老保险第三支柱试点市场规模，持续为客户提供多样化养老保险产品，不断丰富养老资金长期管理方式。在个人养老金制度建设的进程中，保险业可以担当保障性产品供给者、数字化营销引领者、稳健型投资践行者、综合性服务整合者。

（一）保障性产品供给者

通过提供保障特性突出、预期收益稳定的保险产品，在个人养老金体系中发挥兜底作用。《关于推动银行业和保险业高质量发展的指导意见》（银保监发〔2019〕52 号）中指出，保险机构要回归风险保障本源，发挥“经济减震器”和“社会稳定器”作用，更好地为经济社会发展提供风险保障和长期稳定资金。保险业可以充分发挥风险保障功能，成为推动个人养老金发展的重要力量。与其他养老金融产品相比，保险机构提供的商业养老保险，一方面突出养老属性，保障程度高、产品期限长，有利于推动居民短期储蓄转化为长期养老资产；另一方面还具备本金安全、收益保证、长期增值的特点，能够熨平波动、穿越周期、获取稳定收益，促进居民养老财富积累。因此，随着银行理财打破刚兑，市场利率进入下行通道，投资者风险偏好趋于保守，保险业可以提供具有保障特性突出、预期收益较为明确的商业养老保险产品，在不确定的经济变局当中，提供相对确定性的保障，成为个人养老金账户资产中的压舱石，发挥兜底作用。此外，保险业还可以通过多账户组合，帮助客户有效管理各类风险，满足客户多样化养老保障需求。例如，为满足客户不同的养老财富管理需求，保险业可以提供年金险与万能账户或者投连账户相结合的保险产品，年金险提供确定、终身的现金流，万能险提供保底并且相对稳健收益，投连险则在承担风险的基础上、获取更高投资收益。

通过提供长期或终身给付的保险产品，在个人养老金领取阶段发挥积极作用。《关于推动银行业和保险业高质量发展的指导意见》（银保监发〔2019〕52 号）中指出，加强养老保险第三支柱建设，鼓励保险机构发展满足消费者终身、长期领取需求的多样化养老保险产品。《关于规范和促进养老保险机构发展的通知》（银保监办发〔2021〕134 号）中指出，鼓励养老保险公司发展安全性高、保障性强、满足长期或终身领取需求的商业养老年金保险以及其他具有一定长期积累养老金功能的商业保险。《关于规范和促进商业养老金融业务发展的通知》（银保监规〔2022〕8 号）中指出，支持和鼓励银行保险机构向客户提供长期直至终身的养老金领取服务。因此，在个人

养老金账户的领取期，保险业可以充分发挥分散长寿风险的独特作用，通过提供各种形态的年金保险产品，实现个人养老金的终身领取。一方面，以生命表为依据、运用精算技术的年金化领取可以有效抵御退休后养老金领取阶段的长寿风险，活到老、领到老；另一方面，还可以提供被动稳定的收入现金流，按月或按年给付保险金，合理安排养老金收入。以英国第三支柱养老金发展为例，在退休后的资金领取期，退休人员可将退休前积累起来的资金一次性趸缴购买即期年金保险，实现分批、长期领取；同时针对不同消费者的需求，还开发了不同的细分产品形态。值得注意的是，年金保险也是英国第二支柱 DC 计划领取期最主流的产品，制度规定可一次性、免税领取 DC 计划养老金总额的 25%，剩余 75% 需要购买相关产品进行逐年领取。在 2014 年之前，英国法律强制要求用剩余 75% 购买能抵御长寿风险的年金保险，在 2014 年之后个人可通过年金险和其他养老领取产品来规划退休收入。因此，保险业不仅可以在个人养老金账户的领取阶段发挥重要作用，在企业 / 职业年金的领取阶段，也可以考虑提供年金保险产品转入个人养老金账户，帮助参加人更好地管理长寿风险。

（二）数字化营销引领者

通过科技赋能，提高个人养老金制度的认知度、参与度和惠及面。一是通过互联网渠道，加强投资者教育和引导。对大多数民众来说，个人养老财富管理具备一定专业门槛，全行业应共同努力，引导大众了解养老金的长期性规律特征和投资的重要性，提高群众对个人养老金制度的认知度和参与度。保险业可以充分利用互联网平台，发挥自媒体科普传播速度快的优势，介绍个人养老金制度设计初衷、与其他理财产品根本差异、如何缴费、何时领取、有何税惠等，向社会公众传递准确、客观、全面的信息，增强人们购买养老产品的主动意识。二是发挥“线上 + 线下”的全渠道优势实现精准营销推广，为个人养老金制度吸引大量目标群体。近年来，保险机构逐步从传统的线下“人海战术”过渡到“线下 + 线上”相结合的营销模式，通过入驻流量平台或者自建线上渠道，依托大数据和云计算等技术精准识别和服务目标客群，形成了一个相对完整的客户经营闭环，有利于推动扩大个人养老金制度的惠及面。

通过科技赋能，不断完善个人养老金产品和服务。一是不断优化运营服务。数据资源的不断积累和运算能力的不断提升，使得参保流程和界面设计更加简洁友好，降低了对个体信息化能力的要求。保险机构可以利用人工智能、OCR、人脸识别、视频认证等新技术提升服务自动化水平，一方面实现服务的提质增效，另一方面减少参保人的时间成本，进一步满足现代人对便利性、快捷性的需求。二是不断提高产品的适配性。基于大数据、智能算法的养老规划正在蓬勃发展，保险机构可以通过海量数据资源对客户进行精准画像，深入了解客户的养老需求、财务需求、投资期限及风险偏好，最终形成以客户需求为导向的、个性化的、贯穿生命周期的养老财富规划方案。三是建立个人养老风控体系。保险机构可以凭借自身的风险管控能力，建立个人养老风险管控系统，运营大数据、人工智能等技术，结合各年龄段客户的风险承受能力和预期收益，对产品进行风险跟踪、预警、提示和建议，打造适合个人养老金保险产品的风控体系。

（三）稳健型投资践行者

保险业的资负专长，有利于提升个人养老金投资的长期性和稳定性。除了上文提到的保险业参与第一支柱和第二支柱养老金管理的经验优势，经过近 20 年的改革探索和长期管理负债资金的实践，保险业逐步形成并确立了管理长期资金、配置长期资产、创设长期产品的核心业务专长，“长期”“稳健”的投资文化已经内化于保险投资全品种、全流程。保险资金源于承保端的保费收入，其中超过 80% 由保险产品形成的责任准备金积累而来，在资金管理中需要与较长的负债端久期相匹配，投资目标需要在保证资产安全的基础上提升绝对收益，这些都与个人养老金的投资目标相契合。2021 年《保险公司偿付能力监管规则（Ⅱ）》通过资本约束对保险资金的投资形成了较强的方向指导，从制度和顶层设计上确保了个人养老金合格保险产品投资的长期性和稳定性。

保险业的稳健收益，有利于增加个人养老金的吸引力和覆盖面。保险业过去 10 年保险资金年均投资收益率为 5.3%，过去 20 年保险行业投资收益每年都保持了正收益，即使在 2008 年危机、2022 年极端不利市场环境下，财务收益率也分别达到了 1.89% 和 3.76%，波动幅度远小于其他机构投资者，为客户提供了稳健、客观的投资回报。随着居民对房地产增值预期的改变以及长期市场利率的不断下行，专属商业养老保险等其他合格保险产品越发具备吸引力，极大拓宽了个人养老金潜在客户范围，加快居民储蓄向投资的转化，逐步与国际养老金运作模式接轨。

保险业的长期属性，有利于个人养老金服务实体经济质效稳步提升。随着个人养老金试点不断深入，其成为中国家庭财富增值保值的重要工具，可以有效促进退休收入结构的多元化，增强退休收入稳定性，进而刺激消费需求，增强经济发展的内生动力。反过来，良好的经济发展环境和资本市场条件又可反哺个人养老金规模的持续增长，为应对人口老龄化提供保障，形成相互促进的良好局面。个人养老金积累的保险业资金作为我国金融市场重要的增量资金，在参与重大工程建设、盘活存量资产、服务国家战略等方面具有天然优势。通过债券、股票、股权及保险资产管理产品等方式为健康中国、产业升级、绿色转型、重大区域战略等领域提供中长期资金支持，为推动实体经济高质量发展注入了新活力。

综上所述，保险业长期稳定的投资收益为个人养老金充分发挥经济补偿、资金融通和社会管理职能，满足人民群众丰富多样的风险转移和财富保值增值需求，提供了坚实的基础。

（四）综合性服务整合者

产品端成为养老服务的重要支付方。在 2021 年的政府工作报告中，服务功能首次被提及，医疗与护理等服务成为养老金融必须涉足的领域。保险机构凭借保险资金的长期稳定优势，多年来构建了先服务后支付的差异化竞争优势。养老方面的保险需求一方面是年老后生活费用的给付需求，另一方面是由于身体机能的衰退所产生的医疗照护费用的支付需求。从产品的属性来看，生活费用补充的需求所对应的保险解决方案为年金险、风险保障型寿险等产品；医疗照护需求所对应的解决方案为医疗保险、护理保险等产品。随着我国老龄人群的不断扩大，仅靠第一支柱提供养老保障愈显乏力，个人养老金保险产品兼具保障责任和长期领取属性，购买加载了优质养老服务与健康服务的个人养老金保险产品将成为防老、养老的必要配置。

服务端成为养老产业的重要协同方。商业养老保险作为养老产业链中重要的资金环，连接“医、药、养、地、科、护”等诸多领域，打造了“产品 + 场景 + 服务”的大养老生态圈。不论是健康管理服务，还是医疗服务，都与养老服务业务高度重叠，可以互为延伸。其中，养老社区主要服务于老年人群，既有硬件的居住服务，也有软件的生活照料与精神服务，对养老生活有很大的保障作用，而且养老社区定位于高端机构产品，其客户画像与个人养老金客户画像具有一定的匹配度，保险业投资开发养老社区及相关保险产品具有天然优势与能力。

参考国际和国内经验。从国际经验来看，日本生命保险（Nissay）是日本最大的寿险公司之一，长期为客户提供完善的养老服务，而公司的养老服务采用的是自建与合作相结合的模式，并且通过与养老护理机构合作为客户提供的养老服务规模远超出投资自建部分。英国健康险巨头保柏 (Bupa) 公司除了保险主营业务以外，所布局的健康产业链还包括医院、疗养院、诊所、健康评估中心、健身俱乐部、幼儿园等，为客户提供体检、疾病预防、治疗、养老护理等全面优质的医疗保健服务。我国保险业可以探索“产品 + 服务”模式，针对不同细分群体，围绕多元化的养老保障需求，提供差异化、综合化的全生命周期服务。从国内实践来看，中国太平加速在养老、医疗、健康、金融科技领域布局，致力于打造“保险 + 服务”生态闭环，积极推进太平康养生态联盟运作，成员单位数量增至 19 家，为客户提供了以保险服务为核心的养老、医疗、健康综合解决方案，有效促进了集团内个人养老金业务乃至第三支柱业务的协同发展。

三、保险业助力个人养老金制度建设与市场发展的路径展望

相较于其他金融行业，保险业在专业精算、长期投资、养老产业融合等方面具有独特优势，并在多年深度参与我国第二、第三支柱养老保险建设中积累了丰富经验。下一步，保险业可以依托保险保障功能，丰富产品供给，发挥保险业资金总量大、久期长优势，以稳健性资金管理和风险保障功能为目标，推进个人养老金制度完善以及市场推广，为客户提供可持续、稳健的投资收益，同步推动保险产品与养老服务有机结合，加大养老健康生态圈布局、增加养老服务供给、拓展养老产业链，着力满足人民群众多层次养老保障需求，进一步发挥好商业养老保险功能作用。

（一）促进制度建设

一是做好试点参与、促进制度推广。依托长期投资资金管理能力、长寿风险管理能力、医疗健康养老产业协同等领域的优势，以优质的产品设计提升民众参与度、以过硬的专业能力提升民众信任度、以完善的服务供给提升民众好感度，为制度的实施和推广打下坚实的群众基础。二是积极开展研究、促进制度完善。结合前期税延养老保险经验及专属商业养老保险、商业养老金试点工作实践等，积极总结个人养老金制度试点成效，通过课题研究、政策研讨等方式，主动参与有关部门制度研究制定工作，在后续激励政策的完善、个人养老金产品类型的限定、协调发展其他个人商业养老金融业务等方面，提供符合市场环境、符合人民需求、符合政府导向的意见和建议。三是提高格

局站位、促进市场发展。养老保险机构多年来积极参与第二支柱企业年金和职业年金的制度建设和运营管理，以及第三支柱试点工作和制度探索，在我国第二、第三支柱养老保险体系建设中发挥了重要作用。保险业应强化第二支柱企业（职业）年金基金管理中的受托职能，结合养老金客户群体优势，充分发挥“大管家”作用，从方案设计、咨询顾问、运营统筹等各个方面进一步凸显担当，全方位促进个人养老金及第三支柱市场发展。

（二）创新产品研发

一是突出政治导向，增强普惠性。立足机会平等要求和商业可持续原则，针对中低收入群体，提供可负担的产品，以制度的“政府背书”提升民众信任度，以入场门槛低的普惠性产品设计提升民众参与度，鼓励更多民众建立长期养老储备，实现全体人民共同富裕、推进中国式现代化建设。二是突出客户导向，提升灵活度。针对不同收入、不同年龄阶段、不同风险偏好的人群，从产品费率、缴费方式、领取方式、投资配置等方面，以满足客户的需求、提升客户的参与意愿为出发点，推出区域定制、行业定制、超大企业定制等满足不同群体客户需求的定制型产品。三是突出市场导向，注重差异化。立足保险产品特点，以保险理财的安全性、长期性、确定性为根本，融合保险产品的保障性，发挥保险分散风险的独特作用，以及在生命表、精算、年金化领取、医疗、护理服务等方面积累的经验，以专业性的“产品＋服务”的模式，体现保险产品的差异化、特色化。同时，也建议监管部门在新产品审批上适当予以政策支持，放宽个人养老金产品的多样性，允许个人养老金产品中以适当比例加入健康、护理、医疗、重疾等保险产品，并对于全生命周期的领取方式予以一定的政策倾斜，以提高民众对类似产品的参与度，提高个人养老金产品的保障功能。

（三）做好资金管理

一是完善长期投资理念。保险业参与个人养老金制度建设要建立符合生命周期特征的养老投资规划模型，覆盖个人从工作到退休至身故的全生命阶段的养老金投入、投资与领取的动态变化，帮助个人实现不同初始条件和替代率预期下的养老安排，充分体现与其他金融机构产品的差异化，逐步引导客户加大养老储备投入。二是加强投研团队建设。通过高标准组建认同长期投资理念的团队，在保险业个人养老金投资研究中践行长期投资理念，建立与长期投资相匹配的绩效考核体系，培育成熟的长期投资文化，为获得长期持续优异的投资业绩打下坚实的基础。三是提升投资收益率。保险业要抓住国民经济结构转型带来的新投资机会，利用固收及另类项目资源获取优势，积极寻找优质投资标的，有效落实保险服务实体经济战略，提升个人养老金资产管理的核心能力。同时，也建议监管部门针对性适当扩大投资范围，在保险业个人养老金产品方面，允许更高比例投资在权益类、另类资产领域；适度扩大对外开放水平，支持开展一定领域的海外投资，打造全球资产配置能力。

（四）提供配套服务

一是丰富产品给付手段。探索创新保险产品与康养服务相结合的不同模式，以刚性的养老需求带动相对低频的保险需求，提供差异化、综合性的“一揽子”养老需求解决方案。特别是着力探索将单纯的“现金给付”演进为“现金＋服务”综合解决方案，推进养老保险产品与“医”“康”等有机结合，将支付端与服务端连通、相互协同，打造“产品＋服务”的一站式供给，推进“保险＋养老地产”“保险＋养老社区”“保险＋居家养老”“保险＋健康管理”“保险＋照护服务”等多种模式创新。同时建议监管部门、财税部门、地方政府给予相关创新政策支持。二是加快提升适老化服务水平。依托保险机构成熟的销售及服务团队，在服务理念转变、设施配置升级、用户流程优化、产品服务创新、信息安全保障、应急事件处理等方面加大适老化改造力度，更深入地研究和细分老年群体的实际需求以及其在运用智能技术方面遇到的实际困难，更有针对性地提升适老金融服务水平。三是推进养老金融投资者教育。借助保险机构密集铺设的分支机构、专业的营销和服务队伍、坚实庞大的客户基础、较为成熟的线上服务平台等资源，利用网点队伍、线上平台优势推进养老金融教育，培育养老金融素养，进而延伸至专业性较强的养老理财规划、养老投资顾问等增值服务，协助消费者进一步分析养老诉求、个性化选择养老投资方案、控制养老风险暴露等。

参考文献

［1］黄昌兵：《商业保险参与第三支柱养老保险体系建设探讨》，《重庆保险》，2022 年第 15 期。

［2］李波、陈安弟、郑秉文：《积累型养老金与长期资本形成》，新金融评论工作论文，2023 年第 3 期。

［3］刘方涛等：《商业养老保险在养老第三支柱中的功能定位及发展规律探寻——基于多国比较研究》，中国保险学会 2022 年度课题项目。

[4]岁磊：《寿命延长、二胎政策与人口老龄化的经济效应》，《调研世界》，2017 年第 11 期，第 12–18 页。

[5]涂婧清、张夏：《美国 IRAs 的发展经验与中国个人养老金的发展前景》，远瞻智库，2022–06。

[6]王焯、李尚颖：《海外养老金长期投资策略及启示》，《清华金融评论》，2020 年第 9 期，第 87–89 页。

[7]王虎云：《我国个人养老金制度稳步推进》，《经济参考报》，2023 年 6 月 28 日，第 006 版。

[8]王小康：《个人养老金制度后的人身保险业趋势展望》，《保险理论与实践》，2023 年第 3 期，第 62–71 页。

[9]魏琳、葛清、贾怡、吴国栋、焦巍巍、吴兰岚、常静文、宋婷：《“保险产品 + 养老服务”的内在逻辑、经营模式及盈利模式研究》，《保险理论与实践》，2021 年第 6 期，第 99–121 页。

[10]徐超：《深度：如何布局个人养老金落地》，2022 年 12 月 16 日。

[11]姚庆海、李连芬、冯占军：《我国保险业参与养老产业发展研究》，《保险理论与实践》，2017 年第 9 期，第 1–32 页。

[12]于雷、杨元策，张维等：《我国第三支柱养老保险发展探析》，《保险理论与实践》，2021 年第 8 期，第 83–92 页。

[13]中国证券投资基金业协会：《个人养老金：理论基础、国际经验与中国探索》，中国金融出版社 2018 年版，第 100–113 页。

[14]周旭明：《“第三支柱”个人养老金制度发展的哲与思》，《上海保险》，2023 年第 3 期，第 42–45 页。

[15]周延礼：《发挥商业保险功能 服务第三支柱社保体系建设》，央广网，https://baijiahao.baidu.com/s?id=1749983467888808053&wfr=spider&for=pc，2022 年 11 月 20 日。

[16]周延礼：《落实个人养老金制度应对人口老龄化面临的风险挑战》，《当代金融家》，2022 年 12 月 19 日。

[17]朱俊生：《保险业是个人养老金制度的重要支撑》，《中国保险》，2023 年第 4 期，第 20–23 页。

[18]朱俊生：《促进保险市场高质量可持续发展》，《中国金融》，2023 年第 4 期，第 51–53 页。

分报告二十一
个人养老金与企事业职工家庭养老保障

一、职工家庭结构变化趋势与养老保障风险特征

人口老龄化将成为我国今后较长一段时期基本国情。伴随着人口以及家庭结构的调整和变化，家庭小型化趋势凸显，老年抚养比上升，城镇职工及其家庭的养老负担逐渐加重。与此同时，我国养老保障存在着一定的不平衡，有效服务供给不足，养老逐渐成为更多个人和家庭亟须面对的问题。

（一）人口老龄化与职工家庭结构变化趋势

1. 我国老龄人口总量大、占比高、增速快

国家统计局数据显示，2022 年我国 60 岁及以上人口为 2.80 亿，占全国人口的 19.8%，其中 65 岁及以上人口为 2.10 亿，占全国人口的 14.9%，相比 2021 年的 14.2% 增加 0.7 个百分点。这是中国 65 岁及以上人口占比连续第二年超过 14%（见图 21-1），意味着我国已经进入深度老龄化社会。根据国务院印发的《国家人口发展规划（2016—2030 年）》预测，2030 年我国进入超级老龄化社会，65 岁及以上人口占比将达到 20%。

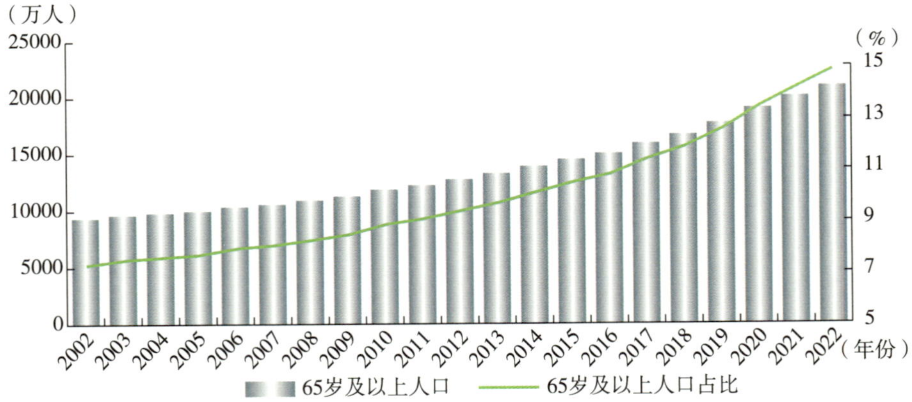

图 21-1 2002~2022 年中国 65 岁及以上人口数量及占比

资料来源：国家统计局。

2. 家庭小型化趋势凸显，家庭养老负担加重

伴随着经济社会发展和传统婚育观念转变，我国家庭小型化、核心化的趋势不断凸显。全国人口普查数据显示，2000 年至 2020 年我国家庭户数量的增速放缓，平均家庭

户规模不断下降，且降幅有扩大的趋势。2000 年我国城镇家庭户的平均规模为每户 3.46 人，2020 年缩减为每户 2.62 人，降到 3 人以下；城市家庭户的平均规模到 2020 年仅为每户 2.49 人（见图 21-2）。

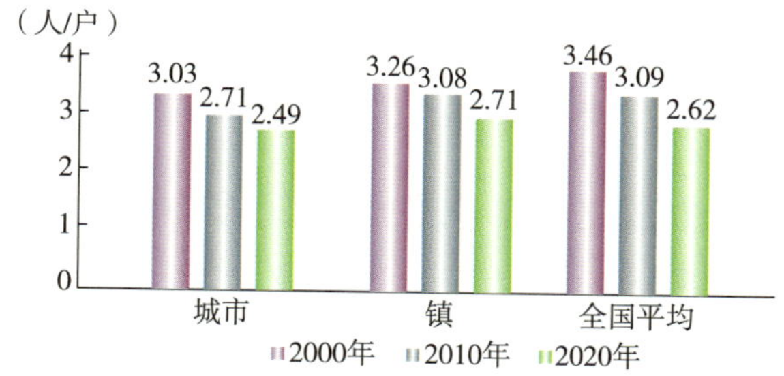

图 21-2 2000~2020 年中国城镇平均家庭户规模

资料来源：国家统计局。

同时，从家庭户类别构成上看，一代户占比大幅提升，2020 年已接近 50%；与之对应的是，二代户占比持续降低，已由 2000 年的接近 60%，降至 2020 年的 36.72%（见图 21-3）。家庭户规模缩小，意味着未来一人户、空巢和独居老年户等类型的家庭将增加，家庭养老保障功能降低。老年人的养老需求逐渐增长，但居家社区养老服务体系、长期护理保险制度和医养结合仍处于初步发展阶段，社会养老能力较弱，这是目前亟须解决的问题。

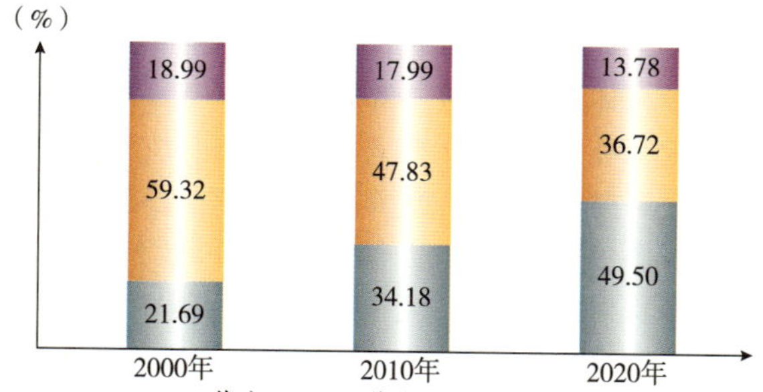

图 21-3 2000~2020 年中国家庭户类别构成

资料来源：国家统计局。

3. 老年抚养比上升，社会养老负担加重

随着老龄化加剧，社会养老负担加重。根据国家统计局数据，2019 年我国老年人口抚养比达 17.8%[①]。《2021 年度国家老龄事业发展公报》数据显示，全国 65 周岁及以上老年人口抚养比为 20.8%[②]。根据联合国人口司《2019 年世界人口展望》报告，在中等生育率水平下，2050 年我国抚养比将达到 43.6%，2060 年达到 53%[③]。这意味着，当“80 后”“90 后”进入老年阶段时，社会将面临巨大的养老压力。

（二）职工家庭的风险特征总结

1. 职工家庭小型化、风险特征复杂化

一是家庭结构方面，职工家庭结构小型化、老年化、独居化态势日趋明显。长此以往，将削弱传统家庭保障能力，提升市场化保障需求。职工家庭老年化、独居化、空巢化特征突出，增加了养老、健康与护理保障需求。

二是财富配置方面，过去十年，职工家庭财富增长稳定，但增速放缓，存在一定的财富差距。家庭资产配置中，房产占比高，金融资产和经营资产占比低[④]。商业保险参与率虽有所上升，但与发达国家相比仍有差距[⑤]。

三是风险意识方面，职工家庭风险意识持续增强，专业知识深化，防御准备多元。财富增长推动家庭更关注风险管理，养老、财富安全风险关注度提高，家庭定制个性化产品和服务的保险需求逐渐提高，医疗、健康管理和养老服务成为家庭服务需求核心。

四是保障模式方面，职工家庭现有风险保障模式面临三大挑战：基本养老医疗保障有缺口；房产增值空间下降；短期储蓄无法满足长期养老需求[⑥]。加之经济增速放缓、资本市场下行、理财刚兑打破、税收制度改革，职工家庭和个人普遍面临健康、养老、服务保障及财富安全的风险。为此，需要加强防御性资产储备，加强确定性保障。

2. 企事业职工与新业态群体的养老保障差异

（1）基本养老保险和企业年金方面。

在基本养老保险（第一支柱）方面，企事业职工一般是在所在单位参加城镇职工基本养老保险；而新业态群体，包括自由职业者、个体工商户、网络从业人员等，通常不属于企业雇用人员，他们或以个人身份参加职工养老保险，或直接参加居民基本养老保险，抑或不参加任何基

① 杨舸：《“中度老龄化”社会，我们准备好了吗》，《光明日报》，2020 年 10 月 29 日，第 002 版。

② 国家卫生健康委全国老龄办：《2021 年度国家老龄事业发展公报》，https://www.gov.cn/xinwen/2022-10/26/content_5721786.htm?eqid=d8297cc30005105e00000006645c9876。

③ 联合国人口司：《2019 世界人口展望》，2019 年 6 月 17 日。

④ 《中国城镇居民家庭资产负债调查》，《上海商业》，2020 年第 5 期，第 5 页。

⑤ 王海萍、唐园园：《社会互动、网络信息和家庭商业保险参与》，《宏观经济研究》，2022 年第 6 期，第 93-111 页。

⑥ 长城人寿保险股份有限公司、清华大学五道口金融学院中国保险与养老金研究中心：《中国家庭风险保障体系白皮书（2023）》，2023 年 4 月 20 日。

本养老保险。基于此，两类群体的基本养老保险缴纳方式也不同：企业职工的养老保险是由雇主和职工按比例缴纳的，而新业态群体则通常需要个人主动缴纳相关保险费用，或者通过其他保险方式进行个人养老储备。

企业年金（第二支柱）一般由职工和企业共同缴费。规模较大的企业单位往往为职工提供单位统一组织的企业年金计划，规模较小的单位或安排职工参加企业年金（集合计划为主），或不提供企业年金计划；而新业态群体往往没有途径参与企业年金计划。

（2）第三支柱个人养老金的适应性方面。

职工群体是个人养老金制度面向的主要群体。对于新业态群体，虽然个人养老金制度在个人账户设计、缴费灵活性等方面与新业态群体存在一定的契合度，但新业态群体参与个人养老金存在以下问题：

一是信息获取不畅通，参与意识不够。通过业务实践观察到，新业态群体自身及家庭对个人养老金制度的知晓度较低，对相关政策的关注度不高、关注意愿不强。此外，该群体通常年轻且收入较低，家庭当期的养老负担相对较轻，对未来退休的需求和风险的认知不足，很少主动参与个人养老金计划①。

二是收入来源不稳定，储蓄方式较传统。新业态群体往往从事临时性、兼职性或自主创业性的工作，收入具有不稳定性和不确定性。因此，新业态群体往往没有充足的储蓄来缴纳个人养老金。他们更可能将有限的资金用于日常生活和其他紧急需求，而不是留作养老金积累。

三是税收优惠政策匹配度低，产品吸引力不大。有学者研究表明，制度路径依赖促成了个人养老金的 EET 税收优惠模式，这既造成了明显的门槛效应，又限制了未来的参保规模，还将最需要保障的群体排除在制度之外②。部分新业态群体进行非正规就业，获取非正式收入，导致他们往往并不需要缴纳（或足额缴纳）个人所得税，因此现有“EET”的税延模式，对该群体并无吸引力，且在领取时反而会产生额外的个人所得税支出。同时，目前的个人养老金产品往往面向传统就业的人群，而新业态群体希望有更灵活的缴费方式、更高的投资回报率以及更适合自己工作特点的养老金产品③。

（3）家庭综合养老保障方面。

从经验判断来看，企事业职工的养老保障水平相对较高，基本养老保险金根据工资水平和缴纳年限来计算，能保障基本生活需求，加之养老保险第二、第三支柱的补充，就双职工家庭而言，可以有相对宽裕的老年生活；而新业态群体的养老保障通常较薄弱，有些人可能没有稳定的养老金来源，依赖个人积蓄或者其他收入来维持生活。

二、企事业职工家庭养老保障的现状与存在问题

目前企事业职工群体及其家庭成员的综合养老保障形势并不乐观。在职职工面临着赡养负担重，且预计未来持续加重的问题。退休职工的养老金替代率逐年下降，养老金增幅逐年收窄。加之经济转型时期不确定性因素增加，企事业职工群体的个人养老规划显得尤为重要。

（一）职工养老保障体系现状

1. 三支柱养老保障体系结构初步形成

与西方国家不同，我国老龄化表现出“未富先老”的态势。研究显示，发达国家进入老龄社会时人均 GDP 水平高于 1 万美元，进入深度老龄社会时人均 GDP 水平为 2 万美元；已经进入超级老龄社会的德国、日本两国，人均 GDP 为 4 万美元。而我国在 2000 年进入老龄化社会时，人均 GDP 约为 800 美元，与发达国家的水平相差较大④。为积极应对人口老龄化，国家提出健全可持续的养老多层次社会保障体系，即以基本养老保险为基础、以企业（职业）年金为补充、与个人养老相衔接的“三支柱”养老保险体系。目前，我国多层次养老保障体系初步形成，但仍存在着保障水平不高、制度碎片化、转移接续和便携性差、地区间社保财务不平衡、竞争不公平等问题⑤。

2. 第三支柱尚处于起步阶段

2022 年 11 月，人力资源和社会保障部（以下简称人社部）等五部门印发《个人养老金实施办法》。个人养老金是政府政策支持、个人自愿参加、市场化运营、实现养老保险补充功能的制度。参加人每年缴纳额度个人养老金的上限为 12000 元，可按月、分次或按年度缴纳。个人养老金账户封闭运行，出现到达领取基本养老金年龄、完全

① 张盈华：《“账户养老金”的实践问题与制度重构——基于零工经济适应性的视角》，《华中科技大学学报（社会科学版）》，2023 年第 4 期，第 28–36 页。

② 高庆波：《个人养老金规模预测与偏差——基于制度变迁的视角》，《华中科技大学学报（社会科学版）》，2023 年第 4 期，第 48–60 页。

③ 郭玮、刘烨、朱跃龙：《个人养老金制度的参与意愿、政策诉求与对策建议——基于北京市的调研数据》，《中国人事科学》，2023 年第 6 期，第 81–91 页。

④ 戈艳霞、王添翼：《人口老龄化背景下医保基金可持续发展的风险分析》，《中国医疗保险》，2021 年第 2 期，第 20–25 页。

⑤ 郑秉文、董克用、赵耀辉等：《养老金改革的前景、挑战与对策》，《国际经济评论》，2021 年第 4 期，第 4 页、第 9–31 页。

丧失劳动能力、出国（境）定居等情形时，可领取个人养老金。36个城市（地区）先行试点个人养老金制度，推进多层次、多支柱养老保险体系建设。

人力资源和社会保障部数据显示，截至2023年6月末，全国36个先行城市（地区）开立个人养老金账户人数4030万人[①]。基于试点情况，我国个人养老金的目标人群没有完全锁定和激发出来，相对于庞大的金融市场，个人养老金产品不够丰富，参与者的边际效应没有体现出来[②]。

我国养老金三支柱体系发展并不平衡，呈现第一支柱独大、第二支柱发展缓慢且覆盖面窄、第三支柱明显不足的特征，养老金体系结构上严重依赖第一支柱，缺乏可持续性。从资金结构上看，截至2021年末，我国养老金规模中第一支柱规模约占58.7%，第二支柱规模约占40.3%，第三支柱养老保险积累的占比仅在1%左右（见图21-4）。

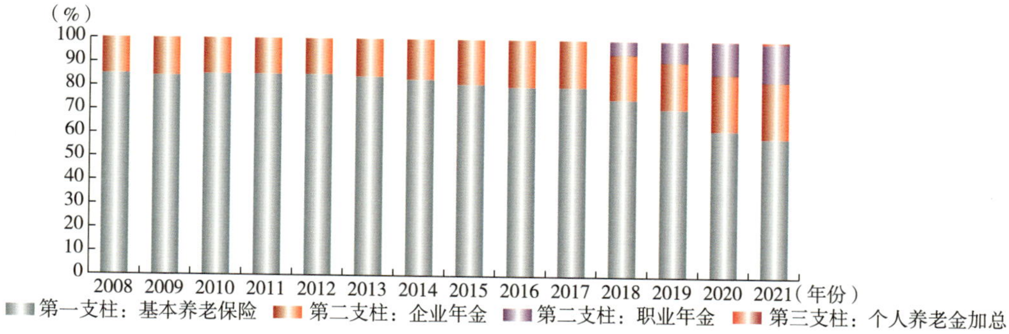

图21-4　2008~2021年我国职工养老保障三支柱占比情况

资料来源：本文作者根据人力资源和社会保障部发布的《人力资源和社会保障事业发展统计公报》、Wind信息网、网络公开信息等综合汇总得来。

（二）职工社保覆盖率高，但待遇保障有缺口

我国职工群体的社会保险覆盖率高，是职工及家庭的主要养老风险管理途径。2022年末，全国参加基本养老保险的人数为10.5亿人，其中参加城镇职工基本养老保险的人数为54952万，参加城乡居民基本养老保险的人数为54797万[③]。虽然覆盖率高，但社会养老保险的保障水平相对有限，根据人力资源和社会保障部、国家统计局公布的数据进行计算，2022年城镇职工月人均基本养老金约为3150元（见图21-5），替代率约为42.8%。此外，企业年金补充保障覆盖面较小，2022年末参加企业年金的职工为3010万人，仅占参加城镇职工基本养老保险人数的5.48%[④]。

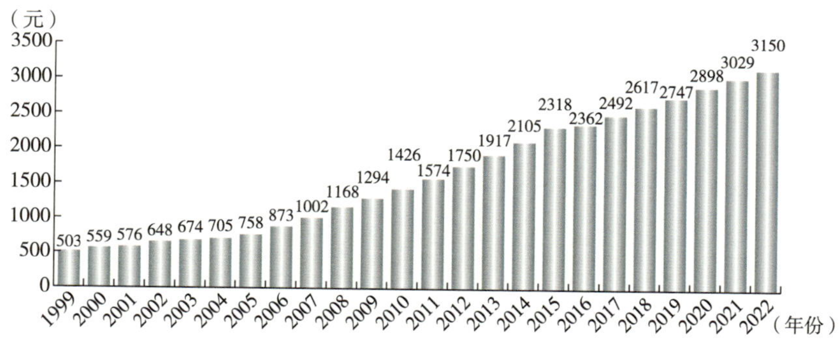

图21-5　1999~2022年我国城镇职工月平均基本养老金

资料来源：人力资源和社会保障部、国家统计局。

① 人力资源和社会保障部：《人社部举行2023年二季度新闻发布会》，http://www.mohrss.gov.cn/SYrlzyhshbzb/dongtaixinwen/fbh/202307/t20230721_503273.html，2023年7月21日。

② 汪泓：《个人养老金制度：共同富裕的战略选择与路径优化》，《新金融》，2023年第7期，第11-16页。

③ 人力资源和社会保障部：《2022年度人力资源和社会保障事业发展统计公报》，http://www.mohrss.gov.cn/xxgk2020/fdzdgknr/ghtj/tj/ndtj/202306/W020230630516037377667.pdf。

④ 人力资源和社会保障部社会保险基金监管局：《2022年度全国企业年金基金业务数据摘要》，http://www.mohrss.gov.cn/shbxjjjds/SHBXJDSzhengcewenjian/202303/W020230321375137526290.pdf。

1. 基本养老保险的制度赡养率持续提升

研究发现，我国的基本养老保险制度赡养率持续提升。制度赡养率是退休职工人数与在职职工人数之比，反映了基本养老保险的代际负担情况。《中国养老金精算报告（2019–2050）》预测基本养老保险的制度赡养率将持续提高，从2019年的37.7%提升至2050年的81.8%[①]，基本养老保险支付压力不断提升。

2. 基本养老保险的基金收支压力巨大

近年来，城镇职工基本养老保险基金收入的增长速度低于支出，导致基金当期结余减少。《中国养老金精算报告（2019–2050）》预测当期结余将于2028年出现赤字并不断扩大，累计结余将于2027年达到峰值，并在2035年耗尽[②]。近年来，我国基本养老保险待遇调整增幅持续降低，2023年降至3.8%（见图21–6）。

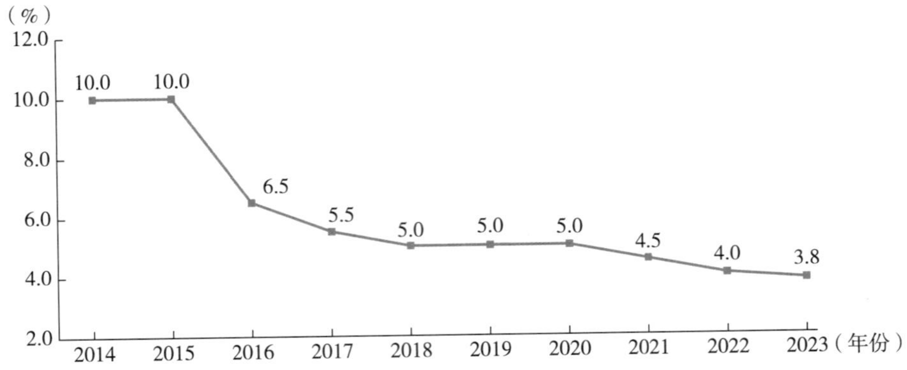

图 21–6　2014~2023 年我国城镇职工基本养老保险待遇调整比例

资料来源：历年人力资源和社会保障部、财政部关于调整退休人员基本养老金的通知。

3. 基本养老金替代率的区域差异显著

受区域经济结构、收入水平、中央补贴等因素影响，一些经济发展水平高的省市，基本养老金替代率反而较低。以2020年各省份城镇职工基本养老金替代率为例，北京、天津、上海、江苏、浙江、重庆、四川的替代率低于40%（见图21–7）。这表明发达地区的企（事）业单位职工面临更大的养老压力，需要多渠道提升养老保障程度。

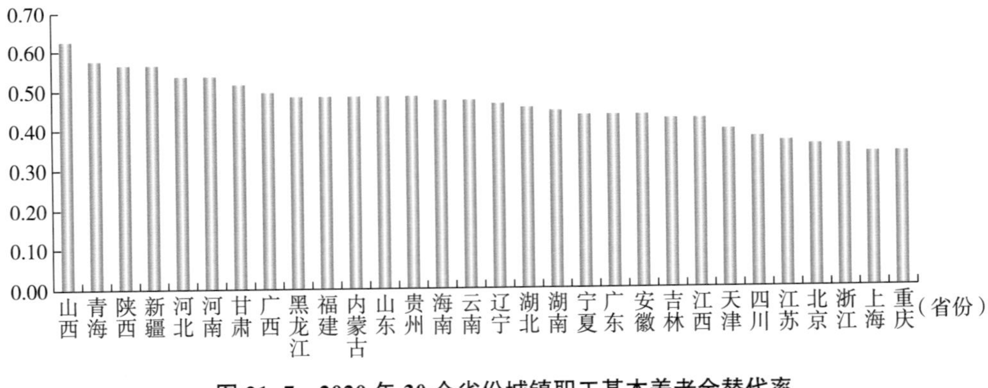

图 21–7　2020 年 30 个省份城镇职工基本养老金替代率

资料来源：费清、刘方涛、张芯等：《区域差异视角下的我国企业职工养老保险替代率缺口及解决路径探寻》，《保险研究》，2023年第1期，第68–83页。

（三）职工对个人及家庭养老保障的认知

1. 保障高度依赖基本养老保险

2022年2月，中国保险资产管理业协会发布的《中国养老财富储备调查报告（2021）》显示，约83%的受访者选择基本养老保险作为退休后收入的主要来源[③]，这充分表明我国居民对“第一支柱”基本养老保险的预期和依

①② 郑秉文：《中国养老金精算报告（2019–2050）》，中国劳动社会保障出版社2019年版。

③ 中国保险资产管理业协会：《中国养老财富储备调查报告（2021）》，2022年2月10日。

赖度较高，很多企事业职工认为自己有社保，没必要进行养老规划。但随着领取养老金人数的增多与缴纳养老金人数的减少，未来基本养老保险替代率的下滑趋势不可避免，仅依赖基本养老保险收入作为退休生活的收入来源，风险很大[①]。

2. 普遍缺乏系统性家庭保障规划

中国保险资产管理业协会发布的《中国养老财富储备调查报告（2021）》[②]显示，被调查人群中，无论哪个年龄段的受访人群，均有50%左右的受访者“具有退休规划的意识，但还未具体动手规划”（见图21-8）。这是因为养老筹资有其特殊性，怎么做养老资金规划是一个十分复杂的问题。首先，养老生活目标是远期目标，并非像买房买车这么具体，资金可衡量；其次，需要考虑寿命、通胀率、利率等诸多不确定因素的影响，养老目标的设定比较复杂；最后，养老资金的筹备需要借助多种不同的金融产品，很多人金融专业知识不足。因此，很多人没有提早进行养老保障规划。

年龄	从未想过（%）	想过，但未具体规划（%）	已有初步规划（%）	已有完整规划（%）
29岁及以下	34	50	13	2
30~39岁	25	56	17	2
40~49岁	16	52	29	3
50岁及以上	10	47	32	10
总体	21	52	23	4

图21-8　不同年龄段养老规划情况调查

资料来源：中国保险资产管理业协会：《中国养老财富储备调查报告（2021）》，2022年2月10日。

3. 全生命周期财务规划专业能力不足

根据2020年发布的《国人养老准备报告》发现，“进行养老财务准备时面临的问题或困难”主要是“专业知识不足”和“市场上产品太多不知如何选择”，说明国人对于养老财务规划还比较缺乏系统、专业的知识（见图21-9）。养老筹资过程中需要运用多种不同的投资工具，并非简单的存钱。养老金融产品有很多，如果个人从三四十岁开始筹资，从筹备到退休使用至少有20年的时间，在长时间跨度内筹划大规模资金并达到保证退休生活获得稳定、安全的现金流的目的，更需要专业的财务规划知识及咨询服务。

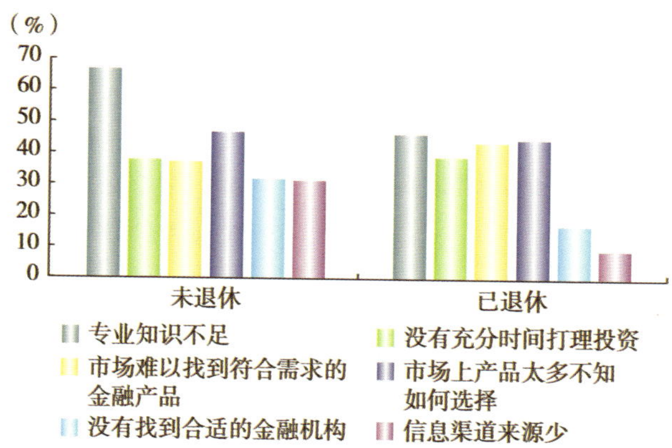

图21-9　受访者进行养老财务准备面临的困难和问题

资料来源：清华大学老龄社会研究中心、清华大学经济管理学院、腾讯理财通、腾讯金融科技智库、腾讯金融研究院2020年联合发布的《国人养老准备报告》。

① 狄文淑、刘方涛、董健颖：《我国企事业职工的养老筹资路径研究》，《保险理论与实践》，2022年第9期，第87-104页。
② 中国保险资产管理业协会：《中国养老财富储备调查报告（2021）》，2022年2月10日。

三、个人养老金制度与完善职工家庭综合保障的关系

长寿时代下，职工个人在家庭综合保障的筹资中承担越来越大的责任，需要以未来养老目标为出发点，规划养老资金。养老资金规划是一个长期的过程，应借助专业机构的服务使养老资金实现保值增值，确保退休后能够获得长期、稳定的现金流，从而享受坦然、舒适的老年生活。

（一）个人养老金对职工家庭养老保障的重要性

职工家庭风险保障体系是基于家庭责任、风险与需求，运用保险、基金、储蓄、理财等产品的保障、保值和法律属性，提供健康、养老和财富保障。职工家庭通过杠杆类账户填补基本风险缺口，保值类账户对抗财富波动风险，利用法律进行财富安全管理；结合保险产品和服务，联动虚拟支付和实体医养服务，提供综合康养解决方案。

从制度内容上看，个人养老金的特征是“低投入、保长远”，其运作安全、成熟稳定、标的规范、侧重长期保值等方面的特征，与企事业职工家庭养老的长期稳健保障需求相契合，应成为职工家庭保障的重要一环。

从账户制的角度，增加个人在养老保障中的责任是养老金改革的重要选项，无疑账户养老金是最能体现个人养老责任的制度安排①。从国际实践上看，将账户制的个人养老金制度纳入多层次养老保障体系，有助于平衡政府、企业、职工在多层次养老保障体系中的责任。

（二）个人养老金制度与职工现行的养老保障模式高度契合

《国务院办公厅关于推动个人养老金发展的意见》对个人养老金制度的参加范围、制度模式、缴费水平、税收政策等进行了具体规定。从制度内容上看，个人养老金制度与职工现有的养老保障模式、收入结构和实际需求高度契合，具体有如下几个方面：

1. 制度覆盖群体

参加城镇职工基本养老保险或者城乡居民基本养老保险的劳动者，都可以参加个人养老保险。其中，职工群体完全被个人养老金制度覆盖，在收入水平、保障意识等方面，职工群体往往也高于居民群体，因此是个人养老金制度覆盖率扩面的主力。

2. 税收优惠政策

根据规定，对缴费者按每年 12000 元的限额予以税前扣除，投资收益暂不征税，领取收入实际税负由 7.5% 降为 3%。国家统计局数据显示，2022 年全国规模以上企业就业人员年平均工资为 92492 元②，而目前个税起征点为 5000 元 / 月（6 万元 / 年）。因此，相较于居民群体，广大职工群体更能享受到税收优惠政策。同时，人力资源和社会保障部、财政部也表示，将根据经济社会发展水平和多层次、多支柱养老保险体系发展情况适时调整缴费上限。

3. 积累与投资方式

个人养老金实行个人账户制度，缴费完全由参加人个人承担，实行完全积累。账户资金用于购买成熟稳定、侧重长期保值的四类金融产品，包括银行理财、储蓄存款、商业养老保险、公募基金，参加人可自主选择，自行承担风险。基于上述特征，相较于居民群体，具有较高金融素养的职工对个人养老金的积累方式和投资模式更容易理解和接受。

4. 领取方式

个人养老金资金账户实行封闭运行，其权益归参加人所有，除另有规定外不得提前支取。这也意味着，个人养老金制度具有强制养老储蓄的功能，与职工群体退休后基本养老金的领取相配合，共同保障其老年生活。

（三）个人养老金助力职工家庭养老保障的保险实践

1. 产品和服务方面

保险公司的核心优势是具有长期乃至终身保障型产品设计及风险管控能力，同时通过布局养老产业链、探索医养结合模式，率先探索解决客户的实际养老痛点。特别是大型保险机构的产品服务体系健全，地域覆盖广、点对点销售能力强、客户定位与个人养老金目标客户相匹配，形成了“保险产品 + 服务”的差异化竞争优势，有利于克服客户养老过程中的痛点。

相较于基金、理财、储蓄类产品，保险公司在产品保本属性和养老服务等方面具有差异化竞争优势。对职工和家庭而言，存储养老金的核心目标是解决老年阶段的医疗护理及衣食住行等问题，当前保险公司率先布局养老产业链，在满足客户养老金存储需求的基础上将产业链延伸至养老服务的供给，在产品端形成投资收益率之外的核心竞争优势。在产品性质上，商业养老保险产品具有独立账户核算、投资连结、账户具有最低保证收益、养老金领取时转化为年金支付等特点，更符合养老长期稳健的保值增值要求③。

① 齐传钧：《账户养老金的发展历程与功能定位》，《华中科技大学学报（社会科学版）》，2023 年第 4 期，第 19–27 页。

② 国家统计局：《2022 年规模以上企业就业人员年平均工资情况》，http://www.stats.gov.cn/sj/zxfb/202305/t20230509_1939287.html。

③ 刘方涛、费清、张蕊等：《保险、银行、基金参与个人养老金制度建设的 SWOT 分析》，《保险理论与实践》，2022 年第 6 期，第 42–59 页。

2. 推动个人养老金与职工养老保障对接的实践

2022年以来，保险行业紧跟国家战略，积极响应国家多层次养老保障体系建设，贯彻落实《国务院办公厅关于推动个人养老金发展的意见》及《个人养老金实施办法》的工作指示，充分发挥商业保险机构优势，积极参与个人养老金制度试点。从类型上来看，目前个人养老金的保险产品类型较为多样，包括专属商业养老保险、两全保险、年金保险等，为企事业职工提供了多样化的选择。

以某家在职域业务方面领先的专业养老保险机构为例，该机构的企事业单位专属产品成功入围个人养老金产品名录，为广大企事业单位职工提供员工福利保障。该机构自2023年5月全面开展个人养老金业务，截至2023年8月中旬，累计为超过3500位企事业单位职工及其家属提供个人养老金业务，累计产生超过4000万元个人养老金首期规模保费①，并将持续扩大企事业单位个人养老金业务辐射面，深耕国家养老三支柱体系发展，同政府和企事业单位一起，助力完善广大职工群体及其家庭的养老保障规划。

四、推动个人养老金与职工家庭养老保障有效衔接的建议

基于企事业职工的保障需求、家庭共济需求、收入结构等因素，结合行业实践中发现的相关问题，本文提出如下完善个人养老金制度的政策建议。

（一）探索个人养老金的即期年金领取方式

在领取期，探索个人养老金与即期年金产品对接，实现个人终身领取的目标。即期年金通常体现为趸缴全部额度，整付购买，再分期领取，可以通过产品设计实现终身领取、特定时刻领取等功能。可以说，个人养老金实现了职工养老金的积累，而即期年金解决了有效领取的问题。

因此，建议鼓励保险机构积极探索对接个人养老金的专属即期年金产品，并给予参保人进一步的税收优惠，引导其终身领取。

（二）拓展家庭共济保障模式

目前个人养老金缴费上限为每人每年12000元，且只能参加人自己缴费。为了扩大制度覆盖面、实现家庭保障，建议税收优惠政策拓展至家庭共济保障，即参加人可以为配偶缴费（权益完全由配偶享受，缴费不超过单人缴费上限），并由参加人享受税收优惠（即合计享受税收优惠不超过2倍的缴费上限）。

（三）丰富个人养老金产品的内涵外延

丰富个人养老金产品的内涵外延，探索将重疾、护理、失能等保障类产品纳入个人养老金产品范畴。在“4-2-2”的家庭结构下，职工家庭对重大疾病、失能护理的保障需求持续提升，需要持续稳定的积累，而个人养老金的长期保障属性恰好与之契合。因此，可以适当拓展保障范围，探索将长期重疾、失能护理类等给付型产品纳入个人养老金产品范畴。

（四）提高个人养老金产品的灵活性

账户长期锁定，虽然体现了个人养老金的长期保障属性，但也使职工群体等“准参加人”产生忧虑，担心自己和家庭在缴费期间发生流动性问题时，无法支取应急。因此，实现第三支柱养老保险的规范发展，需要从供给侧结构性改革入手，从统一制度设计、加大税优支持和简化操作流程等方面，完善相应的政策②。同时，应进一步提高个人养老金产品的灵活性，充分考虑“应急支取”“中断缴费”“转移接续”等情况，解决参加人的后顾之忧。

① 该部分数据由本文作者通过调研获取。

② 房连泉、李雨朋：《规范发展第三支柱养老保险》，《中国社会保障》，2022年第4期，第86-87页。

下　篇

国际比较篇

分报告二十二
中美养老金制度对比研究：历史、现状和启示

一、美国养老金制度现状

（一）美国养老金三支柱体系及规模

美国养老金制度由三部分组成，称为养老三支柱体系：第一支柱是基本养老保险，即联邦社保基金。联邦社保基金由联邦政府管理，包括退休金、残障和遗嘱保险等。第二支柱是企业（职业）养老金，是由雇主和雇员共同出资构成的企业年金或职业年金。企业年金是雇主为员工提供的退休金计划，职业年金则是由行业协会或工会提供的退休金计划。第三支柱是个人养老金，包括个人退休账户（IRA）和 401（k）计划等。个人退休账户是个人自愿设立的养老金计划，而 401（k）计划是由雇主协助缴款的员工退休储蓄计划[①]。

其中，企业养老金主要分两种模式进行运作，分别为确定缴费型计划 DC（即 Defined Contribution）和确定给付型计划 DB（即 Defined Benefit）。DC 计划，即雇员每个月缴纳确定数额的养老金进入企业养老金账户，最终能够在退休后领取的数额由缴纳金额及账户投资收益共同确定。DC 计划可根据个人的风险偏好自行选择投资方案，缴费方案简单，比较受企业青睐，但投资风险由雇员个人承担。DB 计划为确定给付型，企业通过计算雇员退休后每年需要发放的养老金数额确定总缴费金额及个人缴费金额，雇员退休后每月领取额度是固定的。DB 计划的投资风险由雇主承担，一般呈现比较稳健的投资风格，选择一些低风险的债券产品。个人无须承担市场风险，但存在因人口结构改变而带来的账户运营危机，且这种计划的账户灵活性较差。

从纳税方式上看，养老金账户可以大致分为传统型和罗斯型两种[②]。美国养老第二支柱和第三支柱内都设有传统型账户和罗斯型账户，传统型账户为 EET 模式（后端纳税），即在缴纳养老金时免税但在退休提取养老金时要扣税；而罗斯型账户为 TEE 模式（前端纳税），即在缴纳养老金时扣税，领取养老金时免税。两种账户类型的缴存时限也不同，传统型账户在达到一定年龄后不再能往里面存钱，而罗斯型账户则可以一直往里面存钱，并具有一定的传承功能（见表 22–1）。

表 22–1　美国养老三支柱体系结构

	第一支柱 （联邦社保基金）	第二支柱 （企业 / 职业年金）	第三支柱 （个人养老金）
市场规模及占比	2.83 万亿美元 占比约 8%	约 20.1 万亿美元（其中 DB 计划 10.75 万亿美元；DC 计划 9.35 万亿美元），占比约 57.6%	12.0 万亿美元 占比约 34.4%
覆盖人数	基本全部覆盖	约 7453 万美国家庭（58%）	约 4800 万美国家庭（37%）

① 中金公司研究报告：《养老金政策解读：中外差异、产品现状与业务机遇》，2022 年 4 月。
② 中信证券研究报告：《个人养老金产品的现状梳理与趋势展望》，2023 年 6 月。

续表

	第一支柱（联邦社保基金）	第二支柱（企业 / 职业年金）		第三支柱（个人养老金）
主要计划类型	老年、遗嘱与残障保险（OASDI）	确定给付型（DB 计划）	确定缴费型（DC 计划），主要为 401（k）	传统个人账户制（IRA） 罗斯 IRA（Roth IRA）
账户模式	统一由 OASI 与 DI 信托基金管理	统一员工信托基金	雇员个人退休账户，可向 IRA 转存	个人独立退休账户
税收模式	免税	免税	EET［罗斯（401(k)）为 TEE］	EET（罗斯 IRA 为 TEE）
缴费模式及金额	税前收入的 12.4%（雇员与雇主各 50%），纳税上限为 14.7 万美元 / 年	依据员工最终收入、工作年限确定雇员和雇主共同出资	雇主协助缴款，配比在 25%~50%，不超过员工总收入的 4%~6%	个人决定（SEP IRA、SIMPLE IRA 账户企业需要出资）
缴费上限	固定费用，最高免税额为 14.7 万美元 / 年	按既定给付金额计算	不超过 20500 美元 / 年	不超过 6000 美元 / 年（50 岁以上人群不超过 7000 美元 / 年）
福利上限	截至 2022 年，固定金额 1657 美元 / 月（19884 美元 / 年）	年金不高于"雇员连续三年最高平均薪酬的 100% 或 24.5 万美元 / 年"中的较低者	与投资收益有关	与投资收益相关
领取时间	达到法定退休年龄（65 岁）后可正常提取 若提前（62~65 岁）延后（67 岁后）将按比率减少 / 增加金额		59.5 岁后可提取，72 岁后需要强制提取 （罗斯计划无限制，存满 5 年即可领取）	
资产配置方向	特别发行的非公开证券	企业寻找机构进行托管、投资管理等	托管机构提供投资建议，个人在给定计划范围内进行配置，主要配置于各类基金	自主决定、自由配置各类金融资产

资料来源：美国社会保障署（SSA）、美国劳工部（DOL）、中金公司研究部。

经过几十年的快速发展，美国养老金账户现存资金规模庞大。根据数据显示，截至 2022 年底，美国养老金的总规模约 34.8 万亿美元。其中，联邦社会保障基金规模约 2.8 万亿美元，占比约 8%。企业年金和职业年金规模最大，规模约为 20.0 万亿美元，占比为 57.5%，个人养老金规模约为 12.0 万亿美元，占比为 34.5%[①]。从图 22-1 中可以看出，随着美国经济的持续发展，美国养老金规模持续扩大，至 2021 年达到阶段性高点，美国养老金储蓄规模一度达到美国 GDP 规模的 168%[②]。

（二）美国养老金配置方向

美国养老金的配置方向主要包括共同基金、银行和储蓄机构存款、寿险公司资产以及其他直投类资产[③]。根据不同的养老金计划和投资者的风险偏好，养老金可以投资于不同类型的资产，以实现长期稳健的增值。一般来说，养老金的配置会根据投资者的退休日期逐渐调整，从较高风险的资产向较低风险的资产转移，以保证退休后的收入稳定性。在权益类资产中，养老金通常会投资于大型蓝筹股和成长型股票，以获取长期增长和分红收益；在债券类资产中，养老金通常会投资于政府债券和高信用公司债券，以获取稳定的利息收入；此外，养老金还可以投资于房地产、基础设施和其他替代性资产，以实现更好的分散投资和风险管理。养老金的配置策略通常由专业的投资管理机

① 中金公司研究报告：《养老金政策解读：中外差异、产品现状与业务机遇》，2022 年 4 月。

② Social Security Administration: Annual Statistical Supplement, 2022, https://www.ssa.gov/policy/docs/stat comps/supplement/ 2022/ supplement22.pdf.

③ 郑秉文：《我国养老金精算报告 2019–2050》，中国劳动社会保障出版社 2019 年版，第 2–11 页。

构和顾问团队负责制定和执行。

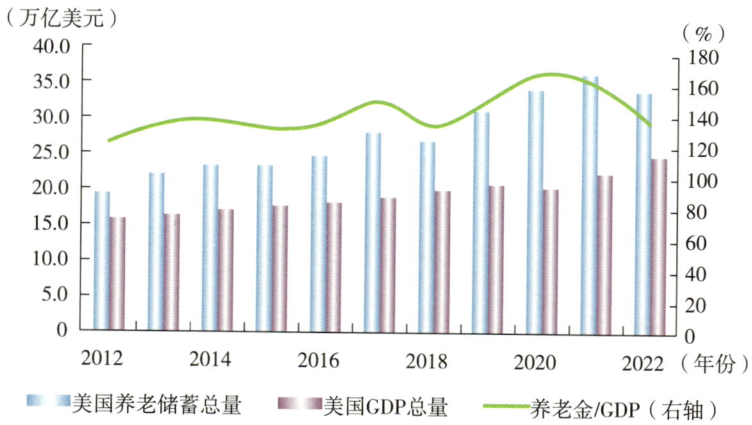

图 22-1　美国养老金储蓄占 GDP 比例

资料来源：美国投资公司协会（ICI）、美国社会保障署（SSA）、鹏华基金。

如图 22-2 所示，截至 2022 年，IRA 账户的资产配置结构中，共同基金和直投类资产占比较高。1980~2000 年，美国 IRA 账户中直投类资产与共同基金占比快速提升[①]。

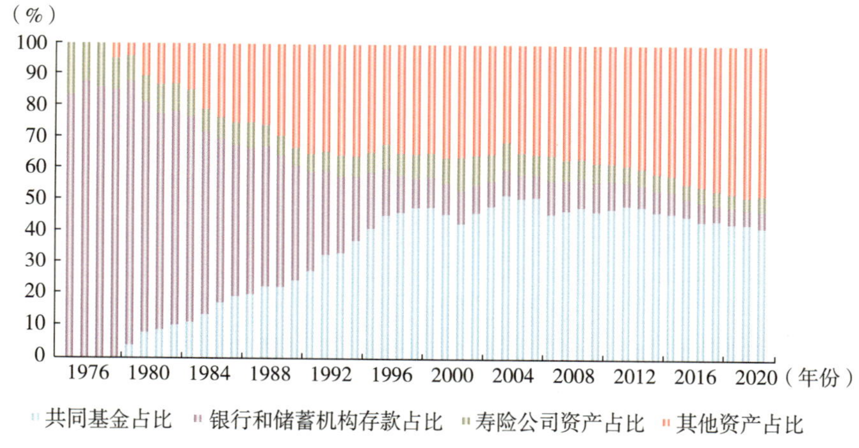

图 22-2　美国 IRA 账户资产配置结构

资料来源：美国社会保障署（SSA）、美国劳工部（DOL）、鹏华基金。

美国个人养老金账户（IRA）自设立以来的规模变化如图 22-3 所示。截至 2022 年，美国 IRA 账户资金规模为 12.0 万亿美元，其中共同基金 5.0 万亿美元，占比 41.7%；保险类资产 0.6 万亿美元，占比 5%；现金储蓄 0.55 万亿美元，占比 4.6%；其他资产 5.8 万亿美元，占比 48.1%。其他资产包括直投股票、直投债券、封闭式基金、ETFs 及其他资产（如信托等）。

在养老保险第二支柱中，DC 计划和 DB 计划的现存资金体量接近，其中DB计划的风险偏好较低，主要持有偏债类资产，而DC计划的风险偏好更高，持有的权益类资产更多。共同基金是DC计划配置的主要方向，占比超过90%，而其配置的主要结构如图22-4所示，以股票类基金为主，占比常年超过五成，股票加混合型基金的占比超过八成。以2022年DC计划的配置结构为例，共同基金中股票型配置比例为58.1%，混合型比例为27%，债券型比例为11.5%，货币型为3.4%。

① 李丽丽：《第三支柱个人养老金：美国、新西兰、加拿大三国的发展经验与启示》，《国际金融》，2022 年第 11 期，第 29-34 页。

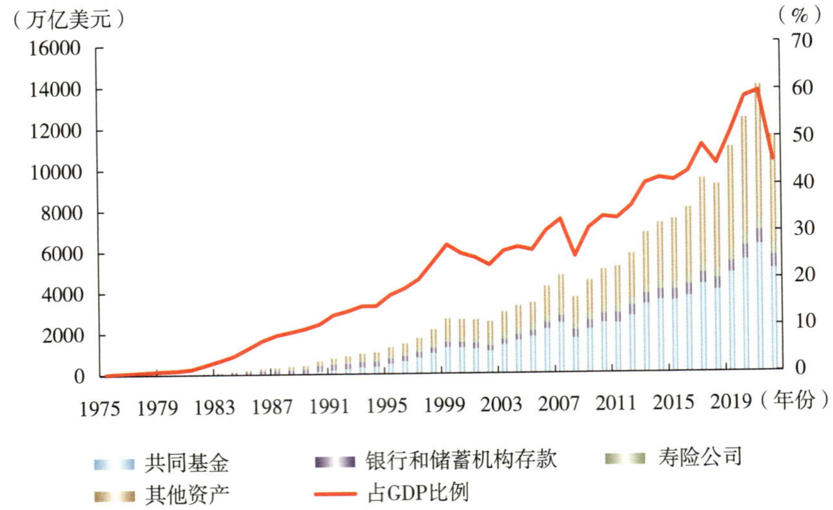

图 22-3 美国 IRA 账户规模变动情况及占 GDP 比例

资料来源：美国社会保障署（SSA）、美国劳工部（DOL）、鹏华基金。

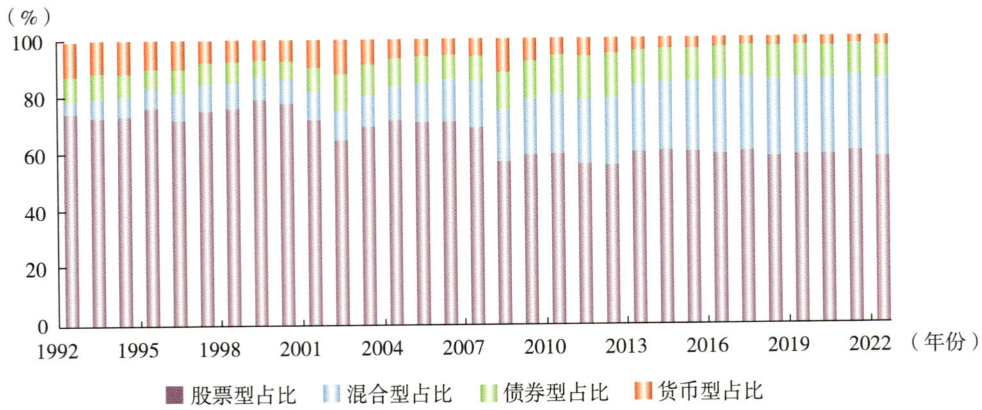

图 22-4 DC 计划配置共同基金的结构

资料来源：美国社会保障署（SSA）、Wind、鹏华基金。

二、美国养老金制度发展的历史沿革

美国养老金制度自起源至今已有近 200 年的历史，它的发展反映了美国政府如何逐步调整社会政策，以应对人口老龄化、经济波动和劳动力市场变化等多重挑战。1862 年，美国首个养老金计划开始实施，该计划主要是为在战争中致残的士兵提供养老保障金。后来支付范围逐渐扩大到阵亡士兵的家属；1875 年，美国运通公司为其雇员建立了世界上第一个正式的雇员养老金计划；到 1925 年，美国主要的铁路、电气、银行、煤矿及石油公司都建立了正式的雇员养老金计划[①]。至此，美国社会已经出现了多种由不同责任主体作为出资方的养老保障计划，但在政府立法层面还未清晰地规划这一体系。

（一）社会保险的起源（1935~1960 年）

1935 年，面对大萧条导致的大规模失业和贫困，罗斯福政府推出了《社会保障法案》（Social Security Act）。这个法案包含了一项划时代的养老保障制度，建立了以现收现付制为养老金财务模式的养老保障制度，标志着美国社会养老保险制度的正式建立[②]。这个制度的主要特点是

① Clark R L, Craig L A, Wilson J W, A History of Public Sector Pensions in the United States, Pennsylvania :University of Pennsylvania Press, 2003,pp.1-23.

② 赵福昌：《1935 年美国社会保障法案的出台及启示》，《地方财政研究》，2005 年第 4 期，第 53-56 页。

“三位一体”的养老责任共同承担，即由政府、雇主和个人共同负担养老金的缴纳，这种模式在当时的美国社会中得到了广泛的接受。这是美国第一个由联邦政府承担义务的，全国性的以解决养老和失业问题为主体的社会保障立法，为日后美国社会保障制度的进一步发展与完善奠定了基础，也为当时美国经济的发展提供了稳定的外部环境。

（二）医疗保险的引入（1960~1974 年）

美国从 20 世纪 40 年代起开始步入老龄化，出生率不断走低，老龄人口比重持续上升（见图 22-5）[①]。美国早在 1942 年时 65 岁以上老年人比例就达到了 7.11%，正式进入了老龄化社会。此后几十年里，美国出生率不断走低，1960 年每名妇女生育数为 3.65，1976 年降低至 1.74，此后虽有所回升，但都不超过 2.2[②]。20 世纪 60 年代后，随着战后“婴儿潮”一代的逐步老龄化，美国政府开始意识到养老金制度需要进行改革。1965 年，美国国会通过了医疗照顾（Medicare）和医疗援助（Medicaid）两大公共医疗保障计划，标志着美国政府开始全面介入医疗保障事务，以期提供给老年人更全面的养老保障。同时，为了缓解政府的财政压力，政府也开始鼓励私人企业设立养老金计划。

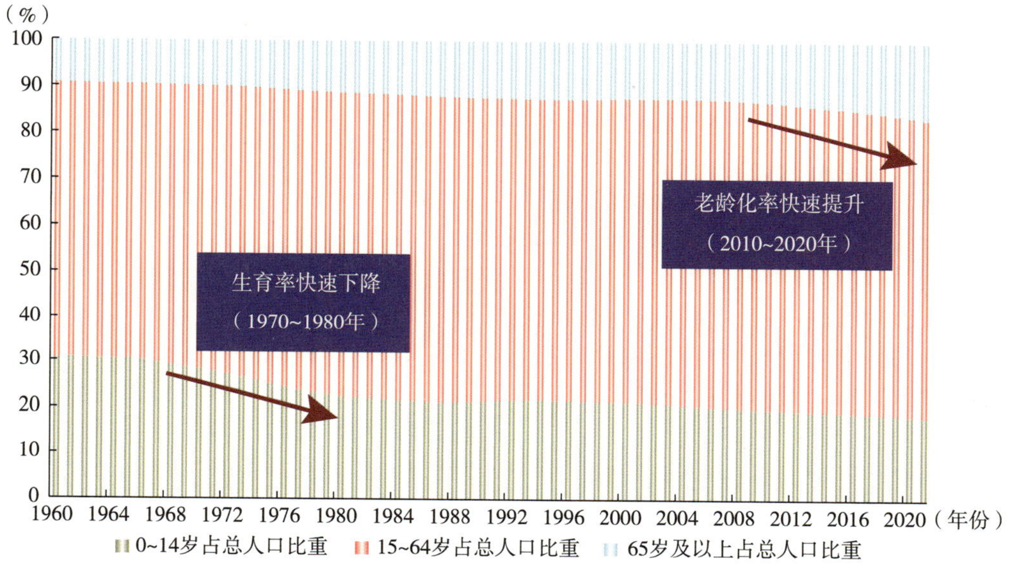

图 22-5　1960~2021 年美国各年龄人口比重

资料来源：美国人口普查局（BC）、鹏华基金。

（三）个人养老金计划的发展（1974~2000 年）

1974 年，美国政府通过了《雇员退休收入保障法案》（ERISA），这是对私人养老金计划的第一次重大改革。ERISA 制定了设立和运营私人养老金计划的一系列规范和标准，包括资金的管理和使用、信息的披露以及参保者的权益保护等。此外，ERISA 还设立了养老金保险公司（PBGC），为参加私人养老金计划的员工提供了一定的保障[③]。

然而，ERISA 并未解决所有问题。由于缺乏有效的激励机制，许多企业并未为员工设立养老金计划，导致私人养老金计划的覆盖率并不高。为此，美国政府在 20 世纪 80 年代和 90 年代分别推出了 401（k）计划和个人退休账户（IRA）等个人养老金制度，鼓励个人自行储蓄养老金。

同时，为了减少私人养老金计划的风险，政府也进行了一系列的监管改革。例如，政府规定企业必须为养老金计划设立信托，并由专业的管理人进行管理；政府还规定企业必须定期对养老金计划进行审计，以确保资金的安

① U.S. Census Bureau：An Aging U.S. Population with Fewer Children in 2020，https://www.census.gov /library/stories/2023/05/aging-united-states-population-fewer-children-in-2020.html，2020.

② 高瑾：《人口老龄化下美国养老金制度的发展与选择——以私营部门雇主提供的养老金计划为例》，《黑龙江省政法管理干部学院学报》，2020 年第 6 期，第 71-76 页。

③ Wooten J, The Employee Retirement Income Security Act of 1974: A Political History, California: University of California Press, 2004, pp.247-266.

全。至此，美国的养老三支柱体系正式成型，并发展延续至今。

（四）21 世纪的挑战与改革（2000 年至今）

进入 21 世纪，美国养老金制度面临新的挑战。一方面，由于人口老龄化和生育率下降，社会保险基金面临着给付压力。另一方面，个人养老金计划的覆盖率并不高（IRA 账户覆盖美国约 37% 的家庭）[①]，并且由于投资风格比较激进而存在一定的运作风险。

为了应对这些挑战，美国政府推出了一系列的改革措施。首先，政府提高了社会保险的缴费基数和缴费率，以增加社保养老金的收入。其次，政府推广了自动加入养老金计划和自动增加缴费额度等措施，以提高私人养老金计划的覆盖率。同时，政府也在加强养老金的投资管理，以提高养老金的收益率。总的来说，美国养老金制度的发展经历了从社会保险向多元化发展的过程，旨在通过政府、企业和个人的共同努力，提供全面、可持续的养老保障。

三、美国养老金制度取得成功的原因

在考察全球各国的养老金制度时，美国的养老金制度被广泛认为较为成功。这主要归功于三个因素：税收激励、二三支柱之间的转化以及资本市场的繁荣[②]。

（一）税收激励

美国养老金制度中的税收激励机制对其成功起到了重要作用。这主要体现在个人税负、企业税负以及资本利得税三个方面：

1. 个人税负

因美国养老金制度设计，参保者既可以在税前储蓄、税后取款的养老金计划中得到税收优惠，又可以为养老生活做好准备。这对于激发个人参与养老金储蓄和改变养老金储蓄习惯起到了重要作用。

2. 企业税负

对于企业而言，设立并贡献企业养老计划可以从其税务负担中扣除，成为企业成本的一部分。这使得为员工设立养老金计划更具吸引力，有助于提高员工的满意度和留任率。

3. 资本利得税

在美国，养老金的投资收益并不需要缴纳资本利得税，直至养老金从计划中取出时才开始计税。这使得养老金在长期累积过程中能够更好地利用复利效应，从而得到更多的积累。

（二）二三支柱之间的转化

美国养老金制度的成功，还得益于二三支柱之间的有效转化。这主要指的是公共养老金（第二支柱）和私人养老金（第三支柱）之间的演变过程。

美国以社保缴费为主要收入来源的公共养老金制度在养老金体系中占据主导地位，但为了应对人口老龄化、收支失衡等问题，政府鼓励企业和个人更多地参与私人养老金计划。这意味着公共养老金和私人养老金的转化能够根据实际情况进行调整，灵活性较高。

通过自动加入、自动增加缴费额度等政策，政府进一步提高了私人养老金计划的覆盖率，有效地激活了第三支柱。同时，公共养老金制度作为基础保障，也在逐步完善，这使得美国养老金制度更加均衡、可持续。

（三）资本市场的繁荣

美国是全球资本市场最发达的国家，养老金投资管理者可以通过投资股票、债券等金融工具来获取收益，而美国资本市场的长期繁荣带来的丰厚收益反过来促进了美国居民进行养老金储蓄。图 22-6 中 IRA 收益率为通过 IRA 账户规模变动和现金流估算出的 IRA 账户年收益率，将其与标普 500 年总回报进行对比。可以发现，两者收益率接近且变动趋势相同，因此可以将标普 500 指数看作 IRA 账户的预期收益基准[③]。总之，通过在资本市场上进行投资，美国居民养老金资产的规模和收益率可以得到显著增长。市场化的投资管理还化解了部分养老金缺口问题，降低了政府的财政压力，对于保持养老金制度的稳定运行和满足日益增长的养老保障需求起到了至关重要的作用。

总的来说，税收激励、二三支柱之间的转化以及美国资本市场的繁荣等因素共同促进了美国养老金制度的发展，在美国社会保障体系的建设中发挥了重要作用。

① Investment Company Institute, The Role of IRAs in US Households' Saving for Retirement, 2022, pp.3–4.
② Bodie Z, Shoven J B, Financial Aspects of the United States Pension System, Chicago: University of Chicago Press, 2008, pp.399–441.
③ 东方证券研究报告：《IRA 发展归因：渗透率、参与度、可转换与盈利性的四重奏》，2023 年 7 月。

图 22-6　美国 IRA 账户年收益率与标普 500 总回报年收益率对比

资料来源：美国社会保障署（SSA）、Wind、鹏华基金。

四、中美养老金制度的异同

美国政府在 20 世纪 80 年代面临税收负增长、养老金收入不足的压力，由此催生了 401（k）计划和个人退休账户（IRA）等养老金领域的重要变革，这与近些年中国所面临的养老金领域的财政压力及个人养老金制度的推出有相似的历史背景。细分来看，主要有以下三个方面：

（一）人口老龄化

根据美国社会保障管理局（SSA）的数据，1980 年，美国 65 岁及以上的老年人口约为 0.25 亿人，占总人口的 11.3%。到了 2010 年，这一比例上升到了 13%，老年人口达到了 0.4 亿人。根据美国社会保障管理局的预测，到了 2030 年，美国老年人口将达到 0.72 亿人，约占总人口的 20%[①]。

根据中国国家统计局的数据，截至 2020 年底，中国 60 岁及以上的老年人口已经达到了近 2.7 亿人，约占总人口的 18.7%[②]。而根据中国人民银行的预测，到了 2050 年，中国老年人口将达到近 3.8 亿人，约占总人口的 27.9%[③]。

（二）公共养老金的不足

根据 2019 年美国财政部发布的《2019 年社会保障和医疗保险受托人报告》，2018 年底美国社保基金余额约为 2.90 万亿美元，仅为美国社保基金当年支出的 2.7 倍；而到了 2020 年，社保计划的支出将自 1982 年来首次超过收入，入不敷出的状况将迫使美国政府动用近 3 万亿美元的信托基金，并将于 2035 年耗尽[④]。

根据人力资源和社会保障部的数据，截至 2020 年底，中国基本养老保险基金累计结余约为 5.8 万亿元人民币。根据中国社会科学院《中国养老金精算报告 2019-2050》预测，全国城镇职工基本养老保险当期结余或将于 2028 年出现赤字并不断扩大，若不考虑财政补助，当期结余在 2019 年已经为负值且下降更快，当前我国第一支柱养老金负担较重[⑤]。

（三）财政收支压力增大

自 2002 年以来，美国财政收支始终保持“入不敷出”的状态，财政赤字不断攀升。为弥补财政赤字，美国政府大量发行国债，导致美国政府债务持续上升，不断触及债务法定上限。截至目前，美国公共债务总额已经超过 22 万亿美元，为历史最高水平[⑥]。

根据中国财政科学研究院对中国政府 2022 年至 2026 年财政收支前景的预测，“十四五”期间全国一般公共预算收入增长率逐年降低，平均增速放缓。全国一般公共预算支出增速将先升后降，平均增速将在 7.4% 左右。这一数据反映出，未来几年，中国财政收入增长放缓，而支出

① U. S. Census Bureau, Population Estimates，https://www.census.gov/quickfacts/fact/table/US/PST045217.

② 中国国家统计局：《第七次全国人口普查公报解读》，http://www.stats.gov.cn/sj/sjjd/202302/t20230202_1896484.html。

③ 中国发展基金会：《中国发展报告 2020：中国人口老龄化的发展趋势和政策》，2020 年。

④ 国家发改委城市和小城镇改革发展中心：《美国，也开始养老难了》，澎湃新闻，https://www.thepaper.cn/newsDetail_forward_4646698，2019 年。

⑤ 中金公司研究报告：《个人养老金 2030：第三支柱的五大猜》，2022 年 6 月。

⑥ 金融街廿五：《美国财政政策简介：财政负担逐步增加》，2019 年。

依然保持增长态势，财政收支处于紧平衡状态[①]。

除此之外，中美养老金制度同样存在一些国情上的差异，主要体现在以下几个方面：

1. 中国老龄化速度更快

虽然都存在人口老龄化问题，但中国和美国的人口老龄化速度存在一定的差异。截至 2021 年，中国 65 岁及以上的老年人口占总人口的比例约为 18.7%，而美国 65 岁及以上的老年人口占总人口的比例约为 16.5%，中国的老年人口比例相对较高。根据联合国的预测，到 2030 年，中国 65 岁及以上的老年人口比例将达到 26.5%，相比 2021 年增长 7.8%，而美国则为 22.1%，相比 2021 年增长 5.6%。这意味着中国的老龄化速度相对较快。这一现象给中国社会和经济发展带来了一系列的挑战。中国需要加大对老年人的养老金和医疗保障的投入，以满足老年人口的需求。

2. 中美税收体系差异

（1）中国和美国的个人所得税纳税人数占总人口比例存在明显差异。

截至 2021 年，中国个人所得税纳税人口占总人口的比例约为 10%[②]，而美国的这一数据可能接近 50%[③]。按当前中国个人养老金每年缴纳上限 12000 元计算，一线城市税前月收入 1 万元的居民群体全年税收优惠仅占税前收入比重不足 1%[④]。2021 年，美国居民年收入中位数约为 7.1 万美元，边际税率为 22%，类比来看中国居民年收入中位数约为 3.0 万元，边际税率仅为 3%[⑤⑥]。总体而言，由于较高的经济发展水平，美国居民的个人所得税实际税负高于中国居民，因此养老金制度带来的税收优惠具有更强的激励作用。

（2）美国企业较低的赋税压力一定程度上促进了养老第二支柱的发展。

2021 年，中国总税收 17.3 万亿元，其中增值税占比 36.8%，企业所得税占比 24.3%，两项总和占比超过六成[⑦]，而美国 2021 年总税收为 4.1 万亿美元，其中商业所得税占财政收入的比例仅为 10.2%，其中以个人所得税和社保税为主的直接税占比超过七成[⑧]。以上数据反映出美国税收体系以直接税为主，而中国的税收体系以间接税为主。美国企业较低的税赋压力一定程度上促进了美国养老第二支柱的发展，更为后续二三支柱之间的联动打下了基础[⑨]。

（3）最高接近四成的短期资本利得税为美国居民参与养老金计划提供了更多的动力。

美国对投资股市在一年以内的收益征收短期资本利得税，最高达 37%。在这方面，中国仅征收股息和分红部分的利得税，按持股时间长短最高为 20%，对由股价上涨带来的收益不征税[⑩]。美国政府征收资本利得税这一举措为美国居民提供了更多的动力来积极参与养老金计划，提高个人的养老储蓄水平。这对于养老金制度的长期稳健发展非常有益。

3. 第二、第三支柱之间的转存机制

美国于 2001 年发布了《经济增长和税收减免协调法案》，首次规定公司雇员可以通过转存的方式实现企业养老金和个人养老金之间的互通并保留原有的税收优惠。2013 年的《美国纳税人缓税法》进一步取消了转存账户之间的相关限制（要求纳税人已建立罗斯账户等），进一步打通了养老第二、第三支柱之间的壁垒[⑪]。转存机制不仅从制度上完善了美国的养老金政策，提高了美国居民设立个人养老金账户和参与企业养老金计划的积极性，更从实质上扩张了美国个人养老金账户的规模。美国 ICI 的报告

---

① 中国财政科学研究院：《财政蓝皮书：中国财政政策报告（2022）》，2022 年 11 月。

② 许善达：《聊一波》公开采访观点，https://www.zhihu.com/zvideo/1415769335411998720，2021 年 8 月 31 日。

③ Internal Revenue Service, Individual Information Return Form W-2 Statistics, https://www.irs.gov/statistics/soi-tax-stats-individual-information-return-form-w2-statistics.

④ 税前月收入 1 万元的居民群体的边际税率为 10%，按 12000 元的个人养老金缴纳上限计算，其税收优惠额度为 1200 元，且在个人养老金领取时要按 3% 单独缴纳个人所得税。

⑤ U.S.Census Bureau, American Community Survey, https://www2.census.gov/programs-surveys/acs/tech_docs /accuracy/ACS_Accuracy_of_Data_2021.pdf，2021.

⑥ 中国国家统计局：《2021 年居民收入和消费支出情况》，http://www.stats.gov.cn/sj/zxfb/202302/t20230203_1901342.html，2021 年。

⑦ 中华人民共和国财政部：《2021 年财政收支情况》，http://www.gov.cn/xinwen/2022-01/29/content_5671104.htm，2021 年。

⑧ Internal Revenue Service, Internal Revenue Service Data Book, 2021, pp. 17-18.

⑨ Xu H, Cui H, Personal Income Tax Policy in China and the United States: A Comparative Analysis, Public Administration Review, 2009(69), pp.75-81.

⑩ 财政部、国家税务总局、证监会：《关于上市公司股息红利差别化个人所得税政策有关问题的通知》（财税〔2015〕101 号），http://www.mof.gov.cn/gp/xxgkml/szs/201509/t20150907_2510529.htm。

⑪ 中金公司研究报告：《全球视角：个人养老金的未来》，2022 年 4 月。

显示，近年来，美国 IRA 账户的新增资金主要来源于 401（k）等企业养老金计划的转存资金，占比超过 80%①。而当前中国的个人养老金转存机制尚未明确。

4. 居民家庭资产配置结构的差异

中国居民的家庭资产配置风格呈现保守和集中的特点，相比美国居民相对均衡的资产配置情况，中国居民的资产中接近 60% 为各类房产，10% 以上为现金储蓄及其他短期理财产品，股票与基金等权益类资产的占比较少。而美国居民的家庭资产配置中接近 30% 为股票、基金等权益类资产，房产占比 25%，存款仅占比 10% 左右②。不同的家庭资产配置情况呈现出中美居民的投资习惯和风险偏好的差异，美国居民对权益类资产的偏爱很大程度上促进了整个美国股市和养老金第二、第三支柱的发展。

五、从美国养老金制度发展中得到的启示

（一）鼓励长期资金入市，形成正向激励

美国资本市场的大发展离不开美股长期“慢牛”的良好态势，美股的财富效应极大激励了美国居民投资股市及各类金融资产，这种投资热情又反过来促进了美国长期“慢牛”的形成，这种正向闭环的形成，为美国养老金制度的健全和发展铺平了道路。结合我国资本市场的发展情况，在居民端，政府应鼓励居民根据风险偏好合理配置资产，提前规划养老计划，做好养老金储备；在机构端，应通过如引导机构设立长周期考核机制、降低基金费率、鼓励 FOF 基金发展等方式降低市场的非理性波动。

（二）打通养老金第二、第三支柱，提高税收优惠额度

美国居民进行个人养老金储蓄的两个最直接的激励：一是个人养老金账户带来的税收优惠；二是第二、第三支柱打通后，将资金从第二支柱转移到第三支柱所带来的投资自由度的提高和“预期收益率”的提升。从历年来流入美国个人养老金账户的资金体量来看，从第二支柱向第三支柱的资金转存占据了巨大部分，而我国尚未发布有关第二、第三支柱账户之间转存的相关政策，后续若出台相关政策，有望带动我国个人养老金账户的爆发式增长。

（三）改善收入分布结构，提高居民可支配收入

通过美国参与个人养老金的家庭收入结构不难看出，个人养老金和企业养老金的税收优惠政策对低收入家庭和高收入家庭的吸引力有限，参与个人养老金的主体为中等收入家庭，因此如果我国要大力发展养老金第二、第三支柱，改善当前贫富分化比较严重的收入分布结构是很有必要的；长期来看，居民进行个人养老金储备出于社会经济发展、居民财富积累后的资产配置需要，因此个人养老金的发展依赖于国家经济的长期稳定发展和居民可支配收入的提高。

最后，通过以上对比分析，综合中美国情差异和时代背景的不同，提出以下几个可能的措施供读者参考：

（1）个人养老金账户开户后，设置默认小额缴纳机制，形成“涓滴效应”，助力正向循环的形成。

（2）借鉴美国养老第二、第三支柱转存机制，设置一定比例的个人公积金账户与个人养老金账户的转存机制（考虑到我国的养老第二支柱体量较小和中美税负制度的差异）。

（3）借助互联网平台的传播效应，从国家层面出发，开展投资者养老知识普及教育活动。

① 东方证券研究报告：《IRA 发展归因：渗透率、参与度、可转换与盈利性的四重奏》，2023 年 7 月。

② 中国银行投资策略研究中心：《2022 年个人金融全球资产配置白皮书》，2022 年 1 月。

分报告二十三
英国个人养老金制度的发展变革、运行实践及经验启示

英国个人养老金制度于 1988 年正式建立，到目前为止覆盖范围已从那些未被职业养老金覆盖或频繁更换工作者扩大到 75 岁以下所有人。英国个人养老金制度的发展壮大离不开第一、第二支柱养老金结构优化、差异化税优政策激励、灵活的待遇领取方式和公共平台专业化投资等因素的综合影响。经过 30 多年的发展，个人养老金制度已成为英国国民退休收入的重要组成部分，发挥着补充保障功能。同时，英国个人养老金制度的发展同样面临个人如何理性决策和养老储蓄仍然不足的挑战。本文在介绍英国养老金体系的基础上，以税收政策变革的重要立法调整为主线阐述英国个人养老金制度的发展演进历程，围绕制度核心要素及运行实践展开重点分析，最后对其经验启示进行总结。

一、英国养老金体系概述

英国现代养老金制度始建于 20 世纪 40 年代，历经多次改革，现已形成公私混合的三支柱养老金体系（见图 23–1）。

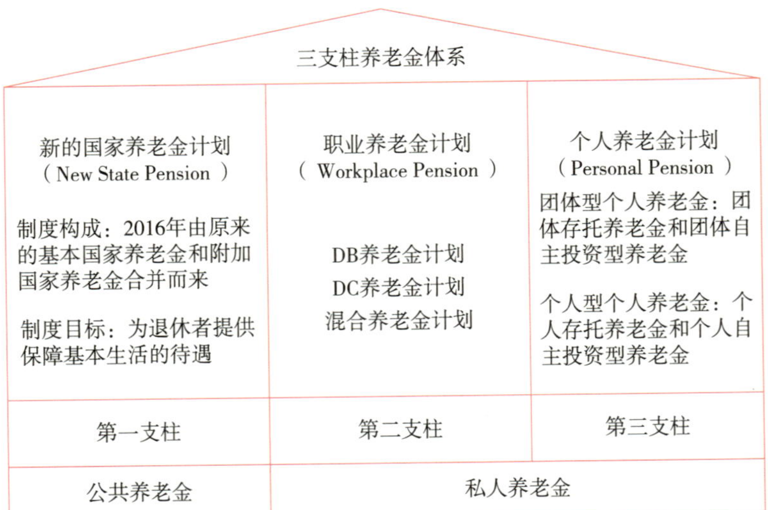

图 23–1　英国三支柱养老金体系

资料来源：笔者根据英国工作和养老金部门网站上的资料整理而来。

具体而言，第一支柱为新国家养老金计划（New State Pension, NSP）。该计划筹资方式为现收现付制，2016年4月由原来的基本国家养老金（Basic State Pension，BSP）和附加国家养老金（Additional State Pension，ASP）合并而来，为国民提供统一的定额标准待遇。基本国家养老金旨在为全体国民提供保障其基本生活的退休收入。ASP经历了三种不同形式的变化：1961~1975年的强制性递进退休待遇（Graduated Retirement Benefit, GRB）、1978~2002年的国家收入关联养老金计划[①]（State Earnings Related Pension Schemes, SERPS）以及2002~2016年的国家第二养老金（State Second Pension，S2P），国家第二养老金旨在帮助那些无法工作或收入较低者，也适用于看护长期病患或身体残疾的从业人员，体现出对弱势群体的保障。第一支柱新国家养老金计划实现了制度简化，不仅便于公众理解，而且有助于实现收入再分配。新的国家养老金计划为所有领取养老金待遇的英国国民提供最低生活保障，进而为英国私人养老金制度的发展奠定了稳定的基础。2023~2024财年，缴费35年及以上的英国国民有资格获得每周203.85英镑的全额国家养老金[②]。

第二支柱为职业养老金计划。该计划是雇主为其雇员提供的养老金制度安排，根据提供主体的不同划分为公共部门职业养老金和私营部门职业养老金。公共部门职业养老金是中央或地方政府为其雇员提供的养老金制度，私营部门职业养老金是一个或多个雇主作为受托人根据信托法为其雇员建立的制度。职业养老金计划包括DB养老金计划、DC养老金计划和混合养老金计划。根据《英国养老金法案2021》，英国于2022年8月正式引入集合DC养老金计划（Collective Defined Contribution, CDC）。2012年开始，英国职业养老金实行自动加入政策，要求雇主将符合条件的雇员纳入合格的职业养老金计划，截至2022~2023财年，共有1070万人自动加入DC职业养老金计划[③]。

第三支柱为个人养老金计划。个人养老金既可以由个人和养老金提供商（通常是建筑协会、银行或保险公司等金融机构）直接建立，也可以由雇主向所有雇员提供由养老金提供者管理的DC养老金计划。个人养老金可细分为团体型个人养老金（Group Personal Pension Schemes, GPP）和个人型个人养老金（Individual Personal Pension Schemes, IPP）。团体型个人养老金通常由雇主与养老金提供商协商议价再提供给雇员，在法律结构上是合同型，由雇员自己管理，雇主根据实际情况可对雇员实行匹配缴费；个人型个人养老金则是养老金提供商为个人设计的合同型DC养老金计划，个人未来的养老金待遇水平取决于缴费额、基金投资收益和个人选择领取待遇的年龄等因素。团体型个人养老金的主要优势是收费较低，通常低于0.2%。常见的个人型个人养老金包括个人自主投资型养老金（Self-Investment Personal Pension, SIPP）和个人存托养老金（Stakeholder Pension, SP）。个人参加个人养老金计划时，缴费阶段和投资积累阶段免征个人所得税，但在待遇领取阶段需要部分征税，采用EET税优模式。2021年，英国个人养老金计划数量约有1300万个，积累的总储蓄额为4700亿英镑[④]，占同期GDP的比例为20.70%。

英国工作和养老金部公布的数据显示，在养老金待遇领取者的收入来源中，国家养老金的待遇占比已经从1997~1998财年的55%下降到2021~2022财年的50%，私人养老金（包括职业养老金和个人养老金）提供的待遇占比则从45%上升到50%[⑤]。英国养老金政策研究所的数据显示，2021~2022财年，11%的养老金待遇领取者享有个人养老金计划，64%的养老金待遇领取者享有职业养老金待遇[⑥]，可见私人养老金在英国养老金待遇领取者退休收入中的重要性日渐显现。

二、英国个人养老金制度发展的重要立法变革：以税优政策调整为主线

20世纪70年代以来，人口老龄化和经济滞涨使英国养老金改革面临维持退休劳动者基本生活和公共财政预算压力持续增加的冲突。从20世纪80年代撒切尔时代到21世纪初期的布莱尔政府时期，英国养老金制度历经多次改革调整，朝着支柱化、私有化的方向发展。英国养老金支柱化改革有着深刻的国内外背景：一是公众对于现收现付养老金制度的效率普遍感到不满；二是公众对政府提供的基本养老金保障其有充足退休收入的能力缺乏信心；三是英国国内逐渐形成共识，即国家将减少其在养老保障待遇上的财政责任，更加强调个人在养老保障中的责任；

① 1975~1977年没有附加型养老金。

② Pension Policy Institute, The Pensions Primer: A Guide to the UK Pensions System, https://www.pensionspolicyinstitute.org.uk/, 2023.

③④ Pension Policy Institute, The DC Future Book 2022: In Association with Columbia Threadneedle Investments, https://www.pensionspolicyinstitute.org.uk/media/kzv12b40/2220922-the-dc-future-book-2022-final.pdf, 2022.

⑤⑥ Department for Work and Pensions, Pensioners' Incomes Series: Financial year 2021 to 2022, https://www.gov.uk/government/statistics/pensioners-incomes-series-financial-year-2021-to-2022/pensioners-incomes-series-financial-year-2021-to-2022.

四是 20 世纪 80 年代中期以来世界银行鼓励私人管理、完全积累的 DC 养老金计划发展，影响了其他国家养老金的改革形态。因此，强化职业养老金和个人养老金的补充保障作用成为英国养老金制度改革的重点。

（一）个人养老金制度的建立：1978~1996 年

英国个人养老金制度的引入与国家养老金计划的改革密切相关。20 世纪 80 年代，撒切尔政府通过大量宣传和政策干预鼓励更多民众协议退出公共养老金计划，鼓励个人增加退休储蓄。1978 年以来，英国为雇员提供了强制性收入关联养老金，同时规定如果雇主提供与强制性收入关联养老金相同水平待遇的职业养老金，雇员可协议退出收入关联养老金计划，其缴纳的部分国家养老金将被返还并用于建立私人养老金，这意味着降低了雇主和雇员的国民保险缴费水平，未来国家养老金制度提供的待遇水平会下降。退休者要想延续之前的生活水平需要在私人养老金方面有所作为，这一返还规定对于个人养老金制度的建立是有利的，约有 1000 万雇主签订了协议退出合同[①]。

1986 年英国保守党政府颁布《社会保障法案》，鼓励发展 DC 养老金计划。1987 年英国颁布《金融法案》（Finance Act）明确引入一种称为“适当个人养老金”的特殊类型的个人养老金[②]，并于 1988 年 7 月 1 日正式生效，在此之前，类似的计划称为“退休年金合同”（Retirement Annuity Contracts），主要覆盖自雇者。适当个人养老金计划实行 DC 制，政府在一定限度内为其提供税收减免，旨在使养老金覆盖尽可能多的人群。《社会保障法案》进一步放宽了协议退出的条件，选择退出国家收入关联养老金计划的雇员可获得国民保险基金返还：1988~1993 年为所有协议退出国家收入关联养老金计划参加个人养老金计划者提供 2% 的国民保险缴费的回扣。1993 年 4 月到 1997 年 4 月，英国为 30 岁及以上协议退出国家收入关联养老金计划的成员提供 1% 与年龄相关的国民保险缴费回扣。较大的国民保险抵扣激励推动着个人养老金的发展。1989 年，为促使参加个人养老金计划的成员灵活地管理自己的投资，英国推出自主投资型个人养老金。1995 年英国颁布的《金融法案》放宽了个人养老金必须在退休当日强制购买年金的限制，引入收入提取方式，允许从养老基金中提取一定比例的收入（单身年金的 35%~100%），其余仍投资于营利性资产，同时将强制购买年金的年龄推迟到 75 岁。

（二）个人养老金制度的扩张：1997~2007 年

1997 年以来，布莱尔新工党政府上台，对英国福利制度进行改革，其中一项重要议题是降低国家养老金的成本，解决国民退休储蓄不足的问题。围绕这一议题，政府颁布了多部法律。1999 年英国颁布《福利改革和养老金法案》明确了存托养老金计划的定义，并于 2001 年 4 月正式引入存托养老金计划。法案明确规定拥有 5 名及以上雇员的雇主必须向雇员提供存托养老金计划，除非雇主已经为所有雇员提供职业养老金计划或雇主为雇员缴纳了不低于 3% 的个人养老金。存托养老金计划主要面向没有私人养老金计划的中低收入群体（年收入在 9500 英镑到 21600 英镑），费用必须低于 1.5%。存托养老金计划具有的简单、灵活、低成本的特征进一步扩大了个人养老金的覆盖范围，有助于个人获得补充养老金待遇。截至 2003~2004 财年，英国已经售出 270 多万份存托养老金合同，从收入水平看，超过 3/4 的参与者年收入低于 3 万英镑，约 2/3 的参与者年收入低于 2 万英镑，2004~2005 财年存托养老金计划的总缴费额约为 24 亿英镑[③]。存托养老金计划的低收费特征给其他个人养老金计划的费用施加了下行压力。此外，2000 年以来互联网技术的使用大大降低了个人养老金计划的运营成本，自我投资型个人养老金计划开始快速扩张。

由于国民养老储蓄不足、第一支柱养老金制度构成复杂和管理体制落后等问题一直存在，英国政府围绕制度结构变革、完善税优政策和管理体制、扩大覆盖范围等方面采取了有针对性的改革措施，其中比较重要的是 2002 年、2004 年和 2007 年分别颁布养老金法案。2002 年颁布的养老金法案提出进一步整合税收政策，同时引入养老金抵免[④]和储蓄抵免[⑤]。针对所有 DC 养老金计划实行新的综合税收制度，即个人养老金和 DC 职业养老金计划的最高免税额随着年龄增长而增加，其中，36 岁以下者最高可达到收入的 17.5%，61 岁以上者最高可达到 40%。2004 年

① Blake D, The UK Pension System: Key issues, Pensions: An International Journal, 2003, 8(4), pp. 330–375.

② 适当个人养老金计划适用于那些退出国家收入关联养老金制度的雇员。由于自雇者被排除在国家收入关联养老金制度外，因此自雇者无法参加适当个人养老金，自雇者可选择参加普通型个人养老金。

③ Department for Work and Pensions, Security in Retirement: Towards a New Pension Systems, A Report Presented to Parliament by the Secretary of State for Work and Pensions by Command of Her Majesty, 2006, p.48.

④ 养老金信贷旨在为低收入者提供基于经济状况调查的待遇。

⑤ 储蓄抵免政策对于参加职业养老金计划或购买个人养老金的 65 岁以上退休者提供补贴。

《税收简化与金融法案》的颁布对英国私人养老金制度的发展有着重要推动作用：一是简化养老金税优规则，为雇主和个人提供更加灵活的税优安排。2006 年以前，私人养老金缴费阶段的税收优惠政策非常复杂，不同类型的养老金计划适用不同的税收规则，需要将各类养老金计划的缴费金额加总。2006 年 4 月 6 日开始，原本多元化的养老金税优规则被单一、统一的税优政策取代。税优政策的主要特征是引入终身免税限额和年度免税额对个人总体的免税额进行限制。然而，个人储蓄多少养老金以及加入几个养老金计划都没有数量限制。2006 年年度免税额和终身免税额分别为 21.5 万英镑和 150 万英镑①。二是建立养老金保护基金（Pension Protection Fund，PPF）。针对之前英国出现的挪用养老金的问题，为增强英国国民对养老金制度的信心，英国通过设立养老金保护基金加快培育养老金信用体系。该基金于 2005 年 4 月正式运行，面向所有符合条件的计划强制性征收费用，以便在雇主破产和 DB 养老金计划偿债能力不足时及时支付补偿，维护计划成员的利益。三是设立养老金监管局（The Pensions Regulator，TPR）。养老金监管局采取积极主动、以风险为中心的监管方式对职业养老金和个人养老金计划进行统一监管。此外，自 2006 年开始，个人养老金计划向 75 岁以下的所有人开放。整体而言，该时期的改革重点在于扩大制度覆盖范围，实现第二、第三支柱养老金税优政策的联动统一。

（三）个人养老金制度的快速发展期：2008~2013 年

21 世纪初期，英国专门成立养老金委员会针对社会经济和人口结构的不断变化提出养老金制度改革的建议。养老金委员会提议的多项改革措施在《2008 年养老金法案》中得到充分体现，其中推动个人养老金发展的重要措施包括构建自动加入机制、设定适度的雇主最低缴费水平和建立低成本的储蓄工具。改革旨在确保每个雇员能够平等地享有增加养老储蓄的机会。自动加入机制要求雇主将所有在英国工作、符合年龄和收入标准的合格雇员自动纳入职业养老金计划，赋予雇员在一个月内选择退出的权利，雇主也要为加入者缴纳一定水平的养老金。自动加入机制自 2012 年 10 月开始分阶段实行：第一阶段要求大型企业雇主将雇员自动纳入职业养老金计划，截至 2018 年底，实现所有企业的雇主将雇员自动纳入职业养老金计划。同时，为增加退休储蓄，英国实行缴费率自动增加机制，2018 年 4 月 5 日之前，最低缴费比例设定为雇员合格收入的 2%，其中雇主至少缴纳 1%；之后缴费比例增加到 5%，其中雇主至少缴纳 2%。2019 年 4 月 5 日以后，缴费比例上升到 8%，其中雇主缴费不得低于 3%。此外，英国要求雇主每三年再次启动自动加入程序，这就是所谓的“再加入”。

为顺利推进自动加入计划的实施，英国政府推出了国家职业储蓄信托计划（National Employment Savings Trust，NEST）。国家职业储蓄信托计划旨在为中小型雇主提供默认服务，其对雇员收取 0.3% 的超低年度管理费，对雇主不征收管理费。国家职业储蓄信托计划为私人养老金提供了低成本和有效治理的最佳实践范例。自动加入机制的引入辅以雇主最低缴费要求和国家职业储蓄信托计划等综合改革措施，有效促进了英国职业养老金和个人养老金的发展。

（四）个人养老金制度的调整完善期：2014 年以来

虽然自动加入机制和雇主最低缴费要求提高了英国职业养老金计划的参与率，但由于大部分成员一直按照低水平的默认缴费率缴费，雇主和个人在职业生涯中很少继续提高储蓄额，因此储蓄不足的问题依旧存在。英国政府于 2014 年和 2023 年对个人养老金计划进行了两次重要改革调整，重点围绕增强待遇领取灵活性和加大税收优惠力度展开。

2014 年改革之前，英国职业养老金和个人养老金计划的领取方式主要是养老金计划参与者在达到待遇领取年龄后，允许一次性免税提取 25%，剩下的 75% 必须转换成年金，两种情况除外：第一种是总储蓄额低于 1.8 万英镑的个人可以一次性全部提取；第二种是如果个人可为自己提供每年不低于 2 万英镑的稳定收入，个人养老金账户资金无须强制年金化。2014 年英国政府进行“养老金自由”改革，取消了强制年金化的规定，赋予 55 岁及以上（2028 年为 57 岁）参与者使用养老金储蓄更大的灵活性。持有者可自主灵活支取 DC 养老金待遇实现个人退休收入最大化，比如购买年金、将养老金储蓄用于投资、自由选定比例提取、购买养老金产品或一次性提取（提取须符合征税规则）等。为促进个人合理使用退休储蓄，英国政府引入公正的指导制度，要求养老金提供商为个人提供免费和面对面的指导。同时，英国政府对养老金待遇领取阶段的税优进行改革，主要包括：一是推出新的个人养老金产品帮助退休者获得更好的投资回报。自 2015 年 1 月开始，英国国家储蓄和投资（National Savings and Investments，

① HM Revence & Customs, Guidance: Pension Scheme Rates, https://www.gov.uk/government/publications/rates-and-allowances-pension-schemes/pension-schemes-rates, 2023.

NS&I）银行推出两种固定利率、市场领先的储蓄债券供65岁及以上者选择（又称为65岁以上担保增长型债券），这将为那些终身持续储蓄并将依靠储蓄获得退休收入者提供稳定的良好回报[①]。二是放宽持有人死亡后账户资产转移处理的资格条件。改革以前，DC养老金计划参与人死亡时其资产转移需要缴纳55%所得税。从2015年4月开始，DC养老金计划参与者在75岁以下去世时，其未使用的养老金储蓄额可一次性转移给受益人，无须缴纳所得税。对于75岁以上去世者，个人可将未使用完毕的资金转给受益人，受益人可一次性提取，但需要缴纳45%的所得税，也可作为收入按照正常基础税率缴纳所得税[②]。养老金自由改革后，养老金计划参与者的待遇领取行为相应发生变化，改变了以往购买年金占主导的方式：2020~2021财年，在养老金储蓄总额为3万英镑及以上的计划参与者中，购买年金的占16%，58%的人将其养老金储蓄转为收入提款账户，剩余的人选择一次性取出部分或全部养老金[③]。

2022年以来，英国经济停滞现象有所缓解，英国政府认为强劲的劳动力市场对于促进英国经济增长至关重要，政府担心原有的年度免税额和终身免税额政策会阻碍人们继续工作，于是进一步调整养老金税优政策，具体包括：一是取消之前每人107.31万英镑的终身税优上限；二是将每人年度免税额从之前的4万英镑提高到6万英镑[④]。税优政策的调整旨在鼓励已经离开劳动力市场的人重返工作岗位。

三、英国个人养老金制度的基本内容及运行实践分析

个人养老金制度是政府政策支持、个人自愿参加、实行市场化运营和发挥补充退休收入保障功能的制度安排。英国个人养老金主要由保险公司等专业金融机构提供，个人根据自身的需求购买并享受税收返还，目标在于实现个人收入在生命周期内再分配。

（一）丰富的个人养老金计划满足群体多元化需求，有效扩大覆盖范围

自1988年英国个人养老金计划正式建立以来，英国推出了具有不同特征的个人养老金计划。1999年，英国《福利改革和养老金法案》首次提出个人存托养老金计划，并于2001年正式运行。个人存托养老金计划需要养老金提供者严格遵守政府制定的缴费和收费要求：账户持有前十年每年收取的费用不超过账户资产价值的1.5%，之后不得超过1%；最低缴费额仅为每月20英镑，并且个人可随时停止或恢复缴费，无须缴纳罚金（见表23-1）。该计划通过提供更加透明和有吸引力的储蓄工具鼓励中低收入群体增加长期养老储蓄。个人存托养老金计划具有年度缴费更低、年度收费更低、投资范围更窄和管理更加简单的特征。

表23-1 个人存托养老金计划的特征

内容	基本要求
覆盖人群	包括自雇者、无业人员等在内的所有人
缴费要求	最低缴费额为20英镑/月，允许个人随时停止或恢复缴费，无须缴纳罚金
收费要求	账户持有前十年每年收取费用不超过账户资产价值的1.5%，此后每年不得超过1%
投资规定	个人在养老金提供商提供的选择范围内开展投资；如果个人未作出投资选择，可将其资金投资于默认投资基金。默认投资基金通常为生命周期基金
资金转移	账户持有人可在不同养老金提供商之间免费转移资金

资料来源：Green N, What is a Stakeholder Pension & Can I Cash It in, https://www.unbiased.co.uk/discover/pensions-retirement/starting-a-pension/what-is-a-stakeholder-pension, 2023.

自主投资型个人养老金计划是一种特殊类型的个人养老金，为对账户资产享有更多投资自主权的个人提供有吸引力的选择。自主投资型个人养老金计划账户持有人可自由地将自己的资产配置在英国税务海关总署批准的一系列投资工具上，包括股票、债券、共同基金和交易型开放式指数基金（Exchange Traded Fund，ETF）等。自主投资型个人养老金计划主要包括完全自主投资型个人养老金计划和低成本自主投资型个人养老金计划。完全自主投资型个人养老金计划的投资范围广，养老金提供商通常需要提供

① HM Treasury, Budget 2014: Support for Savers Announce, https://www.gov.uk/government/news/budget-2014-support-for-savers-announced, 2014.

② HM Treasury, The Rt Hon George Osborne, Pension Reforms: Nine Things You Should Know, https://www.gov.uk/government/news/pension-reforms-eight-things-you-should-know, 2014.

③ Institute for Fiscal Studies, A Blueprint for a Better Tax Treatment of Pensions, IFS Report R240, https://ifs.org.uk/publications/blueprint-better-tax-treatment-pensions, 2023, p.25.

④ UK Government, Tax on Your Private Pension Contributions, https://www.gov.uk/tax-on-your-private-pension/annual-allowance, 2023.

一定程度的投资支持便于个人投资决策，投资工具包括股票、国债、投资信托、保险公司管理的基金、交易储蓄保单、存单、国家储蓄和投资产品、商业地产等。完全自主投资型个人养老金计划的收费较高，一般适用于养老基金资产规模较大的个人。低成本自主投资型个人养老金计划只需 5000 英镑即可建立，通常需要自己管理基金。部分低成本自主投资型个人养老金计划会提供现成的投资组合供个人选择。

整体而言，自 2012 年 DC 养老金计划正式实行自动加入机制以来，个人养老金计划成员数稳步增加，成员数从 2013~2014 财年的 836 万人上升到 2019~2020 财年的 949 万人（除了 2016~2017 财年计划成员数略有下降外）。个人养老金计划的个人缴费额从 2013~2014 财年的 81.1 亿英镑上涨到 2019~2020 财年的 106 亿英镑。人均缴费额从 2013~2014 财年的 970.1 英镑上升到 2015~2016 财年的 1079 英镑，随后缓慢上升到 2020~2021 财年的 1715 英镑。分计划类型看，团体型个人养老金计划成员数占有较大比重，从 2013~2014 财年的 45.22% 稳步上升到 2018~2019 财年的 62.51%，2019~2020 财年下降到 58.70%。其中，团体型存托养老金计划成员占比约 10%，非存托养老金计划成员数占计划总成员数的比例从 2013~2014 财年的 35.65% 上升到 2018~2019 财年的 51.33%，之后下降到 2019~2020 财年的 48.16%。个人型个人养老金计划成员数则从 2013~2014 财年的 54.78% 下降到 2018~2019 财年的 37.38%，2019~2020 财年上升到 41.09%。其中，2019~2020 财年个人存托养老金成员数占个人型个人养老金计划成员数的比例不到 5%，个人非存托养老金成员数占个人型个人养老金计划的比例从 2013~2014 财年的 45.33% 下降到 2019~2020 财年的 36.88%（见表 23-2）。

表 23-2　不同类型个人养老金计划数及参与人数情况

财年	团体型个人养老金计划				个人型个人养老金计划			
	存托养老金		非存托养老金		存托养老金		非存托养老金	
	成员数（万人）	占比（%）	成员数（万人）	占比（%）	成员数（万人）	占比（%）	成员数（万人）	占比（%）
2013~2014	80	9.57	298	35.65	79	9.45	379	45.33
2014~2015	64	7.51	387	45.42	61	7.16	340	39.91
2015~2016	81	8.79	399	43.32	103	11.18	338	36.70
2016~2017	120	13.36	428	47.66	51	5.68	299	33.30
2017~2018	123	13.31	440	47.62	49	5.30	312	33.77
2018~2019	105	11.18	482	51.33	41	4.37	310	33.01
2019~2020	100	10.54	457	48.16	40	4.21	350	36.88

注：①计划成员数占比是不同类型的养老金计划成员数与同财年养老金计划总成员数的比例。②由于个人可以同时加入多个计划，因此，可能会存在成员数重复计算的情况。

资料来源：HM Revenue & Customs, Private Pension Statistics, https://www.gov.uk/government/statistics/personal-and-stakeholder-pensions-statistics, 2021.

近些年，个人养老金缴费额呈现先降后升的发展趋势，2007~2008 财年个人总缴费额为 102 亿英镑，之后下降到 2012~2013 财年的 79 亿英镑，随着 DC 养老金计划自动加入机制的实行，个人缴费总额稳步上升到 2019~2020 财年的 106 亿英镑。人均缴费额也相应发生变化，从 2007~2008 财年的人均 2660 英镑稳步增长到 2011~2012 财年的人均 3690 英镑，随后呈现波动发展态势，2016~2017 财年人均缴费额为 3180 英镑（见表 23-3）。

表 23-3 不同财年个人养老金总缴费额和人均缴费额

财年	个人总缴费额（亿英镑）	人均缴费额（英镑）
2007~2008	102	2660
2008~2009	90	3010
2009~2010	78	3010
2010~2011	77	3260
2011~2012	87	3690
2012~2013	79	2870
2013~2014	81	2720
2014~2015	89	2920
2015~2016	99	3300
2016~2017	89	3180
2017~2018	92	—
2018~2019	98	—
2019~2020	106	—

资料来源：HM Revenue & Customs, Private Pension Statistics, https://www.gov.uk/government/statistics/personal-and-stakeholder-pensions-statistics, 2021.

（二）灵活的待遇领取方式，提高个人养老储蓄管理的自由度

在英国，个人可在 18~75 岁将钱存入个人养老金账户，并在达到一定年龄时（目前为 55 岁，预计 2028 年提高到 57 岁）可以提取账户资金。英国 DC 养老金计划允许个人一次性免税提取账户总储蓄额的 25%，上限为个人终身免税额的 25%（2022~2023 财年为 107.31 万英镑），剩余的 75% 需要纳税[①]。英国养老金自由化改革对 DC 养老金待遇领取方式进行调整，养老金待遇领取更加灵活多元，赋予个人管理养老储蓄更大的自由度，养老金待遇领取的方式包括：一是以现金方式部分或全部提取；二是购买年金产品，比如终身年金、固定年金、可变年金或其他保险产品；三是灵活支取，灵活支取是年金的流行替代方案，除了个人一次性免税领取25%以外，剩余的75%将按需提取，个人养老金账户资金可投资于灵活提取产品[②]。

养老金待遇领取规则的改革对人们的提取行为产生影响。养老金自由化改革赋予英国国民自由使用储蓄的权利。2014 年预算案出台前，仅养老金账户资产价值超过 31 万英镑或养老金账户资产价值低于 1.8 万英镑的个人才能灵活使用其养老金储蓄，购买年金是绝大多数 DC 养老金计划参与者的主要选择。自 2015 年 4 月起，所有拥有 DC 养老金计划的个人，无论其养老金账户资产规模多大，都有权灵活使用，个人可按照自己意愿提取 DC 养老金储蓄，但需按照所得税边际税率缴税。2012 年，超过 90% 的 DC 养老金计划资产用于购买年金。养老金自由改革后年金销售量下降很快，2020 年年金销售量仅为 4.9 万份。2021 年年金销售数量有所增长，但仍远低于 2020 年之前的水平（见图 23-2）。相应地，采取灵活提取收入方式的人数增加。英国养老金政策研究所的数据显示，2010~2014 年养老金收入提取方式基本稳定在每年 2 万份新合同的水平，2015 年，年金销售数量翻了一番，达到近 4 万份新合同，此后稳步增长到 2019 年的 11.6 万份，2020 年以来受新冠疫情肺炎的冲击，年金销售量下降到 4.9 万份。选择现金全部一次性提取的人数从 2015~2016 财年的 30 万下降到 2019~2020 财年的 25.2 万[③]。

英国税务海关总署披露的数据显示，自 2014 年养老金提取规则改革以来，灵活支取养老金的总价值超过 450 亿英镑，2021 年第一季度约有 38.3 万人灵活支取了 26 亿英镑的养老金待遇，较 2020 年同期支取的 24.6 亿英镑增长了约 6%。英国灵活支取养老金的人数平稳上升，从 2015 年第二季度的 8.4 万人增长到 2021 年第一季度的 38.3 万人。 2016 年 4 月以来，养老金人均提款额整体呈波动下降趋势，人均提款额下降到 2021 年第一季度的 6789 元（见表 23-4）。

①② HM Revence & Customs, Guidance: Pension Scheme Rates, https://www.gov.uk/government/publications/rates-and-allowances-pension-schemes/pension-schemes-rates, 2023.

③ Pension Policy Institute, The DC Future Book 2022: In Association with Columbia Threadneedle Investments, https://www.pensionspolicyinstitute.org.uk/media/4166/2220922-the-dc-future-book-2022-final.pdf, 2022.

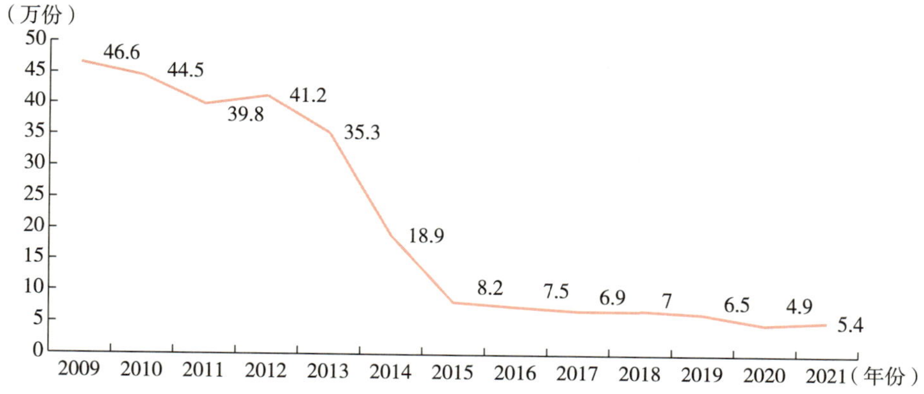

图 23-2　2009~2021 年 DC 养老金计划年金销售数量情况

资料来源：Pension Policy Institute, The DC Future Book 2022: in Association with Columbia Threadneedle Investments, https://www.pensions-policyinstitute.org.uk/media/4166/2220922-the-dc-future-book-2022-final.pdf, 2022.

表 23-4　英国养老金灵活支取人数和提款金额

时间	灵活支取人数（人）	灵活支取价值总额（百万英镑）	人均提取额（元）
2015 年第二季度	84000	1560	18571
2015 年第三季度	81000	1170	14444
2015 年第四季度	67000	800	11940
2016 年第一季度	74000	820	11081
2016 年第二季度	159000	1770	11132
2016 年第三季度	158000	1540	9747
2016 年第四季度	162000	1560	9630
2017 年第一季度	176000	1590	9034
2017 年第二季度	200000	1860	9300
2017 年第三季度	198000	1590	8030
2017 年第四季度	198000	1500	7576
2018 年第一季度	222000	1700	7658
2018 年第二季度	264000	2270	8598
2018 年第三季度	258000	1960	7597
2018 年第四季度	364000	1900	7197
2019 年第一季度	284000	2060	7254
2019 年第二季度	336000	2750	8185
2019 年第三季度	327000	2370	7248
2019 年第四季度	327000	2230	6820
2020 年第一季度	348000	2460	7069
2020 年第二季度	340000	2280	6706
2020 年第三季度	347000	2330	6715
2020 年第四季度	360000	2370	6583
2021 年第一季度	383000	2600	6789

资料来源：HM Revenue & Customs, Official Statistics: Flexible Payments from Pensions, https://www.gov.uk/government/statistics/flexible-payments-from-pensions, 2021.

（三）持续优化税优政策，增强缴费激励

建立可持续、可负担和公平的税优政策是鼓励英国公众增加养老储蓄的重要措施。私人养老金计划必须在英国税务海关总署注册登记才可以享受税收优惠。英国私人养老金实行 EET 税优模式，缴费和投资阶段[①]享受税收优惠，待遇领取阶段进行部分征税。缴费阶段雇主和雇员均享受税收优惠。如果雇主缴费符合英国税务海关总署的要求，其缴费将全额减免所得税。个人缴费税优额度取决于两个限额：年度免税额和终身免税额。年度免税额是对某一纳税年度的养老金缴费设定免税上限，超出年度免税额缴纳的养老金需要纳税。终身免税额限制了可以从所有已注册的养老金计划中免税领取养老金的总额，超过这一限额的任何养老金待遇都要纳税。养老金缴费限额政策适用于个人参加的所有注册型养老金计划。如前所述，养老金缴费限额政策于 2006 年正式引入，之后每一财年政府对其进行动态调整。年度免税额和终身免税额分别从引入初期的 21.5 万英镑和 150 万英镑提升到 2010~2011 财年的 25.5 万英镑和 180 万英镑，2011~2012 财年又分别快速下降到 5 万英镑和 180 万英镑（见表 23-5）。此外，英国私人养老金缴费限额政策还包含货币购买年度免税额（Money Purchase Annual Allowance，MPAA）和锥形年度免税额（Tapered Annual Allowance，TAA）。英国政府于 2015 年首次推出 MPAA，如果个人从任一 DC 养老金计划提取应税收入，为避免个人用同一笔资金通过反复领取和缴费重复享受税优，货币购买年度免税额直接下降到 1 万英镑，2017 年下降到 4000 英镑，2023 年又恢复到 1 万英镑。锥形年度免税额于 2016 年正式推出，旨在对高收入者的年度免税额进行分档：2016~2017 财年至 2019~2020 财年，年收入超过 15 万英镑者，年度免税额根据收入每多 2 英镑减少 1 英镑，年收入 21 万英镑及以上者的最低锥形免税额为 1 万英镑[②]。

表 23-5　不同纳税年度的年度缴费免税额和终身免税额

财年	年度免税额（英镑）	终身免税额（万英镑）	货币购买年度限额（英镑）
2006~2007	215000	150	—
2007~2008	225000	160	—
2008~2009	235000	165	—
2009~2010	245000	175	—
2010~2011	255000	180	—
2011~2012	50000	180	—
2012~2013	50000	150	—
2013~2014	50000	150	—
2014~2015	40000	125	—
2015~2016	2015 年 4 月 6 日至 7 月 8 日：80000； 2015 年 7 月 9 日至 2016 年 4 月 5 日：0	125	2015 年 4 月 6 日至 7 月 8 日：20000； 2015 年 7 月 9 日至 2016 年 4 月 5 日：0
2016~2017	40000	100	10000
2017~2018	40000	100	4000
2018~2019	40000	103	4000
2019~2020	40000	105.5	4000
2020~2021	40000	107.31	4000

① 英国私人养老金计划基金积累阶段并非完全免税，基金积累阶段是否需要纳税取决于养老基金的投资组合，比如养老基金直接投资于债券、房地产或现金是完全免税的。然而，1997 年以来，股票的股息收入需要按照公司税税率征税。

② HM Revence & Customs, Guidance: Pension Scheme Rates, https://www.gov.uk/government/publications/rates-and-allowances-pension-schemes/pension-schemes-rates, 2023.

续表

财年	年度免税额（英镑）	终身免税额（万英镑）	货币购买年度限额（英镑）
2021~2022	40000	107.31	4000
2022~2023	40000	107.31	4000
2023~2024	60000	取消	10000

注：货币购买年度免税额于 2015 年 4 月 6 日正式引入。

资料来源：HM Revenue & Customs, Guidance: Pension Scheme Rates, https://www.gov.uk/government/publications/rates-and-allowances-pension-schemes/pension-schemes-rates, 2023.

2023 年 4 月英国进一步调整了养老金税优政策，具体内容包括：①取消之前每人 107.31 万英镑终身免税额度的限制，取而代之的是引入一个更为简单的个人从养老金储蓄中一次性免税提取金额的上限。2023~2024 财年，该上限为 268275 英镑。②将个人年度免税额从每人每年 4 万英镑提高到 6 万英镑。③调整锥形年度免税额。2020~2021 财年至 2022~2023 财年，年收入超过 24 万英镑者，其年度免税额根据收入每多 2 英镑减少 1 英镑，直至降到最低额度 4000 英镑。2023~2024 财年，对于年收入超过 26 万英镑的高收入者，年度免税额会按照收入每多增加 2 英镑降低 1 英镑，直至降到最低额度 1 万英镑。假如某职工年收入为 30 万英镑，则其年度免税额将降至 4 万英镑。④货币购买年度免税额恢复到 1 万英镑。英国 2023 年 4 月开始实施的税优新政旨在应对长寿风险，但也面临不少争议，其税优效果有待观察。

英国税务海关总署公布的数据显示，2019~2020 财年英国职业养老金和个人养老金计划的税收优惠总额达到 417 亿英镑，约占同期 GDP 的 1.86%。2014~2015 财年以前，英国私人养老金税收优惠额度稳定在 337 亿英镑（见表 23-6），2014 年养老金自由化改革后，2015~2016 财年，私人养老金税优额度增长到 383 亿英镑，较之上一财年增长，随后先下降后稳步上升到 2020~2021 财年的 441 亿英镑[①]。养老金税收优惠总额的变化一方面是由于自动加入机制的实行增加了个人储蓄，有更多的人缴费参加职业养老金计划，从而可能增加养老金税优额度成本；另一方面，2010 年以来，养老金年度免税额和终身免税额水平的下降可能会降低高收入群体享受税收优惠的力度，从而可能导致高收入者减少缴费，对税优额度总成本有下降影响。虽然英国多次调整税优政策，但是税优减免总额相对稳定，占当期 GDP 的比例基本稳定在 2% 以下。

表 23-6　不同财政年度英国职业养老金和个人养老金税收优惠减免额情况

财年	税优减免总额（亿英镑）	占同期 GDP 比例（%）
2012~2013	337	1.98
2013~2014	337	1.89
2014~2015	339	1.82
2015~2016	383	1.99
2016~2017	367	1.84
2017~2018	372	1.78

资料来源：①税优减免额数据来源于 HM Revenue & Customs, Personal Pension and Pensions Relief Statistics: Table 6 Cost of Pension Tax and NICs Relief, https://www.gov.uk/government/statistics/personal-pensions-statistics-introduction；②GDP 数据来源于 OECD, Gross domestic product (GDP), https://stats.oecd.org/Index.aspx?DatasetCode=SNA_TABLE1#, 2023.

（四）实行公共平台多元投资方式，逐步重视气候变化相关风险防范

英国个人养老金计划实行公共平台多元投资方式。《2008 年养老金法案》引入自动加入机制促进第二、第三支柱的发展，作为改革配套措施之一建立了国家职业储蓄信托计划，为中小企业和个人加入私人养老金计划提供综合管理。国家职业储蓄信托公司作为国家职业储蓄信托计划的受托人对私人养老金计划进行投资管理，国家职业储蓄信托公司对工作和养老金部负责。这一公共平台具有低成本、高灵活性的特征，个人加入国家职业储蓄信托计划无须通过雇主办理，这一特征比较适合自雇者。国家职业储蓄信托计划对雇员进行组合收费，即对所有进入账户的缴费额收取 1.8% 的缴费费用、年度管理费用为

① HM Revenue & Customs, Private Pension Statistics, https://www.gov.uk/government/statistics/personal-and-stakeholder-pensions-statistics, 2021.

账户基金的 0.3%[①]，值得注意的是，NEST 对雇主不收费。2020 年英国养老金收费调查显示，NEST 计划成员的平均费用为 0.48%，低于 0.75% 的费用上限[②]。截至 2021~2022 财年，NEST 为 1110 万计划成员的养老储蓄进行投资，其中，活跃成员数为 460 万人。88.1 万名雇主加入 NEST 计划，每月平均增加 4.77 亿英镑成员缴费，NEST 年度总缴费额已经从建立初期的 380 万英镑上升到 2022 年的 244 亿英镑[③]。

国家职业储蓄信托计划提供两类投资基金：一类是默认基金。NEST 默认基金通常是退休日期基金（Retirement Date Fund），投资组合根据退休年龄进行动态调整，临近退休日期将降低风险资产投资比例，增加固定收益类资产投资。NEST 投资工具多元化，包括股票、债券、艺术品、外国期权合同、私募股权及风险投资基金等，投资于发达国家股票、不动产、英国投资债券和货币市场投资产品的比重较高，累计超过 80%。近 99% 的计划成员使用默认投资策略，即 NEST 退休日期基金系列。第二类是备选基金。根据投资风格和风险偏好的差异分为 NEST 道德基金、NEST 伊斯兰基金、NEST 高风险基金、NEST 低增长基金和 NEST 临退休基金。近些年，NEST 进一步丰富投资工具，将更多资产投资于可再生能源基础设施和私人股本等非流动资产。NEST 实行公共平台多元投资，旨在实现可持续增长以促进长期收益，其投资资产类别和投资领域多元化，整体投资表现良好。以 2040 NEST 退休日期基金为例，截至 2022 年 3 月 31 日，其扣除年度管理费用后的投资收益情况如下：年度投资收益率为 9.3%，三年投资收益率为 9.6%，五年投资收益率为 7.5%，十年滚动年化收益率为 9.2%[④]。

2018 年以来，伴随着 NEST 净资产规模的增长，其投资于与气候策略相关的资产的比例有所增加，即 NEST 注重 ESG 投资，逐步加大对太阳能、风力发电等绿色技术的投资，减少对温室气体和碳排放量大企业的投资，注重管理气候变化风险。NEST 投资于气候意识的资产规模已经从 2018 年的 3.52 亿英镑上升到 2022 年的 126 亿英镑，增长了约 35 倍，ESG 投资占净资产的比例从 2018 年的 12.57% 快速上升到 2022 年的 51.64%（见表 23-7）。

表 23-7　不同年份 NEST 的净资产规模和 ESG 投资基本情况

年份	NEST 净资产规模（亿英镑）	ESG 投资规模（亿英镑）	ESG 投资占比（%）
2018	28	3.52	12.57
2019	59	7.56	12.81
2020	99	13	13.13
2021	176	80	45.45
2022	244	126	51.64

资料来源：The Government of UK, National Employment Savings Trust Corporation annual Report and Accounts 2020/21, https://assets.publishing.service.gov.uk/government/uploads/system/uploads/attachment_data/file/1039312/nest-annual-report-and-accounts-2020-to-2021-print-ready.pdf, 2021, p.18.

四、结论与启示

自 20 世纪 40 年代以来，英国养老金计划改革经历了从制度修补到合并重构的演变历程。发展至今，英国私人养老金资产规模（包括职业养老金和个人养老金）达到 3 万亿英镑[⑤]。英国私人养老金的快速发展与制度结构协同优化、实施精细化税优政策、创新制度设计、建立统一账户综合管理服务平台和提供专业投资咨询服务等密切相关，英国的做法为我国第二、第三支柱养老金计划的发展提供了有益借鉴。

① The Government of UK, National Employment Savings Trust Corporation Annual Report and Accounts 2020/2021, https://assets.publishing.service.gov.uk/government/uploads/system/uploads/attachment_data/file/1039312/nest-annual-report-and-accounts-2020-to-2021-print-ready.pdf, 2021.

② Bennet D, An Independent Review of the National Employment Savings Trust, https://assets.publishing.service.gov.uk/government/uploads/system/uploads/attachment_data/file/1050215/nest-independent-review-2021.pdf#:~:text=An%20independent%20report%20by%20David%20Bennett%20to%20the,taxpayers%2C%20with%20recommendations%20to%20further%20strengthen%20these%20areas, 2021, p.16.

③ The Government of UK, National Employment Savings Trust Corporation Annual Report and Accounts 2021/2022, https://assets.publishing.service.gov.uk/, 2022.

④ National Employment Savings Trust Corporation, The National Employment Savings Trust Corporation annual Report and Accounts 2021/2022, https://www.gov.uk/government/publications/national-employment-savings-trust-corporation-annual-report-and-accounts-2021-to-2022, 2022, p.25.

⑤ Pension Policy Institute, Pension Facts 2023, https://www.pensionspolicyinstitute.org.uk/, 2023.

（一）强化共识和平稳过渡是推进养老金结构协同优化的基础

英国养老金制度经历了从国家主导到支柱化、市场化改革的发展历程，改革效果逐渐显现。英国养老金体系改革的重要特征之一是在取得广泛共识和采取平稳渐进改革策略的基础上有序推进结构优化。为有效解决国民养老储蓄不足的问题，英国政府前期通过大量社会咨询和反复沟通让民众了解个人在养老保障上的责任和增加养老储蓄的必要性。2002 年以来，英国持续推出知情选择计划，英国工作和养老金部基于参保者国民保险缴费和养老金抵扣情况对未来总体养老金水平、个人养老金待遇和实时养老金进行预测①。这些预测结果有助于个人及时了解退休后的待遇水平，同时个人还会收到提高其养老金待遇水平方式的宣传单，比如延长工作时间、推迟领取养老金的时间或增加缴费等。此外，英国还专门成立了完全独立于政府部门的第三方机构——养老金委员会，以确保养老金改革免受政治干预的影响，保证改革措施的长期有效性和政策的连续性。养老金委员会的专业性和独立性确保了其能提供可靠的咨询意见。养老金委员会通过明确划定与政府部门、行业、养老金提供商和企业之间的界限，使养老金问题解决办法客观有效。养老金委员会基于前期长期、全面的论证工作提出改革建议，获得公众和业界的高度认可，加快了英国养老金改革的步伐。

同时，英国养老金改革注重平稳过渡、有效衔接和协同优化，让民众对改革趋势有明确的预期。英国养老金改革的特色之一是建立养老金协议退出机制，在国家养老金、职业养老金和个人养老金之间架起桥梁，实现三大支柱功能明晰、协调发展，在促进私人养老金发展的同时，也有助于降低公共养老金的财政压力。比如，英国国家养老金从双层结构变成单一层次时，通过协议退出机制在 40 多年的时间内平稳过渡，并与第二、第三支柱设立转换通道，实行联动调整。此外，英国自动加入机制先从大企业开始实行，三年后才逐步扩大到已有中小企业，最后扩大到新建立的企业。取得共识是制度改革的前提，平稳过渡、协同优化是改革顺利推进的重要方式。

（二）差异化、精细化税收优惠政策是个人养老金发展的重要引擎

公平、可负担和可持续的税收优惠政策是个人养老金制度发展的重要引擎。税收优惠政策不仅需要具有激励性，提升不同收入群体参加个人养老金计划的积极性，同时还需要保证不同收入群体享受税优的公平性，避免成为高收入群体的专属优惠。英国政府多次调整税优政策，通过差异化的税优政策有效满足了不同群体的需求，根据计划参与者的收入、待遇领取方式、遗产继承方式的不同设置差异化的征税规则，确保税优政策的公平性和可持续性。当前中国个人养老金个人缴费按照 12000 元 / 年的限额标准予以扣除，投资收益阶段暂不征收个人所得税，待遇领取阶段按照 3% 的税率计算个人所得税，即我国个人养老金税收优惠模式为 EET。考虑到我国个人所得税较高的起征点以及各种专项扣除，绝大多数中低收入群体无须缴税，难以享受税优，而对于高收入群体，税优力度又明显不足。为更有效地激励公众参与个人养老金计划，我国应加快推进税优政策调整：第一，实行个人养老金税优额度与通货膨胀指数变化或收入挂钩的动态调整机制；第二，优化待遇领取环节单一税率的设置，现行个人养老金制度参与者领取养老金待遇统一按照 3% 的税率征税，建议实行超额累进税率，增强税优的公平性；第三，增设 TEE 税优模式，实行 EET 和 TEE 相结合的税优政策，让参与者根据自身收入情况自主选择税优模式。

（三）优化制度设计提高个人养老金计划参与率

任何一个养老金支柱的发展完善离不开制度体系的一揽子综合改革。英国创新性的制度安排辅以合理、精细化的税优政策促使英国职业养老金和个人养老金的发展获得了良好的落地效果。首先，英国于 2012 年正式引入自动加入机制，辅以雇主最低缴费要求和默认投资策略，实现职业养老金参与率达到 2021 年的 79%②，第二、第三支柱养老金计划可转换的设计也促进了个人养老金计划的发展。个人养老金不仅为自雇者及因收入低无法被职业养老金覆盖的个人提供了增加退休储蓄的机会，也为那些想要提高退休收入保障待遇的雇员提供了选择。在英国，大约有 410 万自雇者因缺少雇主无法加入职业年金计划，大约

① 综合养老金水平预测由雇主和养老金提供者合作发布，显示国家养老金相关信息及个人养老金信息；个人养老金待遇预测是在考虑个人婚姻状况、当前就业状况及在国外停留的时间长短等因素的基础上，根据个人情况量身定制；实时养老金预测于 2004 年 10 月推出，个人可通过与英国工作和养老金部联系在线获取相关信息。

② Office for National Statistics,Employee Workplace Pensions in the UK: 2021 Provisional and 2020 Final Results, https://www.ons.gov.uk/employmentandlabourmarket/peopleinwork/workplacepensions/bulletins/annualsurveyofhoursandearningspensiontables/2021provisionaland2020finalresults, 2022.

有 10.6 万名劳动者因为频繁更换工作、收入水平低不能自动加入养老金计划①，为促进该群体增加养老储蓄，英国引入国民职业储蓄信托计划，其具有的简单、灵活性、低成本和实行公共管理的特征促使中小企业雇主、自雇者及低收入群体增加了养老储蓄。除此以外，为吸引自雇者加入，国家职业储蓄信托计划结合该群体特征创新制度设计：一是鉴于自雇者收入的不稳定性和不可预测性，以按收入比例缴费取代定额缴费方式；二是缴费时间的灵活性，以不定期缴费替代定期缴费，确保其收入预期的稳定。

（四）建立便捷的统一账户信息管理服务平台，促进第二、第三支柱养老金计划的融合发展

伴随着私人养老金计划的发展，个人拥有多个养老金账户的情况越发普遍。为实现高效管理和账户归集，建立统一账户信息管理服务平台具有必要性。英国建立了统一的国家职业储蓄信托平台，为计划成员提供包括线上注册、缴费查询、账户管理和退休待遇预测等一站式服务，有助于降低账户管理成本、实现基础信息共享和促进养老金融教育。当个人工作变动时，可实现账户资金在 NEST 平台便捷转存。当前中国各支柱养老金制度之间分割管理。个人养老金管理具有行业分割性，中国银行保险信息技术管理有限公司和中国证券登记结算有限责任公司分别建立管理系统为保险行业和基金行业提供个人养老金信息管理服务。行业分割式管理增加了管理的复杂性，不利于个人的职业流动和管理效率的提升。当个人变换工作时，个人年金账户转存面临问题，由于缺乏统一的信息系统，拥有多个账户的个人也很难进行账户归集。因此，下一步应将两个平台整合成统一、低成本和简单易操作的综合型账户管理信息平台，为我国第二、第三支柱养老金发展提供重要的基础设施支撑，为客户提供包含注册、缴费、投资、待遇领取和税优申报等一站式服务，不仅利于个人根据需要理性作出养老储蓄决策，还有助于降低转存难度，提高个人参与的积极性。

（五）注重专业投资教育和咨询服务在个人养老金管理中的重要作用

英国个人养老金为个人提供了很大的灵活性和自由度，比如，个人可以选择为退休储蓄多少、以何种形式储蓄和怎么提取等。英国缴费确定型养老金待遇灵活领取改革大大增强了个人养老储蓄的自由度，该项改革受到计划参与者的欢迎，但个人也面临着如何理性决策的挑战，比如个人可能没有足够的信息和财务敏感度来权衡不同领取方式对个人成本和收益的影响。缴费确定型养老金计划的复杂性决定了计划参与者需要专业的指导帮助其做出理性决策。个人理性决策离不开专业化和有效的指导，而专业的指导必须得到储蓄者的信任才能真正发挥作用，为此，英国由独立的第三方提供专业指导以确保公正。英国金融行为监管局专门成立了金融建议工作小组，对行业、雇主和工会提出为雇员提供咨询建议的要求。英国还推出名为“养老金智慧”的全国性指导服务，为 50 岁及以上缴费确定型养老金计划储蓄者提供免费的指导服务。随后，英国将养老金智慧与养老金咨询服务处、货币咨询服务处合并成货币和养老金服务处，专门针对养老金及相关财务问题提供统一的指导。因此，要重视专业投资教育和为各主体提供个性化咨询服务在个人养老金计划管理中的应用。

参考文献

[1] Banks J, Crawford R, Tetlow G, Annuity Choices and Income Drawdown: Evidence from the Decumulation Phase of Defined Contribution Pensions in England, Journal of Pension Economics & Finance, 2015, 14 (4), pp. 412–438.

[2] Blake D, The UK Pension System:Key Issues, Pensions: An International Journal, 2003,8(4), pp.330–375.

[3] Carrera L, Curry C, Cleal N, The Changing Landscape of Pension Schemes in the Private Sector in the UK, Published by the Pensions Policy Institute, https://www.pensionspolicyinstitute.org.uk/, 2012.

[4] Davis E P, Regulation of Private Pensions—A Case Study of the UK，The Pensions Institute Discussion Paper PI–0009, http://www.pensions–institute.org/, 2000.

[5] Disney R, Emmerson C, Public Pension Reform in the United Kingdom: What Effect on the Financial Well–being of Current and Future Pensioners?, Fiscal Studies, 2005, 26(1), pp.55–81.

[6] Disney R, Emmerson C, Wakefield M, Pension Provision and Retirement Savings: Lessons from the United Kingdom, Canadian Public Policy/Analyse de Politiques, 2008, 34, pp.155–175.

[7] Disney R, Emmerson C, Wakefield M, Pension Reform and Saving in Britain, Oxford Review of Economic Policy, 2001, 17(1), pp.70–94.

[8] Disney R, Emmerson C, Wakefield M, Tax Reform

① Pension Policy Institute, The DC Future Book 2022: In Association with Columbia Threadneedle Investments, September 2022, https://www.pensionspolicyinstitute.org.uk/media/4166/2220922–the–dc–future–book–2022–final.pdf.

and Retirement Saving Incentives: Evidence from the Introduction of Stakeholder Pensions in the UK, The Institute for fiscal studies Working Paper 19/07, https://ifs.org.uk/publications/tax-reform-and-retirement-saving-incentives-evidence-introduction-stakeholder-pensions, 2007.

[9] Disney R, Emmerson, C, Wakefield M, Tax Reform and Retirement Saving Incentives: Take-up of Stakeholder Pensions in the UK, Economica, 2010, 77(306), pp.213-233.

[10] Emmerson C, Tanner S, Stakeholder Pensions, Institute for Fiscal Studies, London: Briefing Notes BN01, http://www.ifs.org.uk/publications.php?publication_id=1761, 1999.

[11] Foster, L, Heneghan M, Pensions Planning in the UK: A Gendered Challenge, Critical Social Policy, 2018, 38(2), pp.345-366.

[12] Gregory A, Tonks I, Performance of Personal Pension Schemes in the UK, Xfi Centre for Finance and Investment, Paper Number: 06/11, https://ore.exeter.ac.uk/repository/bitstream/handle/10036/22099/0611.pdf?sequence=1, 2006.

[13] Institute for Policy Research, Pension Reforms in the UK: 1997 to 2015, Nest insight, https://www.nestinsight.org.uk/wp-content/uploads/2020/02/Pension-Reforms-in-the-UK-1997-to-2015.pdf, 2020.

[14] Milligan K, How Do Contribution Limits Affect Contributions to Tax-preferred Saving Accounts?, Journal of Public Economics, 2003, 87(2), pp.253-281.

[15] Pensions Commission, Pensions: Challenges and Choices, The First Report of the Pensions Commission, http://image.guardian.co.uk/sys-files/Money/documents/2005/05/17/fullreport.pdf, 2004.

[16] Wagner H, Pension Reform in the New EU Member States: Will a Three-Pillar Pension System Work?, Eastern European Economics, 2005, 43(4), pp.27-51.

分报告二十四 加拿大个人养老金制度的构成、比较及启示

随着我国人口老龄化形势日趋严峻，我国养老保险制度体系第一支柱面临的财政压力过大且替代率逐年降低。然而，第二支柱企业年金和职业年金的覆盖面相对有限。因此，当前发展第三支柱个人养老金制度是当务之急。2022 年 4 月，国务院办公厅印发了《关于推动个人养老金发展的意见》，这标志着我国第三支柱个人养老金制度的正式确立。但是我国个人养老金制度的建设经验尚且不足，亟待学习和借鉴个人养老金制度发展的国际经验。它山之石，可以攻玉，加拿大具有较完善的三支柱养老金体系，同时市场化运营也较为成功，本文拟对加拿大个人养老金制度进行研究，以期为我国个人养老金制度发展提供借鉴与参考。

一、加拿大养老金体系框架

过去 50 年里，加拿大的养老金制度为越来越多的退休人员提供了满意的养老金收入。取得这样的成绩，得益于加拿大有着较为健全的多支柱养老金体系。加拿大官方和民间界定的退休收入体系三支柱不同于 1994 年世界银行提出的养老金体系多支柱。世界银行的多支柱养老金模式已经得到世界各国的广泛认可。世界银行认为，来自财政转移支付的非缴费型普惠式公共养老金是零支柱，工薪收入关联型的强制性公共养老金为第一支柱，企业举办的职业年金为第二支柱，个人在市场上投资购买的商业性税优型个人养老金为第三支柱[①]。按照世界银行的划分方法，本文将加拿大养老金体系划分为以下几个支柱，如图 24-1 所示。

零支柱，由财政资助的老年保障计划（Old Age Security, OAS）、保证收入补贴（Guaranteed Income Supplement, GIS）和配偶津贴（Spouse's Allowance, SPA）、丧偶津贴（Widowed Spouse's Allowance, WSPA）、年龄抵免（Age Credit, AC）等构成，为老年人提供基本收入保障。1952 年加拿大政府建立非缴费型普惠性的老年保障计划（OAS），由政府财政出资向符合居住年限要求的加拿大 65 岁老年人发放养老津贴。1967 年加拿大政府为低收入老年人建立由财政支持的保证收入补贴（GIS），通过收入审查方式为那些除了 OAS 以外几乎没有收入的加拿大老年人提供基本补助。1975 年加拿大建立配偶津贴（SPA），1985 年建立丧偶津贴（WSPA），通过收入审查方式向 60 岁至 64 岁符合条件的配偶、同居伙伴、寡妇或鳏夫提供津贴[②]。1987 年加拿大政府建立年龄抵免（AC）政策，为 65 岁以上老年人提供税收抵免以减轻老年人的税收负担[③]。

第一支柱，由加拿大养老金计划（Canada Pension Plan, CPP）和魁北克养老金计划（Québec Pension Plan, QPP）构成，是强制性缴费型与本人工薪收入关联的公共养老金，涵盖了加拿大大多数有就业收入的受雇者和个体经营者。

① 郑秉文：《加拿大养老金“DB 型部分积累制”新范式 20 年回望与评估——降低养老保险费率的一个创举》，《经济社会体制比较》，2017 年第 6 期，第 87–117 页。

② Bustillo I, Velloso E, Vézina F Y, The Canadian Retirement Income System, ECLAC, 2006, p.7.

③ Department of Finance Canada, Report on Federal Tax Expenditures: Concepts, Estimates, and Evaluations, 2022, Her Majesty the Queen in Right of Canada, 2022, p.72.

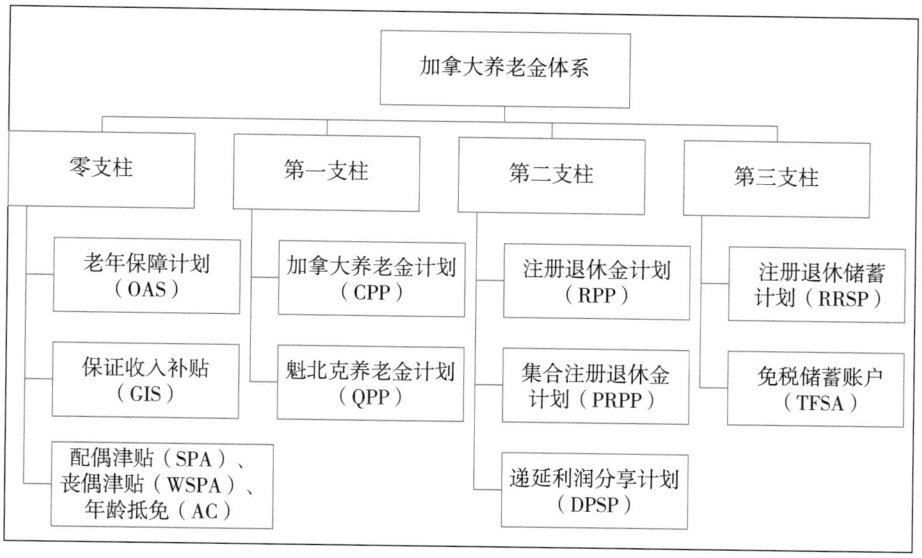

图 24–1　加拿大养老金体系

资料来源：笔者根据相关资料整理而成。

第二支柱，由不同形式的雇主创办的自愿性个人储蓄账户性质的职业养老金构成，具体包括注册退休金计划（Registered Pension Plan, RPP）、集合注册退休金计划（Pooled Registered Pension Plans, PRPP）和递延利润分享计划（Deferred Profit–Sharing Plans, DPSP）等。

第三支柱，由自愿性个人储蓄账户性质的个人养老金制度构成，具体包括注册退休储蓄计划（Registered Retirement Savings Plans, RRSP）和免税储蓄账户（Tax–Free Savings Account, TFSA）。没有参加雇主创办的职业养老金计划的个人可以自愿投资 RRSP 和 TFSA①。换言之，加拿大个人养老金制度由 RRSP 和 TFSA 构成。

二、加拿大个人养老金制度 RRSP 和 TFSA 的比较分析

随着人口老龄化和劳动力人口比例的下降，多支柱养老金体系在为老年人提供经济保障方面发挥着至关重要的作用。在过去的几十年里，预期寿命明显增加，现在和未来的几代人将面临更长的老年生活。养老金体系如何才能更好地满足当前和未来退休人员的需求呢？当然，从全球来看，没有统一的答案。不同国家会找到满足自己需求的不同解决方案。任何国家的养老金体系都有多重目标：分散死亡风险、残障风险、长寿风险；为老年人提供一定的收入保障；鼓励劳动者的就业与储蓄以协调劳动力市场政策并支持经济增长等。这就导致各国构建了不同特点的多支柱养老金体系。加拿大养老金制度的资金来源和制度构成的多样化使其更能适应人口、经济和投资条件的变化。其中，加拿大第三支柱的个人养老金制度在养老金体系中发挥了重要作用。因此，有必要深入理解与比较分析加拿大个人养老金制度 RRSP 和 TFSA。

（一）RRSP 和 TFSA 在供款与提款方面的区别

RRSP 作为加拿大首次建立起的第三支柱的个人养老金制度，为加拿大民众提供了重要的养老金补充。1957 年加拿大政府建立 RRSP②，目的是帮助那些不能从雇主提供的职业养老金计划中受益的工人进行退休储蓄。RRSP 有以下几种类型：第一，个人注册退休储蓄计划（Individual RRSP）是由账户持有人和出资人共同建立的。第二，配偶注册退休储蓄计划（Spousal RRSP, SRRSP）为单方配偶提供福利，也为配偶双方提供税收优惠。高收入者（配偶供款人）可以以配偶的名义（账户持有人）向配偶 RRSP 供款。由于退休收入是平均分配的，因此夫妻双方都可以享受较低的边际税率。第三，团体注册退休储蓄计划（Group RRSP）是由雇主为雇员设立的团体注册退休储蓄计划，资金来源于工资扣减，很像美国的 401（k）计划。它由投资经理管理，为投入者提供立即减税的好处。第四，集合注册退休储蓄计划（Pooled RRSP）

① The World Bank, The Evolution of the Canadian Pension Model: Practical Lessons for Building World–class Pension Organizations, 2017 International Bank for Reconstruction and Development, 2017, p.4.

② Schmidt–Shoukri A J, An Examination of the Canadian Retirement Income System, Optimumonline.ca, 2018, 48(1), p.68.

是为小型企业员工、雇主以及个体经营者创建的一种注册退休储蓄计划[①]。到 2020 年，超过 620 万加拿大人缴纳了 RRSP，为退休预留了 501 亿加元。自 1957 年设立以来，RRSP 账户的供款限额已从上年劳动收入的 10%（最高可达 2500 加元）增长到 18%，到 2023 年最高可达 30780 加元[②]。2021 年 RRSP 缴款的纳税申报者比上年更多，所有纳税申报者中有 22.4%（比上年增加 0.1%）进行了 RRSP 供款。2021 年 RRSP 的供款总额达到 561 亿加元（比上年增加 12.2%），而 RRSP 的供款中位数增长了 8.1%，达到历史最高水平 3890 加元[③]。

如表 24–1 所示，RRSP 要求供款人必须是工薪收入者，虽然没有最低供款年龄的要求，但最大供款年龄为 71 岁，即必须在 71 岁当年的年底前提款，或者转换成注册退休收入基金（RRIF），或者购买年金。供款以工薪收入为基础。最高缴纳上年收入的 18%，再加上 RRSP 未使用的供款额度进行结转（加拿大税务局每年都会设定最高供款限额，2023 年为 30780 加元[④]）。RRSP 享受 EET 的税收优惠，即供款和获取投资收益时免税，未来提取账户资金时纳税。此外，RRSP 具有灵活的转账机制，支持多种账户划转。RRSP 无论是否处于到期日，都可以与第二支柱养老金 RPP、PRPP 和 TFSA 账户互转，资金流通效率较高。在当今这个全球化的时代，许多加拿大人在其他国家工作期间加入了这个国家的养老金计划，回到加拿大后需要把在国外积累的养老金权益转到本国养老金计划的账户中。加拿大政府规定，加拿大公民遵循相应的程序可以将外国退休计划（包括美国退休计划）权益转到 RRSP 账户中。例如，某个加拿大人在美国工作，参加过 401（k）、403（b）、IRA 等计划，可以按照法定程序将这些计划的权益以递延纳税的方式转入加拿大 RRSP 账户中[⑤]。

2008 年加拿大建立免税储蓄账户（TFSA），并于 2009 年开始实施。尽管 TFSA 的建立时间晚于 RRSP。但 TFSA 目前已经成为加拿大投资者的首选。如表 24–1 所示，TFSA 被定位为一般免税储蓄账户，不单是为退休养老而设计的账户，资金还可用于装修房子、买新车、创业、旅行等大额支出。TFSA 虽然不像 RRSP 那样在供款时能立即获得税收减免（这是 RRSP 相对于 TFSA 的一个关键优势）。但是，TFSA 比 RRSP 灵活得多。18 岁以上持有有效社会保险号码的加拿大居民都可以在 TFSA 账户中供款，并且该供款不以工薪收入为基础，也没有最高供款年龄的限制。供款限额是每年累积的，未使用的供款限额将无限期结转至未来。每年设定供款限额，2023 年加拿大税务局规定最高限额为 6500 加元[⑥]。TFSA 账户内的所有供款和投资收益（包括利息、股息和资本利得）都是免税的，所有的 TFSA 提款都免税，任意提款都会在第二年增加同等的供款限额。

表 24–1 注册退休储蓄计划（RRSP）和免税储蓄账户（TFSA）的区别

推出时间	注册退休储蓄计划（RRSP）	免税储蓄账户（TFSA）
	1957 年	2008 年
定位及资金用途	定位为退休免税储蓄账户，资金主要用于退休储蓄，也可以用于购房者计划（Home Buyers' Plan, HBP），或者终身学习计划（Lifelong Learning Plan, LLP）。为退休储蓄的同时享受税收减免	定位为一般免税储蓄账户，不仅为退休养老而设计的账户；资金还可用于装修房子、买新车、创业、旅行，为退休储蓄等支出
最低供款年龄	没有要求	必须年满 18 岁，拥有有效的加拿大社会保险号码，并且是加拿大居民才能开设

① Kagan J, Registered Retirement Savings Plan (RRSP): Definition and Types, Investopedia, https://www.investopedia.com/terms/r/rrsp.asp/, 2022.

② Omololu E, A Complete Guide to Retirement Income in Canada in 2023, https://www.savvynewcanadians.com/a-complete-guide-to-canadas-retirement-income-system/, 2023.

③ Stastistics Canada, https://www150.statcan.gc.ca/n1/daily-quotidien/230317/dq230317e-eng.htm, 2023.

④⑥ IG Wealth Management, RRSP vs. TFSA: How are They Different?, https://www.ig.ca/en/insights/rrsp-vs-tfsa/, 2023.

⑤ Transfer of a Foreign Retirement Plan into a Canadian RRSP: Tax Rules to Consider, https://www.sunlifeglobalinvestments.com/en/insights/investor-education/tax-and-estate-planning/transfer-of-a-foreign-retirement-plan-into-a-Canadian-rrsp-tax-rules-to-consider/, 2022.

续表

推出时间	注册退休储蓄计划（RRSP）	免税储蓄账户（TFSA）
	1957 年	2008 年
最大供款年龄	71 岁（但必须是工薪收入者），即必须在 71 岁当年的 12 月 31 日前提取账户全部金额，或者转换成注册退休收入基金（RRIF），或者购买年金	没有要求
供款方式及额度	供款以工薪收入为基础。但是，最高缴纳上一年收入的 18%，再加上结转 RRSP 未使用的供款额度（至 71 岁）。加拿大税务局每年设定最高供款限额，2023 年最高限额为 30780 加元	供款不以工薪收入为基础，供款每年有固定限额，以及任何提款和上一年结转的供款额度。从年满 18 岁开始，供款限额是每年累积的，未使用的供款限额将无限期结转至未来。缴款按照日历年度从 1 月 1 日至当年的 12 月 31 日。超出限额的供款须支付 1% 的税收罚款。加拿大税务局每年设定供款的额度限制，2023 年最高限额为 6500 加元
税优模式	EET，即供款和获取投资收益时免税，未来提取账户资金时纳税	TEE，即供款时纳税，获取投资收益和未来提取账户资金时免税
提款规定	不鼓励提前提款，因为提款将导致纳税。如果提款，将无法收回 RRSP 的供款额度。在以下两种特殊情况下，可以进行特别的 RRSP 提款而无须纳税。①购房者计划（HBP）允许你从你的 RRSP 中提取高达 35000 加元作为新房首付，并且作为首次购房者要在 15 年内偿还 RRSP 的钱。②终身学习计划（LLP）可以每年从 RRSP 账户提取 10000 加元（累计 20000 加元）以支付供款人或其配偶的全日制培训或教育费用。通常必须在完成全日制教育后，在 10 年内分期偿清 RRSP	账户资金可以随时提取

资料来源：笔者根据相关资料整理。

（二）RRSP 与 TFSA 在税收方面的区别

TFSA 自实施以来，经历了惊人的增长，在一定程度上被加拿大人视为长期资本积累的节税工具，广泛用于老年退休财富的积累，并吸引许多年轻人通过大量供款进行长期储蓄。TFSA 和 RRSP 给予的税收优惠基本上是相同的，只有征税的时间不同。这意味着就个人而言，纳税人可以从他们一生的预期税率差异中获利。

首先，二者在税收模式方面存在差别。如表 24–1 所示，RRSP 采用 EET 税收模式，即供款和获取投资收益时免税，未来提取账户资金时纳税。而 TFSA 采用 TEE 税收模式，即供款时纳税，获取投资收益和未来提取账户资金时免税。

其次，二者在税收效果方面存在差别。如表 24–2 所示，RRSP 和 TFSA 存在以下三种税收效果：第一，如果 RRSP 和 TFSA 的供款都是 1000 加元，并且供款人供款时税率与退休时相同（都是 40%），二者 20 年后退休时净收入相同，都是 1592 加元。第二，如果供款时税率（40%）高于退休时税率（30%），20 年后退休时 RRSP 账户纳税后的净收入（1857 加元）高于 TFSA 账户纳税后的净收入（1592 加元）。第三，如果供款时税率（30%）低于退休时的税率（40%），20 年后退休时 TFSA 账户纳税后的净收入（1857 加元）高于 RRSP 账户纳税后的净收入（1592 加元）。

表 24-2 举例说明税收对 RRSP 与 TFSA 的影响

单位：加元

边际税率	供款时税率与退休时相同		供款时税率高于退休时		供款时税率低于退休时	
	40%/40%（供款 / 退休）		40%/30%（供款 / 退休）		30%/40%（供款 / 退休）	
	RRSP	TFSA	RRSP	TFSA	RRSP	TFSA
供款存入（税前）	1000	1000	1000	1000	1000	1000
应纳税额	0	400	0	400	0	300
净供款额	1000	600	1000	600	1000	700
20 年后价值（年均回报率 5%）	2653	1592	2653	1592	2653	1857
纳税	1061	0	796	0	1061	0
退休时净收入	1592	1592	1857	1592	1592	1857

资料来源：Laurin A, TFSAs: Time for a Tune-Up, Trusted Policy Intelligence, https://www.cdhowe.org/sites/default/files/attachments/research_papers/mixed/e-brief_298_web. pdf, 2019, p.9.

RRSP 和 TFSA 可以投资的产品包括担保投资证书、共同基金、储蓄存款、股票、期权和债券、交易所交易基金、现金等[①]。

（三）RRSP 和 TFSA 的发展现状及其原因分析

1. 现状

RRSP 和 TFSA 作为加拿大第三支柱个人养老金，相互补充、相互促进形成了以下发展现状：

第一，自成立以来，TFSA 的供款人数量与供款金额显著增长，同时 RRSP 的供款人数量逐年下降。向 RRSP 供款的纳税申报人数从 2009 年的 600 万下降到 2019 年的 590 万，向 RRSP 供款的纳税者比例从 2009 年的 25% 下降到 2019 年的 22%。然而，从 2009 年到 2019 年，RRSP 的年均供款从 5530 加元增加到 7488 加元，年均增长 3.1%。相比之下，这一时期的平均年通胀率为 1.8%。虽然截至 2019 年 TFSA 只存在了 10 年，但是增长迅速。TFSA 的供款者从 2009 年的 480 万增加到 2019 年的 1530 万，增加了 1050 万。在此期间，向 TFSA 供款的纳税者比例从 20% 增加到 56%。TFSA 的总供款额从 2009 年的 190 亿加元增加到 2019 年的 710 亿加元。从 2009 年到 2019 年，每个纳税申报者的平均年供款额从 4195 加元增加到 8160 加元[②]。

第二，与 RRSP 相比，TFSA 更受年轻人和老年人的青睐。如表 24-3 和表 24-4 所示，2009 年到 2016 年所有年龄层每年进行 RRSP 供款的纳税人比例有所下降或者保持稳定，但参与 TFSA 供款的纳税人比例却快速增长。尤其是年轻人，20 岁到 29 岁和 30 岁到 44 岁的人群中，2009~2016 年 TFSA 的人均供款分别以年均 5.2% 和 5.8% 的速度增长，而 RRSP 的人均供款年均增长率分别为 2.6% 和 1.8%。2009~2016 年，45 岁到 59 岁及 60 岁以上人口 TFSA 人均供款的增长率更高，分别为 8.4%、9.6%[③]。如表 24-3 所示，每年大约有 1/3 的 60 岁及以上的纳税人向 TFSA 供款，2016 年人均供款 9000 加元以上。2016 年 71 岁以下的家庭中约有 60% 参与 TFSA 或 RRSP 供款，40% 的人供款 TFSA，其中超过一半的人也供款 RRSP。由此可知，TFSA 和 RRSP 的供款人之间有相当大的重叠。截至 2016 年，32% 供款 TFSA 的家庭也供款 RRSP。这种重叠也意味着自 2009 年 TFSA 实施以来，有一部分加拿大人将资金从 RRSP 转移到了 TFSA。TFSA 的供款每增加 1%，RRSP 的供款就会减少 0.4%[④]。可见，TFSA 深受加拿大年轻人和老年人的欢迎。

如图 24-2 所示，2019 年按年龄组 34 岁以下及 55 岁以上 TFSA 供款者占纳税者的比例高于 RRSP 供款者占纳税者的比例。可见，TFSA 更受年轻人和老年人的欢迎。

① Compare TFSA vs RRSP vs FHSA, https://www.rbcroyalbank.com/investments/tfsa-vs-rrsp-fhsa.html/.

② Office of the Superintendent of Financial Institutions, Registered Pension Plans (RPP) and Other Types of Savings Plans – Coverage in Canada, https://www.osfi-bsif.gc.ca/Eng/oca-bac/fs-fr/Pages/rrp_rpa_2022.aspx/, 2022.

③ Laurin A, TFSAs: Time for a Tune-Up, Trusted Policy Intelligence, https://www.cdhowe.org/sites/default/files/attachments/research_papers/mixed/e-brief_298_web. pdf, 2019, p.4.

④ Laurin A, TFSAs: Time for a Tune-Up, Trusted Policy Intelligence, https://www.cdhowe.org/sites/default/files/attachments/research_papers/mixed/e-brief_298_web. pdf, 2019, pp.5-6.

表 24-3　按年龄组别划分的所有供款纳税人比例

所有供款纳税人的比例

单位：%

年份		2009	2010	2011	2012	2013	2014	2015	2016
20~29 岁	TFSA	0.13	0.16	0.20	0.22	0.25	0.27	0.29	0.29
	RRSP	0.17	0.19	0.16	0.15	0.15	0.14	0.14	0.14
30~44 岁	TFSA	0.14	0.16	0.19	0.20	0.22	0.24	0.27	0.27
	RRSP	0.33	0.33	0.32	0.32	0.32	0.31	0.31	0.31
45~59 岁	TFSA	0.19	0.20	0.22	0.23	0.24	0.26	0.28	0.27
	RRSP	0.36	0.36	0.35	0.35	0.35	0.35	0.35	0.35
60 岁以上	TFSA	0.25	0.28	0.29	0.29	0.31	0.32	0.33	0.31
	RRSP	0.10	0.09	0.10	0.11	0.11	0.11	0.11	0.11

表 24-4　按年龄组别划分的每位供款人的年平均供款

单位：加元

年份		2009	2010	2011	2012	2013	2014	2015	2016
20~29 岁	TFSA	3256	3617	3737	3761	4053	4358	4855	4636
	RRSP	2933	3107	3062	3167	3297	3421	3418	3506
30~44 岁	TFSA	3755	4301	4487	4418	4774	5095	5921	5554
	RRSP	4573	4769	4661	4723	4913	5005	5005	5179
45~59 岁	TFSA	4247	5137	5586	5675	6283	6681	8250	7453
	RRSP	6166	5977	6071	6220	7168	7347	7463	7760
60 岁以上	TFSA	4737	5854	6457	6685	7396	7813	10296	9019
	RRSP	7807	6578	6710	6952	9689	9943	9900	10399

资料来源：Laurin A, TFSAs: Time for a Tune-Up, Trusted Policy Intelligence, https://www.cdhowe.org/sites/default/files/attachments/research_papers/mixed/e-brief_298_web. pdf, 2019, p.6.

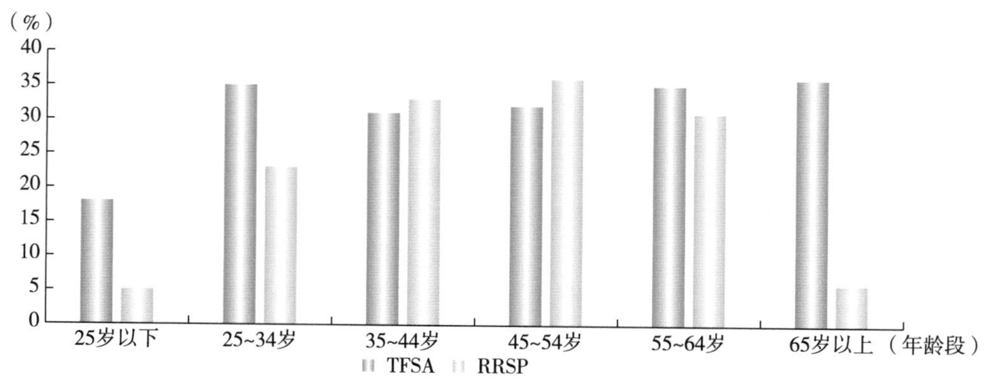

图 24-2　2019 年不同年龄段 TFSA 和 RRSP 供款者占纳税者的比例

资料来源：Office of the Superintendent of Financial Institutions, Registered Pension Plans (RPP) and Other Types of savings plans-coverage in Canada, https://www.osfi-bsif.gc.ca/Eng/oca-bac/fs-fr/Pages/rrp_rpa_2022.aspx/, 2022.

第三，收入越高的个人选择供款第三支柱个人养老金（TFSA 和 RRSP）的比例越高，与 RRSP 相比，TFSA 更受中低收入者的欢迎。图 24-3 显示了 2019 年按总收入划分的 RRSP 和 TFSA 供款者占纳税者的比例，由此可见，无论是 TFSA 还是 RRSP，收入越高的个人选择供款的比例越高。此外，8 万加元以下的个人选择 TFSA 的比例高于 RRSP。

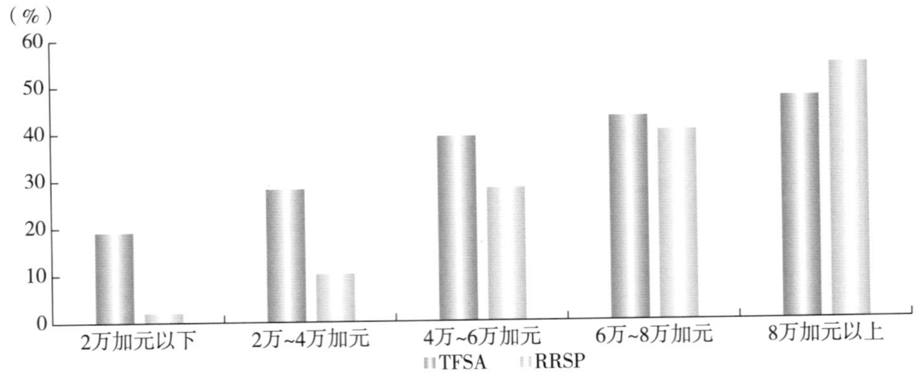

图 24-3　2019 年不同收入水平 TFSA 和 RRSP 供款者占纳税者的比例

资料来源：Office of the Superintendent of Financial Institutions, Registered Pension Plans (RPP) and Other Types of Savings Plans—Coverage in Canada, https://www.osfi-bsif.gc.ca/Eng/oca-bac/fs-fr/Pages/rrp_rpa_2022.aspx/, 2022.

2. 原因

RRSP 和 TFSA 存在上述发展现状，主要是由于 TFSA 在以下三个方面比 RRSP 更具灵活性。

第一，在参与条件上，TFSA 比 RRSP 的限制更少。RRSP 虽然没有最低供款年龄的要求，但是要求必须是 71 岁以下的工薪收入者。但是，对于那些不能参加 RRSP 供款的加拿大人来说，TFSA 可能是延迟纳税增加退休储蓄的唯一可行选择。这些人包括通过雇主加入 RPP 但不具备供款能力的雇员、没有任何劳动收入的年轻人以及 71 岁以上还有免税储蓄需求的加拿大人。而 TFSA 虽然要求年满 18 岁并拥有有效的社会保险号码，但是不要求必须是工薪收入者，也没有最高供款年龄的限制。这就使许多加拿大年轻人即使没有工作也可以开设自己的 TFSA 账户，一些 71 岁以上的老年人也可以进行 TFSA 供款。通过事实证明，TFSA 是可以实现长期积累并有效避税的储蓄账户，因此深受加拿大人的欢迎。

第二，在税收方面，个人选择 TFSA 比选择 RRSP 更具有终身套利的机会。对个人而言，从供款到提款的税率很少会相同，个人供款者可能会基于此进行终身套利。例如，如表 24-2 所示，如果供款者预期退休后的实际税率（包括收入审查的抵免和津贴）高于供款时的税率，那么采用 TFSA 将获得更高的净收入。反之亦然，如果供款者预期退休后的实际税率低于供款时的税率，那么采用 RRSP 将获得更高的净收入。一般而言，如果一个国家的税率政策没有改变，劳动者从开始工作到退休收入呈现增长的趋势，那么其退休时的税率一般会高于其个人养老金开始供款时的税率。因此，选择 TFSA 将能更有效地避税从而实现更高的净收入。当然，这个税收套利机会是基于个人对未来的预期，很可能不会实现。即使个人大部分的预期实现了，对政府财政成本来说，重要的是所有人的税收总和。

第三，在提款方面，TFSA 提款免税，并且不影响供款人获取政府收入审查福利的资格，而 RRSP 提款要征税，并且可能减少供款人收入审查的福利。一方面，TFSA 账户可以随时免税提款，并且可以在第二年重新供款。而 RRSP 账户提款无法免税，并且提款后不能重新供款。这意味着当遭遇紧急情况需要大额支出时，RRSP 账户可以提款但必须纳税，而且即使在金融市场变化、个人储蓄能力增强的时候也无法继续在 RRSP 账户供款。这导致一些加拿大人选择将 RRSP 的款项转移至 TFSA 以补充自己未来的养老金。换言之，TFSA 通常被中高收入者视为可以减免税收的储蓄账户。另一方面，通过 TFSA 获得收入和从账户中提款不会影响供款人获取政府收入审查的福利（如 OAS 和 GIS）资格。而 RRSP 提款是需要纳税的，这意味着提款可能会使 RRSP 的供款者按照更高的税率纳税，并可能减少其获取的收入审查的福利，包括 GST/HST 积分和加拿大工人津贴[①]。对于低收入者而言，他们更在乎退休提款之后的保障。因此，低收入者也青睐 TFSA。

三、加拿大个人养老金的发展成效

经过几十年的发展，加拿大个人养老金无论从基金规模还是从替代率方面都取得了显著成效。

第一，加拿大养老金体系中个人养老基金所占比重较大，并且持续增长。如图 24-4 所示，从 1990 年至 2021 年加拿大个人养老金的财富市值一直远远大于公共养老金。此外，从 1990 年至 2021 年加拿大三支柱养老金财富市值都在增长。2020~2021 年公共养老金增长了 16.2%，在 2021 年达到 6610 亿加元。其中，增长最快的是 QPP，增长了 21%，2021 年净资产达到 1069 亿加元，首次突破 1000 亿加元大关，同时 CPP 的净资产增长了 738 亿加元，达到 5541 亿加元，比 2020 年增加了 15.4%。个人养老金的价值增长几乎与公共养老金保持同步，到 2021 年底攀升至 16653 亿加元，同比增长 14.9%，大大超过了 2020 年 5.1% 的增幅[②]。2020 年的增幅无疑受到了新冠疫情暴发带来的影响。

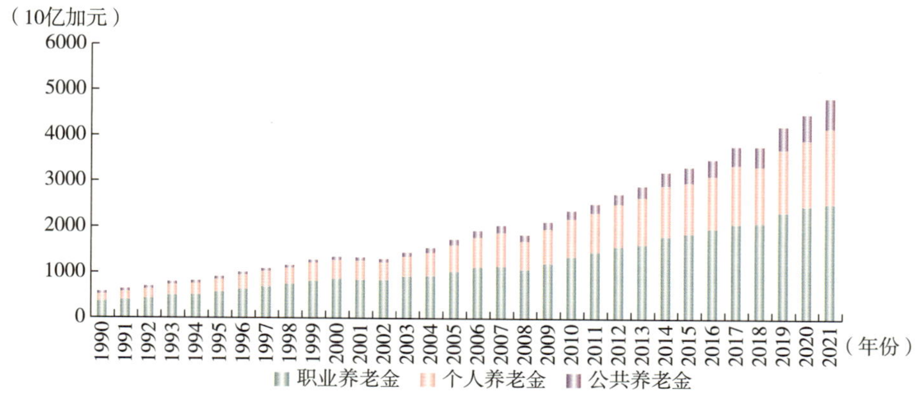

图 24-4　1990~2021 年加拿大三支柱养老金财富市值的变化

资料来源：Statistics Canada, Chart 1 Pension Wealth By Pension tiers, https://www150.statcan.gc.ca/n1/daily-quotidien/221212/cg-d001-eng. htm, 2022.

第二，加拿大养老金体系中个人养老金的替代率较高。如图 24-5 和图 24-6 所示，在经济低迷（工资增长和通胀率相当，金融市场表现较差）时，只有 OAS 和 CPP 的养老金净替代率更高，中高收入的第三支柱净替代率略低。在经济增长（实际工资增长和资产回报率较高）时，带有第三支柱的养老金净替代率明显高于只有 OAS 和 CPP 的养老金净替代率。

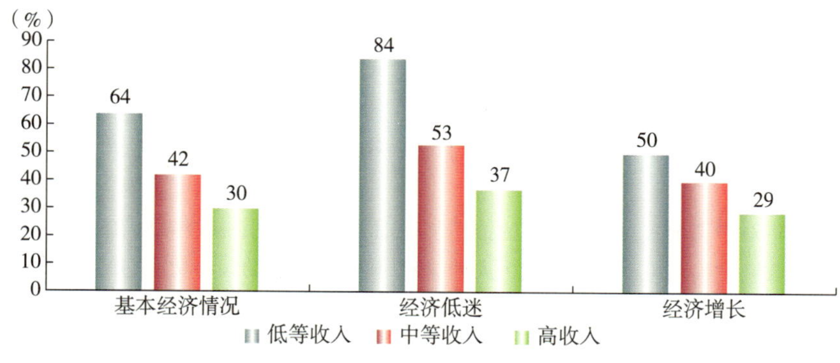

图 24-5　OAS 和 CPP 养老金在不同经济情况下的净替代率

资料来源：Ménard J-C, Pillar Integration, Basic Protection and Replacement Rates in Four Modern Multi Pillar Pension Systems–Case of Canada, https://www.osfi-bsif.gc.ca/Eng/oca-bac/sp-ds/Pages/jcm20141104_slides.aspx#16/, 2014.

① Canada Revenue Agency,Tax-Free Savings Account (TFSA), Guide for Individuals, https://www.canada.ca/en/revenue-agency/services/forms-publications/publications/rc4466/tax-free-savings-account-tfsa-guide-individuals.html#p44_1143, 2023.

② Statistics Canada, Pension Satellite Account, 2021, https://www150.statcan.gc.ca/n1/daily-quotidien/221212/dq221212d-eng.pdf, 2022.

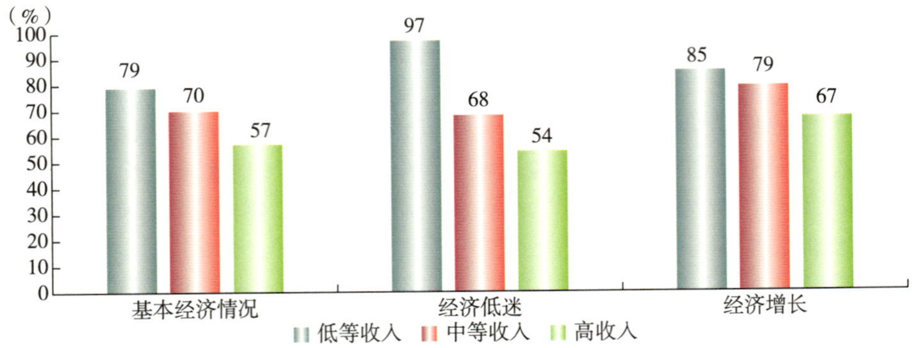

图 24-6　OAS、CPP 和第三支柱养老金在不同经济情况下的净替代率

资料来源：Ménard J-C, Pillar Integration, Basic Protection and Replacement Rates in Four Modern Multi Pillar Pension Systems–Case of Canada, https://www.osfi-bsif.gc.ca/Eng/oca-bac/sp-ds/Pages/jcm20141104_slides.aspx#16/, 2014.

综上可见，加拿大第三支柱个人养老金在多支柱养老金体系中发挥着重要作用。首先，加拿大个人养老金是保证老年人获得体面退休生活的必要条件。加拿大第一支柱的公共养老金只占养老基金总额的很小一部分。但是，第二和第三支柱养老金在帮助维持老年人基本生活方面发挥了重要作用，尤其是第三支柱近年来持续大幅增长。其次，加拿大个人养老金制度作为第三支柱，与第一支柱和第二支柱一起构建起加拿大资金来源多元化的多支柱养老金体系，有利于实现养老金体系的财务可持续性，从而确保加拿大养老金的充足性，增强养老金体系抗击风险的能力。再次，加拿大个人养老金制度的发展，有利于降低第一支柱公共养老金的支出压力和政府的财政负担。最后，加拿大个人养老金制度通过税收优惠措施吸引年轻人在账户中储蓄，有利于提高劳动力参与率、促进金融市场发展。

四、加拿大个人养老金制度对中国的启示

加拿大个人养老金的 RRSP 和 TFSA，相互补充、相互促进，支撑起加拿大多支柱养老金体系，为加拿大人提供了较为充足的退休收入保障，为中国个人养老金制度的建设提供了宝贵经验。

第一，税收优惠措施将对中国个人养老金制度的推广发挥关键作用。首先，税收制度确实可以成为推进个人养老金制度实施的有效措施。其次，政府应该考虑切实存在一部分中高收入人群对退休储蓄以及免税长期储蓄有潜在需求。

第二，结合平台经济的发展现状，中国个人养老金制度应考虑非正规就业者的退休储蓄需求。在这一点上，加拿大 TFSA 给我们提供了很好的经验。TFSA 不要求参与者必须是工薪收入者，这使加拿大没有工作没有收入的年轻人可以通过 TFSA 获得免税退休储蓄。

第三，建议中国养老金体系第二和第三支柱之间建立灵活的转账机制。借鉴加拿大第二和第三支柱养老金不同账户可以相互转换的经验，建议打通我国第二和第三支柱养老金账户之间资金流转的通道，提高资金流通效率，推动个人养老金的快速扩张。

第四，借鉴加拿大 RRSP 和 TFSA 个人养老金制度，中国个人养老金制度可以选择 EET 和 TEE 两种税收优惠模式，让参与者自由选择，以兼顾不同群体的税收优惠需求。目前我国个人养老金制度只提供一个账户，如果只能选择一种税收模式，借鉴加拿大个人养老金制度 TFSA 比 RRSP 更受欢迎的经验，建议中国个人养老金制度选择 TEE 模式。TEE 模式的优点在于只对缴费或供款征税，既不影响国家当期财政收入，又避免重复征税；基金投资阶段和年金领取阶段的税收优惠，实际上极大地降低了受益人的税收负担，而且增强了个人养老金作为长期储蓄账户的税收减免功能。但是，仍应该全面权衡并慎重安排个人养老金制度的税收优惠额度。首先，不能设置过高的个人养老金税收优惠额度。换言之，要注意过度税收优惠的负面影响。利用税收激励措施鼓励人们为退休储蓄有可能偏离税收制度的核心功能，并付出政府税收收入减少的代价。其次，税收优惠措施的实施增加了养老金体系的复杂性，降低了行政效率，纳税人需要付出更多的努力来理解养老金体系的运行。最后，税收支出也可能与养老金体系的中立性相冲突。不是所有人群都是税收激励措施的敏感人群，并且不同收入水平群体的税收激励敏感程度也不同。某些税收抵免和扣除有利于部分纳税人某些类型的行为，却使

另一部分人的利益受损。

值得注意的是，养老金制度改革的预期目标是需要综合考虑多方面因素并实施综合性改革来实现的，不能指望养老金体系的单一支柱能够“毕其功于一役”实现养老金体系的所有预期目标。事实上，正如“不能把所有鸡蛋放到一个篮子里”，即使养老金体系存在这样的单一支柱，也会带来巨大的风险，因为整个养老金体系将过分依赖于这个支柱。在货币政策中，政策制定者可以追求的目标数量不能大于政策制定者可以控制的工具数量，这同样适用于养老金制度。此外，对养老金体系不同支柱的需要自然创造了多样化的机会，从而确保在养老金体系的某一支柱受到压力时，退休者可以依靠养老金体系的其他支柱。上述讨论还表明，仔细研究养老金体系各个支柱之间的相互作用，可以确保养老金改革以适当的方式进行。多支柱养老金体系的优势在于其各支柱之间相互作用、养老金制度的多个目标可以在多支柱体系中实现、特定支柱的风险可以由其他支柱缓解，以及老年人最终可以从多样化的收入来源中受益。这些正是我国这样过分依赖于第一支柱养老金计划的国家需要学习与借鉴的。

分报告二十五
德国个人养老金制度的发展与激励性困境

德国的养老保险制度为三层次模式，其中个人养老金制度主要包括第一层次的吕库普养老金（Rürup-Rente）、第二层次的里斯特养老金（Riester-Rente）、第三层次的个人自愿型养老保险。德国个人养老金制度建立至今已有20余年，建立个人养老金制度，是德国政府在面临养老保险制度现实困境下的一种合理选择，经过20年的发展，德国的个人养老金制度取得了一定的成绩，但在近些年又陷入发展停滞的困境。本文对德国个人养老金制度发展历程、机制设计、激励性困境等问题展开研究，尝试吸取德国个人养老金发展中的经验及教训。

一、德国个人养老金制度建立历史回溯

（一）改革背景

1889年，德国俾斯麦政府颁布《伤残和老年保险法》，建立起世界上第一个正式的养老保险制度，在历经两次世界大战冲击后，逐步形成了以现收现付的法定养老金为主体的养老保障体系。在战后很长的一段时间里，德国经济高速发展，迎来一波“婴儿潮”，养老福利持续扩张，公共养老保险保持着合理的缴费率以及较高的替代率水平。然而，20世纪70年代两次“石油危机”的发生减缓了德国经济发展的步伐，随后20世纪80年代末东欧剧变、两德合并，原东德各州整个纳入原西德体系，政府财政负担大幅不断加重。在此期间，德国出生率逐渐下降、老龄人口不断增多、人口结构由“金字塔”式转变为“松树式”，经济发展问题叠加人口结构问题导致法定养老保险的支出及财政补贴越来越高，现收现付的养老保险制度面临着严峻的挑战，养老福利不得不开始收缩。

20世纪90年代，由于长期以来德国养老保险体系中的法定养老保险“一支独大”，法定养老保险在退休总收入中的占比超过了85%，德国政府在1992年和1999年进行了两次法定养老保险福利削减的改革尝试，但受两德合并、政党更替等政治原因影响，改革最终没能落地。

德国虽然是现代社会保障制度的发源地，很早就拥有了覆盖面广、保障水平高的福利体系，但是在养老保险改革方面，德国却十分保守和传统，改革的想法很早就开始出现，但直到人口结构、经济环境、参量式改革失败等多方面不利因素的累积，才最终促成完全积累的个人养老金制度的引入。

（二）改革历程

1998年赫尔穆特·科尔在选举中落败，施罗德政府上台。2001年，施罗德政府着手实施里斯特改革，2004年实施吕库普改革，通过两次结构化改革逐步建立起包含个人养老金制度的多层次养老保障体系。德国政府期望通过个人养老金来助推法定养老金福利削减的改革计划，以弥补养老金替代率下降的缺口，完善多层次养老保险体系，推动整体改革的顺利落地。

1. 2001年里斯特改革

施罗德政府主要的施政方针是通过大规模、分阶段的减税和削减社保缴费以降低企业成本，实现经济复苏、提振就业。然而，施罗德政府执政后经济增长缓慢、失业率

高企的问题并未得到缓解，德国福利制度呈现“五高两低的特点”，即高福利、高劳动成本、高国债、高税收、高失业和低投资率、低增长，养老保险制度的正常运转面临困境，因此削减法定养老金福利是政府不得不做出的选择[①]。施罗德政府采纳了学界关于引入基金积累制以应对老龄化危机的呼吁，开启建立个人养老金制度的尝试，以解决福利制度所面临的诸多困境。

21 世纪初的里斯特改革，即德国劳动部长瓦尔特·里斯特从 2000 年开始计划实施的养老保障制度改革，改革的方案于 2002 年 1 月 1 日正式开始实施。改革的设想是降低第一支柱的替代率，使其逐步回归基本保障，通过税收优惠、财政补贴促进第二支柱和第三支柱的发展。里斯特改革的核心目标之一是控制法定养老金的缴费率，使缴费率在 2020 年前保持在 20% 以下、2030 年前保持在 22% 以下，以此减轻企业用工成本，平衡代际负担；核心目标之二是保障退休人员的养老金替代率水平，将养老金标准替代率保持在 67% 以上[②]。为实现改革目标，政府建立了里斯特计划，将“私有化”的基金积累机制引入养老保险体系来弥补第一支柱被削弱后民众养老金水平的下降，使民众可以通过个人账户的积累满足部分养老需求。里斯特改革是“战后”德国养老保障体系的一次重大变革，它引发了德国福利体系的结构性变化。

2. 2004 年吕库普改革

施罗德政府认为里斯特改革仍不足以满足缴费率和替代率目标，因此新的改革委员会——“德国社会保障制度可持续融资委员会”于 2002 年成立，该委员会主席为吕库普教授，因而也被称为“吕库普委员会”。2003 年，吕库普委员会对德国养老保险制度改革进行讨论，其所面临的现实情况相较 2001 年里斯特改革时更为恶劣，德国 GDP 增长率由 2001 年的 0.6% 跌至 -0.1%，失业率由 8.9% 涨至 10.2%[③]，失业率高企导致政府福利开支增加，而经济不景气又导致政府税收减少。施罗德政府大量举债来弥补福利支出的缺口，造成巨额的政府财政赤字，养老金进一步改革显得更为迫切。

吕库普委员会公布的新改革提案，主要包括两个方面的举措：一是将进一步提高退休年龄，将正常退休年龄从 65 岁提升至 67 岁。二是引入可持续因子，进一步加强制度抚养比率与养老金水平之间的精算关系，减轻缴费压力，促进代际公平。同时，考虑到大多数持有里斯特计划的公民都能享受到退休保障，而未参加公共养老保险的群体却无法从中受益，因此吕库普委员会推出了吕库普计划，为非正式就业群体提供能享受国家补贴的个人养老金。

二、德国个人养老金制度激励机制设计

（一）里斯特计划激励机制设计

里斯特计划基于德国《老年财产法》推行，德国政府对里斯特计划采取政府补贴的方式，以鼓励民众积极参与个人养老金制度，配合完成里斯特改革。

1. 参与方式

参加里斯特计划的前提是必须要参加法定养老保险，公民可以自由选择是否加入。参保人需按照工资的一定比例缴费，这一比例从 2002 年的 1% 逐步提升至 2008 年的 4%，之后一直保持在 4%，该比例是德国政府经精算测定后设定的，政府认为 4% 的缴费率能够弥补公共养老金福利下降的缺口。当然，为了避免参保人享受过多税收优惠，政府也给里斯特计划设定了缴费上限，2008 年后每年最多可缴 2100 欧元（见表 25-1）。

表 25-1　里斯特计划参保缴费率（2002 年至今）

缴费时间	缴费率（按上一年应缴纳养老保险费的收入）（%）	缴费上限（欧元）
2002~2003 年	1	525
2004~2005 年	2	1050
2006~2007 年	3	1575
2008 年之后	4	2100

资料来源：Boersch-Supan A，Wilke C B, The German Public Pension System: How It Was，How It Will Be, NBER Working Papers, 2004.

针对个人缴款，德国政府会直接进行财政补贴，但个人必须按照要求的缴费率足额缴费，才能获得全额的补贴，如果出现缴费不足或中断缴费的现象，政府将会减少对个人的财政补贴，暂停缴费期间将无法享受政府补贴和税收优惠。

参保者个人缴费时可以提前抵减政府补贴部分，直接按照净缴费额缴纳里斯特养老保险，政府补贴部分直接计入账户余额，这种缴费方式有效地减轻了参保人的资金压力。由于净缴费额的方式叠加财政补贴，可能部分参保人会出现缴费金额为负数的情况，因此政府设定了最低缴费额（见表 25-2），目前的最低缴费额是根据最高缴

① 殷桐生：《德国经济与“德国病”》，《国际论坛》，2001 年第 2 期，第 66-69 页。

② 标准替代率指缴费 45 年参保人员养老金替代率。

③ ARGE, Die Lage der Weltwirtschaft und der Deutschen Wirtschaft im Herbst 2005.

费额 2100 欧元减去个人能享受到的最多的财政补贴计算出的。

表 25-2 里斯特计划最低缴费额

时间	每年员工每年享受的补贴额度（欧元）		
	没有孩子	一个孩子	两个孩子
2002~2004 年	45	38	30
2005 年之后	60		

资料来源：Boersch-Supan A，Wilke C B, The German Public Pension System: How It Was，How It Will Be, NBER Working Papers, 2004.

参保人最早可以从 60 岁开始领取（2012 年后加入里斯特计划的，最早可以从 62 岁开始领取），并且最初领取时可以选择一次性领取 30%，剩余部分必须通过年金化的方式领取。如果参保人死亡，那么参保人的配偶可以继承其里斯特计划的账户余额。如果参保人退休后移居国外或中途终止里斯特合约，都需要返还全部的里斯特补贴以及税收优惠。

2. 激励措施

德国政府激励民众参与里斯特计划所采取的主要措施是财政补贴和税收优惠。为激励目标人群参加里斯特计划，政府采取一系列措施给予参保人优惠。按照德国政府的宣传，里斯特计划对有孩子的家庭以及低收入群体最为有利，所以并非所有人都可以享受到里斯特补贴。申请补贴经过政府的资格审查，一般是法定养老保险参保人及其配偶、公职人员、农民养老保险参保人、领取失业津贴或儿童津贴者以及完全丧失行为能力或残疾的人有资格享受。

政府的两大激励措施，即财政补贴和税收优惠，其中财政补贴又分为基础补贴、儿童津贴、特别津贴。与缴费比例分阶段调整相同，补贴激励也从 2002 年到 2008 年逐渐增加。基础补贴是只要满足申请补贴条件的参保人每年定时足额缴费，并提交补贴申请就可以享受到的补贴额，政府将基础补贴直接划转给里斯特合约的供应商，直接合并计入个人账户的总缴费额中。儿童津贴是按照缴款人家庭需抚养儿童个数来确定的，一般情况下，儿童津贴都是补贴给母亲，若需要补贴给父亲则要母亲签字同意（见表 25-3）。特别津贴是针对 25 岁前加入里斯特计划的参保人一次性发放 200 欧元的补贴，这项津贴的目的在于吸引年轻人更早地为未来养老做准备，延长民众参保时间，使其能为养老做更充足的资金储备（见表 25-4）。

表 25-3 里斯特计划的基础补贴和儿童津贴

年份	基础补贴（欧元 / 年）	儿童津贴（欧元 / 年）
2002~2003 年	38	46
2004~2005 年	76	92
2006~2007 年	114	138
2008 年之后	154	185

资料来源：Börsch-Supan A H, Wilke C B, Shifting Perspectives: German Pension Reform, Intereconomics, 2005.

表 25-4 德国每年直接补贴的最高额度

单位：欧元

基础补贴	儿童津贴（2008年前出生）	儿童津贴（2008年后出生）	一次性特别津贴
154	185	300	200

资料来源：Riester-Rente, Staatlich Geförderte Altersvorsorge, DEVK Versicherung，2012.

另外，针对单职工家庭政府也有激励措施，夫妻双方只有一人参加工作的家庭，如果参加工作的一方已经加入里斯特计划，则另外一方可以凭借其伴侣的身份以最低缴费金额加入里斯特计划，同时可以获取每年 175 欧元的政府补贴，如果在有孩子的情况下则可以领取更多的财政补贴，在有两个孩子的情况下，每年缴费 60 欧元就可以获得 775 欧元的财政补贴[①]。

除了直接的财政补贴之外，税收优惠也是里斯特计划激励机制非常重要的部分。里斯特计划采取 EET 征税模式，在缴费期间参保人可以直接享受到个人所得税抵减，2008 年以后最多可享受到每年 2100 欧元的减免额度，税收减免的金额里面包括了政府的直接补贴。税收优惠不是一开始就直接减免的，而是需要参保人先正常纳税，然后每年按照里斯特缴费情况向税务部门申请退税，退税款项会直接转入个人银行账户。

财政补贴是一种显性补贴，而税收减免则是一种隐性补贴，本质上都是政府让渡部分财政收入激励民众参与个人养老金计划。参加里斯特的不同人群均能从中享受到一定好处，当然，那些拥有两个孩子的中产家庭，在这种激励政策下获利最多。

① Riester-Rente, Staatlich Geförderte Altersvorsorge, DEVK Versicherung, 2012.

（二）吕库普计划激励机制设计

吕库普计划作为法定养老保险的替代产品，产生于德国失业率居高不下的时期，可以将那些未被法定养老保险覆盖的群体纳入社会保障体系中，为这些群体提供基础养老保障。

1. 参与方式

吕库普计划不是强制性的，民众可以自由选择是否参加，非正式就业群体或居住于国外的德国公民都有权利加入吕库普计划。同时，吕库普也不排斥那些已经拥有公共养老金的群体，年满 16 周岁以上的德国公民均可不受限制地加入吕库普计划。

吕库普计划采用基金积累制，其产品大部分由保险公司提供，参保人一般会签订带有保险赔付及盈余分配方式的养老保险合同。缴费方式灵活，根据约定缴存计划，参保人可以按月、按季或按年灵活缴纳，还可以采取一次性缴纳的方式，最低缴费额可以自由设定，有部分吕库普产品供应商不设最低缴费额。

在资金支取方面，一旦加入吕库普计划后，参保人不能选择提前终止，如果面临经济压力，参保人只能选择减少缴费或暂停缴费，最短缴款期限为 5 年，缴存进吕库普的资金必须要等到退休后才能以年金形式领取，并且不能一次性支取或部分支取，这一点与里斯特计划有很大区别。在领取年龄上，吕库普计划和里斯特计划是基本相同的，均是 60 岁以后（2012 年后加入计划的需要在 62 岁后才能领取），这样的安排能更好地起到对公共养老金延迟退休计划的支持作用，参保人在领取法定养老金之前，可以先依靠个人养老金维持基本生活。

在养老保险的限制上，吕库普更为严格，账户余额不可转让、抵押、出售或者资本化，账户所享有的权利通常不可遗赠继承，只有在签订合约时约定配偶或子女可以获取遗属抚慰金，才允许并且仅允许参保人死亡后婚内配偶或子女获取账户所支付的年金，未婚的参保人如果死亡则账户收归国家。

2. 激励措施

与里斯特计划不同，吕库普计划所能享受的激励措施仅包含税收优惠，但由于吕库普缴费上限更高，因此能享受到的税收优惠数额更大，高收入人群可以享受国家给予的高比例退税。在 2014 年之前，吕库普计划缴费上限为单身人士 20000 欧元，已婚人士 40000 欧元（家庭共同额度），自 2015 年起吕库普计划缴费上限与法定养老保险最高缴费限额挂钩，至 2023 年已提升至 26528 欧元[①]。

吕库普计划在缴费阶段可享受税收递延优惠，领取阶段缴纳税费，法定养老保险金的参保人免税额需扣除企业缴付部分。为缓解财政压力，政府设定的免税比例为逐渐递增，缴费阶段抵扣比例从 2005 年起为 60%，然后每年增加 2%，到 2022 年，该比例上升至 94%，年最高税收抵免上限为 24101 欧元，2025 年免税比例达到 100%（见表 25-5）。

表 25-5　吕库普计划缴费阶段抵扣比例

缴费时间	2005 年	2006 年	2007 年	……	2022 年	2025 年
减免比例（%）	60	62	64	…	94	100

资料来源：Suttner J, Wiegard W, Altersvorsorge und Besteuerung-Lohnt sich die Rürup-Rente?, Forschungsartikel, 2012.

在领取阶段也可享受部分税收优惠，2005 年领取阶段应税比例为 50%，之后每年增加 2%，2020 年应税比例为 80%，2020 年后每年增加 1%，到 2040 年应税比例为 100%（见表 25-6）。不过，大多数参保人退休后收入会有较大幅度的下降，因此对应的税率也比较低，相比在职时期的税率，即使不全额免税，也仍然是划算的。

表 25-6　吕库普计划领取阶段免税部分的比例

退休开始	2005 年（领取首年）	2006 年	……	2019 年	2020 年	2021 年	……	2038 年	2039 年	从 2040 年开始
税收部分	50%	52%	…	78%	80%	81%	…	98%	99%	100%

资料来源：Bundesministerium der Finanzen（2016）.

吕库普计划税收优惠有一个重要限制条件，即吕库普计划与法定养老金共同分摊税收优惠额度，参保人免税额需扣除法定养老保险金免税部分。由于吕库普计划缴费上限与法定养老保险上限相同，也就意味着，法定养老保险参保人如果达到缴费上限后，再参加吕库普计划，就无法享受到税收优惠，这种措施可以避免高收入人群利用养老金实现获取过多税收优惠。也正是因为吕库普与法定养老保险共享税收优惠额度、不允许中途退出等严格限制，所

① Suttner J, Wiegard W, Altersvorsorge und Besteuerung-Lohnt sich die Rürup-Rente?, Forschungsartikel, 2012.

以吕库普被划入养老保险体系的第一层次。

三、德国个人养老金制度改革效用

（一）构建多层次养老保障体系

在施罗德政府改革之前，德国养老保险制度也是传统的三支柱模式，第一支柱是现收现付型的法定养老保险，第二支柱是完全积累制的企业补充养老保险，第三支柱是不受政府干预的个人灵活选择、灵活投资的个人自愿型养老保险。但是，第二支柱和第三支柱经过多年发展，其占民众养老金收入的比例仍然很低，据德国老年保障研究院（DIA）相关统计，在 1999 年德国人养老金收入来源中，第一支柱占比 85%，第二支柱占比 5%，第三支柱占比 10%（见图 25–1）。第三支柱个人自愿性养老保险很早就有，这部分完全市场化运作，个人可以投资养老保险产品、基金产品，收益可以用于养老，也可以随时改变投资计划及用途，由于政府几乎不干预这部分保险的运作，因此发展相对缓慢。

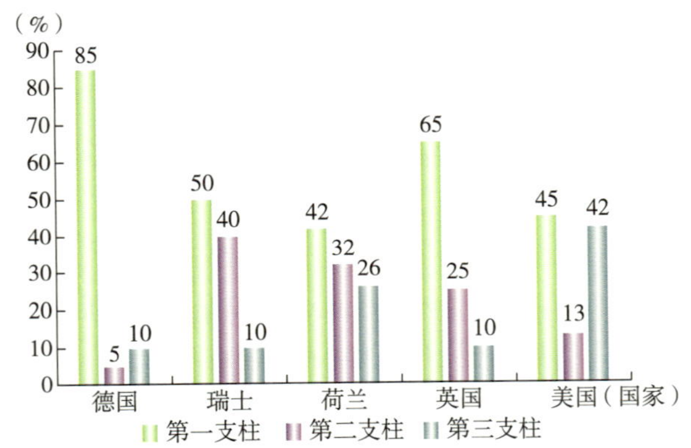

图 25–1　1999 年德国养老金收入来源与其他国家对比情况

资料来源：Axel Börsch–Supan，Reformerfahrungen im Ausland, Köln: DIA,1999.S.5.

经过施罗德政府的养老金改革，德国养老保险制度从传统的三支柱转变为三层次养老保险，第一层次包括公共退休保险和吕库普计划，第二层次包括企业补充养老保险和里斯特计划，第三层次包括个人自愿型养老保险。前两个层次可以享受政府财政支持，第三层次完全自由选择，不受政府干预。

里斯特计划和吕库普计划的构建成功推动德国多层次养老保障体系的建立。里斯特计划通过政府财政补贴和税收优惠，为民众提供相对具有吸引力的个人养老金产品，充分发挥出补充养老保障体系的作用。吕库普计划既能够完全独立于法定养老保险之外运转，为非正规就业群体提供类似于第一支柱的保障，让他们能享受到政府税收优惠，也能够作为养老保障体系的重要补充，为民众提供多样化的养老选择。从功能方面看，里斯特计划和吕库普计划都取得预期效果，提升了德国养老保险体系抵御老龄化风险的能力。

（二）助推法定养老金完成改革目标

个人养老金制度的推出，主要目的是为减轻法定养老金支付压力，在实际运行过程中基本也达到了这个目标。目前，德国法定养老金替代率逐步降低，2021 年法定养老金替代率为 41.5%，个人养老金替代率为 14.1%，总体替代率为 55.7%，大约有一半的退休人员可以从个人养老金中获得收入，因此法定养老金可以顺利完成替代率降低的目标[①]。按照德国劳动和社会事务部预计，未来国家法定养老金替代率会进一步下降，个人养老金替代率逐步上升，总体替代率将保持在 52% 以上，个人养老金仍然将发挥重要的辅助作用。

德国 2021 年法定养老金年报显示，2021 年缴费率稳定在 18.6%，基本实现控制缴费率的目标，预计在 2025 年前缴费率仍可以控制在 20% 以内。首次领取养老金的平均退休年龄显著提高，从 2000 年的 62.3 岁提升至 64.1 岁。法定养老保险参保人数也出现连续十年增长，2020 年底参保人数达到 5677 万人，86.9% 的劳动力参加了法定养老保险。法定养老金支出 3465 亿欧元，收入 3477 亿欧元，基本保持收支平衡，可持续发展储备达到 390 亿欧元[②]。

根据美世（Mercer）公司发布的全球养老金指数排名报告，德国养老金体系评级为 B 级，排在第三梯队，指数总分 67.9 分，排在全球第 18 位，充足性得分 80.5 分，可持续性得分 40.9 分，完整性得分 80.9 分[③]。总体而言，在个人养老金制度改革后的 20 年里，施罗德政府预设的法定养老金替代率和缴费率目标基本达到，并且也没有因为养老金问题引发像法国那样的社会动荡。

（三）撬动个人养老储蓄增长

个人养老金可以享受到补贴激励方案，这种补贴激励方案有效地发挥出杠杆作用，撬动大量的个人资金投入到养老市场中，在个人养老金制度改革后的第一个十年，德国个人养老账户金额大幅度上升。里斯特计划和吕库普计划开户人数均快速增加，2011 年，里斯特计划开户人数达到 1086.9 万人，吕库普计划合同数量达到 149 万份，这

① OECD, Pensions at a Glance 2021, 2021.
② Deutsche Rentenversicherung, ANNUAL REPORT 2021.
③ MCGPI，Mercer CFA Institute Global Pension Index.

主要得益于政府激励措施的杠杆作用。

Stolz 和 Rieckhoff（2011）对里斯特计划财务补贴激励效应进行分析，计算出直接的财政补贴与个人养老金储蓄之间的杠杆效应关系（见表 25–7）。

表 25–7　政府直接补贴和相应的里斯特缴纳额

单位：万欧元

年份	直接补贴	个人缴费	储蓄额	杠杆效应
2005	52191	124083	176274	2.4
2006	113433	250154	363588	2.2
2007	144568	338887	483456	2.3
2008	254330	527220	781550	2.1

资料来源：Stolz U, Rieckhoff C, Förderung der Riester–Rente für das Beitragsjahr 2008 – Mehr als neun Millionen Personen mit Zulagen. RVaktuell, 2011, 58(12), pp. 357–364.

由表 25–7 中可以看出政府每一欧元的投入基本上能带动个人两欧元多的缴费，显然政府补贴对于个人养老金的储蓄额增长撬动作用十分直接。

另外，有研究同样利用德国财政补贴数据，并考虑了税收优惠数据，对里斯特计划的激励作用进行实证分析，指出每一欧元的财政补贴即可撬动 1.9 欧元的个人账户积累，有孩子家庭可以达到 2.4 欧元，无孩家庭约 1.1 欧元[①]。显然这些分析都证明了里斯特计划可以拉动个人养老金储蓄增长。

四、德国个人养老金制度运行情况

制度设计之初，德国社会对个人养老金抱有较高期望，政府也给予大力的财政支持，基本上达到政府预设的功能性目标。但是经过 20 年左右的发展，就个人养老金发展情况和社会认可度而言，并没有达到激励机制设计的预期效果，与美国、英国、澳大利亚等建立了个人养老金制度的 OECD（经济合作与发展组织，以下简称经合组织）国家相比，德国家庭的个人账户普及率及累计额均有较大差距，里斯特计划及吕库普计划在经历了一段时间的快速增长后，均出现了增长缓慢的问题。

（一）个人养老金整体运行情况

从资金积累规模看，根据经合组织数据，2019 年，德国个人养老金规模为 2855.22 亿美元，仅占国内生产总值（GDP）的 7.4%。同期，美国个人养老金与 GDP 之比为 87.5%，加拿大为 89.1%，英国为 123.3%，荷兰高达 191.4%[②]。

从家庭金融资产结构看，根据德意志联邦银行 2023 年公布的居民家庭财富和金融资产调查报告显示，投资个人养老金（包含自愿型养老保险）的家庭占比在 2010 年、2014 年、2017 年、2021 年分别为 47%、46%、43%、42%，一直呈下降趋势，而相比之下投资股票和共同基金的家庭呈现上涨趋势。而与个人养老金低增长相对的是，法定养老金在 2010~2020 年 10 年间参保人数却连续增长，2020 年底参保人数达到 5677 万人，这反过来更加说明个人养老金发展存在问题。

从表 25–8 中可以看出参加里斯特计划、吕库普计划的家庭仅占居民中的 18%，约占私人退休准备金的一半，这说明参加德国民众在选择个人养老金时，对于里斯特计划、吕库普计划积极性仍然不高。同时参加里斯特计划、吕库普计划的家庭持有资产平均值为 20700 欧元，远高于中位值 10600 欧元，这种数据特征说明参加家庭中持有资产偏低的更多，那些参与个人养老金计划的家庭缴费仍然不充足。

表 25–8　德国家庭投资个人养老金的占比情况

单位：%，欧元

项目	私人退休准备金			里斯特、吕库普计划		
	占比	平均值	中位值	占比	平均值	中位值
所有家庭	42	42100	20000	18	20700	10600
东德	32	26200	15100	14	14300	8100
西德	45	45100	21900	19	21900	11400

资料来源：德意志联邦银行。

（二）里斯特计划运行现状

1. 参保情况

① Ulrike G, Markus Z, Daten zur kapitalgedeckten Altersvorsorge – die Riesterrente, in: Deutsche Rentenversicherung, 2010, pp.197–207.

② OECD, Financial Markets, Insurance and Pensions: Inclusiveness and Finance, 2019.

截至 2020 年底，德国参加里斯特计划的人员为 1040.3 万人，占法定养老保险人数 5677 万人的 18.32%。自 2012 年以来，里斯特合同的认购量大幅减少，因此参加人数几乎没有增长，并且已签订合同也出现断缴现象（见图 25-2）。2020 年，据德国联邦劳工和社会事务部统计，超过 1/5 的里斯特合同出现暂停缴款情况。

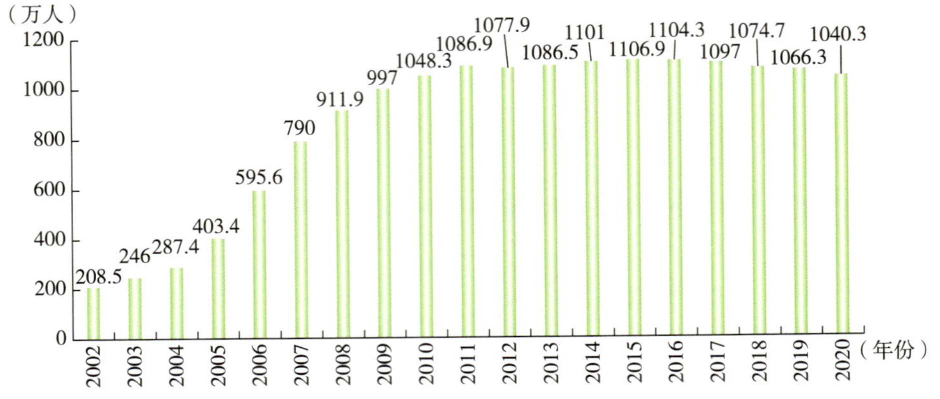

图 25-2　德国里斯特计划参加人数

资料来源：德国联邦财政部：《里斯特资金的统计评估》。

2020 年缴费总额为 116.6 亿欧元（个人缴费 + 财政津贴），人均缴费 1121 欧元。由于参加人数没有增长，因此过去几年的缴费总额也没有变化，均在 116 亿欧元左右。

从表 25-9 中可以看出，29.6% 的员工参加了里斯特计划，其中 18.1% 的员工既参加了职业养老金计划，又参加了里斯特计划。其中 35~55 岁年龄段参加里斯特计划比例较高一些，其他三个年龄段比例略低。这项数据也表明里斯特计划在劳动人口中的普及率仍然是不高的，大部分劳动人口更倾向于从 35 岁以后为自己的个人养老金做储备。

表 25-9　德国参加里斯特计划的人员年龄结构

年龄段（岁）	参加里斯特计划比例（%）	既有职业养老金又有里斯特计划比例（%）
25~35	26.4	15.0
35~45	34.0	21.1
45~55	34.0	20.8
55~65	23.4	14.9
总体	29.6	18.1

资料来源：德国联邦劳动与社会事务部，2019 年。

2. 投资收益情况

德国政府允许银行、基金和保险公司发行里斯特养老储蓄产品，然而这些产品实际投资收益却不尽如人意。据测算，截至 2021 年末，扣除税费和管理费用及受通货膨胀影响，里斯特计划平均收益率仅为 0.83%（见表 25-10）。

由表 25-10 可以看出，里斯特计划名义回报率从 2005 年开始到 2021 年一直递减，到 2021 年名义回报率仅为 1.95%，相比于 2005 年已经下降了一半，里斯特计划投资回报率持续下降使参保人信心受损，在扣除管理费用、通货膨胀和所得税后，其年平均实际回报更低，仅能勉强维持本金安全、抵销通货膨胀影响，政府激励机制的效果被严重削弱。

表 25-10　2005~2021 年德国里斯特养老保险的投资回报率

单位：%

年份	名义回报（未扣除管理费、通货膨胀、税收）	名义回报率（扣除管理费，未扣除通货膨胀、税收）	实际回报（扣除管理费、通货膨胀，未扣除税收）	实际回报（扣除费用、通货膨胀和税后的）
2005	4.24	2.84	0.70	0.34
2006	4.18	2.80	1.40	1.04
2007	4.18	2.82	−0.24	−0.61
2008	4.36	3.01	1.89	1.50
2009	4.27	2.93	2.04	1.66
2010	4.19	3.91	2.03	1.52
2011	4.05	3.79	1.52	1.03
2012	3.92	3.66	1.55	1.07
2013	3.56	3.31	2.06	1.63
2014	3.35	3.11	3.01	2.61
2015	3.11	2.88	2.68	2.30
2016	2.78	2.56	0.94	0.61
2017	2.50	2.29	0.80	0.50
2018	2.43	2.23	0.56	0.27
2019	2.41	2.22	0.67	0.39
2020	2.19	2.01	2.68	2.42
2021	1.95	1.77	−3.72	−3.95
平均每年	3.39	2.83	1.20	0.83

资料来源：BETTER FINANCE, The Real Return Long Term Pension Savings Report 2022 Edition, 欧洲投资者和金融服务用户联合会。

（三）吕库普计划运行现状

1. 参保情况

吕库普计划的合同总数历年数量和增长情况如图 25-3 所示。与里斯特计划的数量相比，吕库普计划普及率显然要低很多。最近几年吕库普计划的增长速度明显放慢，这跟里斯特计划的情况相类似，相对较好的是吕库普 2010 年到 2020 年十年间增长了将近 1 倍。由于吕库普更针对非正规就业群体，因此随着目标人群逐渐饱和，也可能导致其未来发展继续放缓。

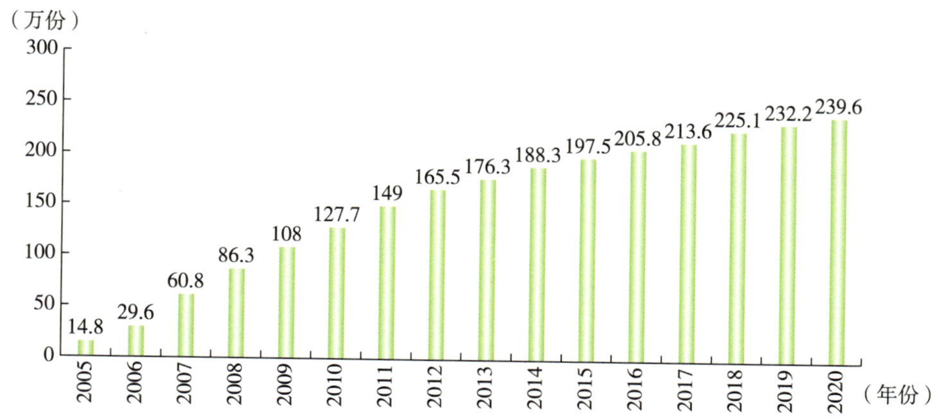

图 25-3　德国吕库普计划历年合同数量

资料来源：Gesamtverband der Deutschen Versicherungswirtschaft E. V.（GDV，德国保险协会）。

2. 投资收益情况

与里斯特计划相同，吕库普计划的产品也由银行、保险、基金公司等多种金融机构发行，自成立以来到 2021 年末，扣除管理费、通货膨胀、税费后，吕库普计划自成立以来平均收益率仅为 0.84%，与里斯特计划相当（见表 25-11）。

表 25-11 德国吕库普养老保险的年平均投资回报率（包括收购费用）

单位：%

年份	名义回报（未扣除管理费、通货膨胀、税费）	名义回报率（扣除管理费，未扣除通货膨胀、税费）	实际回报（扣除管理费、通货膨胀，未扣除税费）	实际回报（扣除管理费、通货膨胀和税费）
2005	4.31	2.91	0.77	0.39
2006	4.20	2.82	1.42	1.05
2007	4.21	2.85	−0.21	−0.58
2008	4.37	3.02	1.90	1.50
2009	4.27	2.93	2.04	1.66
2010	4.21	3.93	2.05	1.54
2011	4.07	3.81	1.54	1.05
2012	3.90	3.64	1.53	1.06
2013	3.57	3.32	2.07	1.64
2014	3.36	3.12	3.02	2.61
2015	3.13	2.90	2.70	2.32
2016	2.81	2.59	0.97	0.64
2017	2.52	2.31	0.82	0.52
2018	2.45	2.25	0.58	0.29
2019	2.41	2.22	0.67	0.39
2020	2.19	2.01	2.68	2.42
2021	1.93	1.75	−3.74	−3.96
平均每年	3.40	2.84	1.21	0.84

资料来源：BETTER FINANCE, The Real Return Long Term Pension Savings Report 2022 Edition.

由表 25-11 可以看出，吕库普计划名义收益同样也一直在下降，从 2005 年的 4.31% 下降至 2021 年的 1.93%，降幅超过一半，参加吕库普计划的劳动者，也仅能勉强维持其本金安全，并且从趋势上看，长期收益率是偏悲观的。

五、德国个人养老金制度激励性困境

虽然德国对个人养老金采取丰厚的财政补贴激励政策，付出了高昂的财政成本，但却没有充分调动起民众的参保积极性，反而陷入投资收益率低、参保人积极性不高、基金规模增长缓慢的困境。在德国个人养老金发展的过程中，由于激励机制设计存在问题，难以达到制度目的，一直都有批评的声音伴随。对于德国个人养老金而言，导致其激励机制效用不能有效发挥的原因主要有以下四个方面：

（一）账户投资回报率偏低

导致德国个人养老金投资收益率偏低的根源主要有三点：

第一是德国资本市场活跃程度偏低。德国经济倚重于大型制造业企业，实体经济长期强于金融，呈现“强企业、弱金融”的特征，金融机构以银行为主导，融资仍以大企业对大银行的模式为主，同时企业外源融资比重也不高。德国金融深化程度和宏观杠杆率甚至不如一些新兴经济体，比如证券化率（上市公司市值与 GDP 之比）长期低于中国。英国、美国、澳大利亚等个人养老金投资收益率较高的国家，都拥有发达的资本市场，个人养老金有丰富的投资选择，并有机会投向那些高成长性的行业或领域。与之相比，德国的风险投资和股票市场不活跃，整体经济发展偏于平稳，缺少高成长企业和投资机会，德国的个人养老金难以从资本市场上获取高额回报。

第二是德国整体投资氛围趋于保守。由于改革时间偏晚，老龄化过快，经济发展降速，整个社会的风险偏好都偏低。民众选择个人养老金产品时，更青睐于稳健的保险产品，而不是基金产品，选择基金产品的比例只有 20%，远低于美国等国家。在监管规则下，个人养老金保险产品的收益率不得高于最高精算利率，2001 年，最高保证收益率约为 3.25%，而经历多轮降息，最高保证收益率已于 2022 年 1 月降至 0.25%，选择保险产品几乎无利可图。事实上，德国人的投资收益率困境，不仅体现在养老金上，德国人投资上整体风险偏好低，参与股票投资的人数在发达国家中几乎垫底，德国人的保守和严谨限制了他们的投资。

第三是严格的监管限制了个人养老金投资的灵活性。德国个人养老金账户的财政补贴和税收优惠力度很大，但是对于民众个人养老金投资端的管理机制设计却明显过于保守，监管部门要求，个人养老金产品供应商必须要帮客户合理控制风险，确保本金的安全，而对于收益率却没有明确的要求。同时，受德国《投资公司法》约束，养老保险基金投资股票比例为 20%~25%，投资房地产比例为 15%~25%，投资于欧盟外比例不超过 6%[①]。根据 OECD 统计，2019 年，在德国养老基金投资中，股票占 6.1%，债券及票据占 47.3%，现金及存款占 3.9%，其他占比 42.7%，其养老基金绝大部分投向固定收益类产品，股票投资远低于其他 OECD 国家。较低的股票投资比例，也使德国养老金回报率较低。2019 年，德国养老金回报率约 3.1%，显著低于爱尔兰（18.5%），芬兰（10.5%），美国（10.1%），加拿大（6.7%）等国[②]。

（二）产品管理费用过高

影响个人养老金激励机制效用的另一个问题就是产品管理费用过高，将管理费用扣除之后，个人养老金产品的实际收益率就显得更低，民众认为这些高昂的管理费用几乎将国家所有的补贴都消耗干净。德国消费者组织联合会（Verbraucherzentrale Bundesverband）收集了 65 家里斯特产品供应商的管理费用数据，发现参保人所收到的财政补贴及税收优惠约有 1/4 需用于支付管理费用。

2016 年，监管规定里斯特产品的购买成本必须分摊到至少五年，以减轻初始成本负担，尽管如此，参保人成本负担仍未得到实质减轻，参保人参与计划期限越短，分摊费用的时间越短，费用率就会越高。

从表 25-12 中可以看出，为个人养老金提供产品的金融机构中，里斯特产品管理费率中间成本为 1.66%，吕库普产品相比之下更高，中间成本为 3.02%。相比之下，英国规定个人养老金中的存托养老金收费不能超过养老金价值的 1%，澳大利亚超级年金的管理费率一般也在 1% 以下，德国的管理费率显得过于高昂，即使是看平均成本，里斯特产品和吕库普产品也分别高达 1.67% 和 2.85%。

表 25-12　里斯特和吕库普产品的管理费率

	里斯特产品	吕库普产品
供应商数量	44 家	44 家
高成本	2.48%	4.55%
中间成本	1.66%	3.02%
低成本	0.88%	0.71%
平均成本	1.67%	2.85%
行业标杆	1.50%	2.21%

资料来源：BETTER FINANCE, The Real Return Long Term Pension Savings Report 2022 Edition.

个人养老金投资体系中包含受托人、投资管理人、账户托管人等多种角色，费用来源复杂，有的是收取固定费用，有的是按比例收费，这些费用发生于投资的各个阶段，并相互关联，计算复杂，因此管理费用总是很难控制在合理水平。德国长期以来不太重视资本市场的发展，资产管理行业的发展程度不如英美等国，市场竞争不充分，不仅仅是个人养老金产品，一般的资产管理产品费率也都偏高。

对于个人而言，金融机构制定个人养老金产品管理费用标准时，依据于内部分销成本和管理成本以及外部成本，这些成本源自不同且有时模糊的确定基础，参保人并不完全理解这些管理费用的收费合理性。金融机构提供的个人养老金合同本身设计也过于复杂，同时缺少透明度，每年的投资报告对于大部分没有专业知识积累的人来说，根本无法理解，民众对于个人养老金产品运行情况及成本费用都了解不深。这种不透明造成管理成本较低的金融机构无法与管理成本高昂的机构区分开，参保人难以从众多个人

① Davis E P, Porfolio Regulation of Life Insurance Companies and Pension Funds, Brunel University West London, 2011.

② OECD, Pension Markets in Focus 2020, 2020.

养老金产品中选取真正适合自己的产品。另外，在合同转换上，由于德国并未设置个人养老金账户，而是由个人直接购买个人养老金产品，各金融机构独立运作，因此很多金融机构会设置合同变更费用，并且金融机构也普遍不希望参保人转投其他公司，因此参保人转换个人养老金产品的便利程度不高。整体而言，在金融机构个人养老金产品管理费用的收取上，参保人普遍持负面评价。

（三）金融机构积极性受挫

个人养老金市场的发展，有赖于金融机构广泛和积极的参与，为参保人提供丰富可选的个人养老金产品。然而，从德国的现实情况看，出现金融机构逐步退出个人养老金市场的现象，金融机构之间的竞争薄弱，市场上提供的可比产品数量有限。按照 2022 年 9 月德国联邦财政部披露的产品认证数量，仍被认证的里斯特养老金产品约 3120 只，吕库普养老金产品 320 多只，多年来终止认证的个人养老金产品在 2900 只左右。运营情况较好的澳大利亚超级年金基金，2021 年 6 月就有接近 60 万只养老金产品[①]。

监管部门对养老金安全性要求严格，但是在低利率甚至负利率的背景下，保证基本收益的压力越来越大，很多基金产品由于不愿意承担保底收入，纷纷退出市场。尤其是随着新冠疫情发生带来的经济冲击，多家个人养老金产品供应商减少甚至是完全停止发售个人养老金产品，如德国资产规模最大的德意志资产管理公司（DWS）和斯图加特人保集团分别于 2021 年 7 月 1 日和 2021 年 8 月 1 日停止签署新的里斯特养老合约。

银行存款产品在高利率时期一度深受消费者欢迎，随着零利率的到来，产品也逐渐失去吸引力。个人养老金中的银行储蓄产品利率一般也是基于市场利率来制定，德国目前的银行储蓄利率为 0~0.35%，由于这种持续的低利率对于银行来说，手中的个人养老金产品几乎很少或根本没有回报，能吸引到的客户很少，但银行设计并发布个人养老金产品也需要花费时间和成本，因此许多银行退出个人养老金市场，在德国全国范围内，绝大部分储蓄银行或公共银行已经不再提供个人养老金产品，只有部分小型区域银行尚在勉力维持。

对于金融机构而言，收取过高的管理费用会导致监管部门及民众不满，但是金融机构本身也是逐利的，在无利可图的情况下，自然参与积极性就会逐步降低，金融机构也普遍认为过低的利率环境导致很难吸引到客户，经营困难较大。德国个人养老金市场培育规模达不到预期，无法有效吸引金融机构的积极参与，在经营不利的情况下，选择退出个人养老金市场的机构就会逐渐增多，一旦金融机构发行个人养老金产品变少，市面上缺乏优质的个人养老金产品，则会进一步降低民众参与个人养老金制度的信心，从而形成恶性循环。

（四）低收入者参与度不足

在个人养老金推行过程中，低收入人群的参与度并没有设想的那么高：一是可能由于低收入群体不了解个人养老金的政府补贴政策；二是税收优惠对他们的吸引力也不如对中高收入者那么有利；三是低收入群体本身就缺乏负担额外养老金的能力；四是低收入者退休时本来可能领取到政府针对老年贫困的补贴，但个人养老金收入可能会导致低收入者在经济状况调查时被判定不符合领取补贴条件。个人养老金的设计对于低收入者并不是那么友好；相反，按照制度财政补贴及税收优惠规则，那些养育多个孩子的中产阶级家庭将成为最大受益者。吕库普计划，本身的税收优惠政策也对那些高收入的自由职业者更为有利。

低收入者参与度不足，导致改革后德国老年贫困率逐步上升，据德国联邦统计局发布的 2018 年数据报告显示，2000~2002 年，德国的 61~70 岁和 71 岁及以上老年人口的贫困发生率为 10.7% 和 10.4%，2015~2016 年上述两个年龄段的贫困发生率升至 15.3% 和 11.4%[②]。实际上，老年贫困在德国已经是一个较为普遍的问题，通过个人养老金制度避免老年贫困的目的并未有效实现，民众普遍认为这项制度现在只适用于中等收入和高收入阶层人士，未来低收入者明显更不受福利制度所保护，所以这个改革只达到了部分目的。

为了解决老年贫困问题，德国政府还尝试引入母亲养老金、残疾养老金对低收入者进行补贴，同时尝试对那些缴费时间较长但养老金收入仍未达到最低生活保障的老人提供补贴，这些补贴显然都需要消耗财政资金，这也意味着个人养老金制度并未有效弥补福利削减的社会影响，财政压力问题又以其他方式出现。

六、德国个人养老金制度改革方向探析

近些年，德国政府一直在考虑对个人养老金制度进行再改革，试图破解个人养老金制度发展的困境。从个人养老金激励机制存在的问题来看，未来德国促进个人养老金的发展应重点解决以下问题：

① Annual superannuation bulletin – highlights, June 2021 (released 31 January 2022).

② Statistisches Bundesamt(2018),Datenreport, 2018.

（一）提升投资收益率

德国个人养老金投资收益低，主要是受限于资本市场不活跃、参保人风险偏好低以及监管的严格限制，其背后反映的是整个德国社会对于风险的厌恶。要获取高额投资回报，就必须要有活跃的市场氛围、积极的投资策略、完善的投资机制。以美国个人养老金发展为例，美国的养老基金与资本市场互利，养老基金为资本市场带来了长期稳定的投资者，而资本市场的高度活跃则为养老基金带来长期稳定回报，形成多方共赢，这种情形主要得益于美国高度发达的资本市场以及养老基金较高的风险偏好。尽管美国模式难以被简单复制，但仍然可以适当借鉴其投资模式。

对于德国而言，首先，要适当调整个人养老金产品的风险偏好，应当更加注重投资的长期实际回报，而非过度关注短期的波动性。里斯特计划和吕库普计划产品中使用的风险分类与养老金长期投资目标不合适，该分类侧重于短期波动性，而不是对养老金至关重要的长期实际回报。在其风险分类中，债券等固定收益类产品被认为是安全的，而股票等权益类投资则被认为是有风险的。至于另类投资等，则很难被纳入为投资选择范围。从长期来看，风险和收益与这种划分标准是相反的：股票指数的回报率将高于最安全的债券，并且随着时间的推移，其短期波动性的重要程度显得很低。个人养老金产品整个风险分类原则需要修改，可以按照长期风险与长期回报率来划分，才能有助于参保人做出正确的投资选择。

其次，在资金管理方面可以参考荷兰的养老金制度，将参保人缴纳的养老金纳入统一账户中管理，建立公共资金池，在不同群体的被保险人之间分担风险。如果没有这样一个公共资金池，按照现行的个人养老金投资规则，预期寿命结束前15~17年就必须要降低投资风险，投资那些偏向于固定收益类的产品，因此就较难获取高收益。公共资金池还可以确保投资的合理性，并降低个人投资决策的风险和成本，避免因为缺乏专业知识而遭受不必要的投资损失。

最后，也是最根本的一点是活跃德国的资本市场，鼓励高成长性企业的发展，鼓励股权投资的发展，以使养老基金能真正通过投资向全民分享社会发展的红利，只有这样才能真正发挥出完全积累制的个人养老金制度的福利补充作用。然而，资本市场的活跃依赖于金融产业的高度发达，要使德国转向美国式的以金融产业为主导的经济发展模式，就要根本性地改变德国长期以来的经济结构，对德国而言，这既是一个“想不想”的问题，更是一个“能不能”的问题。

（二）降低管理费用

个人养老金采用完全积累制，在缴费、投资风险确定的情况下，个人养老金产品管理成本过高，会比较多地侵蚀投资收益。一般而言，影响管理成本主要有几大因素：一是受资产属性影响，一般权益类资产管理成本高于固定收益类资产。二是投资运营人员数量，一支产品中运营人员越多成本越高。三是账户规模，账户规模越大越能发挥规模经济效益，可以降低单位成本。从成本管理的角度而言，政府可以加强对个人养老金产品的审核，现有的个人养老金产品都必须经过德国财政部认证才能上市，在认证的时候，政府可以对其成本费用的合理性做出更为严格的要求，引导金融机构制定合理的收费标准，甚至也可以像部分国家那样，对于产品管理费率作上限设置，以强制手段来控制产品成本。

从行为经济学的角度来看，个人是有限理性的，专业知识水平也是有限的，因此个人养老金在分散化的市场竞争中并不必然能降低管理费用，在充分的市场竞争下，适当提升集约化的管理，更有助于降低产品管理费用。这种集约化的管理指的是加强政府干预，对个体选择进行指导，首先，是想办法鼓励更多人员加入，提升个人养老金市场规模，实现规模经济，降低总体成本。其次，是对个人投资给予一定指导，由政府筛选出一些较为优质的个人养老金产品，作为默认投资选项。最后，是可以对个人养老金账户实现集中化管理，比如运用公共资金池来统一运营，采取批发式的委托投资管理，这样也有利于和金融机构就管理费用进行议价，降低整体管理成本。

同时，参保人合同切换成本也需要降低，在实际运行中，大多数客户由于缺乏金融投资相关知识，容易选择到效率极低的产品而成本过高的提供商的产品，政府应当降低切换产品的成本，允许便捷切换投资产品，倒逼那些收费不合理的产品退出市场。

（三）活跃个人养老金市场

金融机构的积极参与，对于活跃个人养老金市场有重要意义。政府应当出台更多的激励措施，以提升金融机构积极性。

首先，在利率不断走低的时代，要求保本收益对于金融机构资产管理工作带来巨大挑战。政府可以适当解除对收益率的限制，允许一些可靠的金融机构尝试发行一些波动率更高的产品，允许风险偏好较高的个人进行投资，但是必须要对投资人资质进行考察，通过更灵活的方式探索更为积极的投资选择。

其次，激励金融机构增加个人养老金产品供应，可以考虑引入国外资本参与市场竞争，或要求国有金融机构必须发行一定比例的个人养老金产品。只有促进市场充分竞争，为参保人提供更为优质的个人养老金产品，才能推动个人养老金体系吸引力的增强。当然，如何充分激发金融机构参与意愿，是一个需要深入研究的课题，培育一个优质的个人养老金市场，需要依赖参保人、金融机构、政府三方的共同努力，仅仅依赖政府发力，显然是不够的。

（四）提升运行透明度

个人养老金产品在信息披露和产品运作透明度上还需要强化。以挪威为例，其养老基金管理透明度较高，民众可以便捷地在官网上查询历年财务报表、投资收益和净资产浮动。德国个人养老金产品都是独立运行的，信息披露和产品运作透明度都偏低，比如合同签订方面，在通常数十页的个人养老金投资合同中，参保人无法找到关键信息，如保险公司计算的预期寿命、公司预期的偿付水平、产品整个生命周期内预期的有效成本或支出与投入的比率，这些都应向参保人提供标准说明，以计算扣除产品成本后的预期回报和最坏情况回报。此外，吕库普计划和里斯特计划的各种合同都包含极其复杂的合同变更条款（如丧失大部分回报），从而使客户在不知情的情况下付出高额成本。政府应当提供更为透明化的标准合同框架，在个人养老金产品合同中强制增加产品信息页和产品风险等级，具体要素包含管理费、分红标准和投资风险等，进而增加个人养老金产品的透明度。

同时，个人养老金制度还需要在信息披露方面提高透明度。例如，现在几乎不可能查明参保人是否可以合法取消其直接的公司养老金计划以及在什么条件下取消，供应商的咨询网站并不会明确告知参保人如何处理，供应商利用这种模糊性来阻止客户取消合同。

（五）鼓励低收入者参与

个人养老金制度应当建立为一个“多数人的制度”，而不是只惠及高收入者的制度，因此在制度设计上要充分考虑中低收入者的参与意愿，尤其是要积极鼓励低收入者参与，低收入者往往也没有企业年金等额外的养老储备，因此极易陷入老年贫困。从德国现行制度来看，低收入者陷入老年贫困后，仍需要政府给予一定的福利救助，这依旧会转变为政府的财政负担。从这一点来看，不如未雨绸缪，针对低收入者通过给予更多补贴的方式，鼓励低收入者积极参与到个人养老金制度中，为自身养老做更多储备。

在具体政策设计上，针对参保人退休后个人养老金低于一定水平的，仍可以免除部分税收。另外，针对参保人退休后收入低于最低生活保障的，仍可以进行差额补足，通过这些综合措施解决低收入者的后顾之忧，以使低收入者能感受到个人养老金制度是真正能保障他们的切身利益的，那么这个制度才是一个真正惠及全民的保险制度。

（六）加强养老储蓄教育

个人养老金经过二十年的发展，民众对于个人养老金的认可度仍然不够高，主要原因之一是个人养老金制度对个人养老的贡献没有形成明确预期，参保人不熟悉个人养老金，更不清楚个人养老金究竟能为养老提供多少收益。原因之二是由于长期的高替代率，德国民众在养老上依赖于法定养老保险，认为法定养老保险很有保障，额外养老储蓄并非必要。

要鼓励社会民众参与，首先就要加大宣传力度，在德国，为老年储蓄的年轻人数量没有明显增加，但越来越多的人支持政府在额外养老金计划中发挥更强有力的作用。这种明显的矛盾表明人们对养老金制度已有的选择和对自己退休生活负责的必要性缺乏了解。因此，必须让民众了解到个人养老金能为自身养老提供多大程度的保障作用，以比较通俗化的方式做好养老教育，积极鼓励人们（尤其是年轻人）为退休储蓄并推广现有产品，逐步树立为自身养老负责的观念。

同时，对那些关切养老保险制度的利益相关者，要积极听取他们的意见，尤其要多收集低收入者的意见。对于不同的利益相关者提出的建议，要充分考虑和讨论，以提高社会各界在养老问题中的参与程度，形成良好的改革氛围，推动养老保险服务的进一步发展。

分报告二十六
德国里斯特养老金缴费激励的经验与启示

一、问题提出与文献综述

党的二十大报告提出，要发展多层次、多支柱养老保险体系。2022 年 4 月 21 日，《关于推动个人养老金发展的意见》正式出台，明确了第三支柱养老保险的制度框架。2022 年 11 月，人力资源和社会保障部、财政部、国家税务总局、银保监会、证监会联合发布了《个人养老金实施办法》。之后，各个金融监管部门也纷纷出台政策细则和配套措施，目前个人养老金的制度框架已经基本清晰。2022 年 11 月 25 日，人力资源和社会保障部会同财政部、国家税务总局宣布个人养老金在北京、上海、广州、成都等 36 个城市（地区）先行启动，标志着我国个人养老金制度的正式实施，也标志着我国历经多年的探索与实践，三支柱养老保险体系基本成形。

虽然我国多层次、多支柱养老保险体系的框架基本搭建完毕，但是体系本身却存在发展不平衡、不充分的问题，社会基本养老保险无论是资金规模还是参与人数都是“一枝独大”。企业年金和职业年金覆盖面窄、发展缓慢。截至 2022 年末，只有 3010 万职工参加了企业年金，与企业职工基本养老保险参保人数相比不足 10%①，作为补充养老保险的功能还比较薄弱。个人养老金制度启动较晚，目前仍处在起步阶段。

众所周知，我国是世界上老年人口最多的国家之一，老龄化形势十分严峻。根据第七次全国人口普查的结果，60 岁及以上老年人口总数已达 2.64 亿人，占总人口的 18.70%。预计“十四五”期末，60 岁及以上老年人口将突破 3 亿人，进入中度老龄化阶段②。不仅如此，家庭结构小型化、核心化使传统的家庭养老方式逐步弱化，社会养老保险的需求则是急剧增加。可是，我国第一支柱城镇职工养老金替代率却在逐年下降，现在仅为 44.08%③，因此个人养老金的建立和发展尤为重要。但是根据当前的试点情况，个人养老金的参保状况不够乐观，其主要原因在于：一是难以吸引高收入群体加入，二是对待低收入群体的激励则是明显不足。可见，我国个人养老金制度存在缴费激励机制的问题。为实现我国个人养老金制度的可持续发展，本文在分析德国里斯特养老金缴费激励机制的基础上，总结其经验和不足，尝试为我国个人养老金的未来发展提供经验借鉴。

（一）我国个人养老金发展的困境

个人养老金由个人承担缴费，劳动者自愿选择参加与否及缴费金额，账户实行完全积累（高和荣、陈凤娟，2022）。与第一、二支柱不同，个人养老金制度更为强调参与者的自主权，并且产权归属清晰，养老资产自始至终独立储存于个人养老金账户（董克用、施文凯，2020）。因此，调动个人参与的积极性对未来个人养老金制度的发展起决定性作用（张栋、张琳，2022）。税收政策通过发挥杠杆的作用，能够撬动资金从金融市场流向个人养老金账户，是促进个人养老金制度发展的关键（郑秉文，2016）。目前，我国个人养老金采取的税收优惠政策为 EET 的递延征税模式，与个税递延型商业养老保险的税收优惠政策相似，

① 《2022 年度人力资源和社会保障事业发展统计公报》。
② 《民政部召开的 2022 年第四季度例行新闻发布会》。
③ 陆颖：《养老金三支柱体系的替代率与收入再分配效应：“两全其美”抑或“顾此失彼”》，《财政科学》，2022 年第 8 期，第 102-116 页。

但从个税递延型养老保险的试点情况来看，由于税收方式不合理、税优力度过小，尚无法达到激励民众参与个人养老金的目的（孙洁，2020）。对于低收入群体来说，由于收入未达到个税起征点导致其无法享受税收优惠，而较低的个税优惠标准又无法对高收入人群参与制度形成有效激励（董克用、施文凯，2020）。因此，我国现行的税优政策对于大多数劳动者来说存在负激励效应（高鹏飞、张健明，2019），无法为个人养老金制度未来发展提供充足动力。

（二）关于里斯特养老金的研究

人口结构的变化使世界上很多以现收现付制为主的公共养老金计划面临很大的挑战，必须对养老金制度进行改革，为了弥补公共养老金水平下降带来的缺口，私人养老金或职业养老金计划被引入或扩大。德国政府在 2001 年为应对人口结构变化带来的挑战而引入的里斯特养老金就是一个典型例子，这是世界上首个财政补贴与税收优惠相结合的个人养老金制度（林佳钰、董克用，2023）。德国在很长一段时间内只有法定养老保险这唯一支柱，私人的养老保险和基金积累的养老保险长期处于弱势状态。Berner（2006）、刘涛（2014）认为在人口老龄化的背景下，现收现付制无法负担持续高水平的养老金支出，未来公共养老福利待遇定会下降。如果不进行 2001 年和 2004 的改革，德国在 2030 年的公共养老金水平将下降 14.4%，而里斯特养老金在弥补公共养老金缺口方面发挥着重要的作用（Börsch-Supan，2010）。

里斯特养老金实质上是一种私人储蓄计划（Martin and Turner，2004），基本思想是对法定养老保险进行结构性的改革，政府通过制定补贴激励机制，建立独立于法定养老保险之外的私人储蓄养老保险，强化私人储蓄养老保险替代跨期调节收入分配的作用，以此来缓解老龄化对现收现付制法定养老保险的冲击（林义、周娅娜，2016）。里斯特养老金的实施标志着德国从单一的公共养老保险制度向多支柱养老保险体系的转变（陈飞飞，2006）。经过 20 多年的发展，该制度在扩大参与等方面取得了显著成效，补贴激励的方案对个人养老储蓄具有撬动作用。比如，Gerber 和 Zwick(2010) 通过对 ZFA（中央补助机构，Central Subsidies Agency）的数据进行分析，实证得出 1 欧元的补贴能诱发家庭 1.9 欧元的储蓄缴费。

（三）里斯特养老金的经验借鉴

我国养老保险制度在人口老龄化背景下也面临着很大的挑战，构建多层次、多支柱养老保险体系尤其是建立适合中国国情的个人养老金制度成为近年来学界关注的焦点。德国是世界上最早建立社会保障体系的国家，同时与我国有着相似的背景，因此我国很多学者通过研究德国里斯特改革来探索我国个人养老金改革的路径。

刘月怡和施文凯（2022）通过对德国里斯特养老金和吕鲁普养老金的研究发现财税支持政策及其优惠力度是个人自愿参与第三支柱个人养老金计划的重要激励机制，税收优惠激励方式的选择对于个人养老金的发展尤为重要。所以，于秀伟（2013）认为个人养老金制度的建立应采取多种激励措施相结合，单纯依靠税收优惠、所得税递延的措施无法激励到本来就没有税收负担的低收入者，这是有失公平的，也不符合中国缩小居民收入差距的精神。孩子较多、收入不高的家庭适合直接进行财政补贴，对于高收入家庭，税收优惠更合适（Stolz and Rieckhoff，2005）。张盈华（2022）通过对德国等国家养老金的研究，提出应探索政府补助和自动加入两项机制，政府补助对提高个人养老金参与率的效力有限，自动加入机制可以使各类收入群体自动加入个人养老金制度内，提高参与率。白照君和胡尹燕（2019）认为个人养老金的产品形式应该多样，使民众能够选择适合自己的养老产品，满足其多层次、多样化的养老需求。中国人民银行武汉分行办公室课题组（2022）认为应该做好针对性政策宣传和引导，分行业、分领域开展有针对性的宣传，迅速扩大参与人群，全面提高覆盖面。

二、里斯特养老金缴费激励的内容与特征

人口出生率的降低、平均预期寿命的延长，使以代际收入转移为基础的现收现付制养老保险制度面临巨大的挑战。为了弥补日益扩大的养老金缺口、应对人口老龄化的挑战，德国在 2001 年出台的《德国退休储蓄法案》中引入了里斯特养老金计划，为通过审批的金融产品提供储蓄激励津贴。

（一）激励适用人群

个人可自愿参加里斯特养老金计划，但并非所有的家庭都具备参加里斯特养老金计划的资格，参加里斯特养老金计划的资格认定比较复杂。具备参加资格的群体主要包括以下几类人群：

（1）已缴纳社会保险的员工。

（2）收到工薪福利的人（如失业保险金、子女津贴等）。

（3）已参加公共养老金计划的自由职业者、农民或公务员。

（4）对于已婚夫妇，只要其中一方符合条件，另一方也可领取津贴，被视为间接符合领取津贴的参与者。

无须缴纳养老保险的学生，无须缴纳强制养老保险的自营职业者，已申请免除强制保险的边缘就业人员，强制参加职业养老金计划的人员，已经退休的人员不能参加里斯特养老金计划。

（二）缴费激励方式

为了激励目标群体参加里斯特养老金计划，政府制定了一系列补贴激励方案，主要包括基础津贴、子女津贴、特别津贴和税收优惠。受政府预算的约束，补贴方案从2002年开始逐期实施，历经多次调整，到2008年基本定型。可以看出，里斯特养老金的补贴方案分四个阶段推进实施，每一阶段相关的津贴数额基本都提高初始阶段的1倍，具体的调整情况如表26-1所示。第2列为获得全额基础津贴参与者必须向里斯特养老金账户中缴纳的收入的比例，第3列至第4列为里斯特养老金的具体补贴情况。

表26-1　2002~2008年津贴激励额度

时间	缴费比例（占收入的比例）（%）	基础津贴（欧元/年）	子女津贴（欧元/年）	税收减免额度上限（欧元/年）
2002~2003年	1	38	46	525
2004~2005年	2	76	92	1050
2006~2007年	3	114	138	1575
2008年之后	4	154	185	2100

注：2008年及以后出生的孩子每年的补贴为300欧元。

资料来源：Börsch-Supan A H , Coppola M , Reil-Held A, Riester Pensions in Germany: Design, Dynamics, Targeting Success, and Crowding-In., NBER Working Paper No.18014, 2012(4).

1. 基础津贴

基础津贴主要为低收入家庭提供。里斯特养老金的参与者必须将上一年工资总收入按规定比例足额存入里斯特养老保险账户才能获得全额基础津贴，有资格获得基础津贴的个人需将储蓄存入经过核准的养老金计划。政府提供的基础津贴计入个人缴费账户。在里斯特养老金计划实施之初，要求参加者每年提交申请才能获得基础津贴，但现在有资格领取津贴的人不必每年提交新的津贴申请；他们可以选择永久性津贴申请，有资格领取者可以授权其提供者每年为其提交津贴申请。这意味着只有在个人情况发生变化时（如结婚、生子或离婚），参与者才需要再次申请。

从2018年开始，如果参与者按照规定向里斯特养老金账户中缴纳上一年总收入的4%，则他可领取每年175欧元的全额基础津贴。如果缴纳的金额减少，则获得的基础津贴也会按照比例相应地减少。对于间接符合领取津贴的参与者，如果其配偶签订了养老金合同，其每年至少缴纳60欧元就有权享受津贴。即使他们没有工作或由于其他原因没有参加法定养老保险也可以享受这一待遇。

2. 子女津贴

为了激励多子女家庭参与里斯特养老金计划，在财政补贴中专门设置了子女津贴，子女津贴从2002年第一阶段的每个孩子每年最高补贴46欧元增加到第四阶段2008年以后每个孩子每年最高185欧元（2008年以前出生的孩子），对于2008年及以后出生的孩子，每个孩子每年最高补贴300欧元，子女津贴一直持续到子女能独立获得收入或年满25周岁为止。子女津贴通常情况下是存储到母亲的里斯特养老金账户中。经过母亲的同意，可以存储到父亲的里斯特养老金账户中。子女津贴的总额呈现出与家庭中子女数量线性递增的关系，家庭中有几个子女就会按照相应的补贴标准相乘，这会极大地激励多子女家庭参与里斯特养老金计划。

3. 特别津贴

特别津贴的补贴对象是年龄不满25周岁的新参加工作的年轻人，这是为了鼓励年轻的就业群体积极参与里斯特养老金计划。所有在25岁之前签订里斯特养老金合同的合格人员都将一次性获得200欧元的补贴。这种所谓的“职业起步补贴”旨在鼓励年轻人尽早开始为养老储蓄，越早开始在里斯特账户上进行储蓄，以后在老年时获得的里斯特养老金就越多。

4. 税收优惠

具有里斯特养老金计划参与资格的个人除了可以享受上述直接补贴外，还可以享受税收优惠。根据里斯特养老金计划的缴费额在最高税收减免额度内扣减个人应纳税所得额，存入里斯特养老金账户的金额可作为特别支出项目享受税收减免，税收减免金额包含政府的直接补贴金额，这对于高收入人群或没有子女的里斯特养老金参与者尤为重要。最大税收减免的金额如表 26–1 第 5 列所示，从 2002 年第一阶段的每年 525 欧元税收减免的额度上升到第四阶段 2008 年以后的每年 2100 欧元。自 2008 年开始，税收减免额度一直维持在 2100 欧元。

在申报所得税时，每年最多可申请 2100 欧元的额外养老金支出以减税，即使超过了应缴纳社会保险费收入的 4%。税务局会自动检查减税额是否高于免税额。如果是，则检查减税额比免税额高多少，税务局在确定所得税时会考虑税收减免超出免税额的部分。对已婚夫妇而言，每年可作为特别支出扣除的总额高达 4200 欧元。如果夫妻中只有一方直接享有津贴而另一方间接享有津贴，则最多可扣除 2160 欧元。

从本质上来说，税收优惠是政府对里斯特养老金参与者的隐性补贴，对于高收入人群更具有吸引力，而直接的财政补贴是一种显性补贴，对于低收入者或者多子女家庭更具有吸引力。除直接的财政补贴和税收优惠外，德国税法还规定里斯特养老金可采取税收递延的征税方式，个人所得税延期至领取阶段缴纳，这种 EET 征税模式具有一定的激励作用，老年阶段的个人税率通常低于职业生涯中的个人税率，这从整体上可以减少参与者的纳税额。但是，很多参与者并不知道延期纳税的义务。在许多情况下，当里斯特养老金的（净）金额低于最初的假设时，他们会感到惊讶和失望，在储蓄阶段免税支出的优势往往无法实现。

（三）缴费方式

里斯特养老金的缴费分为两个步骤：

第一步，按比例计算缴费。符合条件的参与者要将个人上一年工资收入的 4% 缴纳到里斯特养老金账户中（根据精算测定，只有投入德国社会总收入的 4% 购买商业养老保险，才有可能弥补德国养老金的收支缺口[①]）。里斯特养老金的财政补贴和税收优惠力度都很具有吸引力，但是想要获得全额的财政补贴和税收优惠减免，参与者需要按照缴费比例足额缴纳到里斯特养老金账户中，如果缴纳金额不足工资收入的 4%，补贴会有相应的扣减。

第二步，计算净额缴费。虽然名义上是按比例缴费，但在实际缴纳过程中是以净额缴费的方式参与的，即计算出参与者需要缴纳的数额之后，减去里斯特补贴的部分才是需要缴纳的实际金额。

净额缴费极大地降低了参与者的缴费压力，保证参与者不会因为里斯特养老金而大幅减少家庭的净收入，为里斯特养老金的迅速普及打下了基础。但实行净额缴费使参与者的实际缴费率低于缴费标准，甚至可能出现减去津贴之后缴费过低或者不需要缴费的情况，为了避免这种情况的出现，政府还规定了最低缴费额，如表 26–2 所示，目前的最低缴费额不区分孩子的数量，只有最低的 60 欧元。

表 26–2　里斯特养老金最低缴费额　　单位：欧元

时间	无小孩	1 个小孩	2 个小孩及以上
2002~2004 年	45	38	30
2005 年以后	90	75	60

资料来源：Berner F, Riester Pensions in Germany: Do They Substitute or Supplement Public Pensions? Positions in the Debate on the New Public Policy on Private Pensions, Germany Policy Studies, 2006(3), pp. 492–534.

（四）养老金的领取与转移

里斯特养老金是一种终身养老金，参与者最早可以在 62 岁之后[②]或者达到退休年龄（67 岁）开始领取。里斯特养老金的金额主要由个人缴费和补贴组成。养老金领取方式主要以年金为主，由于里斯特养老金旨在为参与者提供终身的保障，所以全额领取和提前领取在立法中是被视为“有害”的存在，会对参与者进行惩罚，惩罚的方式是全额偿还津贴和税收优惠。领取的方式主要分为三种：一是终身年金的形式；二是以支付计划的形式提供终身福利，直至 85 岁，并随后提供终身年金；三是部分支付的形式，一次性领取不超过 30% 的里斯特养老金，剩余 70% 的金额正常进入终身年金，每月支付一次[③]。其中还有一种领取方式，主要针对里斯特住房储蓄。如果参与者想购买、建造自己的房屋，或将其进行改建，允许参与者提前支取，不会有经济上的损失，同时也有限额的规定，里斯特养老金中必须保留 3000 欧元的储蓄额，提前支取的金额也必须高于 3000 欧元。

当参与者更换工作单位时，里斯特养老金并不受到影响，因为个人在购买里斯特产品时会开立单独的账户，里斯特补贴会直接汇入该账户，参与者享有该账户的所有权。

① 王化楠：《德国李斯特养老金计划改革及对我国补充性商业养老保险发展的启示》，西南财经大学博士学位论文，2016 年。
② 2005 年之前最早为 60 岁。
③ 2005 年之前，是一次性领取不超过 20% 的里斯特资产。

里斯特养老金一般可以继承，在某些情况下，它可以转移给未亡配偶。就配偶而言，如果将继承的里斯特养老金转移到其名下的经认证的养老金合同中，则不需偿还里斯特养老金补贴；若参与者死亡后没有继承人，则需要偿还缴费期间所获得的补贴。参与者可以取消里斯特养老金，并且里斯特养老金账户中积累的资金可以转移到其他的养老金计划中。

三、里斯特养老金缴费激励的成效与不足

（一）里斯特养老金取得的成效

1. 里斯特养老金普及率较高

在财政补贴和税收优惠的双重激励下，里斯特养老金计划实现了高度普及，参与民众不断增加，这主要表现在：

一方面，里斯特养老金合同签署数量不断上升。如图 26-1 所示，在里斯特养老金改革的第一年，合同签署数量大约为 140 万份，民众热情退却后，2003 年和 2004 年里斯特养老金合约的签署数量几乎没有增长，但是德国政府在 2005 年对里斯特养老金进行了改革，针对其存在的问题，将里斯特补贴的审批标准进行了简化，将产品前期成本分摊年限从 10 年下降为 5 年，使里斯特养老金产品的运作更加透明等。2005 年的改革生效之后，里斯特养老金计划的需求就开始迅速上升。2005 年的新增合约量为 127 万，接近 2001 年改革之初的签约总量，增长率达到 31.13%，这种上升趋势一直持续到 2008 年。到 2008 年底，里斯特养老金总共签署了 1224.7 万份合约。

从 2008 年开始，里斯特养老金的签约数量增速开始放缓。主要原因是 2008 年正式完成过渡，缴费比例达到 4%，一些群体的缴费已经处于饱和状态，不再新增合约；还有 2008 年的金融危机对经济的影响巨大，投资回报率较低甚至为负，使想要新加入里斯特养老金的民众望而却步。即使新签合约的数量下降，但是合约签署总量仍然保持一定的增长。里斯特养老金合约签署的数量在 2017 年达到顶峰，达到 1660.7 万份，相比于 2001 年改革之初，增加了 10.86 倍。同时，从图 26-1 中也可以看出在四种合同中，保险合同更受到民众的青睐，在里斯特养老金中占据了绝对的优势。

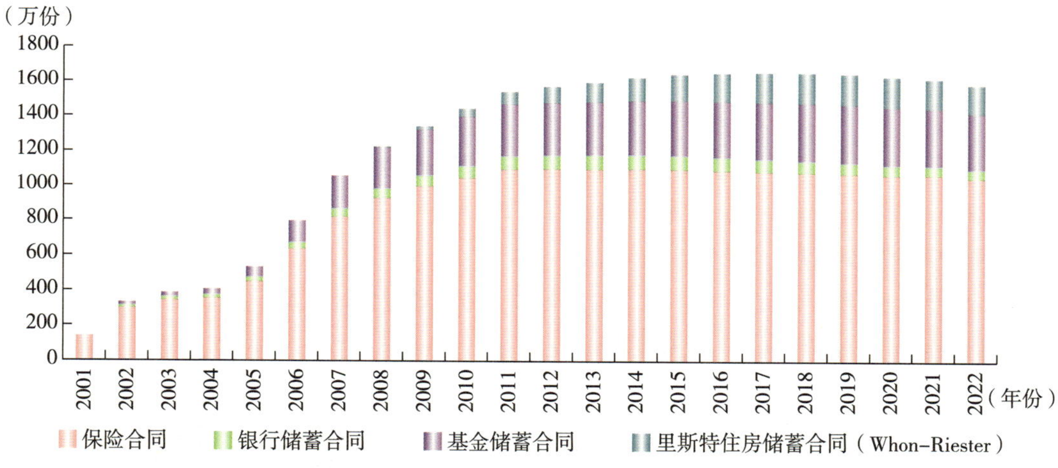

图 26-1　里斯特养老金合约签署情况

资料来源：BMAS（德国联邦劳工及社会事务部）官网。

另一方面，里斯特养老金覆盖范围不断扩大。如图 26-2 所示，2002~2009 年，职业年金家庭的参与比例从 13% 增长到了 27%，增长了 1 倍；私营养老金家庭的参与比例从 11% 增长到了 15%，只增长了 36%；相比于职业年金和私营养老金，里斯特养老金的覆盖范围呈现出迅速上升的趋势，家庭的参与比例从 7% 上升到 38%，在 7 年时间中增长了 4.43 倍。从 2006 年开始里斯特养老金在家庭中的占比超过职业年金成为德国家庭储蓄养老的主要形式。

由图 26-3 可以看出，由于里斯特养老金的改革，德国无养老金计划的家庭占比越来越少，从 2003 年的 73% 下降为 2009 年的 45%，并且从 2007 年开始超过 1/4 的家庭拥有两种以上养老储蓄计划。

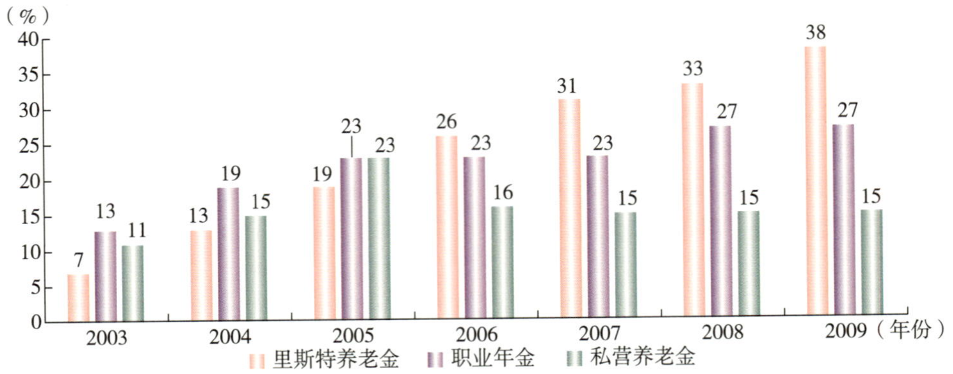

图 26-2　德国家庭不同类型养老金覆盖范围

资料来源：NBER Working Papers, Börsch-Supan A H, Coppola M, Reil-Held A, Riester Pensions in Germany: Design, Dynamics, Targeting Success, and Crowding-In, https://www.nber.org/papers/w18014, 2012.

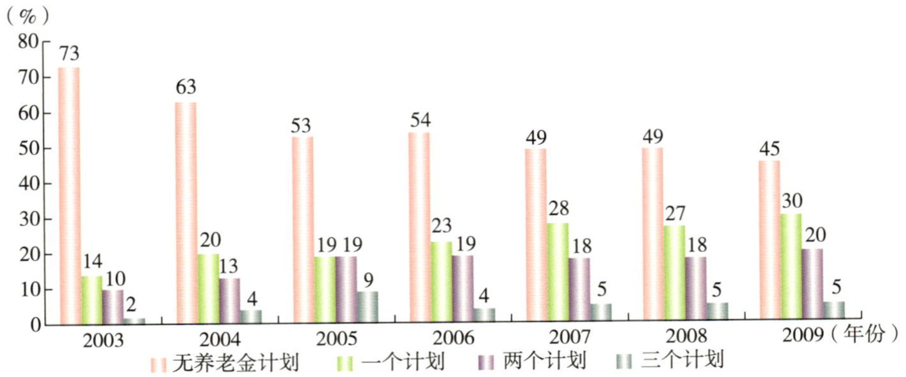

图 26-3　德国家庭拥有养老金数量情况

资料来源：NBER Working Papers, Börsch-Supan A H, Coppola M, Reil-Held A, Riester Pensions in Germany: Design, Dynamics, Targeting Success, and Crowding-In, https://www.nber.org/papers/w18014, 2012.

2. 法定养老保险支付压力得到缓解

进行里斯特改革的主要原因是应对人口老龄化的挑战，弥补法定养老保险支付水平下降带来的养老金缺口。自里斯特养老金实施以来，其在缓解法定养老金支付压力方面发挥了很大的作用。2001 年改革之初，法定养老保险占退休收入的比重达到 85%，当计划实施到 2008 年，法定养老保险占退休收入的比重降至 70%[①]，2019 年法定养老保险占退休收入的比重进一步下降，占比为 61%，各养老金计划的占比如图 26-4 所示。可以看出随着时间的推移，里斯特养老金在弥补养老金缺口方面发挥的作用越来越显著。模拟研究也表明在里斯特养老金财政补贴和税收优惠的激励机制下，法定养老保险占退休收入的比例会降低，里斯特养老金的储蓄额会上升，但研究同时指出弥补养老金的缺口会是一个漫长的过程[②]。

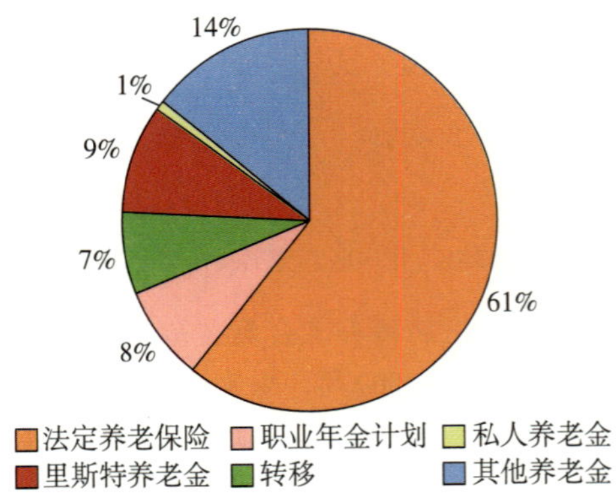

图 26-4　退休收入中各个养老金计划的占比

资料来源：BMAS（德国联邦劳工及社会事务部）官网。

① 林义、周娅娜：《德国里斯特养老保险计划及其对我国的启示》，《社会保障研究》，2016 年第 6 期，第 63-70 页。

② Börsch-Supan G, Kann: Die Riester-Rente die Rentenlücke in der gesetzlichen Rente schließen?, Discussion Paper 2010, Mannheim Research Institute for the Economics of Aging, Mannheim University, 2010.

3. 法定养老保险缴费率得以稳定

里斯特养老金改革的目标之一就是降低法定养老保险的缴费率，改革之初的目标是 2020 年缴费率低于 20%，2030 年缴费率控制在 22% 以下。相关预测显示，德国政府若继续保持 1972 年设定的养老金替代率水平，则法定养老保险的缴费率将会达到 40%[①]。如此高的缴费率对于年青一代来说是很大的负担，也会影响德国的经济发展。从表 26-3 中可以看出，法定养老保险的缴费率在 1997 达到了 20.30%，在 2001 年改革之初，法定养老保险的缴费率为 19.10%，在里斯特养老金改革之后，虽然略有上升，但总体处于下降趋势，2019 年和 2023 年降至了 18.60%，并且缴费率控制在了目标水平以下，说明达到了改革的目标。

表 26-3　德国法定养老保险缴费率变化情况

年份	1957	1961	1965	1969	1973	1977	1981
法定养老保险缴费率（%）	14.00	14.00	14.00	16.00	18.00	18.00	18.50
年份	1985	1989	1993	1997	2001	2005	2007
法定养老保险缴费率（%）	18.70	18.70	17.50	20.30	19.10	19.50	19.90
年份	2009	2011	2013	2015	2017	2019	2023
法定养老保险缴费率（%）	19.90	19.90	18.90	18.70	18.70	18.60	18.60

资料来源：BMAS（德国联邦劳工及社会事务部）官网。

4. 多子女家庭参与率高

评价里斯特养老金改革取得成效的一个方面是看其激励手段对目标群体的激励效果。里斯特改革针对的主要群体是德国低收入家庭和多子女家庭，津贴设计也主要是针对这两类人群，目的是为了帮助其建立退休储蓄计划，防止老年贫困。关于多子女家庭里斯特养老金的拥有情况如图 26-5 所示，可以看出家庭对于里斯特养老金的需求与子女数量之间成正比，子女数量越多，里斯特养老金的拥有率越高。2003~2007 年，所有家庭的里斯特养老金拥有率都有所提升，尤其是有孩子的家庭拥有率较高，在有 3 个及以上子女的家庭，有将近 2/3 拥有里斯特养老金，而只有 1/5 的无子女家庭拥有里斯特养老金。在 Save 数据库[②]2008 年的调查中，在有 3 个及以上子女的家庭对于里斯特养老金的拥有率出现了饱和的情况，略微有所下降，但仍保持在较高的水平。

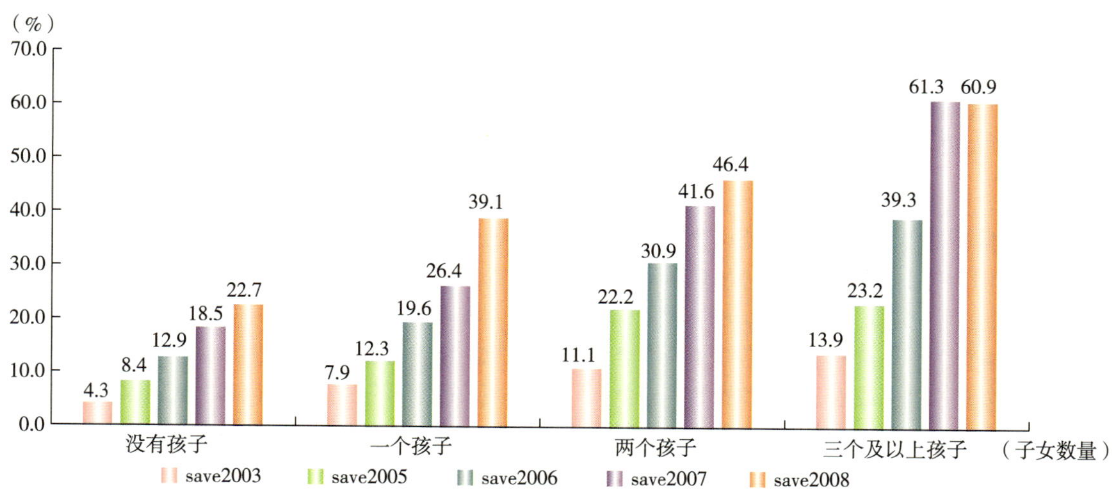

图 26-5　按子女人数分布的里斯特养老金拥有情况

资料来源：Coppola M, Reil-Held A, Dynamik der Riester-Rente: Ergebnisse aus SAVE 2003 bis 2008, https://EconPapers.repec.org/Paper/meameawpa/09195, 2009.

① Börsch-Supan A H, Wilke C B, The German Public Pension System: How it Was, How it Will Be, NBER Working Paper No.10525, 2004(5).

② Save 数据库主要研究德国家庭投资行为，尤其是家庭养老安排和储蓄决策。

（二）里斯特养老金的不足

从 2001 年改革到现在，里斯特养老金已经运行了 20 年，引入的目的是让其成为德国多层次养老保险体系的重要组成部分，弥补公共养老金的减少。从引入到现在确实取得了很好的成效，但是从其推出以来，也受到了一些批评，如高昂的管理、购买成本以及合同的不透明等一直饱受诟病，但其中最重要的两个方面是低收入家庭的参与率以及暂停和终止合约的数量。

1. 低收入家庭参与率低

里斯特养老金的目标群体之一是低收入家庭，因为低收入家庭的储蓄率普遍较低，面临着老年贫困的风险，虽然里斯特养老金对低收入家庭的补贴额度较大，但是低收入家庭的参与率并不乐观。图 26–6 是 SOEP（Socio-Economic Panel Study，德国社会经济研究小组）收集的数据，按照家庭净收入的五分位数[①]绘制了里斯特养老金的拥有率。数据显示，里斯特养老金计划的使用率一直停滞在适龄劳动人口的 25% 左右，这意味着大多数家庭没有里斯特养老金，收入越高的家庭，里斯特养老金拥有率越高，随着时间的推移，这种现象越来越明显，将会导致高低收入群体之间的不平等现象日益加剧。2020 年，在收入最低的 1/5 家庭中，只有约 13% 的人拥有里斯特养老金，而在收入最高的 1/5 家庭中，则有近 32% 的人拥有里斯特养老金。在从事综合管理工作的员工中，有 42% 的人拥有里斯特养老金合同，而在从事非技术工作的员工中，只有 11% 的人拥有里斯特养老金合同，只有 11% 的非熟练工人和 10% 的失业人员持有里斯特合同[②]，对于低收入家庭而言，里斯特养老金无法发挥其养老保障的作用，这种状况显然有违里斯特养老金建立的初衷。

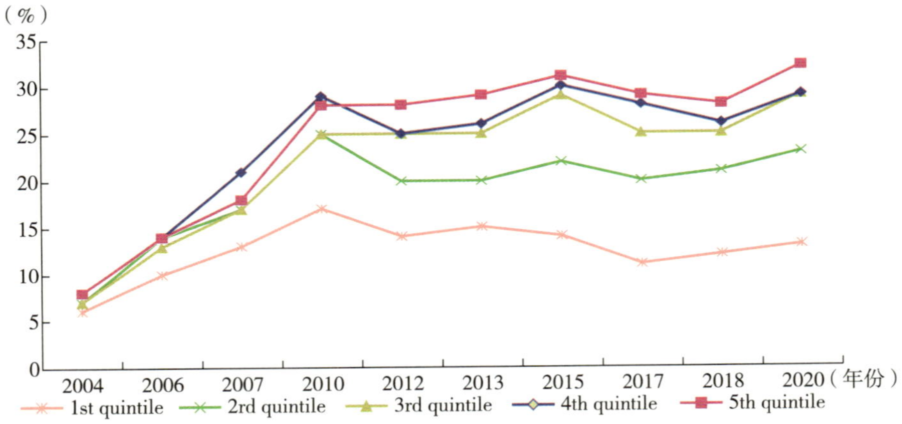

图 26–6 SOEP 统计的按收入分布的里斯特养老金拥有情况

资料来源：Geyer J, Grabka M, Haan P, 20 Years of the Riester Pension – Personal Retirement Provision Requires Reform, DIW Weekly Report (40/2021), 2021, pp.307–312.

2. 终止或暂停合同的人数多

根据未缴纳保险费的现象，BMAS（德国联邦劳工及社会事务部）在 2011 年估计了 2008 年暂停的里斯特养老金合同的数量占比达到了 15%。通过对 2010 年德国 Save 数据库的调查，以家庭为单位对终止和暂停里斯特养老金合同进行了分析，发现在拥有或曾经拥有里斯特养老金合同的家庭中，分别有 14.5% 和 12.5% 的家庭终止了合同或停止了缴费[③]。BaFin[④]（德国联邦金融监管局，The Federal Financial Supervisory Authority）估计的里斯特养老金合同暂停的比例从 2006 年的 12.1% 增至 2010 年的 18.6%。GDV（德国保险协会，German Insurance Association）也估计自引入里斯特养老金以来，18.8% 的已签合同被终止，终止或暂停里斯特养老金合同的家庭面临老年贫困的加剧。造成这一现象的原因分为产品原因和个人原因。产品原因主要包括民众选择不合适的里斯特养老金计划需要暂停或终止里斯特养老金；购买建议不合理以及在签订新合同时，会收

① 按收入水平对人口进行分类，并将结果分为五个同等规模的组别，这就是五分位数。第一个五分位数描述了收入最低的 20% 人口的收入状况。

② Geyer J, Grabka M, Haan P, 20 Years of the Riester Pension–Personal Retirement Provision Requires Reform, DIW Weekly Report (40/2021), 2021, pp. 307–312.

③ Ziegelmeyer M, Nick J，Backing out of Private Pension Provision: Lessons from Germany, Empirica, 2013(3), pp. 505–539.

④ GDV 和 BaFin 数据主要为保险合同的数量，其余类型的里斯特养老金合同数据缺乏，暂不明确。

取额外费用，这些费用通常与转入新合同的金额成正比，这些原因都会增加里斯特参与者暂停或终止养老金的比例。还有一部分个人原因是由于没有足够的资金用于缴纳里斯特养老金、离婚或者失业等都有可能使家庭改变原有的养老储蓄计划，里斯特养老金暂停率和终止率较高在一定程度上也可以反映出德国民众选择里斯特养老金的能力较弱。

3. 里斯特养老金占退休收入的比重低

德国自引入里斯特养老金已有 20 年的时间。在此期间，里斯特养老金参与者有足够的时间为自己的未来进行储蓄，但是实际情况却不容乐观。根据 SOEP 的数据，2020 年大约有 30 万人从里斯特计划中领取养老金，但平均每人每月只能领取 80 欧元；如果从每人每月可领取的中位数看，这一数额将只有 60 欧元。同时，里斯特养老金在退休总收入中所占的比重是很低的，以平均数来计算，这一比重仅为 5%；以中位数计算，这一比重仅为 4%。这意味着到目前为止，里斯特养老金在退休人群中只发挥了很小的作用，虽然里斯特养老金对于未来的领取而言会有更长的储蓄期，但考虑到终止率和暂停率以及低收入者的参与率，其能发挥的作用令人担忧。

四、里斯特养老金缴费激励的经验总结与政策启示

虽然我国已经出台了一系列政策来促进个人养老金制度的发展，但从个人养老金落地实施的效果来看，或许可以用“雷声大雨点小”来形容目前的个人养老金制度，实施效果并不理想，实际参与人数和缴费规模还存在很大的提升空间。截至 2023 年 3 月，全国 36 个先行城市（地区）开立个人养老金账户人数 3038 万人，其中只有 900 多万人完成了资金储存，实际缴费人数仅为参加人数的 31.37%，储存总额为 182 亿元，人均储存仅为 2022 元[①]，远低于每人每年 12000 元的税优上限。由此看来，尽管政策规定符合参保条件的人群十分庞大，甚至高达 10 亿人，但实际的参保人数却与之相差甚远，远远低于政策的预期，说明当前制度的激励机制一定存在一些问题，影响了个人养老金的发展。所以，需要借鉴一些已有的先进经验，调整和优化当前的激励机制。

（一）里斯特养老金缴费补贴的经验总结

1. 缴费与补贴方式多样

在扩大个人养老金市场上，世界上大多数国家采取税收优惠的激励措施来鼓励民众自愿参与个人养老金计划，但德国开创性地采用了财政补贴与税收优惠相结合的激励措施来鼓励民众参与里斯特养老金，为老年生活进行储蓄。通过对里斯特养老金激励措施的梳理，我们可以发现，里斯特养老金多样的缴费与补贴方式是其在民众中迅速普及的原因。财政补贴主要包括基础津贴、子女津贴、特别津贴，并且存入里斯特养老金账户中的收入可以作为特殊支出享受税收优惠，吸引到了更多的民众参与到里斯特养老金计划之中。里斯特养老金采取净额缴费的方式，大大降低了参与者的缴费负担。同时，里斯特养老金的覆盖范围包括符合条件的参与者的配偶（无业或是自由职业），只要最低缴纳 60 欧元，就可以享受里斯特养老金的补贴，这样的缴费与补贴方式可以为我国个人养老金制度所借鉴。下面我们通过两个具体的案例来了解一下里斯特养老金补贴的具体实施过程：

案例一：Müller-Meier 女士是符合里斯特养老金参与资格的，她有一个 2011 年出生的孩子。2022 缴费年度的工资收入共计 35000 欧元，根据相应的缴费方式和补贴金额，她最低的缴费金额计算为：

35000 欧元的 4%	1400 欧元
减去基础津贴	175 欧元
减去子女津贴	300 欧元
最低个人缴费	925 欧元
里斯特养老金账户中	1400 欧元

这意味着，如果 Müller-Meier 女士想要获得全额的补贴，她需要至少每年缴纳 925 欧元或者每月大约至少缴纳 77.08 欧元，实际在里斯特养老金账户中存储了 1400 欧元。

案例二[②]：上一年收入 30000 欧元的无子女单身人士，总共要花费其工资的 4%，即 1200 欧元用于支付里斯特养老金。因此，在扣除 175 欧元的基础津贴后，他必须缴纳 1025 欧元的个人缴款，才能获得全额补贴。他从特殊支出扣除中获得的所得税优惠为 392 欧元，高于补贴额，因此除补贴外，他还可享受 217 欧元的税收减免。他可以将 175 欧元的基础津贴转入养老金合同。此外，他的所得税也减少了 217 欧元。总之，该单身人士每年可获得国家 392 欧元的补贴。

2. 多子女补贴具有激励生育的溢出效应

在里斯特养老金补贴中，子女津贴的激励力度很大。

① 王虎云：《我国个人养老制度稳步推进》，《经济参考报》，http://www.jjckb.cn/2023-06/28/c_1310729857.htm，2023 年 6 月 28 日。
② BMAS（德国联邦劳工及社会事务部）官网。

从 2002 年到 2008 年，补贴方案经过 4 次调整，不断增加补贴金额。2008 年以前出生的孩子，每个孩子每年最高补贴 185 欧元，对于 2008 年及以后出生的孩子，每个孩子每年最高补贴 300 欧元。如图 26-7 所示，家庭获得的补贴与子女的数量呈现出递增的线性关系，极大地促进了多子女家庭参与里斯特养老金计划，具有激励生育的溢出效应。从案例三中可以看出子女数量多的家庭享受的补贴可以极大地减轻参与者的缴费负担，并且得到的补贴金额也更多。

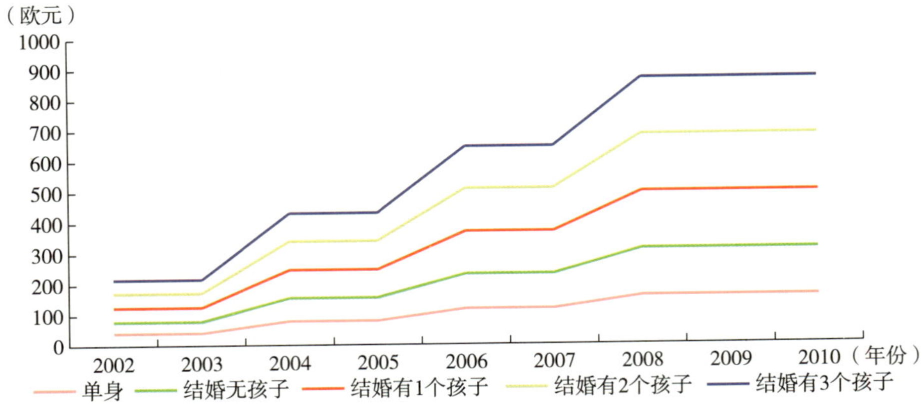

图 26-7 不同子女数量下的财政补贴

资料来源：林义、周娅娜：《德国里斯特养老保险计划及其对我国的启示》，《社会保障研究》，2016 年第 6 期，第 63-70 页。

案例三：Mia 女士是符合里斯特养老金参与资格的，她有 3 个孩子，均在 2008 年以前出生，2022 缴费年度的工资收入共计 18000 欧元，根据相应的缴费方式和补贴金额，她最低的缴费金额计算为：

18000 欧元的 4%	720 欧元
减去基础津贴	175 欧元
减去子女津贴	555 欧元
最低个人缴费	60 欧元
里斯特养老金账户中	790 欧元

这意味着，如果 Mia 女士想要获得全额的补贴，她需要至少每年缴纳 60 欧元或者每月缴纳 5 欧元，这是因为尽管两个津贴相加已经超过了工资总额的 4%，但仍需缴纳最低缴费额，最后实际在里斯特养老金账户中存储了 790 欧元。

3. 领取环节的约束有利于实现养老目的

里斯特养老金在领取环节有严格和详细的规定，必须达到规定的年龄方可领取，如果提前支取和一次性支取需要全额偿还津贴和税收优惠。对于可以提前支取里斯特住房储蓄也有限额的规定，里斯特养老金中必须保留 3000 欧元的储蓄额，提前支取的金额也必须高于 3000 欧元。这样做是为了使账户里的资金用于养老保障，个人能够为自己的老年生活存储足够的资金，保障老年生活，有利于用于养老的目标。

（二）我国个人养老金缴费激励的政策启示

基于上述分析，本文建议借鉴德国里斯特养老金改革的经验，制定有效的激励机制，吸纳和鼓励更多民众参保，让个人为自己的未来形成有效的资金积累，为老年生活提供保障。

一是增加现金补贴。通过前文的分析可以得出，我国目前的税收优惠政策对于低收入者是没有吸引力的，但从里斯特养老金的政策效应来看，现金补贴对于低收入者特别具有吸引力，这主要是由于里斯特养老金的缴费与收入有关，收入越低，补贴越高，缴费越低。但是，财政补贴的标准是固定的，只要达到最低缴费标准就可享受补贴，低收入者可以享受与高收入者相同的补贴金额。因此，我国个人养老金制度可以考虑增加现金补贴，以便更好地促进低收入者参保。设计一个最低的缴费标准，对达到最低缴费标准的参与者进行直接的缴费补贴，对于没有达到最低缴费标准的参与者补贴按照相应比例减少。现金补贴在设计上要以鼓励和保障低收入者缴费为目标，更好地向低收入者倾斜，防止两极分化，穷者越穷，富者越富。

二是缴费激励的政策需要细化。完善税收优惠政策，对于高收入者，税收优惠对其更有吸引力，可以适当提高税收优惠的额度，充分发挥个人养老金的税收优惠激励作用。在增加了现金补贴之后，财政补贴和税收优惠这两种激励机制之间并不是二选一的关系，而是在享受财政补贴的同时，也可以享受税收优惠，个人可根据利益最大化原则选择更适合自己的方式。此外，也要注意对财政补贴和税收优惠的上限控制，避免造成政府负担过重和损害社会公平。也可以考虑净额缴费的缴费方式，但在这种缴费方式下要设立一个缴费下限。我国目前政策规定参与者可以一次性领取个人养老金，但一次性领完之后，参与者的退休生活有可能面临很大的风险，因此可以考虑对一次性领取有所“惩罚”，如需要偿还一部分现金补贴或税收优惠。

三是增加子女补贴促进人口生育。我国已于 2021 年开放三孩政策，并作出实施三孩生育政策及配套支持措施重大决策，个人养老金制度和三孩政策都是我国为应对人口老龄化而实施的政策。在里斯特养老金具体的实施过程中，拥有三个及以上孩子家庭的里斯特养老金参与率明显高于其他家庭。因此，在我国也可以考虑在个人养老金中以现金的方式增加子女补贴，补贴的金额与子女的数量呈正相关关系，降低多子女家庭的缴费压力，促进多子女家庭个人养老金的参与，在提高缴费激励的同时，成为我国生育政策的推动力量。

参考文献

[1] Berner F, Riester Pensions in Germany: Do They Substitute or Supplement Public Pensions? Positions in the Debate on the New Public Policy on Private Pensions, Germany Policy Studies, 2006(3), pp.492–534.

[2] Börsch –Supan A H , Coppola M , Reil–Held A, Riester Pensions in Germany: Design, Dynamics, Targeting Success, and Crowding–In., 2012.

[3] Börsch –Supan A H, Wilke C B, The German Public Pension System: How It Was, How It Will Be, NBER Working Paper No.10525, 2004(5).

[4] Börsch–Supan G, Kann: Die Riester–Rente die Rentenlücke in der gesetzlichen Rente schließen?, Discussion Paper 2010, Mannheim Research Institute for the Economics of Aging, Mannheim University, 2010.

[5] Coppola M, Reil–Held A, Dynamik der Riester–Rente: Ergebnisse aus SAVE 2003 bis 2008, https://EconPapers.repec.org/Paper:meameawpa/09195, 2009.

[6] Gerber U, Zwick M, Daten zur Kapitalgedeckten Altersvorsorge–die Riesterrente, Deutsche Rentenversicherung 65, Heft 2, 2010, pp.197–207.

[7] Geyer J, Grabka M, Haan P, 20 Years of the Riester Pension–Personal Retirement Provision Requires Reform, 2021, DIW Weekly Report (40/2021), pp.307–312.

[8] Martin R, Turner J, How Societies Mix Public and Private Spheres in Their Pension Systems, Rethinking the Welfare State, Cheltenham and Northampton, Edward Elgar Publishing, 2004, pp.251–293.

[9] Stolz U, Rieckhoff C, Aktuelle Ergebnisse der zulagen geförderten Alters–vorsorge, Die, Angestellten Versicherung, 2005, pp.409–416.

[10] Ziegelmeyer M, Nick J, Backing Out of Private Pension Provision: Lessons from Germany, Empirica 40, 2013, pp. 505–539.

[11] 白照君、胡尹燕：《德国养老保险制度改革及其对我国的启示》，《人才资源开发》，2019 年第 11 期，第 34–36 页。

[12] 陈飞飞：《人口老龄化与德国法定养老保险制度改革》，《德国研究》，2006 年第 4 期，第 30–33 页，第 78 页。

[13] 董克用、施文凯：《加快建设中国特色第三支柱个人养老金制度：理论探讨与政策选择》，《社会保障研究》，2020 年第 2 期，第 3–12 页。

[14] 董克用：《个人养老金：积极应对人口老龄化的战略举措》，《人民论坛》，2022 年第 24 期，第 84–87 页。

[15] 高和荣、陈凤娟：《个人养老金制度的实施、挑战与优化》，《西北大学学报（哲学社会科学版）》，2022 年第 6 期，第 82–89 页。

[16] 高鹏飞、张健明：《健全我国多支柱养老金制度——从波兰新一轮养老金改革谈起》，《宏观经济管理》，2019 年第 12 期，第 77–84 页。

[17] 林佳钰、董克用：《德国个人养老金发展的经验与启示》，《中国金融》，2023 年第 12 期，第 31–33 页。

[18] 林义、周娅娜：《德国里斯特养老保险计划及其对我国的启示》，《社会保障研究》，2016 年第 6 期，第 63–70 页。

[19] 刘涛：《德国养老保险制度的改革：重构福利国家的边界》，《公共行政评论》，2014 年第 6 期，第 7–27 页。

[20]刘月怡、施文凯:《个人养老金发展的国际借鉴》,《中国金融》,2022 年第 21 期,第 90–91 页。

[21]陆颖:《养老金三支柱体系的替代率与收入再分配效应:“两全其美”抑或“顾此失彼”》,《财政科学》,2022 年第 8 期,第 102–116 页。

[22]孙洁:《我国第三支柱个人养老金账户研究》,《价格理论与实践》,2020 年第 10 期,第 9–15 页。

[23]王化楠:《德国李斯特养老金计划改革及对我国补充性商业养老保险发展的启示》,西南财经大学博士学位论文,2016 年。

[24]于秀伟:《德国新型个人储蓄性养老保险计划述评》,《社会保障研究》,2013 年第 3 期,第 106–112 页。

[25]张栋、张琳:《第三支柱个人养老金财税激励制度设计:基于国际经验的中国路径》,《国际税收》,2022 年第 12 期,第 33–41 页。

[26]张盈华:《第三支柱个人养老金发展的制度要素:基于国际比较的分析》,《华中科技大学学报(社会科学版)》,2022 年第 2 期,第 48–57 页。

[27]郑秉文:《第三支柱商业养老保险顶层设计:税收的作用及其深远意义》,《中国人民大学学报》,2016 年第 1 期,第 2–11 页。

[28]中国人民银行武汉分行办公室课题组:《个人养老金发展的国际借鉴与比较》,《武汉金融》,2022 年第 10 期,第 72–78 页。

分报告二十七
澳大利亚超级年金概况及其投资管理模式

按照世界银行对多支柱体系的界定，澳大利亚构建了较为成熟的养老金体系，其中零支柱是待遇确定型基础养老金（或称政府养老金，Age Pension），第二支柱是雇主强制缴费的基金积累型超级年金（Superannuation Guarantee, SG），第三支柱是以个人养老储蓄为目的的缴费确定型自愿性超级年金储蓄（Voluntary Superannuation）。

零支柱的政府养老金是澳大利亚政府面向全体公民提供的一种养老补助，资金主要来源于政府税收，采用家计调查式，待遇水平取决于收入调查和资产调查结果，政府每两年根据物价和工资水平变化来调整待遇水平。达到规定年龄后，公民可到澳大利亚福利署领取。除了领取年龄限制外，申请人还需要满足符合居住条件、在澳大利亚居住满 10 年以上、夫妻家庭资产除自住房以外不超过 27.3 万澳元、单身家庭资产除自住房以外不超过 19.2 万澳元。政府养老金的领取年龄随出生日期而变化，生于 1952 年 7 月 1 日之前的领取年龄是 65 周岁，1952 年 7 月 1 日至 1953 年 12 月 31 日出生的领取年龄是 65.5 周岁，1954 年 1 月 1 日至 1955 年 6 月 30 日出生的领取年龄是 66 周岁，1955 年 7 月 1 日至 1956 年 12 月 31 日出生的领取年龄是 66.5 周岁，1957 年 1 月 1 日及之后出生的领取年龄是 67 周岁①。

第二支柱的超级年金保障金（Superannuation Guarantee, SG）和第三支柱的自愿性超级年金（Voluntary Superannuation）共同构成了澳大利亚积累型超级年金制度，其中雇主强制缴费的超级年金保障金既有待遇确定型也有缴费确定型，自愿性超级年金则完全是基金积累制的缴费确定型养老金计划。20 世纪 80 年代，澳大利亚执政党和工会达成协议，要求雇主在生产率提高和通货膨胀的情况下为雇员提供 6% 的涨薪作为补偿，其中 3% 作为工资直接发给雇员，其余 3% 则作为养老储蓄存入雇员的个人账户。1992 年，澳大利亚政府发布了《超级年金保障金法案》（Superannuation Guarantee Act），正式确立超级年金保障金为养老金体系的第二支柱，同时超级年金被分为强制性和自愿性两部分②。法案规定了雇主向其雇员超级年金基金缴费的最低标准，对于没有达到最低缴费标准的雇主，澳大利亚税务局（Australian Taxation Office, ATO）向其征收超级年金保障金亏空费用。雇主强制缴费的超级年金保障金的引入主要是为了提高超级年金的覆盖率、增加雇员的养老储蓄，以应对人口老龄化对公共养老金制度的压力。

超级年金保障金和自愿性超级年金共同构成了澳大利亚庞大的超级年金制度，二者的区别主要在于缴费主体是雇主还是雇员、自雇佣者、未就业居民以及缴费是强制性还是自愿性的，一旦缴费进入超级年金账户，超级年金保障金和自愿性超级年金在投资、管理、领取等方面统一进行，故而接下来的讨论未将超级年金严格区分为第二支柱和第三支柱。

发展至今，超级年金覆盖了澳大利亚大部分雇员、自雇佣者和其他公民，其提供的养老保障在澳大利亚三支柱养老金体系中占最大比例，超级年金的迅速发展得益于其

① 马洪范、范秋萍：《澳大利亚养老保障制度的经验与启示》，《经济研究参考》，2017 年第 33 期，第 74-79 页。

② 袁思农、高敏：《澳大利亚养老金资产管理经验借鉴与启示》，华商基金，http://www.hsfund.com/upload/20181029/20181029092120150.pdf，2018 年。

完善的制度设计、税收减免等优惠政策以及成熟的投资管理模式。

一、超级年金制度概况

（一）超级年金缴费

超级年金缴费可以从是否强制和有无税收减免这两个维度来区分：一方面，从缴费是否强制来看，分为强制性缴费和自愿性缴费，强制性缴费即雇主向其雇员超级年金账户缴纳的超级年金保障金，政府设置了最低缴费标准（目前是 11%）和缴费上限，缴费上限取决于最大缴费基数（以季度收入为准，2023/2024 财年是季度收入 62270 澳元）[①]（见表 27-1 和表 27-2）；强制性缴费以外的其他类型的缴费均为自愿性缴费，自雇佣者任何形式的超级年金缴费都属于自愿性缴费。另一方面，就缴费有无税收减免而言，超级年金缴费分为可减让缴费或税前缴费和不可减让缴费或税后缴费，可减让缴费包括强制雇主缴纳的超级年金保障金、雇员牺牲工资缴费和额外的个人缴费，不可减让缴费主要有配偶缴费和雇员其他不可进行税收抵减的个人缴费。

表 27-1　强制雇主缴纳的超级年金保障金最低缴费标准变化

时间	超级年金保障金最低缴费比例（%）
1992~1993 年	3
1994 年	4
1995 年	5
1996~1997 年	6
1998~1999 年	7
2000~2001 年	8
2002~2012 年	9
2013 年	9.25
2014~2020 年	9.5
2021 年	10
2022 年	10.5
2023 年	11
2024 年	11.5
2025 年	12

资料来源：Voluntary Super Contributions: Your Complete Guide, https://superguy.com.au/superannuation/voluntary-super-contributions/.

表 27-2　超级年金保障金（SG）的最大缴费基数

时间	季度收入（澳元）
2023~2024 财年	62270
2022~2023 财年	60220
2021~2022 财年	58920
2020~2021 财年	57090
2019~2020 财年	55270
2018~2019 财年	54030

资料来源：Employer Super Contributions: What are the Rates?, https://superguy.com.au/superannuation/employer-super-contributions/.

举例而言，如果雇员 2023/2024 财年的季度收入为 7 万澳元，雇员进行的超级年金保障金缴费为 62270×11%=6850（澳元），而不是 70000×11%=7700（澳元）。

可减让缴费是税前扣除的，可以获得税收抵减，而不可减让缴费是用税后收入或超级年金体系以外个人银行账户的资金向超级年金账户缴费，在进入超级年金账户之前已经按照正常税率纳税（故称税后缴费）。澳大利亚政府设定了可减让缴费和不可减让缴费的缴费上限，超出上限的部分要额外纳税，可减让缴费和不可减让缴费的缴费上限和税率不同。

可减让缴费上限目前是 2.75 万澳元，在年收入低于 25 万澳元的情况下，纳税税率是 15%（远低于很多超级年金成员的个人边际税率），如果调整后包括税前缴费在内的应税年收入超过 25 万澳元，税率提高至 30%。超出缴费上限的部分按成员的边际税率纳税，减去 15% 的税收抵消，再加上利率费用，但是政府允许成员取出超额部分，把缴费控制在上限以内从而避免额外纳税。可减让缴费适用"结转规则"，即从 2018~2019 财年开始，如果上个财年 6 月 30 日时的超级年金账户总额不足 50 万澳元，则未使用的可减让缴费额度可以结转至未来财年。比如，2018~2019 财年的实际可减让缴费仅为 1.5 万澳元，低于当时的缴费上限 2.5 万澳元，那么成员可以把未使用的 1 万澳元缴费额度结转至 2019~2020 财年，于是 2019~2020 财年的可减让缴费上限提升至 3.5 万澳元[②]。

在可减让缴费中，牺牲工资缴费（又称为个税福利抵扣）指的是在雇主和雇员协商达成一致的前提下，雇员以减少工资为代价，换取雇主为其提供同等数额的超级年金

① What is the Maximum Super Contribution Base for 2023/24, https://superguy.com.au/superannuation/maximum-super-contribution-base/.

② SuperGuy, Carry-Forward Concessional Contributions: What are the Benefits?, https://superguy.com.au/superannuation/carry-forward-concessional-contributions/.

缴费，政府对这部分缴费征收相对较低的税或免税，因此能相应减少应纳个人所得税[①]（见表 27-3）。牺牲工资缴费除了作为超级年金缴费之外，还可用于买车和育儿支出等。个人缴费是个人定期或不定期地从银行账户中划拨资金向超级年金账户缴费，自雇佣者由于没有雇主而只能进行自愿性个人缴费。个人缴费的税收安排取决于缴费者的身份，普通雇员的个人缴费在缴费环节不能享受 15% 的优惠税率，但自雇佣者的个人缴费可以在税前列支，享受 15% 的优惠税率。

表 27-3　进行牺牲工资缴费的税收获益

单位：澳元

	未进行牺牲工资缴费	进行了牺牲工资缴费
工资总额	85000	85000
雇主 SG 缴费（80000 × 9.5%）	8075	8075
工资	76925	76925
牺牲工资缴费	0	6000
应税收入	76925	70925
收入税（包括医保费 2%）	18086	16016
税后收入	58839	54909
超级年金缴费（SG+ 牺牲工资缴费）	8075	14075
超级年金缴费税（15%）	1211	2111
税后超级年金	6864	11964
税后收入 + 税后超级年金	65703	66873
税后获益		1170

资料来源：https://www.australiansuper.com/Superannuation.

超级年金不可减让缴费必须在成员提交税号的前提下才能进行，并且超级年金账户余额不超过 160 万澳元。不可减让的税后缴费上限目前是每年 11 万澳元，但在缴费前移规则下，缴费上限可以提高至 33 万澳元。在不可减让缴费上限内的缴费免税，但超额部分高达 47% 的税率纳税，政府允许超级年金成员取出超额部分从而把缴费额控制在上限以内[②]。

除了可减让缴费和不可减让缴费之外，超级年金缴费还涉及政府共同缴费和低收入者超级年金税收抵消。政府共同缴费是政府为年收入低于 53564 澳元的超级年金成员提供的最多 500 澳元的缴费，这部分缴费在进入超级年金积累账户时和提取环节都无须纳税；低收入者超级年金税收抵消是政府为低收入者提供的税收优惠，在超级年金成员年收入不足 3.7 万澳元的情况下，政府返还可减让缴费总额的 15%（上限是 500 澳元），由澳大利亚税务局自动计算返还金额并在成员递交纳税申报单时直接存入其超级年金账户[③]。

（二）超级年金领取

超级年金根据成员的不同生活阶段设计了三种账户，分别是 MySuper 账户（又称一般超级年金账户，只用于超级年金缴费和投资，不涉及领取），退休过渡账户（Transition to Retirement, TTR）和收入选择账户（Choice Income, CI）。退休过渡账户用于成员在达到最低领取年龄后向完全退休过渡，可以一边工作、一边领取超级年金；收入选择账户是成员达到超级年金最低领取年龄且完全退休后领取超级年金的账户，在该账户下，成员可以免税领取超级年金，可以在任何时候一次性领取 1000 澳元以上的超级年金。退休过渡账户和收入选择账户的区别在于，退休过渡账户有超级年金支取上限（账户余额的 10%）和下限（视年龄而定，最低是 4%）；收入选择账户有支取下限，但没有上限。退休过渡账户可以转换为收入选择账户，超级年金成员年满 60 周岁后更换工作或永久退休的，可以把退休过渡账户转为收入选择账户；超级年金成员达到 65 周岁以后，退休过渡账户自动转为收入选择账户（见表 27-4）。符合条件的情况下，退休过渡账户和收入选择账户的资金也不必一次性全部支取，可以继续进行投资并定期领取现金流[④]。

表 27-4　退休过渡账户的超级年金领取限额（占账户余额的比例）

年龄（岁）	最低领取比例（%）	最高领取比例（%）
最低领取年龄——64 岁	4%	10%

① SuperGuy, How Does Salary Sacrifice Work?, https://superguy.com.au/superannuation/how-does-salary-sacrifice-work/.

② SuperGuy, What Are Superannation Non-Concessional Contributions & How to Make the Most of Them?, https://superguy.com.au/superannuation/non-concessional-contributions/.

③ SuperGuy, What is the Low in Come Super Tax Offset? (LISTO), https://superguy.com.au/superannuation/low-income-super-tax-offset/.

④ 杜邢晔：《澳洲超级年金（AustralianSuper）产品设计分析》，中国证券投资基金业协会，https://www.amac.org.cn/businessservices_2025/pensionbusiness/yljyw_yljyj/yljyj_gjjy/202001/P020200120633983639010.pdf。

续表

年龄（岁）	最低领取比例（%）	最高领取比例（%）
65~74	5	没有限制
75~79	6	
80~84	7	
85~89	9	
90~94	11	
95 以上	14	

资料来源：SuperGuy, How Much Super Can I Withdraw at Preservation Age?, https://superguy.com.au/superannuation/how-much-super-can-i-withdraw-at-preservation-age/.

举例来说，如果超级年金成员在 2023 年 7 月 1 日年满 64 周岁，超级年金账户总额为 50 万澳元，超级年金最低领取额为 2 万澳元（500000×4%），2023~2024 财年必须领取至少 2 万澳元的超级年金。

超级年金的领取必须满足最低领取年龄和其他要求，成员可以一次性领取，也能以养老金收入流的形式领取；可以每两周领取一次，也可以每月一次、每季度一次、每半年一次、每年一次。最低领取年龄是在最早可以领取超级年金的年龄，与超级年金成员的出生日期相关（见表 27-5）。达到最低领取年龄后，可以领取一定比例的超级年金。想要领取全额超级年金，需要达到 65 周岁以上（无论是否继续工作），或者满足超级年金退休条件（即达到最低领取年龄后永久退休或 60 周岁以后更换工作）。

表 27-5 超级年金最低领取年龄

出生年份	最低领取年龄
1960 年 7 月 1 日前	55 岁
1960 年 7 月 1 日至 1961 年 6 月 30 日	56 岁
1961 年 7 月 1 日至 1962 年 6 月 30 日	57 岁
1962 年 7 月 1 日至 1963 年 6 月 30 日	58 岁
1963 年 7 月 1 日至 1964 年 6 月 30 日	59 岁
1964 年 7 月 1 日后	60 岁

资料来源：SuperGuy, How Much Super Can I Withdraw at Preservation Age?, https://superguy.com.au/superannuation/how-much-super-can-i-withdraw-at-preservation-age/.

澳大利亚政府规定了提前领取超级年金的特殊情形，包括：①基于值得同情的理由，比如支付医疗费用或临终关怀费用、因超级年金成员或其受扶养人伤残或死亡相关的开销、支付房贷以保住房子等；②严重财务困难，如果连续 26 周领取政府收入支持金但仍不能维持正常家庭生活开销，则有资格提前领取 1000~10000 澳元的超级年金；③身患绝症，要求两个注册医师证实成员因患病或受伤而可能在 24 个月以内死亡或至少 1 个该领域的专家证实；④暂时丧失劳动能力，如果因身体或精神疾病而暂时不能工作或需要减少工作时间，则可以在不能工作的那段时间定期领取一定的超级年金（通常以保险待遇的形式）；⑤永久丧失劳动能力，如果超级年金受托人确认超级年金成员因伤病而永久丧失劳动能力，导致成员无法继续工作，则超级年金成员有资格提前领取全部超级年金；⑥超级年金余额不足 200 澳元且终止工作[①]。

超级年金领取环节的征税情况根据成员的年龄和领取形式而定：①超过 60 岁以后，无论是一次性领取还是以收入流的形式领取，都是免税的；②达到最低领取年龄但不满 60 岁，养老金收入流和一次性领取都需要纳税，其中养老金收入流按边际税率纳税，加上 2% 的医保缴费，减去 15% 的税收抵消；一次性领取的最初 21 万澳元免税，超额部分则按照 15% 的税率加上 2% 的医保缴费来纳税。

二、超级年金投资运营管理

（一）超级年金运作模式[②]

超级年金基金主要包括零售基金、行业基金、公司基金、公共部门基金和小型基金，其中零售基金的成员涵盖所有雇员，参与方式是购买寿险代理商或投资顾问等中介机构提供的保单或投资产品；行业基金主要面向本行业或某些联合行业雇主的雇员，2005 年以后开始向行业外的部分雇主开放；公司基金是一个或几个相关雇主发起的基金；公共部门基金是政府机构或国有企业发起的基金；小型基金的成员不足 5 人，由澳大利亚税务局（ATO）监管的自我管理型超级年金（Self Manage Super Fund, SMSF）和澳大利亚审慎监管局（APRA）监管的其他小型基金组成。小型基金和大型基金（零售基金、行业基金、公司基金、公共部门基金）在基金数目、资产规模、账户个数和平均账户资产金额等方面存在巨大差异，资产规模越大的基金，分散风险的能力、盈利能力和抵御金融危机冲击的

① SuperGuy, How to Withdraw Super: Your Guide on Getting Your Superannuation Out, https://superguy.com.au/superannuation/how-to-withdraw-super/.

② 杜邢晔：《澳洲超级年金（AustralianSuper）产品设计分析》，中国证券投资基金业协会，https://www.amac.org.cn/businessservices_2025/pensionbusiness/yljyw_yljyj/yljyj_gjjy/202001/P020200120633983639010.pdf。

能力越强，分摊管理成本越少[①]。换句话说，相比大型基金，小型基金在资产管理成本方面有优势，但难以应对竞争和经济危机的冲击。超级年金相关法案规定，超级年金成员可以在同一个基金内选择不同的投资组合和投资经理，也可以自由选择超级年金基金，这样加大了不同超级年金基金之间的竞争，有利于超级年金成员的利益最大化。

截至 2022 年 3 月，澳大利亚超级年金账户持有人共 2320 万，超级年金基金有 145 只（不包括成员数少于 4 个的基金）；超级年金资产总额多达 3.4 万亿澳元，其中占大多数的是成员数超过 4 个的超级年金基金资产（2.3 万亿澳元），行业基金资产最多（1.1 万亿澳元），其次分别是自我管理型超级年金基金（8920 亿澳元）、零售基金（6883 亿澳元）、公共部门基金（4881 亿澳元）、公司基金（592 亿澳元）和小型 APRA 基金（23 亿澳元）[②]。

目前的超级年金运作模式主要受到 1992 年《超级年金保障金法案》和 1993 年《超级年金行业监管法案》的指导，采用受托人制度的信托模式进行市场化运作。《超级年金监管法案》规定，超级年金受托人必须是注册的超级年金基金实体。受托人不实际参与超级年金经营管理，而是委托投资管理人对基金进行投资，投资管理人必须是法人机构（自我管理型超级年金基金除外）。受托人必须保证超级年金基金对其资产的所有权，有义务保存、保护、保全受托财产，确保基金投资的安全谨慎，如果出现重大亏损，基金成员有对受托人提起诉讼的权利。作为超级年金的治理主体，受托人对超级年金的整体运作承担最终的法律责任。超级年金受托人可以采用年金理事会模式（内部受托模式），也可以采用法人受托模式（外部受托模式）。年金理事会或法人受托机构在基金成员的委托下管理基金，根据投资运营需要选择相应的账户管理人、投资管理人、托管人和其他服务机构。

（二）超级年金投资[③]

超级年金投资范围广泛，既有股票、债券、现金类资产的投资，也投资房地产、基础设施、对冲基金和商品期货，囊括了市场上大部分投资产品，配置比例较高的是权益类资产；超级年金不仅允许在澳大利亚国内投资，而且允许投资海外市场。可以说，超级年金投资充分体现了养老基金特点中的长期投资和权益投资。

澳大利亚不同类型的超级年金基金在投资绩效、投资策略和管理费用等方面存在巨大差异，关于超级年金投资的讨论将主要以澳大利亚规模最大的超级年金基金——AustralianSuper（AS）为例。

超级年金采取积极投资策略，在全部超级年金基金的资产分布中，占比最大的是国际股权（27%），其次分别是澳大利亚股权（24%）、固定收益类（18%）、现金类（9%）、房地产（9%）、基础设施（7%）、未上市股权（5%）和其他类型（2%）[④]。超级年金投资以追求高收益率为主要目标，流动性和安全性是其保障性目标，投资目标的设置通常是超过 CPI（消费者物价指数）的一定百分比，具体百分比是多少则根据投资时间长短和成员的风险承受能力来确定，并以此划分投资风格，再由投资风格来确定不同的大类资产配置。超级年金基金的投资风格可能包括平衡型、高增长型、社会责任型、指数型、保守平衡型和稳健型，不过基金成员也被允许自主进行大类资产配置、自行选择投资产品，基金成员的投资自由度很高。

超级年金投资的资产配置方式具有多样化特点，大多数超级年金基金提供了资产配置备选组合，提供资产配置备选组合的大型基金占 64%，其中行业基金比例最高（86.6%）、公司基金比例最低（50% 以上）[⑤]。

从超级年金成员是否具有自主选择权和参与程度高低出发，AS 的投资模式可以分为四种，分别是智能默认模式、预选组合模式、自选组合模式和会员直投模式，其中智能默认模式不允许会员自主选择，其他三种模式中会员参与程度最高的是会员直投模式，最低的是预选组合模式。值得注意的是，在投资模式相同的情况下，不同类型的超级年金账户在投资表现上有差异，尤其是退休过渡账户和收入选择账户的投资收益率差异。

1. 智能默认模式

在这种投资模式下，超级年金基金拥有完全投资决策权，但会员有权在任何时候转变为其他投资模式。智能默认模式下的投资选择由模型事先确定下来，投资由 12% 的现金和 88% 的平衡组合构成，超级年金被转化为可以持续至少 20 年的定期收入，投资专家团队受委托负责管理。

除了智能默认模式以外，预选组合模式、自选组合模式和会员直投模式都允许基金成员自行选择，自主决定投资安排。会员在决定投资方式时，需要综合考虑收入需求、投资目标和投资风险，还要考虑每年需要多少钱来维持生活、是否还有政府养老金等其他退休收入来源、退休收入要维持多少年等因素。

①⑤　郑秉文、李亚军：《澳大利亚超级年金 20 年改革及应对危机的经验教训》，《经济社会体制比较》，2012 年第 1 期，第 78–88 页。

②④　Finder, Superannuation Statistics 2022, https://www.finder.com.au/superannuation-statistics.

③　AustralianSuper, Investments, https://www.australiansuper.com/investments.

2. 预选组合模式

超级年金基金提供了高增长组合、平衡组合（默认投资组合）、社会责任组合、指数多元化组合、保守平衡组合和稳健组合这六种预先确定的投资组合供会员选择，每种投资组合包括多类资产，各个投资组合在风险水平、预期收益水平和投资期限等方面存在差异。预选组合模式下可以投资的大类资产有九种，包括现金、信用、固定收益债券、基础设施、私募股权、股票、直接地产投资、上市地产投资和其他资产，既有澳大利亚国内投资产品也有海外市场的投资产品。

预选组合模式的投资目标以“年均CPI+特定百分比”的形式确定，风险控制以每20年里收益为负的年数来定义。高增长组合、平衡组合、社会责任组合、指数多元化组合、保守平衡组合和稳健组合除了在投资产品上有差异以外，其区别还体现在投资目标、最低投资期限、风险控制等方面。各个组合的投资目标在年均CPI+1.5%到年均CPI+4.5%，投资目标越高，最低投资期限越长，风险容忍度越高。

高增长组合主要投资于澳大利亚和国际股票，目的是获得较高的长期收益，投资目标是在中长期战胜年均CPI+4.5%，最低投资期限是12年，风险控制在每20年里出现负收益的年数不超过5年；平衡组合是默认投资组合，没有做出投资选择的用户自动适用这种投资组合，投资于多个资产类别，以获取中长期收益为目标，投资目标是在中长期战胜年均CPI+4%，最低投资期限是10年，风险控制在每20年里收益为负的年数不超过5年；社会责任组合投资于基于ESG标准选择的股票和固定收益类资产和其他资产，投资目标是在中长期战胜年均CPI+4%，最低投资期限是10年，风险控制在每20年里出现负收益的年数不超过5年，其实际资产配置和目标资产配置区间与平衡组合相同；指数多元化组合投资于多种类别的资产，投资目标是在中长期战胜年均CPI+3%，最低投资期限是10年，风险控制在每20年里收益为负的年数不超过5年；保守平衡组合的资产配置比例更高的是固定收益类资产和现金（相比平衡组合而言），在稳定和增长之间寻求平衡，投资目标是中长期实现年均CPI+2.5%，最低投资期限是5年，风险控制在每20年里出现负收益的年数不超过4年；稳健组合更强调稳定，主要投资现金和固定收益类资产，投资目标是中长期实现年均CPI+1.5%，最低投资期限是3年，风险控制在每20年里收益为负的年数不多于3年（见表27-6）。

这六种投资组合的目标资产配置区间较为宽泛，投资的灵活性因此比较高，比如稳健组合中现金类资产的目标配置区间是0%~50%。相比较而言，指数多元化组合的资产配置很特别，目标配置资产只有五大类，以指数类产品为主。

表 27-6 预选投资模式的目标资产配置区间、投资期限和风险特征

	高增长组合	平衡组合	社会责任组合	指数多元化组合	保守平衡组合	稳健组合
澳洲股票	20%~50%	10%~45%	10%~45%	20%~50%	5%~35%	0%~20%
国际股票	20%~50%	10%~45%	10%~45%	20%~50%	5%~35%	0%~20%
直接地产	0%~30%	0%~30%	0%~30%		0%~25%	0%~15%
上市地产				0%~10%		
基础设施	0%~30%	0%~30%	0%~30%		0%~25%	0%~20%
私募股权	0%~10%	0%~10%	0%~10%		0%~5%	0%~3%
信用	0%~20%	0%~20%	0%~20%		0%~25%	0%~25%
固定收益	0%~20%	0%~25%	0%~25%	0%~30%	0%~40%	0%~45%
现金	0%~15%	0%~20%	0%~20%	0%~30%	0%~30%	0%~50%
其他资产	0%~5%	0%~5%	0%~5%		0%~5%	0%~5%
投资目标	CPI+4.5%	CPI+4%	CPI+4%	CPI+3%	CPI+2.5%	CPI+1.5%
投资期限	至少 12 年	至少 10 年	至少 10 年	至少 10 年	至少 5 年	至少 3 年
负收益频率	5 年 /20 年	5 年 /20 年	5 年 /20 年	5 年 /20 年	4 年 /20 年	3 年 /20 年
短期风险	高	高	高	高	中到高	中
中期风险	中	中	中到高	中	低到中	低到中
长期风险	低到中	低	低到中	低到中	低	低到中

资料来源：https://www.australiansuper.com/investments.

截至2023年6月30日的最新数据显示，对于退休过渡账户而言，高增长组合、平衡组合、社会责任组合、指数多元化组合、保守平衡组合和稳健组合的10年期收益率分别是9.62%、8.60%、7.69%、7.22%、6.72%和5.10%（见表27-7），2023/2024财年的收益率分别是10.48%、8.22%、7.44%、11.56%、5.64%和3.44%；收入选择账户的投资中，平衡组合的10年期收益率为9.48%、1年期收益率为9.03%，高增长组合的10年期收益率为10.66%、1年期收益率为11.65%（见表27-8）。总体而言，收入选择账户的投资收益率明显优于退休过渡账户。

表27-7　（退休过渡账户）预选组合模式下各投资组合的实际收益率

单位：%

	10年期	5年期	3年期	1年期
平衡组合	8.60	6.72	8.23	8.22
高增长组合	9.62	7.61	9.69	10.48
社会责任组合	7.69	5.45	7.44	7.44
指数多元化组合	7.22	6.44	7.44	11.56
保守平衡组合	6.72	5.02	5.41	5.64
稳健组合	5.10	3.49	3.02	3.44

资料来源：https://www.australiansuper.com/compare-us/our-performance.

表27-8　（收入选择账户）预选组合模式下各投资组合的实际收益率

单位：%

	10年期	5年期	3年期	1年期
平衡组合	9.48	7.31	8.95	9.03
高增长组合	10.66	8.39	10.67	11.65
社会责任组合	8.60	6.03	8.17	8.31
指数多元化组合	8.27	7.19	8.28	13.12
保守平衡组合	7.61	5.60	5.99	6.36
稳健组合	5.77	3.90	3.35	3.97

资料来源：https://www.australiansuper.com/compare-us/our-performance.

3. 自选组合模式

自选组合即会员自行在可投大类资产中选择产品并配置成投资组合，超级年金基金承担管理责任。在自选组合模式下，会员可选择的资产包括澳大利亚股票、国际股票、房地产、现金和多元化固定利率资产，不同资产类别的投资目标、最低投资期限、风险控制和风险特征有所区别（见表27-9）。

表27-9　自选组合模式下可投资产类别的相关特征

	澳洲股票	国际股票	房地产	多元化固定利率	现金
投资目标	中长期战胜S&P/ASX 300积累指数	中长期战胜MSCI World All Countries Unhedged Index	中长期战胜年均CPI+3%	中短期战胜年均CPI+0.5%	战胜以CPI衡量的年度通货膨胀率
最低投资期限	12年	10年	5年	3年	1年
风险控制*	6年/20年	6年/20年	4年/20年	2年/20年	没有
短期风险	非常高	非常高	高	中	非常低
中期风险	中	中	中到高	高	中到高
长期风险	低到中	低到中	低到中	非常高	非常高

注：风险控制也是以每20年里出现负收益的年数来定义。

资料来源：http://www.australiansuper.com/investments/your-investment-options/diy-mixed-investment-choice.

截至2023年6月30日，在退休过渡账户的自选组合投资模式下，澳洲股票的10年期投资收益率为9.69%、2023/2024财年的收益率为13.95%，国际股票的10年期收益率为11.87%、2023/2024财年的收益率为17.45%，多元化固定利率的10年期收益率和2023/2024财年的收益率分别为2.58%和-0.53%，现金类资产的10年期收益率为1.70%、2023/2024财年的投资收益率为2.59%[①]（见表27-10）。

表27-10　（退休过渡账户）自选组合模式下各类资产的实际投资收益率

单位：%

	10年期	5年期	3年期	1年期
澳洲股票	9.69	8.66	12.92	13.95
国际股票	11.87	10.02	9.51	17.45
多元化固定利率	2.58	0.64	-0.96	-0.53
现金	1.70	1.21	0.99	2.59

资料来源：AustralianSuper，https://www.australiansuper.com/compare-us/our-performance.

① AustralianSuper, https://www.australiansuper.com/compare-us/our-performance.

相比较而言，收入选择账户的自选组合投资模式下各类资产的投资绩效明显优于退休过渡账户，其中澳洲股票的 10 年期投资收益率为 10.93%、1 年期收益率为 15.43%，国际股票的 10 年期和 1 年期投资收益率分别是 13.05% 和 19.04%，多元化固定利率的 10 年期收益率是 2.94%、1 年期收益率为 -0.67%，现金类的 10 年期和 1 年期收益率分别为 2% 和 3.03%（见表 27-11）。

表 27-11 （收入选择账户）自选组合模式下各类资产的实际投资收益率

单位：%

	10 年期	5 年期	3 年期	1 年期
澳洲股票	10.93	9.91	14.40	15.43
国际股票	13.05	10.76	10.16	19.04
多元化固定利率	2.94	0.74	-1.20	-0.67
现金	2.00	1.42	1.15	3.03

资料来源：AustralianSuper，https://www.australiansuper.com/compare-us/our-performance.

4. 会员直投模式

会员直投模式的特点有：可以进行实时交易，可以通过线上平台实时管理投资；可以通过大量市场信息以及独立研究和投资工具来帮助会员管理账户、进行投资决策；可以不受时间限制地登录线上平台查看收入支付储备（即在会员直投账户之外超级年金基金投资选项中必须保留的最低金额），在账户余额低于收入支付储备的情况下，会员无法向会员直投账户再转入资金。

在会员直投模式下，可以被选择的投资产品包括 S&P/ASX 300 指数的股票、交易所交易基金（Exchange Traded Funds, ETF）、上市投资公司（Listed Investment Companies, LICs）和定期存款。

会员直投模式的风险很高，不是每个会员都能选择这种投资模式，超级年金基金对此设置了较高的申请门槛，比如会员的一般超级年金账户必须至少有 1 万澳元；选择会员直投模式之后，收入选择账户必须至少有 3 万澳元，不足 3 万澳元时必须退出会员直投模式；对投资股票、ETFs、定期存单和 LICs 有限制，这样提前限制了投资风险。

三、超级年金费用管理和监管

（一）超级年金收费情况

超级年金基金的重要特征之一是成本低，其收费低于行业平均水平，这也是超级年金吸引成员加入的一个重要方面。以账户余额为 5 万澳元为例，超级年金基金费用为 472 澳元，而行业平均费用为 827 澳元；以账户余额为 10 万澳元来看，超级年金基金收费 756 澳元，而行业平均水平为 1384 澳元[①]。

超级年金费用或成本[②]主要有管理费用、投资费用、交易费用、经纪人佣金和咨询费，不同投资模式下的费用不同，不同账户类型的收费也有区别。

管理费包括固定费用和基于资产的管理费：①一般超级年金账户（MySuper）的固定管理费为 1 澳元 / 周，基于资产的管理费为账户余额的 0.1%（上限是 350 澳元）；②退休过渡账户或收入选择账户的固定管理费是 1 澳元 / 周，基于资产的管理费为账户余额的 0.1%（上限是 600 澳元）。

投资费用主要涵盖了管理会员投资的成本以及外部投资管理费和业绩费：①预选组合模式和自选组合模式下，投资费用为投资金额的 0.09%~0.59%，直接从投资收益中扣除；②会员直投模式下[③]，投资费用在 30~180 澳元，具体取决于投资选择，直接从会员直投现金账户中扣除。

交易费用产生于预选组合模式和自选组合模式下买卖投资产品时，占投资金额的 0~0.08%，直接从投资收益中扣除。

会员直投模式下交易股票、ETF 和 LICs 时，每一笔交易都会产生经纪人佣金，交易金额不超过 1.3 万澳元的经纪人佣金为 13 澳元，交易金额超过 13001 澳元的经纪人佣金为交易费用的 0.1%，交易结束后经纪人佣金直接从会员直投现金账户中扣除。

咨询费用取决于咨询的内容和咨询的方式：①电话咨询 AustralianSuper 账户的相关事宜不产生咨询费；②电话咨询退休过渡账户或开立养老金账户相关事宜，咨询费为 295 澳元，从 AustralianSuper 账户扣除；③面对面金融咨询费用取决于咨询内容的复杂性，事先与被咨询者协商好。

（二）超级年金监管[④]

1998 年，澳大利亚成立了审慎监管局，承担监管超级年金的责任；1999 年，《超级年金保障金法案》修正案提出建立自我管理型超级年金，并确定其监管主体是澳大

①② AustralianSuper, Superannuation Fees & Costs, https://www.australiansuper.com/compare-us/fees-and-costs.

③ 需要注意的是，退休过渡账户的投资不能选择会员直投模式。

④ 袁思农、高敏：《澳大利亚养老金资产管理经验借鉴与启示》，华商基金，http://www.hsfund.com/upload/20181029/20181029092120150.pdf，2018 年。

利亚税务局；2001 年，超级年金信息披露和市场行为的监管责任被转移给澳大利亚证券投资委员会（ASIC）。在相关重要法案的指导下，超级年金的监管体系形成，确立了澳大利亚审慎监管局、澳大利亚税务局、澳大利亚证券投资委员会这三大监管主体。

澳大利亚审慎监管局负责监管银行业、保险和再保险业、基金会和大部分超级年金行业，是澳大利亚金融服务业的主要监管部门。审慎监管局主要负责制定符合法律的监管条例、从业人员资格标准和超级年金基金实体经营规范，监管超级年金基金实体的内部控制制度，限制某些投资行为并评估风险水平。所有超级年金基金必须获得审慎监管局颁发的超级年金基金注册许可证（RSE），审慎监管局的监管业务包括超级年金保险、MySuper 账户转移、投资管理、操作风险财务要求、风险管理等方面，超级年金基金有每个季度向审慎监管局报告基金运行情况的义务。

澳大利亚税务局是自我管理型超级年金基金的监管主体，主要负责处理与自我管理型超级年金基金及其成员有关的税收问题，监管自我管理型超级年金基金的设立、缴费、投资、支付、转换、清算、审核等方面，监管核心是自我管理型超级年金基金的税收安排。

澳大利亚证券投资委员会对超级年金的监管以许可证的形式进行，超级年金基金必须有澳大利亚金融服务许可证（AFS），证券投资委员会负责制定信息公开标准并监督标准的实施，主要监管超级年金的经营行为和信息披露，并且关注超级年金基金和投资者之间的关系。

此外，作为超级年金行业自律机构，澳大利亚超级年金基金协会（ASFA）负责超级年金行业的政策引导和宣传工作，其覆盖了 90% 的超级年金基金实体。

分报告二十八
日本个人养老金制度的发展经验及启示

一、制度建立的背景

日本是全球老龄化速度最快的国家，被定义为“超老龄化”社会。截至 2022 年，日本总人口为 1.2495 亿，其中 65 岁及以上人口占总人口的 29.0%，其中女性占大多数，预计到 2035 年，65 岁及以上的人口将占总人口的 36.8%①。日本还面临着高预期寿命和低生育率的问题。截至 2021 年，日本男性平均预期寿命为 81.47 岁，女性为 87.57 岁。自 2011 年以来，日本出生人口不断减少，截至 2022 年上半年，日本新生儿数量仅有 38.49 万人，较 2021 年同期减少超 2 万人。预计总人口将从 2015 年的 1.27 亿减少到 2075 年的 8700 万②。在人口超老龄化的背景下，严重的代际失衡问题进一步恶化，养老金公共支出成为日本财政的一项重要挑战，日本政府逐渐意识到不能仅依赖现收现付制计划，开始对公共养老金制度进行多次改革。尤其是在 2004 年的日本公共养老金制度修订中，对养老金资产财政储备的期限进行了修改，并引入了公共养老金待遇水平调整机制。此外，日本的就业性质发生了各种变化，截至 2022 年底，日本非正规就业职工占全体职工的比例达到 30.4%，65 岁以上高龄劳动者人数达到 930 万人③。非正规就业和老年人就业的不断扩大，使原有的公共养老金制度无法应对就业形式的多样化和就业流动性的增强。

为了保证现有养老金制度的可持续性和充分性，以及更好地适应经济社会环境的变化，日本与世界上其他发达国家一样，在世界银行的倡导下通过建立第三支柱个人养老金制度来充实原有的养老保障体系。日本于 2001 年正式引入了新的个人缴费确定型养老金计划（iDeCo），通过建立个人养老金制度来增加养老金待遇的来源，不断增强养老资产储备并采取多样化措施来促进养老金的投资增值，以减轻因少子老龄化而日益增加的养老金财政负担。然而，自引入个人养老金计划以来，个人养老金资产规模发展并不可观。截至 2021 年 6 月，日本私人养老资产累计 253.5 万亿日元（约 2.3 万亿美元），其中企业养老金资产占比 44.26%，而个人养老金计划资产仅占比 0.82%。同时，政府养老金投资基金（GPIF）用于支持强制性公共养老金制度的养老资产储备额高达 193.3 万亿日元④，个人养老金计划在日本养老保障体系中的作用还未能有效发挥出来。

二、养老金制度发展概况

日本养老金第一支柱由国民养老金与厚生年金保险组成，第二支柱主要包括 DB 型计划（待遇确定型养老金）和 DC 型计划（缴费确定型养老金），第三支柱主要包括个人缴费确定型养老金计划（Individual-Type Defined Contribution, iDeCo）、国民年金制度和个人免税储蓄账户

① 厚生劳动省官网，令和 5 年版厚生労働白書，https://www.mhlw.go.jp/content/001124666.pdf。
② 日本内阁府，令和 5 年版高齢社会白書。
③ 総務省統計局，労働力調査（詳細集計），https://www.stat.go.jp/data/roudou/sokuhou/nen/dt/pdf/index1.pdf, 2022。
④ Bank of Japan, Government Pension Investment Fund, Pension Fund Association, and National Pension Fund Association.

计划（Nippon Individual Saving Account，NISA）[①]。

（一）公共养老金制度

日本的公共养老金建立在代际互助的理念机制上，即当前老年人的养老金待遇由当前在职一代缴纳的保费来承担。原则上所有居住在日本的 20~60 岁的人都必须加入公共养老金制度。公共养老金主要包括国民年金和厚生年金。公共养老金制度将参保人分为三类：第一类被保险人是指 20~60 岁的自雇者、农民、无业人员及其配偶、学生等，需要在日本境内有固定住所；第二类被保险人是指企业的职工、中央或地方政府公务员、私立学校的教职工；第三类被保险人是指第二类被保险人的无工作或者低收入配偶。国民年金的覆盖范围包括所有的 20~60 岁的人口，包含了三类被保险人，而厚生年金仅包含第二类被保险人。

国民年金又称为基础年金，正式成立于 1961 年，该制度最早可追溯到 1942 年实施的劳动者年金保险制度，是日本养老金体系中最基本的制度。国民年金最初是以社会保险制度为基础的年金制度，将没有加入厚生年金或互助年金的 20~59 岁的日本公民纳入其中。保费为固定金额，对失业者等缴纳保险费有困难的人设立了免除制度。1966 年国民年金进行了修订，保费缴纳期限设定为 25 年，每月缴费金额为 5000 日元。自 2017 年起，固定的缴费额为每月 16900 日元，如果参保人收入水平低于一定标准，则无须缴费。随着经济持续快速增长，以及人口老龄化、核心家庭增多、赡养老人态度改变等社会环境的变化，养老金制度又进行了多次修订，包括引入了养老金价格指数化制度、大幅提高养老金待遇水平、提高养老金领取年龄，并引入可支配收入指数以调整缴费额度[②]。厚生年金保险是面向 70 岁以下有工作的职工的养老金制度，包括固定营业场所的企业职工、国家和地方政府的公务员和私立学校的教职工。其缴费标准与收入挂钩，每月缴纳固定比例的保费，雇主与雇员均摊，保费从月工资中扣除。自 2017 年起，固定的缴费比例为月收入的 18.3%，雇主和雇员分别分担 9.15%。私立学校的教职工的缴费比例为月收入的 15.681%，雇主和雇员分别分担 7.8405%[③]。

（二）私人养老金制度

日本私人养老金制度分为由公司为员工实施的企业养老金计划和个人自行参加的个人养老金计划，用以补充未来养老保障水平。企业养老金已发展为企业为其员工提供的退休福利。由于 21 世纪初泡沫经济导致投资环境显著恶化等社会条件的变化，以及复杂的制度设计和资产管理对企业造成成本负担，企业养老金在日本众多中小企业中并未得到足够的普及。因此，2001 年，引入了新的个人缴费确定型养老金计划。

iDeCo 是以国家养老基金联合会（National Pension Fund Association，NPFA）为主体实施的制度，其投入账户内的资金及产生的投资收益均是免税的，即 EET 的税收优惠模式。该计划覆盖所有在职雇员，包括公共部门人员、未覆盖企业养老金计划的企业雇员、个体经营人员、自由职业者以及家庭主妇[④]。国民年金基金制度是提高个体经营者等国民年金第一类被保险人的晚年收入保障的自愿参与型的个人养老金制度，是对第一支柱国民养老金的补充。该制度于 2019 年 4 月创立，由全国 47 个都道府县的地域型国民年金基金和 22 个职能型国民年金基金合并设立[⑤]。

2014 年，个人免税储蓄账户（Nippon Individual Saving Account，NISA）计划推出，这是一种个人投资账户制度，本质上是个人储蓄账户，是鼓励个人储蓄而设立的可免除所得税和资本利得税的账户，而非养老金制度。但是由于其获得税收减免的个人储蓄特征，且账户资金的使用不受限制，也往往被用来当作个人的养老储备账户。NISA 为前端免税储蓄制度（TEE），免税期限最长为 20 年[⑥]。NISA 以高额的税费减免额度和多样化的金融资产配置为突出特点，涵盖了日本所有年龄段的居民，在极大程度上鼓励民众积极参与，有效促进了该制度的快速发展。

三、个人养老金制度内容

（一）个人缴费确定型养老金计划

个人缴费确定型养老金计划（iDeCo）与美国 401(k) 计划的投资运作流程十分相似，但两者最大的区别在于日本的此计划是由个人和雇主共同支付但以个人名义投资的缴费确定型（DC）养老金计划，属于第三支柱个人养老金计划。iDeCo 计划的主要覆盖对象为国民年金第一类被保险人（农民养老金的被保险人、国民年金保险费免除者除外），国民年金第二类被保险人（厚生年金的被保险

① 厚生劳动省官网，年金制度のホイントくらしの中に、年金かある安心，https://www.mhlw.go.jp/content/12500000/20220928.pdf，2022。
② 年金制度の仕組みと考え方，https://www.mhlw.go.jp/content/12500000/000955288.pdf。
③ 年金制度のポイントくらしの中に、年金か ある安心，2022 年度版，https://www.mhlw.go.jp/content/12500000/20220928.pdf。
④ iDeCo〈イデコ〉（個人型確定拠出年金），https://www.jis-t.kojingata-portal.com/about/dc.html。
⑤ 厚生劳动省官网，https://www.mhlw.go.jp/stf/seisakunitsuite/bunya/0000059350.html。
⑥ 日本金融厅 FSA 官网，https://www.fsa.go.jp/policy/nisa2/about/tsumitate/index.html。

人），主要包括公务员和私立学校教职员互助制度的加入者，国民年金第三类被保险人（家庭主妇等）以及国民年金自愿加入的被保险人（见表 28-1）。2001 年制度刚建立时只有国民年金第一类被保险人和部分国民年金第二类被保险人才有资格参加，2017 年 1 月起大幅放宽了参加者的资格条件，国民年金第三类被保险人被纳入进来，这一措施使得参与者人数大幅增加。根据厚生劳动省公布的数据，2017 年 2 月末的 iDeCo 参保人数为 37.89 万人[①]，而到 2023 年 2 月参保人数快速增长至 286.22 万人[②]。2022 年 5 月又进一步扩大了覆盖范围，60~65 岁日本国民和 20~65 岁的海外居民可自愿选择参与计划。同时，考虑到老年人就业人数不断增加的情况，还将领取账户资金的最高年龄从 70 岁提高到 75 岁。iDeCo+（中小企业主缴费缴纳制度）是指没有实施第二支柱企业年金的中小企业（仅限员工 300 人以下）企业主对参加 iDeCo 雇员的帮助缴费，其目的是弥补上述人群在企业养老金计划方面的缺失，缴费范围为每月 5000 日元以上 23000 日元以下，并根据不同人群按照 1000 日元为单位进行缴费额度的划分[③]。

iDeCo 计划实行 EET 的税收优惠政策，个人可以将每年 iDeCo 缴费额度从年度总收入中扣除，不同类型的被保险人可缴费的最高上限不同。在日本，所得税和住民税是根据年收入减去各项扣除后的应纳税所得额计算的，所得税实行累进税率，根据收入等级的不同税率在 5%~45%，住民税为 10%，而参与 iDeCo 计划后，应税收入可以减去缴费金额所对应的税率，个人可以获得相应的税收减免。同时，账户资金所获的利息或投资利润也可扣税，日本的投资利率税率为 20.315%。参与者在每月的特定日期从银行等指定账户中领取账户资金，并于 12 个工作日后存入受托管理的金融机构以便购买投资产品。iDeCo 每月可自由设定缴费金额，缴费的资金将被投资于公募投资信托等产品中。iDeCo 的资产运作流程为：NPFA 与签订契约的金融机构共同设计金融产品并给参与者提供至少三个投资项目以自行选择，资产投资组合可以根据个人的风险承受能力和投资目标而定。在退休时，个人可以选择一次性领取或分期领取退休金，也可以延迟领取到较晚的时间。主要领取方式为：一是参保人在其 70 周岁以前可以一次性领取账户内的养老金；二是参保人可以选择以年金的方式分期领取养老金，可以选择 5~20 年的定期支付方式；三是参保人可以选择账户内部分养老资金一次性付清、其余的部分按照定期年金的发放方式领取[④]。此外，iDeCo 计划可以和国民年金、企业年金等其他养老金计划一起使用，以形成个人养老金多元化的投资组合[⑤]。截至 2021 财年末，iDeCo 管理的资产规模约为 3.7 万亿日元，自 2017 年参与者资格放宽以来，缴费总额大幅增加，2021 财年新投资资金约为 3875 亿日元，月平均约为 323 亿日元（见图 28-1）[⑥]。

表 28-1　iDeCo 的具体实施内容汇总

参保对象	①国民年金第一类被保险人（个体工商户）； ②国民年金第二类被保险人（厚生年金保险的被保险人），包括公务员等原共济制度的被保险人和私立学校教职员互助制度的加入者，以及企业 DC 年金计划合同允许参加个人型 DC 的雇员等； ③国民年金第三类被保险人（家庭主妇 / 夫）； ④国民养老金自愿加入被保险人
资产管理机构	国民年金基金协会
缴费额度	①国民年金第一类被保险人：68000 日元 / 月。 ②国民年金第二类被保险人中： 已经参加厚生年金基金或 DB 型年金的人员：12000 日元 / 月； 已经参与雇主型 DC：20000 日元 / 月； 未参与上述计划的人员：23000 日元 / 月； 公务员、私立学校共济制度的加入者：12000 日元 / 月。 ③国民年金第 3 号被保险人：23000 日元 / 月。 ④国民养老金自愿加入被保险人：68000 日元 / 月
领取规则	达到 60 岁前，缴纳满 10 年，否则相应拉长期限；领取方式包括退休领取、伤残领取、身故一次性领取、退出一次性领取，前两种方式可以在定期领取、终身领取与一次性领取三种模式中三选一

资料来源：国民年金基金联合会官网，https://www.ideco-koushiki.jp；厚生劳动省官网，https://www.mhlw.go.jp/stf/seisakunitsuite/bunya/nenkin/kyoshutsu/ideco.html。

① 厚生劳动省官网，iDeCo（個人型確定拠出年金）の加入者数等について，https://www.ideco-koushiki.jp/library/pdf/number_of_members_R0202.pdf。

② 国民年金基金联合会，iDeCo（個人型確定拠出年金）の加入者数等について，https://www.ideco-koushiki.jp/library/pdf/number_of_members_R0502.pdf。

③ 厚生劳动省官网，https://www.mhlw.go.jp/stf/seisakunitsuite/bunya/0000194195.html。

④ 国民年金基金联合会官网，https://www.ideco-koushiki.jp。

⑤ 国民年金基金联合会，個人型年金規約，https://www.ideco-koushiki.jp/library/pdf/GA-001.pdf。

⑥ 運営管理機関連絡協議会：確定拠出年金統計資料。

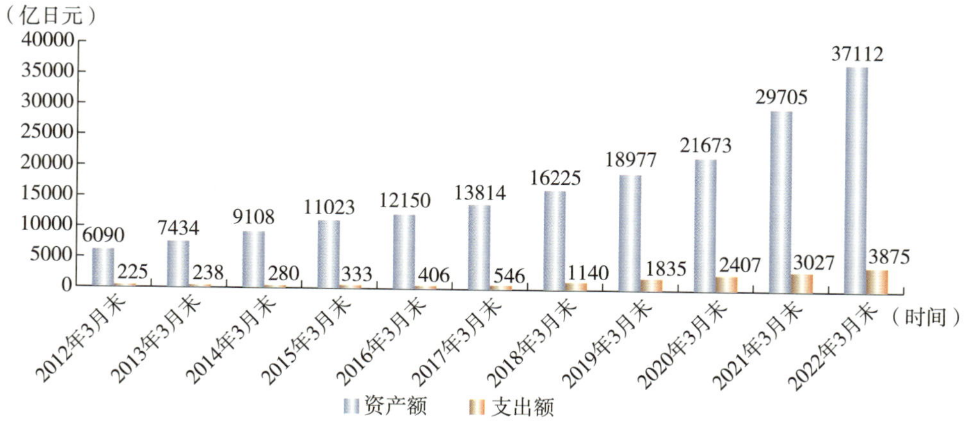

图 28-1　2012~2022 年 iDeCo 资产规模和支出规模

资料来源：運営管理機関連絡協議会，確定拠出年金統計資料，https://www.ideco-koushiki.jp/library/pdf/statistics_202203.pdf。

（二）国民年金基金制度

国民年金基金制度是面向 0 岁以上 60 岁以下的国民养老金第一类被保险人，即已缴纳国民养老金保险费的人和 60 岁以上 65 岁以下自愿加入国民养老金的人。2022 年底参加国民年金基金制度的人仅有 34 万人。该制度由地区型国民年金基金和按职业类型设立的三个职业型国民年金基金组成。自 2019 年起，国民年金基金由 47 个都道府县的地区型国民年金基金和 22 个职业型国民年金基金合并而成。个人可选择自己的年金金额和给付种类，根据选择的年金给付金额和给付种类、加入时的年龄等自行缴纳固定金额。每月最高缴费额为 68000 日元，对于已参加 iDeCo 的群体，其缴费限额总计为每月 68000 日元[①]。国民年金基金从 65 岁开始领取终生年金，目的是为退休后的长期生活做好准备，领取的年金根据个人缴纳的数额确定，并且可以获得免税扣除[②]。1991~2021 年国民年金基金制度的参与者和领取者的人数变动情况如图 28-2 所示。

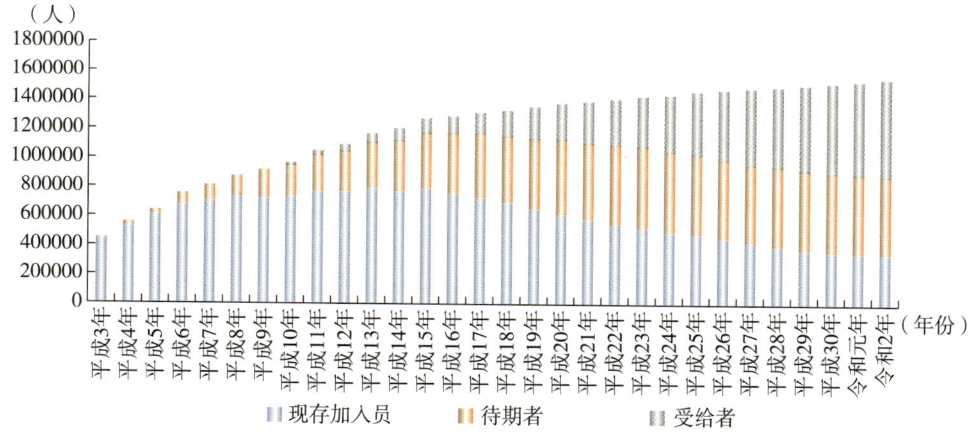

图 28-2　1991~2021 年（平成 3 年至令和 2 年）国民年金基金制度的参与者和领取者的人数变动情况

资料来源：厚生劳动省官网，年金制度の仕組みと考え方，https://www.mhlw.go.jp/content/12500000/001021210.pdf。

（三）个人免税储蓄账户计划 NISA

2014 年 1 月，日本引入个人免税储蓄账户计划 NISA，目的是纠正日本民众偏好安全性存款的储蓄习惯，促使国民将个人资金转向股票等风险性资产，以此维持间接融资的基本形式，帮助家庭建设稳定资产并促进经济发展。NISA 账户按年龄划分为三种形式，即面向未满 20 岁对象的初级 NISA、面向年满 20 周岁以上的一般 NISA 和 Tsumitate NISA，一人只能开设一个账户，个人自行选择。初级 NISA 于 2016 年推出，Tsumitate NISA 于 2018 年 1 月推出。与 iDeCo 不同的是，NISA 的投

① iDeCo〈イデコ〉（個人型確定拠出年金），https://www.jis-t.kojingata-portal.com/outline/seido.html。
② 厚生劳动省官网，https://www.mhlw.go.jp/stf/seisakunitsuite/bunya/0000059350.html。

资资金可以随时兑换成现金用于其他用途，使用相对方便。NISA 在推出时便是有期限的计划，2020 年该制度进行了修改，规定初级 NISA 的新账户开户截至 2023 年，2024 年以后不能再进行购买。同时，2024 年以后会引进新的 NISA，届时当前的 NISA 将大幅扩充，免税持有期间将无限期化，开户期间将永久化，账户可以同时使用储蓄投资额度和成长投资额度，并扩大年度投资额度，预计最多每年可投资 360 万日元，免税持有限额总计将为 1800 万日元。

NISA 计划允许开户者个人在指定期限内（通常为每年 1 月至 12 月）购买股票、投资信托、交易型开放式指数基金（ETF）等金融产品，并享受税收优惠政策。投资获得的利润和股息通常按 20.315% 征税，参与 NISA 这部分可以获得免税。NISA 设置了一定的免税额度，超过这个额度则需要缴纳资本利得税。规定了免税额度的剩余金额不能结转到下一年度，并且同一年内转让的额度不能重复使用。NISA 计划刚启动时免税投资限额为每 100 万日元，随后在 2016 年 1 月提高至 120 万日元。一般 NISA 每年缴费上限为 120 万日元，可以用于购买股票、投资信托等，最多可以免税持有 5 年；Tsumitate NISA 可以购买一定的投资信托，上限为每年 40 万日元，最多可以免税持有 20 年；初级 NISA 每年可以购买 80 万日元的股票、投资信托等，最多可以免税持有 5 年[①]。在一般 NISA 中持有的金融产品价格下跌发生亏损的，可以从其他账户中持有的金融产品的股息或出售中转移进来以进行免税优惠，但不能用来抵销亏损。一般 NISA 账户现行的投资期为 2014~2023 年，免税期最长为 5 年，在第一轮 5 年期限结束之后，投资者可以继续转移到新的 NISA 账户中进行下一轮 5 年的投资，届时计算利得或损失都将以新的账户内的资金额度作为计算基础。Tsumitate NSIA 的对象商品仅限于手续费低、不频繁支付分配金等适合长期、储蓄、分散投资的公募股票投资信托和上市股票投资信托（见表 28–2）。

表 28–2　NISA 不同账户的特征汇总

项目	NISA（20 岁以上）		初级 NISA（未满 20 岁）
	一般 NISA	Tsumitate NISA	
制度创立时间	2014 年	2018 年	2016 年
免税期	最长 5 年	最长 20 年	最长 5 年
免税投资额度	新投资额每年上限为 120 万日元（免税额高达 600 万日元）	投资额每年上限为 40 万日元（20 年期免税额高达 800 万日元）	每年新增投资额上限为 80 万日元
免税对象	从股票、投资信托等投资中获得的分红、分配金和转让收益	从一定的投资信托中获得的分配金和转让收益	从股票、投资信托等投资中获得的分红、分配金和转让收益
投资期	2014~2023 年	2018~2042 年	2016~2023 年
特征	5 年内可免税最高金额高达 600 万日元	支持长期、多元化投资，特别是少量投资	适用于青少年

资料来源：日本金融厅 FSA 官网，https://www.fsa.go.jp/policy/nisa2/about/index.html。

近年来，NISA 的账户开设数量呈逐年上升趋势，主要集中在 20~50 岁的人群中。截至 2022 年 9 月末，按年龄段划分的 NISA（一般 NISA 和 Tsumitate NISA）的账户数量在 30~39 岁的共有 301.54 万个账户，在 40~49 岁的共有328.28万个账户。其中，开设一般NISA账户的60岁以上老年人数量较高，而开设Tsumitate NISA账户的中年人数量较高，30~39岁的账户数量最多（见表28–3）[②]。

① 日本金融厅 FSA 官网，NISA とは，https://www.fsa.go.jp/policy/nisa2/about/index.html。

② 国民年金基金联合会，iDeCo（個人型確定拠出年金）の加入者数等について，https://www.ideco-koushiki.jp/library/pdf/number_of_members_R0502.pdf。

表 28-3　截至 2022 年 9 月末，不同年龄段下三种 NISA 账户的开户总数和增长率情况

不同年龄段	一般 NISA		Tsumitate NISA		不同年龄段	初级 NISA	
	账户总数（万个）	相比 2022 年 6 月末的增长率（%）	账户总数（万个）	相比 2022 年 6 月末的增长率（%）		账户总数（万个）	相比 2022 年 6 月末的增长率（%）
总数	1068.74	0.4	684.39	7.2	总数	93.22	7.6
20~29 岁	39.91	-1.5	134.81	7.6	0 岁	2.24	34.8
30~39 岁	105.94	-0.4	195.60	6.3	1~5 岁	29.26	7.7
40~49 岁	158.95	0.1	169.33	6.9	6~10 岁	26.56	6.8
50~59 岁	193.17	1.1	116.44	8.5	11~15 岁	20.63	6.0
60~69 岁	223.69	0.4	49.79	8.2	16~20 岁	14.53	7.9
70~79 岁	227.44	0.2	15.88	5.7	—		
80 岁以上	119.65	1.3	2.54	5.2			

资料来源：日本金融厅 FSA，NISA・ジュニアＮＩＳＡ口座の利用状況に関する調査結果の公表について，https://www.fsa.go.jp/policy/nisa/20230112.html。

（四）两种账户的比较

NISA 和 iDeCo 两种账户是具有不同投资目的的计划，但都是通过给予税收优惠来鼓励个人进行养老储蓄和资金投资增值。两者在具体政策上存在一些区别，分别适应不同收入水平、不同年龄阶段以及不同投资目的的参保者需求，体现了两种制度的优缺点，对此进行以下讨论：

在制度建立目的方面，NISA 旨在鼓励个人进行短期投资，目的在于吸引更多的储蓄资金来促进日本金融市场的稳定和发展，应对日本低迷的经济环境对企业造成的资金压力，维护日本经济的稳定发展；iDeCo 旨在鼓励个人为未来的退休生活提前做好储备，是日本第二支柱企业 DC 计划的重要补充。不仅可以满足日本职工及其家属对养老储蓄的更高层次需求，也可以解决自由职业者、学生等其他类型人员的养老需求，使这些人群也能平等享受到应有的国家养老保障福利。

在覆盖对象方面，iDeCo 只涵盖了处在 20~59 周岁的适龄劳动者，除计划本身之外还为那些未参加第二支柱企业年金的中小企业的雇员设立了进行个人养老储蓄的渠道，而 NISA 项目是小额累进投资免税计划，涵盖了所有年龄段的日本居民。

在税收优惠方面，NISA 为前端免税储蓄制度（TEE 模式），目前只能获得短期的免税，2024 年制度改革后免税持有期将大幅扩充；iDeCo 为递延型税收制度（EET 模式），在开设账户后直到 60 周岁退休之前均可享受到免税待遇。在 iDeCo 账户下，根据日本所得税规则进行测算，对于年收入为 480 万日元的企业雇员来说，账户的缴费上限为每月 2 万日元，对应的所得税税率为 20%，那么每年可获得 4.8 万日元的税收减免。假设其每月向账户中固定缴费 2 万日元，连续缴费 30 年时账户累计的资金总额为 720 万日元。同时，假设账户每年可获得的投资利率固定为 3%，30 年后的投资总利润约为 490.3 万日元，由于投资收益也可减免税收，因而相比普通账户在 iDeCo 账户中能够多获得约 99.6 万日元的收益。NISA 账户则只有领取账户资金和转让收益时才免税，缴费时没有减税效果。因此，对于正在工作的群体而言，iDeCo 的减税优惠更具有吸引力。

在投资策略方面，NISA 账户每年最多可投资 120 万日元，Tsumitate NISA 一年为 40 万日元，这一投资限额是每年的可投资期间内所产生的新投资额度上限。在 iDeCo 账户中，缴费上限因个人在公共养老金中的参保者身份而不同，最高限额为自由职业者，每年最多缴费 81.6 万日元。因此，对于高收入者以及有金融投资意向和投资经验丰富的人更适合参与 NISA 账户计划。一般 NISA 可以投资的商品主要有股票、股票投资信托、上市投资信托、不动产投资信托。Tsumitate NSIA 可以投资满足日本金融厅规定的符合要求的股票投资信托，截至 2022 年 4 月共有 211 个可选择的产品，而 iDeCo 可投资的商品仅有定期存款、保险商品、理财。相比较而言，NISA 投资产品选择范围更广，但投资风险也相对较高。

在规则灵活性方面，iDeCo 原则上在 60 岁之前不能

领取账户资金，必须将资金尽可能留在账户中获得最多的资金积累和长期滚存收益，但一般 NISA 和 Tsumitate NISA 随时都可以领取，灵活性较强。两者的存续时间不同，日本政府将 NISA 设计为一个临时计划，预计 2025 年将到期。投资期限最多只有 20 年，到期后 NISA 账户不再享受税收优惠，政府将对之后产生的任何资本利得和股息收入全额征税。愿意进行短期投资的人可以选择 NISA，而 iDeCo 更适合收入较为稳定的群体（见表 28-4）。

表 28-4　日本 iDeCo 与 NISA 的制度设计比较

项目	iDeCo	NISA
创立时间	2001 年	2014 年
免税投资额度	缴费和投资收益免税	投资额为每年 40 万日元
免税期限	开设账户后直到 60 周岁	20 年
开设账户数目	可在多家银行和金融机构开设	每人一个账户
可投资产品	股票、投资信托、担保投资、定期储蓄	股票、投资信托
每年缴费上限	随工作性质而定，在 14.4 万 ~81.6 万日元	最高为 120 万日元
领取限制	到法定退休年龄后才可领取（60 周岁）	无时间限制，按投资合同规定领取
适用人群	年龄在 20~59 岁的任何个人	任何年龄段的日本居民均可
账户类型	个人缴费确定型养老金、中小企业主支付体系	一般 NISA 账户、Tsumitate NSIA 账户和初级 NISA 账户

资料来源：根据日本金融厅 FSA 官网自行整理。

四、结论和启示

2022 年 4 月 21 日，《国务院办公厅关于推动个人养老金发展的意见》印发，标志着我国已初步构建起以基本养老保险为基础、以企业（职业）年金为补充、与个人储蓄性养老保险和商业养老保险相衔接的“三支柱”养老保险体系。2022 年 11 月 4 日，人力资源社会保障部、财政部、国家税务总局、银保监会、证监会联合发布《个人养老金实施办法》（人社部发〔2022〕70 号），标志着个人养老金制度顶层设计的正式确立。鉴于我国第三支柱个人养老金制度的刚刚落地，如何发展完善该制度是目前急需解决的问题，本文基于此进行探讨分析，结合日本个人养老金制度的发展历程，对制度内容进行讨论，以分析如何推广发展我国第三支柱个人养老金制度。

日本养老金制度主要分为公共养老金制度和私人养老金制度，公共养老金制度实现了养老全民覆盖。面对日本日益严重的老龄化和少子化现状，以及多样化的就业形态和复杂的经济环境，以现收现付制为基础的公共养老金制度产生了严重的财政支出负担，难以满足未来更高层次的养老保障需求。私人养老金制度中的企业年金计划也未能有效发挥补充作用，加重了企业成本，在中小型企业中普及率不高。因此，自愿参与型私人养老金计划的重要性凸显出来，在日本养老金制度不断改革发展的过程中应运而生。日本第三支柱个人养老金制度主要包括了个人缴费确定型养老金计划、国民年金基金制度和个人免税储蓄账户计划三种。每个计划因其制度的实施策略和规则条件而不同，为日本公民提供了较为多样的选择，以适应不同类型参与者的需求。具体来看，当前这三种计划的发展程度和资金规模不均，iDeCo 计划因其推出的时间较早以及长期储蓄的账户特征，是较为基本的个人养老金计划。国民年金制度因制度覆盖范围较小，在三种计划中发展规模最小。NISA 计划创立时间较短，但是账户数量逐年增长，尤其是 Tsumitate NISA 和初级 NISA 账户开立的增速较快。进一步来看，iDeCo 和 NISA 两者在制度的建立目的、主要面向群体、税收优惠政策、投资策略和账户灵活性方面有具体的差异。由于个人自愿选择参加并且对投资方式和账户缴费支取有较大的自主性，因此个人对这两种账户的偏好受到个人收入水平、使用目的和参保行为、风险厌恶等方面的影响。在此基础上，鉴于我国第三支柱个人养老金制度的相关实践经验不足。本文通过借鉴日本制度的发展经验，提出以下几点建议：

首先，建好相关实施细则，体现账户的灵活性。iDeCo 规定了最低领取年龄，而 NISA 无领取年龄限制，并且 iDeCo 针对不同的参保群体分别规定了不同的缴费限额，NISA 缴费上限较高，两者相辅相成，为不同收入水平的参与者给予了较大的缴费空间。我国当前制度只制定了每年 12000 元的缴费上限，无法满足不同参保群体的需求。因此，需要考虑个人在交纳所得税和社会保障缴费之外，参与第三支柱的缴费能力，合理调整缴费限额。同时，应对我国人口预期寿命和未来人口结构进行科学预测，以及在充分考虑延迟退休的情况下，制定合理的账户领取初始年龄和退出账户的最迟年龄。若只能在达到退休年龄后领取，那么个人对这种定期账户可能会有抵触心理，更愿意购买其他短期投资产品。

其次，应提供多样化的投资选择。当前我国个人养老金产品主要是养老储蓄型产品，产品种类较不丰富，同质化严重，本质上趋同于银行理财、基金产品。日本三种账户计划分别满足了不同参与者的需求，iDeCo以保障账户安全性为主，以最大程度获得资金积累和复利的好处，而NISA是能获得较高收益的账户计划，投资选择更为广泛。因此，政府应鼓励发展投资产品，积极推动市场上投资工具和投资组合的创新，还需要对投资产品和提供个人养老金产品的金融机构进行规范管理，为个人养老金账户的投资增益提供良好市场环境。

最后，制度发展应进行渐进式推广并适时调整优化。日本私人养老金制度进行了多次优化改革以不断适应社会经济的变化。考虑当前我国个人养老金的发展规模，应该建立全局规划理念并实行渐进式的改革措施，给予公众一定的接纳过程，防止“一刀切”的做法。在当前发展初期，可以采用较为慷慨的补贴机制来激励个体参与的积极性，对参保缴费的限制适当放宽，既能方便制度的推广和发展，又能为政策的适时调整留有空间。

此外，应当有效提高人们参与个人养老金认知，以及拓宽个人能够获取信息的方式。鉴于目前我国大部分群体对第三支柱个人养老金制度的了解不够深入，部分群体可能会对参与第三支柱产生排斥心理。政府应当进行有效的宣传，提升个人进行自我养老储蓄的意识，激励个人为其未来养老生活进行合理有效的预期养老储蓄。政府也可以通过公布投资收益结果和财务报表，提高个人养老基金业绩的透明度，有助于提高个人理财意识，增强对第三支柱个人养老金制度的信心和依赖。

分报告二十九
瑞士个人养老金的政策设计经验与启示

瑞士是世界上较发达的国家之一，也是全球金融中心之一，其成熟的银行业和保险业都蜚声世界。作为瑞士社会稳定和繁荣的重要支持，瑞士的养老金体系凭借充足的基金积累、稳健高效的管理模式和可观的替代率水平享有广泛的民意拥护和国际声誉。第三支柱作为瑞士养老金体系的重要组成部分，为个人提供了一种自愿参与、个性化养老金储蓄的机制。它不仅为个人退休后提供了补充收入，还有效促进了国家的经济发展和社会稳定。基于此，本文旨在回顾瑞士养老金体系的具体建立背景和过程，并总结其第三支柱的制度设计特点，以从中获得对中国个人养老金制度发展建设的经验和启示。

一、瑞士的三支柱养老金体系

瑞士养老金体系由三支柱组成，第一支柱由老年和遗属保险（Alters-und Hinterlassenenversicherung, AHV）及其补充津贴（Ergänzungs Leistungen, EL）组成，确保老年人基本的生存和生活需求[①]。第二支柱为职业养老金（Berufliche Vorsorge, BV），包括强制性计划和自愿性计划，它与第一支柱共同保障老年人退休后保持常规的生活水平。第三支柱为个人养老金，由受限养老金计划（Säule 3a, 3a）和无限制养老金计划（Säule 3b, 3b）组成[②]，主要满足更高质量和多元化的退休生活需求。每一个支柱都在很大程度上独立发展，并保留了自己的特点，三大支柱的资金来源不同，覆盖不同群体，提供不同层次保障，被形象地称为瑞士养老金体系的“黄金三支柱”（见图29-1）。

（一）稳定、普惠、适度的第一支柱

老年和遗属保险是覆盖瑞士全体常住人口的强制性联邦保险计划，所有瑞士居民必须强制参加。老年和遗属保险采取现收现付制，资金来源主要来自被保险人及其雇主的缴款，这部分收入占全部收入的 3/4，其余 1/4 的经费来自联邦补贴。不同的就业类型在缴费规定上有所区别：就业人员在年满 17 岁后开始缴费，缴费比例为工资收入的 8.7%，由雇主和雇员各支付总供款的一半；自雇人士缴费根据收入确定，缴费比例由 4.35%~8.1% 不等；未工作者可以按年度缴费，每年缴费额最低为 514 瑞士法郎，最高为 25700 瑞士法郎；对于已婚夫妇而言，如果配偶中只有一方有收入就业且老年和遗属保险缴款超过 1028 瑞士法郎（即最低缴款的两倍），则默认另一方无收入就业的强制性缴款已经缴纳[③]。

---

① Bundesamt für Sozialversicherungen, Alters- und Hinterlassenenversicherung AHV, https://www.bsv.admin.ch/bsv/de/home/sozialversicherungen/ahv.html, 2023.

② Bundesamt für Sozialversicherungen, Berufliche Vorsorge und 3. Säule, https://www.bsv.admin.ch/bsv/de/home/sozialversicherungen/bv.html, 2023.

③ Federal Social Insurance Office, Switzerland's Old-age Insurance System: A Tried-and-tested System -in Simple Terms,2022, pp.15-16.

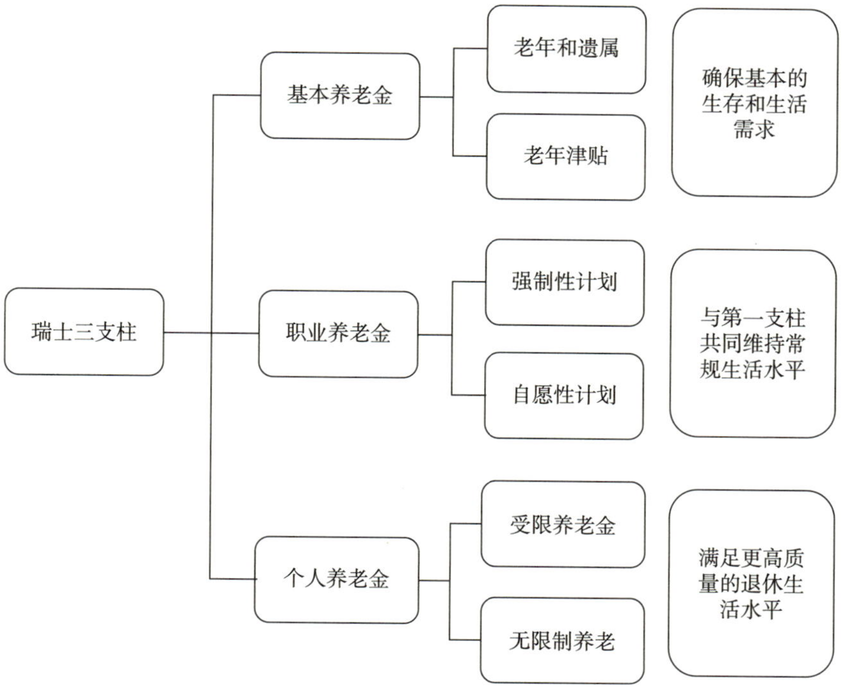

图 29-1　瑞士养老金三支柱体系

资料来源：Federal Social Insurance Office, Switzerland's Old-age Insurance System: A Tried-and-tested System-in Simple Terms,2022, pp. 10-13.

参保人达到退休年龄并且至少缴费一年以上可以获得老年和遗属保险的领取资格，2023 年瑞士的退休年龄为男性年满 65 岁，女性年满 64 岁。养老金领取的具体数额根据整个保险期间的平均年收入和缴款年数确定，缴费满 44 年可以领取全额养老金，每少交一年的缴款，待遇减少 1/44。养老金按月领取，个人领取的养老金最低为每月 1225 瑞士法郎，最高不超过每月 2450 瑞士法郎，对于已婚夫妇一方无工作共同领取的，其总额不超过最高退休金金额的 150%，即 3675 瑞士法郎。《瑞士联邦宪法》第 112 条规定，第一支柱必须以适当方式满足受保人基本生活需要[①]。为应对生活成本上升，老年和遗属保险每两年根据工资和物价的发展情况调整养老金指数，当居民消费价格指数在一年内涨幅超过 4% 时会进行提前调整，以保证养老金的充足性。另外，领取养老金后仍然低于瑞士最低生活标准的特殊群体可以领取补充津贴。补充津贴为非缴费型家计调查制度，由财政补贴建立。2022 年约 34.4 万人领取老年和遗属保险补充津贴，支出 54.93 亿瑞士法郎[②]。

在以往运营过程中，老年和遗属保险结余了部分资金，这些资金由瑞士社会保险局委托专门机构进行投资和管理。表 29-1 展示了近年来老年和遗属保险的收支及结余情况：受老龄化影响，总支出呈持续上涨趋势，2020 年瑞士将就业人员缴费率从 8.4% 提高到 8.7%，养老金总收入也有所提升。除 2022 年受股市动荡导致结余资金损失外，第一支柱的收支总体平衡，结余资金较为充足。

表 29-1　瑞士老年和遗属保险收入、支出及结余情况

单位：瑞士法郎

年份	2019 年	2020 年	2021 年	2022 年
总收入	46937	47918	49610	45102
总支出	45254	45977	47027	47807
当期结余	1682	1941	2583	-2706
累计结余	45217	47158	49741	47035

资料来源：Federal Social Insurance Office, Swiss Social Insurance System (Pocket Statistics)，2023.

① Federal Social Insurance Office, Overview of Social Security in Switzerland, 2023, pp.18-20.

② Federal Social Insurance Office, Supplementary Benefits Statistics, https://www.bfs.admin.ch/bfs/en/home/statistics/social-security/social-assistance/recipients-social-benefits/social-benefits-before-social-assistance/supplementary-benefits.html, 2022.

（二）覆盖广泛、资金充裕的第二支柱

瑞士以收入水平作为强制性和自愿性职业养老金计划的区分标准，分别针对不同收入水平人群，两计划并行实施，互为补充，没有先后主次之分[①]。强制性职业养老金计划由国家设立雇员强制性参加的年收入标准上下限，只要年收入在规定范围内的单一雇主职员必须参加，规定范围每年调整一次，2023 年的准入门槛为最低 22050 瑞士法郎，最高 88200 瑞士法郎[②]。不在此范围内的雇员、自雇者、多雇主兼职人员和自由职业者可以选择参加自愿性职业养老金计划。

强制性职业养老金的缴费基数只包括个人总收入的一部分，以确保老年和遗属保险已经投保的工资比例不再投保，这部分收入也被称为“协调收入”（Coordinated Income）。协调收入为个人收入减去设定的“协调扣除额”，该额度为强制性职业养老金参保收入下限与最低缴费基数之和。以 2023 年为例，强制性计划设定的缴费下限为22050瑞士法郎，最低缴费基数为每年3675瑞士法郎，因此“协调扣除额”为 25725 瑞士法郎[③]。自愿性计划则设定适应个人就业程度的较低“协调扣除额”，或者不添加该额度。强制性职业养老金按参加的年龄分段制定固定的缴费率，每月定期缴纳，随着员工年龄越大，缴费率相应提高，具体缴费标准如表 29-2 所示。

表 29-2　不同性别和年龄段强制性职业养老金缴费率

男性年龄（岁）	女性年龄（岁）	缴费率（缴费额 / 协调收入）（%）
25~34	25~34	7
35~44	35~44	10
45~54	45~54	15
55~65	55~64	18

资料来源：Federal Social Insurance Office, Meaning and Objectives of Occupational Pension Funds, https://www.bsv.admin.ch/bsv/en/home/social-insurance/bv/grundlagen-und-gesetze/grundlagen/sinn-und-zweck.html, 2022.

参加职业养老金的雇员拥有统一的职业养老金账户，强制性和自愿性的缴费都存至该账户。所有雇主在建立职业养老金计划时都必须选择取得养老金管理资格的非银行金融机构作为受托人（如养老保险公司、信托公司等），负责年金基金管理运营，以保证雇员养老基金的安全。雇员转换工作时，职业养老金账户会随雇员一同转移，若其没有立即工作，必须指定一个基金运营机构，直到再次就业或退休[④]。养老基金可以在法律规定范围内自主进行筹资和管理融资和组织。

得益于悠久的制度发展历史和较高的经济发展水平，职业养老金形成了庞大的资金积累，截至 2021 年底，瑞士职业养老金的资本总额达到 12702.36 亿美元，相当于当年本国 GDP 的 158.7%，是世界上职业养老基金最充足的国家之一[⑤]。不过，在具体的投资政策选择上，瑞士职业养老金的投资策略比较保守，对投资范围有比较严格的数量限制[⑥]。

如图 29-2 所示，瑞士职业养老金在投资中股票、债券和其他类型投资占比约为 30%、30% 和 34%，与国际上的职业养老金资产大国相比资产配置更加均衡。

如图 29-3 所示，瑞士职业养老金在投资中的股票、债券和其他类型投资占比在近十年间基本保持在各 1/3 的比例，资金配置基本保持稳定，波动和变化不大。在保守的投资策略和国内利率持续走低的趋势下，瑞士职业养老金近年来的投资收益表现欠佳。

基金投资的资本收益总额和雇主与雇员的供款积累共同构成退休时的职业养老金累计资产。达到退休年龄可以领取职业养老金，积累的退休资产按照一定的转化率以年金形式发放。强制性职业养老金的最低转换率由法律规定，目前为 6.8%，即每 10 万瑞士法郎的退休资产，养老基金每年必须支付至少 6800 瑞士法郎的养老金。自愿性职业养老金计划可以自由设定自己的转换率，但由于预期寿命的延长和低利率，许多养老基金近年来下调了非强制性职业养老保险的转换率。参加职业养老金计划可以享受税收优惠，优惠采用 EET 模式，对缴费和投资收益免税，领取待遇时缴税。根据《瑞士联邦宪法》第 113 条规定，第二支柱和第一支柱共同保障被保险人能够以适当的方式维持退休前的生活水平[⑦]。因此，职业养老金的部分设计

① 李倩倩：《企业年金强制与自愿双轨并行制模型评析与借鉴——以瑞士为例》，《财经问题研究》，2016 年第 12 期，第 126-131 页。
② Federal Social Insurance Office, Overview of Social Security in Switzerland, 2023, pp.23-24.
③ Federal Social Insurance Office, Overview of Social Security in Switzerland, 2023, p.25.
④ Federal Social Insurance Office, Overview of Swiss Social Security-as of 1. 1. 2021, pp.34-35.
⑤ OECD, Pensions at a Glance 2021: OECD and G20 Indicators, https://doi.org/10.1787/ca401ebd-en.
⑥ 郑秉文、孙守纪：《强制性企业年金制度及其对金融发展的影响——澳大利亚、冰岛和瑞士三国案例分析》，《公共管理学报》，2008 年第 2 期，第 1-13 页。
⑦ Federal Social Insurance Office, Overview of Social Security in Switzerland, 2023, pp.36-39.

体现了一定的公共属性。法律规定了职业养老金的最低投资收益率，计入个人账户的投资收益率不得低于该值，目前规定收益率为 1%。自愿性职业养老保险的缴费率规定更加灵活。具体适用缴费率由雇主所选择的养老金管理机构在规定范畴内设定，并可根据雇员的自身收入情况、风险承受能力以及养老需求等进行变更调整[①]。为避免沦为富人的避税工具，政府只规定该层缴费率和缴费总额上限。

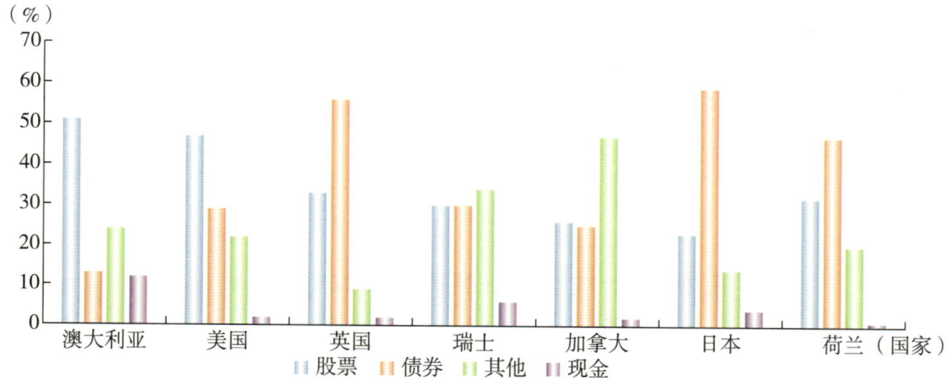

图 29-2　2022 年世界主要国家职业养老金资产配置情况

资料来源：Willis Towers Watson, Global Pension Assets Study–2023, https://www.thinkingaheadinstitute.org/content/uploads/2023/02/GPAS-final.pdf, 2023.

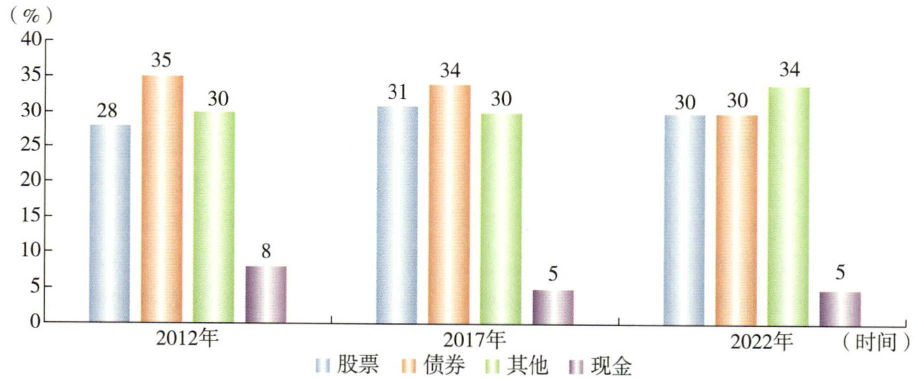

图 29-3　瑞士近十年职业养老金资产配置情况

资料来源：Willis Towers Watson, Global Pension Assets Study–2023, https://www.thinkingaheadinstitute.org/content/uploads/2023/02/GPAS-final.pdf, 2023.

（三）灵活多样的第三支柱

个人养老金采取自愿形式，目标是增加瑞士居民的退休储蓄，由受限养老金计划和无限制养老金计划两部分组成。

受限养老金计划又被称为 3a 计划，未达到法定退休年龄，并且在瑞士参加第一支柱的雇员可以自愿参与。个人可以选择两种方式参与 3a 计划：一种是个人在银行或财富管理机构开设 3a 账户进行养老储蓄和指定基金的投资；另一种是购买符合 3a 计划规定要求的人寿保险产品。

在第一种情况下，银行的 3a 养老储蓄账户的工作方式与普通储蓄账户一样：将钱存入个人账户，银行支付账户余额的利息，利息水平由银行决定。图 29-4 展示了 2023 年瑞士主要银行所提供的 3a 账户储蓄利率情况。由于 3a 储蓄账户的利率高于普通储蓄利率，且许多银行为吸引储户投资免收账户管理费用，因此 3a 储蓄账户相比于普通银行储蓄更具吸引力。缴入 3a 账户内的资金会被锁定，个人可以在退休时或不早于达到退休年龄前五年提

① Kind A, The Swiss Pension System: International Comparison of Pension Systems, Singapore: Springer,2022, pp. 201-239.

取账户内资金。但是在永久移居海外、成为个体经营者、购买或建造自己的住房、残疾或死亡的情况下，个人可以申请提前提取账户资金。

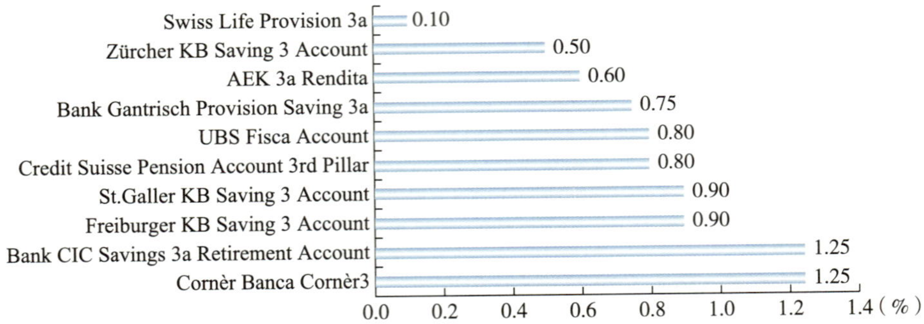

图 29-4　2023 年瑞士主要银行 3a 账户储蓄利率

资料来源：Moneyland.ch, Swiss Pillar 3a Account Comparison, https://www.moneyland.ch/en/pillar3aaccount/list, 2023-07-04.

在第二种情况下，可以购买人寿保险作为直接的定期保险单来覆盖死亡或残疾风险，也可以将定期保险与储蓄保险相结合，即在保险公司开设账户进行养老储蓄，储蓄金额在死亡或保单到期时支付。与银行产品相比，保险产品的收益率一般是依据合同规定执行，因此在投保时就已确定了固定利率，在达到退休年龄之前通常会保持不变。除此之外，保险公司也会提供部分利润分成。如果保险公司索赔在一年中较低，公司将获得更多利润，其中一些利润将由投保人分享，这种利润份额的水平可能每年都有所不同①。

除了储蓄账户外，银行和保险公司还提供 3a 投资账户，个人可以根据自身的风险偏好选择不同资产配置的基金产品进行投资。参与 3a 计划供款的资金可以从应税收入中扣除，具体免税额度与个人第二支柱的参与情况有关，未获得第二支柱保障的参与者可以享受更高的免税额度。免税额度会根据实际情况每年调整一次，2023 年，已经参加强制性职业养老金计划的雇员免税额为每年 7056 瑞士法郎；如果未参加任何形式的职业养老金计划为每年 35280 瑞士法郎。运营中的收益可在期限内免征所得税，在领取时全额征税②。

相比较而言，银行提供的 3a 计划的优点是收益高、灵活性强，个人可以随时改变 3a 账户的投资策略选择，从一个投资基金转移到另一个投资基金。在一些情况下可以提前提取资金。保险公司提供的 3a 计划的优点是可以在退休积累储蓄的基础上为收入损失和意外伤害提供风险保障，更好地覆盖风险，但这一方面意味着部分资金将用于为风险保险提供资金，从而降低账户收益；另一方面也使 3a 账户资金受到保险合同条款的限制，在资金提前提取、转换投资策略和供款等方面的灵活性较差。

无限制养老金计划又被称为 3b 计划，与 3a 计划相比，3b 计划的限制要求更少、灵活程度更高。任何居住在瑞士的个人都可以向 3b 计划供款，供款时没有最高年度存款限制，可以自由指定受益人和选择何时支付。3b 计划可以选择与 3a 计划类似的产品，也可以选择房地产、贵重物品收藏等多样化的投资形式③。3b 计划没有免税额度，但在领取 3b 账户内养老金时可以享受 60% 的税收减免。此外，在满足一定条件的情况下，购买 3b 计划的人寿保险产品的保费可以免税④。如表 29-3 所示，3a 计划与 3b 计划侧重点不同，3b 计划的灵活性与 3a 计划的税收优惠可以相互补充，帮助个人实现多样化且高收益的个人养老金投资。

第三支柱养老金在政策机构、日常监管机构和监管法律方面的设置较为完善，有利于降低账户养老金所在机构的违规风险，保障账户所有者权益。作为瑞士第三支柱养老金最高监管机构的联邦委员会，是各项相关法规条款的最终解释机构，但一般并不干预金融机构的日常运作。如果金融机构一再严重违反法定条款，联邦委员会有权下令采取必要的措施直接干预该金融机构的运营。瑞士社

① Comparis.ch, Life Insurance in the Third Pillar, https://en.comparis.ch/lebensversicherung/modelle/was-ist-eine-lebensversicherung, 2023.

② Federal Social Insurance Office, Overview of social security in Switzerland, 2023, p.43.

③ Melanie Schell, Pillar 3b: Answers to the Top Questions, https://www.swisslife.ch/en/individuals/blog/pillar-3b-answers-to-the-top-questions.html, 2022-09-13.

④ AXA Insurance Ltd., Saving Tax with Pillar 3b, https://www.axa.ch/en/pension/pillar-3.html, 2023.

会保险管理办公室对金融机构提供的产品和相关政策具有管辖权[①]。第三支柱的日常运营受瑞士金融市场监督管理局（FINMA）的监督，FINMA是瑞士独立的金融市场监管机构，其任务是监督银行、保险公司等金融机构及其资产管理公司和基金管理公司，监管保险中介机构，保护债权人、投资者和保单持有人，确保瑞士金融市场的有效运作[②]。此外，《金融市场监督法》《金融市场基础设施法》对金融市场进行规制，保证第三支柱运行的市场环境。如果银行倒闭，个人养老金储蓄账户将获得优先考虑，但偿付优先级略低于一般储蓄。相比之下，由政府担保的州银行提供的账户可以得到更加充分的保护。在这种情况下如果银行申请破产，州政府将保证全额偿还个人养老金储蓄账余额。目前在瑞士的24家州银行中，沃多瓦兹州银行和伯尔尼州立银行没有国家担保，日内瓦州立银行拥有有限的国家担保[③]。

表29-3　3a与3b计划的制度设计对比

	受限养老金计划（3a）	无限制养老金计划（3b）
参与条件	已参加第一支柱的就业者	所有瑞士居民
产品形式	银行或保险公司提供的指定投资产品	人寿保单、投资基金、证券、房地产、贵重物品收藏等多种形式投资
缴费时间	每年按规定时间缴费	自由选择何时缴费
缴费额度	参加职业养老金计划的就业者每年7056瑞士法郎；未参加职业养老金计划的个体和自由职业者每年35280瑞士法郎*	没有限额
资金提取	账户内资金锁定，退休、移民、创业以及购房时可以提前提取	随时提取
受益人	缴款人，当缴款人去世时可以由其法定继承人继承	缴款人自由指定受益人
税优模式	EET	特定条件下部分免税

注：*表示瑞士官方每年调整一次最高免税额度，此处为2023年度数据。

资料来源：AXA Insurance Ltd., A comparison of Pillars 3a and 3b, https://www.axa.ch/en/pension/pillar-3.html,2023.

二、瑞士个人养老金的发展背景与发展历程

（一）个人养老金的发展背景

1. 直接民主政治的影响

得益于地理特点和分散的联邦体制，瑞士公民享有同议会一起决策立法的直接民主权利：一方面，宪法修正案都需要委付全民公投；另一方面，公民可以随时通过提请公投否决法案和废止法律。如此具有瑞士特色的民主深刻影响了瑞士的养老金体系的建立过程，由于各方利益差距巨大且势力相当，联邦政府关于建立公共养老金制度的议案多次被全民公投废除。受此影响，瑞士的公共养老金制度发展迟缓，直到1948年才通过了一项待遇水平较低、保障最基本养老需求的公共养老金方案，该方案正是老年和遗属保险的前身，其最初待遇水平仅相当于同期产业工人工资的10%左右[④]。因此"二战"之后，瑞士的福利模式都与自由主义的福利国家模式相似，扩张幅度远不及周边国家，成为在周围的大陆国家建立的保守福利世界中的一个自由岛[⑤]。直到1985年，瑞士才正式实行强制性职业养老金制度。相比之下，自愿的个人养老储蓄远离政治聚光灯，公共养老金的提案未能如期实行带来的真空为其留下了发展的空间，这也为日后个人养老金制度埋下了伏笔。

2. 国际金融中心的定位

由于永久中立国的角色，瑞士在两次世界大战期间都免于战火，瑞士法郎成为战争期间唯一可以在国际上自由兑换的货币。战争期间坚挺的货币和宽松的税收环境，再

① 孙健夫、张泽华：《瑞士养老金体系及其资产管理经验对中国的启示》，《河北大学学报（哲学社会科学版）》，2020年第6期，第112-121页。

② FINMA, Supervisory Objectives, https://www.finma.ch/en/finma/supervisory-objectiwes/, 2022.

③ Lara Surber, Save with Pillar 3a, https://en.comparis.ch/altersvorsorge/saeule3a/steuern-sparen, 2023-05-04.

④ Federal Social Insurance Office, Old Age Provision, https://www.historyofsocialsecurity.ch/risk-history/old-age-provision, 2020.

⑤ 哥斯塔·埃斯平-安德森：《福利资本主义的三个世界》，苗正民等译，商务印书馆2010年版，第97-99页。

加之 1934 年瑞士实行的银行保密规定，大量国内外资金纷纷流入瑞士的银行和保险业，促进了瑞士相关行业资产管理能力和服务水平的提升。“二战”结束后，瑞士稳定的政治、经济环境、对资产管理的经验以及较为保守并持续的投资态度进一步巩固了其在国际资本市场上的突出地位。19 世纪 80 年代初，瑞士的资金流动约占全球资金流动的 10%，而瑞士在世界贸易中的份额仅为 2%①。坐拥资产，投资全球，成熟的资产管理服务为瑞士个人养老金的发展提供了良好的市场条件和良好的管理服务。

3. 合作包容的文化传统

瑞士是多民族多语言国家，其境内有法语、德语、意大利语和其他地方语言区，各种语言和民族的复杂构成也使瑞士在文化方面呈现出多样性，都保持了各自的特色。在融合相处的历史中，各族群共同走上了彼此习惯和欣赏的道路。瑞士形成了崇尚合作、协商、尊重和宽容，强调权力共享的文化氛围②。这也促使瑞士的养老金制度建立过程中不同利益群体的主张最终以和平协商的方式解决。各种组织和协会对社会保障的发展产生了重大影响。工会提倡工人之间的互助和团结的思想，最初赞成自治援助协会，但在 20 世纪，工会越来越青睐政府的社会福利机构，而雇主协会最初反对建立国家主导的社会保险。随着时间的推移，作为“社会伙伴”的雇主协会和工会就集体协议进行谈判，最终为瑞士三支柱养老金原则的确立奠定了基础③。

（二）个人养老金制度的发展历程

20 世纪 70 年代中期，受“滞胀”影响，西方的福利国家大都开始削减福利，养老金的待遇调整和私有化成为发展主轴。这一时期的瑞士虽然伴随着福利提供方面的一些限制，但总体效果是从自由主义福利模式向保守主义福利模式转变，公共养老金的替代率不断上升④。公共养老金扩张趋势引起了人们对公共养老金和职业养老金计划之间目标定位和相互关系的争论。左翼政党主张大规模扩张公共养老金的福利水平，兼并或取消职业养老金，保守政党和保险公司则提倡三支柱原则，力求将公共养老金的发展保持在有限的范围内，同时加强职业养老金计划和个人养老金。1972 年，瑞士选民通过投票明确否决了瑞士工党“人民养老金”的议案，该议案主张提高老年和遗属保险（AVS/AHV）的待遇，使其在未来至少涵盖个人收入的 60%，保证每年 6000 瑞士法郎的养老金。在当时，单身人士的最低养老金为 2640 瑞士法郎，工人的平均工资约为每年 23000 瑞士法郎⑤。通过该法案将意味着公共养老金的“一支独大”和私人养老金的终结。在否决第一支柱扩张的同时，决定在联邦宪法中明确养老保险的三支柱原则：强制性老年和遗属保险作为第一支柱、强制性职业养老金作为第二支柱、税收优惠个人养老储蓄作为第三支柱，此次公投也被看作对第一支柱公共养老金计划大力扩张的一次防御行为⑥，它确认并巩固了公共养老金和职业养老金之间的任务分工，并且以法律形式确立了个人养老金制度，增强了对第三支柱的制度规范和政策支持。瑞士的三支柱养老金体系基本成型，比 1994 年世界银行提出“多支柱体系”倡议的时间早了二十多年。

三、瑞士个人养老金制度的经验与特点

（一）个人养老金与宏观经济目标协同

在宏观层面，瑞士个人养老金的制度设计充分考虑了社会保障制度与经济发展的协调互动关系，个人养老金政策与稳定资本市场、增强发展的可持续性以及促进和保障就业等国家宏观战略形成了政策协同。

首先，个人养老金为瑞士的资本市场提供了大量长期稳定的资金，发挥了“压舱石”的作用，促进了资本市场的稳定。如表 29-4 所示，截至 2021 年底，瑞士第三支柱养老金账户内资金已经高达 1417.34 亿瑞士法郎，较上年同期增长了 4.8%，其中银行账户资产金额为 910.37 亿瑞士法郎，保险账户为 506.97 亿瑞士法郎，较上年同期分别增长了 6.2% 和 2.5%⑦。

① Sébastien Guex, Finanzplatz, https://hls-dhs-dss.ch/de/articles/045549/2017-09-27/, 2017-09-27.

② 徐锋：《独特的瑞士政党政治：生态、过程及变迁》，《国外理论动态》，2016 年第 10 期，第 93-103 页。

③ Federal Social Insurance Office, History of Social Security in Switzerland, https://www.historyofsocialsecurity.ch/stakeholders/associations-and-organizations, 2017.

④ Myles J, Pierson P, Friedman's Revenge: The Reform of "Liberal" Welfare States in Canada and the United States, Politics & Society, 1997, 25(4), pp.443-472.

⑤ Federal Social Insurance Office, The Three-Pillar Principle Becomes Enshrined in the Federal Constitution, https://www.historyofsocialsecurity.ch/synthesis/1972/, 2014.

⑥ Queisser M, Vittas D, The Swiss Multi-Pillar Pension System: Triumph of Common Sense?, Policy Research Working Paper:No. 2416, World Bank, Washington, D.C., https://openknowledge.worldbank.org/handle/10986/21372, 2020.

⑦ Federal Social Insurance Office, Finances: 3rd Pillar:2017-2021, https://www.bsv.admin.ch/bsv/en/home/social-insurance/bv/statistik.html, 2023-07-30.

表 29-4　3a 账户养老金资产积累情况

单位：百万瑞士法郎

年份	2016	2017	2018	2019	2020	2021
账户总额	115329	120632	123253	130155	135222	141734
银行资产	71865	75546	77521	81791	85738	91037
保险资产	43464	45086	45732	48363	49484	50697

资料来源：Federal Social Insurance Office, Finances: 3rd Pillar:2017–2021, 2023-07-30.

其次，政府积极引导和鼓励个人养老金的可持续性投资，瑞士政府从 2017 年开始就为所有瑞士养老基金和保险公司免费提供其股票和公司债券投资组合的环境影响测试的支持和服务①。目前几乎主流的瑞士个人养老金产品都已经将 ESG 标准纳入投资策略全流程，对更具可持续性的公司分配更多的投资权重。这种投资策略既有利于养老基金获得更加稳定、长期、可持续的收益，又支持了经济可持续发展的目标。

最后，个人养老金还为非正规就业者、老年再就业者提供支持。瑞士传统社会保障制度设计有明确的就业导向，在大多数情况下，正规就业人员依靠第一支柱与第二支柱可以保证适当的生活水平。一方面是数字经济产生了大量的多雇主或无雇主的非正规就业人员，这些人员需要同时负担老年遗属保险和职业养老金的全部缴费，容易被排除在养老保障体系之外。另一方面是人口老龄化和预期寿命提升使许多老年人选择延迟退休或退休后二次就业，但目前的第一和第二支柱无法通过足够保障，个人养老金在这种情况下为老年再就业群体提供了选择。对于二次就业或延迟退休者，3a 计划可以最高延迟 5 年领取资金，期间可以继续缴费和享受免税优惠和收益，延长养老财富储备的时长，同时发挥对延迟退休政策的激励作用；对于非正规就业人员，3b 计划没有任何门槛，而且可以自由选择缴费额度和时间，有效帮助其获取更多养老保障，保障其就业稳定性。

（二）个人养老金与养老金制度体系协同

在中观制度层面，瑞士的养老金三支柱的保障层次分明，准确充分地体现了养老金各支柱的功能和作用。第一支柱只保证最基本的生活需求，在历史上的多次福利化倾向的议案均被否决；第二支柱与第一支柱公共养老金挂钩，强制性计划的准入门槛、缴费上限和最低缴费基数都与最高全额基本养老金有关，强制性职业养老金的上下限与基本养老金的上下限衔接，参加强制性计划的准入门槛额是最高全额基本养老金的 3/4，约为社会平均工资的 30%，参加强制性计划的缴费上限是最高全额基本养老金的 3 倍，约为社会平均工资的 120%，既保证了职业养老金始终处于较基本养老金更高的保障层次，又确保了保障水平的适度性。二者的总计替代率达到退休前收入的 60% 左右，使退休者得以保持与退休前一致的常规生活水平。保证了第一支柱与第二支柱之间的联动性，确保第一、第二支柱合计替代率能让被保险人维持其退休前的生活水平的目标。第三支柱有更加积极的投资政策，满足个人更高的养老需求。

第三支柱内部，3a 账户带有明显的市场进取性，适合投资高风险高收益资产（如股票），获得的高收益还可以享受税收优惠；3b 账户限制较少更加灵活，适合投资其他传统资产或保险产品，收益低但稳定。两者同时购买并持有，资产配置比例完全由个人根据自己的风险偏好和经济条件自主决策。

（三）个人养老金与家庭支持政策协同

在微观层面，瑞士的个人养老金制度在多个方面保证养老保障目标与家庭发展目标的协调，增进以家庭为单位的福利。

首先，当家庭有购房需求或个人有创业需要时，可以申请提前提取个人养老金账户资产资金，并且提前支取不会造成资金的额外扣除，间接提供了对家庭决策的支持。

其次，个人可以拥有多个 3a 账户，建立多个账户有利于分散投资风险和规避累进税收，同时 3a 银行账户也可以和 3a 人寿保险配合，不仅能增加家庭收入，更能够帮助分散家庭意外风险。

此外，在瑞士家庭中，男性收入往往较高，许多女性会选择兼职工作或者直接放弃工作成为全职主妇，这会导致她们无法参与就业相联系的第二支柱中，特别是当男方失业或发生意外时可能会造成家庭收入的锐减。因此，许多家庭中的女性选择加入第三支柱的 3b 计划或者由男方加入 3b 计划指定女方为受益人，从而实现了养老风险在家庭中的再分配。

① State Secretariat for International Finance, Report Sustainable Finance in Switzerland–Areas for Action for a Leading Sustainable Financial Centre, 2022–2025, 2023-12-07.

（四）个人养老金与市场的协同

个人养老金在瑞士是一项竞争激烈的行业。瑞士提供 3a 计划开户的机构主要有三类：第一类是传统银行，如瑞士银行有限公司（UBS AG）、瑞士信贷银行股份有限公司（Credit Suisse AG）、苏黎世冯托贝尔银行（Bank Vontobel AG）等；第二类是商业保险公司，如瑞士人寿保险公司（Swiss Life）等；第三类是独立财富管理机构。各类主体都通过各种手段优化产品和服务来吸引客户，尤其是近年来主打年轻、活力和完全数字化的个人养老金提供商正在使用有趣的口号、有吸引力的设计和有竞争力的成本来征服曾经由保险公司和银行主导的市场。这一趋势始于 2017 年由瑞士独立货币体系银行（WIR）建立的 VIAC 个人养老金，作为瑞士首个全数字化个人养老金产品，VIAC 以“为客户创造附加值，而不仅是为银行创造附加值”为宣传口号，目前已经吸引超过 80000 多名客户和 2 亿瑞士法郎的个人养老金资产。[①] 在此之后，银行机构纷纷效仿建立了丰富多样的数字化个人养老金产品，其中比较有代表性的是苏黎世银行建立的养老金账户（Frankly）、瑞信银行建立的养老金账户（CSX）、冯托贝尔银行建立的养老金账户（Volt）等。此外，近年来出现的 True Wealth[②]、Findependent[③] 等专注于数字个人养老金投资的独立财富管理机构也发展迅猛，吸引了大量用户（见表 29–5）。

表 29–5　瑞士数字化个人养老金产品情况比较

产品名称	管理费	股票分配百分比	最低投资额
苏黎世银行养老金账户（Frankly）	0.45%	10%、25%、45%、75%、95%	1 瑞士法郎
瑞士冯托贝尔银行养老金账户（Volt）	0.70%~0.91%	10%、30%、50%、70%、90%	500 瑞士法郎
瑞信银行养老金账户（CSX）	0.80%	25%、35%、45%、75%	100 瑞士法郎
Findependent	0.12%~0.23%	40%、60%、80%、98%	0
True Wealth	0	8%~99%	—

资料来源：笔者根据各产品官方网站数据汇总制作。

相比于传统的个人养老金账户，数字化个人养老金产品有以下几方面的独特优势：

第一，开户简单便捷。无论何时何地都可以开设数字个人养老金账户，只需使用智能手机即可在这些在线个人养老金提供商处注册账户，只要上传必要的身份证明，几分钟内即可完成审核注册。完成注册后会通过人工智能辅助的聊天机器人或简短问卷方式帮助个人明确自身的风险偏好和投资偏好，随后个人将收到一份量身定制的投资策略的建议，这对刚接触金融的人特别有帮助。精通金融的客户可以自主选择资产配置，系统会自动检查是否符合规定。投资组合风险水平范围从股票配置较少的风险规避储蓄型到股票配置 100% 的冒险投资型，为不同风险偏好的购买者提供了多样化的产品。

第二，更具成本优势。完全数字化的养老金产品使线上销售成为主要渠道，大幅降低了产品的额外成本，因此在管理费用方面的优势更加明显。2020 年 True Wealth 推出的数字化个人养老金产品甚至实现了零管理费。

第三，账户界面友好，运营公开透明。数字化个人养老金产品一般都拥有简洁明确的移动终端操作界面，当前资金总额、收益率、投资产品都被清晰明确的实时展示，以便用户了解和监控个人养老金的动态。用户的资金转入、转出和提取都可以直接在应用程序中创建个人转账订单。

第四，产品推广形式更具吸引力。VIAC 采用邀请链接的方式进行产品推广，并提供丰富的奖励，每邀请一人加入 VIAC 可以获取一定管理费用免除额度，邀请者最高可以免除 7500 瑞士法郎的管理费用，被邀请者也可以获得 1000 瑞士法郎的管理费免除额度。苏黎世银行养老金账户为邀请者提供 35 瑞士法郎每位的奖励，被邀请者也可以获得 25 瑞士法郎的奖金。这种线上链接邀请的形式即节省了广告和宣传的费用，又实现了用户规模的快速扩张。

① VIAC, Your Pillar 3a with VIAC, https://viac.ch/en/, 2023.
② True Wealth AG, The New Convenient Pillar 3a, https://www.truewealth.ch/, 2023.
③ Findependent AG, Low Fees–leaving More for You, https://findependent.ch/en/fees/, 2023.

四、对中国的启示与思考

（一）加强顶层设计，增强各支柱间的有效衔接

从瑞士养老金体系的设计中可以看到其通过三支柱原则进行的总体制度设计：政府主导的第一支柱待遇水平有限，以保证最基本的生活需求为目标，企业和个人在养老中承担了很多责任，第二、第三支柱的覆盖面广，积累了庞大的养老金储备。政府、企业与个人的养老责任得到合理分担，形成了较为均衡和完善的养老金制度体系。此外，三支柱之间的待遇水平和最高限额依次衔接，第二支柱与第一支柱公共养老金挂钩，强制性职业养老金计划的准入门槛、缴费上限和最低缴费基数都与最高全额基本养老金有关，保证了第一支柱与第二支柱之间的联动性，确保第一、第二支柱合计替代率能让被保险人维持其退休前的生活水平的目标。第三支柱中的免税额度与第二支柱的参与情况相关，未参加第二支柱者可以获得更高的税收减免，确保了中低收入者能够完整全面地享受三支柱养老金体系。

发展第三支柱，不仅要考虑个人养老金内部的制度设计，还要加强顶层设计，从三支柱养老保险体系的全局考虑，加强各个支柱之间的有效衔接。具体而言，要立足保障基本，完善第一支柱待遇确定机制。我国的基本养老保险制度作为养老保险体系的第一支柱，是养老金体系的根基，但当前退休人员的养老金收入过度依赖第一支柱，“一支独大”问题突出，这不仅增加了财政负担，还降低了养老金体系应对人口老龄化的能力。瑞士在公共养老金制度建立时特别注重限制公共养老金的开支和福利化倾向，这使得先前存在的私人养老金机构的发展空间不但没有被挤压，而且进一步发展，为三支柱原则的确立奠定了基础，打破了养老金制度建设的政治僵局，使瑞士在饱受“福利病”困扰的发达国家中脱颖而出，保持了第一支柱的稳定、普惠、适度。因此，基本养老保险制度应在尽快实现全国统筹的基础上推动待遇确定机制改革，回归“广覆盖”“保基本”的制度设计初衷，增强财务可持续性。

（二）优化税收政策，增强个人养老金的激励性

第一，要提高税收优惠力度。作为一个高收入国家，瑞士的边际税率相对较高，节税措施和税收规划对个人收入的影响很大，因此税收激励的效果比较明显。相比之下，中国的个人所得税负担群体总规模小，特别是在实施多项个人所得税专项附加抵扣和提升个税起征点之后，缴纳个人所得税覆盖范围被进一步缩小，限制了税收激励的效果。因此要适当加大税收优惠的力度，适当增加税收优惠的额度。

第二，要考虑增加中小企业和个体工商户者的税收优惠限额。瑞士个人养老金税收优惠额度对不同的就业者进行了区别，没有参加第二支柱的就业人员享受的免税额远高于已参加第二支柱者。未参加第二支柱的就业人员大多为多雇主或自雇人员，这既为这部分人员的养老金提供了补充，也扩大了第三支柱的覆盖面，使税收激励政策更有针对性。在我国，第二支柱的发展总体比较滞后，中小企业和个体工商户基本没有建立企业年金计划，可以借鉴瑞士的做法，在税收优惠额度上适当向这些群体倾斜，提高个人养老金制度的吸引力。

第三，要建立科学合理的个人养老金免税额年度调整机制。瑞士个人养老金的免税额度定期调整的机制，较好地适应了经济发展水平与民众的养老保障需求的变化。因此，我国的个人养老金制度应该在参考第一支柱和第二支柱的待遇基础上，依据经济发展状况、工资收入以及通货膨胀等因素定期调整个人养老金免税额度，激励更多人参与第三支柱个人养老金计划。

第四，要尽快放开个人养老金账户数量限制。采用EET税优模式的个人养老金在领取时仍然需要缴税，而在采取超额累进税制的情况下，个人养老金账户内的金额越高，要缴纳的税收就越高。由于瑞士没有限制个人养老金的开户数量，瑞士居民一般会将个人养老储蓄分配到多个账户，在退休后允许的提取时间内分几年进行交错提款，从而抵消累进税的影响，多账户客观上实现待遇领取阶段的免税效果，有利于进一步增加个人养老金的收益。此外，放开个人养老金账户的数量限制还可以更好地满足个人多样化的养老需求，个人既可以选择多种投资风险组合的产品来分散和对冲投资风险，也可以选择保险产品与投资产品组合覆盖疾病和意外风险。

第五，要加强对个人养老金计划的监管力度。确保资金安全，防范潜在的风险，提高公众对养老金计划的信心。政府通过建立监管框架和强制性要求，确保养老金提供商遵守标准化规范和透明度要求，保障个人养老金的安全性和可靠性。

（三）以用户为中心，提升个人养老金产品销售和服务质量

发展第三支柱养老保险必须以用户为中心，从产品的销售、选择以及运营等方面提升用户体验，增强用户信任。

在产品销售方面，要充分发挥个人养老金线上销售渠道的优势。在互联网时代，线上渠道能够以更低的成本带

来更多的潜在客户，个人养老金产品应该更加注重建设用户友好的移动智能终端平台，可以借鉴和学习瑞士的数字个人养老金产品的推广模式，通过在线链接邀请等方式推广线上平台，尽量简化个人养老金的开户流程。

在产品选择方面，要针对不同客户群体提供个性化的销售和服务方案。首先，要充分了解客户需求，量身定制养老金规划。其次，要增强销售团队专业能力，提高他们的产品知识和销售技巧，确保销售过程中能够准确把握客户需求并提供恰当建议，在养老金销售和服务中更加关注客户的整体财务状况和养老需求，而非只关注短期利益。确保个人养老金产品信息清晰易懂，同时提供合理的风险提示，以增强客户对产品的了解和信心。此外还可以通过讲座、在线教育等形式向客户普及养老金知识，强调个人养老金长期投资的理念，帮助客户培养良好的理财习惯、做出理性的养老规划决策。

在产品运营中，要提高客户体验，增强用户信任。瑞士数字化个人养老金的操作快捷便利，已经实现与互联网金融平台的深度融合对接，通过面向个人方便快捷的投保、缴费、查询和投资服务终端，参保人足不出户就可以了解投资储蓄产品、查询账户收益、进行线上交易。定期提供可靠的业绩数据和信息披露，建立客户反馈机制，优化客户服务流程，及时回应客户疑问和问题，不断改进服务。同时，还可以发挥线下服务的独特优势，通过面对面交流和服务增强用户对产品的信任感。

（四）优化个人养老金制度设计，丰富账户功能

第一，发挥个人养老金账户资产的家庭保障功能。国家既合理引导现代家庭承担应有的责任，又有效支持现代家庭的能力建设，夯实家庭发展基础是适应现代家庭与社会发展的必然要求[①]。我国在家庭养老方面有悠久的历史和文化传统，然而家庭保障的功能在当前人口老龄化和家庭原子化的背景下不断削弱，目前我国的多支柱老年收入保障体系设计缺乏家庭视角，公共政策制定方面还欠缺对家庭的重视和支持[②]。可以参考瑞士在第三支柱中对于家庭发展的制度设计，探索个人养老金提前提取条款，满足家庭发展需求，同时可以考虑建立针对家庭为单位的个人养老金税收优惠规定，增强个人养老金对家庭发展的支持。

第二，挖掘灵活就业人员和老年就业者的需求。瑞士通过个人养老金的 3b 计划弥补了非正规就业者、退休再就业老年人以及家庭主妇的养老需求的不足。中国目前有两个群体缺少养老金制度的覆盖：一是规模庞大的灵活就业群体，主要以互联网平台为代表，2020 年上半年，美团平台上的有单骑手达到 295.2 万人，同比增长 16.4%[③]，2022 年饿了么骑手人数达 300 万人[④]，2022 年 8 月底，各地共发放网约车驾驶员证 471.4 万本，环比增长 3.0%[⑤]，这些新业态从业人员的参保积极性和参保率都不高，为其老年生活和收入增加了不稳定因素和风险，而这一风险正随着群体规模的扩张而不断放大。二是老年再就业群体，随着人口预期寿命的提升、健康老龄化理念的普及以及延迟退休政策的逐步推进，未来老年人就业数量也会不断增加，但目前我国养老金领取规定基本都与退休年龄绑定，对于退休再就业的老年人而言缺乏有效的支持和保障。因此，应该将扩大第三支柱覆盖面与增加灵活就业人员保障的政策目标结合起来，完善灵活就业人员灵活缴费、老年就业人员退休后继续缴费等功能设计，满足更加个性化的养老金需求，促进上述群体参保，实现第三支柱的突破发展。

① 黄石松、孙书彦、郭燕：《我国“一老一小”家庭支持政策的路径优化》，《新疆师范大学学报（哲学社会科学版）》，2022 年第 3 期，第 100-109 页。

② 王增文：《社会保障家庭要素融入及政策的演进考量》，《东岳论丛》，2020 年第 2 期，第 64-73 页。

③ 美团研究院：《2020 年上半年骑手就业报告》，http://www.invest-data.com/eWebEditor/uploadfile/2020080116534843821408.pdf。

④ 蜂鸟即配官方网站：https://fengniao.ele.me。

⑤ 交通运输部：《网约车监管平台发布 2022 年 12 月行业运行情况》，https://www.mot.gov.cn/jiaotongyaowen/202301/t20230112_3737531.html。

分报告三十
比利时个人养老金的制度安排与动力机制

从国际经验来看，第三支柱个人养老金一般是非强制参与的养老金计划，因此调动民众参与计划的积极性是发展个人养老金的重中之重。得益于比利时独特的制度环境，第三支柱的多种激励政策，以及比利时家庭较高的净财富，比利时的个人养老金计划已覆盖 2/3 的就业人口[①]。本文介绍了比利时的养老金储蓄计划和长期储蓄计划，并围绕与比利时个人养老金密切相关的制度背景，三支柱的税收政策、养老金投资渠道和养老金融教育问题，以及参与者个人因素三个方面，探析比利时人参与个人养老金的动力机制。在此基础上，提出我国加快发展个人养老金的政策建议。

一、比利时三支柱养老体系框架

比利时作为典型的欧洲发达国家，于 1977 年迈入高龄社会，老龄化形势严峻，是欧盟高龄人口比例较高的国家之一。据比利时联邦规划局资料显示，2010 年 65 岁以上老年人在总人口中占比为 17%，2025 年将上升到 21%，2050 年将上升至 26%。此外，85 岁及以上老人比例增长迅速，将从 2010 年的 2.2% 增长到 2025 年的近 3.0%，到 2050 年会达到 5.8%[②]。迈入高龄社会 40 多年的比利时已建立了较为完善的三支柱养老金体系，形成了以第一支柱为核心，第二、第三支柱为补充的格局。

在比利时三支柱养老体系框架（见图 30-1）中，第一支柱为法定养老金，包括退休金和遗属养老金，适用于雇员、个体经营者和公务员；第二支柱为单位提供的补充养老金，分为行业性的集体计划和单个公司发起计划两大类，由商业保险公司和养老基金公司两类机构管理，大部分为 DC 型模式；第三支柱为个人养老金计划，包括养老金储蓄和长期储蓄。在发展过程中，比利时非法定养老金支柱的准备金持续强劲增长，第二、第三支柱准备金在比利时家庭金融资产组合中的占比已由 1996 年的不到 1/10 增长到 2006 年的 1/4，并且第三支柱的增长速度快于第二支柱，第三支柱准备金规模于 2001 年首次超过了第二支柱，其资产储备在 1996 ~2006 年增长了 4 倍[③]。2018 年，比利时联合银行养老事务专家帕特里克·万尼厄表示，比利时人理想的养老保险构成是：公共保险占 58%、职业保险占 19%、个人保险占 23%[④]，由此可见，个人养老金在比利时的家庭投资组合中占据越来越重要的位置。

① Better Finance, Long-Term and Pension Savings: The Real Return, Research Papers, https://betterfinance.eu/publication/long-term-and-pension-savings-the-real-return-2022-edition-summary-booklet/, 2022.

② Van Den Bosch K, Willemé P, Geerts J, Residential Care for Older Persons in Belgium:Projections 2011-2025, Brussels:Belgian Health Care Knowledge Centre(KCE), 2011.

③ Stinglhamber P, Zachary M D, Wuyts G, The Determinants of Savings in the Third Pension Pillar, Economic Review, 2007, pp.97-113.

④ 《财经观察：多支柱养老金体系助力破解全球养老难题》，中国政府网，https://www.gov.cn/xinwen/2018-03/12/content_5273393.htm，2018 年 3 月 12 日。

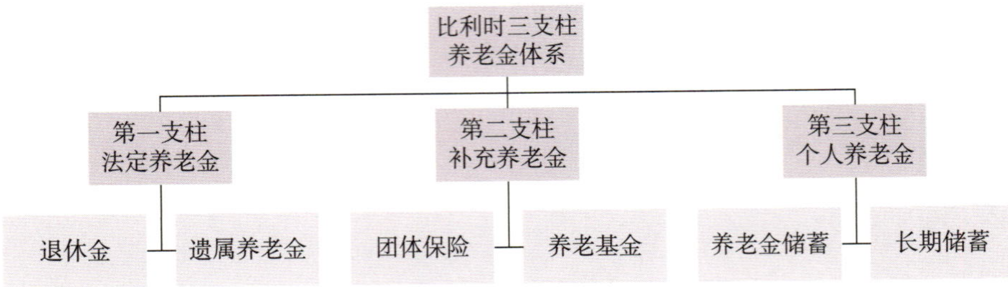

图 30-1　比利时三支柱养老体系框架

二、比利时个人养老金发展情况

（一）比利时个人养老金分类

比利时的第三支柱养老体系有两套方案，分别是养老金储蓄计划和长期储蓄计划，两者可以同时参加。

1. 养老金储蓄计划

1986 年 12 月 22 日，颁布的皇家法令引入了个人养老金储蓄计划。在产品方面，个人养老金储蓄计划可以通过两种不同的方式积累养老金，一种是养老储蓄基金，另一种是养老储蓄保险[①]（见表 30-1）。养老金储蓄基金由银行管理，是一种将养老金资本投资于股票和债券的投资基金，回报完全取决于股市，其风险高于养老储蓄保险。养老储蓄保险由保险公司管理，根据风险程度不同，可分为 21 类（Tak 21/la branche 21）储蓄保险、23 类投资保险、44 类混合投资保险。21 类储蓄保险保本保息，回报由两部分组成：保证回报（目前为 0~3% 不等[②]）和利润分红，分红取决于保险公司的经营结果[③]。23 类投资保险将资金投资于股票和债券，不保本保息，风险略高，但通常能提供更高的回报。一些保险公司还提供 44 类混合投资保险，即将 21 类和 23 类组合起来，灵活调整投资于两者的权重，以保证资金安全或获得潜在的更高回报。截至 2020 年底，养老储蓄保险保单的准备金总额为 165 亿欧元，其中第 21 类占 91%，第 23 类占 9%[④]。

表 30-1　养老储蓄基金和养老储蓄保险的异同

	养老金储蓄基金	养老储蓄保险（低风险型的第 21 类）	养老储蓄保险（投资性第 23 类）
投资管理	投资于股票、债券等	保证回报 + 利润分红	通过人寿保险投资股票、债券等
收益率	取决于基金购买的股票和债券的回报	有保证的利息（0~3%）	取决于投资组合中持有的股票和债券的回报
国家担保	没有保证	由保障基金保障	没有保证
税优政策	若选择 990 欧元的缴费限额，可享受 30% 的税收减免，即可减税 297 欧元； 若缴费金额在 990~1270 欧元，可享受 25% 的税收减免，即可减税 297 欧元		
入场费	有		
年费	取决于基金或保险合同 (1.05%~1.68%)		
保险税	无		
领取阶段税负	8%		

资料来源：Quelle est la différence entre un fonds d'épargne-pension et une assurance épargne-pension?, Wikifin, https://www.wikifin.be/fr/pension-et-preparation-de-la-retraite/epargne-pension/quelle-est-la-difference-entre-un-fonds, 2022.

在税收政策方面，养老金储蓄计划采取“EET”税收优惠模式，即在缴费与投资阶段可享受税收递延，在领取阶段征税。具体而言，在缴费阶段，养老金储蓄计划缴费上限采取分档定额制。为提升第三支柱的缴费吸引力，养老金储蓄自 2018 年起增加为两个上限：每年最多缴纳 990 欧元的人可享受 30% 的税收减免，即每人每年最多享受 297 欧元的税收减免额度；每年缴费在 990~1270 欧元的人可享受 25% 的税收减免，即最多可享受税收优惠 317.5 欧

① Jolien V, Lieselotte Van Avermaet: Groeiend belang van pensioensparen bij jongvolwassenen en hun drijfveren, Universiteit Gent, 2014.

② Comparer épargne pension, Guide-Epargne.be, https://www.guide-epargne.be/epargner/epargne-pension.html?limit=10&limitstart=0, 2023.

③ TAK 21-Spaarverzekeringen vergelijken, Spaargids.be, https://www.spaargids.be/sparen/tak-21.html, 2023.

④ Assuralia, December: de laatste rechte lijn om de voordelen van het pensioensparen te benutten, https://press.assuralia.be/december-de-laatste-rechte-lijn-om-de-voordelen-van-het-pensioensparen-te-benutten, 2021.

元。值得注意的是，若参与者选择第二种上限应至少存入1188欧元，否则，获得的税收优惠将少于选择990欧元的情况，落入“税收陷阱”之中。另外，自2018年该税法实施以来，选择储蓄1270欧元/年的人数在2022年首次减少，缴款超过990欧元的纳税人数量从2021年的10.8万下降到2022年的9.9万，降幅为8%，2022年，只有3.8%的养老金储蓄者选择储蓄1270欧元[①]。缴费上限每年都进行指数化调整，但2020~2023年指数化调整暂停，下一次指数化调整将在2024年开展[②]。在投资阶段，缴费的投资收益可免征资本利得税。在领取阶段（见表30-2），参与者最早可在60岁提取养老金（若参与者是在55岁后认购养老储蓄产品，则最早可在65岁提取养老金），并缴纳8%的预期税，60~65岁可以继续缴费，该部分金额不再收税。对于申请提前提取养老金的个人，除正常缴纳退出成本外，还会被加征33%的惩罚性税。

表30-2　养老金储蓄计划在领取阶段的税收政策

55岁前认购养老储蓄产品	
60岁前领取福利	积累资本按个人所得税制度征税
60岁时领取福利	征收8%的预期税
	税收额度是基于4.75%的理论回报率
	储蓄者可以继续投资并享受税收减免，直到65岁，该部分金额不再收税
55岁及以后认购养老储蓄产品	
60岁之前领取福利	积累的资本按个人所得税制度征税
60~64岁领取福利	累计资本按33%的税率纳税
65岁或65岁以上（当合同满10周年时）	征收8%的预期税
	税收额度是基于4.75%的理论回报率
	受益人必须至少持有产品10年，期间至少缴款5次

资料来源：Better Finance，Long-term and Pension Savings: The Real Return, Research Papers, https://betterfinance.eu/publication/long-term-and-pension-savings-the-real-return-2022-edition-summary-booklet/, 2022, p.109.

2. 长期储蓄计划

长期储蓄计划实际上是一种人寿保险，早在1986年引入个人养老金储蓄计划前就存在。在产品上，参保者可根据风险偏好和年龄段需求选择21类储蓄保险、23类投资保险、44类混合投资保险。若参保人早逝，则受益人为参保者的配偶或合法同居者，或二级以内血亲（子女、孙子女、兄弟姐妹、父母或祖父母）。

在税收政策方面，长期储蓄计划亦采取“EET”税收优惠模式。长期储蓄计划与养老金储蓄计划的不同之处主要体现为以下四个方面：一是在缴费阶段，长期储蓄的上限取决于参保者的应税净收入，2018~2023年每人每年最高缴纳2350欧元，每年可免税30%，即最高可减免税收705欧元，投保人可多缴纳保费，但多缴纳部分不享受税收优惠。二是参保者加入长期储蓄计划，需缴纳2%的保费税——入场费，养老金储蓄计划则完全免除此项税收。三是在领取阶段，参与者最早可在60岁提取养老金（若参与者是在55岁后认购养老储蓄产品，则最早可在65岁提取养老金），并缴纳10%的预期税。养老金可以一次性支付，也可以作年金支付，若需提前支取养老金，预计缴纳33%的税收罚款。四是长期储蓄计划的税收优惠不是“独立的”，可获得的最高税收优惠由长期储蓄产品和抵押贷款减免共同确定。具体来说，长期储蓄的税收优惠的上限必须结合2016年之前在弗拉芒大区（以及2017年之前在布鲁塞尔）为自住房或购买任何第二套住房的贷款所获得的优惠（2024年后第二套住房税收优惠将取消），弗拉芒大区2016年后（或布鲁塞尔2017年后）的贷款对长期储蓄的金额和税收优惠没有影响[③]。

（二）比利时个人养老金运行状况

随着个人收入的不断增加，比利时国民理财观念逐步开放，比利时个人养老金的国民参与度、市场规模都有了

① Épargne-Pension: Encore 2.400 Belges fiscalement piégés, L'Echo，https://www.lecho.be/economie-politique/belgique/general/epargne-pension-encore-2-400-belges-fiscalement-pieges/10413925.html，2022.

② Better Finance, Long-term and Pension Savings: The Real Return, Research Papers, https://betterfinance.eu/publication/long-term-and-pension-savings-the-real-return-2022-edition-summary-booklet/, 2022, p.108.

③ Praet F, Anne Schockaert:Groepsaankoop Financiële Producten: Pensioensparen, UGent, 2021.

巨大增长，产品表现在过去 30 年十分可观[①]，在养老保障体系中的重要性日渐突出。

从国民参与程度来看，覆盖面较广。截至 2021 年，比利时加入个人养老金计划的人数约为 340 万名，占比利时就业人口的 68%，其中 34%（170 万人）购买了人寿保险退休储蓄产品[②]，34%（170 万人）购买了养老储蓄基金[③]。

从市场规模看，增长显著。首先，比利时自 1987 年推出首批养老储蓄基金以来，养老储蓄基金市场取得了显著增长（见表 30-3）。比利时养老储蓄基金市场一直相对集中，截至 2021 年底，共有 21 只产品（18 只可转让证券集体投资基金 UCITS 和 3 只另类投资基金 AIFs）可供认购。2021 年，养老金储蓄基金净资产规模达到 256 亿欧元（同比增长 14.8%），较 2003 年增长了 2.5 倍，净销售额达 3.39 亿欧元。

表 30-3 比利时养老金储蓄基金管理的净资产规模 单位：亿欧元

年份	资产规模
2003	74
2004	87
2005	103
2006	115
2007	118
2008	90
2009	111
2010	120
2011	112
2012	126
2013	144
2014	156
2015	169
2016	180
2017	196
2018	182
2019	213
2020	223
2021	256

资料来源：Better Finance, Long-term and Pension Savings: The Real Return, Research Papers, 2022, p.101.

其次，如表 30-4 所示，2020 年，第三支柱下的人寿保险储蓄产品准备金为 319.5 亿欧元（较 2012 年增长了 23.2%），已达到个人人寿保险准备金总额的 23.04%（较 2012 年上升了 4.44 个百分点）。其中，养老储蓄保险产品的增长速度快于长期储蓄产品：2020 年养老储蓄保险准备金为 166.02 亿欧元（较 2012 年增长了 57.1%）；长期储蓄产品的准备金额度在 2012 ~2020 年略有缩减[④]。

① 《财经观察：多支柱养老金体系助力破解全球养老难题》，中国政府网，https://www.gov.cn/xinwen/2018-03/12/content_5273393.htm，2018 年 3 月 12 日。

② 包括养老储蓄保险和长期储蓄计划。

③ Better Finance, Long-term and Pension Savings: The Real Return, Research Papers, https://betterfinance.eu/publication/long-term-and-pension-savings-the-real-return-2022-edition-summary-booklet/, 2022, p.92.

④ 2012 年数据源自 Berthon J, Davydoff D, Gabaut L , Klages M , Prache G, Rossi M C, Rutecka-Góra J, Struwe K , Viver J M , Pension Savings: The Real Return, The European Federation of Financial Services Users, 2014, p.44; 2020 年数据源自 Better Finance, Long-term and Pension Savings: The Real Return, Research Papers, https://betterfinance.eu/publication/long-term-and-pension-savings-the-real-return-2022-edition-summary-booklet/, 2022, pp.101-102。

表 30-4　第三支柱内个人人寿保险产品的缴款和准备金

类型	缴款（亿欧元）		准备金（亿欧元）		第三支柱准备金占个人人寿保险准备金总额的百分比（%）	
	2012 年	2020 年	2012 年	2020 年	2012 年	2020 年
养老储蓄保险（21 类）	10.6	11.7	105.7	166.02	7.6	12.13
长期储蓄产品（21 类与 23 类）	10.7	10.9	153.7	149.28	11.0	10.91
总计	21.3	22.6	259.4	319.5	18.6	23.04

资料来源：2012 年数据源自 Berthon J, Davydoff D, Gabaut L, Klages M, Prache G, Rossi M C, Rutecka-Góra J, Struwe K, Viver J M, Pension Savings: The Real Return, The European Federation of Financial Services Users, 2014, p.44; 2020 年数据源自 Better Finance, Long-term and Pension Savings: The Real Return, Research Papers, 2022, p.102。

从产品表现看，Pacolet 认为比利时第三支柱个人养老金储蓄产品表现超越了第二支柱[①]。表 30-5 展示了比利时第二、第三支柱主要产品的实际净回报（税前）数据，从最长期的数据来看，三支柱的养老储蓄基金的实际净回报率要高于二支柱的养老基金和第 21 类团体保险。

表 30-5　比利时养老金工具的实际净回报率

单位：%

年份	二支柱		三支柱		
	养老基金	第 21 类团体保险	养老储蓄基金	21 类储蓄保险	23 类储蓄保险
2021	3.07	—	4.8	—	—
2019~2021	7.05	—	6.7	—	—
2015~2021	3.48	—	3.0	—	—
2012~2021	5.07	—	4.8	—	—
从最早的数据开始	1985~2021 年：4.63	2002~2014 年：2.54	1996~2021 年：5.9	2002~2014 年：1.94	2005~2014 年：1.57

资料来源：Better Finance, Long-term and Pension Savings: The Real Return, Research Papers, 2022, p.23.

但需要注意的是，比利时个人养老金计划的高成本也不容忽视，高成本会降低个人养老金产品的总收益率，减少参与者的“获得感”，控制运营成本对养老金计划本身的可持续性和公平性都至关重要。比利时个人养老金计划的成本通常包含以下四个部分：营销成本、入场费、年度管理费用、退出费。2021 年，21 只养老储蓄基金的平均入场费为初始投资的 2.29%，平均年度管理费为管理资产总额的 0.95%，平均总费用约为管理资产总额的 1.29%。2020 年，21 类储蓄保险的管理费用约占储备金的 0.6%，佣金约为保费的 9.3%；23 类储蓄保险的管理费用约占储备金的 0.3%，佣金约为保费的 5.7%[②]。Pacolet 和 Strengs 的研究表明，资本化的养老金计划的成本最终会对养老金回报产生重大影响，国际研究证明，运营成本会使养老金回报率降低 0.5%~2%，这意味着养老金收入将下降 10%~40%[③]。

三、比利时个人养老金发展的动力机制

（一）一、二支柱养老金提供了制度空间

1. 法定养老金替代率低，引发对财务未来的担忧

（1）客观上，比利时第一支柱法定养老金替代率较低。

鲁汶大学 2015 年的一项研究表明，比利时的法定养老金比德国、法国、卢森堡和荷兰等邻国低 700 欧元。工作时间和收入完全相同的雇员在德国获得的平均法定养老金比在比利时获得的数额高出 12%、卢森堡高出 42%，法国则高出 43%[④]。根据经合组织统计数据，2021 年，比利时法定养老金的替代率[⑤]平均为 43.4%，比欧盟 27 国的平均替代率水平（53.4%）低 10 个百分点，单靠法定退休金难以维持退休后的生活水平[⑥]。经验表明，养老第一支柱与第二、三支柱间存在显著负相关关系。如果第一支柱

① Pacolet J, National Report-Belgium, Research Institute for Work and Society, 2021, p.10.

② Better Finance, Long-term and Pension Savings: The Real Return, Research Papers, 2022, pp.104-106.

③ Pacolet J, Strengs T, Pensioenrendement Vergeleken, De Gids op Maatschappelijk Gebied, Geraadpleegd van, 2009(100), pp.21-29.

④ Pensioenopbouw in België: De 4 Pensioenpijlers, https://www.axabank.be/nl/blog/pensioenopbouw-de-4-pensioenpijlers, 2018.

⑤ 此处替代率是用养老金总金额除以退休前总收入。

⑥ OECD, Pensions at a Glance 2021: OECD and G20 Indicators, OECD Publishing, https://doi.org/10.1787/ca401ebd-en, 2021, p.139.

基本养老金替代率过高，第二、第三支柱就缺乏发展动力和空间，反之亦然[①]。比利时国家养老金制度的不足是决定个人养老金储蓄的一个重要因素[②]。

此外，比利时的老龄化问题给当前的法定养老金制度带来了进一步下降的压力。比利时是欧盟高龄人口比例较高的国家之一，一方面是由于预期寿命延长：联邦规划局数据显示，1996~2019 年，比利时的平均预期寿命已从 77.23 岁增加到 81.83 岁，女性的预期寿命从 80.53 岁增加到 84 岁，男性的预期寿命从 73.86 岁增加到 79.58 岁[③]。到 2070 年，男性的预期寿命将达到 88.10 岁，女性将达到 89.77 岁[④]。另一方面是由于生育率下降，比利时的总和生育率已从 1961 年的 2.64 下降到 2022 年的 1.53[⑤]。预计 2050 年比利时老年抚养比将突破 50%[⑥]。比利时的法定养老金制度建立在"代际团结"的基础上，老龄化问题将导致第一支柱面临无以为继的财政问题。国际经验表明，老龄化发展较快的国家普遍重视养老二、三支柱的作用，从而确保养老金替代率维持在相对较高的水平[⑦]，因而发展第三支柱是弥补比利时法定养老金不足的重要举措。

（2）主观上，对财务未来的担忧是比利时人尽早开始积累个人养老金储蓄的潜在动机。

Vandaele 对比利时的调查表明，75% 的受访者认为现行的法定养老金制度将无法持续，78% 的受访者认为法定养老金不足，65% 的受访者表示他们决定参与养老金储蓄是出于法定养老金不足的想法[⑧]。这一现象也反映在参与者的职业特点上（见表 30-6），由于个体经营者的法定养老金相较雇员和公务员更低[⑨]，其加入个人养老金计划的积极性更高、缴费更多[⑩]。同样，Stinglhamber 等发现弗拉芒区的家庭比瓦隆区和布鲁塞尔首都区的家庭对个人养老金的参与度和缴款额度更高，很大原因在于后两个区的公务员比例更高，法定养老金更充足[⑪]。

表 30-6 比利时个体经营者、雇员和公务员对法定养老金及参与个人养老金的看法

单位：%

	个体经营者	雇员	公务员
认为现行的法定养老金制度将无法持续	70	81	66
认为法定养老金不足	100	83	59
决定参与养老金储蓄是出于法定养老金不足的想法		65	

资料来源：Vandaele J, Lieselotte Van Avermaet: Groeiend belang van pensioensparen bij jongvolwassenen en hun drijfveren, Universiteit Gent, 2014,pp.45-47.

2. 二支柱发展的不足为三支柱留下了空间

比利时第二支柱养老金有以下两个特点：一是覆盖面虽广，但遵缴率不高。截至 2020 年 1 月 1 日，虽约有 395 万比利时人参与了第二支柱，但其中约 100 万人当年

①⑦ 马振涛：《人口老龄化背景下商业保险参与三支柱养老体系建设进展、问题及发展建议》，《西南金融》，2022 年第 2 期，第 79-88 页。

② Fernández-López S, What Are the Driving Forces of Individuals' Retirement Savings?, Finance a Uver, Czech Journal of Economics & Finance, 2010 (60), pp. 226-251.

③ Federaal Planbureau, Statbel, Federaal Planbureau en Statbel, Demografische Vooruitzichten 2019-2070. Geraadpleegd van, https://www.plan.be/uploaded/documents/202003030902490.FOR_POP1970_12071_N.pdf, 2020.

④ Bevolkingsvooruitzichten | Statbel, https://statbel.fgov.be/nl/themas/bevolking/bevolkingsvooruitzichten#figures, 2021.

⑤ Geboortecijfer en vruchtbaarheid | Statbel, https://statbel.fgov.be/nl/themas/bevolking/geboortecijfer-en-vruchtbaarheid#figures, 2023.

⑥ Mahmut A L P, De pensioenproblematiek in België en het politieke beleid, https://www.scriptiebank.be/sites/default/files/Alp_Mahmut_0102744_MA.TEW_.pdf.

⑧ Vandaele J, Lieselotte Van Avermaet: Groeiend belang van pensioensparen bij jongvolwassenen en hun drijfveren, Universiteit Gent, 2014,pp.45-47.

⑨ 根据联邦经济公共服务部的数据，2019 年，个体经营者的每月平均法定养老金为 658 欧元，雇员为 1212 欧元，公务员为 2795 欧元。Pension brute moyenne par mois, Assuralia, https://www.assuralia.be/images/docs/stats/FR/07_statistiques-contextuels/07_07_pension-brute-moyenne-mois.htm, 2019.

⑩ Muir D M, Turner J A, Imagining the Ideal Pension System: International Perspectives, Kalamazoo, MI: W.E. Upjohn Institute for Employment Research, https://doi.org/10.17848/9780880993920, 2011, p.156.

⑪ Stinglhamber P, Zachary M, Wuyts G, Valenduc C, De determinanten van het sparen in de derde pensioenpijler, Economisch tijdschrift, 2007, p.113.

没有任何缴款，且大多数缴款低于 3% 的制度规定[①]。二是行业之间、性别之间、蓝领和白领之间存在巨大的不平等。截至 2020 年，所有公务员及 55% 的自营职业者仍被排除在制度之外[②]，超过 1/3 的雇主没有为其雇员发起第二支柱养老保险[③]。除了高收入人群外，第二支柱福利太低[④]，2017 年，比利时个人从第二支柱获取的平均月收入为 433 欧元，加上平均每月 1065 欧元的法定养老金，与退休后一名单身人士平均每月 2330 欧元的支出仍有不小差距[⑤]。第二支柱养老金发展的不足为个人养老金计划的发展提供了空间。

（二）三支柱的多重政策激励

1. 税收激励政策是最大动力

世界经合组织的年度报告显示，比利时 2022 年的工资税率为 53.0%，略高于 2021 年的 52.4%，在报告的 38 个国家 / 地区中排名第一，其次是德国（47.8%）、法国（47.0%）和奥地利（46.8%），经合组织的平均值为 34.6%[⑥]。无工作人士常常也可通过第三支柱退税，这充分撬动了个人养老金储备积极性，如失业金、父母假补助以及房屋出租等收入均可通过第三支柱退税；夫妻以家庭为单位报一份税表，若一方（家庭主夫或主妇）无收入，无收入方可从有收入方获得一份虚拟收入，并可凭此退税[⑦]。此外，比利时税务机关监管严格，充分依赖数据挖掘、网络抓取、人工智能等智能技术，偷税漏税十分困难。例如，2001 年，比利时特别税务监察局推出基于数据挖掘开发的 TNA 软件后，本国的增值税欺诈损失金额从 11 亿欧元减少到 4500 万欧元以下[⑧]。

税收激励政策是各国在建立第三支柱养老金制度过程中计划得以推行的最大动力，税收优惠直接影响了居民的参与意愿和制度的可持续性[⑨]，比利时也不例外。如图 30-2 所示，Vandaele 对比利时的调查表明，89% 的受访者知道个人养老金的税收优惠政策，53% 了解税收优惠的人表示对税优政策的认识影响了其参与个人养老金的选择，只有 35% 的人表示没有影响。不知道税收优惠的受访者中，只有 7% 的人参与了个人养老金[⑩]。

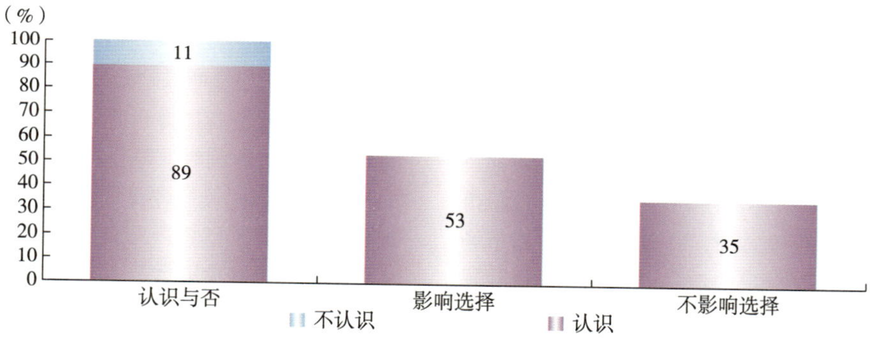

图 30-2　比利时受访者对个人养老金税收优惠的认识及其对制度参与的影响

资料来源：Vandaele J, Lieselotte Van Avermaet: Groeiend belang van Pensioensparen Bij Jongvolwassenen en Hun Drijfveren, Universiteit Gent, 2014, pp.41-42.

① SMA, De tweede pensioenpijler in beeld, Aanvullende pensioenen toegelicht,Situatie Op 1, 2019.

② Pacolet J, National Report-Belgium, Research Institute for Work and Society, 2021, p.7.

③ Aanvullende Pensioenen: Werkgevers Verlangen Stabiliteit, Assuralia, https://press.assuralia.be/aanvullende-pensioenen-werkgevers-verlangen-stabiliteit, 2021.

④ Better Finance, Pension Savings: The Real Return, Research Papers, 2022, p.181.

⑤ Pensioenopbouw in België: De 4 Pijlers Pensioenpijlers, https://www.axabank.be/nl/blog/pensioenopbouw-de-4-pensioenpijlers, 2018.

⑥ Ruben Mooijman, België Nog Altijd Land Met Hoogste Loonlasten, Het Belang van Limburg, https://www.hbvl.be/cnt/dmf20230425_93544432, 2023.

⑦ 译安保险经纪：《养老保险 未雨绸缪》，https://mp.weixin.qq.com/s/_kK-pKcwmRvaL5hR3eJnJA，2017 年。

⑧ Krist of Simoens, De Fiscus Ziet u: Hoe de Belastingdienst Alsmaar Sluwer Wordt, Het Nieuwsblad, https://www.nieuwsblad.be/cnt/dmf20230525_93626980, 2023.

⑨ 孙洁：《养老保险第三支柱建设研究》，《中国特色社会主义研究》，2020 年第 155 期，第 43-52 页。

⑩ Vandaele J, Lieselotte Van Avermaet: Groeiend belang van Pensioensparen Bij Jongvolwassenen en Hun Drijfveren, Universiteit Gent, 2014, pp.41-42.

具体来看，比利时在税收政策上的整体思路为：一是通过税收优惠政策，提高个人养老金的吸引力，帮助第三支柱快速积累资金；二是通过激励力度分档的形式（25%和 30% 两档），向低收入人群倾斜，保证第三支柱收入再分配的相对公平；三是综合考量财政实力和国家居民可支配收入、通货膨胀率等因素，通过调整供款额度提高税收优惠力度，增强个人养老金抵御通货膨胀风险的能力。比利时将在 2024 年再次调整个人养老金计划的供款上限。

2. 多元的养老金投资渠道增强了产品吸引力

提高个人养老金的吸引力，除通过税收政策为人们提供节税空间外，还可以通过资产配置，即通过提供长期稳定、高收益、多元化的养老金产品为人们提供收益可观的长期投资渠道，从而让人民乐意、安心地将钱存入个人养老金账户[①]。比利时在养老金投资方面的思路是养老金可投资品类的多元化和投资渠道的多样化，且参与者只需签署转让文件，即可在不同机构、不同产品间自由转换[②]。以养老金储蓄计划为例，首先养老储蓄基金投资组合管理规定，最高可投资 75% 的股票类资产、75% 的债券、10% 的欧元、20% 的外币存款，以及 30% 的欧洲小公司股票[③]，参与者可在动态养老储蓄基金（投资组合中约 2/3 用于股票市场投资）、防御性养老储蓄基金（投资组合中约 2/3 用于债券投资）或中性养老储蓄基金[④]三类不同风险的投资组合中选择，资金在实践中大多被投资于股票市场。其次，在养老储蓄保险方面，21 类储蓄保险占市场大头，但随着比利时年轻储户的增多，23 类投资保险越来越受到投资者追捧，2020 年，9% 的养老金储蓄保险被投资于 23 类投资保险（2019 年仅为 6%）[⑤]。

3. 养老金融教育鼓励年轻人加入个人养老金

第三支柱个人养老金赋予了参与者较为充分的投资选择权，因此养老金融教育在很大程度上决定了第三支柱的发展规模，是个人养老金制度取得成功的关键环节之一[⑥]。得益于比利时在金融教育上的努力，比利时人的金融素养[⑦]较高，在 2016 年经合组织对 30 个国家的 18~79 岁成年人的金融素养调查中，比利时排名第五，在金融态度和金融行为方面分别有 56% 和 70% 的人得分较高，高于经合组织 53% 的平均得分[⑧]。

个人养老金制度较为复杂，仅仅靠金融机构的努力很难提高个人养老金的普及率以及投资者合理选择金融产品的能力。因此，比利时政府也在政策上予以相应的指引和支持，其具体做法主要有两类：一是鼓励投资者尽早开始储蓄，从年轻人开始培养长期储蓄意识，丰富资产配置经验。自 2014 年开始，比利时就将金融教育纳入国家课程，金融素养被视为中学生必备技能之一[⑨]。比利时学生和教师还可使用比利时保险协会（Assuralia）开发的教育网站“Beter Zeker”进一步了解比利时养老保险信息[⑩]。二是细化养老金投资的风险分类，为投资者提供更多的产品信息，帮助投资者选择合适的资产配置方式。自 2008 年金融危机后，比利时保险公司开始义务提供财务信息表，允许参与者查阅每一种投资产品的诸如历史回报率等详细信息，充分了解资产配置组合的风险。此外，消费者还可在比利时保险协会于 2013 年推出的消费者信息网站 ABCAssurance 上查阅保险合同、索赔处理等信息。如今，

① 孙洁、朱梦真：《个人养老金：税收政策、投资渠道与投资者教育——基于国际比较的视角》，《经济界》，2023 年第 4 期，第 3-12 页。

② Transferring Your Pension Savings, KBC Brussels Bank & Insurance, https://www.kbcbrussels.be/retail/en/pension-saving/pensioensparen-overzetten.html?zone=, 2023.

③ Better Finance, Long-term and Pension Savings: The Real Return, Research Papers, https://betterfinance.eu/publication/long-term-and-pension-savings-the-real-return-2022-edition-summary-booklet/, 2022, p.101.

④ Thijs J, De (on) zin van Pensioensparen, Tijdschrift voor Fiscaal Recht, https://www.stradalex.com/nl/sl_rev_utu/toc/tfr_2023_8-nl/doc/tfr2023_8p383, 2023(640), pp. 383-386.

⑤ Peter van Maldegem, En épargne-pension, le rendement gagne des adeptes, Les Echos, https://www.lecho.be/monargent/epargne-et-placements/placements/en-epargne-pension-le-rendement-gagne-des-adeptes/10350771.html, 2021.

⑥ 董克用、施文凯：《加快建设中国特色第三支柱个人养老金制度：理论探讨与政策选择》，《社会保障研究》，2020 年第 2 期，第 3-12 页。

⑦ 经合组织认为金融素养是指人们做出合理财务决策并最终实现个人财务福祉所需的意识、知识、技能、态度和行为的组合。

⑧ OECD, OECD/INFF International Survey of Adult Financial Literacy Competencies, https://www.oecd.org/finance/OECD-INFE-International-Survey-of-Adult-Financial-Literacy-Competencies.pdf, 2016.

⑨ Van Campenhout G, De Witte K, De Beckker K, Financiële Vorming Op School, Itinera Institute-Skribis, 2017, pp. 153-182.

⑩ Insurance Europe, Financial Education in a Digital Age-initiatives by the European Insurance Industry, https://www.insuranceeurope.eu/publications/512/financial-education-in-a-digital-age-initiatives-by-the-european-insurance-industry/download/Financial+education%20in%20a%20digital%20age.pdf, 2017.

比利时个人养老金的参与者已有年轻化的趋势，2015 年，18~25 岁的个人养老金参与者出现强劲增长，比利时联合银行指出 40% ~54%的个人养老金合同由 30 岁以下的客户购买[①]。

（三）个人收入因素的影响

De Witte 等[②]、Stinglhamber 等[③]、Peeters 等[④]、Le Blanc[⑤]均认为收入是比利时个人养老金参与和缴款额的重要决定性因素之一。2003 年，个人养老金计划成员的平均收入为 24410 欧元。月收入低于 750 欧元的单身人士中只有 9.1%加入了个人养老金计划，而月收入超过 2000 欧元的单身人士中几乎有 50% 加入了计划[⑥]（见表 30-7）。这一现象也反映在参与者的住房特点上：有住房的比利时人参与个人养老金计划的积极性更高：50% 拥有住房的单身人士加入了计划，而只有 20% 的租房单身人士拥有个人养老金。De Witte 等认为住房所有权应被视为收入的一种形式，收入的差异是产生这一现象的重要因素[⑦]。如今，欧洲央行最新发布的家庭金融和消费调查显示，2021 年比利时过半家庭的净资产超过 242000 欧元（包括房地产，扣除未偿债务后），富裕程度在欧元区排名第三（仅次于卢森堡和马耳他），72.4% 的比利时家庭拥有自己的住房[⑧]，为参与个人养老金提供了资金动力。

表 30-7　不同收入人群的个人养老金参与情况

单身人士		已婚人士	
月收入	参与率	月收入	参与率
低于 750 欧元	9.1%	低于 1500 欧元	31.3%
750~1350 欧元	23.3%	1500~2700 欧元	50.5%
1350~2000 欧元	34.0%	2700~4000 欧元	63.7%
大于 2000 欧元	48.7%	大于 4000 欧元	74.8%

资料来源：De Witte K, Roels P, Stevens Y, The Matthew Effect: Why Current Pension Policy Helps the Rich Get Richer, in Personal Provision of Retirement Income, Meeting the Needs of Older People?, Stewart J and Hughes G, eds., Cheltenham UK: Edward Elgar, 2009, p.164.

四、结论与启示

40 年来，作为国民养老体系三大支柱之一的比利时个人养老金制度为比利时国民的养老保障提供了更为丰富和灵活的选择空间，也在制度覆盖率上取得了长足的发展。宏观上，这一方面是因为第一、第二支柱提供的制度空间，另一方面也得益于比利时政府提供了多种税收优惠政策和较早的养老金融教育，以及两大养老金运营主体：银行、保险公司不断地开发新的产品类型，增强产品吸引力。微观上，高收入是比利时人决定加入个人养老金计划的重要因素之一。当然，比利时个人养老金也存在着一定的问题，比如成本较高。在我国建立第三支柱个人养老金计划过程中，这些经验教训都值得我们学习借鉴。

（一）尊重差别化，灵活设置个人养老金的激励机制

与比利时不同，中国目前尚有相当大一部分社会群体的收入尚未达到个人所得税的起征标准，因此单纯的税收优惠很难产生激励作用。对于高收入人群，每年税收优惠

① Almaar meer jongeren doen aan pensioensparen, Trends, https://trends.knack.be/geld/pensioen/almaar-meer-jongeren-doen-aan-pensioensparen, 2016.

② De Witte K, Roels P, Stevens Y, The Matthew Effect: Why J Current Pension Policy Helps the Rich Get Richer, in Personal Provision of Retirement Income, Meeting the Needs of Older People?, Stewart J and Hughes G, eds., Cheltenham, UK: Edward Elgar, 2009, pp. 151-175.

③ Stinglhamber P, Zachary M, Wuyts G, Valenduc C, De determinanten van het sparen in de derde pensioenpijler, Economisch tijdschrift, 2007.

④ Peeters H, Van Gestel V, Gieselink G, Berghman J, Van Buggenhout B, Onzichtbare pensioenen in België, Een onderzoek naar de aard, de omvang en de verdeling van de tweede en derde pensioenpijler, Academia Press, 2003, pp.205-208.

⑤ Le Blanc J, The Third Pillar in Europe: Institutional Factors and Individual Decisions, Bundesbank Series 1 Discussion Paper No. 2011, 9, Available at SSRN: https://ssrn.com/abstract=2785399, 2011.

⑥ Dana M M, Turner J A, Imagining the Ideal Pension System: International Perspectives, Kalamazoo, MI: W.E. Upjohn Institute for Employment Research, https://doi.org/10.17848/9780880993920, 2011, p.156.

⑦ De Witte K, Roels P, Stevens Y, The Matthew Effect: Why Current Pension Policy Helps the Rich Get Richer, in Personal Provision of Retirement Income, Meeting the Needs of Older People?, Stewart J and Hughes G, eds., Cheltenham, UK: Edward Elgar, 2009, pp. 164-165.

⑧ Vervenne W, Belgische gezinnen zijn derde rijkste van eurozone, tijd, https://www.tijd.be/markten-live/nieuws/algemeen/belgische-gezinnen-zijn-derde-rijkste-van-eurozone/10481857.html, 2023.

扣除上限为 12000 元，优惠力度明显不足[①]。因此，可借鉴比利时经验，为中高收入群体提供不同类型税收优惠政策，分档设置税收优惠额度；对不缴纳个人所得税的低收入群体，通过制度安排来调动其积极性，如对中低收入人群全程免税，对非纳税人群进行财政补贴，设计针对非纳税人群的养老金产品。

此外，个人养老金的发展不在一朝一夕，应该综合考虑我国居民的人均可支配收入和通货膨胀，指数化调整个人养老金的供款额度，将供款额度与经济增长、收入增长以及通货膨胀率挂钩。

（二）丰富养老金融产品，为投资者提供多元化选择

第三支柱个人养老金的特点是提供个性化选择和服务，为参保者提供更高水平的保障待遇。由于不同个体的金融消费习惯、风险偏好等存在差异，因此要满足个性化需求，则需要在机构类别和产品类型方面提供更为广泛的选择。然而，我国养老金融产品相对匮乏，以养老储蓄居多，投资期限多以中短期为主，可供选择的产品较少，养老保障功能较强的传统型产品数量占年金保险产品总数的比例不足 10%[②]。未来，在机构类别方面，应考虑在加强监管的基础上，将符合条件的金融机构尽可能纳入，以保障个人投资的有效性。在金融产品方面，政府应该适当降低个人养老金市场的准入条件，放宽对养老金产品类型的限制，提供更多不同风险收益特征的投资组合和产品；推出长期或终身的产品，通过时间价值实现养老投资的稳健增值；设置默认产品和资产配置规则，引导个人养老金参与者科学地配置养老资产，实现风险与收益的相对平衡。

（三）注重投资回报率率，加强成本控制

第三支柱养老保险的吸引力，除了政府提供的税收优惠外，就是能够投资于资本市场，获得长期的收益回报。国内调查表明，个人养老金如果“保底 + 浮动”的结算利率低于 4%，跟市场上其他保险产品进行比较，吸引力就不大，“获得感”就不高[③]。要保证“获得感”，除了保证投资回报率，也要注意加强成本控制，减少成本对养老金回报的蚕食。因而，一方面，可以鼓励金融机构减免个人养老金产品的手续费、管理费等期间费用，通过税收支持等方式对开办个人养老金业务的机构提供政策支持。另一方面，可以通过建立养老金信息服务大平台，降低账户管理成本[④]。

（四）调动年轻人的投资积极性，推动个人养老金产品风险可视化

我国养老金融教育工作处于探索阶段，养老金融教育体系尚未正式建立，不能满足国民多样化需求[⑤]。为了更好地助力我国三支柱养老金制度体系发展，满足多样化的养老需求，可从以下两个方面加强养老金融教育工作：一是积极引导年轻人尽早开始养老储蓄。一方面，金融机构应该积极宣传个人养老金，提供专业化的养老咨询服务，帮助人们了解账户运作、资金投资、税务规划，普及年轻人养老储蓄的重要性。另一方面，政府支持养老金融教育进校园，编写相关系列教材，培养养老金融教育工作者。二是推动个人养老金产品标准化、风险可视化。可以参照比利时的做法，对个人养老金产品信息披露做出相应规范，要求金融机构以风险评级的形式对产品风险进行定性评估和公示。

① 周华林、李玉芳、袁中美：《我国个税递延型商业养老保险方案优化》，《兰州学刊》，2022 年第 7 期，第 131–149 页。
② 汪泓：《个人养老金制度：共同富裕的战略选择与路径优化》，《新金融》，2023 年第 7 期，第 11–16 页。
③ 郑秉文：《第三支柱养老保险：产品设计、税收模式与功能定位》，《金融博览》，2023 年第 4 期，第 56–59 页。
④ 毛冰雪、房连泉：《养老金信息服务大平台：国际经验与启示》，《经济研究参考》，2023 年第 5 期，第 38–47 页。
⑤ 董克用、王振振：《积极开展养老金融教育 助力完善我国养老金制度体系》，《中国银行业》，2022 年第 7 期，第 35–37 页。

分报告三十一
美国个人退休账户制度及运行现状

美国的养老金三支柱体系由第一支柱强制性社会保障制度（公共养老金）、第二支柱雇主发起养老金计划和第三支柱个人退休账户（Individual Retirement Arrangements，IRA）构成，后两者共同形成美国的私人养老金。美国的养老金三个支柱发展相对平衡，私人养老金的发展夯实了养老补充保障基础，既有助于强化公共养老金目标定位，又为降低公共养老金支出负担留出了空间。

第三支柱个人退休账户（IRA）是由政府提供税收优惠政策，激励纳税人个人自愿参加及缴费，对第二支柱雇主发起养老金形成补充和衔接的一种制度安排。自 1974 年《雇员退休收入保障法案》（Employee Retirement Income Security Act，ERISA）引入个人退休账户以来，美国养老金第三支柱取得了长足发展。2022 年，美国有 41.9% 的家庭至少持有一种 IRA 账户，IRA 资产达到 11.95 万亿美元，占私人养老金总资产的 34.9%，约占家庭金融总资产的 11%[①]。

本报告拟从美国个人退休账户制度特征、发展现状、覆盖群体特征及发展影响因素等方面探究美国养老金第三支柱不同制度安排的影响，为我国个人养老金制度设计提供一定参考。

一、美国个人退休账户制度概况

（一）美国个人退休账户制度发展进程

美国个人退休账户属于税收优惠型个人养老金储蓄制度。1974 年 ERISA 法案引入该制度，采取税收递延优惠，即缴费在税前扣除，相应缴费和投资收益递延至领取时应税（EET 模式，对应个人退休账户被称为传统 IRA）。该制度引入出于两个目标：①扩面。鼓励没有参加雇主发起养老金计划无法享受相应税收优惠的劳动者为退休储蓄。②转续。允许已经参加雇主发起养老金计划的劳动者保留税收优惠进行资产转续（Rollover）。1981 年《经济复苏税收法案》（Economic Recovery Tax Act）将参加个人退休账户的资格扩展至所有 70.5 岁以下工人，不再以没有参加雇主发起养老金为前提。该法案生效短短一年，大量高收入人群建立个人退休账户，IRA 养老金积累跃升至原来的 6 倍，IRA 沦为高收入人群避税工具。

1986 年《税收改革法案》（Tax Reform Act）收紧了个人退休账户的税收优惠资格，只有未参与雇主发起养老金计划或调整后总收入（Modified Adjusted Gross Income，MAGI）低于特定阈值的人才可享受税收递延优惠。该法案限制了高收入人群参加 IRA 空间，直接导致传统 IRA 缴费增速直线下降。1997 年《纳税人减免法案》（Taxpayer Relief Act）又适当放宽了税优资格并提高了税优缴费上限。不再使用“一刀切”的 MAGI 阈值，引入“递减”（Phase Out）的平滑机制来适当限制高收入人群缴费，即 MAGI 越高，税优缴费额度越少，直至降为 0。此外，该法案还引入了罗斯 IRA（Roth IRA），该账户实行 TEE 税收模式，允许收入低于某一限额或不能进行税前缴费的个人每年向罗斯 IRA 进行税后缴费，相应缴费产生的投资收益及待遇免税。除税优模式不同外，罗斯 IRA 提取条

① 根据美国 Investment Company Institute 的“The US Retirement Market, First Quarter 2023”相关数据计算。

件比较灵活，大幅度激发了符合条件个人 IRA 参与积极性，提升了 IRA 参与率。2001 年《经济增长和税收减免调和法案》(Economic Growth and Tax Relief Reconciliation Act，EGTRRA）上调了税优缴费上限，并允许 50 岁及以上雇员追加一定额度缴费。同时，为提高退休账户的可携带性，准许各类 DC 型退休账户之间互相结转资金。随着制度的不断发展和完善，美国个人退休账户取得了较大进展。

（二）美国个人退休账户制度安排

1. 传统 IRA 和罗斯 IRA 特征比较

美国个人退休账户包括三种类型：传统 IRA、罗斯 IRA 和雇主发起 IRA。其中雇主发起 IRA 资产仅为 IRA 总资产的 5%，不到 4% 的家庭持有该账户，且其隶属于第二支柱范畴，之后不再讨论。

传统 IRA 建立于 1974 年，采取 EET 税收优惠模式，个人缴费和投资收益递延至待遇领取时计征个人所得税。罗斯 IRA 产生于 1997 年，采取 TEE 税收优惠模式，缴费时计征个税，产生的投资收益和养老金待遇免税。总体而言，没有雇主发起养老金计划、收入较低的个人在两类账户中可以享受的税优缴费额度相对较大；相比传统 IRA，罗斯 IRA 的提取灵活性较强，总体受限程度较小。两类账户的制度特征比较如表 31-1 所示。

表 31-1　2023 年传统 IRA 和罗斯 IRA 制度特征比较

特征	传统 IRA	罗斯 IRA
税优模式	EET	TEE
缴费年龄限制	无 2019 年之后超过 70.5 岁也可缴费	无
缴费上限	50 岁以下：6500 美元； 50 岁及以上：7500 美元	50 岁以下：6500 美元； 50 岁及以上：7500 美元； 实际缴费上限还受个人报税状态和调整后总收入影响
缴费税前扣除	可以 税前扣除额受报税状态和收入影响	不可以
资金转续	EET 型养老金账户均可转入，转入资金递延至领取时计税；TEE 型账户不可转入	EET 型养老金账户转入资金需计税；TEE 型养老金账户转入资金无须计税
提取年龄要求	59.5 岁后方可提取； 满 72 岁必须开始提取，且不得低于最低提取额，否则加征 50% 附加税	不强制要求达到某一年龄必须提取
提取计税	提取的待遇若来自税前扣除缴费，按领取时边际税率计税； 若来自税后缴费，则不计税； 59.5 岁前提取需加征 10% 附加税	持有罗斯账户 5 年以上、持有人年满 59.5 岁或残疾或死亡时领取不计税；或应急提取（如购房、生病等）不计税； 否则加征 10% 附加税

资料来源：根据“IRS, 2022 Publication 590–A, https://www.irs.gov/pub/irs-pdf/p590a.pdf 和 Retirement Topics–IRA Contribution Limits, https://www.irs.gov/retirement-plans/plan-participant-employee/retirement-topics-ira-contribution-limits”相关信息整理。

2. 缴费规则

（1）缴费年龄限制，2019 年前传统 IRA 对缴费者的年龄设置上限，超过 70.5 岁不得进行缴费，2019 年后该年龄限制被取消。目前传统 IRA 和罗斯 IRA 对缴费者年龄均无上限要求。

（2）缴费限额，同一人可以同时参加两类 IRA，且可开设多个账户，但所有账户共担缴费限额，缴费上限根据美国的生活标准变化（Cost-of-Living Adjustments, COLA）适时调整。缴费上限与缴费者年龄有关，50 岁及以上个人可在常规缴费上限基础上追加缴费，具体缴费上限额度变化如表 31-2 所示。2023 年 50 岁及以下个人 IRA 缴费上限为 6500 美元，50 岁以上个人可在此基础上追加缴费 1000 美元。尽管制度允许 50 岁以上个人追加缴费，但现实中，2022 年有追加缴费资格的 50 岁以上人群中，仅 9% 的个人能够进行常规缴费，仅 4% 的个人在常规缴费基础上追加缴费[①]，IRA 积累资产多数来自雇主发起养老金计划的资金转续。

① Investment Company Institute, The Role of IRAs in US Households' Saving for Retirement, 2022, ICI RESEARCH PERSPECTIVE, FEBRUARY 2023 // VOL. 29, NO. 1, https://www.ici.org/system/files/2023-02/per29-01_0.pdf.

表 31-2　2001~2023 年 IRA 缴费上限额度变化情况

单位：美元

年份	常规缴费	可追加缴费
2001	2000	0
2002~2004	3000	500
2005	4000	500
2006~2007	4000	1000
2008~2012	5000	1000
2013~2018	5500	1000
2019~2022	6000	1000
2023	6500	1000

资料来源：IRS, 2022 Publication 590–A, https://www.irs.gov/pub/irs–pdf/p590a.pdf；Retirement Topics–IRA Contribution Limits, https://www.irs.gov/retirement–plans/plan–participant–employee/retirement–topics–ira–contribution–limits.

此外，罗斯 IRA 的缴费上限还受个人报税状态及调整后总收入（MAGI）影响，MAGI 范围根据美国的生活标准变化适时调整。一般来说，收入较高或夫妻联合报税的个人缴费上限相对较低（见表 31–3）。罗斯 IRA 的缴费上限设置引入递减机制，当 MAGI 低于某一下限阈值时，享受和传统 IRA 同等缴费上限；当 MAGI 大于某一上限阈值时，不能向罗斯 IRA 缴费；当 MAGI 处于某一范围时，罗斯 IRA 缴费上限逐渐递减，实际缴费上限遵循如下公式：缴费上限 ×[1–（实际 MAGI– 该 MAGI 下限阈值）/ 该 MAGI 范围级差]。例如已婚联合报税状态的某 50 岁以下个人，MAGI 为 220000 美元，处于 218000~228000 美元，则其缴费上限将递减，实际缴费上限为：6500×[1–（220000–218000）/10000]=5200 美元。

表 31–3　2023 年罗斯 IRA 缴费上限

报税状态	MAGI	缴费上限
已婚联合报税或丧偶	小于 218000 美元	50 岁以下：6500 美元 50 岁及以上：7500 美元
	218000~228000 美元	递减
	228000 美元及以上	0，不能向罗斯 IRA 缴费
已婚单独报税	小于 10000 美元	递减
	10000 美元及以上	0
未婚、户主或已婚单独报税	小于 138000 美元	50 岁以下：6500 美元 50 岁及以上：7500 美元
	138000~153000 美元	递减
	153000 美元及以上	0

资料来源：IRS, Amount of Roth IRA Contributions That You Can Make for 2023, https://www.irs.gov/retirement–plans/amount–of–roth–ira–contributions–that–you–can–make–for–2023.

3. 应税规则

缴费阶段，罗斯 IRA 缴费不能税前扣除，传统 IRA 缴费可以税前扣除。传统 IRA 可税前扣除额采取递减机制，与缴费个人的报税状态、MAGI 以及是否参加雇主发起养老金计划关联。总体而言，参加雇主发起养老金计划、收入较高、夫妻联合报税的个人可税前扣除的缴费相对较低（见表 31–4）。

表 31–4　2023 年传统 IRA 缴费税前扣除规则

报税状态	雇主发起养老金	调整后的 AGI	税收优惠
单身或户主	无	无限制	全额税前扣除
	有	小于 73000 美元	全额税前扣除
		73000~83000 美元	部分税前扣除
		83000 美元及以上	不能税前扣除
已婚	本人无、配偶无	无限制	全额税前扣除
已婚联合报税	本人无，配偶有	小于 218000 美元	全额税前扣除
		218000~228000 美元	部分税前扣除
		228000 美元及以上	不能税前扣除
	本人有	小于 116000 美元	全额税前扣除
		116000~136000 美元	部分税前扣除
		136000 美元及以上	不能税前扣除
已婚单独报税	本人有或配偶有	小于 10000 美元	部分税前扣除
		大于 10000 美元	不能税前扣除
丧偶	无	无限制	全额税前扣除
	有	小于 116000 美元	全额税前扣除
		116000~136000 美元	部分税前扣除
		136000 美元及以上	不能税前扣除

资料来源：IRS,IRA Deduction Limits 2023, https://www.irs.gov/retirement–plans/ira–deduction–limits.

投资阶段，传统 IRA 缴费产生的投资收益递延至待遇领取时计税，并非免税；而罗斯 IRA 缴费产生的投资收益则可免税，当资本利得税高于个人所得税边际税率时，同等缴费罗斯 IRA 产生的价值更高。

领取阶段，传统 IRA 中原本税前扣除部分对应的缴费和投资收益在领取待遇时需按领取时的边际税率计税，超出税前扣除额度的缴费因已在缴费阶段计征了所得税，领取时只对其产生的投资收益计税，其他免税；而罗斯 IRA 缴费产生的投资收益和待遇均免税。

4. 账户资金转续

美国养老金第二、第三支柱之间可以相互进行资金转续（见表 31–5）。TEE 模式罗斯账户在投资积累和待遇领取阶段免税，投资收益率提高或积累年限延长时均会产生更高税收优惠。允许 EET 模式传统账户资金向 TEE 罗斯账户转续，既可让个体享受税收递延的税差红利，又能享受 TEE 的投资积累收益，有助于提升个人养老储蓄积极性。

表 31-5　养老金账户之间资金转续情况

	转入账户				
	罗斯 IRA	传统 IRA	政府 457b 计划	EET 型雇主发起计划［如 401(k),403b］	TEE 型雇主发起计划
罗斯 IRA	是	否	否	否	否
传统 IRA	是	是	是	是	否
政府 457b 计划	是	是	是	是	是
EET 型雇主发起计划	是	是	是	是	是
TEE 型雇主发起计划	是	否	否	否	是

资料来源：IRS, Rollover Chart，https://www.irs.gov/pub/irs-tege/rollover_chart.pdf.

EET 模式的养老金计划之间可以相互转续，包括雇主发起养老金计划之间、雇主发起养老金计划向传统 IRA 和罗斯 IRA、传统 IRA 之间、传统 IRA 向 EET 雇主发起养老金计划、传统 IRA 向罗斯 IRA 进行资金转续。TEE 模式的养老金计划可以在同类税优模式的养老金计划之间进行资金转续，但不能向 EET 模式的养老金计划转续。即 TEE 模式雇主发起养老金计划之间可以转续，也可以向罗斯 IRA 转续，但不得向 EET 模式雇主发起养老金计划及传统 IRA 转续；罗斯 IRA 之间可以转续，但不能向雇主发起养老金计划（无论是 EET 模式还是 TEE 模式）和传统 IRA 转续。为了保障资金的稳定性，同类型 IRA 账户之间的资金转移每 12 个月只能发生一次（即使个人拥有多个 IRA 账户）。

若为同类税优模式的养老金计划之间转续，转续资金无须计税。EET 模式账户之间转续，资金继续递延至待遇领取时计税；TEE 模式账户之间转续，因缴费原已计税，无须重复计征。EET 模式账户资金转入 TEE 模式账户，若转续资金来自享受税收递延的税前缴费，则该税前缴费及相应产生的投资收益均应计入雇员转续当年的总收入一并缴纳个人所得税；若转续资金来自税后缴费，则其产生的投资收益需计入当年应税收入，已经缴过税的税后缴费无须再行计税。

5. 提取规则

IRA 积累资金的目标是为退休提供老年收入保障，因此不鼓励账户持有人提前领取或过度积累。

传统 IRA 可以提取养老金的年龄为 59.5 岁至 72 岁，72 岁及以上必须提取。若早于 59.5 岁（提前领取）或晚于 72 岁（过度积累）开始申领养老金均会受到税收惩罚。59.5 岁之前提前领取，领取额加征 10% 的附加税。72 岁之后要求必须至少领取最低提取额（RMD），若没有足量提取，不足部分加征 50% 附加税。

罗斯 IRA 的提取条件相对宽松，没有“72 岁之后必须领取”的强制性要求，且只要向罗斯 IRA 账户缴费或转续资金满 5 年且达到 59.5 岁或伤残、死亡等情况就可以免税领取，遇到首次购房、生病医疗费用超过调整总收入的 10% 且夫妻一方为 59.5 岁以上或申领人大于 55 岁且失业等应急情况亦可免税提前提取。但出现缴费不满 5 年或年龄不到 59.5 周岁任一种情形下领取或非紧急情况提前领取，亦会遭遇税收惩罚。具体做法如下：将领取资金分成罗斯缴费部分和缴费产生的投资收益两部分，两者按比例分配，罗斯缴费部分不计税，投资收益部分汇入当年总收入合并计税，并加征 10% 附加税。罗斯缴费与相应缴费产生的投资收益分配比例规则为：罗斯缴费部分 = 拟支取资金总额 ×（罗斯账户中的罗斯缴费总额 ÷ 罗斯账户总额）；投资收益部分 = 拟支取资金总额 − 罗斯缴费部分。

由上述制度特征可知，美国 IRA 建立的目标是通过税收优惠激励扩面并提供资金转续便利。传统 IRA 和罗斯 IRA 分别采取 EET 和 TEE 两种不同的应税模式，在养老金缴费、投资和领取三个阶段中，若预期领取时边际税率低于缴费期及资本利得税率时，EET 模式可给个人带来税收红利；而若预期领取时边际税率或资本利得税率高于缴费期边际税率，TEE 模式对个人更有利。从该制度特征来看，年长者比年轻人、富人比穷人要更倾向 EET 模式。此外，传统 IRA 缴费可产生的税前抵扣幅度受到是否参加雇主发起养老金及收入的影响，罗斯 IRA 的缴费上限和缴费资格同样受收入影响。相较于传统 IRA，罗斯 IRA 资金提取灵活性更大，可能对偏好流动性的年轻人更有吸引力。在实际运行中，运行效果是否符合上述推测？下文将进一步从运行现状和不同账户覆盖群体特征比较上识别。

二、美国个人退休账户运行现状

（一）个人退休账户积累巨额资产

2022 年美国 IRA 总资产为 11.95 万亿美元，为私人退休资产的 34.9%，充足的资产积累为个人退休收入提供了充分的补充保障。美国建立 IRA 40 多年间，政策变化尤其是税收优惠政策变化对其发展影响巨大（见图 31–1）。1981 年将参加资格扩展至所有雇员，推动 IRA 快速发展，IRA 资产从 1981 年的 370 亿美元增加至 1985 年的 2410 亿美元，年均增幅 58%。1986 年收紧税优资格，1986~1996 年 IRA 资产从 3290 亿美元增加至 1.467 万亿美元，年均增幅 16%，较 1981~1985 年出现了大幅下降。1997 年放宽税优限制并引入罗斯 IRA，一定程度上提升了增长速度，IRA 资产从 1997 年的 1.728 万亿美元增加至 1999 年的 2.651 万亿美元，年均增速 22%。2000 年经济泡沫影响了个人储蓄投资信心，资产积累基本停滞。2001 年进一步宽松税收优惠条件并提升退休资产的便携性，使个人退休账户资产积累有所回升。2003~2007 年，IRA 资产从 2.993 万亿美元增加至 4.748 万亿美元，年均增长 14%。之后除了几次经济危机，其他年份资产增长率基本保持在 10%~20%。个人退休账户的较快发展促进了美国养老金三支柱均衡发展，占退休总资产比重逐年递增，从 1974 年的 0.3% 提升至 2021 年的 36.2%。

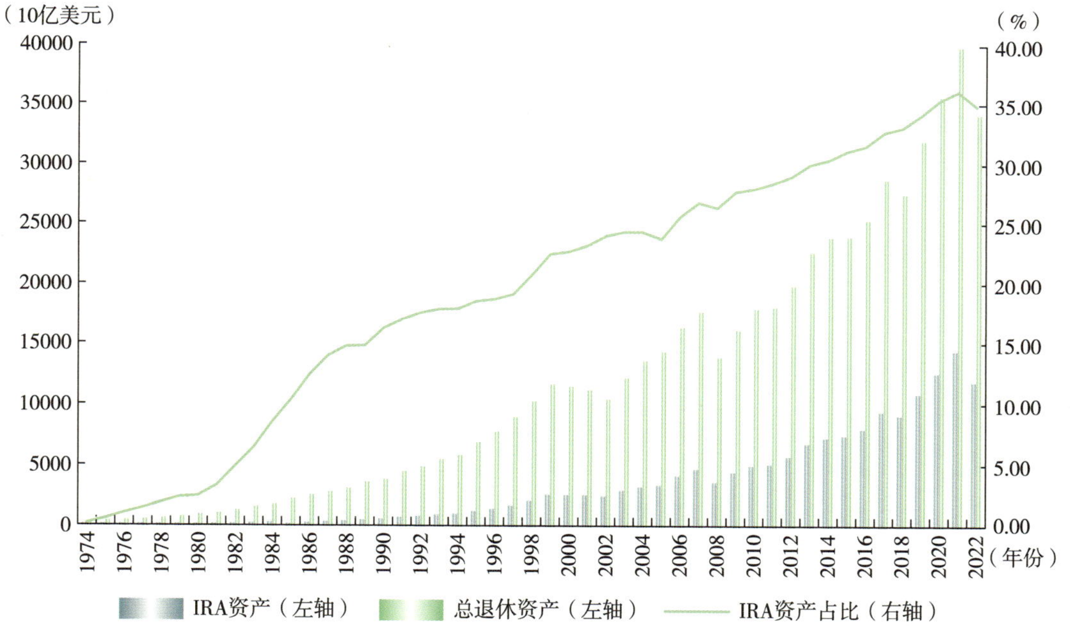

图 31–1　1974~2022 年个人退休账户资产额及其占总退休资产比重

资料来源：Investment Company Institute, “The US Retirement Market 2023”, https://www.ici.org/research/stats/retirement.

（二）持有 IRA 家庭占比总体提升，罗斯 IRA 发展更为迅速

2000~2022 年，美国参加个人退休账户的家庭比例从 35.7% 增加至 41.9%，起到了一定扩面效果。美国持有个人退休账户家庭中部分家庭同时持有传统 IRA 和罗斯 IRA，2022 年约 31.2% 的家庭持有传统 IRA，24.6% 的家庭持有罗斯 IRA。目前依然是传统 IRA 持有比例较大，但罗斯 IRA 增速快于传统 IRA。2000~2022 年，持有传统 IRA 的家庭比例从 28.7% 增加至 31.2%，持有罗斯 IRA 的家庭比例从 9.2% 增加至 24.6%（见图 31–2）。

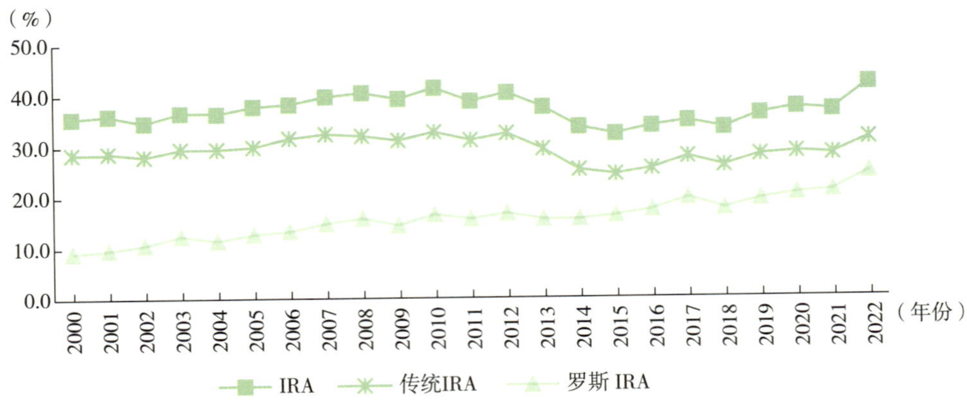

图 31–2 2000~2022 年持有 IRA 的家庭占比

资料来源：Investment Company Institute, "The US Retirement Market 2023", https://www.ici.org/research/stats/retirement.

从持有资产情况来看，2022 年传统 IRA 积累资产 10.1 万亿美元，罗斯 IRA 积累 1.21 万亿美元，约为传统 IRA 资产的 12%。但是传统 IRA 资产主要来自其他 DC 型养老金计划的资金转续，表现为养老储蓄转移。而罗斯 IRA 则主要来自账户缴费，表现为养老储蓄增长，更有助于提升养老金制度的可持续性。而且随着持有比例的提升，罗斯 IRA 资产占 IRA 资产的比重逐年增加，相应传统 IRA 资产占比有所下降（见图 31–3）。可见，罗斯 IRA 具有的 TEE 税收优惠模式及提取的便利性助力其获得了长足发展，而其产生的新增养老储蓄为实现更高退休待遇的补充保障提供了坚实基础。

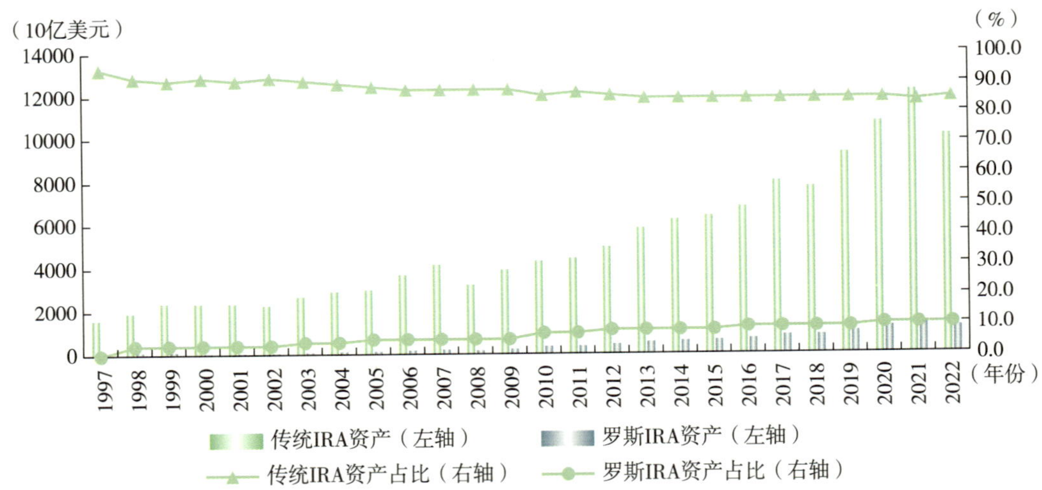

图 31–3 1997~2022 年传统 IRA 和罗斯 IRA 资产及占 IRA 总资产比重

资料来源：Investment Company Institute, "The US Retirement Market 2023", https://www.ici.org/research/stats/retirement.

（三）传统 IRA 年度收入主要来自 DC 型养老金账户间转续，罗斯 IRA 收入则主要来自缴费

因将二支柱养老金转至 IRA 可以延长税收递延期限，从而提高个人可享受税收优惠福利。IRA 的资金转续便利性为其提供了充分保障。从 IRA 年度收入来源看，传统 IRA 年度收入主要来自其他 DC 型第二支柱养老金账户资金转续，2020 年传统 IRA 年度流入资金 6169 亿美元，其中来自第二支柱养老金账户的转续资金 5948 亿美元，来自缴费的资金 221 亿美元，该年度传统 IRA 资金流入中缴费占比仅为 3.6%。1998 年以来，传统 IRA 年度流入资金中来自缴费的比例从未高于 7%，并且该比例呈逐渐下降趋势（见图 31–4）。

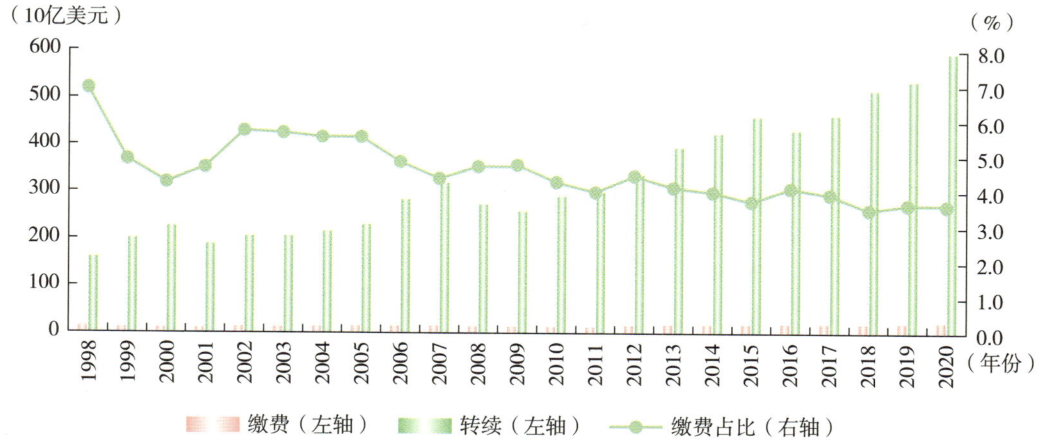

图 31–4　传统 IRA 年度收入来源

资料来源：Investment Company Institute, “The US Retirement Market 2023” , https://www.ici.org/research/stats/retirement.

罗斯IRA的年度流入资金则主要来自缴费（见图31–5），2020 年罗斯 IRA 年度流入资金 505 亿美元，其中来自缴费的资金 330 亿美元，来自第二支柱养老金账户转续资金 175 亿美元，该年度罗斯 IRA 资金流入中缴费占比为 65%。从缴费占比变化趋势看，1998~2008 年罗斯账户资金流入全部来自个人缴费，自 2009 年开始，有第二支柱养老金账户资金转入罗斯 IRA 账户，随后转续比例逐年增加。

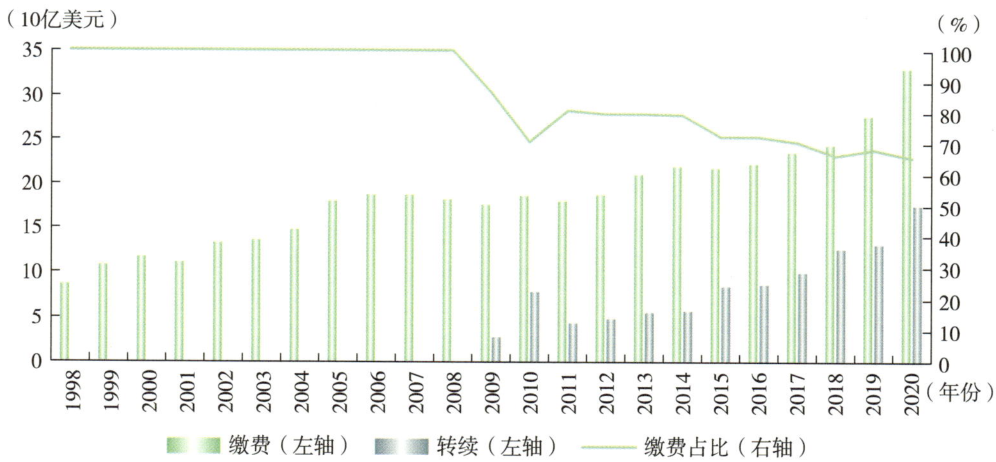

图 31–5　罗斯 IRA 年度收入来源

资料来源：Investment Company Institute, “The US Retirement Market 2023” , http://www.ici.org/research/stats/retirement.

可见，不同税收优惠模式对养老储蓄积累的影响存在差异，传统 IRA 的 EET 模式有助于通过资金转续延长递延缴税期限，提高税优福利，运行结果亦显示其资金积累更多来自资金转续，实质是为个人提供了更优税收优惠，但并未增加额外养老储蓄资产；罗斯 IRA 的 TEE 模式则允许缴费期税率相对较低或收入达不到起征点的个人进行低税或无税缴费，将来收入即便提升，领取待遇时亦可免税，通过缴费期税率与待遇领取期的预期税率的预期差异为个人提供税优福利。TEE 模式为当期收入较低或不稳定的新业态人员或多雇主就业人员提供了享受税优福利的可行通道，运行结果亦显示其资金积累更多来自缴费，对增加养老储蓄资产积累贡献更大。

三、美国不同特征群体持有个人退休账户情况及其影响因素

上述制度特征显示个人及家庭的收入、年龄、是否参加雇主发起养老金计划等都会对参加个人退休账户及参加账户类型带来影响，不同税收优惠模式对不同群体的影响作用亦存在差别。下文运用美联储 2019 年消费者金融调查（Survey of Consumer Finances，SCF）数据[①]分析美国个人退休账户的群体覆盖特点及影响因素，识别现实中影响 IRA 参与及储蓄的相关因素。

（一）数据说明

美联储自 1983 年开始每三年发布一次消费者金融调查数据。在此使用 2019 年 SCF 数据进行分析，一方面该数据为最新发布数据，另一方面该年度尚未受到新冠疫情这一外部冲击的影响，数据更能反映经济社会现实。

2019 年 SCF 调查总样本量 28885 人，其中持有 IRA 账户人数 10200 人，占总调查人数的 35.3%，该比例与 ICI 发布的退休市场统计数据近似。去掉持有雇主发起 IRA 数据，持有个人 IRA 的人数为 9022 人。在后文中，分析影响 IRA 参与及相关因素时，使用样本数量为该调查的总样本量 28885 个，分析 IRA 资产积累、个人持有 IRA 中传统 IRA 和罗斯 IRA 参与及资产积累相关影响因素时，使用样本量为持有个人 IRA 的样本量 9022 个。

（二）变量定义

变量的含义如表 31–6 所示。

表 31–6　变量含义

变量	含义
IRA	是否参与 IRA。参与为 1，不参与为 0
IRA 账户资产	IRA 账户持有资产总额，用实际资产数量表示
年龄	年龄范围。1 表示小于 35 岁，2 表示 35~44 岁，3 表示 45~54 岁，4 表示 55~64 岁，5 表示 65~74 岁，6 表示 75 岁及以上
子女数量	子女数量（包括非婚生子女 / 继子女 / 养子女）。数值反映实际子女数量，其中 5 表示 5 个及以上
受教育程度	1 表示高中以下，2 表示高中，3 表示大学，4 表示大学以上
婚姻	婚姻状况。1 表示已婚，0 表示未婚、离异或寡居
就业形式	1 表示自雇，2 表示多雇主，3 表示单雇主，4 表示退休
收入	收入水平。用实际收入数值表示
收入分位	收入共分五等分，最低分位到最高分位分别用 1~5 表示
雇主发起养老金账户	是否有雇主发起养老金计划账户，1 表示有，0 表示无
其他养老金账户	除雇主发起养老金及 IRA 以外的其他养老金账户，1 为有，0 为无
社保待遇	来自 OASDI 的社保养老金待遇额，用实际数值表示
向 IRA 转续	是否从雇主发起养老金账户向 IRA 账户转续资金，1 为是，0 为否
向 IRA 转续金额	从雇主发起养老金账户向 IRA 账户转续资金，用实际转续金额表示
资产	个人持有金融总资产额，用实际金额表示
储蓄	个人储蓄额，用实际金额表示

（三）不同特征群体持有个人退休账户情况

在此考察参加个人退休账户的群体的分布特征，验证制度设计是否达到预期目标。下文表格中的 IRA 表示不同特征群体持有 IRA 账户的情况，使用样本为总样本量。罗斯 IRA 和传统 IRA 分别表示持有 IRA 账户的群体中持有罗斯 IRA 和传统 IRA 的情况，使用样本量为持有个人 IRA 账户的样本量。

1. 不同人口学特征人群持有个人退休账户情况

表 31–7 反映了不同人口学特征人群持有个人退休账户情况。如年龄小于 35 岁的就业人群持有 IRA 账户的比例为 12.7%；在持有 IRA 账户的就业人群中，小于 35 岁人群持有罗斯 IRA 账户的比例为 57.5%，持有传统 IRA

① Board of Governors of the Federal Reserve System, 2019 Survey of Consumer Finances (SCF), https://www.federalreserve.gov/econres/scfindex.htm.

账户的比例为 23.6%。

表 31-7　不同人口学特征人群持有个人退休账户情况

单位：%

人口特征		IRA	罗斯 IRA	传统 IRA
年龄	小于 35 岁	12.7	57.5	23.6
	35~44 岁	26.1	55.8	29.5
	45~54 岁	35.9	42.4	34.8
	55~64 岁	43.5	31.6	42.1
	65~74 岁	49.7	29	47.4
	75 岁及以上	40.8	20.4	55.2
受教育程度	高中以下	7	22.2	36.1
	高中毕业	18.8	27.8	36.9
	大学	23.4	32.3	39.2
	大学以上	54.6	38.7	42
子女数量	0	36.5	33.4	44.6
	1	32.2	33.3	33.1
	2	35.7	46.8	34.5
	3	34.1	48	35.3
	4	30.4	35.9	47
	5 个及以上	25	50	25
婚姻	已婚	44.4	35.2	39.4
	未婚、离异或寡居	20.2	40	46.3

资料来源：笔者根据“Board of Governors of the Federal Reserve Board, Survey of Consumer Finances (SCF) 2019”数据通过交叉分析整理形成。

由表 31-7 可以看出，年龄越大、受教育程度越高及已婚人群持有 IRA 账户的概率越大，子女数量越多则参加 IRA 概率越小。原因可能如下：年龄越大人群越关注老年生活，选择参加 IRA 的比例越大；受教育程度越高，获取 IRA 信息能力越强，参加 IRA 概率越大；已婚人群因配偶共同负担家庭费用，相对生活成本较低，参与 IRA 并缴费的能力相对较强，参加 IRA 概率较高。

进一步地，观测持有 IRA 账户人群。不同年龄段人群在持有罗斯 IRA 和传统 IRA 上倾向不同，年龄小的群体选择持有罗斯 IRA 比重比较高，而年龄大的群体正好相反，选择持有传统 IRA 的比重较高。这与之前的判断基本一致，在持有期较长、个人对未来预期较乐观的情况下，TEE 税收模式相较 EET 税收模式更受欢迎。相对而言，受教育程度较低人群更倾向选择传统 IRA，这可能与其对个人职业生涯发展预期信心不足有关。无子女家庭更倾向选择参加传统 IRA，而有子女家庭则对罗斯 IRA 相对更为偏好，这可能与子女津贴及专项税收抵扣有关，有子女家庭应税收入相对较低，在边际税率较低的当期选择税前缴费的 TEE 模式的罗斯 IRA 更有利。

2. 不同经济特征群体持有 IRA 账户情况

表 31-8 反映了不同经济特征人群持有个人退休账户情况。如处于收入最低分位的人群中仅 13.5% 的个人持有 IRA 账户。在持有 IRA 账户人群中，处于收入次低分位的个人持有罗斯 IRA 账户的比例为 41.7%，持有传统 IRA 账户的比例为 33.5%。

表 31-8　不同经济特征人群持有个人退休账户情况

单位：%

经济特征		IRA	罗斯 IRA	传统 IRA
收入分位	1	13.5	30.5	43.4
	2	21.5	41.7	33.5
	3	34.9	35.9	34.3
	4	49.9	40.1	34.4
	5	69.6	35.2	45.9
有其他养老金账户	是	42.6	42.3	35.9
	否	31.5	32	44.3
就业形式	自雇	50.4	39.8	42.2
	多雇主	22.9	39.9	30.9
	单雇主	16.8	35.7	29.2
	退休	32.8	26.7	46.1
有雇主发起养老金账户	是	17.4	1.4	1.1
	否	36.8	39.6	45.1

资料来源：笔者根据“Board of Governors of the Federal Reserve Board, Survey of Consumer Finances (SCF) 2019”数据通过交叉分析整理形成。

由表 31-8 可以看出，收入分位越高、自雇、没有参加雇主发起养老金计划或有其他养老金计划的个人参加 IRA、持有 IRA 账户的概率越高。

由前述制度分析可知，个人参加传统 IRA 可享受税收优惠的缴费上限及参加罗斯 IRA 的缴费上限均采取递减机制，收入高于某范围的个人可享受税收优惠的缴费上限随着收入增加逐渐递减。从这个角度看，收入越高人群可享受税收优惠型缴费相对较低，似乎收入越高参加 IRA 的比例应该越小。但是现实中，因收入较高人群缴费能力和边际税率均比较高，边际税率高，采取税前缴费可享受的减税额度较大，加之其有较高缴费能力，因此，高收入人群将 IRA 作为避税工具，参加 IRA 的动力相对较高。

此外，因美国社保提供的养老金具有非常明显的累进性特点，如 2018 年美国收入最低分位人群的社保替代率为 87%，而收入最高分位人群的社保替代率仅为 35%①。可见，低收入人群参加 IRA 动力和能力较弱，而较高收入人群需要通过二、三支柱对其退休后收入提供补充保障，参加 IRA 动力和能力相对较高。

没有参加雇主发起养老金计划的人群参加 IRA 的概率也相对较高。这与前述制度分析时的初始判断接近。一方面参加雇主发起养老金计划的个人的老年收入已经获得一定程度的补充保障，参加 IRA 动力不足。另一方面，由于参加传统 IRA 可享受的税收优惠缴费上限与是否参加雇主发起养老金计划有关，没有雇主发起养老金账户的个人上限内缴费可税前全额抵扣，而有雇主发起养老金账户的个人缴费可税前抵扣额度在个人达到一定收入水平后将递减，这在一定程度上也抑制了这类群体的 IRA 参与动力。此外，自雇者无法参加雇主发起养老金计划，通过参加 IRA 获得补充保障动力相对较大。有其他养老金账户的个人，参加 IRA 概率也较大，可能与其缴费能力较强有关。

进一步地，观测持有 IRA 账户人群。最低收入分位和最高收入分位人群更偏好传统 IRA，中间分位人群相对更偏好罗斯 IRA。最高收入分位人群偏好传统 IRA 符合初始预期，因其当期收入高，税前缴费对其更有利。但是最低收入分位人群参加传统 IRA 的概率高于罗斯 IRA，与初始预期有一定偏差，或许与收入最低人群获取信息的渠道和能力不足有关。没有雇主发起养老金或其他养老金账户人群及退休人群更偏向参加传统 IRA，可能原因是在没有更多养老金补充以及退休按最低必需提取额领取养老金情况下，领取养老金面临的边际税率相对较低，因此他们更倾向于在领取时计税。

以上单个因素对个人是否参加 IRA 及参加何种 IRA 的影响进行了初步分析，也发现某类因素的作用可能受其他因素的影响。下文将多个因素整合，通过简单回归分析判断各因素对个人退休账户参与和资产积累的可能影响方向和影响程度。

（四）美国个人退休账户发展影响因素分析

根据上述分析，个人人口特征、经济特征及制度特征（如资金转续、提取灵活性）等均可能对个人退休账户参与和资产积累带来影响。下文引入人口特征变量（年龄、受教育程度、婚姻、子女数量）、个人经济变量（收入、资产）及关键变量（社保待遇、是否有雇主发起养老金账户、是否有其他养老金账户、是否向 IRA 转续资金、向 IRA 转续资金额、是否持有传统 IRA 或罗斯 IRA、持有传统 IRA 或罗斯 IRA 的资产额）分析相关因素对 IRA 参与及 IRA 资产积累的影响。

1. 对参与个人退休账户的影响

表 31-9 列出了三个模型，模型 1 反映相关因素对参加 IRA 账户的影响（样本量为 SCF 调查总样本量 28885 个），模型 2 和模型 3 分别反映在持有 IRA 账户群体中相关因素对其选择罗斯 IRA 和传统 IRA 的影响（样本量为持有个人账户样本量 9022 个）。

表 31-9 相关因素对是否参与个人退休账户影响回归模型

因素	模型 1	模型 2	模型 3
	参与 IRA	参与罗斯 IRA	参与传统 IRA
收入	0.014***	0.018	0.015
资产	0.025***	0.022**	0.021**
社保待遇	0.218***	0.047***	0.050***
雇主发起养老金	−0.058***	0.022	0.017
其他养老金账户	−0.028***	0.023**	−0.046***
雇主发起养老金向 IRA 转续资金	0.078***	−0.096***	−0.102***
向 IRA 转续金额	0.097***	−0.114***	−0.238***
就业类型	−0.102***	0.000	−0.057***
年龄	0.200***	−0.216***	0.124***
受教育程度	0.236***	0.050***	0.030***
婚姻	0.198***	0.000	0.012
子女数量	0.011*	0.009	0.015
传统 IRA		−0.267***	
传统 IRA 资产		−0.034***	
罗斯 IRA			−0.263***
罗斯 IRA 资产			−0.049***

注：***、** 和 * 分别表示 $p<0.01$、$p<0.05$ 和 $p<0.1$。

三个模型均显示个人拥有的金融资产、从 OASDI 获得的社保公共养老金待遇金额、受教育程度等对个人选择参加 IRA、传统 IRA 和罗斯 IRA 均产生显著正向影响。参加雇主发起养老金计划对个人是否参加 IRA 有显著负向影响（模型 1），但对参加何种 IRA 类型并无显著影响。持有雇主发起养老金账户并向 IRA 账户转续资金及转续资金额均对个人是否参加 IRA 有显著正向影响（模型 1），但不利于其进行类型选择。就业类型对参加 IRA（模型 1）和选择传统 IRA（模型 2）产生显著负向影响。年龄对参加 IRA（模型 1）和选择传统 IRA（模型 3）有显著正向

① ICI, Who Participates in Retirement Plans, 2018, ICI RESEARCH PERSPECTIVE. VOL. 27, NO. 8, SEPTEMBER 2021, https://www.ici.org/system/files/2021-09/per27-08.pdf.

影响，但对选择罗斯 IRA（模型 2）有显著负向影响，即年龄越小人群越倾向选择罗斯 IRA，与前文判断一致。

此外，模型 1 显示收入对个人选择是否参加 IRA 有显著正向影响，但模型 2 和模型 3 显示，对于持有 IRA 账户的个人，收入对账户类型的选择并无显著影响。持有其他养老金账户会显著降低个人参加 IRA 动机（模型 1），但会显著提高罗斯 IRA 参加概率（模型 2），可能持有其他养老金账户的个人税前抵扣相对较高，当期应税收入边际税率相对较低，从而更有动机选择罗斯账户。模型 2 和模型 3 均显示持有其他类型 IRA 以及其他类型 IRA 账户资产会对持有原类型 IRA 账户产生显著负向影响，即持有传统 IRA 及传统 IRA 资产积累越大，选择罗斯 IRA 的概率越小，两类 IRA 的持有量及资产存在显著的负相关关系。

2. 对个人退休账户资产积累的影响

表 31-10 也列出了三个模型，分别反映相关影响因素对 IRA 账户积累额、传统 IRA 账户和罗斯 IRA 账户积累的影响（样本量均为持有个人账户样本量 9022 个）。

表 31-10　相关因素对个人退休账户资产积累影响的回归模型

因素	模型 4	模型 5	模型 6
	IRA 资产	罗斯 IRA 资产	传统 IRA 资产
收入	0.256***	0.323***	0.091***
资产	−0.007	0.000	−0.006
社保待遇	0.272***	0.083***	0.296***
雇主发起养老金	−0.019*	−0.018*	−0.017
其他养老金账户	−0.050***	−0.027**	−0.042***
向 IRA 转续资金	−0.023**	−0.035**	−0.039***
向 IRA 转续金额	−0.111***	−0.035***	−0.130***
就业类型	−0.073***	−0.037***	−0.068***
年龄	0.022*	0.040***	−0.007
受教育程度	0.061***	0.055***	0.046***
婚姻	0.037***	0.025**	0.032***
子女数量	−0.022*	−0.008	−0.021*

注：***、** 和 * 分别表示 $p<0.01$、$p<0.05$ 和 $p<0.1$。

三个模型均显示收入、社保待遇、受教育程度、婚姻状况对 IRA 账户积累及两类 IRA 账户积累产生显著正向影响，这与前文判断一致。是否拥有雇主发起养老金及其他养老金账户均对 IRA 账户资产（模型 4）及两类 IRA 账户资产（模型 5 和模型 6）积累产生显著负向影响。存在从雇主发起养老金计划向 IRA 账户进行资金转续以及较高转续金额，会降低个人 IRA 缴费需求，从而抑制 IRA 账户本身的缴费积累。就业越不稳定，可以积累的 IRA 资产越少（三个模型）。年龄对 IRA 资产及罗斯 IRA 资产积累有显著正向影响，但对传统 IRA 影响并不显著。可能尽管在未达退休年龄之前个人 IRA 账户积累增加，但 59.5 岁后部分老人开始领取养老金，尤其满 72 岁老人必须从传统 IRA 领取最低必要养老金，导致较高年龄老人的传统 IRA 资产积累有所下降，从而难以显示出年龄与传统 IRA 资产积累之间的明确关系。

上述六个模型结果反映了收入、社保待遇、受教育程度及年龄均与个人参加 IRA 和 IRA 资产积累存在显著正向关系，就业稳定性则与 IRA 参与及资产积累有显著负向关系，是否拥有第二支柱养老金账户及相应账户积累额对 IRA 参与和缴费积累有显著负向影响。从 IRA 账户类型选择来看，年龄与传统 IRA 参与有显著正向关系，与罗斯 IRA 参与有显著负向关系，表现为年轻人更倾向参加罗斯 IRA，年长者更倾向选择传统 IRA；参加其他养老金账户对参加罗斯 IRA 及其资产积累有显著正向影响，反映了个人对税收优惠比较敏感。向其他养老金账户缴费降低了当前应税收入及边际税率，罗斯 IRA 的税后缴费模式下需要缴纳的个税降低幅度可能较大，从而吸引更多个人选择参加罗斯 IRA 并进行相应缴费。此外，上述分析显示，尽管可以同时参加传统 IRA 和罗斯 IRA，但实际运行中参加一种 IRA 类型会对另一种 IRA 账户类型的参与和积累产生负向影响。

四、结论

上述分析显示，尽管罗斯 IRA 的 TEE 税收优惠模式制度设计对于当期收入较低人群更有利，但实际上持有 IRA 账户人群中的收入最低等分人群选择罗斯 IRA 的比例远低于传统 IRA，同时受教育程度相对较低人群也更倾向于传统 IRA。这与制度设计初衷略有不符。反映了美国还需对受教育程度低和收入较低的弱势群体扩展其获得 IRA 信息的渠道，强化对其进行投资者教育和投顾服务，提升其获取、识别和判断信息的能力。

但总体来看，美国个人退休账户的制度设计及现实运行基本实现了扩面和资金转续、积累目标。我国个人养老金制度的目标定位与其有一定相似之处，美国 IRA 的如下制度设计具有较好的参考价值。

（1）设计不同的税收优惠模式，让 EET 和 TEE 模式并存，兼顾不同群体需求。通过税收优惠提升更多群体的参与和缴费积极性。事实上，2000 年以来，美国参加 IRA 的家庭占比不断攀升，有效实现了扩面目标。

（2）贯通第二、第三支柱进行制度设计。①根据第二支柱雇主养老金计划参与情况和收入水平设置第三支柱 IRA 的差异化税收优惠缴费上限。美国个人所得税具有累进性质，可享受的税收优惠额度与个人收入呈正相关，税优型 IRA 容易成为高收入者的避税工具。通过差异化税优设计，对参加雇主发起养老金计划的个人设置相对严格的税收优惠资格和税优缴费上限，而没有参加第二支柱养老金的个人则可以享受最大限度的税收优惠，平衡不同群体可享受的税收优惠力度。但即便如此，收入依然对 IRA 持有及 IRA 资产积累产生显著正向影响。②贯通第二、第三支柱设计类似的税收优惠模式和征管政策，为资金跨支柱转移提供便利。第二、第三支柱均同时设置有 EET 模式和 TEE 模式，有助于满足个人因就业或投资特点发生变化而产生的盘活存量资金需求，实现第二、第三支柱养老金资金统筹配置。事实上，该制度设计确实产生了较好的平衡效果。上述分析显示，第二支柱雇主养老金账户持有情况与第三支柱 IRA 参加情况负相关，允许第二、第三支柱之间资金转续对个人是否建立 IRA 有显著正向影响。

（3）建立税优缴费上限的动态调整机制，运用税收优惠促进养老金积累。缴费上限采取定额和收入比例相结合的方式，保障不同群体可以选择适于自己的最佳税收优惠，并且根据生活成本变化适时上调税优缴费上限。上调税收优惠缴费上限进一步提升了税收优惠激励，使美国参加并进行 IRA 缴费的家庭占比及 IRA 资产积累不断攀升。

（4）为临近退休人群提供倾斜性税收优惠。对 50 岁以上个人在常规税优缴费上限基础上，设置额外的享受税收优惠的追加缴费上限，使其可以加快积累养老资金，为老年收入提供更有效保障。上述分析验证了该判断，年龄与是否参与 IRA 及 IRA 资金积累存在显著正向关系。

（5）提取待遇统一纳入个人所得计税，政策对低边际税率个人更加友好。领取时，EET 模式的传统 IRA 账户待遇统一纳入领取时的个人所得统一计税，而非专门为养老金待遇设置专项税率、实行分项计税。该政策对边际税率相对较低的中低收入人群更加友好，激励更多人群通过 IRA 为养老进行储蓄，为老年待遇提供有效补充保障。

（6）保障资金的养老功能，对提前领取和过度积累实行税收惩罚，引导理性提取。59.5 岁之前原则上不得提取 IRA 资金，否则领取额将被加征 10% 附加税。传统 IRA 到达最迟开始领取年龄（2020 年前 70.5 岁，之后 72 岁）必须至少领取最低必需提取额，否则差额部分将被加征 50% 附加税。政策引导个人行为，美国 ICI 统计数据显示，当前持有 IRA 账户的个人 70 岁之前从未提取和 70 岁以后开始提取占据的比例分别为 71% 和 21%，仅 2% 出现了提前提取的情况①。

（7）设置适度宽松的提前提取政策。设置困难应急提取条款，允许账户持有人 59.5 岁前，在遭遇首套房购置或建设、高额医药费等紧急困难情况时，可以提前提取规定要求内资金，不加征惩罚税，有助于提高个人抗风险能力，并降低具有较强流动性动机的年轻群体的 IRA 参与及缴费顾虑。从现实运行看，IRA 提前提取资金用途方面，除账户间资金转续（占 30%）外，提前提取的 IRA 账户资金多数用于建房、医疗及其他应急支出方面（占 60%）②，在保障账户持有人应对风险能力的同时，也一定程度上保障了资金使用的规范性。

①② Investment Company Institute, "The US Retirement Market 2023", https://www.ici.org/research/stats/retirement.

分报告三十二 法国个人养老金再启航的措施、效果与亮点

一、法国的三支柱养老金体系

法国是欧洲较早建立养老金制度的国家之一，目前已构建起三支柱的养老金体系[①]。其中，第一支柱为强制性的公共养老金、第二支柱为强制性的补充养老金、第三支柱为自愿性的再补充退休储蓄。这三大支柱中的具体计划极为繁杂、基金分散，总体上仍以现收现付制养老金为主，资本市场参与程度偏低。

（一）第一支柱养老金

法国第一支柱基本养老金是国家法定的公共养老制度，包括用于维持收入的强制性基本养老保险和用于济贫扶弱的养老救助。基本养老保险面向全体劳动人口，实行现收现付制的融资方式，即将当下劳动者缴纳的养老保险费用以当期养老金的发放，以实现当期收支平衡。其资金来源是参保人及雇主按照工资对应缴费标准，定期缴纳养老保险费，在缴费达到法定年限之后可全额领取养老金。2023 年法国养老金改革规定，从 2023 年 9 月 1 日起，法定退休年龄将逐步提高（出生每晚一年延长 3 个月）至 2030 年的 64 岁，领取全额养老金的工作年限也延长到 43 年（172 个季度）[②]，2021 年初共有 1690 万人退休[③]。

由于历史上法国行业互助工会发达，法团主义文化影响深远，注重彰显以职业为单位的“内部团结”，根据适用成员的职业种类和部门性质设定了不同的养老金政策，故法国第一支柱养老金是各种不同计划长期积累的结果[④]，表现出明显的“碎片化”特征。按经济 – 职业类别为划分标准可大致分为三类[⑤]：包括针对私营工商业部门雇员和自营职业者的“一般社会保障计划”（Régime général de la Sécurité Sociale），覆盖 88% 的法国人口，2021 年 1490 万人从该计划中领取养老金；针对农业人口的农业社会互助计划（Mutualité Sociale Agricole，MSA），覆盖了 5% 的法国人口，2021 年 230 万人从该计划中领取养老金[⑥]；覆盖公营机构等特殊行业的特殊制度，如国家公务员和军队成员的国家代理人制度（Régime des Agents de l’État）、地方政府雇员和公立医院雇佣公务员的地方政府雇员国民养老金计划（CNRACL）、法国国家铁路公司

① Sultan A, Chapitre 19. L’épargne retraite, Dans Gestion de Patrimoine (2021), https://www.cairn.info/gestion-de-patrimoine--9782100823628-page-391. htm, 2021, pp. 391–418.

② Assurance Retraite, Réforme: ce qui change au 1er septembre, https://www.lassuranceretraite.fr/portail-info/sites/pub/home/actif/age-depart/age-depart-retraite.html, 2023.

③ La Sécurité social LES, LES CHIFFRES CLÉS DE LA SÉCURITÉ SOCIALE 2022, https://www.securite-sociale.fr/files/live/sites/SSFR/files/medias/DSS/2023/Chiffres%20cles%20de%20la%20DSS%202022.pdf, 2023.

④ LAVIGNE A, II. Le système de retraite français, dans : Anne Lavigne éd., Économie des retraites, Paris, La Découverte, Repères, 2013, pp.27–44.

⑤ La retraite en claire, Panorama complet des régimes de retraite, https://www.la-retraite-en-clair.fr/profession-regimes-retraite/panorama-complet-regimes-retraite.

⑥ DREES, Les retraités et les retraites-édition 2023, 2023, p.9.

养老金计划（SNCF）、法国电力公司养老金计划（EDF-GDF）等 27 个特殊计划，覆盖 7% 的法国人口[①]。

（二）第二支柱养老金

法国第二支柱补充养老金是职业年金形式的强制性养老保险。第二次世界大战使法国国力遭受重创，重新建立的养老金制度给付水平较低，与战前为工薪管理阶层专门建立的养老制度给付水平差距也较大，为使工薪管理阶层加入国家养老金新制度，政府同意其与雇主协商建立补充养老计划以补偿参保制度的转换损失。普通工薪者、农场主、自雇者、公务员、军职人员等群体也纷纷效仿该计划逐步建立了补充养老制度。因此，法国第二支柱与第一支柱相互重叠，覆盖了相同的被保险人，并延续了第一支柱的“碎片化”模式，结构复杂的同时更加凸显行业团结特征，计划职业关联性强且条块分割严重。

具体来说，补充养老金计划包括 1947 年设立的面向私有工商业部门的工薪管理阶层的管理人员补充养老制度（Association Générale des Institutions de Retraite des Cadres，AGIRC）和 1957 年设立的面向私有工商业部门的全体工薪者的雇员补充养老制度（Association pour le Régime de Retraite Complémentaire des Salariés，ARRCO）。1972 年法律规定所有私营部门雇员必须加入集体协议基础上建立的强制性补充养老保险。根据 2015 年 10 月 30 日签署的国家跨行业协议（Accord National Interprofessionnel）：自 2019 年 1 月 1 日起，ARRCO 和 AGIRC 合并形成 AGIRC-ARRCO[②]。其缴款 40% 由雇员支付、60% 由雇主支付；没有最低缴费年限限制，所有工资的缴费率相同，按工资水平分为两个档次。目前法国有 2200 万名员工向 AGIRC-ARRCO 缴款[③]。

对于 AGIRC-ARRCO 覆盖范围之外的公营机构和其他人员，法国针对公务员、治安法官、职业士兵等公职人员设置了公共部门补充养老保险制度（Régime Additionnel de la Fonction Publique，RAFP）[④]、针对公共法律实体协助的、合同征聘的干事、非全职官员、非全职政府成员、没有养恤金权利的全职官员、医院从业人员、地方民选官员设置了公共补充养老基金（Institution de Retraite Complémentaire des Agents Non Ritulaires de l’État Et des Collectivités Publiques，IRCANTEC）[⑤]和针对自雇人员设置的各类补充计划，如针对农场或农业公司雇员、农场看守者以及首席经营者和农业公司经理制定的农业社会退休补充计划（RCO-MSA）等，基本实现了第二支柱养老金的全覆盖。

（三）第三支柱养老金

第三支柱养老金是以个体为单位参与私人储蓄计划，没有国家强制性规定，投保人可以根据自身的经济、自然、职业等状况自主选择再补充养老金计划。自 20 世纪 90 年代以来，法国政府对其养老金体系进行了多轮改革。1994 年，法国首次通过《马德兰法令》正式引入只面向自营职业者（TNS）的非强制性再补充养老金“马德兰（Madelin）合同”；随后为应对过往特定需求的堆积，又建立了公司可向其雇员提供的可选退休储蓄计划，包括《税收总法典》第 39 条、第 82 条和第 83 条、“公司养老金储蓄计划”（PERE）、自营职业者的“exploitants agricoles”计划与自营职业者和律师社会保障基金提供的计划（AVOCAPI、FONLIB 和 CAPIMED、PREFON、FONPEL、CAREL）等多种产品[⑥]；在2003年拉法兰（Raffarin）政府社会事务部长弗朗索瓦·菲永（François Fillon）的改革中，针对私有企业和全体劳动者立法推出了基金积累制的自愿性再补充养老金通用计划——“企业集体退休储蓄计划”（Plan d’Épargne pour la Retraite Collectif，PERCO）和“个人退休储蓄计划”（Plan d’Épargne Retraite Populaire，PERP）[⑦]。

上述这些计划在 2019 年改革建立新的再补充退休储蓄计划后基本被停止、替代，目前法国由政府主导的第三支柱养老金主要由自愿型企业补充养老储蓄计划和自愿型个人养老储蓄计划两大部分构成（见表 32-1）。与第一、第二支柱不同，法国现行第三支柱补充养老金面向全体法国国民开放相同的计划，在一定程度上改善了第一、第二支柱长期“职业分割”的碎片化劣势。其运营模式主要以投资型为主，持有人可通过税收优惠政策以免除部分所得税；对于非应税储蓄者，也可在合同终止时适当减税，是对所有人有利的储蓄产品。

① La Sécurité social LES, Les Régimes, https://www.securite-sociale.fr/la-secu-cest-quoi/organisation/les-regimes#.

② SAS Previssima, AGIRC-ARRCO: qu’est-ce que la retraite complémentaire des salariés?, https://www.previssima.fr/question-pratique/regime-des-salaries-agirc-arrco-quest-ce-que-la-retraite-complementaire.html.

③ La retraite en claire, Fusion Agirc-Arrco, quels impacts pour la retraite?, https://www.la-retraite-en-clair.fr/parcours-professionnel-regimes-retraite/retraite-salaries-prive/agirc-arrco-impacts-fusion.

④ 公共部门补充养老保险制度（RAFP），参见法国官网：Le Régime de Retraite additionnelle de la Fonction publique。

⑤ 公共补充养老基金（IRCANTEC），参见法国官网：La retraite complémentaire publique（https://www.ircantec.retraites.fr）。

⑥ AUBERT P, La retraite supplémentaire facultative en France: panorama statistique, Revue française des affaires sociales, 2012, pp.187-206.

⑦ Nezosi G, La protection sociale, La Documentation française, https://www.vie-publique.fr/catalogue/22814-la-protection-sociale, 2021.

表 32-1　法国第三支柱养老金计划构成

自愿型企业补充养老储蓄计划
管理人员的职业 DB 计划（《一般税法》第 39 条） 退休储蓄计划（PEREO 和 PEREC） 公司退休储蓄计划（PERE） 公务员补充养老金计划（PREFON）和地方政府代表的补充养老金计划（FONPEL、CAREL-MUDEL）
自愿型个人养老储蓄计划
个人退休储蓄计划（个人 PER） 军人互助退休计划（RMC）

资料来源：OECD, Annual Survey on Financial Incentives for Retirement Savings, OECD Publishing, https://www.oecd.org/daf/fin/private-pensions/financial-incentives-retirement-savings.htm, 2022.

二、改革前的法国个人养老金：发展较迟缓

（一）第三支柱养老金发展迟缓

虽然法国人的储蓄水平在欧洲名列前茅（约 5000 亿欧元），但其补充退休储蓄却长期发展不足，三大养老支柱发展并不均衡[①]。从三支柱的规模构成来看，由保险公司、互助保险公司或公积金机构管理的再补充退休储蓄产品占退休金总额的比例甚至不到 3%；2010~2021 年，法国补充退休储蓄缴款占全部养老保险缴款的比重一直在 4% 左右（2021 年为 5.8%）、占所支付养老金金额的比重也常年在 2% 左右（2021 年为 2.3%），这一水平远低于经合组织的平均值[②]。2021 年法国注资养老金计划和个人养老金计划的总资产占国内 GDP 的比重为 12.1%，个人养老金计划持有人数占劳动适龄人口的比重为 12.3%，处于所有经济合作与发展组织（以下简称经合组织，OECD）国家的中下位水平[③]。

此外，改革之前由保险公司提供的人寿保险是法国最受欢迎的退休储蓄产品。2018 年人寿保险拥有 17000 亿欧元的保额，被誉为法国储蓄的“瑞士军刀”。相比之下，由政府主导的各类退休储蓄产品同年资产总额为 2200 亿欧元[④]，个人退休储蓄计划（PERP）仅 300 万人加入、企业集体退休储蓄计划（PERCO）仅 270 万人加入[⑤]，资产规模和覆盖人数均远落其后。

（二）原因分析

1. 现收现付制养老金占主导地位，养老待遇丰厚

法国沿袭了典型的“福利国家”模式，较强的“左派”传统使社会保障背负了社会福利的功能，因此养老保险制度始终以负担再分配功能的现收现付制养老保险制度为基本模式，这也是“二战”后以追求社会公正为普遍目标的俾斯麦式福利国家的普遍做法。更为特殊的是，法国在基本养老保险（CNAV）之外立法建立了一个现收现付制的、职业年金形式的强制性补充养老保险（AGIRC-ARRCO），两者共同构成了法国养老金体系中覆盖面最广、替代率最高的以代际团结为核心的两个养老金支柱，占据着法国养老金体系和国民经济的重要地位。据统计，2020 年法国第一、第二支柱养老金资产之和占总资产的比重接近 90%，远高于大多经合组织国家[⑥]，2022 年法国养老金系统总共支付了 3607 亿欧元，占国内生产总值（GDP）的 13.7%，其中 3120 亿欧元用于现收现付制养老金（占 GDP 的 11.8%）[⑦]。

值得注意的是，法国现收现付制保险提供的是较丰厚的养老金待遇。法国第一、第二支柱的养老金替代率较高，2021 年所有计划的法国养老金领取者的平均直接养老金总额为每月 1531 欧元[⑧]，生活水平比总人口高出 2%。而且养老金领取者的贫困率远低于法国总人口的贫困率，2019 年养老金领取者贫困率仅为 9.5%，总人口的贫困率为 14.6%[⑨]。此外，法国还是退休年龄较早的国家，2021 年法国平均退休年龄达到 62 岁零 7 个月[⑨]，而经合组织国家 2020 年平均正常退休年龄为男性 64.2 岁、女性为 63.4 岁。法国的“老龄就业人口”比例同样较低，2020 年法国 60~64 岁人口就业率约为 31%、65~69 岁人口就业率约为 9%，而所有经合组织国家 60~64 岁平均就业率达 50.7%、65~69 岁年龄组达 22.9%[⑩]。

由于通过第一、第二支柱养老金即可获得 80% 的养

① Le nouveau Plan Epargne Retraite (PER), https://www.economie.gouv.fr/PER-epargne-retraite, 2019.

②⑧ DREES，Les retraités et les retraites - édition 2023, 2023.

③ OECD, Pension Markets in Focus 2022, OECD Publishing, 2023.

④ Le Plan d’Action pour la Croissance et la Transformation des Entreprises en 10 mesures, https://www.economie.gouv.fr/files/files/ESPACE-EVENEMENTIEL/PACTE/pacte-10-mesures.pdf?v=1598601160, 2018.

⑤ DREES, Les retraités et les retraites-édition 2020, 2020.

⑥ OECD, OECD Pensions Outlook 2022, https://doi.org/10.1787/20c7f443-en, 2022.

⑦⑨ COR, Évolutions et perspectives des retraites en France Rapport Annuel, 2023.

⑩ DREES, Les retraités et les retraites-édition 2023, 2023.

⑩ OECD, Pensions at a Glance 2021: OECD and G20 Indicators, OECD Publishing, 2021.

老金替代率，大部分已退休或接近退休的法国人对其养老金水平都比较满意，并普遍将未来养老金福利的承诺视为工资增长的一种结果，这在无形中培养了法国人对第一、第二支柱的高度依赖，进而挤压了法国人对预防性的个人退休储蓄产品的需求空间，使政府过去引入各类基金积累制退休储蓄计划的制度效果大多不佳，难以撼动法国现收现付制与基金积累制养老金之间根深蒂固的“不平衡”。

2. 旧退休储蓄计划过于繁杂分散，不利于发展

在过去，法国第三支柱补充退休储蓄产品种类同第一、第二支柱一样具有复杂而分散的特征，同时存在 PERP、PERCO、Article 83、Madelin 等多个计划。这些计划面向不同的制度群体、受不同规则的制约，对参保者产生了诸多不利之处，严重制约了参保率的提高。同时分散的计划资产不利于法国的企业融资，很难成为具有强吸引力的高收益产品。具体包括：提供的产品种类繁多，每种退休储蓄产品都有不同的运行规则和税收制度，使获取信息成本过高，大多有意愿者难以理解；与此同时，不同产品之间可移植性不强，更换工作后的持有人因无法合并或转让储蓄而被迫积累分散的多个计划。此外，多数计划的合同成本高昂，但收益率却不尽如人意，在整个退休储蓄产品市场上并不具备独特优势，并且计划提供的领取选择也较为局限，无法灵活适应持有人的储蓄需求。

三、改革中的法国个人养老金：双重助力与主要措施

（一）改革的双重助力

1. 第一支柱养老金支付压力大

第一支柱基本养老金实行现收现付的融资制度，即收取的保险费用于支付同期的养恤金。因此制度的财务平衡取决于其人口抚养比（在职缴费人数与领取养老金人数之间的比率）。然而，法国人口总数的增速自 2004 年逐渐放缓，2022 年人口增速仅为 0.3%，2023 年法国人口总数为 6804 万①。自 2010 年以来法国人口老龄化逐渐加速②，2023 年 21.3% 的居民年龄在 65 岁以上；2021 年法国基本养老金制度内退休人口数为 1700 万，在职缴费人口数为 2900 万，两者比例已从 2010 年的 1.78：1 下降为 1.71：1③，财务平衡受到较大冲击。除了雇员和雇主按工资比例强制性缴纳的社会分摊金外，基本养老金的资金来源还包括政府的财政收入。然而，从 20 世纪 90 年代开始，法国人口预期寿命不断提高、生育率持续走低、失业率升高，法国竭力维持高福利水平的现收现付制养老金更加难以为继，保障养老金制度的财务状况成为一个经常性的挑战。尽管自 1993 年以来已进行了多轮使养老金制度更具缴费性的改革，但改革进程尚未完成④。在此情形下，第一支柱养老金的支付压力逐年增加。2022 年，所有基本计划将支付 2584 亿美元的净福利金。根据 2023 年改革方案，养老金体系的收支平衡在 2022 年为盈余（+0.2%），但到 2030 年将出现赤字，赤字占国内生产总值的 0.2%。到 2070 年，赤字仍将占国内生产总值的 0.8%⑤。

为应对重度老龄化导致的现收现付制法定养老金的支付压力，法国政府于 2000 年成立了国家退休储备基金（Fonds de Reserve pour les Retraites, FRR）作为第一支柱养老金的补充和长期战略储备，在降低经济周期对财政平衡影响的基础上利用集中储备的积累促使养老金缴费率在较长时期内保持相对平衡，并通过资产积累的收益填补基本养老金的收支缺口。截至 2022 年，FRR 资产总额达到 213 亿欧元；2004~2022 年，年化资产投资回报率达到 3.26%，2020 年对基本养老保险计划一次性支付了 34 亿欧元。然而，2022 年 FRR 的资产负债（资产收购价值与市场价值之间的差额）也出现了 5.62 亿欧元的赤字，可能面临一定的支付压力⑥。

当然，从短期来看（2018~2030 年）退休金支出的 GDP 占比仍可保持稳定，供养比（就业人数 / 退休者人数）的变化也暂不会出现极为明显的变动。但从长期来看，由于各种政策原因导致的养老金收入减少和退休人口占比持续上升的趋势不会消失，维持慷慨的现收现付养老金制度必然要求就业者缴纳的养老金额继续上升。因此，虽然发达的第一、第二支柱一度挤压了个人养老金的需求空间，但现收现付制养老金制度越来越高的财政赤字却终将成为法国政府改革个人养老金制度的助力——政府有较高的动力

① INSEE, Bilan démographique 2022, https://www.insee.fr/fr/statistiques/6687000?sommaire=6686521#graphique-figure6_radio1, 2023.

② Athari E, Quarante ans d'évolution de la démographie française: le vieillissement de la population s'accélèreavec l'avancée en âge des baby-boomers, France portrait social, Insee Références, https://www.insee.fr/fr/statistiques/4238437#onglet-4, 2019.

③ INSEE, Cotisants, retraités et rapport démographique tous régimes Données annuelles de 2004 à 2021, https://www.insee.fr/fr/statistiques/2415121#tableau-figure1.

④ Huteau G, Chapitre 6. Assurance vieillesse et régimes de retraite, dans: Le droit de la sécurité sociale. Système et finalités, sous la direction de HUTEAU Gilles. Rennes, Presses de l'EHESP, Fondamentaux, 2021, pp.155-180.

⑤ COR, Évolutions et perspectives des retraites en France Rapport Annuel, 2023.

⑥ FRR, RAPPORT ANNUEL 2022, https://www.fondsdereserve.fr/fr/publications/rapports-annuels, 2023.

利用当前养老金体系改革的窗口期，引入更加具有吸引力的基金制退休储蓄计划，为将来三支柱养老金体系的整体平衡奠定基础。

2. 公众对补充退休储蓄的态度改变

虽然法国目前现收现付制养老金制度极为发达，但法国也曾尝试过推行基金积累制的强制性养老金计划。早在1930年，法国政府就针对年收入超过15000法郎的雇员设立了强制性养老金计划，规定投保人必须证明自己已缴费30年才能领取全额养老金，然而该计划在不久后的全球性经济危机（1929~1933年）中遭受致命冲击，所积累的养老基金大幅度缩水，制度损失惨重，当时退休者的权益几无保证。自此，法国人便对容易暴露在市场风险之下的“基金制”养老制度的态度变得十分警惕①。

然而，近年来法国人对基金制退休储蓄的态度也发生了变化。由于自1993年以来法国对养老金制度采取了多轮改革，在未来几年内领取养老金者的相对生活水平与全体人口相比将有所下降，替代率（养老金/最后工作收入）也将随之下降。2023年法国养老金改革将缴款期延长至43年，这对于较晚进入劳动力市场的人来说，退休时养老金大打折扣的风险可能将随之增加。因此在可预见的未来，法国退休指导委员会（Conseil d’Orientation des Retraites，COR）认为到2070年法国退休人员相对生活水平（退休人员的平均生活水平与总人口的平均生活水平的比较）将会持续降低②。

2022年，仅34%的法国人对其养老金水平感到比较满意。根据法国储蓄金研究机构（Cercle de l’Épargne）自2004年以来进行的研究，随着改革不断推进，法国人对养老金水平的担忧往往会有所增加，2/3的法国人认为其养老金都不足以维持现在或将来适当的生活，“养老金不足”的看法在2019年和2020年养老金改革讨论高峰期达到顶峰（72%）③，年轻人也开始对现行退休制度的可持续性表现出“不信任”的倾向。2022年，49%的18~24岁年轻人表示会通过储蓄来提高未来的生活水平，其中29%的人表示会定期进行退休储蓄④。因此，为了维持未来退休阶段的生活水平，越来越多的法国人认为储备更多的预防性退休储蓄变得更有必要，这一背景为政府鼓励许多法国人开设退休储蓄产品或向其支付更高的金额减少了诸多阻力。

（二）改革的主要措施

2019年5月22日，法国颁布关于企业增长和转型的第2019-486号法律（即“PACTE”法）⑤，在这些计划中增加了一项新的退休储蓄计划（PER），其改革目的在于标准化和简化补充退休计划的同时搭建一个具有吸引力的制度框架，通过创新制度结构来取代长期僵化和复杂的退休储蓄产品，包括原有的面向所有人的PERP、面向自营职业者的Madelin合同、PERCO，将法国人的储蓄转向补充退休储蓄，进而鼓励人们做长期投资，使政府可以获得稳定的资金来扶持法国企业。这一重大改革重塑了法国第三支柱养老金的框架结构。

改革将法国第三支柱中的多个养老金计划整合为一个退休储蓄计划的集合体——“PER计划”，每份PER由三部分组成，包括个人退休储蓄计划（le Plan d’Épargne Retraite Individuel，PERIN/PERI）、集体退休储蓄计划（le Plan d’Épargne Retraite Entreprise Collectif，PERCOL/PERECO）和强制公司储蓄计划（le Plan d’Épargne Retraite Entreprise Obligatoire，PERO /PERCAT）。三者都是资本积累型保险，且都具有自愿性，不同之处在于缴费来源不同：PERIN是个人在强制性养老金计划之外的积累型退休储蓄，由投保人自愿出资储蓄；PERCOL的资金来自员工储蓄，如利润分享⑥、奖励计划、时间储蓄账户（CET）、未超过法定最低休假天数、雇主供款和企业储蓄计划（PEE）转账；PERO是指某些公司为其员工提供的可选注资养老金计划，由企业出资储蓄进行强制性缴款（见表32-2）。

① 彭姝祎：《法国养老金改革：走向三支柱？》，《社会保障评论》，2017年第3期，第135-147页。

② COR, Évolutions et perspectives des retraites en France Rapport Annuel, 2023.

③ Cercle de l’épargne, Enquête 2022 Cercle de l’Épargne/Amphitéa: Épargne et retraite, des passions bien françaises, http://cercledelepargne.com/enquete-2022-cercle-de-lepargne-amphitea-epargne-et-retraite-des-passions-bien-francaises, 2022.

④ Cercle de l’épargne, Les jeunes, l’épargne et la retraite, des relations complexes, http://cercledelepargne.com/les-jeunes-lepargne-et-la-retraite-des-relations-complexes, 2022.

⑤ Journal officiel de la République française, JORF, Décret n° 2019-807 du 30 juillet 2019 portant réforme de l’épargne retraite, https://www.legifrance.gouv.fr/jorf/id/JORFTEXT000038858382.

⑥ 法国的利润分享是一种员工储蓄计划，允许员工获得与公司业绩或业绩成比例的奖金，目标是让员工参与公司的目标和结果，https://www.economie.gouv.fr/particuliers/epargne-salariale-comment-beneficier-de-linteressement。

表 32-2　PER 计划的不同类型

认购框架		可认购对象	缴款人
个人（Individuel）	个人退休储蓄计划（PERIN）	个体（包括自雇置业者）	隔间 1: 个体自愿付款
公司（PER Entreprise）	集体退休储蓄计划 (PERCOL)	设立了该计划的公司内员工	隔间 2: 与雇员储蓄相关的付款
	强制公司储蓄计划 (PERO)	某些类别的雇员	隔间 3: 雇主与雇员的强制性付款

资料来源：法国储蓄金研究机构 (Cercle de l'épargne), Les produits d'épargne retraite, http://cercledelepargne.com/les-publications/les-produits-depargne/les-produits-depargne-retraite.

后两者是公司可在企业的倡议下，通过集体劳动协议、雇主与企业内代表性工会组织代表之间的协议、社会和经济委员会（CSE）内达成的协议以及雇主提出的合同草案的 2/3 多数批准设立。建立的计划必须向所有员工（最大受限条件是不可超过三个月的工龄条件）开放。

PER 计划基本取代了原有补充退休储蓄计划（被替代产品自 2020 年 10 月 1 日以来不再提供），并优化了部分制度安排，体现了法国政府此次个人养老金改革的重点。此外，在新旧制度转换上规定可直接将已持有的旧计划转入对应的 PER 部分（见表 32-3）。

表 32-3　PER 计划与其替代的旧退休储蓄计划特点比较

计划名称	PER	PERP	Madelin	Art. 83	PERCO
缴费规定	自愿缴费 自由选择频率和数量		设有年度最低缴费额	按工资百分比计算的付款，部分由公司支付，部分由雇员支付	雇员可按照自己的意愿进行储蓄，上限为其年薪总额的 25% 公司缴款不得超过社会保障年度上限的 16%，即 2021 年为 6581.76 欧元
投资范围	同人寿保险				仅限 FCPE 和 SICAV
可移植性	接受原计划移入	有限			仅可转向另一 PERCO
领取规定	自由选择，年金或一次性领取允许当持有人购买主要住所时提前支取	年金或最多可提取保单退保价值的 20%	仅限年金		自由选择，年金或一次性领取 允许当持有人购买主要住所时提前支取

资料来源：根据法国经济与财政部公开资料整理所得，https://www.economie.gouv.fr/PER-epargne-retraite。

四、改革后的法国个人养老金：具体制度安排及效果

改革后，有储蓄意愿者可单独认购 PER 计划中的个人养老金——个人退休储蓄计划。基于此，本文将着重介绍个人养老金计划的具体制度安排。

（一）具体制度安排

1. 开户方式

有意愿者可与补充养老金市场上所有提供销售服务的参与者，包括银行、保险公司、公积金机构、互助保险公司、资产管理公司或补充职业养老基金（FRPS）等机构任选其一开立账户，一般需缴 20~50 欧元注册费。开户后根据需要进行自愿缴款（频率和数额取决于合同），缴费后持有人根据所选取管理 PER 的机构而签订不同的投资合同，包括“投资 PER”和“保险 PER”两种形式。目前来看，PER 管理大部分都委托给了保险公司，2021 年向保险公司的缴费占所有缴费的近 75%，补充职业养老基金的缴费比例超过 7%，高出互助保险公司或公积金机构支付的缴费近 4 倍①。

2. 账户投资和管理

（1）投资管理与资产配置。

PERIN 的投入金额并无限制，持有人能够进行大额投资，但储蓄金的投资限制根据供应商和持有人的不同而有所不同。持有人可以采取人寿保险单或证券账户与现金账户相结合的形式开立。“保险 PER”与“投资 PER”两类账户的区别在于开立账户后的投资工具有所不同，“保险 PER”是人寿保险合同的一种形式，由保险公司管理，投资方向可选择欧元基金或联接基金（见表 32-4）②。一是投资于欧元基金，属于防御型投资，其主要特点是最大限

① DREES，Les retraités et les retraites-edition, 2023.

② PERLIB（法国专门提供退休和人寿保险产品的资产管理公司），QUELLES SONT LES DIFFÉRENTES SOLUTIONS D'ÉPARGNE RETRAITE INDIVIDUELLE?, https://perlib.fr/retraite/epargne-retraite-individuelle-decouvrez-les-meilleures-solutions, 2023。

度地降低基金损失风险以保障储蓄金的安全，但其收益较低。二是投资于联接基金以建立多重支持人寿保险合同，联接基金是一种金融投资工具，可以投资于股票和债券、共同基金、不动产及债务证券。这种投资方式属于是激进型投资，允许直接购买股票等资产，故回报率与所承担的风险成正比。持有人可根据自己的投资情况对投资进行加权，投资于一种或多种金融产品，如股票、债券等。保险公司只需返还合同中持有的账户单位数量。由于收益受金融市场变化无常的影响，因此持有人需承担较大的金融风险[①]。与投资单一基金不同的是，联接基金可在不取消合同的情况下将资产从一个合同转移到另一个合同中，但每次转移都会产生费用。“投资 PER”则必须联系被获准提供投资建议的服务提供商（信贷机构、投资公司或金融投资顾问），采用证券账户的形式，允许直接购买股票等风险较高的资产[②]。

表 32-4　PER 计划投资合同的类型

PER 类型	合同类型	受托人	投资方向
投资 PER	证券账户	资产管理公司	证券组合
保险 PER	人寿保险合同	保险公司	投资于欧元基金 投资于联接基金

资料来源：法国储蓄金研究机构（Cercle de l'épargne），Les produits d'épargne retraite，http://cercledelepargne.com/les-publications/les-produits-depargne/les-produits-depargne-retraite.

截至 2023 年 6 月底，法国共 510 万保户持有 PER，管理的资产达 668 亿欧元。其中，“保险 PER”的缴款总额为 7.16 亿欧元，比 2022 年 6 月增长了 30%，新增投保人 6.2 万人（增长 10%），联接基金产品占 39%[③]。

具体来说，PER 计划投资有三种管理方式，包括水平线管理、委托管理和自主管理。其中，水平线管理是保险公司提供的默认管理方式，该模式充分考虑“投资期限”，旨在通过长期投资与合理分配欧元基金和账户单位（股票、债券等）来限制风险。托管人会在持有人较年轻时更多地投资风险较高但收益较高的基金联接产品，在临近退休时更多地改投损失风险更小的欧元基金产品。除此之外，委托管理是持有人委托专业投资人来管理 PER 的投资。自主管理则是持有人可在机构提供的所有投资工具中自由选择及组合投资产品。

在三种管理模式的实际操作中，都需考虑持有人的投资偏好和距离退休年数两个标准后在多个金融工具之间分配储蓄。一般有三种风险偏好选择：一是谨慎型，大部分储蓄投资于欧元基金或同类风险较低的基金产品，小部分投资股票（约占 15%）；二是平衡型，大部分投资于欧元基金，30%~40% 投资于股票等风险较高的投资产品，获得更多潜在收益；三是活力型，大部分储蓄用于投资股票等高风险投资项目，收益和损失的风险都更大。

法国实行根据年龄逐步保护资产安全的资产管理规则。2019 年 8 月 11 日公布的法令围绕上述三种风险偏好明确了资产配置的规定，持有人也可在与托管人明确要求后不遵守最低储蓄担保率（见表 32-5）。总的来看，法国个人养老金计划对股票和债券的相对重视程度差异很大，总体上更倾向于债券，直接投资于股票的资产约占总资产的 10%，投资于债券的资产约占总资产的 70%[④]。

表 32-5　不同阶段下不同风险偏好的无风险资产最小阈值

单位：%

距离预算清算日期年数	谨慎型	平衡型	活力型
超过 10 年	30	无要求	无要求
5 年至 10 年	60	20	无要求
2 年至 5 年	80	50	30
不到 2 年	90	70	50

资料来源：33. Les produits d'épargne retraite , dans: Techniques bancaires 2022. sous la direction de MONNIER Philippe, MAHIER-LEFRANçOIS Sandrine. Paris, Dunod, Techniques Tertiaires, 2022, pp. 208-214.

（2）投资策略与收益。

不同保险公司提供的 PERIN 产品的投资策略与收益各有不同，在此仅列举市场表现较佳的几个保险公司 PER

① Retraite.com, PER ou Assurance vie? Quel choix pour ma Retraite?, https://www.retraite.com/dossier-retraite/retraite-complementaire/per-plan-epargne-retraite/per-ou-assurance-vie-quel-choix-pour-ma-retraite.html.

② Comment fonctionne, le plan d'épargne retraite (PER) individual?, https://www.economie.gouv.fr/particuliers/plan-epargne-retraite-individuel, 2021.

③ France Assureurs（法国保险联合会），Assurance vie: net rebond des cotisations au mois de juin, l'encours total dépasse la barre des 1 900 milliards d'euros pour la première fois, https://www.franceassureurs.fr/espace-presse/les-communiques-de-presse/assurance-vie-net-rebond-cotisations-juin-2023/, 2023.

④ OECD, Pension Markets in Focus 2022, 2023.

计划表现。

瑞士人寿集团（Swiss Life）的子公司直接安置公司（Placement-direct）是一家在线人寿保险经纪公司，其经销的 PER 在整个市场中名列前茅。在该公司认购的 PER 可购买 1000 种自主管理的联接基金产品，2022 年该公司的投资回报率在 1.7%~3.25%，具体数额取决于账户单位和委托资产中未清偿金额的百分比（见表 32-6）。除此之外，该公司还能够提供约 20 项房地产投资等产品。

表 32-6　Placement-direct.fr 不同比例的账户单位和委托资产的回报率

联接基金份额	委托资产净额	
	当前金额 <250000 欧元	当前金额 >250000 欧元
低于 35%	1.70%	1.90%
35%~55%	2.40%	2.60%
大于或等于 55%	3.05%	3.25%

资料来源：根据 Placement-direct.fr 公司官网资料整理。

隶属于瑞士人寿集团的另一家公司瑞士人寿保险与遗产公司（Swiss Life Assurance Et Patrimoine）自 1898 年起在法国开展业务，是欧洲领先的人寿保险、养老金和退休产品分销商之一。截至 2022 年底，该公司营业额为 64 亿欧元，拥有 160 万客户，能够提供 678 个联接基金产品，并根据联接基金的投资水平提供更高的回报率。2022 年联接基金投资 30% 或以上的回报率为 1.50%；如果投资联接基金 60% 以上，回报率为 2.85%；如果付款超过 25 万欧元且 60% 为联接基金投资，则回报率可达 3.05%①。

蜜蜂保险公司（Abeille Retraite Plurielle）能够提供保险、医疗、公积金、储蓄和殡葬解决方案，侧重于社会可持续投资（SRI）标示基金，主要投资致力于 ESG 方法的公司，并可投资于证券、房地产、抵押贷款和不动产。2021 年该公司 100% 的欧元基金业绩为 1.10%，谨慎型管理的回报率为 9.30%；平衡型管理的回报率为 18.10%；激进型管理的回报率为 20.00%②。

阿尔塔普罗公司（Altaprofits）是法国市场上少数几个提供 100% 在线认购的保险公司，致力于开展具有保险经纪和金融投资顾问（CIF）的在线认购、交易和咨询的投顾服务，2021 年该公司欧元基金业绩为 0.95%，谨慎型管理的回报率为 5.28%，平衡型管理的回报率为 10.57%，激进型管理的回报率为 14.00%③。

（3）账户管理。

在投资管理阶段，持有人需额外支付多种费用，不同机构的合同成本有所不同（见表 32-7）。具体包括：会员费或入场费，由一些保险公司开具发票，价格在 10~50 欧元，但可以转让；付款费用，每次向账户缴款时所支付的费用，市场平均水平为 2.5%，法律允许的最高值为 5%，目前大部分网络保险公司都可免除该费用；管理年费，费率根据总投资额规定，一般在合同未付金额的 0.6%~3%；仲裁费，每次更改投资工具或 PER 结构时支付，扣费为整体仲裁费的 0%~1%；转账费，仅在持有人从原有的 PERP、Madelin、《税收总法典》第 83 条或 PERCO 转出储蓄为 PER 提供资金时才会收取，一般不超过转入金额 1% 的费用；年金支付费用，在合同结束后每次领取年金时所收取的费用，如每月 1000 欧元的养老金需要支付 3% 的欠款费用，持有人收到的是 970 欧元，以及其他可变费用，取决于经理提供的选项。

表 32-7　法国咨询机构评选出的 4 个最佳 PER 合同成本比较

保险公司	Placement-direct	Swiss Life Assurance Et Patrimoine	Abeille Retraite Plurielle	Altaprofits
最高开户优惠	提供 500 欧元的转账费	最高免 500 欧元	最高免 500 欧元	无
初始投资最低额	900 欧元，定期付款额为每月 100 欧元	900 欧元	750 欧元	100 欧元
付款费用	0	4.75%（可在开户时协商为 1%~2%）	最高 5%（市场上最高）	0
管理费用（年）	欧元基金和联接基金和的管理费均为 0.6%（并列市场上最便宜的基金管理费）	欧元基金管理费为 0.65% 联接基金管理费为 0.96%	欧元基金管理费为 1.00% 联接基金管理费为 1.00%	欧元基金管理费为 0.65% 联接基金管理费为 0.84%

① 根据瑞士人寿保险与遗产公司（Swiss Life Assurance Et Patrimoine）官网资料整理。
② 根据蜜蜂保险公司（Abeille Retraite Plurielle）官网资料整理。
③ 根据阿尔塔普罗公司（Altaprofits）官网资料整理。

续表

保险公司	Placement-direct	Swiss Life Assurance Et Patrimoine	Abeille Retraite Plurielle	Altaprofits
仲裁费用	0	0.20%	0	0
年金支付费用	3.00%	无	3.00%	3.00%
支持的联接基金数量	1000	678	106	690

资料来源：根据“退休和退休者”（Retraite.com）官网资料整理，该网站是由法国 Kovitz Interactive 成立的独立于所有金融机构的银行、金融、保险、养老金业务咨询机构，网址：https://www.retraite.com/dossier-retraite/retraite-complementaire/ per-plan-epargne-retraite/。

3. 待遇领取

（1）提前支取。

在以下几种情形下持有人可以在退休年龄之前提前支取：失业救济金领取期限结束；伤残；配偶（或同居伴侣）去世；过度负债；司法强制清算后停业；购置主要住宅。在为购买主要住宅而提前解锁时所得款项将被征税，其他情况下通过 PER 获得的收益将按 17.2% 的税率征收社会保险费。

（2）退休领取。

PERIN 领取时有三种形式：一次性领取、年金或两者结合。允许根据持有人的目标、计划类型和职业状况，在三种领取方式中做出灵活选择。年金是退休储蓄计划的传统领取方式，以预先指定的每月收不补贴的形式支付，可作为免费年金纳税，其征税方式与所得税相同，有 10% 的定额免税额和社会保障缴款。除此之外，还可以选择一次性提取或分几次提取储蓄的方式，同时自 2021 年 7 月 1 日起，结算前的每月年金估计值低于 100 欧元的持有人可以决定以一次性提取的形式提取其储蓄。持有人也根据个人情况可以选择中间方案，要求在退休时获得少量资金直接支付，并让剩余部分在 PERIN 中继续储蓄（PER 在持有人退休后仍可继续使用），以便日后支付年金。在所有情况下，为确保个人做出最佳决定，立法者要求在该产品生命周期的关键阶段提供建议：产品开立时、清算前五年、收取储蓄时以及转让时。

（3）死亡领取。

当持有人死亡时，PERIN 关闭后以资本或年金的形式将储蓄支付给合同指定的继承人或受益人。如果是“投资 PER”，结余将计入遗产；如果是“保险 PER”，则按照人寿保险规则将节余支付给合同指定的受益人。

2021 年，72% 的保险金以终身年金的形式支付给受益人（2020 年为 79%），相比之下，13% 的保险金以一次性支付的形式支付（2020 年为 9%），15% 的保险金将以一次性提取的形式支付（2020 年为 12%）。其中，大部分保险金由保险公司支付（62%），其次是 SPF（15%），后者将首次超过互助保险公司（11%）[①]。

4. 税收优惠

法国 PERIN 计划采用的是“征税—免税—征税”（Taxed-Exempt-Taxed，TET）的税收优惠模式。较为特殊的是，法国缴费阶段和领取阶段的税收优惠模式是征税但部分免税（Taxed but Partially Exempt，T/PE），意为部分缴款可享受设有上限的税收减免。在国际上为缴款提供税收抵免的模式仍被视为征税缴款，因为税收抵免可能无法支付这些缴款的全部税款[②]。

（1）缴费阶段：享受税收抵免的征税（T/PE）。

持有人可根据自身工资收入水平决定是否使用该阶段的税免优惠，因此有两种方案。

第一种方案是“可减税预付款”，即在缴纳所得税时将一定数额缴款投资于 PERIN，即可在法律规定的上限范围内从应税收入中扣除这部分缴款以减少应税所得税基。因此，每年支付相同金额下不同边际税率的减税数额（所缴数额 × 工资总额对应的边际税率）也不同，边际税率越高，减税金额就越大（见表 32-8）。

表 32-8　不同边际税率下支付 1000 欧元的减税示例

单位：欧元

向 PER 付款数额	边际税率	个人所得税减税	PER 实际储蓄额
1000	不征税	0	1000
1000	11%	110	890
1000	30%	300	700
1000	41%	410	590
1000	45%	450	550

资料来源：根据“退休和退休者”（Retraite.com）官网资料整理所得。

---

① DREES, Les retraités et les retraites-édition 2023, 2023.

② OECD, Annual Survey on Financial Incentives for Retirement Savings, https://www.oecd.org/daf/fin/private-pensions/financial-incentives-retirement-savings.htm, 2022.

此外，税收减免所设有的上限由税务机关根据纳税人作为雇员或自营职业者的职业身份、收入和年度社会保障最高限额（PASS）计算当年度的退休储蓄税免上限。对于雇员来说，2023 年的税收减免上限等于以下之间的较高者：①上一年度（扣除职业之处后的）应税收入的 10%，上限为 PASS 的 8 倍（2023 年为 35194 欧元）；②前一年 PASS 的 10%，即 4113.60 欧元。对于自营职业者来说，2023 年的税收减免上限等于以下之间的较高者：①上一年度应税利润的 10%，上限为 PASS 的 8 倍（2023 年最高限额为 35194 欧元），再加上介于当年度 1~8 倍 PASS 应税利润的 15%（2023 年为 43992 欧元），故最高限额为 79186 欧元；②前一年 PASS 的 10%，即 4113.60 欧元。因此，税收减免的上限实际上取决于持有人的应税净收入①。

第二种方案是“非免税预付款”，不到 50% 的法国纳税家庭需缴纳所得税②，因此若持有人无须缴税或已超过年度扣除限额则可选择暂不抵税的方案，在领取阶段享受较低的税率。

（2）投资阶段：免税（E）。

在持有人积累储蓄阶段，PERIN 的投资回报不被视为应税收入，可享受无条件免税。如果持有人在购买主要住宅时中途一次性提取 PER，则 PERIN 的投资回报部分需统一缴纳 30% 的所得税。

（3）领取阶段：享受税收抵免的征税（T/PE）。

领取阶段的税收优惠模式取决于在缴费阶段所选择的免税方案与所选取的领取方式（见表 32-9）。

表 32-9　不同来源缴费提取时的税收规定

缴费阶段所选税免方案	年金	一次性提取
“可减税预付款”方案	根据免费年金制度确定的所得税税率纳税	资本：根据累进所得税税率纳税 资本收益：30% 的“单一定额预扣税”（PFU）
“非免税预付款”方案	根据有价年金制度确定的所得税税率纳税	资本：免税 资本收益：30% 的“单一定额预扣税”（PFU）

资料来源：“退休和退休者”官网（Retraite.com），Le nouveau PER, quel intérêt pour les épargnants?, https://www.retraite.com/dossier-retraite/retraite-complementaire/per-plan-epargne-retraite/le-nouveau-per-quel-interet-pour-les-epargnants.html。

①以年金形式领取的税制。如果缴费阶段选择了“可减税预付款”方案，相当于免费人寿年金的征税（RVTG），在扣除 10% 的免税额（最高限额为 4114 欧元）后，年金需按照累进税率缴纳所得税（IR）和 17.2% 的社会保障缴款，具体包括 9.20% 的普通社会保险缴税（CSG）、0.50% 的社会保险债务偿还税（CRDS）、7.50% 的“团结税”③。如缴费阶段选择了第二种非免税预付款方案，则年金中自愿支付的部分按照适用于有价年金（RVTO）的规则征税：虽缴纳所得税，但根据储蓄者的年龄提供不同的免税额（见表 32-10），年金仅剩余的部分需要纳税和支付 17.2% 的社会保障缴款。

表 32-10　有价年金制度确定的所得税免税率

年龄	免税率（%）
50 岁以下	30
50 岁至 59 岁	50
59 岁至 69 岁	60
69 岁以上	70

资料来源：DREES，Les retraités et les retraites-édition 2023，2023.

②一次性领取的税制。如果缴费阶段选择了“可减税预付款”方案，持有人的本金需要缴纳所得税，税率适用边际税级（TMI）；资本收益需缴纳 30% 的单一税率预扣税（17.2% 的社会保障费 + 12.8% 的所得税 IR）。如果缴费阶段选择了第二种“非免税预付款”方案，则本金免征所得税，仅资本收益需缴纳 30% 的单一税率预扣税。

如果持有人在退休领取 PERIN 前去世，合同规定的受益人则可适用遗产税豁免上限。具体来说，如持有人在 70 岁之前去世，其个人养老金储蓄的最高免税额为 152500 欧元；如果在 70 岁之后去世，津贴上限为 30500 欧元（由各受益人分摊），余额则需缴纳遗产税。

（二）改革效果

三年来，尽管面临复杂背景，PER 计划仍取得了一定的成果④。截至 2021 年底，法国共 1530 万人与保险公司、补充职业养老金、公积金机构、互助保险公司等组织签订

① Retraite.com, Fiscalité du PER (Plans épargne retraite).

② Qui paie l’impôt en France?, https://impotsurlerevenu.org/la-fiscalite-francaise/728-qui-paie-l-impot-en-france-.php.

③ SAS Previssima, Quel est le régime social du Plan d’épargne retraite (PER)?, https://www.previssima.fr/question-pratique/plan-depargne-retraite-quel-est-le-regime-social-des-per.html, 2023.

④ DREES, Les retraités et les retraites-édition 2023, 2023.

了再补充退休储蓄合同，与2020年相比增加了近100万名成员。到2021年底，因改革的《契约法》引入的再补充退休储蓄合同签订者占总人数的30%，较2020年增长12%，这其中有197.2万人订购了个人养老金计划PERIN（约占13%）。

在用户画像上，PER养老金用户的年龄明显高于劳动人口。74%持有人年龄在40岁或以上，17%持有人年龄在60岁及以上。在这些年龄段的工作人口中，这一比例分别为57%和8%。其中，个人养老金产品（目前包括PERIN、PERP和Madelin合同，下同）的持有人平均年龄高于整体持有人群体。大多数持有人为男性，但与2020年相比，女性在所有补充退休储蓄合同中的比例略有上升（超过45%），其中女性占个人养老金PERIN认购合同成员的45%。

在缴费水平上，2020年从原有补充养老储蓄计划产品中转移的储蓄金达115.6亿欧元，超过一半（57%）是向PERIN转移的资金。在所有签订再补充退休储蓄合同的成员中，2021年690万人向现有补充养老储蓄计划产品缴费，缴费人在成员中所占的比例从2020年的44%上升到2021年的45%，其中PERIN的缴费比例稳定在53%左右。在全部缴费成员中有10%的就业人口以个人名义向再补充退休储蓄合同缴费，PERIN计划涵盖约153.8万人。2021年根据补充养老金合同收取的缴费近200亿欧元，与2020年相比增加23.7%，PERIN的缴费总额占缴费总额的比重较改革前也大幅上升，约为111亿欧元，占比接近56%（2020年占比为45%，2019年则仅为8%）。同时个人合同（PERIN、PERP和Madelin合同）的年平均缴费额上升了29%，达到3870欧元，PERIN达5220欧元。

在资产规模上，OECD养老金统计报告显示，2021年法国注资养老金计划和个人养老金计划的总资产占法国国内生产总值的12.1%[①]。2021年，再补充退休储蓄合同的储备金将达到2667亿欧元，按定值欧元计算，比2020年增长了3.6%。受益于PERIN的动态增长，个人承保合同的储备金达到1190亿欧元。

在待遇领取上，再补充退休储蓄在所有养老金计划中所占比例增至全部养老金的2.3%，略有上升。2021年根据再补充退休储蓄合同支付的福利金额将略有增加，超过76亿欧元，其中近43%的给付是根据个人养老金合同支付的。同年，超过260万人领取了再补充退休储蓄合同的给付福利，其中140万人从个人认购合同（主要是PERIN、PERP或Madelin合同）中领取年金，76%的年金介于500~5000欧元，年平均领取金额为1729欧元，个人养老金PERIN的平均领取金额为1232欧元[②]。

五、法国个人养老金改革的亮点

（一）允许以个人或公司为单位建立个人养老金

改革保留了个人或公司建立补充个人退休储蓄的可能性，让企业可以在鼓励补充退休储蓄上发挥更大的作用。新的PER可以采取多种不同的形式，提高了计划的简便性：个体可以单独订购PERIN计划，取代了目前的PERP和“Madelin”合同；公司可以选择将这些产品合并为一个单一的PER向所有雇员开放的新的选择性集体PER，以取代目前的PERCO或目前的《税收总法典》第83条的强制性退休储蓄计划。

（二）使用更易理解的共同规则

虽然PER计划内有多个子计划，但都遵循对储蓄者更有利、更灵活的相同规则。如在简化退休储蓄产品的同时确保了不同计划之间的可移植性，储蓄可从一个产品完全转移到另一个产品中，使参保者可以在其整个职业生涯中始终保留个人或公司建立的补充退休储蓄并持续为之缴款；计划内的自愿储蓄和雇员储蓄可随时提取，用于购买主要住宅等突发或重要事项；在待遇领取上也可根据储蓄者的意愿以年金或一次性付款等多种形式支付。

（三）建立统一有吸引力的税免制度

过去法国补充退休储蓄计划的税收制度十分复杂，不同的缴费来源使用不同的优惠待遇，过于复杂的税制严重阻碍了个人养老金的建立。为提高个人养老金的吸引力，改革建立了统一的税收制度，大大简化了税制结构的同时通过税优鼓励储蓄者将其储蓄从人寿保险转为PERIN，规定在2023年1月1日之前，任何超过8年的人寿保险退保后将其金额投资于新的PER，可享受双倍于通常规定的免税额。

（四）鼓励退休储蓄市场的竞争

以往有意愿购买退休储蓄产品者总是不得不面对缺乏竞争环境从而导致的高昂合同成本和较低的投资收益，并且在储蓄期间无法更换托管人。改革后PER计划增加了新的机构参与者，如资产管理公司等，并允许持有人随时更换管理服务机构和托管人；对机构所收取的各项合同费用施加下调压力，并扩大了可提供的投资产品范围等，通过创造竞争环境极大提高了个人养老金产品的质量和吸引力，也解决了有意愿者的诸多顾虑。

① OECD, Pension Markets in Focus 2022, 2023.

② DREES, La retraite supplémentaire facultative et l’épargne retraite, 2023.

分报告三十三
韩国个人养老金制度发展与税优经验分析

1988 年，韩国开始实施针对非公部门劳动者的国民年金（NPS）制度，并在此后 20 年内，迅速建成了覆盖全民的三支柱养老保险体系。不同于其他国家的现代化养老保险体系搭建惯例的是，韩国在完成第一支柱国民年金制度的搭建后，于 1994 年优先建立了第三支柱个人年金制度，此后才在 2005 年建立第二支柱企业退休年金制度。韩国极具特色的个人年金税收优惠政策，为不同人群、不同收入和不同领取方式的投保人提供精细化、多层次的税收优惠。以年金保险和年金储蓄为代表的个人年金计划，已经成为韩国现代化社会保险体系的重要支柱。由于韩国个人年金制度的发展水平处于亚洲前列，且韩国与我国均面临着经济增速减缓、人口老龄化、低生育率等国情社情。因此，对韩国个人年金制度进行研究，总结其发展经验，对促进我国个人养老金制度高质量发展具有重要的参考价值。本文旨在分析总结韩国个人年金制度发展与税收优惠政策经验，以为我国个人养老金制度发展提供参考。

一、韩国多支柱养老保险体系

韩国的现代化养老保险体系由零支柱基础年金、第一支柱国民年金、第二支柱企业退休年金、第三支柱个人年金和针对公务员、教师、军人等特殊职业的特殊职业年金共同构成。基础年金和国民年金都是由国家建立的公共年金制度，具备一定的收入再分配功能，是以保障国民基本生活、维护国民生存权为目标的基础生活保障制度；企业退休年金是由企业缴费并负责运营的私人年金制度，是针对劳动者实施的老年收入补充制度，旨在提高劳动者退休后生活水平、体现企业社会担当和提高社会整体福利；个人年金则是在个人的计划和选择下由投保人自发参与的私人年金制度，是为充分保障老年人老年收入而制定的年金制度；特殊职业年金是国家针对公务员、教师、军人等特殊职业所提供的特别保障计划，由政府负担，待遇水平通常高于国民年金。多支柱养老保险制度间相互补充、层层递进，共同形成了韩国以第一支柱为主体、第二和第三支柱特色发展、零支柱保障低收入老年家庭、特殊职业年金作补充的现代化多支柱养老保险体系。韩国多支柱养老保险体系如图 33-1 所示。

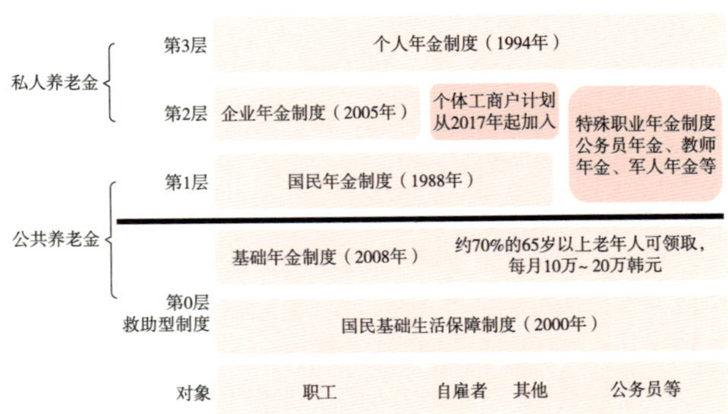

图 33-1 韩国多支柱养老保险体系

资料来源：감사원감사연구원，사적연금관련정책과제및감사시사점，2020.

（一）基础年金制度

韩国政府于 2007 年制定了《基础老龄年金法》，规定实施“基础年金”制度，并于 2014 年进一步改革完善，在扩大覆盖范围的同时，开始规划逐步通过基础年金提高待遇，计划从 2021 年起，将符合基础年金领取资格的低收入老年人的基础年金待遇提高到最高 30 万韩元（约合人民币 1685 元）①。这一制度旨在为低收入老年人及其家庭提供基础性的生活保障和收入，资金由国家和地方税收支持，个人不缴纳保险费，符合条件即可领取补助。基础年金计划规定，年满 65 周岁以上的老人可根据其家庭收入情况申请领取基础年金。截至 2020 年，韩国政府累计支付基础年金 16.6 万亿韩元②。

（二）国民年金制度

韩国国民年金（NPS）是由韩国政府负责，企业和个人按一定比例强制缴费的待遇确定型公共养老保险制度。国民年金制度包括老龄年金、伤残年金、遗属年金和一次性支付年金，覆盖韩国境内所有 18~59 岁居民（包括外国人）。韩国国民年金官方网站数据显示，截至 2023 年 3 月底，已有约 2229 万人参加了国民年金制度，国民年金基金累计额已达到 975.6 万亿韩元，在韩国养老金累计总量中的占比超过 55%③。

韩国于 1986 年颁布《国民养老金法》规定施行国民年金制度，1988 年正式开始实施，后经多次扩展——1995 年扩大到农村地区，1999 年扩大到城镇居民，2006 年扩大到有一名以上雇员的所有工作场所，迅速实现了覆盖全民。当前，国民年金的参保费率为 9%（其中雇主和劳动者均按 4.5% 缴纳）。当参保者缴费年限达到 10 年或超过 10 年，则可以从 61 岁起每月领取养老金，若缴费期限不足 10 年，国家允许进行补缴，若不补缴则可在年满 65 岁时一次性领取之前缴费的全部累计金额及利息。如果放弃韩国国籍或移居国外，投保人也可以一次性获得迄今为止所支付的所有养老金。

国民年金的给付由两个独立的部分组成，其中一部分是基于所有供款人按固定费率缴纳保险费的平均水平而确定的待遇，其待遇水平仅取决于投保人供款的年数。另一部分则是基于个人收入状况而确定的待遇，待遇水平取决于缴款人退休前三年的平均工资。两部分共同决定投保人退休后所能够享受的待遇水平。而由投保人缴费及其投资收益所形成国民年金基金，则由韩国保健福利部附属机构“国民年金公团”负责投资运营和管理。

（三）企业退休年金制度

韩国的企业退休年金是通过就业获得的准强制型退休福利制度。这一制度主要由待遇确定型（DB）计划、缴费确定型（DC）计划和个人养老基金（IRP）计划（包含个人 IRP 和企业 IRP 两种）组成。当雇员年满 55 周岁，加入退休年金计划满 10 年，则可以享受相关待遇。企业退休年金可以一次性领取，也可以以长期养老金的形式领取，以长期养老金形式领取 10 年以上的，可以享受额外税收优惠，即能够免除应缴税额 30% 的退休所得税。

这一制度的前身是韩国于 1953 年推出的自愿退休津贴制度，1961 年改为对 30 人以上的企业强制实行的一次性离职补偿金制度④。直到 2005 年，韩国政府根据《雇员退休收入保障法》，引入了企业退休年金制度作为离职补偿金制度的替代方案。在企业退休年金制度实施初期，雇主可以选择保留现有的一次性离职补偿金，或者在员工同意的情况下将其转换为享受税收优惠的企业退休年金，但因退休年金转换进度不甚如意，韩国政府规定从 2010 年 12 月开始，所有企业不论规模大小，都应实施企业退休年金制度。

在劳动者任职期间，用人单位通常会委托外部金融机构对退休年金进行投资管理，以实现年金的保值增值，在劳动者达到退休年龄时向其定期支付或者一次性支付所有养老金。DB 型养老金计划是韩国企业退休年金计划的主要类型，截至 2020 年，其资产总额为 154 万亿韩元，占韩国企业退休年金计划总资产 255 万亿韩元的 60% 以上。

（四）个人年金制度

韩国的个人年金主要分为年金保险和年金储蓄两种类别，两种个人年金均可享受国家提供的多样化税收优惠政策，通过个人自愿购入保险公司或银行等销售的年金产品实现。同时，个人年金产品在开发设计时相对于公共年金产品具有较强的灵活性，根据支付期限可以分为终身年金和定期年金，根据投资类型则可以分为储蓄型年金和投资分红型年金。韩国的个人年金产品类别多样，主要由商业保险公司运营，大部分资产投资于保险，部分投资于银行

---

① 汇率换算时间为 2023 年 7 月 25 日，人民币对韩元汇率中间价为：1 元 =178.09 韩元。

② 윤성주，기초연금제도에대한소고，한국조세재정연구원，2021.

③ 韩国国民年金研究所，https://www.nps.or.kr/jsppage/etc/data/data03_01.jsp，2023。

④ 一次性离职补偿金制度并不局限于雇员退休阶段，而是适用于整个职业生涯，即雇员在职业生涯的任何阶段离职雇主都需支付一次性离职补偿金。一次性离职补偿金制度在 20 世纪末是企业通用的退休补偿方式，因其补偿方式简便、补偿金额丰厚受到了韩国民众的青睐，也是韩国先建立个人年金制度后建立企业退休年金制度的重要原因。

信托和债券基金，投资风格较为稳健。在满足相应支付条件后，银行或保险公司再根据投保人储蓄的年金及其收益情况，按一定金额给予投保人定期或一次性的年金支付。韩国个人年金的具体发展情况将在后文中详细论述。

二、韩国个人年金发展概况

（一）覆盖范围

根据经济合作与发展组织（以下简称经合组织，OECD）相关统计数据，韩国的个人年金覆盖率约为工作年龄人口的 14%，且近三年来没有明显的扩大迹象，整体上低于经合组织国家 26% 的平均水平（见图 33–2）。与其他 OECD 国家相比，韩国的个人年金覆盖率不高。这一现象的可能成因有三：一是与韩国个人年金计划建设实施时间短于大多数经合组织国家有关；二是与韩国个人年金税收制度的复杂性以及年金储蓄计划变动频繁有关，复杂的税制和快速变动的个人年金制度，增加了居民了解个人年金制度和自己所能享受的年金税优水平的难度，进而影响了居民参与个人年金计划的积极性，降低了个人年金计划对普通居民的吸引力；三是与税收优惠力度和个人年金的投资回报率有关，长期以来个人年金较低的投资回报率是个人年金覆盖范围难以进一步扩大的重要原因。

韩国个人年金计划的投保人中，大多数是男性和高收入者。OECD 数据显示，截至 2018 年，男性成员占个人年金计划参保人的比例为 70.5%，远超女性成员，是参与个人年金计划的绝对主体。

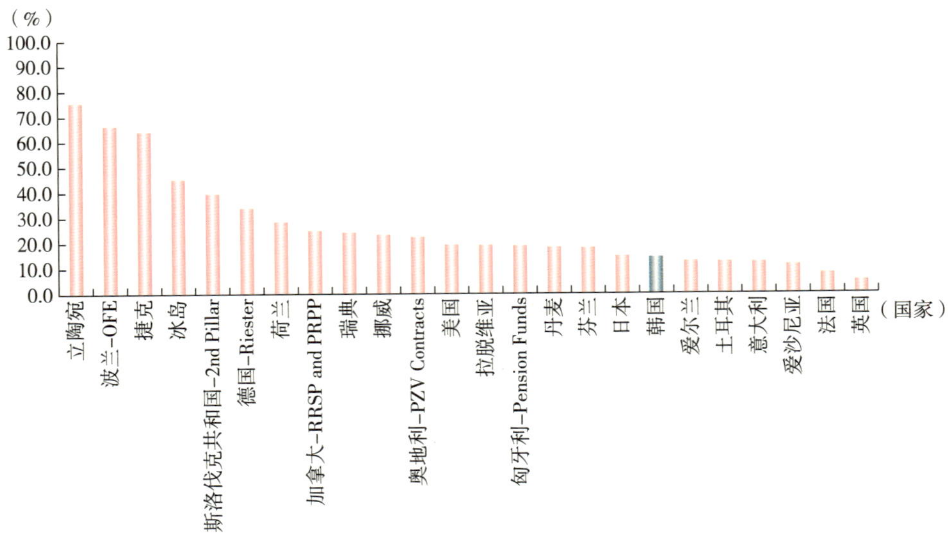

图 33–2　部分经合组织国家自愿个人年金计划的覆盖情况（2018 年）

注：个人年金计划覆盖情况用参与个人年金人口占工作年龄人口的百分比表示。

资料来源：OECD, OECD Reviews of Pension Systems: Korea, OECD Reviews of Pension Systems, Paris:OECD Publishing, https://doi.org/10.1787/2f1643f9–en, 2022, p.128.

在收入方面，如表 33–1 所示，大约 40% 的个人年金计划持有人每年收入超过 8000 万韩元，而年收入 3000 万韩元及以下的个人年金计划持有人占比只有 6%。可以看出，个人年金计划对低收入者的吸引力明显弱于其对高收入者的吸引力。

表 33–1　韩国按收入群体划分的个人年金保险份额（2018 年）

年收入（韩元）	人员占比（%）
2000 万及以下	1
2000 万 ~ 3000 万（含）	5
3000 万 ~ 4000 万（含）	7
4000 万 ~ 6000 万（含）	22
6000 万 ~ 8000 万（含）	25
8000 万至 1 亿（含）	18
1 亿以上	22

资料来源：OECD，OECD Reviews of Pension Systems: Korea，OECD Reviews of Pension Systems，Paris：OECD Publishing，https://doi.org/10.1787/2f1643f9–en，2022，p.129.

（二）年金规模与结构

韩国金融监督院数据显示，2021 年底韩国养老金累计额已经达到 1613.0 万亿韩元。其中，个人年金规模达到 368.7 万亿韩元，占整个韩国养老金体系的 22.9%，在韩国现代化养老保险体系中占据十分重要的地位。

具体来看，截至 2021 年底，个人年金规模从 2016 年的 305.9 万亿韩元增长至 368.7 万亿韩元，5 年间年金规模增加了 62.8 万亿韩元，年均增长率约为 3.8%。其中，年金保险规模从 2016 年底的 187.9 万亿韩元增长至 208.6 万亿韩元，占韩国个人年金总量的 56.6%，年均增长率约为 2.1%。年金储蓄规模从 2016 年底的 118.0 万亿韩元增长至 160.1 万亿韩元，占据个人年金基金总量的 43.4%，年均增长率约为 6.3%（见表 33–2）。虽然近年来年金保险在增量和增速上均低于年金储蓄，但其目前仍是个人年金计划资产的主体部分。两种类型的年金若以现在的速度继续保持增长的话，年金储蓄计划的规模将在未来 10~20 年内超过年金保险规模，成为个人年金计划资产的主体部分。

表 33–2　2015~2021 年韩国个人年金规模及构成

单位：万亿韩元

类别	2015 年底	2016 年底	2017 年底	2018 年底	2019 年底	2020 年底	2021 年底	2021 年底占比（%）
年金储蓄	109.0	118.0	129.0	135.0	143.4	152.5	160.1	43.4
年金保险	179.5	187.9	196.6	196.8	201.9	207.2	208.6	56.6
总和	288.5	305.9	325.6	331.8	345.3	359.7	368.7	100

资料来源：根据韩国金融监督院网站（https://www.fss.or.kr/fss/lifeplan/statsIndvlSvings/list.do?menuNo=201022）资料整理得出。

在韩国，通常由银行、保险和金融公司等机构对个人年金进行运营。韩国政府对运营个人年金计划的金融机构施行两级监管制度。其中，金融监督委员会（FSC）负责个人年金计划运营管理规则的制定和相关资格的认证。金融监督院（FSS）负责审慎监管、资本市场监管、消费者保护以及其他监督和执法活动，为金融机构如何进行投资管理和资产管理服务提供指引，同时也为年金储备的管理制定详细的准则。作为政府的监督机关，金融监督委员会的职员是公务员，而作为专门立法的监督机关，金融监督院的职员则是不属于政府公务员体系的民间人士。金融监督院原则上是独立的。金融监督院院长由韩国总统任命。金融监督院的高级副行长（最多 4 人）由金融监督委员会根据行长的推荐任命，金融监督院的副行长（最多 9 人）由行长任命。审计员由韩国总统根据金融监督委员会主席的建议任命。总会计师由监事委任，协助处理与会计准则有关的事宜[①]。

值得注意的是，当前韩国个人年金计划所持有资产总价值是高于企业退休年金计划所持有资产总价值的，这表明拥有个人年金计划的人可能更多地将储蓄投入到了个人年金计划中。固然个人年金计划的引入比企业退休年金计划的引入早近 10 年时间，可以在一定程度上解释为什么它们持有更多的资产。但结合个人年金计划投保人的收入情况，也有理由猜测，个人年金计划可能已被韩国的高收入人群当作“合理避税”的工具。

（三）韩国个人年金的资产配置与投资

1. 韩国个人年金资产配置状况

在过去十年中，韩国的养老金资产一直呈增长趋势。OECD 数据显示，2009 年底，养老金资产占韩国 GDP 的 8%，到了 2019 年底，该比例已接近 30%，而个人年金资产的大幅增加是养老金总资产增加的重要原因。

个人年金的投保人主要通过购买银行、资产管理公司和保险公司提供的养老金储蓄产品来进行投资，资产的受托人通常向投保人提供两种服务，即年金的受托管理和年金的投资管理。在个人年金资产的投资配置方面，韩国个人年金资产的投资配置相对于大多数经合组织国家更为保守。在各种因素的影响下，韩国年金投资运营机构更倾向于将所管理的养老金资产投资于低风险的保息产品（如政府债券和存款），对风险收益型产品的投资始终保持审慎态度。虽然近年来运营机构对个人年金风险收益型产品的投资有所增加，但用于风险投资的资产比例依旧不高。

具体来看，在资产配置比例上，近年来个人年金资产的投资组合开始出现变化，基金等风险投资比例和数量显著提高。个人年金储蓄资产配置于保险的比例从 2015 年底的 74.6% 降低到 2021 年底的 70.0%，2015~2021 年债券投资由总资产的 14.1% 下降到 10.6%，而基金等风险投资占比则由 8.1% 上升到 15.2%（见图 33–3）。

① FSS，https://www.fss.or.kr/eng/main/contents.do?menuNo=400015.

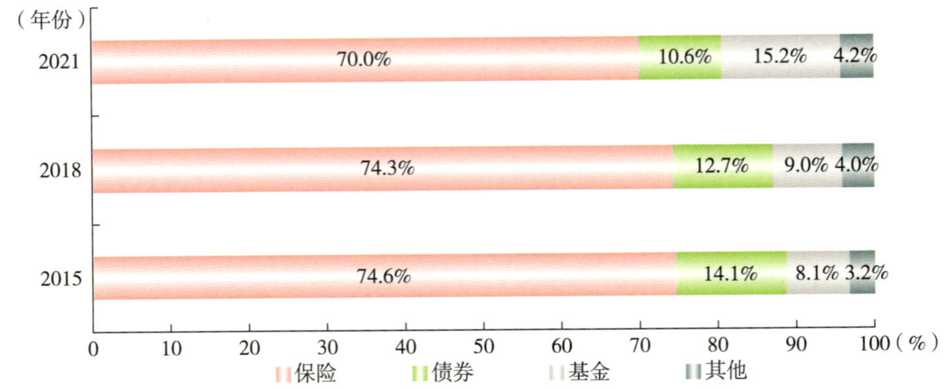

图 33-3　韩国个人年金储蓄资产配置比例

资料来源：根据韩国金融监督院网站（https://www.fss.or.kr/fss/lifeplan/statsIndvlSvings/list.do?menuNo=201022）资料整理得出。

在投资合同数量上，近年来投保人签订的保险合同和债券投资合同数量明显下降，基金投资合同数量则大幅增长，特别是 2019 年后，基金投资合同数量开始大幅增加，两年内合同总数增长了 2.2 倍（见表 33-3）。

表 33-3　个人年金储蓄投资合同数量

单位：万件

配置情况	2015 年底	2016 年底	2017 年底	2018 年底	2019 年底	2020 年底	2021 年底	2021 年底占比（%）
保险	493.0	497.0	495.0	489.0	482.0	470.5	455.0	52.1
债券	103.0	103.0	104.0	99.0	94.0	89.5	81.0	9.3
基金	79.0	71.0	74.0	84.0	94.0	139.5	302.6	34.6
其他	23.0	27.0	29.0	30.5	32.0	29.6	34.8	4.0
总和	698.0	698.0	702.0	702.5	702.0	729.1	873.4	100

资料来源：根据韩国金融监督院网站（https://www.fss.or.kr/fss/lifeplan/statsIndvlSvings/list.do?menuNo=201022）资料整理得出。

2. 韩国个人年金投资业绩

据 OECD 数据显示，在 2003 年 12 月至 2018 年 12 月的 15 年间，韩国自愿个人保险合同的年平均投资回报率约为 2%。这一表现低于经合组织国家每年 2.3% 的平均水平。2003 年 12 月至 2018 年 12 月，韩国个人年金实现了相对稳定的实际投资回报率（见图 33-4）。投资收益率在 -1.5%（2008 年）和 5.2%（2009 年）。同时，在过去 15 年里，韩国个人年金的投资只有 2008 年和 2011 年未能实现正投资回报，表现出了极高的稳定性。但是，在过去的 15 年里，韩国个人年金的投资只有一年回报率达到 5% 以上，大多数 OECD 国家的自愿型个人养老金在投资收益率较好时，其收益率都会超过韩国的最高水平。此外，韩国个人年金的运营管理费用高昂，一些研究提出，韩国部分个人养老金产品的运营管理费用几乎完全抵消了年金的投资回报，这进一步降低了本已微薄的投资收益[①]。因此，虽然人们对个人年金的关注度越来越高，但个人年金的合同维持率却停留在较低水平。有研究表明，韩国个人年金的 10 年合同维持率只有 52.4%，即有近一半的用户会在中途解约[②]。

高稳定性和低收益性是韩国个人年金投资的显著特征。较高的资产比例用于投资稳定收益产品确保了韩国个人年金制度的稳定和积极正向的年金投资回报情况，但也面临低利率和利率进一步下降带来的相关风险。而低收益率也始终伴随着较低的合同续约率，反映出个人年金合同的低维持率与个人年金计划的低收益率有着密切联系。固然稳定收益型产品会为投保人提供稳定的收入来源，但伴随韩国长期利率的持续下降（从 2003 年的 5% 降至 2019 年的 1.7%）和新发行政府债券收益率低于到期债券的收益率，稳健型投资策略所能提供的价值也将持续降低。

① Lee Y, Lim B, Establishing the Role of Personal Pension Plans as Supplementary System for National Pension and Ways for Future Development, National Pension Research Institute, 2013.

② https://www.jstage.jst.go.jp/article/nenkingakkaishi/34/0/34_46/_article/-char/ja/.

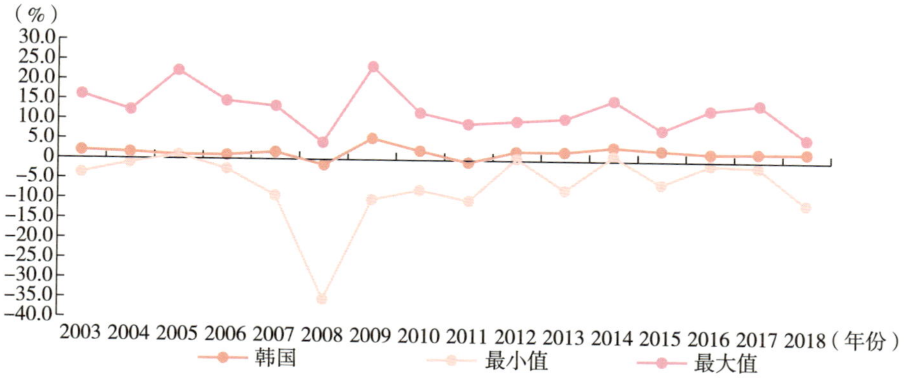

图 33-4　2003~2018 年 OECD 国家和韩国个人养老金实际年投资回报率

资料来源：OECD，OECD Reviews of Pension Systems: Korea，OECD Reviews of Pension Systems，Paris: OECD Publishing，https://doi.org/10.1787/2f1643f9-en，2022，p.141.

三、韩国个人年金分类及税收优惠情况

（一）个人年金组成结构

1. 年金保险

年金保险是个人年金计划的重要组成部分，在领取养老金时享受政府提供的税收减免优惠（TEE），如果持续认购 10 年以上，即使投保人提前支取或取消，也可免征利息所得税。年金保险主要由保险公司销售，保险产品多样，由投保人自行选择。年金保险根据保费的运营方式，可以分为一般年金保险和变额年金保险。一般年金保险是将投保人缴纳的保险费进行储蓄，按照确定利率或浮动利率给予投保人利息收益的年金产品，有利率确定型和利率浮动型两种，利率确定型年金保险收益基本固定，而利率浮动型年金保险收益则会受市场利率水平的影响而出现小幅波动，但相比于股票或债券等投资产品，其仍具有较高的稳定性。变额年金保险是将部分保险费投资到股票、债券等有价证券中，以其产生的利润作为年金收益的年金产品。受市场影响，变额年金保险的投资收益并不固定，当投资收益发生较大波动时，投保人所能领取的年金待遇也会发生较大变动。当投资收益好时，投保人能够获取的年金待遇则相对较高，而当投资收益不好时，则有可能获得比一般年金保险收益水平更低的年金待遇（见表 33-4），存在一定的亏损风险，而相应风险主要由投保人自己承担。

表 33-4　韩国年金保险与年金储蓄对比

类别	年金保险（TEE）	年金储蓄（EET）
经营机构	仅限于人寿保险公司	银行、保险、证券、基金公司等
产品类别	一般年金保险（以固定利率或浮动利率收取利息） 变额年金保险（主要进行股票、债券等基金投资）	银行：养老金信托 基金公司：养老金基金
缴费阶段	需正常缴税	税收减免
领取阶段	持有 10 年以上，利息所得免税	综合所得加算征税（总年金收入 600 万韩元以下可抵免）

资料来源：根据韩国金融监督院“综合养老金门户”网站（https://www.fss.or.kr/fss/lifeplan/lifeplanIndex/index.do?menuNo=201101）资料整理得出。

2. 年金储蓄

现行年金储蓄计划的前身是 1994 年 6 月韩国政府根据《特别税收限制法》第 86 条引入的“个人养老金储蓄”（旧养老金储蓄计划）。旧养老金储蓄计划主要针对 20 岁以上的国内居民，国家为其提供税收优惠（EET），额度为年缴款额的 40%，年度限额 72 万韩元。2001 年韩国引入了新养老金储蓄计划替代旧养老金储蓄计划。新养老金储蓄计划除了进一步扩大了年金管理机构及其管理资金可投资的范围外，还大幅提高了税收优惠的力度和额度，对年金收入进行征税的方式也发生了重大变化。税收扣除的年度限额上调至 240 万韩元，向新养老金储蓄计划缴费则享受 100% 的税收扣除。2013 年韩国政府又通过“所得

税法实行令”引入了现行的个人养老金储蓄账户，旨在引导年金投保人长期稳定地领取个人年金。同时，新设立的个人养老金储蓄账户缩短了年金的最低缴费期限，从最低缴纳 10 年降至最低缴纳 5 年即可领取，年缴款限额也由 1200 万韩元上调到 1800 万韩元，以支持养老金资源的进一步扩充（见表 33-5）。

表 33-5 韩国年金储蓄计划政策变迁情况

年份	变迁内容
1994	根据《税收特别限制法》第 86 条，引入个人养老金储蓄（收入扣除额度为年缴款额的 40%，年度限额 72 万韩元）
2001	根据《税收特别限制法》第 86 条第 2 款，引入新养老金储蓄（缴费额 100% 扣除，年度限额 240 万韩元）
2006	扩大收入扣除年度限额（由 240 万韩元增长至 300 万韩元，含企业退休年金）
2011	扩大收入扣除年度限额（由 300 万韩元增长至 400 万韩元，含企业退休年金）
2013	根据“所得税法实行令”，引入个人养老储蓄账户（新设养老金领取限额，缴费最低期限由 10 年缩短至 5 年，年缴款限额增加）
2014	依据《所得税法》修订案，将收入扣除修改为税收减免

资料来源：根据韩国金融监督院“综合养老金门户”网站（https://www.fss.or.kr/fss/lifeplan/lifeplanIndex/index.do?menuNo=201101）资料整理得出。

（二）个人年金税收优惠情况

提供税收优惠是韩国政府促进个人年金计划发展的重要政策手段。韩国政府自 1994 年引入个人年金计划以来，一直致力于细化和完善个人年金的税收制度，以更好地激活民众对个人年金计划的参与。韩国个人年金的税收模式为双向优惠模式，由 TEE 税制的年金保险和 EET 税制的年金储蓄共同组成。其中，年金保险计划在缴纳保费阶段不享受税收优惠，需按居民所得税利率正常纳税，但其在年金资产投资运营过程中获得的收益可享受免税优惠。1994 年引入的年金储蓄计划则有所不同，年金储蓄计划在缴纳保费阶段即可享受免缴居民所得税的政策优惠，除中途退出需缴纳 16.5% 的其他所得税外，持有满规定期限（5 年以上或 10 年以上），期间资产投资运营获得的收益均享受免税优惠，在领取年金时才需按相关规定正常交税。这一 TEE 制与 EET 制相结合的双向优惠模式，兼顾了不同群体参保者的多样化需求，既保障了不缴纳或少缴纳个人所得税的低收入人群的参保利益，也照顾了面临较高个人所得税缴税压力的高收入人群，还为处于中间收入的人群提供了自由选择的机会，在很大程度上促进了个人年金计划的税收优惠公平。

由于年金储蓄制度经历了多次调整和变迁，导致年金储蓄计划是韩国个人年金计划中税收优惠政策较为复杂的部分。1994 年年金储蓄制度被引进韩国时规定：年金储蓄参与对象为满 20 周岁的韩国国内居民，最低加入时间为 10 年，这一计划对投保人缴纳储蓄金额的 40%，在 72 万韩元限度内给予免税优惠，每月保费的最大限额为 100 万韩元，当达到最低加入时间并年满 55 周岁以后，则可以开始领取养老金。2001 年，为了进一步强化个人年金制度对于国民的养老保障作用，韩国政府开始实施新年金储蓄计划，将参与个人年金的年龄限制由 20 周岁降低到 18 周岁。税收优惠方面，个人所得税的优惠范围被扩大到储蓄金额的 100%，年最高限额调整为 240 万韩元，后经 2006 年、2011 年两次调整，最高限额增长至 400 万韩元。

2013 年根据“所得税法实行令”，韩国又引入个人养老储蓄账户，并进一步调整了相关税制，其主要内容有以下几个方面：第一，在参保条件方面，年金储蓄的参保年限由 10 年下降至 5 年以上，年最高储蓄金额从年 1200 万韩元提高到 1800 万韩元；第二，税收抵免额度由最高 400 万韩元增长至最高 600 万韩元，抵免额度得到大幅提高；第三，领取年金时的分离计税线由每年 600 万韩元提高到每年 1200 万韩元，以增大税收优惠力度，进而促进储蓄型养老年金的发展。此后，韩国政府在 2014 年再次进行了税率调整，由按居民所得收入一定比例减免税收的“收入扣除制”，改为按投保金额一定额度减免税收的“税额扣除制”，以改善因个人所得不同造成的税收减免不公平问题（见表 33-6）。从旧年金储蓄计划到新年金储蓄计划再到个人养老储蓄账户计划，韩国年金储蓄计划实现了在加入条件上从严格到宽松、在税收制度上从粗糙到精细、在税优力度上从弱到强、在税优额度上从少到多的转变，间接映射了韩国个人年金制度的整体发展趋势。

当年金储蓄超过税收抵免的 600 万韩元额度但低于 1200 万韩元的分离计税线时，投保人可根据个人情况按照 3.3% ~ 5.5% 的税率缴纳养老金所得税，这一税率随年金领取人的年龄而变化（70 岁以下为 5.5%，70~80 岁为 4.4%，80 岁以上为 3.3%）。如果年金收入超过 1200 万韩元，在待遇领取时则适用综合税率或 15.5% 的单独征税税率。这种分档税率与单独税率相结合的方式，是韩国个人年金多层次、多样化税收激励的鲜明体现，尽管有精细化设计带来的制度健全性和民众税负改善性等优点，但也的确增加了年金税制的复杂程度，对制度的推广和实施产生困扰。

从韩国年金储蓄计划的变迁与发展中我们可以看到，个人年金计划的变革始终伴随着年金计划税收优惠力度和税收优惠额度的不断提高，而每一次税收优惠力度和税收优惠额度的提高，都会带来个人年金覆盖范围的进一步扩大和年金储蓄规模的增长，映射出税收优惠水平与个人年金发展水平之间存在着正向联系。韩国近些年进行了较为频繁的个人年金税收制度改革，仅年金储蓄计划就变更了三次，年金储蓄的频繁变革既有韩国社会经济水平不断发展导致原有计划不再符合新社情的因素，也与韩国政府对个人年金计划重视程度日益加深有关，但不可否认的是，频繁的制度变化也在一定程度上影响了个人年金计划的正常运行。因此，国家进行个人养老金制度调整前应当进行充分的研究，结合实际情况，尽可能科学地制定改革方案，应用好结构性改革工具和参数性改革工具。在进行结构性改革时更加审慎，以长远的目光进行顶层设计。而在短期内，则可以更多地利用“提高个人缴费的税收抵免率”“修改相关公式降低税率”等参数性改革工具进行相应调整，以实现调整税优的同时保持制度的相对稳定性。

表 33-6　个人年金税收优惠组成

类型		年金保险	年金储蓄		
			旧年金储蓄	新年金储蓄	年金储蓄账户
适用时间		当前	1994 年 6 月至 2000 年 12 月	2001 年 1 月至 2013 年 2 月	当前
税制		TEE	EET	EET	EET
税收优惠		—	收入扣除额 = MIN（年缴额 × 40%，72 万韩元）	收入扣除额 =MIN（年缴额 × 100%，400 万韩元） 税收抵免（自 2014 年起）	税收抵免 = 税收抵免最高金额 × 税率 税收抵免（自 2014 年起）
缴纳保费时		按居民所得税利率纳税	每年最高 1200 万韩元免税		每年最高 1800 万韩元免税
中途退出时		资本利得税（15.4%）	资本利得税（15.4%）	其他所得税（16.5%）	其他所得税（16.5%）
待遇领取时	养老金收入税率（每年 1200 万韩元以下）	资本利得税免税	—	养老金所得税（3.3% ～ 5.5%）	
	养老金收入税率（每年 1200 万韩元以下）		—	按综合税率征税或以 16.5% 单独征税	

资料来源：根据韩国金融监督院“综合养老金门户”网站（https://www.fss.or.kr/fss/main/contents.do?menuNo=200974）资料整理得出。

（三）韩国个人年金税优水平比较

1. 不同国家个人养老金税优比较

对韩国与其他 OECD 国家个人养老金税收优惠水平进行比较，图 33-5 显示了 OECD 国家中自愿型个人养老金计划的税收优惠情况。将韩国个人年金计划的税收优惠水平与 OECD 其他国家个人养老金计划的税收优惠水平进行比较，可以发现韩国为个人年金计划提供的税收优惠水平明显低于 OECD 国家个人养老金计划税收优惠水平的平均值。比韩国个人年金税收优惠水平高的经合组织国家超过 23 个，而在这些国家中，个人养老金税收优惠水平最高的爱尔兰要比韩国个人年金税收优惠水平高 30% 以上。这一方面不可避免地与韩国现代化养老保险体系建设起步晚有关，另一方面也与 21 世纪以来韩国面临的严峻国情、社情有关，即经济增速减缓、人口老龄化严重、生育率持续走低、政府财政支出压力不断增大等社会现实挤压了韩国政府所能提供的个人年金税收优惠水平。而基于这些相当一部分亚洲国家已经面临或正要面临的共性问题，我国应吸取国际经验，在提供个人养老金税收优惠时结合各种因素进行提前规划，提前拓展政策实施空间，以更加精准的政策措施推动个人养老金制度的科学发展。

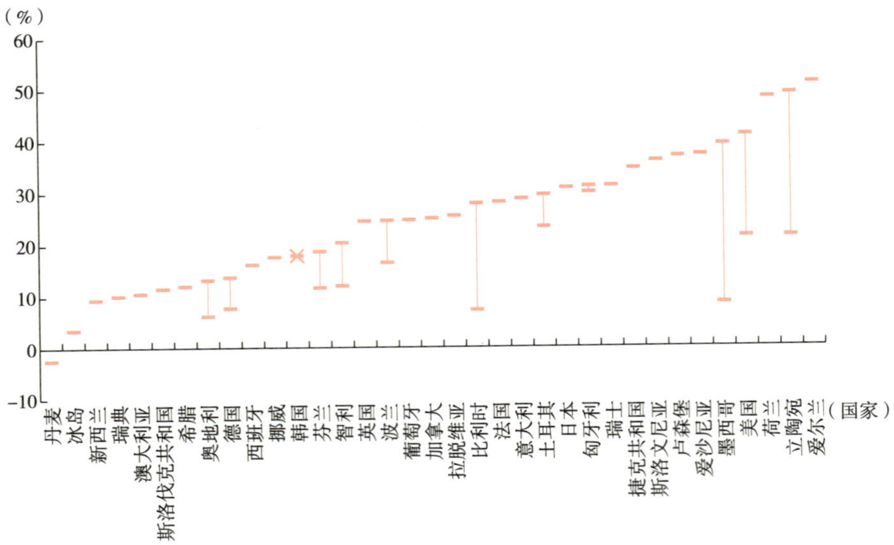

图 33-5 部分 OECD 国家自愿型个人养老金计划税收优惠水平（2018 年）

注：以一国平均收入水平的劳动者一生中节省的税款值占缴款现值的百分比来代表。

资料来源：OECD，Financial Incentives and Retirement Savings，Paris: OECD Publishing，https://doi.org/10.1787/9789264306929-en，2018.

2. 不同收入群体个人年金税优比较

OECD 对韩国个人年金制度研究显示，虽然韩国的个人年金税收优惠政策为所有投保人都提供了税收减免优惠，但实际上不同收入人群所享受到的个人年金税收优惠水平是不同的。对于收入及储蓄只能达到社会平均水平 60% 的低收入者来说，其所能享受到的税收优惠水平很难达到其储蓄资产的 10%，这一水平也明显低于其他经合组织国家提供给低收入者的个人养老金税收优惠水平；而对于收入及储蓄达到社会平均水平的投保人来说，其大约能够享受 20% 资产额度的税收优惠；对于高收入者来说，这一实际享受的税收优惠水平则会更高。也正因为如此，当前韩国的个人年金税收优惠政策实际上对低收入人群的激励性并不高。低收入者在资金有限的情况下通常也不愿放弃短期流动性来换取未来的收益。特别是对于那些不纳税或纳税很少的人，这一税收优惠力度对其基本没有激励作用。而政府若想提高低收入者参与个人年金计划的积极性，则需要在优惠方式和制度公平性上实现新的突破。一个可行的方案是在个人年金制度中引入非税财政奖励，即政府直接向符合条件的个人的养老金账户支付资金。非税激励与个人的纳税状况无关，将对所有人特别是低收入者产生很强的吸引力。这既可以提高低收入人群的个人年金参保率，提高他们的老年收入水平，也能够改善当前不同收入水平人群税收优惠程度不公平的现状。此外，作为激励政策，提供非税财政奖励同样适用于那些居民对税收优惠敏感度不高的国家，是提高个人年金覆盖率和公平性的较好措施。

四、总结

总体来看，韩国养老保险体系结构清晰，第三支柱个人年金制度与其他亚洲国家相比发展较为成熟。自建立个人年金制度以来，韩国进行了紧凑而密集的年金制度优化改革，在税收优惠方式和税收优惠政策上形成了鲜明特征。在税收优惠方式上，韩国由定率的“收入扣除制”改为定额的“税额扣除制”，有效地改善了个人年金制度的税收公平性。而在税收优惠政策上，韩国在改革中形成了复杂精细的税收政策体系，这在促使税收优惠待遇越发精准化的同时，也不可避免地增加了居民了解个人年金计划优惠待遇的难度，在一定程度上降低了税收优惠政策所产生的吸引力。此外，相对于 OECD 其他国家，韩国在个人年金资产的投资上趋于保守，更加注重资产的安全性，但也由此面临着投保人对低收益率不满所导致的年金长期维系率不高的困扰。而伴随韩国近年长期利率的不断下降，个人年金资产参与风险投资的比例正逐渐提高。

总结韩国个人年金制度近 30 年的发展经验，我们可以看到，无论从覆盖人群比例，还是在实际享有的优惠程度上，低收入人群获利总是少于高收入人群。因此，如何提高个人年金制度的吸引力，如何增强个人年金制度的公平性，如何平衡个人年金资产投资的安全性与收益率，以及如何使个人年金制度更多地发挥老年收入保障功能，是韩国政府部门应当着重思考的问题，也是面临相似困境且正在大力发展个人养老金制度的其他亚洲国家应重点思考的问题。

分报告三十四
爱尔兰个人养老金发展经验及启示

爱尔兰地处欧洲西北部的不列颠群岛，毗邻英国，国土面积约 7 万平方千米。截至 2022 年，全国人口约为 508.7 万，其中 15~64 岁的劳动年龄人口 332.1 万，65 岁及以上老年人口 77.0 万，占总人口的 15.1%，老年抚养比为 23.2%，属于联合国世界卫生组织标准下的“老龄社会”（Aged Society）。如图 34-1 所示，爱尔兰的老年抚养比从2007年开始快速攀升，在15年内上涨了7.7个百分点。在最近的 20 多年中，人口老龄化问题一直都是促使爱尔兰政府进行养老金改革的最重要议题之一。

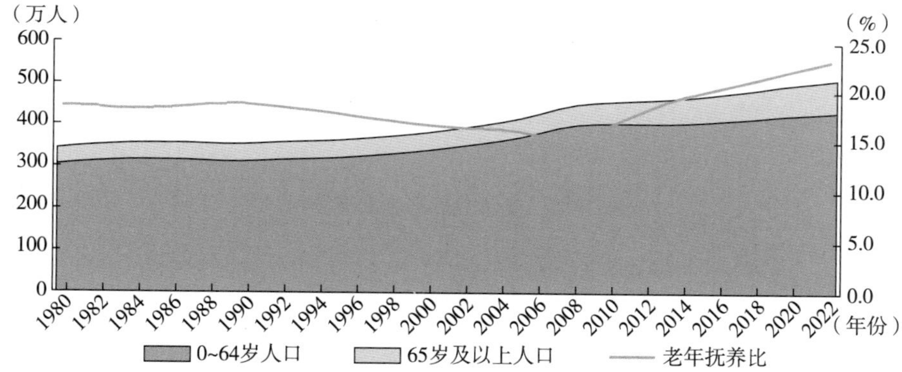

图 34-1　爱尔兰人口及老年抚养比

资料来源：世界银行数据库。

在经济方面，2022 年爱尔兰 GDP 约 5292.4 亿美元。如图 34-2 所示，从 2014 年起爱尔兰经济始终保持着较高的增长速度，短短 8 年时间 GDP 增长 2700.7 亿美元，涨幅达 104.2%，除 2016 年涨幅较低，仅有 2.0% 外，其余年份均保持着较快的增速[①]。需要注意的是，2015 年爱尔兰出现了 24.4% 的异常高增长速度，这与其一贯采取的经济政策有关，即通过极低的企业税率吸引跨国公司投资来带动本国经济增长，经合组织在 2016 年的专门报告中将这解释为跨国公司转移知识产权带来的影响[②]。由于 GDP 数据受与本国无关的经济活动影响较大，所以近些年，调整后的国民总收入（GNI）成为了衡量爱尔兰经济的重要指标，2022 年爱尔兰调整后的 GNI 为 2731 亿欧元，是

① 以上部分，人口与经济数据均来源于世界银行数据库，其中人口数据是由世界银行汇总的联合国人口司数据。

② OECD, Irish GDP Up by 26.3% in 2015, Paris: OECD Publishing, https://www.oecd.org/sdd/na/Irish-GDP-up-in-2015-OECD.pdf, 2016.

GDP 的 54.0%，按年均汇率计算约为 2875.7 亿美元[①]。

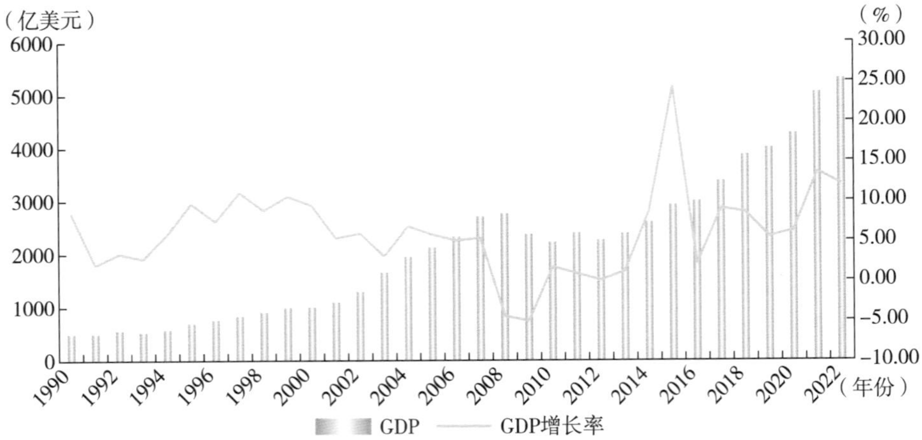

图 34–2 爱尔兰经济发展状况

资料来源：世界银行数据库。

在综合考察爱尔兰养老金的制度设计、政策安排与发展现状后，发现世界银行的三支柱分类法并不符合爱尔兰养老金体系的特点。结合爱尔兰养老金的发展历史以及现况，将其分成公共养老金与补充养老金（Supplementary Pensions）两部分。补充养老金包括职业养老金与个人养老金，两者联系紧密，共同形成了一个系统性的整体。

一、爱尔兰养老金体系发展状况

爱尔兰养老金主要分为公共养老金与补充养老金两部分，公共养老金是由政府负责的国家养老金计划，主要内容包括非缴费型与缴费型国家养老金（对应着世界银行的零支柱与第一支柱）；补充养老金则包括第二支柱的职业养老金计划与第三支柱的个人养老金计划。其中，非商业性公共部门的职业养老金计划是由财政负担的现收现付制，其余的职业养老金计划均为基金积累制；个人养老金计划主要包括传统的退休年金合同（Retirement Annuity Contract）与 2003 年引入的个人退休储蓄账户（Personal Retirement Savings Accounts）。爱尔兰养老金制度概况如表 34–1 所示。

表 34–1 爱尔兰养老金制度概况

类别		类型	特点
公共养老金计划	国家养老金计划	缴费型养老金计划	现收现付制 设定替代率水平约 33%
		非缴费型养老金计划	
补充养老金	职业养老金计划	非商业性公共部门	由政府负责的现收现付制
		商业性公共部门	DB、DC、混合计划
		私营部门	
	个人养老金计划	个人退休储蓄账户	DC 计划，标准型和非标准型
		退休年金合同	DC 计划

资料来源：①OECD, Review of the Irish Pension System: Preliminary Version, OECD Working Paper, 2013, p.29；②Government of Ireland, A Roadmap for Pension Reform 2018–2023, p.5.

在爱尔兰政府的设想中，强制性的公共养老金计划为老年人提供基础性的保障，使其免予贫困；自愿参与的私人补充养老金提供额外的收入，二者的总替代率水平达到 50%~60%，使老年人在退休后仍能维持相对合理的生活水平。

（一）公共养老金计划

当前爱尔兰的公共养老金计划，主要包括非缴费型与

① Central Statistics Office, Annual National Accounts 2022, https://www.cso.ie/en/releasesandpublications/ep/p-ana/annualnationalaccounts2022/gniandde-globalisedresults/, 2023.

缴费型国家养老金两种。其目的在于为民众提供基础性的生活保障。

根据爱尔兰社会保护部2022年年报数据，截至2021年底，爱尔兰各类“工资关联社会保险”（Pay-Ralated Social Insurance, PRSI）的缴费人数约376.2万，包括缴费型与非缴费型养老金，领取者人数68.8万，约75.9万人受益[①]。截至2018年底，爱尔兰现收现付制国家养老金计划的负债约3592亿欧元，约占调整后GNI的180.8%[②]。爱尔兰的国家养老金在保护老年人免于贫困方面发挥了非常大的作用，但给付水平有限，且近两年随着平均工资的快速上涨，缴费型计划的替代率迅速从33%跌至28.7%，仅仅依靠国家养老金并不能让老年人在退休后维持合适的生活水平。

（二）补充养老金

早在百年以前，爱尔兰就已存在与雇佣相关的私人补充养老金，这对其养老金发展产生了深远的影响。爱尔兰政府在2019年发布的《养老金改革路线图：2018–2023》（*A Roadmap for Pension Reform* 2018–2023）中，仍将职业养老金计划称作“补充私人养老金”（Supplementary Private Pensions）。而在中央统计局（The Central Statistics Office）的数据以及部分报告中，职业养老金计划与个人养老金计划都被统一地称为“补充养老金”。

1. 职业养老金计划

爱尔兰职业养老金计划也被称作退休福利计划（Retirement Benefit Schemes），根据职业性质的不同，可以分为公共部门与私营部门职业养老金计划两种。前者主要覆盖政府官僚、教育、警察、监狱、保健等非商业公共部门，强制参加，采用现收现付制的模式，由政府财政直接负责；后者则是企业与部分商业性的公共部门，如电力委员会，计划由雇主设立，以基金资助的方式运作，包括DB、DC与混合计划。

截至2021年底，爱尔兰拥有超过177000个职业养老金计划，成员数量超过170万[③]。其中，现收现付计划的成员数量约40万，至2018年负债约1496亿欧元，占爱尔兰现收现付制养老金负债总数的29.4%，约占调整后GNI的70.3%；基金资助计划的成员数量142万[④]，包含75463个主动养老基金（Active Pension Funds），其中绝大多数都是DC型养老基金，DB型基金仅有597个，总资产约1275亿欧元（2021 Q1），占2020年调整后GNI的62.8%[⑤]。

从资产方面看，1275亿欧元中的大部分资产都集中在DB计划中，共809亿欧元；且绝大多数资产都集中在少数的大型基金中，最大的395个基金资产为988亿欧元，占比77.4%。依据欧洲的经济活动分类标准（NACE Code）来看，金融保险与制造业的基金规模最大，有331.1亿欧元（26.0%），基金平均资产规模最大的是电力、燃气与蒸汽行业以及物流仓储行业。2022年这三个行业雇员数量占爱尔兰雇员总数的比例分别为10.3%、0.3%、3%。在资产类别方面，有504亿欧元为保险公司提供的投资关联保险产品（Unit linked Insurance Products），占比39.5%，466亿欧元为投资基金股份，占比36.5%[⑥]。

此外，针对希望通过额外缴款来获得更多退休收入的雇员，还有专门的额外自愿捐款（AVC）计划。这是一种自愿参与的DC计划，在符合条件的情况下可由雇主决定是否为已有的职业养老金计划设立AVC。在没有提供AVC的情况下，雇员也可以通过向标准个人退休储蓄账户供款来参与AVC。

2. 个人养老金计划

爱尔兰的第三支柱个人养老金计划主要包括传统的退休年金合同（RAC）与2003年新引入的个人退休储蓄账户（PRSA）两种。

RAC是爱尔兰传统的个人养老金计划，缴费享受税收优惠，主要受众群体是自营职业者与非劳动力群体，几乎很少有雇员参与RAC。如图34-3所示，每年来自雇员的RAC缴费在所有项目中的占比仅有1%。RAC通常以个人与保险公司的合同形式存在，但也存在例外，即信托

① 由于统计方法改变，自2021年起，关于PRSI缴费的数字并不完全等于实际人数，部分缴费者可能会由于工作变动导致缴费类别变动而被重复统计；受益者包括养老金待遇的领取者及其未成年/成年受抚养者。参见 Department of Social Protection, Statistical Information on Social Welfare Services Annual Report 2022, https://www.gov.ie/en/publication/2e491-2022-annual-statistics-report/, 2022。

② Central Statistics Office, Estimates of Irish Pension Liabilities, https://www.cso.ie/en/statistics/nationalaccounts/estimatesofirishpensionliabilities/.

③ Pensions Authority, The Pensions Authority Annual Report and Accounts 2021, https://www.pensionsauthority.ie/en/about_us/annual_reports, 2022, p.8.

④ Central Bank of Ireland, Pension Funds Statistics-Q1 2022, https://www.centralbank.ie/docs/default-source/statistics/data-and-analysis/pension-fund-statistics/pension-fund-statistics-q1-2022.pdf?sfvrsn=e4089b1d_2, 2022；数据仅包括基金制计划成员数量，现收现付制计划成员数量为估算。

⑤ 活跃成员指仍在继续缴费的计划成员，延期成员表示有一定积累，已经停止缴费但还未开始提取福利的计划成员。

⑥ Central Bank of Ireland, New Insights from Irish Pension Fund Statistics 2021, Working Paper, https://www.centralbank.ie/docs/default-source/publications/quarterly-bulletins/quarterly-bulletin-signed-articles/new-insights-from-irish-pension-funds-statistics.pdf, 2021.

RAC。这是一种由税务局批准的特殊团体计划，代表例子是由特许会计师协会（Institute of Chartered Accountants）与爱尔兰律师协会（the Law Society of Ireland）运营的RAC。截至 2012 年，RAC 的总合同数约为 20 万份[①]。根据 2012 年 PRSI 的 S 类缴费情况看，年收入在 5000 欧元以上的适龄自营职业者约有 32.4 万人[②]。

PRSA 是爱尔兰政府在 2003 年引入的新型个人养老金计划，同样属于 DC 型计划，个人既可以通过雇主渠道，也可以直接通过保险公司或财务顾问获得自己的 PRSA。如图 34–3 所示，在引入 PRSA 后的这 20 年中，约有 35.6 万人与提供商签订了合同，在 2011~2022 年这十年中，签订合同的总人数基本上每个季度都保持着 1%~1.8% 的环比增长率。其中，通过雇主渠道签订 PRSA 的雇员数量占总人数比例在大多时间里都保持在 34%~38% 的水平内。

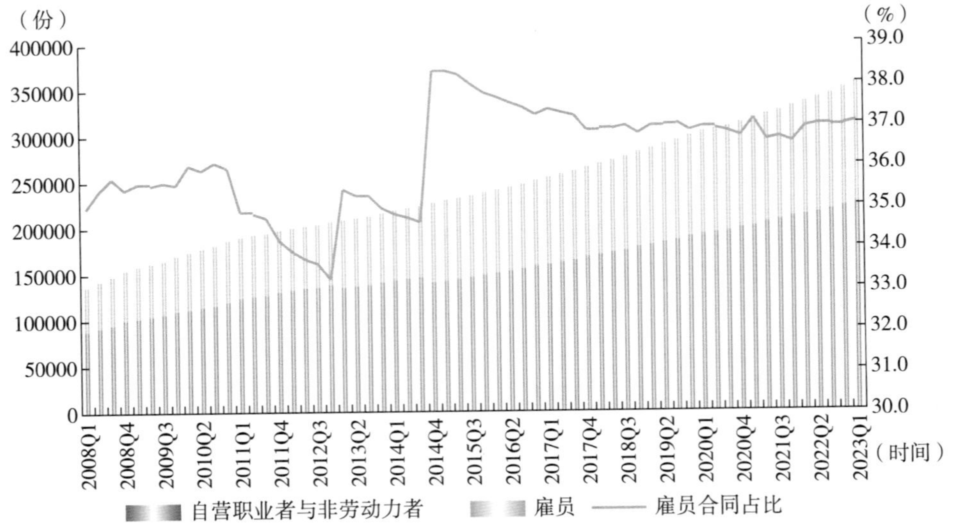

图 34–3 签订合同的雇员与自营职业者及非劳动力者情况

资料来源：The Pensions Authority 官网。

根据合同的类型，PRSA 又可以分为标准 PRSA 与非标准 PRSA 两种，两者之间的区别在于，政府通过法律对标准 PRSA 的收费与可投资资产类型做出了限制。提供商对标准 PRSA 最高可收取已缴费用的 5%，以及每年基金价值的 1%，投资也被限制在集合基金（Pooled Funds）范围内。此外，在销售标准 PRSA 时，捆绑销售的行为也是被禁止的。而对于非标准 PRSA 来说，这些限制是都不存在的。

如图 34–4 所示，截至 2023 年第 1 季度，标准合同数达到 25.6 万，非标准合同数为 9.9 万，占比分别为 71.9%、27.8%。PRSA 的总资产 93.9 亿欧元，相当于 2021 年修正后 GNI 的 4%。其中 75% 为集合基金资产，其中内部关联基金（Internal Linked Funds）的资产占比 72.9%，只有非标准合同才可以投资的非集合基金资产（Non–pooled Fund）同样增长迅速，在 2009 年第二季度得到首次投资后，14 年时间增长至现如今的 23.3 亿欧元。

对于爱尔兰 50%~60% 的养老金替代率目标来说，仅有 33% 替代率的国家养老金是远远不够的，发展补充养老金至关重要。但从数据来看，爱尔兰的补充养老金的发展既不平衡也不充分。

根据爱尔兰中央统计局在 2022 年进行的调查统计，在近 5000 名 20~69 岁的样本中，补充养老金的覆盖率约为 66%，仅计算活跃成员的覆盖率约为 58%。其中，第二支柱职业养老金的覆盖率约 59.4%，第三支柱个人养老金的覆盖率约 17.8%，只有 11.2% 的人同时拥有职业养老金与个人养老金[③]。在私营部门中，活跃成员的覆盖率可能仅有 35%[④]。根据税务局发布的 PAYE 报告，2022 年爱尔兰的 320 万雇员中，约有 103 万人（32%）缴纳了 36 亿

① The Pensions Authority, Pensions Regulation in Ireland, Review of the Irish Pension System Preliminary Version 22, 2013.

② Department of Social Protection, Statistical Information on Social Welfare Services Annual Report 2022.

③ Central Statistics Office, Pension Coverage 2022, https://www.cso.ie/en/releasesandpublications/ep/p–pens/pensioncoverage2022/, 2023.

④ Central Statistics Office, https://www.gov.ie/en/press–release/0a98a–new–workplace–pension–scheme–for–ireland–minister–humphreys–announces–details–of–automatic–enrolment–retirement–savings–system/#phased–implementation.

欧元的补充养老金，其中 30~60 岁雇员占比 41%~47%[①]，各类养老金缴款情况如图 34-5 所示。根据图示数据估计，PRSA 缴费总额约为 3.9 亿欧元，其中雇员缴费 1.44 亿欧元。

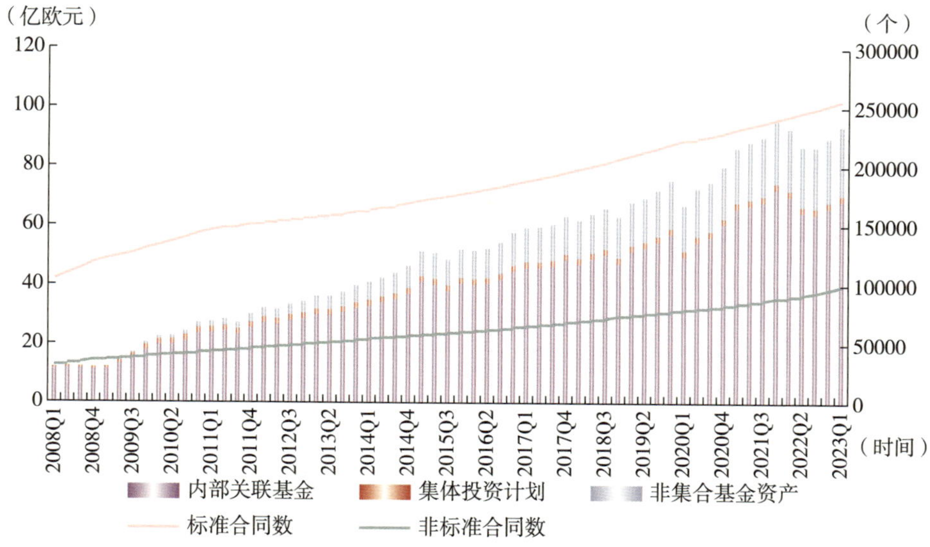

图 34-4　PRSA 合同类型及资产概况

资料来源：The Pensions Authority 官网。

很明显，在补充养老金中，无论是从缴款金额还是覆盖人数来看，职业养老金计划都占据了主导地位，个人养老金仅起到一定的补充作用。限制爱尔兰个人养老金发展的主要因素之一就是经济，在 2022 年的统计局调查中，无法负担（40%）是没有补充养老金的主要原因之一。

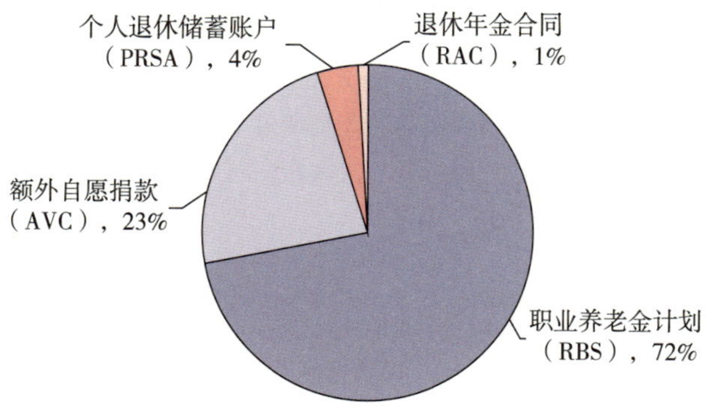

图 34-5　2022 年爱尔兰雇员养老金缴款类型

资料来源：Office of the Revenue Commissioners，PAYE Real-time Data: Insights on Taxpayers in 2022，https://www.revenue.ie/en/corporate/documents/researoh/paye-real-time-insights-2022, pdf, 2023.

二、爱尔兰养老金制度的发展历程

（一）爱尔兰养老金制度的初步建立

爱尔兰最早的养老金制度建立于 20 世纪初的英国殖民统治时期。1908 年，时任英国财政大臣的自由党政治家劳合·乔治推出了《老年人养老金法案》(Old age Pensions Act)，在经过家计调查后，由财政为 70 岁以上的贫困老年人提供资助。同一时期，爱尔兰也已经有了与雇佣相关的私人补充养老金（Private Supplementary Pension），自愿缴费参与，且存在税收激励机制。1922 年，爱尔兰宣布独立，这些养老金制度仍被保留了下来。

二战后，受英国《贝弗里奇报告》的影响，爱尔兰通过 1952 年、1960 年的《社会福利法》引入了缴费制度，这就是爱尔兰最初的 PRSI，覆盖所有低于 PRSI 门槛的工人（自营职业者与公务员[②]被排除在外），按照固定费率缴费，即可在年满 70 岁后领取国家养老金。

（二）爱尔兰养老金制度的改革与发展

20 世纪六七十年代，既是爱尔兰的第一次经济快速增长时期，也是其不断加大公共投入、提升公民福利的

① Office of the Revenue Commissioners, PAYE Real-time Data: Insights on Taxpayers in 2022, https://www.revenue.ie/en/corporate/documents/research/paye-real-time-insights-2022.pdf, 2023；无论是 CSO 统计调查还是税务专员办公室（Revenue）的工资单数据，都包含一定数量的外籍人员，在 PAYE 数据中，320 万雇员中爱尔兰籍雇员占比约 74%。

② 此处指 Public Servants，一般是由民众选举或是上级部门直接任命，不需要教育资格或其他任何经验，一般指议员等政治家；Civil Servants 则是具备一定的教育和专业资格，通过竞争性考试与面试选拔任职的政府官僚。

时期，如 1967 年实施的免费高中教育计划等。20 世纪 70 年代初，爱尔兰政府开始计划对公共养老金制度进行改革，希望通过引入强制的收入关联等级来扩大公共养老金计划覆盖面，保障计划的收支平衡。但是，最后实现的仅仅是对 PRSI 准入上限的取消，以及将待遇领取年龄下调至目前的 66 岁①。

后来，受两次石油危机的冲击，爱尔兰的经济陷入滞胀，通胀率在 1975 年达到 20.87%② 的峰值。糟糕的经济环境使得一部分公司因 DB 型补充养老金计划资不抵债而宣告破产，这也使得政府将主要精力都放在了加强对补充养老金的监管上。1985 年，爱尔兰政府建立了国家养老金委员会（The National Pension Board），在 8 年的时间里发布了 5 份报告，为政府的养老金改革提供政策支持，如 1988 年将个体经营者纳入国家养老金计划。其中，最重要的是于 1993 年出版的《发展国家养老金体系：国家养老金委员会的最后一份报告》（*Developing the National Pension System: Final Report of the National Pensions Board*）③，这份报告对"发展国家养老金体系与满足民众需求"的问题做出了回答，其内容构成了后来《国家养老金政策倡议》（National Pensions Policy Initiative, NPPI）④ 的基础，而 NPPI 又为爱尔兰政府后续的养老金改革确定了总的方向。这两份报告与 2019 年发布的《养老金改革路线图：2018–2023》⑤ 共同构成了爱尔兰近 30 年中养老金发展与改革的政策基础。

1990 年，爱尔兰颁布《养老金法案》（Pensions Act），在利益保护、资金标准、受托人、信息披露、性别平等这五个方面对补充养老金制度作出监管规定，并决定成立养老金委员会（The Pension Board）来接替原有的国家养老金委员会，也就是现如今的养老金管理局（Pension Authority）。后来，在 1995 年将新入职公务员纳入国家养老金制度，2003 年建立个人退休储蓄账户（PRSA）制度，2006 年引入新的非缴费型国家养老金计划（Non-Contribution State Pension）取代旧的非缴费型老年人养老金计划（Non-Contribution Old Age Pension）后，爱尔兰当前的养老金体系基本形成。

（三）个人退休储蓄账户（PRSAs）制度的引入

相较于 20 世纪 70 年代以加强公共养老金计划作为改革方向，20 世纪 90 年代的爱尔兰政府更倾向于市场化的解决方案，通过发展补充养老金来缓解未来公共养老金计划带来的预算压力。这一方面是受到了世界银行于 1994 年发布的重要报告《防止老龄危机：保护老年人及促进增长的政策》（*Averting the Old Age Crisis: Policies to the Old and Promote Growth*）⑥ 的影响。在这份报告中，世界银行认为单纯依赖第一支柱的公共养老金计划来应对未来的人口老龄化是十分不明智的选择，未来应该向多支柱的方向过渡，由国家、企业与个人共同承担。

另一方面，20 世纪 90 年代的爱尔兰为了恢复经济增长，开始了新一轮的改革，政府采取了更加开放的经济政策，极大地放宽了对企业雇佣与解雇员工的限制，更加频繁的工作变动使得人们很容易就中断养老金的缴费，这直接影响了爱尔兰养老金覆盖率。1996 年，爱尔兰政府针对职业与个人养老金覆盖率的调查结果公布，报告显示，爱尔兰只有不到一半的就业人口与不到 1/10 的非经济活动人口拥有养老金⑦。在这种背景下，养老金委员会于 1998 年发布了 NPPI，在其报告《保障退休收入》（*Securing Retirement Income*）⑧ 中，建议通过引入一种新型的养老金产品来提高雇员群体中的养老金覆盖率，即个人退休储蓄账户（PRSA）。为此，爱尔兰政府专门规定，除非雇主为

① Kolaczkowski J, Maher M, Stevens Y, et al., The Evolution of Supplementary Pensions: 25 Years of Pension Reform, Cheltenham: Edward Elgar Publishing Limited, books.google.co.jp/books?hl=zhCN&lr=&id=rzRZEAAAQBAJ&oi=fnd&pg=PR1&dq=The+Evolution+of+Supplementary+Pensions:+25+Years+of+Pension+Reform&ots=saqjMvCyBT&sig=zETYGa1Yecgt_4eYS25hlbWwVI0&redir_esc=y#v=onepage&q=The%20Evolution%20of%20Supplementary%20Pensions%3A%2025%20Years%20of%20Pension%20Reform&f=false, 2022, pp.164-168.

② 资料来源于世界银行数据库。

③ National Pensions Board (Ireland), Developing the National Pension System: Final Report of the National Pensions Board, Dublin, 1993.

④ The Pension Board, National Pensions Policy Initiative, https://www.iapf.ie/_files/PublicationFileForDownload,1376,en.pdf, 1997.

⑤ Government of Ireland, A Roadmap for Pension Reform 2018-2023, https://www.gov.ie/en/publication/abdb6f-a-roadmap-for-pensions-reform-2018-2023.

⑥ World Bank, Averting the Old Age Crisis: Policies to the Old and Promote Growth, https://documents1.worldbank.org/curated/en/973571468174557899/pdf/multi-page.pdf, 1994.

⑦ Hughes G, Whelan B J, Occupational and Personal Pension Coverage 1995, Dublin: Economic and Social Research Institute, 1995.

⑧ The Pension Board, Securing Retirement Income, https://pensionsauthority.ie/wp-content/uploads/2023/06/nppi_report_may_1998_.pdf, 1998.

所有雇员都提供职业养老金计划，否则必须与 PRSA 提供商签订合同，保证没有加入职业养老金计划的雇员都有机会参加标准 PRSA。

作为一个有着百年养老金发展历史的国家，爱尔兰早在世界银行于 20 世纪 90 年代提出三支柱以前就已经形成了自己的养老金体系。1990 年的《养老金法案》与 1997 年的《税收合并法案》（The Taxes Consolidation Act）也从法律上为补充养老金提供了支持。正是这样的制度惯性，使得爱尔兰政府在后来的制度设计上将个人养老金置于了一种从属与补充的地位。

三、补充养老金体系下的个人养老金

爱尔兰的个人养老金产品主要包括退休年金合同（RAC）、个人退休储蓄账户（PRSA）两种。在爱尔兰央行的工作论文中[①]，核准退休基金（ARF）与个人退休债券（PRB）也被算作个人养老金产品，但前者是个人在退休后继续通过养老金进行投资获得收益的特殊基金，后者是个人在离开原有的职业养老金计划时，以养老金合同形式获得计划内资产的方式，均是特殊情况，一般不作额外讨论。

（一）退休年金合同

RAC 是爱尔兰传统的个人养老金安排，作为一种 DC 型计划，可以通过保险公司或是财务顾问等渠道获得，缴款享受税收优惠。但是，由于 1997 年《税收合并法案》（TCA）的条款限制，仅有从贸易、专业及无法领取养老金就业获得的“相关收入”才可以获得税收优惠。对于职业养老金计划的成员来说，除非他们还能额外有一份符合条件的“相关收入”，否则都无法享受税收优惠，所以 RAC 的主要受众群体是爱尔兰的自营职业者与非劳动力群体，雇员很少购买 RAC 产品。从税务部门的 PAYE 数据来看，2019 年、2022 年爱尔兰的雇员养老金缴费中，RAC 的缴费额比例均为 1%，分别约为 2500 万欧元与 3600 万欧元。

RAC 的税收减免额度主要受与年龄相关的个人薪酬 / 相关收入百分比限制，具体如表 34-2 所示。无论是有一份收入向一款养老金产品缴费，还是多份收入向多份养老金产品缴费，享受税收减免的工资上限均为 11.5 万欧元。如一位年收入 12 万欧元的 30 岁青年，可以享受的税收减免额度为 2.3 万欧元。

表 34-2　与年龄相关的税收减免百分比限制

年龄	限额百分比（%）
小于 30 岁	15
30~39 岁	20
40~49 岁	25
50~59 岁	30
60~69 岁	35
60 岁以上	40

资料来源：The Pensions Authority,Tax Relief for Pension Contributions: Application of Earnings Limit, Pensions Manual, https://www.revenue.ie/en/tax-professionals/tdm/pensions/chapter-26.pdf, 2023.

在退休后，可以选择一次性免税提取账户资产的 25%，最高上限为 20 万欧元。除此之外，还可以选择将账户的全部或部分资产用于提现、购买年金或投资经批准的退休基金（Funds）。

（二）个人退休储蓄账户

1. 制度设计与目标

在最初被提出时，养老金委员会对 PRSA 抱有很高的期待，认为 PRSA 可以在提高覆盖率方面起到积极作用。在 1998 年《保障退休收入》报告的设想中，PRSA 应实现以下目标：

（1）灵活，方便携带。个人就业状态不再影响养老金安排或导致中断，在更换工作地点后，只要缴纳必要费用后，就可以根据需要更换自己的 PRSA 提供商。

（2）简化产品，使用标准化的语言，让人更容易理解其运作方式，产生更明确的预期，一方面可以方便消费者的选择，另一方面也可以降低非传统金融与保险行业参与养老金产品的门槛。

（3）鼓励拥有大型分销网络的非金融企业进入市场，如邮政及超市，利用它们更加强大的分销网络，降低养老金产品的获取难度。同时，更多的企业竞争也可以压低价格，吸引更多的人购买 PRSA 产品。

（4）退休后，收益应全部用于购买年金产品，并且可以从任意有资格的提供商中选择购买年金产品。

（5）可以有更加灵活的待遇领取年龄，选择提前或者是延期提取 PRSA 资产。

（6）进行风筝标记认证，接受严格的监管。

（7）所有未制订职业养老金计划的雇主都有义务指定 PRSA 提供商，并负责直接从工资扣款，完成雇员向 PRSA

① Central Bank of Ireland, New Insights from Irish Pension Fund Statistics 2021, Working Paper, https://www.centralbank.ie/docs/defanlt-source/publications/quarterly-bulletins/quarterly-bulletin-signed-articles/new-insights-from-msh-pension-funds-statistics.pdf, 2021.

提供商的缴款。

尽管政府对 PRSA 寄予了很高的期待，但无论是引入新的提供商加强竞争，还是压低价格、加强监管等的设计目标，都将直接影响爱尔兰保险行业的既得利益。作为爱尔兰最重要的行业之一，保险业对爱尔兰的政府与社会都有着不可忽视的影响力。以数据来看，2022 年爱尔兰金融保险行业雇员数量占雇员总数的 10.3%，是在欧洲 NACE 代码的 21 个行业部门分类中仅次于机动车批发/零售/维修（14.1%）的第二大行业①。根据爱尔兰保险业协会 2015 年数据，保险业在爱尔兰拥有超过 2000 亿欧元的资产，相当于 2015 年 GDP 的 75.9% 以上，并且其中有超过 350 亿欧元直接投资于基础设施与政府债务②。

保险行业与政府间的龃龉对 PRSA 的设计与实施产生很大负面影响，从 1998 年提出到 2003 年 9 月正式实施的 5 年间，政府与保险行业之间进行了多轮谈判，最终以政府做出极大的妥协与让步告终，上述的 7 项目标只有（1）、（4）、（7）得以实现，PRSA 以标准与非标准两种形式出现，对于非标准 PRSA 没有任何费用与投资类型的限制。这引起了政府监管部门的不满，据英国《星期日泰晤士报》（*The Sunday Times*）的记者 Kerby 报道，与养老金委员会共同负责监管 PRSA 的爱尔兰金融服务监管局（Irish Financial Services Regulatory Authority）的消费者部门主管曾表示：不希望鼓励消费者购买非标准 PRSA，这只是在为金融机构创造额外收入③。这直接导致了爱尔兰金融服务监管局在 PRSA 正式实施前一个季度对供应商发出监管指示，要求：明确告知消费者标准与非标准 PRSA 之间的区别；消费者与提供商需共同签署一份风险告知声明；需向消费者提供监管部门的 PRSA 情况说明书。

在这之后的 20 年中，除了 2011 年进一步妥协，放弃了对目标（4）的坚持外，政府没有再采取任何措施对 PRSA 进行改革，只是放任其自由发展。2019 年发布的养老金改革计划中也几乎没有任何涉及个人养老金的改革事项，而是直接计划推出一项全新的、目标群体与 PRSA 存在直接冲突的自动注册退休储蓄系统。在 PRSA 提供商方面，目前 16 家有资格的供应商，总共提供了 173 款 PRSA 产品，其中 14 家公司的 128 款产品还允许新成员的加入。曾经由政府力推的标准 PRSA 原本有 6 家公司 58 款产品，如今仅剩 4 家公司的 40 款产品还允许新成员的加入，且其中超半数产品均由爱尔兰人寿保险公司一家提供④。

2. 现行安排

目前的 PRSA 规定，所有的未指定职业养老金计划或是未提供额外自愿捐款（AVC）机会的雇主，都必须指定 PRSA 的提供商，保证其雇员、临时雇员、兼职雇员等可以在入职的 6 个月内得到向标准 PRSA 缴费的机会。

在缴款方面，PRSA 设置最低缴费下限不得高于 300 欧元/年，单笔电子交易不得高于 10 欧元，其他付款方式不得高于 50 欧元。此外，与一般个人养老金产品不同的是，虽然没有义务要求，但是雇主可以向雇员的 PRSA 进行缴费。

在费用与投资方面，标准 PRSA 有最高 5% 的供款费上限以及 1% 基金价值的管理费上限，只能投资于集合基金；而非标准 PRSA 则没有任何限制。无论是设置了费用上限的标准 PRSA，还是没有上限的非标准 PRSA，似乎都存在费用过高的风险。但从如今的产品目录来看，来自 14 家合格供应商的 128 款仍允许新成员加入的产品中，大多数都是非标准 PRSA，有 80 款。不同公司与不同产品间的供款费与管理费差异极大。费率分为固定费率及根据年供款数调整的变动费率两种，供款费的费率 0~5% 不等，管理费的费率则是 0.5%~2.5% 变化不等⑤。根据 2019 年、2022 年的雇员缴费估计，这两年的 PRSA 缴费总额分别为大约 2.7 亿欧元、3.9 亿欧元，扣除当年缴费后资产总额分别增长 9.7 亿欧元、-9.7 亿欧元，较上年同期增长 15.3%、-10.1%。可以看出 PRSA 的投资收益并不稳定，受市场波动影响较大⑥。

在灵活性方面，PRSA 允许消费者根据需要改变自己的提供商，也允许在职业养老金计划之间互相转换，例如，在离职时将职业养老金转换成 PRSA，在入职后再变回职业养老金。但每次转换都需要根据金额支付一定比例的费

① Office of the Revenue Commissioners, PAYE Real-time Data: Insights on Taxpayers in 2022, 2022, p.17.

② Insurance Ireland, Biolerplate 2015, https://www.insuranceireland.eu/download/9, 2015.

③ Hughes G, Have Personal Retirement Savings Accounts Achieved Their Objectives in Ireland, https://www.researchgate.net/profile/publication/274706646,2014, p.39；Kerby J, Regulator Right to Target Non-Standard PRSAs, The Sunday Times, June 29, 2003.

④⑤ The Pensions Authority, PRSA Products and Charges, https://pensionsauthority.ie/i_have_a_pension_prsa/prsas/, 2023.

⑥ Office of the Revenue Commissioners, Statistics and Insights from the First Year of Real-Time Payroll Reporting, https://www.revenue.ie/en/corporate/documents/research/pmod-statistics-paper.pdf; Office of the Revenue Commissioners, PAYE Real-time Data: Insights on Taxpayers in 2022; "prsa_schedule_a_statistics_q1_2023.xlsx", https://pensionsauthority.ie/i_have_a_pension_prsa/prsas/; "prsa_schedule_a_statistics_for_q1_2021.xlsx", https://view.officeapps.live.com/op/view.aspx?src=https%3A%2F%2Fmembers.pensionsauthority.ie%2Fen%2Fi_want_to_start_a_pension_prsa%2Fprsas%2Fprsa_schedule_a_statistics_for_q1_2021.xlsx&wdOrigin=BROWSELINK.

用。此外，也可以将 RAC 转换成 PRSA。

在税收减免以及退休后的选择方面，RAC 与 PRSA 的规定几乎完全一致。另外，当 PRSA 被作为职业养老金计划中的 AVC 使用时，可以直接享受税收减免的优惠。

（三）作为补充的个人养老金

在补充养老金这个整体中，个人养老金仅起到补充作用。具体体现在以下三个方面：

首先是最直观的发展状况方面。如前文所述，在补充养老金中，个人养老金的覆盖人群少，缴费金额少，资产总数少，因此，在补充养老金这一整体中，个人养老金仅能起到极为有限的补充作用。

其次是在爱尔兰政府对个人养老金的政策安排方面。尽管爱尔兰政府为职业养老金计划与个人养老金计划都提供了税收优惠的支持，但个人养老金的税收优惠仅在未参与职业养老金计划或拥有额外的自营职业收入时才能生效，这就自然使得职业养老金计划与个人养老金的受众群体产生了分化。并且，政府要求所有未提供职业养老金计划的雇主，在规定时间内为雇员提供获得标准 PRSA 的机会，这表现出十分明确的目的性，说明爱尔兰政府将未参与职业养老金计划的雇员设定为 PRSA 的重要目标群体。种种政策安排都说明，在爱尔兰，职业养老金与个人养老金既不是独立的支柱，也不能为民众提供多层次的保障，而是有着明确的分工，像拼图一样组成了一个整体。在某种意义上，个人养老金存在的目标，就是要填补未被职业养老金计划覆盖的空白，起到补充的作用。

最后是在制度设计层面。PRSA 在最初的制度设计中，就不是纯粹的个人养老金。这与 20 世纪末爱尔兰政府的经济改革有关，为了吸引跨国公司投资，爱尔兰政府在 20 世纪 90 年代解除了对企业雇佣与解雇员工的限制，这虽然带动了经济增长，但频繁的工作变动也使得很多人都中断了自己的职业养老金计划。为了解决这一问题，PRSA 被设计成了职业养老金计划迁移的中间桥梁，拥有很高的便携性。在雇主没有为职业养老金计划设立额外自愿捐款（AVC）计划时，还可以直接使用 PRSA 作为替代，此时向 PRSA 缴纳费用可以和 AVC 一样直接享受职业养老金计划的税收优惠。另外，PRSA 甚至还可以和职业养老金计划一样，由雇主与雇员共同缴费，只是这里的雇主缴费是完全自愿的。

从这三点中不难看出，虽然是个人养老金，但 PRSA 具有相当多职业养老金的元素。因此，在爱尔兰的补充养老金体系中，PRSA 是作为职业养老金的补充与补丁存在的，对于其正常运转来说是必不可少的。

四、爱尔兰养老金改革规划

2019 年，爱尔兰政府正式发布了《养老金改革路线图：2018–2023》，文件中宣布了进行各项养老金改革的具体内容，也同时包含各项改革内容实施的大致时间表。文件中的改革内容主要可以分为六个部分，分别是：

①国家养老金制度改革；

②建立新的自动注册退休储蓄系统；

③提升治理与监管——落实欧盟养老金指令“IORP Ⅱ”；

④设计支持现有 DB 计划的措施；

⑤公共服务部门养老金改革；

⑥支持充实工作生活。

其中，最重要的内容是前三个部分。但与个人养老金相关的仅有②、③两项改革内容，因此仅对这两个部分进行介绍。

（一）自动注册退休储蓄系统

自动注册退休储蓄系统是一个由雇员、雇主与国家三方共同承担的工作场所养老金计划（Workplace Pension Scheme），2024 年起实施，所有 23~60 岁、收入超过 2 万欧元 / 年且未加入职业养老金计划的雇员都将自动加入，6 个月内可以选择主动退出。

设定费率如表 34–3 所示，缴费率将在制度实施后逐步增长，直至第 10 年增长至 6% 的设定水平。其中，仅 8 万欧元 / 年以内的工资，雇主与国家参与配比缴费，即完整费率下雇主与国家最多各缴费 6400 欧元。

表 34–3　爱尔兰自动注册退休储蓄系统费率

单位：%

制度实行时间	雇员	雇主	国家
第 1~3 年	1.5	1.5	0.5
第 4~6 年	3.0	3.0	1.0
第 7~9 年	4.5	4.5	1.5
第 10 年起	6.0	6.0	2.0

资料来源：爱尔兰政府官网，https://www.gov.ie/en/publication/27bab-launch-of-the-final-design-of-an-automatic-enrolment-ae-retirement-savings-system-for-ireland/。

自动注册退休储蓄系统是爱尔兰政府学习新西兰等其他 OECD 国家的自动注册养老金计划设计的。其目的是在于快速地提升爱尔兰私营部门雇员群体的非公共养老金覆盖率。从设定的目标群体来看，未来该系统若能够顺利运转的话，或许会对 PRSA 产生较为明显的冲击，接替其“覆盖未拥有职业养老金计划的雇员群体”的目标。

（二）欧盟养老金指令 IORP Ⅱ

欧盟养老金指令 IORP Ⅱ是主要针对职业养老金计划的新型监管标准。2021 年爱尔兰政府已通过《欧盟（职业养老金计划）条例 2021：受托人信息》[*European Union(Occupational Pension Schemes) Regulations 2021: Information for Trustees*] ① 在国内确立了 IORP Ⅱ的相关法规。

条例的内容大多是针对职业养老金计划中的受托人提出的治理与监管要求，直接涉及的个人养老金仅有信托 RAC。治理与监管规定主要包括：

受托人需要建立有效的内部治理系统，具备足够的资格、知识与经验，拥有良好的声誉，采取有效的风险管理与内部审计，定期自查并记录等；养老金管理局需要进行积极主动的事前风险管理，并有权要求受托人提供外部报告，进行压力测试等。

该条例将对爱尔兰大量存在的小型以及专为高级职员设立的单一成员职业养老金计划产生冲击，显著提升其治理与风险管理的成本，促使其进行合并与整合。法律给予了现存计划 5 年的过渡期。届时，爱尔兰的各类职业养老金计划将必须满足欧盟的统一标准。

五、结论与启示

总的来说，爱尔兰因其百年养老金发展历史，形成了如今职业养老金与个人养老金互为补充、相互支持的补充养老金体系。因为国家养老金计划的替代率有限，发展补充养老金对于爱尔兰的老年保障事业来说就显得格外重要。但是，其发展得一直都不是很好，主要原因有二：

第一，国富但民不富，尽管人均 GDP 水平名列世界前茅，但实际的国民人均收入只是刚刚恢复到 2008 年危机时的水平，中下层民众难以负担参与补充养老金的各项费用。

第二，民众无养老储蓄习惯再加上自愿参与的制度设计，使得爱尔兰补充养老金失去了许多本可以参与但没有养老储蓄习惯与意识的潜在目标群体。

对于发展极为有限的爱尔兰个人养老金来说，除了上述两点原因外，强调“分工协作”的补充养老金体系在制度设计与政策安排方面天然就限制了爱尔兰个人养老金的发展壮大；政府与保险行业力量不均，以致无力掌控并主导个人养老金的制度设计，使其几乎完全沦为了以盈利为目的的商业性产品；政府与保险行业没有良好的沟通与合作，无法形成合力。这都对爱尔兰个人养老金的发展产生了负面的影响。

对于中国的个人养老金来说，爱尔兰的发展经验也有许多可以借鉴之处。

其中，最基础也最根本的就是提升并保障国民的收入，尤其是中下层收入群体；PRSA 的灵活便携也非常适合中国，在当前就业压力较大的情况下，类似的制度设计或许能够很好地抵御失业以及工作频繁更换造成的中断缴费的不利影响；此外，良好的行业自治、外部监管以及定期的信息披露对于培育消费者信心、获取信任也是至关重要的。爱尔兰在 20 世纪 80 年代就曾因缺乏对职业养老金计划的监管，导致许多公司因难以承受 DB 计划负债而破产，严重损害了消费者的信任，对补充养老金的发展产生了不利影响。

① The Pension Board, European Union (Occupational Pension Schemes) Regulations 2021: Information for Trustees, https://www.pensionsauthority.ie/en/news_press/news_press_archive/iorp_ii_regulations_-_information_for_trustees.pdf.

分报告三十五
新西兰个人养老金及其启示

新西兰属大洋洲国家，位于太平洋西南部，与澳大利亚隔海相望。由南岛、北岛及一些小岛组成，南、北两岛被库克海峡隔开，国土面积约27万平方千米。截至2023年4月，新西兰总人口为522.81万。经济以农牧业为主，农牧产品出口约占出口总量的50%。2022年，新西兰GDP总量为2427亿美元，人均GDP约4.7万美元①。新西兰的养老金体系包括零支柱的国家超级年金（1898年建立）和第三支柱的DC型补充养老金计划KiwiSaver②（2007年建立）。从“第三支柱覆盖率”③看，美国的第三支柱覆盖率是19.8%、加拿大是67%、新西兰是98%④。

一、新西兰养老金体系

（一）新西兰养老金概况

新西兰的养老金模式简单、独特而又成功。相对于世界银行所提倡的三支柱模式，新西兰是“两条腿走路”，效果令人满意⑤。新西兰的养老金体系由两个部分构成，包括新西兰超级年金（New Zealand Superannuation，NZ Super，又译新西兰退休金、国家超级年金）和个人储蓄养老金（KiwiSaver计划）两种形式。

新西兰超级年金（NZ Super）是由政府提供、非缴费型、统一标准的国家养老金，属于零支柱。新西兰超级年金是一种基本福利，由新西兰政府提供给所有年满65岁的新西兰公民和永久居民。具体的领取条件是：①达到新西兰的法定退休年龄（65岁及以上）；②是新西兰公民、永久居民，或持有居留类签证；③申请时通常居住在新西兰、库克群岛、纽埃或托克劳；④从20岁起在新西兰王国⑥居住至少10年（这10年必须包括50岁之后的5年）⑦。融资方式是政府收入的现收现付制，大部分来自累进所得税（边际税率为15%~39%）和营业税（税率为12.5%）。83%的新西兰超级年金领取者拥有房产，租房的养老金领

---

① 外交部：《新西兰国家概况》，外交部网站，https://www.mfa.gov.cn/web/gjhdq_676201/gj_676203/dyz_681240/1206_681940/1206x0_681942/，2023年4月。

② Kiwi本来指的是新西兰盛产的奇异果（猕猴桃），也是一种鸟的名称，一般译为几维鸟或奇异鸟。这是一种新西兰独有的鸟类，它的翅膀极短、不会飞、善奔跑、夜间活动、胆小怕人，只有在僻静的丛林里才能看到，在新西兰非常珍贵，是新西兰的国鸟及象征。Kiwi鸟是新西兰人的骄傲，因此，新西兰人也自称为Kiwi。从这个角度来看，或许将KiwiSaver计划称为“新西兰人储蓄计划”更为恰当。

③ 此处“第三支柱覆盖率”指一国加入第三支柱的人数与15~64岁人口数量的比值。

④ 郑秉文：《推动个人养老金发展必须切实加强顶层设计，动员所有政策资源》，新浪财经，http://finance.sina.com.cn/zl/china/2022-07-19/zl-imizirav4299555.shtml，2022年7月19日。

⑤ 石蕾、何璇：《浅析新西兰的统一养老金》，《北方经济》，2010年第10期，第57–58页。

⑥ 新西兰王国包括新西兰、库克群岛、纽埃或托克劳。如果在新西兰居住的这10年不包括年满50岁之后的5年，可以用50岁以来在新西兰王国范围内其他国家或地区（库克群岛、纽埃或托克劳）居住的时间替代。

⑦ Ministry of Social Development, Who Can Get NZ Super, Work and Income, https://www.workandincome.govt.nz/eligibility/seniors/superannuation/who-can-get-it.html.

取者还可申请经济情况调查的住房补贴①。

KiwiSaver 是一种自动注册的 DC 型个人储蓄计划，旨在帮助人们积累退休金，兼具第二、第三支柱的特征。作为一项自愿储蓄计划，个人可以定期从自己的工资中缴费，也可以直接向自己的计划提供商缴费。自愿储蓄形式多样，如房地产、私人经理基金、共同基金、直接持有的股份、债券、现金以及少数劳动者参与的雇主协助的储蓄计划和雇主补贴的养老金计划②。

（二）新西兰养老金的发展历程

新西兰是世界上较早建立养老金制度的国家之一。1898 年，政府通过立法确立了全国性的养老金制度，实行税收融资、统一标准、非缴费型的养老金制度。受益对象为符合相关条件的 65 岁以上的老年人，为他们提供小额养老金。受经济大萧条影响，新西兰对养老金制度进行了改革。1938 年，工党政府通过了《社会保障法》，引入了 2 个税收融资的、统一标准的养老金项目：基于收入调查的 60 岁（或 65 岁）及以上的老年人补贴③；需纳税的 65 岁及以上的老年人国家养老金（两者不能同时享受）④。

1977 年，政府推出了一项更为慷慨的统一公共养老金计划"国家养老金"（National Superannuation），为 60 岁及以上的老年人提供 80% 平均工资的养老金⑤。1988~1990 年，政府统一税收水平，并取消了一切储蓄的税收优惠，不过并未调整现有的体制设置。税收优惠的取消意在促进更好的资源配置，也具有很重要的公平效应⑥。1991 年，政府计划将国家养老金变成有高度针对性的福利补贴。但由于群众强烈反对未能实施，不过领取年龄提高到 65 岁。1993 年，国家养老金更名为新西兰超级年金（New Zealand Superannuation）⑦。

进入 21 世纪后，新西兰老年人口比重不断上升，尤其是 65 岁及以上的老龄人口比例⑧不断上升，日益增多的退休金给付要求给新西兰政府财政带来沉重的负担。为了缓解公共养老金制度带来的财政压力，也为了向老年居民提供更多收入保障，新西兰政府于 2006 年 9 月通过了 KiwiSaver Act 2006，并于 2007 年正式实施个人储蓄养老金 KiwiSaver 计划。任何居住在或通常居住在新西兰的新西兰公民和永久居民都有权加入 KiwiSaver，该计划的养老金领取年龄也是 65 岁。为了激励人们参加该计划，自 KiwiSaver 实施到 2015 年 5 月，个人在加入 KiwiSaver 时即可获得政府提供的 1000 新西兰元的"启动资金"。

（三）小结

新西兰养老金制度经历了从无到有、水平从低到高、养老责任从侧重国家到侧重个人的转变。虽然新西兰养老金制度的改革和发展历程波折反复，但是它在预防贫困、减轻人口老龄化所带来的养老压力，以及鼓励民众参与等方面，达到了非常显著的成效。通过 NZ Super 和 KiwiSaver 两个养老金计划，新西兰基本实现养老金覆盖全部人口，并实现对不同群体的分层保障，达到了令人满意的效果。新西兰的养老金制度设计非常值得借鉴学习。

二、KiwiSaver 计划的制度框架

（一）覆盖范围

KiwiSaver 计划适用于所有居住或通常居住在新西兰的新西兰公民和永久居民，持有临时签证、访客签证、工作签证或学生签证者不能加入该计划。参加者在年满 65 岁（即达到新西兰的法定退休年龄）时可以获得 NZ Super 和 KiwiSaver 计划的双重保障。

KiwiSaver 计划实行自动加入和自愿退出机制。自动加入机制使得 KiwiSaver 计划的覆盖人数在实施不到 20 年的时间内迅速增加。符合以下条件的新西兰公民和常住居民将自动注册加入 KiwiSaver：①符合 KiwiSaver 计划的参加条件；②开始一份新的工作；③年龄在 18~65 岁。如果符合参加 KiwiSaver 计划的相关条件，但未自动加入，个人可以选择通过雇主加入计划，也可以选择直接向计划提供商签约注册⑨。

对于年龄未满 18 岁的群体，申请加入 KiwiSaver 计划的规定如下：①总体上，年龄未满 18 岁的申请者，只能通过计划提供商加入 KiwiSaver，不能通过雇主加入。②如果年龄已满 16 岁但未满 18 岁，至少需要 1 名法定监护人共同签署申请。如果没有法定监护人，需要和选择的 KiwiSaver 计划提供商共同签署申请。③如果年龄未满

①② 石蕾、何璇：《浅析新西兰的统一养老金》，《北方经济》，2010 年第 10 期，第 57-58 页。

③ 具体而言，分别为 60 岁及以上女性老年人和 65 岁及以上男性老年人提供通过经济状况调查的养老金。

④⑦ 王颖：《加拿大和新西兰第三支柱个人养老金制度比较》，对外经济贸易大学硕士学位论文，2022 年。

⑤ 这个公共养老金计划起初的水平是平均周工资的 80%（一对夫妇）和 48%（单身）。发放对象是 60 岁及以上的个人，需要纳税。

⑥ 因为当时新西兰税收优惠的受益者主要是高收入、拥有长期稳定事业的白人群体，而税收优惠的贡献者则几乎是所有人。

⑧ 根据新西兰统计局（Statistics New Zealand）公布的数据，截至 2022 年 3 月 31 日，新西兰 65 岁及以上人口占总人口的比重为 19.4%。

⑨ How KiwiSaver Works, https://www.ird.govt.nz/kiwisaver/kiwisaver-individuals/how-kiwisaver-works.

16 岁，则需要征得所有法定监护人的同意，个人不能自行注册[①]。

如前文所述，KiwiSaver 计划还实行自愿退出机制。如果符合自动加入 KiwiSaver 计划的条件，但不想参加该计划，个人可以选择退出，但是有一定的时间限制。原则上，个人在开始工作的第 2 周至第 8 周（即第 14 天至第 56 天）之间可以选择退出 KiwiSaver 计划（前 14 天为冷静期）。如果不选择退出，将默认该人同意继续留在 KiwiSaver 计划，雇主将继续从参加者的工资中扣除供款。同时，在部分特殊情况下[②]，申请退出期限最长可以宽限到 3 个月。此外，如果个人直接联系 KiwiSaver 计划提供商加入，则无法选择退出，但可以暂停供款。

对于未满 19 岁的参加者，在符合下列情况时，可以选择退出 KiwiSaver 计划：①雇主在个人年满 18 岁之前错误地为其注册；②未征得监护人同意而注册加入；③未满 16 岁，征得监护人同意后退出。类似地，如果未满 19 岁的个人联系 KiwiSaver 计划提供商并选择了自己的投资计划，或监护人同意为其注册 KiwiSaver 计划，则无法申请退出[③]。

（二）资金筹集和投资运营

KiwiSaver 计划的筹资渠道包括个人缴费、雇主缴费和政府补贴三个部分。就个人缴费而言，个人可以灵活选择想要从税前工资中缴纳的比例。目前可以选择的缴费比例有 5 档，分别为 3%、4%、6%、8% 和 10%。雇主通常会支付与个人缴费比例相同的比例[④]。如果未选择缴费比例，将会默认按税前工资的 3% 缴纳到 KiwiSaver 账户中。对于雇主配套缴费部分，雇主需要对员工的 KiwiSaver 储蓄账户进行最低 3% 的强制性供款。当雇主已经为员工向另一个养老基金供款，或者雇员暂停缴费时，雇主可以停止向 KiwiSaver 计划供款。关于政府补贴部分，政府每年都会向一些成员进行补贴，KiwiSaver 计划的政府补贴额为个人缴费额的 50%，每年的补贴限额为 521.43 新西兰元。个人无须执行任何操作，由 KiwiSaver 计划提供商代表其成员申请此政府补贴[⑤]。此外，2015 年 5 月之前，个人在加入 KiwiSaver 时即可获得政府提供的 1000 新西兰元的“启动资金”，但是 2015 年 5 月 21 日该政策被国家党政府取消[⑥]。

资金进入 KiwiSaver 账户后，将全权由计划参加者选择一个 KiwiSaver 基金公司的基金类型来进行投资。默认的 KiwiSaver 计划提供商仅提供具有保守投资组合的计划，但允许其他注册提供商提供各种投资组合[⑦]。市面上有许多不同种类的基金类型，根据基金的投资组合构成，一般分成五种：①防御型基金（Cash/Defensive Funds），仅配置 10% 以下的中高收益 / 风险资产（股票、债券等），剩余 90% 全是防守型资产，如银行存款和一部分现金；②保守型基金（Conservative Funds），配置 10%~35% 的中高收益 / 风险资产；③平衡型基金（Balanced Funds），配置 35%~63% 的中高收益 / 风险资产；④成长型基金（Growth Funds），配置 63%~90% 的中高收益 / 风险资产；⑤激进型基金（Aggressive Funds），配置 90% 以上的中高收益 / 风险资产，仅保留少部分现金作运营和赎回备用金[⑧]。

此外，根据生命周期理论，人的一生各阶段应该根据年龄变化进行不同的理财规划。因此，一些 KiwiSaver 计划提供商提供“终身”基金选项（类似于目标日期基金），随着参加者年龄的增长，其账户资金将转移到更具防御性的基金。例如，激进型基金适用于年龄在 35 岁以下的成员，成长型基金适用于年龄在 35~49 岁的成员，平衡型基金适用于 50~59 岁的成员，保守型基金适用于年龄在 60~64 岁的成员，防御型基金适用于年龄在 65 岁及以上的成员[⑨]。

（三）资金提取

1. 退休提取

一般而言，当 KiwiSaver 计划参加者达到新西兰的法定退休年龄（目前为 65 岁）时，有资格提取 KiwiSaver 账户内的全部资金。但如果个人加入 KiwiSaver 计划时的年龄在 60~64 岁，且加入时间在 2019 年 7 月 1 日之前，其资金将被锁定在 KiwiSaver 账户 5 年，即在 65 岁时无法正常提取资金。从 2020 年 4 月 1 日起，KiwiSaver 计划允许参加者自由选择在 65 岁后随时退出计划并提取账户资

① Inland Revenue Department, Joining KiwiSaver, https://www.ird.govt.nz/kiwisaver/kiwisaver-individuals/joining-kiwisaver.

② 这些情况分别是：雇主在个人开始工作后的 3 天内未提供 KiwiSaver 员工信息包；IRD 没有向个人发送相应的 KiwiSaver 默认计划的产品披露声明；雇主没有提供他们选择的 KiwiSaver 计划的产品披露声明；受个人无法控制的事件影响，无法按时发送退出通知；个人不应该被自动注册。

③ IRD，Opting Out of KiwiSaver, https://www.ird.govt.nz/kiwisaver/kiwisaver-individuals/opting-out-of-kiwisaver.

④⑧ Song P, KiwiSaver 到底是什么？, https://www.nationalcapital.co.nz/zh-hans/blog/what-is-kiwisaver.

⑤ IRD，KiwiSaver Benefits, https://www.ird.govt.nz/kiwisaver/kiwisaver-individuals/kiwisaver-benefits.

⑥ 王颖：《加拿大和新西兰第三支柱个人养老金制度比较》，对外经济贸易大学硕士学位论文，2022 年。

⑦ Kritzer B E, KiwiSaver: New Zealand's New Subsidized Retirement Savings Plans, The United States Social Security Bulletin, https://www.ssa.gov/policy/docs/ssb/v67n4/v67n4p113.html, 2007.

⑨ Wikipedia, KiwiSaver, https://en.wikipedia.org/wiki/KiwiSaver#Funds.

金，或将资金保留在 KiwiSaver 账户中 5 年然后提取[①]。换言之，如果 KiwiSaver 计划参加者选择在 5 年锁定期后领取，并且在年满 65 岁后继续工作，可继续向 KiwiSaver 账户缴费，同时获得雇主的配套缴费和政府的缴费补贴[②]。

2. 购买首套住房提取

当个人参加 KiwiSaver 计划（并缴费）已满 3 年，在购买第一套住房时可以从 KiwiSaver 账户提取全部资金（包括个人缴费、雇主缴费、政府补贴和投资收益在内的资金均可提取）。限制条件是个人需要在账户中留下不少于 1000 新西兰元，并且如果该人在澳大利亚有养老金账户，也需要把澳大利亚养老金账户的钱都转进新西兰 KiwiSaver 的账户里[③]。

此外，KiwiSaver 计划还提供“家庭启动补助金”（KiwiSaver Home Start Grant）。根据购买的是现有住房（二手房屋）还是新建住房（新房或打算自建房屋），KiwiSaver 计划参加者可以获得最高 10000 新西兰元的补助金[④]，用于购买其第一套住房。同时，如果个人在加入 KiwiSaver 计划之前就已经拥有了一套住房，那么他也可以将账户中的资金用于购买其他不动产。此时，计划参加者只需联系新西兰公房署（Housing New Zealand），让其确认个人拥有与首套购房者同样的资金提取资格即可[⑤]。

3. 移居海外提取

移居海外提取 KiwiSaver 账户资金分两种情况。①移居澳大利亚。如果 KiwiSaver 计划参加者永久移居澳大利亚，通过联系相应的 KiwiSaver 计划提供商，个人可以将资金转移到澳大利亚退休金计划。②移居除澳大利亚以外的其他国家。在海外（非澳大利亚）居住 1 年后，参加者可以从其 KiwiSaver 账户中取出除政府补贴外的大部分资金[⑥]。此外，也可以申请将账户资金转移到经批准的外国养老金计划中[⑦]。

4. 其他情况

当 KiwiSaver 计划参加者面临重大经济困难，例如，无法支付最低生活费用，需要为自己或受抚养的家庭成员支付医疗费用，自己患有严重疾病，需要支付受抚养家庭成员的丧葬费等情况，可以提取部分 KiwiSaver 账户资金（不包括政府补贴部分）以应对困难。在这种情况下，参加者需要提供证据证明其正在遭受重大经济困难[⑧]。

（四）税收政策

根据现行政策，KiwiSaver 计划的投资收益需要纳税，但在资金提取时无须纳税。如前文所述，KiwiSaver 计划在筹资时以税前工资作为缴费基数。综上，KiwiSaver 计划采用的是 ETE 税制。

KiwiSaver 计划大致分为两种类型：一种是广泛持有的超级年金计划（Widely-held Superannuation Schemes），另一种是组合投资实体（Portfolio Investment Entities，PIEs）计划。不同计划类型的税收政策不同，如果个人参加的 KiwiSaver 计划属于广泛持有的超级年金计划，那么其投资收益将按 28% 征税。如果个人参加的 KiwiSaver 计划属于投资组合实体（PIEs），则根据个人过去两年的应税收入确定（以两年中应税收入低的年份为准）其规定投资税率。按照应税收入由低到高，相应的规定投资税率分别为 10.5%、17.5% 和 28% 三档[⑨]。

（五）计划调整

KiwiSaver 计划十分灵活，由于情况变化而想要改变其供款的参加者，可以选择暂停缴费、调整缴费比例或者更改计划提供商。①暂停缴费。根据加入 KiwiSaver 计划的时间长短，所有参加计划并缴费 12 个月及以上的人都可以暂停缴费 3 个月至 1 年，并且无须给出任何理由[⑩]。在暂停期间，个人可以随时恢复缴费，只须与雇主联系即可。②调整缴费比例。每 3 个月（除非雇主同意更短的时间范

① IRD, Getting My KiwiSaver Savings When I Retire, https://www.ird.govt.nz/kiwisaver/kiwisaver-individuals/getting-my-kiwisaver-when-i-retire.

②⑤ 赵秀斋：《新西兰 KiwiSaver 计划的制度框架与运行分析》，《北京劳动保障职业学院学报》，2023 年第 1 期，第 7-15 页。

③ Getting My KiwiSaver Savings for My First Home, https://www.ird.govt.nz/kiwisaver/kiwisaver-individuals/getting-my-kiwisaver-funds-early/getting-my-kiwisaver-for-my-first-home.

④ 具体而言，如果购买的是二手已建成的房屋，那么最多可以获得 5000 新西兰元补助金（每年 1000 新西兰元）；如果购买的是新房或是打算自己建造房屋，那么可以最多获得 10000 新西兰元补助金（每年 2000 新西兰元）。

⑥ IRD, Getting My KiwiSaver Savings When I Move Overseas, https://www.ird.govt.nz/kiwisaver/kiwisaver-individuals/getting-my-kiwisaver-funds-early/getting-my-kiwisaver-funds-when-i-move-overseas.

⑦ 符合 KiwiSaver Act 2006 第 228(e) 条规定的计划。

⑧ IRD, Getting My KiwiSaver Savings for Significant Financial Hardship, https://www.ird.govt.nz/kiwisaver/kiwisaver-individuals/getting-my-kiwisaver-funds-early/getting-my-kiwisaver-funds-for-significant-financial-hardship.

⑨ IRD, How Your KiwiSaver Income is Taxed, https://www.ird.govt.nz/kiwisaver/kiwisaver-individuals/taxing-kiwisaver-income.

⑩ 如果参加 KiwiSaver 计划并缴费未满 12 个月，且正在经历或可能遇到经济困难，则可以申请提前暂停缴费。暂停缴费的默认期限为 3 个月，根据个人情况不同，最长不超过 1 年。在这种情况下，个人需要提供相应的证据来支持其申请。

围），KiwiSaver 计划参加者可以更改一次缴费比例，即在 3%、4%、6%、8% 和 10% 几档费率之间进行调整[①]。③更改计划提供商。KiwiSaver 计划参加者可以随时更改计划提供商和投资风险组合，但一次只能属于一个计划提供商，即不能同时选择两家及以上的计划提供商[②]。

三、KiwiSaver 计划的运行状况

根据新西兰金融市场管理局（Financial Markets Authority，FMA）公布的 2022 年 KiwiSaver 年度报告（*KiwiSaver Annual Report* 2022），截至 2022 年 3 月 31 日，参加 KiwiSaver 计划的总人数已达到 316.9 万人，同比增长 2.5%；管理的基金规模为 897 亿新西兰元，同比增长 10.0%；平均账户余额为 2.83 万新西兰元，同比增长 7.2%；投资收益为 13 亿新西兰元，同比下降 90.2%；资金提取 38 亿新西兰元，同比增长 24.7%；总管理费 6.9 亿新西兰元，同比增长 6.5%[③]。

根据新西兰统计局（Statistics New Zealand）公布的数据，截至 2022 年 3 月 31 日，新西兰劳动年龄人口[④]数量约为 331.7 万人[⑤]。据此计算，KiwiSaver 计划已覆盖新西兰劳动年龄人口的 95% 以上，在所有经合组织国家中名列前茅。

（一）参加人数

当一个符合参加 KiwiSaver 计划条件的人开始一份新的工作时，他会自动加入一种默认 KiwiSaver 计划。KiwiSaver 参加者既可以选择继续留在该计划中，也可以选择加入其他计划。那些选择继续留在默认计划中的参加者被称为“默认参加者”（Default Members）。截至 2022 年 3 月 31 日，KiwiSaver 计划的默认参加者数量约为 29.8 万人，同比下降约 16.3%。

与默认参加者相对应的是积极参加者（Active Members），积极参加者是指那些选择加入其他 KiwiSaver 计划的参加者。截至 2022 年 3 月 31 日，KiwiSaver 计划的积极参加者数量约为 287 万人，同比增长约 4.9%。两者合计，KiwiSaver 计划的总参加者数量约为 316.9 万人，占当年新西兰全国人口总数（515.2 万人[⑥]）的 61.5%[⑦]。

（二）基金收入及投资收益

截至 2022 年 3 月 31 日，KiwiSaver 计划管理的基金规模为 897 亿新西兰元，比 2021 年 3 月 31 日的 816 亿新西兰元高出 9.9%，同样高于 2020 年、2019 年、2018 年同期的 620 亿新西兰元、570 亿新西兰元、486 亿新西兰元，基金规模持续稳定增长（见图 35–1）。

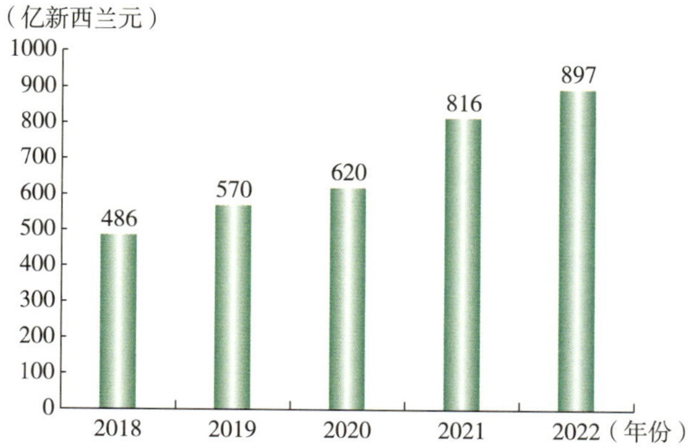

图 35–1　2018~2022 年 KiwiSaver 基金规模

资料来源：根据相应年份的 *KiwiSaver Annual Report* 绘制。

1. 基金收入

2022 年度（2021 年 3 月 31 日至 2022 年 3 月 31 日），在参加 KiwiSaver 计划的总计 316.9 万人里有 193.8 万人进行缴费，同比增长 2.9%，缴费人数占总参加人数的 61.2%。KiwiSaver 基金收入 206 亿新西兰元，其中缴费收入 109.7 亿新西兰元，占当年基金收入的 53.3%；投资收益 13 亿新西兰元，占当年基金收入的 6.3%[⑧]。

在缴费收入中，2022 年度，个人工资缴费收入 51.4 亿新西兰元，同比增长 6.2%；雇主缴费收入 27 亿新西兰元，同比增长 0.02%；个人一次性缴费收入 22.2 亿新西兰元，同比增长 20.3%；政府补贴收入 9.1 亿新西兰元，同比增长 2.0%（KiwiSaver 基金的缴费收入结构见图 35–2）[⑨]。

① 对于没有雇主的群体，想要调整缴费比例，则需与其 KiwiSaver 计划提供商联系（重新签订合同）。

② IRD, Making Changes to My KiwiSaver Account, https://www.ird.govt.nz/kiwisaver/kiwisaver-individuals/making-changes-to-my-kiwisaver.

③ Financial Markets Authority, KiwiSaver Annual Report 2022, https://www.fma.govt.nz/library/reports-and-papers/kiwisaver-report, 2022, p.2.

④ 此处劳动年龄人口指的是 15~64 岁人口。

⑤ Statistics New Zealand, Household Labour Force Survey Estimated Working-age Population: March 2022 Quarter, https://www.stats.govt.nz/information-releases/household-labour-force-survey-estimated-working-age-population-march-2022-quarter, 2022.

⑥ CEIC 数据库：《新西兰人口》, https://www.ceicdata.com/zh-hans/indicator/new-zealand/population。

⑦ Financial Markets Authority, KiwiSaver Annual Report 2022, https://www.fma.govt.nz/library/reports-and-papers/kiwisaver-report, 2022, p.21.

⑧ Financial Markets Authority, KiwiSaver Annual Report 2022, https://www.fma.govt.nz/library/reports-and-papers/kiwisaver-report, 2022, p.17.

⑨ Financial Markets Authority, KiwiSaver Annual Report 2022, https://www.fma.govt.nz/library/reports-and-papers/kiwisaver-report, 2022, pp.6-17.

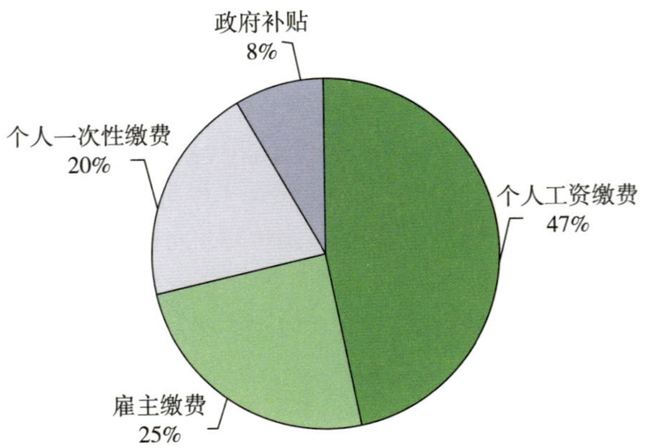

图 35-2　2022 年度 KiwiSaver 基金缴费收入结构

资料来源：Financial Markets Authority, KiwiSaver Annual Report 2022, https://www.fma.govt.nz/library/reports-and-papers/kiwisaver-report, 2022, p.17.

2. 投资收益

2022 年度（2021 年 3 月 31 日至 2022 年 3 月 31 日）KiwiSaver 基金的投资收益为 13 亿新西兰元，而 2021 年度、2020 年度、2019 年度、2018 年度 KiwiSaver 基金投资收益分别为 132.0 亿新西兰元、-8.2 亿新西兰元、38.0 亿新西兰元、31.6 亿新西兰元，相应的投资收益率[①]分别为 16.2%、-1.3%、6.7%、6.5%（见图 35-3）。显然，近五年 KiwiSaver 基金的投资收益波动很大。

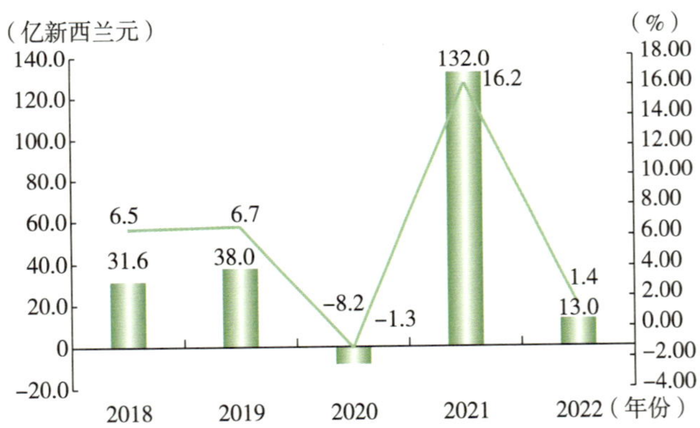

图 35-3　2018~2022 年 KiwiSaver 基金投资收益

资料来源：根据相应年份的 *KiwiSaver Annual Report* 绘制。

（三）基金支出

2022 年度（2021 年 3 月 31 日至 2022 年 3 月 31 日）KiwiSaver 基金支出共计 124.8 亿新西兰元，2021 年度、2020 年度、2019 年度、2018 年度 KiwiSaver 基金支出分别为 77.4 亿新西兰元、70.1 亿新西兰元、62.0 亿新西兰元、49.2 亿新西兰元（见图 35-4）。总体上看，近五年 KiwiSaver 基金支出逐年增加。

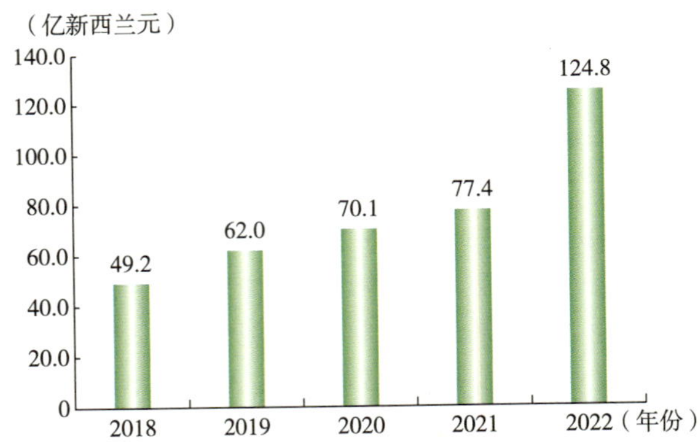

图 35-4　2018~2022 年 KiwiSaver 基金支出情况

资料来源：根据相应年份的 *KiwiSaver Annual Report* 绘制。

2022 年度，KiwiSaver 基金支出共计 124.8 亿新西兰元，其中 KiwiSaver 基金提取支出 37.4 亿新西兰元。在提取支出中，65 岁以上人口提取 19.5 亿新西兰元，占基金提取总额的 52%；购买首套住房者提取 14.4 亿新西兰元，占比 39%；陷入经济困难者提取 1.1 亿新西兰元，占比 3%；其他提取支出 2.4 亿新西兰元，占比 6%（具体基金提取结构见图 35-5）[②]。

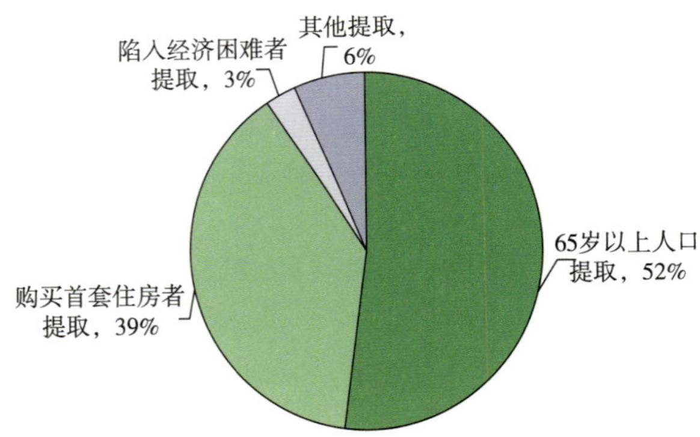

图 35-5　2022 年度 KiwiSaver 基金提取结构

资料来源：Financial Markets Authority, KiwiSaver Annual Report 2022, https://www.fma.govt.nz/library/reports-and-papers/kiwisaver-report, 2022, p.18.

2022 年度（2021 年 3 月 31 日至 2022 年 3 月 31 日），

① 投资收益率 = 投资收益 / 投资资产。

② Financial Markets Authority, KiwiSaver Annual Report 2022, https://www.fma.govt.nz/library/reports-and-papers/kiwisaver-report, 2022, p.18.

KiwiSaver 基金总管理费（Combined Fees）[①] 支出 6.9 亿新西兰元，2021 年度、2020 年度、2019 年度、2018 年度 KiwiSaver 基金总管理费支出分别为 6.5 亿新西兰元、5.4 亿新西兰元、4.8 亿新西兰元、4.2 亿新西兰元。相应地，近五年 KiwiSaver 基金收入分别为 127.6 亿新西兰元、145.9 亿新西兰元、119.6 亿新西兰元、274.2 亿新西兰元、206.0 亿新西兰元。总体上看，近五年 KiwiSaver 基金总管理费支出的绝对数额逐年增加[②]，但总管理费占基金收入的比重基本保持稳定（见图 35-6）。

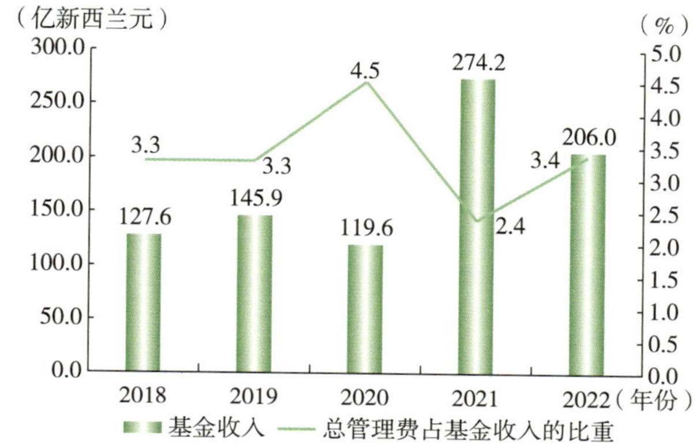

图 35-6　2018~2022 年 KiwiSaver 基金收入及总管理费占比情况

资料来源：根据相应年份的 *KiwiSaver Annual Report* 绘制。

四、总结和评价

（一）特点

1. 第二支柱和第三支柱的有效结合

KiwiSaver 计划是第三支柱个人储蓄计划，但该计划在某种程度上是第二支柱和第三支柱的结合体，同时具有二、三支柱的部分特征。具体而言，工作关联、最低缴费是第二支柱的特征，个人可以选择退出与否和可以自由选择缴费比例是第三支柱的特征。

首先是第二支柱的特征——工作关联、最低缴费。KiwiSaver 是与就业直接关联的计划，当新西兰公民或永久居民开始从事一份新的工作时，他会自动注册加入 KiwiSaver（需符合相关参加条件）。与此同时，雇主必须为符合法律规定条件的员工加入 KiwiSaver，并按照一定比例（最低 3%）从员工的工资中扣除缴费（雇主同时需要为员工进行配套缴费）。这种工作关联性表明了 KiwiSaver 计划具有第二支柱养老金制度的特征，它通过雇主与员工之间的关系来建立并维持该养老金计划。

其次是第三支柱的特征——无雇主缴费、个人自愿参与。对于自雇或无工作的人群，个人可以直接联系 KiwiSaver 提供商并加入。KiwiSaver 计划允许参与者以个人名义进行缴费（个人可以选择定期缴费或一次性存入一笔资金），而不需要雇主的匹配或额外缴费。无论是自雇人士、自由职业者还是其他无雇主的个人，他们都可以自主决定缴纳多少资金，并根据自己的财务状况进行调整。这种灵活性和允许自主选择缴费的制度安排意味着 KiwiSaver 计划同时具有第三支柱养老金制度的特征，它允许个人根据自己的需要和意愿进行养老金计划的管理和调整。

综上所述，KiwiSaver 计划可被视为第二支柱和第三支柱的结合体。它既与就业关联，通过雇主和个人的缴费实现养老金储备，同时也赋予个人选择退出与否以及自由选择缴费比例的自主权。这使得 KiwiSaver 计划既继承了第二支柱的强制性特征，又拥有第三支柱的灵活性、便携性和自主性特征。或许正因如此，KiwiSaver 计划实施不到 20 年，便已实现几乎对新西兰劳动年龄人口的全覆盖。

2. 有效的自动加入机制

根据新西兰相关法律规定，所有符合条件的人都会被自动加入 KiwiSaver 计划。这种准强制性特征确保了大多数员工都能够加入该计划，并开始为自己积累养老金储备。任何一个新西兰公民或永久居民开始从事一份新的工作时，他的雇主都会自动为其办理加入 KiwiSaver 计划。这意味着有雇主的劳动者无须主动申请或填写表格，他们将自动成为 KiwiSaver 计划的参加者。由于默认计划的存在，在自动加入以后，员工的工资将被扣除 3% 作为 KiwiSaver 计划的缴费，这样便实现了自动定期存款的机制，从而为个人增加了养老金储蓄。

与此同时，尽管 KiwiSaver 计划采用了自动加入机制，但人们仍然可以自由选择退出该计划——个人可以在指定的时间范围内申请退出，如果未按时提出退出申请，则继续参与该计划并进行缴费。

综上所述，KiwiSaver 计划具有良好的自动加入机制。准强制性特征确保了大多数人能够加入该计划，而自动加入机制则使个人无须主动申请即可成为参加者。此外，通过默认缴费比例和设置退出机制，个人可以根据自己的实际需要和意愿进行缴费或选择退出。这种自动加入机制不仅促进了更广泛的参与，而且为个人提供了便利并保留了灵活性。

① 总管理费（Combined Fees）包括行政管理费（Administration Fees）和投资管理费（Investment Management Fees）。
② 与此同时，近五年 KiwiSaver 基金的行政管理费支出基本保持稳定，并呈现波动下降的趋势。

此外，虽然自动加入的制度设计是提高覆盖率的关键性因素，但是政府补贴、雇主缴费以及相对简单的设计（具有各种预设的默认设置）也在确保人们高水平参与KiwiSaver计划方面发挥了重要作用。

3. 灵活的基金提取方式

如前文所述，KiwiSaver计划具有灵活的基金提取方式，包括但不限于退休提取、购买首套住房提取、移居海外提取、面临重大经济困难提取等。退休时提取允许参加者在退休后使用积累的基金来支持老年生活。购买首套住房提取为购房者提供了灵活的资金来源，甚至部分实现了住房公积金的效果。面临重大经济困难时的紧急资金提取则可以帮助参加者应对突发事件。移居海外提取使那些计划离开国家的人能够在合适的时候提取养老金基金。这种灵活性使得KiwiSaver计划能够满足个人不同的资金需求和目标。

（二）面临的问题

第一，投资收益很不稳定。如前文所述，KiwiSaver计划的投资收益波动较大、很不稳定。2018~2022年，即使不考虑负收益的2020年，KiwiSaver基金最高年度投资收益达到了最低年度[①]的10倍（见图35-3）。如果考虑负收益的情况，投资收益的差距会更悬殊。

KiwiSaver计划的投资收益不稳定有多种可能的原因。一是市场波动性。受到经济、政治和其他因素的影响，投资市场存在波动性，投资收益可能会随着市场的波动而变化。二是长期投资性。KiwiSaver计划旨在为参加者提供长期养老金积累，通常持续数十年。在这样长的时间范围内，市场会经历多次周期性的涨落，投资收益也很可能会出现高低起伏。三是不同投资组合的表现差异。某些投资组合可能在某些时期表现出色，但在其他时期可能表现不佳，从而引发投资收益的波动。四是全球经济环境。KiwiSaver投资组合中的一部分可能涉及国际市场。全球经济环境的变化、地缘政治风险和货币波动等因素都会对投资收益产生影响。从这个角度出发，KiwiSaver基金之所以在2020年形成较大亏损（-8.2亿新西兰元），或许与2019年底暴发、席卷全球的新冠肺炎疫情有关。

第二，在某种程度上加大了贫富差距。KiwiSaver最大的失败之处，就是它只是让富人更富，增加了那些“富裕”的人和“不富裕”的人之间的鸿沟[②]。作为长期积累的养老金计划，参加者需要定期缴纳一定的资金。然而，由于低收入人群通常只能承担较低的缴费金额，他们大概率无法获得与高收入人群相同的投资回报。再加上KiwiSaver计划一般要求雇主为员工配套缴纳相同比例的工资作为养老金。因此，高收入人群有更大的机会在退休时积累较高的财富，从而加大了贫富差距。

（三）对我国个人养老金制度的启示

1. 自动加入机制是扩大制度覆盖面的有效举措

KiwiSaver计划采用自动加入机制，迅速且有效地扩大了制度覆盖面。参加KiwiSaver计划的人数从制度建立伊始的71.7万人[③]增长到2022年的316.9万人，自动加入机制做出了巨大贡献。在自动加入机制下，雇主自动将员工纳入养老金计划，人们无须主动选择，即可开始积累养老金，可以显著提高养老金计划的参与率。

此外，自动加入机制可以降低养老金计划的参加门槛。使包括低收入人群在内的更多人能够轻松地加入养老金计划，并享受养老金的好处。而且自动从工资中扣除一定比例的费用，有助于培养人们的储蓄意识和储蓄习惯，还可以保障养老金的稳定积累。自动加入机制鼓励参加者采取长期投资策略。通过长期持有和投资股票、债券等资产，参加者可以获得更多的投资回报。长期投资也有助于抵消市场波动对投资收益的影响，提供更稳定的养老金积累。自动加入机制还可以在一定程度上提高养老金计划的社会公平性。它确保每个人都有机会积累养老金，而不仅限于那些主动选择参加的群体。这有助于减少贫困和不平等问题，并确保更多人在退休时享有基本的经济保障。

综上所述，自动加入机制是扩大养老金覆盖面的有效举措。它提高了参与率，降低了参加门槛，培养了储蓄习惯，促进了长期投资，并增强了社会公平性。通过这种机制，更多人能够积极参加养老金计划，他们退休后的生活也可以得到更好的保障。

2. 灵活、便携的制度设计有利于个人养老金持续发展

灵活、便携的制度设计包括以下几个方面：一是个性化选择。个人可以根据自己的风险承受能力、投资偏好和退休计划来选择不同类型的养老金产品和投资组合。这种个性化选择可以提高参加者的满意度和参与率，促进养老金制度的可持续发展。

二是灵活的缴费方式。个人可以灵活选择适当的缴费

① 投资收益最高和最低的年份分别是2021年和2022年。

② 中国新闻网：《新西兰退休储蓄实施满十年 让穷的更穷 富的更富？》，人民网，http://australia.people.com.cn/n1/2017/0717/c408038-29409816.html，2017年7月17日。

③ Inland Revenue, KiwiSaver Evaluation Annual Report 1, https://thehub.swa.govt.nz/assets/documents/KS%20annual%20report%201.pdf, 2008.

方式，如固定金额缴费、按比例缴费，以及一次性缴费、定期缴费、补缴和额外缴费等。同时允许个人根据自己的财务状况灵活调整缴费金额和频率。这使得个人更容易管理和控制自己的养老金储蓄，从而促进持续的养老金积累。

三是可移植性和流动性（便携性）。个人可以在不同雇主、不同职业、不同地区之间实现养老金账户的顺利转移。个人可以在换工作或职业转变时将养老金账户带走，并继续积累和管理该账户。这种流动性和可移植性为个人提供了更大的灵活性和选择权，使其能够更好地应对工作和生活变化，也有利于减少退出养老金计划的情况。

总之，灵活、便携的制度设计有助于推动个人养老金的持续发展。它提供了个性化选择、灵活的缴费方式、可移植性和流动性（便携性）。这些因素共同促进了个人参与养老金的积极性，有利于增强养老金制度的可持续性。

3. 第二支柱和第三支柱的有效结合值得借鉴

如前文所述，KiwiSaver 计划实现了第二支柱和第三支柱的有效结合。二、三支柱的结合具有一些优势。一是资金来源多样化。第二支柱通常由雇主和雇员共同缴纳，而第三支柱则是基于个人自愿参与的养老金计划。这种结合使得养老金的资金来源更加多样化，提高了整个养老金体系的可持续性。

二是投资风险分散化。第二支柱往往采用较为保守的投资策略，以确保退休金的稳定性和安全性。而第三支柱允许个人选择不同的投资工具，并根据自身风险偏好来分散投资风险。在理想情况下，这种结合可以在保证稳定收益的同时，为个人提供更大的投资回报，以满足个人的长期理财需求。

三是个人自主权和灵活性。相较第二支柱下常见的默认投资，KiwiSaver 计划可以根据参保者自己的情况和需求来选择参加养老金计划的类型、缴费比例和投资方式。给予个人更多的自主控制权，使其能够自主管理自己的养老金储蓄，更好地适应个人工作和生活变化。

综上所述，第二支柱和第三支柱的有效结合可以实现资金来源多样化、投资风险分散化，以及个人自主权和灵活性。这种结合模式值得借鉴，为建立健全的个人养老金制度提供了有益的经验和启示。

分报告三十六
丹麦个人养老金发展现状及亮点

丹麦是北欧福利国家之一，2022 年全国总人口约 591 万人，其中 65 岁以上老年人口占总人口比重约 20.4%，生育率为 1.55，国内生产总值 GDP 约 4601.65 亿美元，人均 GDP 约 7.79 万美元，财政支出、税收收入占 GDP 比重分别为 49.88%、41.89%①。作为北欧福利国家的典型代表之一，丹麦在就业、健康和生活满意度方面均优于 OECD 平均水平②。在 2012~2017 年美世 CFA 协会全球养老金指数排名报告中，丹麦养老金体系连续六年获得第一名，在 2018 年和 2019 年排名中仅次于荷兰。从全球排名来看，丹麦的退休金体系位居世界前列，其完善健全的多支柱养老金体系功不可没。

像大多数 OECD 国家一样，丹麦的养老金制度具有高度成熟的多支柱结构，丹麦的多支柱养老体系由国家养老金、劳动力市场养老金、职业年金和个人养老金组成，其中，个人养老金推出的深层次原因及亮点值得我们去深入研究。

一、丹麦多支柱养老保障体系及历史回溯

（一）丹麦多支柱养老保障体系

1. 零支柱——国家养老金

丹麦国家养老金（Folkepension）是由丹麦政府提供，面向居住在丹麦境内的公民的非缴费型养老金制度，基本覆盖了整个丹麦人口。国家养老金资金完全来源于政府税收，领取金额取决于年龄、婚姻状况、工作状况、缴税时间等因素。丹麦的国家养老金领取年龄目前为 66 岁，在 2021~2022 年将逐渐增加到 67 岁，到 2030 年将增加到 68 岁。2025 年 7 月 1 日以后，个人领取全额国家养老金需要在丹麦居住满 40 年，没有达到条件的按比例领取养老金。国家养老金包括基本养老金和补充养老金。财政状况特别困难的养老金领取者还可领取个人津贴、保健津贴等。

2020 年，全额基本国家养老金为每月 6419 丹麦克朗或每年 77028 丹麦克朗，相当于社会平均工资的 18% 左右。补充养老金为每月 7122 丹麦克朗或每年 85464 丹麦克朗，已婚或同居养老金领取者为每月 3576 丹麦克朗或每年 42912 丹麦克朗。实际数额是根据除国家养老金外的所有个人收入来源（包括 ATP 和职业年金）进行计算的。单一养老金领取超过 88700 丹麦克朗的个人，补充养老金减少了其个人总收入的 30.9%；对于与配偶 / 伴侣同居的养老金领取者，减少了其个人总收入中超过 177700 丹麦克朗的 16%。如果配偶 / 伴侣没有领取国家养老金，补充养老金将减少夫妇个人收入超过 177700 丹麦克朗的 32%。财政状况特别困难的养老金领取者可领取 18000 丹麦克朗的补充养老金福利。补充养老金福利每年征税一次，只有经过经济状况调查的，并且没有重大流动资产的个人才可以领取（流动资产不得超过 89800 丹麦克朗）。国家养老金计划每年根据平均收入进行调整，并分为提前退休和延迟退休两种状况。

一是提前退休。从 2022 年 1 月起，在 61 岁之前已投保至少 42 年的个人将可以在 67 岁的正常退休年龄前

① OECD, Data–Denmark, https://data.oecd.org/denmark.htm.

② OECD, https://www.oecdbetterlifeindex.org/countries/denmark.

三年领取相当于基本养老金金额的补助金。更准确地说，在 16~61 岁工作满 42 年、43 年或 44 年后，可分别提前 1 年、2 年或 3 年退休。该福利相当于正常退休年龄时领取的全额基本养老金，但要接受经济状况、收入和资产调查。

二是延迟退休。达到法定退休年龄（2020 年为 66 岁）并有权享受国家养老金的人可以选择推迟领取养老金，并积极进行就业，以换取更高的养老金。推迟领取国家养老金的人必须满足每年至少达到 750 小时工作收入的条件。推迟领取养老金最多可延期两次，总共最长可延期 10 年。

2. 第一支柱——劳动力市场补充养老金

劳动力市场补充养老金（Arbejdsmarkedets Tillægpensio，ATP）[①] 是一种法定的、基于集体保险的缴款确定型（DC）计划。ATP 主要面向受雇人员，包括正在领取失业津贴、疾病津贴、伤残养老金以及享受社会救助的人员，自由职业者自愿参加。丹麦 ATP 计划覆盖了几乎所有的工薪阶层——每周工作 9 小时以上并领取报酬的劳动者几乎都参加了劳动力市场补充养老金计划。

劳动力市场补充养老金的资金完全来自雇主和雇员缴费。其中，雇主按每名雇员每年最高 3240 丹麦克朗的标准缴费；雇员缴费标准为每人每年最高 1080 丹麦克朗。正在领取失业津贴、疾病津贴、伤残养老金以及享受社会救助等人员自行缴费，缴费标准为每人每年最高 2160 丹麦克朗。自由职业者的缴费标准为每人每年最高 3240 丹麦克朗。到 2020 年，全职员工每年支付 3408 丹麦克朗，其中 2/3 由雇主支付，1/3 由工人支付。劳动市场补充养老金的法定退休年龄为 65 岁，2024~2027 年将每年提高 6 个月，逐步调整到 67 岁。待遇水平根据参保人的缴费记录确定，每年最高可领取 25000 丹麦克朗。

领取 ATP 养老金待遇的条件是：从 1964 年制度建立以来，到退休前一直参保缴费的人员，或从 16 岁起就一直参保缴费的人员。工作时间越长，缴款记录越长，缴款水平越高，养老金福利就越高。从技术上讲，ATP 养老金是一种有保证的递延年金，没有代际转移，ATP 养老金权利是从法定退休年龄开始支付的终身权利，所付缴款的 80% 用于向 ATP 购买新的个人养老金权利，其贴现率与开始时市场上的长期利息相匹配。因此，贴现率将每年变化，剩余的 20% 缴费将转移到 ATP 的自由储备中，作为投资缓冲和寿命延长的资金来源。

3. 第二支柱——职业年金

丹麦的职业年金（Occupational Pensions）是在 1987 年通过集体协议建立的，具有一定的强制性，所有公共部门工作人员参加集体商定的全额资助固定缴款计划，私营部门工人参与相对较少，自营职业者不在此类计划范围内，但可以选择建立类似的计划。1989 年，通过集体协商，几乎所有公共事业部门都建立起了职业年金，1991 年，绝大多数私有企业也建立起了职业年金。到 2008 年，几乎所有群体都拥有了职业年金。职业年金的缴费率由集体协议确定，所有工人的缴费率相似，根据协议，缴费率在工资的 10%~18%，职业年金的领取金额取决于参保者的缴费金额和年金的投资收益。截至 2020 年，职业年金覆盖了丹麦约 90% 的就业劳动力。目前，丹麦职业年金计划涵盖各种社会风险，并提供残疾、遗属福利、老年福利和重大疾病等一系列福利。

4. 第三支柱——个人养老金

个人养老金是指个人通过养老金保险公司或银行设立的养老金，可以自主存入养老保险账户的计划，也可以是个人通过工作的方式向单位为自己购买的养老保险公司支付的部分，一般在工资的 2%~4%，具体比例由个人和公司自愿协商决定。个人养老金的参加完全取决于个人意愿，缴费标准比较灵活，缴费比例与数额并不直接取决于参加者的收入，支付也是按保险合同订立时约定的标准来进行。参保者在按规定缴费后，领取时将按预定标准分期分批或一次性从该计划领取养老金。个人养老金计划由政府以外的机构管理，可由私营部门雇主、个人养老基金或私营部门提供者直接管理。

丹麦多支柱养老保障体系如表 36-1 所示。

表 36-1　丹麦多支柱养老保障体系

项目	零支柱	第一支柱	第二支柱	第三支柱
	国家养老金	劳动力市场养老金	职业年金	个人养老金
制度基础	立法	立法	集体协议	自愿协商
资金来源	一般税收	雇主缴费 2/3，雇员缴费 1/3	工资的 10%~18%	灵活缴费，工资的 2%~4%
待遇给付	居住年限	工作年限	工作年限缴费	缴费

资料来源：笔者根据相关资料编制。

（二）丹麦养老金制度发展情况

丹麦是继德国之后世界上第二个建立法定养老金制度的国家，也是世界养老金制度的起源国家之一。但是与德

① 以下简称 ATP。

国为所有公民提供税收资助的做法不同，丹麦养老金的领取需要经过经济状况调查。1891 年，丹麦政府颁布了《老年人年金补助法》，建立收入调查式的非缴费养老金制度，面向 60 岁以上贫困人口，通过收入调查确定受益者。1922 年，调查式的非缴费养老金制度改革为基于申请者的收入申报提供固定金额的补助，并更名为老年养老金。1933 年颁布的《社会福利法典》涵盖了医疗、养老、伤残、失业制度等。1956 年，丹麦的养老金体系进一步发展完善，为所有超过 67 岁的具有丹麦公民身份的老年人提供固定金额的基本养老金；对没有其他补贴的老年人提供基于收入调查的补充养老金。此时，丹麦正式建立起真正意义上的全民覆盖养老金制度，并更名为国家养老金。1964 年，这一制度被改为完全统一的费率制度。此次改革是丹麦最后一次全面的养老金改革，该制度在没有任何总体规划的情况下发展起来。与瑞典和挪威不同，丹麦没有增加与收入相关的缴费等级，而是选择提高统一费率的养老金。同年，丹麦通过集体谈判，颁布实施了《劳动力市场补充养老金法案》(The ATP Act)，由此丹麦的 ATP 养老金开始建立。1990 年，丹麦养老金体系基本成型，形成相对成熟的“三支柱”养老保障体系。

20 世纪 70 年代，由于石油危机的爆发，丹麦经济发展受到影响，政府税收负担不断加重和公民福利需求的不断扩大之间的矛盾日益突出，丹麦社会福利制度改革迫在眉睫。20 世纪 80 年代，个人养老金计划开始发展。在 1987 年之前，养老金计划主要覆盖的是公共部门工人。1987 年，丹麦政府、工会和雇主组织达成了联合声明，为广大工人建立了养老金计划。自此，私营部门的工人也开始广泛参与养老金计划，在一定程度上缓解了政府财政负担。自 2006 年以来，丹麦开始着力推动延迟退休计划，鼓励延迟退休年龄。2021 年底，丹麦是 OECD 国家中养老金资产与 GDP 之比最大的国家（233%）。

美世报告指出，丹麦人普遍有意愿为养老进行储蓄，养老金储蓄水平在工资中所占比例相对较高。高水平的储蓄也有助于保证适当的养老金替代率，降低养老金领取者的贫困率。丹麦养老金制度的基本结构也确保了养老金领取者的养老金支付水平没有很大差异。在过去的 10 年里，由于养老金制度的扩大，丹麦养老金领取者中相对贫困者的数量下降了 60%，养老金领取者之间的收入差距相对较小。

二、丹麦个人养老金制度推出动因

（一）人口老龄化加速对养老金支付水平的可持续性的影响

人口老龄化是目前世界上绝大多数国家都在面临的难题，丹麦也不例外，根据丹麦统计局数据显示（见图 36-1），2022 年丹麦人口总数约为 591 万人，其中 65 岁及以上人口占比为 20.4%[①]。丹麦 65 岁以上人口占工作年龄人口比例为 35.6%，较 OECD 国家平均水平（31.3%）高了 4.3 个百分点[②]。

2011~2021 年，丹麦老年人口持续上升，与此同时人口出生率波动式下滑，2022 年丹麦妇女总和生育率仅为 1.55[③]。作为典型的福利国家，丹麦的福利水平远远高于世界上大多数国家，人口老龄化持续加深导致养老金支付压力不断加大，在福利刚性的压力下，很可能导致企业和个人的税收负担加重，由此导致消费水平与创新能力下降，从而影响丹麦社会经济发展与社会安定。

丹麦 2023 年男性的预期寿命为 80.4 岁，女性为 84 岁，较 2021 年分别上升了 1 岁、0.9 岁[④]，丹麦人均预期寿命的延长，出生率近 20 年未出现正增长，致使老年人口比例不断上升，社会保障需求不断扩大。由于丹麦国家养老金的领取条件与缴费无关，资金完全来源于政府的税收，人口老龄化程度不断加深使政府财政支付压力持续增大。预计到 2050 年，国家养老金年支出金额将从 2011 年的每年 1460 亿丹麦克朗增加到 2050 年的每年 1770 亿丹麦克朗[⑤]。

养老金制度是以代际抚养为基础，在人口老龄化加速发展，预期寿命延长，社会养老负担进一步加重的情况下，养老金体系改革迫在眉睫，丹麦推动个人养老金第三支柱发展是顺势而为。

① OECD, Data–Denmark, https://data.oecd.org/denmark.htm.

② OECD, Pensions at a Glance 2023: Country Profiles—Denmark, https://www.oecd.org/els/public-pensions/PAG2023-country-profile-Denmark.pdf.

③ 丹麦统计局：生育率，https://www.dst.dk/en/Statistik/emner/borgere/befolkning/fertilitet。

④ 丹麦统计局：人口预测，https://www.dst.dk/en/Statistik/emner/borgere/befolkning/befolkningsfremskrivning。

⑤ 丹麦保险和养老金协会，the-danish-pension-system-in-a-class-of-its-own, https://www.fogp.dk/media/4589/the-danish-pension-system-in-a-class-of-its-own.pdf。

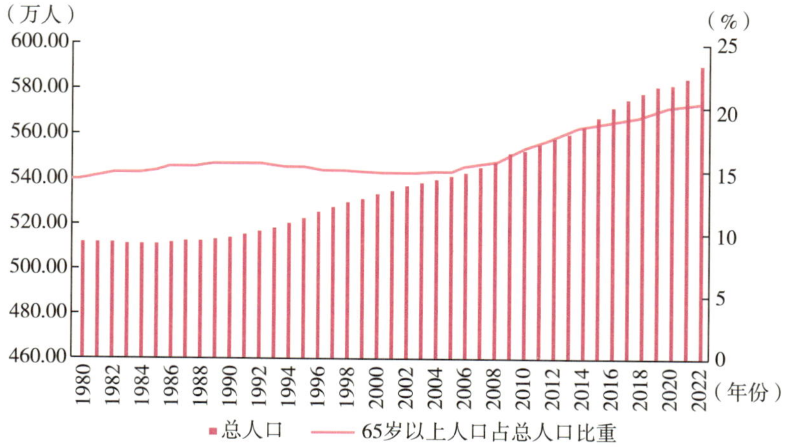

图 36–1　丹麦总人口与 65 岁以上人口比例

资料来源：丹麦统计局，https://www.dst.dk/en/Statistik/emner/borgere/befolkning/middellevetid。

（二）经济发展波动与养老金支出水平持续增加

与其他经济发达和人口老龄化的国家的养老金制度一样，丹麦的养老金制度也面临着一些重要的现实挑战。首先是丹麦人口的快速老龄化对养老金支付水平的可持续性影响。其次是养老金支付能力与经济发展安全之间的问题。丹麦经济的快速发展为养老金制度奠定了坚实的基础，并且福利刚性使民众对公共福利的需求意愿居高不下，丹麦的社会保障支出规模逐年攀升，到 1970 年，社会保障支出占国内生产总值的比重达到了 20%，远超同期的西德（15.8%）、英国（17.7%）、美国（19.2%）的水平。社会福利支出的不断扩大对国家经济安全产生巨大的影响，丹麦 1980~2019 年的 GDP 增长率波动起伏[①]，养老金支出占 GDP 比重一直呈稳步上涨的趋势[②]，在 1980 年（–0.5%）、1981 年（–0.7%）、2008 年（–0.5%）、2009 年（–4.9%）、2020 年（–2.4%）GDP 增长率均为负数，但与此同时，养老金支出占 GDP 比重仍在扩大（见图 36–2），经济发展与养老金支出的步伐不相一致，政府财政危机直接促使丹麦福利制度变革提上日程。丹麦政府开始逐渐提高国家养老金领取条件，以降低国家养老金的支付水平；同时通过大力发展劳动力市场补充养老金和职业年金，提高覆盖人群和缴费水平；此外，丹麦通过税收优惠等政策大力发展个人养老金，不断增加个人养老金储蓄的储蓄数额，提高个人养老金的替代率。

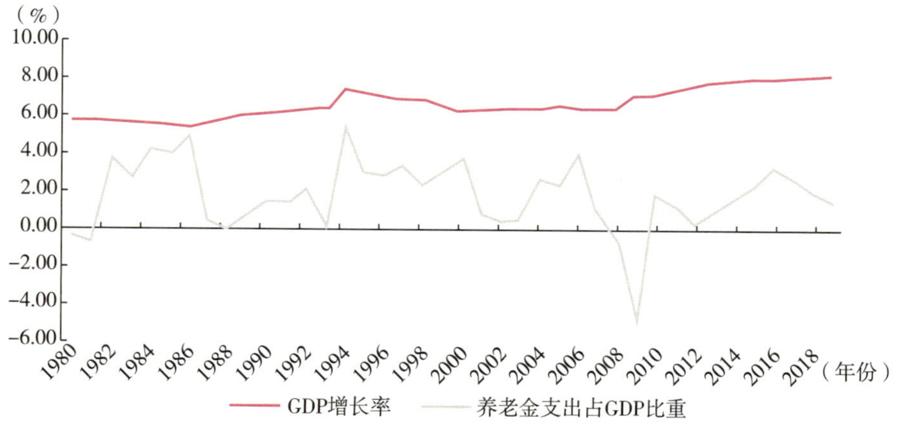

图 36–2　1980~2019 年丹麦 GDP 增长率、养老金支出占 GDP 比重

资料来源：OECD (2023), Gross Domestic Product (GDP) (Indicator), https://data.oecd.org/gdp/gross–domestic–product–gdp.htm; OECD (2023), Pension Spending (Indicator), https://data.oecd.org/socialexp/pension–spending.htm.

① OECD, Data–Gross Domestic Product (GDP), https://data.oecd.org/gdp/gross–domestic–product–gdp.htm.
② OECD, Data–Pension Spending, https://data.oecd.org/socialexp/pension–spending.htm.

三、丹麦个人养老金计划及运行状况

（一）丹麦自愿个人养老金体系

丹麦第三支柱包括自愿的个人养老金体系（见表 36–2），是由人寿保险和养老金公司以及银行机构创建的，后者不允许提供年金计划，只能提供一次性付款和分阶段领取计划。第三支柱个人养老金计划推出税收激励优惠政策，旨在吸引不在职业养老金计划范围内的人以及希望补充其第二支柱储蓄的人参与。

表 36–2　丹麦自愿个人养老金体系

OECD 分类	基金类型	养老保险合同		银行 / 投资公司管理基金
	计划类型	个人养老金计划；自愿性；DC 保护制	个人养老金计划；自愿性；DC 无保护制	个人养老金计划；自愿性；DC 无保护制
国家行政管理规范	来源	丹麦金融监管局		
	类别	在人寿保险公司持有的养老基金中的个人计划		在银行持有的养老基金中的个人计划
	性质	个人计划； 养老金储蓄者通常与雇主达成协议，由雇主向养老金计划支付部分工资		个人计划； 养老金储蓄者可以与其雇主达成协议，由雇主将部分工资存入养老金计划，并获得税收减免（ETT）。或者养老金储蓄者可以（小额）将已纳税收入存入个人银行养老金，获得税收减免（TTE）。银行养老金储蓄是一种纯储蓄产品，在积累阶段和支付阶段均不提供担保。所有风险均由储蓄者承担。支付期限为 10~30 年（可选）。每年支付金额根据资产净值和剩余支付期进行调整。在长寿方面没有风险分担。退休人员去世后，账户中的剩余金额将交给继承人
计划 / 基金的特点	参与计划是否与就业或职业活动相关联	是	是	是
	雇主是否必须缴费	是	是	是
	雇主是否提供默认计划	是	是	否
	雇主 / 社会合作伙伴是否制订计划	否	否	否
	收益计算	参照缴费金额、获得的投资收益和确定担保的公式	参照缴费金额、获得的投资收益的公式	参照缴费金额、获得的投资收益的公式
	担保类型	固定名义最低平均回报率（保证储蓄期间的平均收益）	无	无
	风险分担者	无	无	无
	担保人	养老基金	无	无

资料来源：OECD, Overview of Funded and Private Pension Systems.

（二）丹麦主流个人养老金计划

根据丹麦最大的养老金管理机构 Danica Pension 介绍，目前丹麦主流个人养老金计划有“分期养老金”“终身养老金”“养老储蓄”，都享受一定的税收优惠，但领取的方式不同，税收激励也不同。

1. 分期养老金

分期养老金（Ratepension）是丹麦目前最普遍的个人养老金模式。2023 年的缴费标准为每年缴纳分期养老金（含扣除）最高金额为 60900 丹麦克朗。如果是雇主缴纳，则金额为 66195 丹麦克朗。分期养老金缴费均可抵税，个人缴费从应税收入中扣除，公司缴费从其向丹麦税务局

（SKAT）申报的工资中扣除，最多可免除约 20% 的税款。领取时间为达到领取国家养老金年龄之前 3 年。分期养老金最多存 20 年，领取至少分 10 年，最多可领取 30 年。在个人死亡时，将支付给相应受益人。分期养老金自开始缴费起，不能中止缴费，但可以延长缴费期限、改为按月或按季缴费，或者改缴其他养老金计划[①]。

2. 终身养老金

终身养老金（Livsvarig Livrente）是任何人都可以通过保险公司设立的，无论参保者年龄多大。当存款周期小于 10 年时，个人缴纳终身养老金每年最多可抵税 53800 丹麦克朗，但缴费没有上限；公司缴纳终身养老金的金额和抵税金额也没有上限。当存款周期大于 10 年，个人和公司缴纳终身养老金都没有抵税上限。领取终身养老金时须缴纳个人所得税。终身养老金将持续支付至个人或受益人死亡时，如果个人在退休前死亡，终身养老金可以由受益人在保证期内领取[②]。

3. 养老储蓄

养老储蓄（Aldersopsparing）在参保人退休的时候，可以一次性领取，并且不会影响领取国家养老金。根据 2023 年标准，个人每年最多存 8800 丹麦克朗，最多可存 20 年。2021 年的标准是公司每年最多可以存 5869 丹麦克朗。如果是在退休前 7 年开始存的话，最多可存 56900 丹麦克朗。参保者可以选择在至少两年内分期缴费或分次缴费（部分缴费），养老储蓄在缴费和领取养老储蓄阶段不需要纳税，而在投资收益阶段须每年缴纳 15.3% 的税。个人在正常退休年龄时领取养老储蓄，无须向国家纳税。提前领取养老储蓄要向国家缴纳 20% 的税款。但提前退休、死亡和治疗重疾的情况除外[③]。

（三）丹麦个人养老金运行状况

个人养老金计划是丹麦养老金制度的第三个支柱，由银行、保险和养老金机构提供，并由不在职业养老金计划范围内或希望获得额外保险的人在自愿的基础上建立。个人养老金计划意向参与者在购买保险产品之前，需要接受健康筛查。个人养老金参与者可以根据自身的风险偏好程度，选择不同的银行或者保险公司来投资，也可以由养老金领取者自己投资，但在这种情况下，投资人对某种特定的股票最多只能投入账户积累额的 20%。由于银行在金融服务市场的影响力更强，以及部分人群更偏向进行养老储蓄而不是选择投保，所以与第二支柱计划相比，银行机构在个人养老金计划中占比更大，占总缴费的近 60%[④]。

与大多数国家一样，个人养老金计划有税收优惠激励政策。丹麦 ATP、职业年金和其他私人养老金储蓄实行 ETT 税收制度[⑤]，来自养老金计划的收益都要被征税，目前的税率为 15.3%；如果参保者参加的是一次性领取的个人养老金制度（Lump Sum Pensions），则税收优惠为 TTE 模式[⑥]（见表 36-3）。分期养老金在缴费阶段免税，最高可免除 59200 丹麦克朗（2022 年）；终身养老金所有缴费均免税；在养老储蓄计划中，个人缴费需要缴纳劳动力市场税和所得税，2022 年的缴费限额为 5500 丹麦克朗，在退休年龄前的最后 5 年，养老储蓄缴费限额可以提高到每年 54200 丹麦克朗。除养老储蓄计划外，其他养老金计划的个人缴费可从所得税中扣除，但个人仍需缴纳劳动力市场税。如果个人选择在退休年龄之前从分期养老金或终身养老金计划中提取资产，通常要缴纳 60% 的税款，如果是在死亡、重大疾病等情况下，税率是 40%。个人在退休年龄前从一次性储蓄中提取资产需缴纳 20% 的税款，但在死亡、重大疾病或残疾的情况下可以免税[⑦]。

表 36-3　丹麦 2022 年按计划类型划分的缴费、投资和领取阶段的税收模式

计划类型	缴费来源	税收模式		
		缴费	投资	领取
养老储蓄计划	雇主和雇员	T	15.3%	E
其他计划	雇主和雇员	E	15.3%	T

资料来源：OECD (2022), Annual Survey on Financial Incentives for Retirement Savings, https://www.oecd.org/daf/fin/private-pensions/financial-incentives-retirement-savings-country-profiles2022.pdf.

丹麦养老金部门的在线工具 Sammenlign Pensioner（比较养老金）和 Min Pensionsrisiko（我的养老金风险），可以比较不同养老金公司的信息，有助于参保者了解其养

① Danica Pension, Instalment Pension, https://danicapension.dk/privat/pension/udbetalingsmaader/ratepension.

② Danica Pension, Life Annuity, https://danicapension.dk/privat/pension/udbetalingsmaader/livsvarig-pension.

③ Danica Pension, Retirement Savings Scheme, https://danicapension.dk/privat/pension/udbetalingsmaader/aldersopsparing.

④ Andersen C, Skjodt P, Pension Institutions and Annuities in Denmark. America: World Bank, 2007.

⑤⑥ OECD, PAG2021-country-profile-Denmark, http://www.oecd.org/els/public-pensions/PAG2021-country-profile-Denmark.pdf.

⑦ OECD (2022), Annual Survey on Financial Incentives for Retirement Savings, https://www.oecd.org/daf/fin/private-pensions/financial-incentives-retirement-savings-country-profiles2022.pdf.

老金储蓄。PensionsInfo 网站介绍了个人养老金计划和相关保险范围，并可以通过将一家或多家养老金公司、银行和公共福利的数据相加，预测个人退休后领取养老金的数额。PensionsInfo 每年的访问量超过 500 万次，2020 年有 150 万用户，是 2008 年的 5 倍多。在退休前，超过一半的丹麦人口使用 PensionsInfo[①]。在另一个网站 www.faktaompension.dk，消费者可根据不同的指标，如年度回报率和年度管理成本来比较不同的养老金公司和产品。

丹麦个人养老金计划通常设有最低投资回报率，最初定为每年 4.5%，1994 年降至 2.5%，1999 年进一步降至 1.5%，对原计划的新缴费取决于其最初申请时的最低投资回报率。对于大多数个人养老金计划，利率和保险风险由相关养老金机构和参保者分担。投资回报率已经低于最低投资回报率的风险由养老金机构承担，而最低投资回报率但高于保证限额的风险则由被保险人分担。同样，保险风险，包括长寿风险，由养老金机构和被保险人分担。平均寿命的延长将导致养老金福利降低，但只要保证被保险人最低水平的终身养老金福利高于最低投资回报率即可。丹麦个人养老金计划蓬勃发展，最低保证回报率相对较高，迫使养老金机构以谨慎的方式进行投资，以降低投资风险。然而，从长远来看，这种投资政策导致对没有担保或担保水平较低的产品的需求不断增加，可能会导致较低的回报率。

由表 36-4 可知，1999~2019 年，丹麦个人养老金和职业年金的缴费占比均超过国家人口的一半，缴费人数也保持在相对稳定的水平，较高的私人养老金覆盖率水平在减轻丹麦政府的养老负担的同时保障了居民的养老水平。私人养老金覆盖范围不断扩大，长期缴费的增加提高了丹麦人口总体养老金收入水平，增加了养老金的替代率水平，同时降低了退休人员陷入贫困的风险。

表 36-4　1999~2020 年丹麦个人养老金和职业年金缴费总额、人数及占总人口比例　单位：亿丹麦克朗，万人

年份	个人养老金		职业年金		两者缴费人数合计 *	两者缴费人数占比（%）*	个人养老金参保人数占总人口比例（%）
	缴费总额	人数	缴费总额	人数			
1999	155.13	107.8	362.49	175.1	282.9	53.27	20.30
2000	162.09	106.4	409.39	185.5	291.9	54.77	19.96
2001	167.02	103	456.22	191.8	294.8	55.11	19.26
2002	172.10	101	503.86	194.4	295.4	55.03	18.82
2003	179.17	100.6	557.65	196.3	296.9	55.14	18.68
2004	199.32	101.8	621.58	199.6	301.4	55.84	18.86
2005	235.19	103.3	686.63	202.8	306.1	56.57	19.09
2006	243.48	103.8	772.78	208.9	312.7	57.62	19.13
2007	258.84	113.2	844.01	215.1	328.3	60.27	20.78
2008	220.26	101.7	908.93	227.1	328.8	60.04	18.57
2009	203.14	99.9	965.27	226.0	325.9	59.14	18.13
2010	180.80	85.5	867.92	210.3	295.8	53.45	15.45
2011	182.40	85.7	887.58	224.2	309.9	55.73	15.41
2012	176.41	81.2	899.06	226.0	307.2	55.04	14.55
2013	142.37	57.1	909.70	226.6	283.7	50.63	10.19
2014	156.71	63.2	941.50	229.1	292.3	51.95	11.23
2015	145.30	65.7	970.88	231.0	296.7	52.42	11.61
2016	153.05	65.1	1011.42	234.4	299.5	52.48	11.41
2017	167.04	74.0	1049.01	237.9	311.9	54.25	12.87
2018	154.52	67.4	1080.96	239.8	307.2	53.14	11.66
2019	159.88	63.1	1120.57	241.8	304.9	52.51	10.87
2020	171.55	—	1153.88	—	—	—	—

注：* 表示两者为个人养老金和职业年金。

资料来源：丹麦保险和养老金协会，https://www.fogp.dk/media/7386/contributions-to-pension-schemes-dkkm.pdf；丹麦统计局，https://www.fogp.dk/media/7385/contributions-to-pension-schemes-number-of-persons.pdf。

① 丹麦保险和养老金协会，PensionsInfo, https://fogp.dk/tal-og-analyser/brugerne-af-pensionsinfo。

在个人养老金资产方面，如表 36–5 所示，2011~2021 年丹麦个人养老金资产由 1453.08 亿美元增加到 1779.02 亿美元，整体呈上升趋势；丹麦个人养老金资产占 GDP 的百分比均保持 40% 以上的比重，占比相对平稳，经过多年发展，丹麦个人养老金资产发挥着积极的国民养老保障功能。

表 36–5　丹麦个人养老金资产及占 GDP 比重

年份	个人养老金资产（亿美元）	个人养老基金资产占 GDP 的百分比（%）
2011	1453.08	58.75
2012	1512.19	60.36
2013	1369.70	52.21
2014	1426.39	52.76
2015	1216.34	43.64
2016	1299.61	43.65
2017	1511.48	47.36
2018	1452.48	43.61
2019	1592.91	45.07
2020	2126.01	58.31
2021	1779.02	43.47

资料来源：OECD, https://stats.oecd.org, https://data.oecd.org/gdp/gross-domestic-product-gdp.htm.

丹麦私人养老金资产规模在 21 世纪初至 2013 年一直呈大幅上涨趋势；2013 年后，虽有下滑，但此后仍保持增长态势，规模仍在不断扩大。如图 36–3 所示，丹麦私人养老金占 GDP 比重持续走高，从 2001 年的不到 100% 至 2007 年以来持续超过 200%，私人养老金资产规模的扩大为丹麦在资本市场，尤其是海外资本市场的投资提供了资金来源，提高了资金的收益率，尽管养老金计划受到通货膨胀和金融市场的冲击，丹麦于 2021 年的养老金资产年均实际投资率仍达 4.6%①，有效降低了养老金陷入失衡风险，也在一定程度上保证了丹麦经济发展的稳定。

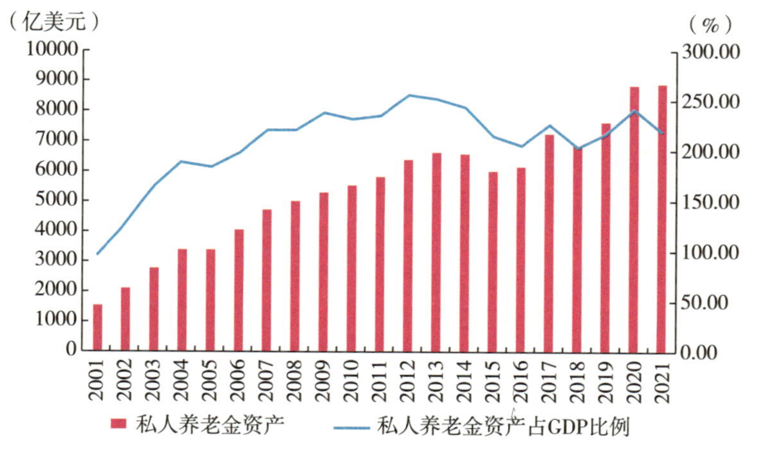

图 36–3　丹麦私人养老金资产规模及占 GDP 比例

资料来源：OECD, https://data.oecd.org/pension/private-pension-assets.htm#indicator-chart.

个人养老金计划的缴费在 1997~2007 年中，除在 1999 年大幅下降外，均以平稳的速度增长，并跟上了国民收入增长的步伐。2004 年，个人养老金计划缴费占国内生产总值的 1.36%，约为职业养老金计划缴款水平的 1/3（见

① OECD (2023), Pension Markets in Focus 2022, https://www.oecd.org/finance/pensionmarketsinfocus.htm.

表 36-6）。第二和第三支柱缴费总额接近 GDP 的 6% 或约占收入的 10%[①]。

表 36-6 1995 年、2000 年和 2004 年个人养老金计划的缴费

单位：十亿丹麦克朗；%

	1995 年	2000 年	2004 年
缴费	15.584	16.209	19.933
缴费占 GDP 比重	1.54	1.25	1.36

资料来源：Andersen C, Skjodt P, Pension Institutions and Annuities in Denmark, America: World Bank, 2007.

四、丹麦个人养老金制度发展进程亮点

得益于税优激励政策、养老金公开透明性和最低投资回报率的设定，丹麦个人养老金计划发展十分稳健，个人养老金计划参与率、覆盖范围、个人养老基金资产储蓄均有所提高，在一定程度上缓解了高福利导致的财政压力。

（一）税收优惠激励政策效果显著

作为高福利、高税收国家的典型代表，丹麦的个人税收负担不仅高于世界平均水平，更是高于 OECD 国家。根据盖洛普研究所的调查显示，2022 年丹麦公民平均缴纳的税款占其收入的 46%，在全球范围内排名第五[②]。在高税负下对养老金储蓄实行税收优惠显然能极大地激励民众参与个人养老金储蓄。为激励群众为养老金进行储蓄，丹麦在 2018 年出台了额外的免税政策，对缴费限额内的养老金储蓄，在退休前最后 15 年可获得 22% 的额外免税额，超过 15 年的养老金储蓄，额外免税额为 8%。2020 年，额外的免税额分别增加到 32% 和 12%，这意味着免税额是缴费金额的 132% 或 112%，而不是 100%，免税额度进一步提升，极大地促进了个人养老金的快速发展。截至 2020 年，个人养老金缴费金额达到 171.55 亿丹麦克朗[③]。

（二）个人养老金制度公开透明度性高

个人基于已知信息做出有关养老金的理性选择，对个人晚年的财务安全至关重要。因为来自职业养老金和其他个人养老金计划的收入占退休人员收入比重将会越来越大。2020 年，养老金支付平均占退休人员收入的 40%，预计这一比例到 2040 年将升至 55%，2080 年将升至 60%[④]。丹麦养老保险信息十分公开透明，养老金行业制定了详细的行业规则，规定养老金计划参与者应从养老金公司获得的信息范围。丹麦公众可以通过丹麦保险和养老金协会（IPD）[⑤]比较清楚地了解自己的个人养老金信息，如养老金公司为个人创造回报率、个人养老金成本、养老金产品风险程度等，因此，丹麦个人养老金计划参与者的信息知晓率、参与率和满意度均处于较高水平。2013 年，丹麦统计局的调查结果显示，丹麦居民对于自己的养老保险体系有较好的了解，且对职业和个人养老保险的了解程度高于对国家养老保险的了解程度。民众对于养老金信息的了解和掌握，激发了养老金经营机构之间的竞争，努力提高机构养老金收益率、降低成本，大大增强了民众参与个人养老金储蓄的信心和积极性。

（三）丹麦养老金最低投资回报率具有保底性

养老金计划作为个人一生中时间跨度最长的财务决策之一，需要一个稳健的投资环境和有效的监管机制。丹麦建立了专业化投资机构，并逐步完善对养老基金的投资监管，为个人养老金制度向专业化、社会化改革提供坚实基础。丹麦养老金储蓄并不是完全来自公共财政，很大一部分来自私人养老基金，人们积极储蓄养老金减轻了国家财政负担，有助于稳定经济和社会的发展。丹麦个人养老金投资基金产品和销售机构具有专业性，并被专业监管机构有效监管。从长远来看，个人养老金是真正的长期投资，投资收益率是居民选择个人养老金产品的重要指标。丹麦的个人养老金计划具有最低福利保障功能，保险公司和多雇主养老基金在运营中设置最低投资收益回报率，使退休人群免受投资回报率的大幅波动影响。

丹麦个人养老金计划的一个显著特点是，在积累和支付阶段都设定了最低的投资回报率。如果市场利率低于保证利率，参保人有权获得最低投资回报率。同时，养老金机构会留出一定的准备金以支付最低投资回报率的福利，分配给成员的福利规模取决于个人缴费的规模、累积资产的投资收入、计划的运营成本以及提供人寿、残疾和长寿保险产生的保险风险的净支出，以避免不同参保者群体之间存在不合理的分配而使得参保者群体转向其他机构参保。

五、结语

根据 OECD 的数据，2020 年欧盟 27 国中，丹麦的养

① Andersen C, Skjodt P, Pension Institutions and Annuities in Denmark, America: World Bank, 2007.

② The Danish Welfare State and Why It is Hand to Copy, https://denmark.dk/society-and-business/the-danish-welfare-state.

③ OECD, https://stats.oecd.org.

④ 丹麦保险和养老金协会，https://fogp.dk/en/politics/transparency-initiatives-pension.

⑤ 丹麦保险和养老金协会代表在丹麦市场运营的 84 家保险公司和养老基金，通过补充公共福利条款，在应对福利国家的挑战、维持社会稳定和经济增长方面发挥着重要作用。

老金替代率最高，为80%①。作为世界上养老金替代率水平较高的国家之一，丹麦完备的养老金支柱体系功不可没。个人养老金制度作为广大公民养老的一大保障，是提高公民养老生活质量的保障，为公民进行自我实现、自我提高提供物质保障，有利于公民退休后的身心健康。丹麦第三支柱个人养老金的起步时间较早，通过提供税收优惠政策，提高个人养老金信息的公开透明度，并在积累和支付阶段设定最低的投资回报率，多年来丹麦个人养老金制度发展十分平稳，随着丹麦人口老龄化、经济形势的发展，丹麦发展第三支柱是顺势而为。目前，丹麦个人养老金计划参加人数和缴存金额均有可开拓的上升空间，个人养老金的发展前景仍十分广阔。

参考文献

[1] Andersen C, Skjodt P, Pension Institutions and Annuities in Denmark, America: World Bank, 2007.

[2] OECD, Pension Markets in Focus 2022, https://www.oecd.org/daf/fin/private-pensions/PMF-2023-Preliminary-2022-Data.pdf.

[3] OECD, PAG2021-country-profile-Denmark，http://www.oecd.org/els/public-pensions/PAG2021-country-profile-Denmark.pdf.

[4] 财政部社会保障司，《丹麦社会保障制度概况》，《预算管理与会计》，2014年第9期，第50-53页。

[5] 丹麦保险和养老金协会，https://www.fogp.dk/media/4589/the-danish-pension-system-in-a-class-of-its-own.pdf。

[6] 美世：《全球养老金指数报告2022》，https://gongyi.sohu.com/a/593390240_121250247。

[7] 杨泽云：《丹麦养老金发展及启示》，《中国保险》，2016年第2期，第19-25页。

[8] 朱琰：《丹麦养老金制度改革及其成效研究》，西南大学硕士学位论文，2022年。

① http://www.oushinet.com/static/content/europe/other/2023-01-11/1062774369790595072.html

分报告三十七
墨西哥个人养老金制度的发展与现状

20 世纪 80 年代和 90 年代的全球经济危机带来了严重的通货膨胀，在智利模式的影响下，拉美国家相继启动养老保险的个人账户制度改革。墨西哥养老金制度主要经历了两次较大的养老金改革：第一次是 1997 年为私营部门劳动者建立个人账户制度，第二次是 2007 年为公共部门职工建立以固定缴费为主的个人账户制度。公共养老金的组成部分还包括原有现收现付固定福利养老金（涵盖在实行个人账户制度之前进入劳动力市场的劳动者）、最低养老保障金和为 65 岁以上的人口提供的非缴费养老金。在人口预期寿命延长、退休金水平差距扩大等影响下，墨西哥政府面临养老金制度改革压力，需要加快完善个人养老金制度来为稳定国民养老金待遇提供有力支撑，建立起覆盖面广的可持续的养老金体系。

一、墨西哥多支柱养老金制度构成概况

墨西哥在 1997 年为私营部门的劳动者进行养老金改革，改革的主要原因包括：一是墨西哥社会保障管理机构 IMSS（Instituto Mexicano del Seguro Social）没有足够的资金储备来支付其承诺的养老金；二是墨西哥人口老龄化加重，带来了较大的财政压力；此外，旧有制度的低缴费率和高额福利设计，导致制度自身无法持续发展。最初 1973 年的养老金制度规定缴费额为工资的 6.5%，劳动者在正式劳动力市场上作为雇员工作 500 周后，可以获得养老金。1997 年改革后保持劳动者工资 6.5% 的缴费率不变，大大提高了领取最低保障养老金（MGP）的最低缴费时长，从 10 年增加到 24 年（1250 周）①。

2020 年 12 月，墨西哥进行了 25 年来最大规模的养老金改革，政府大幅度提高了保障性养老金的数额，并将养老金待遇改为按照职业年限（最长 24 年）、个人平均工资和有效退休年龄三个维度变化计算。工会与雇主商会达成协议增加雇主缴款。从 2023 年起，养老金缴费将根据劳动者的基本工资逐步增加，到 2030 年达到基本工资的 15%②，劳动者缴费仍为 1.125%。

目前，墨西哥养老金体系主要有四个组成部分：联邦和州的非缴费型养老金（Pensión para Adultos Mayores，PAM）计划；强制性固定缴费的退休储蓄系统（Sistema de Ahorro para el Retiro，SAR）；部分公共部门职工和州立大学的特殊养老金计划；个人自愿参加的养老金计划。总体而言，墨西哥多支柱架构面临的主要挑战是建立一个在各组成部分的公平性和可持续性间动态调整平衡的系统（见表 37-1）。

① Fuentes C R, Recent Developments in the Mexican Pension System and Challenges Ahead, https://www.gob.mx/cms/uploads/attachment/, 2017.

② CONSAR, En qué consiste la Reforma de pensiones, https://www.gob.mx/consar/articulos/reforma-a-la-ley-del-seguro-social-y-a-la-ley-del-sar?idiom=es.

表 37-1　墨西哥养老金多支柱概况

	零支柱	第一支柱	第二支柱	第三支柱
性质	非缴费型	强制性	强制性	自愿性
负责机构	公共部门	SAR	SAR	AFORE
资金来源	政府财政	固定缴费、财政	固定缴费	灵活缴费
权益积累	—	缴费	缴费	缴费
养老金待遇	最低程度保护	与工作时间相关	与收入投资相关	与投资储蓄相关

资料来源：OECD Reviews of Pension Systems: Mexico, OECD Publishing, 2016.

（一）非缴费型养老金

非缴费型养老金计划（PAM）由联邦政府预算负责，开始于 2007 年，最初向居住在人口不超 3 万人的城镇中 70 岁以上老年人提供养老金。2012 年，针对老年人的养老金扩展到全国范围实行，提供给所有养老金没有到达一定门槛的老年人，并于 2013 年起扩展到发给所有符合条件的 65 岁及以上的老年人。

自 2007 年墨西哥政府引入非缴费型养老金以来，老年人口的贫困率和赤贫率逐渐下降，体现出社会养老金对赤贫人口的重要保障作用。2014 年，墨西哥非缴费型养老金涵盖了 65 岁及以上的、每月领取养老金或残疾津贴低于 1092 比索的人（约为最低工资的一半）。PAM 约有 540 万受益人，占 65 岁以上人口的 60% 以上。2020 年，PAM 计划被列入《墨西哥宪法》第 4 条，其对象是所有 68 岁以上、在墨西哥出生或入籍、实际居住在墨西哥境内的个人①。

2021 年，政府每月支付给每个受益人的金额为 1350 比索，与年度通货膨胀率挂钩，每两个月支付一次；对实际居住在国家土著研究所（INPI）划分的城市中的非裔墨西哥人和土著人的年龄降至 65 岁。2021 年 3 月，墨西哥政府宣布养老金计划将普及所有 65 岁以上的墨西哥人，自 2021 年 7 月 1 日起，每两个月支付的金额将增加到 1550 墨西哥元。此外，在接下来的三年里，该金额将在 2024 年之前每年提高 15%，再加上通货膨胀。尽管保障水平较低，但这项公共支出一直在快速增长，达到 GDP 的 0.25%，2012 年为 0.11%，2007 年为 0.05%②。

除联邦政府，部分州也拥有自己的非缴费型养老金计划。但是州和联邦保障计划之间是独立的，两者之间没有协调，也没有统一的国家数据库，这可能会减少对养老金系统缴费的激励，导致重复领取等不平等现象，并呈现零散碎片的问题。

（二）退休储蓄系统

墨西哥养老金体系的主要组成部分是退休储蓄系统（SAR），包括两个社会保障机构：墨西哥社会保障局（IMSS），该机构涵盖了私营部门的雇员；以及国家劳动者社会保障和服务研究所（ISSSTE），该研究所涵盖公共部门雇员。正式部门的雇员必须加入 IMSS 或 ISSSE 才能够进行缴费并获得养老金，加入的雇员可以自主选择退休基金管理人（Administradoras de Fondos para el Retiro，AFORE），每年可以更换一次。从 2005 年起，自谋职业者可以自愿在 AFORE 开设个人账户并自愿缴费。

SAR 依据 1992 年墨西哥修订《社会保障法》建立（简称 SAR 92），当时的社会保障法首次包括完全积累下资金个人账户来补充已经实行的 PAYG（Pay-As-You-Go）和现收现付型公共养老金制度。该法规规定雇主必须缴纳 2% 的费用，但这次修订法律并未彻底解决墨西哥养老金系统的财政不可持续性问题。1995 年墨西哥国会颁布了新的社会保障法，于 1996 年建立了一定的法律和组织框架，将旧的 DB 型 PAYG 系统替换为强制性 DC 系统，新计划依赖于个人资本化账户和墨西哥社会保障局（以及联邦政府）提供的最低养老金保障。该制度适用于隶属于 IMSS 的私营部门劳动者，1997 年开始实施。在当年 7 月 1 日之前已经积累了养老金的劳动者可以自主选择退休时参与的养老制度，即 1973 年规定的旧 DB 制度或 1997 年法律规定的新 DC 制度。

2002 年，公共部门职工可以自由选择是否在 AFORE 开设个人账户，但 2007 年的《国家劳动者社会保障和服务研究所法》规定所有 ISSSTE 附属机构人员都强制性参与个人账户养老金制度。墨西哥政府针对制度过渡期制定了几项措施：一是参加 1973 年养老金计划的退休人员养老金由政府发放（见表 37-2）；二是所有参保人都有一份 AFORE 表用于缴费；三是改革过渡时期的劳动者在退休

①② BIENESTAR, PROGRAMA SECTORIAL DE BIENESTAR 2020-2024，https://www.gob.mx/cms/uploads/attachment/file/659288/20_PS_AyR20.

时可以自行选择旧 DB 计划或新 DC 计划来领取养老金；四是 1997 年 7 月后开始缴费的劳动者只能参与 DC 计划养老金缴费（见表 37-3）。

SAR 个人账户由雇员、雇主、政府三方分担缴费，投资到养老基金（Sociedades de Inversión Especializadas en Fondos para el Retiro，SIEFORE）中，并由作为专门的养老基金管理者 AFORE 投资管理，所有的 AFORE 遵循市场机制进行客户竞争。

表 37-2 1973 年制度计发的养老金

现金给付	无现金给付（终身年金或计划给付）
SAR 92-97 包括 IMSS 和 INFONAVIT （在无住房贷款的条件下）	SAR 97 高龄和老年失业 社会缴费 住房资金由 INFONAVIT 提供；鼓励自愿缴费

资料来源：CONSAR, https://www.gob.mx/consar/rtículos/pension-por-regimen-73?state=draft.

表 37-3 墨西哥 1997 年改革后计发的养老金

以现金形式获得	无现金给付
SAR 92-92（包括 SAR IMSS 1992 和 SAR INFONAVIT 1992） 1997 年退休 INFONAVIT 1997 （住房资源由 INFONAVIT 提供；到满足养老金领取条件时，将一次性付清给劳动者）根据 INFONAVIT 规定的标准	高龄和老年失业 社会缴费

墨西哥的个人养老金账户包含三个子账户：一是退休子账户（RCV）：劳动者、雇主和政府强制缴费，以支付退休保险、老年离职和养老金，储蓄通过在中央银行的存款投资于联邦政府的信贷，收益率由财政部按当时的市场水平确定。二是自愿储蓄子账户：劳动者或雇主自由决定供款，以增加雇员个人账户的资金积累。三是住房子账户：雇主代表劳动者向相关机构（INFONAVIT 或 FOVISSSTE）管理的住房基金进行强制性缴款（工资的 5%）。如果劳动者从住房基金机构申请贷款，子账户中的资金将被用于支付首付和随后的贷款。

二、墨西哥的个人养老金制度

公共政策的制定和修改需要不断适应变化的现状。对于养老金制度来说，变革的驱动力是人口老龄化。数据显示，墨西哥人口老龄化将逐渐加快[①]，2022 年墨西哥 65 岁及以上老年人口占比已达到 8.32%（见图 37-1）。

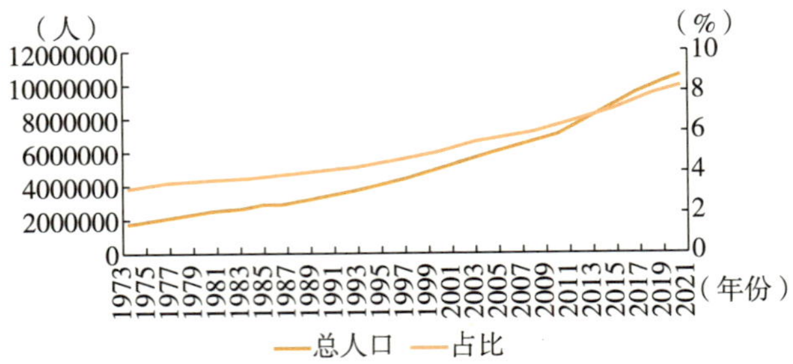

图 37-1 1973～2021 年墨西哥 65 岁以上老年人口数及占比

资料来源：根据 OECD 相关数据整理。

在 20 世纪七八十年代的墨西哥，一个退休的职工由 13 个在职劳动者供养。2020 年，人数减少到 9 人，到 2050 年将减至 4 人左右，抚养比发生了巨大变化[②]。除了人口老龄化因素之外，墨西哥在 2001~2006 年每年至少有 50 万移民离开本国，造成劳动力大量流失，对养老资金储蓄和可持续发展也有一定负面影响。[③] 为应对人口结构的变化叠加经济形势变化，墨西哥选择发展个人养老金制度，增强养老金体系的作用。

（一）个人养老金的制度规定

墨西哥第三支柱养老金有不同的形式，下文将介绍墨西哥退休储蓄系统中个人账户的自愿储蓄模式、社会福利基金资源管理与职业养老金计划的附属关系。

个人养老基金是由 AFORES 和金融机构（如保险公司和共同基金）管理的固定缴费基金。管理个人养老基金的 AFORES 与管理强制性基金的 AFORES 具有相同的制度框架。自 1997 年制度建立之初，就允许参保人进行自愿缴费。2002 年 12 月，AFORES 开始管理独立于强制性个人资本化账户的自愿缴费储蓄子账户，这些额外的子账户是为长期自愿缴费和补充性退休金缴费设立的。国家公务人员、公共组织工作人员、公司雇员和自谋职业者均可参加这项自愿缴费的个人养老金计划。雇主和雇员可以向强制性养老基金补充缴款，既可以定期缴纳也可以临时存入。雇员的自愿缴费可减税，最高限额为最低年薪的 5 倍

①③ Zamarripa G, Del Angel G A, Pension Reform in Mexico: Guiding Principles for Creating a Sustainable and Balanced System for Private Sector Workers, Wilson Center, 2020.

② Ramos M E, Gibaja-Romero D E, Ochoa S A, Gender Inequality and Gender-based Poverty in Mexico, Heliyon, 2020, 6(1), e03322.

或年收入的10%两者中的较低者为准。

此外，参保者可以在退休时将全部或部分储蓄转入个人资本化账户，以增加能够领取的养老金数额。根据个人子账户的不同，参保者可以在整个劳动生涯中的任何时间提取其自愿缴纳的社保储蓄，并不严格规定必须到退休时才能申领养老金①。同时，拥有个人账户的私营部门劳动者可以选择额外的自愿缴费——他们可以在自由选择任意AFORE开设个人账户。不同AFORE提供不同的储蓄计划，包括短期、中期和长期，区别在于账户中资金的期限和收益（见表37-4）。公共部门雇员（ISSSTE）可以选择通过团结储蓄（Ahorro Solidario）模式（政府配套基金项目），雇员则可以自愿决定是否额外缴纳其基本工资的1%~2%（上限为最低工资的10倍），每缴纳1比索，政府提供3.25比索②。

近年来，个人养老金自愿储蓄账户和团结储蓄缴款有了很大增加。2015年6月，AFORE的自愿和团结储蓄的总余额为305.02亿比索，共有近240万个自愿储蓄账户和35万个团结储蓄账户。2015年墨西哥有一半以上的自愿储蓄是由雇主通过向个人退休账户提供补充缴费来完成的，劳动者的自愿缴费占总自愿储蓄的33%③。

2019年12月，墨西哥养老金资产变革为代际基金。每个AFORE管理10个代际或目标日期基金（Generational or Target-date Funds），从25岁开始到65岁每五年都有一个基金投资组合。参保者可以根据出生年份将资金投资于这些目标日期基金中（SIEFORE）。所谓目标日期基金，指的是退休基金将遵循劳动者越接近目标退休日期，投资组合的风险越低的一种轨迹，在这种基金组合产品中，基金管理人为年轻人提供更多具有较高回报潜力的风险资产，为接近退休者则降低风险资产比例，并增加保守投资产品的占比。

表37-4　个人养老金的自愿缴费种类

种类	特点	提取要求
短期储蓄 VC	没有财政利益。退出时，对投资回报实行预扣税。可以在退休前部分或全部提取	参保人账户中持有这些缴款的最短期限为2~6个月
长期储蓄 ALP	投资必须在个人账户中保留至少五年，才能实现减税刺激措施。投资的回报适用于预扣所得税的规定。如果在五年期限之前提取，预扣税会更多	至少加入5年
补充（支持）储蓄 ACR	目的是增加资源以资助劳动者的养老金；累计余额将在退休时提取。缴款可从应税收入中扣除，最高为劳动者收入的10%，最高为最低工资的5%	投资必须在个人账户中保留5年。可以在年度申报中扣除税款。必须继续投资直至65岁，以便在退休时享受免税
长期期望储蓄 AVLP	同上，个人账户的额外供款，可以补充退休储蓄。通过这种类型的储蓄，可以从纳税申报表上的累计收入中扣除自愿缴费	必须保持缴费直至65岁，才能在退休时申请免税

资料来源：CONSAR，https://www.gob.mx/imss/articulos/homoclave-imss-01-018?idiom=es.

（二）个人养老金的税收优惠

在税收优惠方面，墨西哥的个人养老金计划中强制性缴款享有"EEE"（Exempt-Exempt- Exempt）税收优惠，即缴款、投资回报和养老金收入都免税，但对缴款实行总额限制——可享有税收优惠的扣除缴费金额（包括补充缴费和自愿缴费）可达到纳税人应缴纳所得税额的10%，最高可以达到当年最低工资的5倍。特殊退休储蓄账户的存款每年可扣除的最高金额为15.2万比索，超过该数额的缴款将被视为个人的应税收入，并按其所得税边际税率征税。具体的规定为，AFORE账户中的个人养老金储蓄税收优惠可以在年满65岁前从报税中扣除，预扣税证明由AFORE签发④。税收优惠详情如表37-5所示。

① Pension Country Profile: Mexico, OECD, https://www.oecd.org/finance/private-pensions，2008.

② CONSAR, https://www.gob.mx/consar/articulos/ahorro-solidario-para-los-trabajadores-del-estado.

③ OECD Reviews of Pension Systems-MEXICO, OECD, 2015, p.76.

④ OECD, The Tax Treatment of Retirement Savings in Funded Private Pension Arrangements，https://www.oecd-ilibrary.org/sites/9789264306929-4-en/index.html?itemId=/content/component/9789264306929-4-en.

表 37-5 自愿缴费的税收优惠

类型	保留 ISR 0.97%	扣减 10%	税收优惠
短期自愿储蓄	√	N/A	N/A
补充性退休储蓄	√	√	N/A
长期期望储蓄	√	√	√
长期储蓄	√	√	√

资料来源：CONSAR，https://www.gob.mx/cms/uploads/attachment/file/395058/I-CondicionesGeneralesDeLaEconomia-septiembre2018.pdf。

三、个人养老金的投资和监督

截至 2020 年 10 月，AFORE 管理着 4.4 万亿比索的退休储蓄系统资源，约占国内生产总值的 19%。对于这笔养老金资产，墨西哥个人养老金投资监管围绕两个目标进行——资产类别的最高限额和投资组合层面的风险限制。总的来说，墨西哥养老基金的累计回报表现与风险状况一致，风险排名也基本与预期一致[①]。

（一）个人养老金的投资

2022 年墨西哥养老金投资的资产类别分配中，债券占投资组合的 76.7%，股票占 19.0%，现金和存款占 1.0%，其他类别占 3.4%[②]。2022 年，墨西哥用于退休的资产占 GDP 的 18.4%，约有 0.269 万亿美元，较 2021 年减少 0.2%。受新冠疫情冲击，当年养老金资产的名义投资回报率为 -4.1%，实际投资回报率为 -11.1%[③]。养老金投资的主要规则如表 37-6 所示。

表 37-6 养老金投资的主要规则

类别	描述
市场和流动性风险	定义每个 SB 风险参数的最大限制。风险价值率从 SB1 基金的 0.70% 到 SB4 基金的 2.10% 不等，流动性覆盖率相当于高流动性资产的 80%
发行人和/或对手方的风险	根据中长期信用等级，区分国内和国际发行人，确定票据的最高限额；还将所有基金持有的单一发行证券限制为同一基金经理资产的 35%
资产类别限额	根据资产类别确定最高限额，随着基金预期风险状况的增加，允许更多投资于可变收益工具（从 SB1 到 SB4）
利益冲突	限制基金对相关公司的最大 exposure（所有基金为 15%），以及对基金经理相关公司的 exposure（5%）
投资工具和衍生工具	允许所有基金使用共同基金和衍生工具等投资工具

资料来源：Mexico: 2022 Article IV Consultation-Press Release and Staff Report, IMF Staff Country Reports.

（二）个人养老金的监管

1. 个人养老金的监督

墨西哥的个人养老金监管机构为国家退休储蓄系统委员会（CONSAR），隶属于财政部，其行动框架由《退休储蓄制度法》（Retirement Savings System Law, LSAR）规定——第 89 条明确，必须对养老金投资参与者所面临的风险、投资机构内部控制系统和管理质量进行评估。CONSAR 主要目标是保护劳动者及其受益人的利益，拥有技术自主权和行政权力，可以对养老金制度的参与者做出任何决定，包括对 AFORE 和 SIEFORES 的管理干预，甚至可以撤销其执照[④]。

CONSAR 下设两个机构：董事会和监督委员会，这两个机构成员均由来自政府、雇员和雇主三方的代表组成，三方代表享有对个人养老金制度的所有事务平等的权利。董事会是 CONSAR 最高管理实体，由财政部长主持工作，其他 15 名成员包括两名劳动者代表，一名雇主代表，以及一些政府部门与机构的代表，特别是与社会保障和金融有关的机构代表，其决定即为具备合法性的最终决定；监督委员会则负责监督退休储蓄系统的运作。按照规定，CONSAR 每年向国会通报两次年度主要工作

① Schlechter H, Pagnoncelli B, Cifuentes A, Pension Funds in Mexico and Chile: A Risk-Reward Comparison, Available at SSRN 3359920, 2019.

② IMF, Mexico: 2022 Article IV Consultation-Press Release and Staff Report, IMF Report, 2022, Washington.

③ Pension Markets in Focus 2022, OECD 2023, https://www.oecd.org/finance/private-pensions/globalpensionstatistics.htm.

④ OECD, Pensions Funds Supervisory Methods in Mexico, https://read.oecd-ilibrary.org/finance-and-investment/supervising-private-pensions-institutions-and-methods/private-pensions-supervisory-methods-in-mexico_9789264016989-11-en#page3.

和成果[①]。

在监督程序方面，CONSAR 已经建立了预防 AFORES 和 SIEFORES 风险的机制，而不是在出现违反规定的情况后再采取行动。养老金制度的发展和低成本而强大的信息技术，使 CONSAR 能够更新其监督模式：从对会计登记的基本监督，到对确保劳动者权利（储蓄和选择自由）始终得到尊重的过程的监督。CONSAR 的检查和监督过程的所有目标和结果都在各自的年度计划中列出。为了控制波动性较大的工具的杠杆作用，2012 年 10 月，监管机构引入了一个额外的指标，即条件风险价值（ΔCvaR）。每个 AFORE 需要报告每只基金的完整投资组合与不包括衍生工具的投资组合之间的 CvaR 差异[②]。

2. 个人养老金资金的运转流程

墨西哥养老金系统的资金运转流程为：首先，雇主将缴款存入授权银行；随后由银行将信息转给国家退休储蓄系统数据库运营公司（PROCESAR），并将钱转给中央银行；其次，PROCESAR 对收到的信息进行交叉检查，与存款进行核对，并生成相关文件，其中包括将从中央银行的集中账户分配给每个 SIEFORE 的缴费细节；最后，AFORE 将信息与 SIEFORE 收到的资金进行交叉核对，确定每个个人账户的缴款和这些缴款的用途[③]。

四、个人养老金现况与效应

（一）个人养老金发展现况

2018 年，养老金系统中自愿储蓄增加了 20.3%，团结储蓄增长了 21%[④]。墨西哥财政和公共信贷部将储蓄人员和自愿储蓄的增长归因于政府通过 CONSAR 采取的各种激励措施，例如设立新方案来吸引自愿储蓄、推广手机上的应用程序 Afore Móvil、通过门户网站 www.e-sar.com.mx 提供电子储蓄方式，并加大宣传力度。通过 2017 年建立的移动养老基金管理系统，墨西哥逐步将自营职业者纳入养老储蓄系统中，账户允许在线注册和开户、查询余额，并拥有 7000 多个储蓄点[⑤]。

自 2020 年至今，墨西哥个人养老金改革取得了显著成果。机构佣金降至历史最低点，2022 年个人养老金体系中机构佣金已从 2020 年的平均 0.808% 降至 0.566%，达到了国际标准，这意味着超过 2440 万比索存入了劳动者的个人账户，使他们的工资替代率提高了 6%；除此之外，还增加了对工人缴费的个人账户，雇主对账户的缴费将从 2023 年 5.15% 逐步上升到 2030 年的 13.87%。CONSAR 预计随着雇主缴费的逐步增长，个人养老金储蓄金额将在 2035 年退休储蓄翻一番[⑥]。墨西哥总统在 2020 年的国家养老金改革公报中提到，根据 2020 年墨西哥养老金的重大改革举措，到 2040 年 AFORES 管理的资产将达到墨西哥 GDP 的 56% 左右，而如果没有进行改革，这一占比将仅为 GDP 的 35% 左右。

需要指出的是，墨西哥当前自愿缴费的个人养老金积累仍比较低——自愿参加的养老保险储蓄总额占 GDP 的比例还不到 1%，这一情况在拉美国家普遍存在。个人养老金资产积累低的原因有很多，如大多数参保者不具有额外储蓄的能力、长期自愿储蓄缺乏税收激励与自愿储蓄的费用往往高于强制性缴费等。

（二）制度运行的效应

墨西哥个人养老金制度的实践证明，个人养老金投资运行有助于扩大墨西哥金融中介机构（Structure of Financial Intermediation）的规模，并对整个金融体系有积极改善。2000 年墨西哥的金融体系仍是以银行为基础的传统金融体系，但在接下来的 20 年里，随着养老金制度的发展，中介结构更加多样化。机构投资者是金融中介的重要参与者，而养老基金则是最大的机构投资者。

养老基金帮助墨西哥发展了一个更加平衡稳定的金融体系，扩大了债券市场（政府和私人债务）规模。在 21 世纪初，墨西哥养老基金在投资系统中并不占主要地位；现在，AFORE 则是金融市场的主要参与者。当前机构投资者的中介和银行部门中介规模相当，墨西哥金融体系已经发生了结构性变化。

在融资方面，养老基金一直在购买国内政府债券，到 2020 年已经成为政府债券的最大持有者，这对稳定国内政府债券市场发挥了重要作用。预计养老基金未来的投资总量会继续增长，其中部分原因是墨西哥政府实施的养老

① CONSAR, Qué es la CONSAR?, https://www.gob.mx/consar/articulos/que-es-la-consar.

② OECD, ECD Reviews of Pension Systems-MEXICO, 2015, p.131.

③ Zamarripa G, Pension Reform in Mexico: Guiding Principles for Creating a Sustainable and Balanced System for Private Sector Workers, Wilson Center, 2020, pp.24-33.

④ Ahorro Financiero y Financiamiento en México, CNBV, 2021.

⑤ CONSAR, https://www.gob.mx/pensionissste/prensa/shcp-ahorro-voluntario-en-pensiones-crecio-20-3.

⑥ CONSAR, https://www.gob.mx/consar/articulos/el-sistema-de-ahorro-para-el-retiro-a-26-anos-de-su-implementacion.

金改革需要雇主和雇员逐步增加对养老金的缴费①。

在养老金待遇水平方面，根据 2019 年数据，墨西哥 DC 模式的养老金替代率不到 30%，对比其他国家来看仍处于较低水平（如加拿大替代率约为 50%，智利替代率近 40%）②。墨西哥政府对养老金结构改革有两项承诺没有兑现：一是被保险人关于享有最低养老金的权利没有完全得到保障，并且养老金领取数额低于预期。在私营部门中，养老金替代率普遍较低，这一情况随着经济下行压力和全球疫情带来的经济压力有所加重，疫情防控期间墨西哥政府允许在一定情况下提前从个人账户中领取 10% 以上的养老金，部分拉美国家也有类似政策，这直接带来了基金账户中金额下降甚至几乎消失的不利影响③。个人养老金制度的发展虽然加强了缴费与养老金领取额的关联，并提供了额外的养老金待遇，但综合来看目前的实际养老金总替代率水平仍不尽如人意，参保人享受的退休福利水平还有待提高。

二是在性别平等方面，尽管墨西哥的养老金制度规定女性与男性退休年龄相同，但却没有考虑女性预期寿命长情况下的补偿机制，因而容易造成女性的平均养老金水平低于男性劳动力。从 2009 年到 2017 年，墨西哥女性劳动力缴费型养老金的覆盖率下降 0.56%，但非缴费型养老金对于老年妇女的覆盖率提高到 79%④。在男女获取工作报酬和劳动机会存在差异的情况下，个人养老金所采用的账户积累模式很容易导致性别不平等问题出现。

总的来看，墨西哥个人养老金制度虽然发展时间较长，但仍有一半以上的参保人未达到领取养老金的条件，还有发展空间。墨西哥个人养老金发展中出现的问题为继续改进和完善该制度提供了下一步行动参考：

一是建设全面、标准、可靠的统计数据发布机制。例如，国际劳工组织每三年会发布《世界社会保障报告》，这是一份全球性的报告且内容丰富，但由于周期限制数据相对落后。相比之下，个人养老金制度的发展完善需要更具时效性的信息和数据来进行相关制度运行状况诊断、改进和精算研究，这需要构建相关统计公报发布和分析机制。

二是加强社会对话。有关部门可以考虑借鉴墨西哥经验，建立三方（政府、雇主和劳动者）会谈机制，连同学者、退休人员等其他相关群体建立专家委员会，进行广泛、开放和透明的社会对话，参与对话的人员可以自主获取最及时的相关统计数据、文件与报告，这有利于产生建设性意见建议。

三是关注性别平等问题。个人养老金制度的实现形式（个人账户积累）意味着，个体可领取的个人养老金水平与工作报酬相关联，性别间差异无法避免。在劳动力市场中我国男女退休年龄存在明显差异的情况下，未来我国个人养老金制度所面临的性别间差异问题必然较为严峻。因而，建议细化雇佣合同相关规定，适当推动男女退休年龄平等，保护已婚妇女的获取劳动报酬权利等措施，减小因性别造成的养老金水平差异。

四是加强社会保障知识的宣传。受通货膨胀、金融市场波动、社会习惯等众多客观因素交织影响，以及信息不对称、金融知识匮乏等问题影响，公众对个人养老金制度了解有限，这将影响制度的参保率。此外，个人养老金制度的参保者还面临着选择困境。这需要各方采取更为有力的宣传举措，为公众提供参保前、参保中和参保后的全流程信息。除此之外，还可以增加对在校学生等准劳动者团队展开社会保障知识与金融知识教育，以增强各界的参保意识，更好地抵御未来风险。

综上所述，养老金制度的发展需要兼顾非缴费的国家福利和缴费的账户积累两大部分，尽量平衡发展各个支柱来应对日益严峻的老龄化进程和资金可持续发展问题；同时，政府也应采取有效的行动来应对全球经济环境变化带来的养老金发展挑战，为养老金投资运作提供积极的政策环境，努力提高劳动者退休生活水平。

参考文献

[1] Clements B, Eich F, Gupta S, Equitable and Sustainable Pensions, Challenges and Experience, IMF, 2014.

[2] Colin F, The Old-age Pension System in Mexico: The Promise of Poverty in Old-age?, International Social Security Review, 2019, 72(4), pp. 29-54.

[3] CONSAR (2017-2020), Información Estadística, www.consar.gob.mx Consejo Coordinador Empresarial—CCE (2020), Acuerdo para el fortalecimiento de las pensiones de los trabajadores del sector privado, Mexico City, July, 2020.

[4] Del Angel D, Gustavo A, Martínez A L, Morelos C, Núñez A, César Reséndiz y Alejandra Villegas, Transformar

① IMF, Mexico: 2022 Article IV Consultation–Press Release and Staff Report, IMF Report, 2022, Washington.

② OECD (2019), Pensions at a Glance 2019: OECD and G20 Indicators, OECD Publishing, Paris, https://doi.org/10.1787/b6d3dcfc–en.

③ World Finance, A Bright Future for Pensions in Mexico, https://www.worldfinance.com/wealth–management/a–bright–future–for–pensions–in–mexico.

④ Ramos M E, Gibaja–Romero D E, Ochoa S A, Gender Inequality and Gender–based Poverty in Mexico, Heliyon, 2020, 6(1), e03322.

el Ahorro para el Retiro en México, Laboratorio Nacional de Políticas Públicas, CIDE y AMAFORE, 2019.

[5]OECD, OECD Reviews of Pension Systems: Mexico, 2015.

[6]OECD, Pensions at a Glance: Retirement-Income Systems in OECD and G20 Countries,2011.

[7]Secretaría de Gobernación, Iniciativa con Proyecto de Decreto por el que se Reforman… Diversas Disposiciones de la Ley de Seguro Social y la Ley de los Sistemas de Ahorro para el Retiro, Mexico City, September 25, 2020.

[8]Sinha T, Retrospective and Prospective Analysis of the Privatized Mandatory Pension System in Mexico, Chicago: Society of Actuaries,2003.

[9]World Bank, International Patterns of Pension Provision, Discussion Paper No. 1211,2012.

附录　中国社会科学院世界社保研究中心 / 社会保障实验室年度学术活动和成果一览

《快讯》(2023)（20230330-20231222）

第 552 期：郑秉文：医保账户改革的两大影响，2023 年 3 月 30 日。

第 553 期：郑秉文：建议将社保经办成本纳入社保基金，2023 年 4 月 7 日。

第 554 期：推动个人养老金：产品设计、税收模式与功能定位，2023 年 4 月 14 日。

第 555 期：《共同富裕与慈善公益》出版，2023 年 4 月 17 日。

第 556 期：提速数字技术　优化社保服务，2023 年 4 月 27 日。

第 557 期：完善失业保险制度　深化改革势在必行——评介《失业保险改革探索——兼论国际比较》，2023 年 5 月 24 日。

第 558 期：郑秉文：提高个人养老金获得感的最佳公式——采取组合“EET+TEE”，2023 年 5 月 26 日。

第 559 期：见证推进三支柱养老金改革，2023 年 6 月 2 日。

第 560 期：如何提高个人养老金参与率，2023 年 6 月 8 日。

第 561 期：郑秉文谈新版税优健康险：建议扩大适用范围、建立虚拟产品超市等，2023 年 6 月 16 日。

第 562 期：房连泉：协调推进多层次养老保险体系建设，2023 年 6 月 30 日。

第 563 期：更好享受数字医疗红利，2023 年 7 月 12 日。

第 564 期：郑秉文：税收政策支持的商业保险发展的好坏，是从保险大国走向保险强国的一个标志，2023 年 7 月 14 日。

第 565 期：加快建立长期护理保险制度，2023 年 7 月 27 日。

第 566 期：数字经济背景下的社会保障制度变革，2023 年 8 月 25 日。

第 567 期：养老金融发展空间可观，2023 年 9 月 1 日。

第 568 期：为什么灵活就业人员会成为社会保险难以覆盖的“死角”——访中国社会科学院世界社保研究中心主任郑秉文教授，2023 年 9 月 8 日。

第 569 期：释放社保政策红利　助力民企破浪前行，2023 年 9 月 15 日。

第 570 期：推进积极老龄化　营造老年友好型社会环境，2023 年 9 月 22 日。

第 571 期：国家社科基金重大项目《2035 年我国多层次多支柱养老保险体系发展目标与现实路径研究》启动会在京召开，2023 年 11 月 3 日。

第 572 期：郑秉文教授赴四川省人社厅做讲座，2023 年 11 月 10 日。

第 573 期：郑秉文：养老金和资本市场的繁荣是相互依存、相互促进、互利互惠的结果，2023 年 11 月 16 日。

第 574 期：郑秉文：惠民保“制度红利”期还正当其时，2023 年 11 月 23 日。

第 575 期：新时代保险业发展潜力巨大，2023 年 11 月

30 日。

第 576 期：建立完善符合新就业形态特点的社会保险体系，2023 年 12 月 18 日。

第 577 期：积极推动老年人健康上网，2023 年 12 月 19 日。

第 578 期：让个人养老金实现“叫好又叫座”，2023 年 12 月 21 日。

第 579 期：房连泉：老龄社会长寿时代催生银发经济，2023 年 12 月 22 日。

《工作论文》(2023)（20230629-20231226）

WP No.160 郑秉文：《医保个人账户产权辨析》

WP No.161 房连泉：《渐进式延迟法定退休年龄的可行方案》

WP No.162 齐传钧：《账户养老金的发展历程与功能定位》

WP No.163 房连泉、毛冰雪：《账户养老金记账利率的确定机制研究——兼论城乡居民基本养老保险制度改革》

WP No.164 高庆波：《个人养老金规模预测与偏差——基于制度变迁的视角》

WP No.165 郑秉文：《推动个人养老金：产品设计、税收模式与功能定位》

WP No.166 郑秉文、李辰：《提升罕见病药品可及性的机制设计与模式选择——对设立“中华罕见病种子基金”的探讨》

WP No.167 房连泉、李雨朋：《基于就业结构视角的社保覆盖面分析——以城镇企业职工基本养老保险为例》

WP No.168 房连泉：《国际上社保公共服务平台的发展经验及启示》

编后记

《中国养老金发展报告 2023——个人养老金与制度优化》付梓在即，一时间感慨万千。“中国养老金发展报告”系列始于辛卯年，转眼已是癸卯年。进入第二轮的《中国养老金发展报告》，今年的研究主题是“个人养老金”，也就是被世界银行称为养老金第三支柱的部分。

20 世纪末期，随着老龄化程度的加深，以现收现付制为主体的公共养老金制度日益暴露出保障力度不足的弊端。因而，世界银行在总结了各国养老保险制度实践经验的基础上，在其名著《防止老年危机——保护老年人及促进增长的政策》中，从服务提供者的角度将养老金体系概括为三支柱体系，大力倡导全社会共同应对老年危机，并深刻影响了世界各国的养老金制度发展演化。

中国“建设多层次养老金体系”目标还要稍早于世界银行“三支柱”理念的提出。1991 年，《国务院关于企业职工养老保险制度改革的决定》提出“逐步建立起基本养老保险与企业补充养老保险和职工个人储蓄性养老保险相结合的制度”；随后《中共中央关于建立社会主义市场经济体制若干问题的决定》明确提出“建立多层次的社会保障制度”目标与各系统的功能定位，“社会保障体系包括社会保险、社会救济、社会福利、优抚安置和社会互助、个人储蓄积累保障”，“发展商业性保险业，作为社会保险的补充”，中国多层次养老保险制度由此确立了原则框架。但是，长期以来我国多层次的社会保障体系发展并不平衡。

在经过漫长的等待之后，新生的个人养老金制度试点仅仅半年之后，开立个人养老金账户的人数已经超过了 4000 万人。在取得巨大成就的同时，新生的个人养老金制度也暴露出一系列问题。为了更好地建设个人养老金制度，我们选取了“个人养老金”作为研究主题，希望能够为个人养老金制度的完善与发展贡献些许微薄的力量。

在选题确立之后，蓝皮书报告得到了广泛的支持。这部报告能够如期完成，首先需要感谢各位作者辛苦的努力和付出。众多来自高校的专家学者以及来自业界的精英，从理论探讨、现实问题分析、总结国际经验与教训等不同角度，分析和总结了个人养老金制度各个方面的内容。感谢他们，没有各位作者的付出，就不会有这部报告。

如同往年一样，还要感谢经济管理出版社杨世伟社长、张永美副总编辑、责任编辑梁植睿同志与编辑团队的悉心帮助与一贯支持，出版社团队在加班加点的情况下高质量地完成了编辑与出版工作，弥补了我们团队交稿时间紧张的问题，在此表示衷心的感谢。

还要感谢长江养老保险股份有限公司。这些年来，该公司在学术研究领域越来越活跃，伴随着养老金业务的快速成长，赢得了业界的赞许和好评。作为合作伙伴，多年来长江养老保险股份有限公司给了我们无条件的信任和支持，没有长江养老的帮助，今年的养老金发展报告也不会呈现在读者面前。

13 年来，有着太多的人和事。每次组织编撰蓝皮书报告就像是在翻相册，很多作者已在漫长的过程中逐渐淡出了这一领域，新生力量也在源源不断地加入这项事业。

作者名录中的每一位都代表着一段经历，也是终将被岁月铭刻的记忆。

最后，需要说明的是，“个人养老金”制度本身仍是一个相对宽泛的概念，至今对第三支柱的界定仍存在分歧，而且对个人养老金主题的研究必然是需要横跨多个学科与多个政策部门的。限于我们自身的能力与水平，短时间内错漏难免，还请广大读者批评指正！

《中国养老金发展报告 2023——个人养老金与制度优化》作者名录

序号	题　目	作者及单位
前言	—	郑秉文（中国社会科学院世界社保研究中心，中国社会科学院大学政府管理学院）；房连泉、高庆波（中国社会科学院社会发展战略研究院，中国社会科学院世界社会保障研究中心 / 社会保障实验室）
导读	—	周小川（博鳌亚洲论坛副理事长、第十二届全国政协副主席、中国人民银行原行长）
特稿一	多措并举、循序渐进，合力推动个人养老金高质量发展	刘峰（中国银行业协会秘书长）
特稿二	从税延型养老保险到个人养老金	黄志强（中国保险学会秘书长）
特稿三	发挥保险行业优势，推动个人养老金稳健发展	陈林（长江养老保险股份有限公司党委书记、董事长）
主报告	个人养老金一周年：政策评估、发展瓶颈与制度优化	郑秉文（中国社会科学院世界社保研究中心，中国社会科学院大学政府管理学院）
上篇	理论篇	
分报告一	国际上第二、第三支柱养老金的衔接机制及对中国的启示	房连泉（中国社会科学院社会发展战略研究院，中国社会科学院世界社会保障研究中心 / 社会保障实验室）
分报告二	个人养老金的发展困境与政策定位	齐传钧（中国社会科学院社会发展战略研究院，中国社会科学院世界社会保障研究中心 / 社会保障实验室）
分报告三	个人养老金制度探索之路的几个误区	张盈华（中国社会科学院社会发展战略研究院，中国社会科学院世界社会保障研究中心 / 社会保障实验室）；蔡卓钰（国新证券股份有限公司资产管理条线研究员）
分报告四	我国第三支柱个人养老金的评价体系构建——以共同富裕为目标引领	郭磊、胡雨薇（中国社会科学院大学政府管理学院）
分报告五	个人养老金的经济效应与实现路径	李亚军（山东工商学院公共管理学院）
分报告六	个人养老金税优政策效应评估及路径优化	李辰（中国社会科学院大学政府管理学院）
分报告七	数据要素视角下我国个人养老金制度的多重困境及破解思路	陈功（江南大学马克思主义学院副教授）
分报告八	个人养老金制度：预测偏差与潜在规模	高庆波（中国社会科学院社会发展战略研究院，中国社会科学院世界社会保障研究中心 / 社会保障实验室）
中篇	现实篇	
分报告九	个人养老金制度的发展历程：从产品型向个人账户制的变迁	康蕊（中国社会科学院社会发展战略研究院）
分报告十	个人养老金制度对新就业形态劳动者的重要意义与政策建议	冯扬（中国社会科学院社会发展战略研究院）
分报告十一	养老金融教育在推动个人养老金发展中的作用	毛冰雪（中国社会科学院大学社会与民族学院）
分报告十二	数字经济时代发展个人养老金的现实基础与逻辑依据	杨建海、刘艳慧、佘南粤（北京工商大学经济学院）
分报告十三	基于四类产品分析看个人养老金缴存积极性不高的问题	刘鹏（中国社会科学院大学政府管理学院）
分报告十四	个人养老金制度下的保险产品供给研究	李敬（长江养老保险股份有限公司）、魏善福（太平洋人寿保险有限公司）

续表

序号	题　　目	作者及单位
分报告十五	个人养老金和年金衔接转换研究	王德英、王晓远、周宵、何伟（博时基金管理有限公司）
分报告十六	证券行业服务个人养老金发展的路径选择	张占力（中国社会科学院世界社保研究中心）
分报告十七	中国个人养老金制度引入合格默认投资工具的必要性分析	杜秋萱（泰康养老保险股份有限公司）；姜岩、朱彤（中国人民养老保险有限责任公司）
分报告十八	信息化在中国个人养老金制度及老龄化进程中的发展和探讨	宋纲、张罗文（中国光大银行深圳分行）；陈宝山、张敦奎（用友金融信息技术股份有限公司）
分报告十九	个人养老金制度运行现状、问题与展望	刘天天、潘思怡（中欧基金管理有限公司）
分报告二十	个人养老金制度与保险业发展：功能定位与发展路径	宋湘茵、吴阳明、谌明超、李冰、李荣、傅沁馨、王雪莹、冯凯（太平养老保险股份有限公司战略企划部）
分报告二十一	个人养老金与企事业职工家庭养老保障	刘方涛、费清（泰康养老保险股份有限公司战略企划部）
下篇	国际比较篇	
分报告二十二	中美养老金制度对比研究：历史、现状和启示	陈扬扬、魏溉（鹏华基金资产配置与基金投资部）
分报告二十三	英国个人养老金制度的发展变革、运行实践及经验启示	刘桂莲（首都师范大学管理学院）
分报告二十四	加拿大个人养老金制度的构成、比较及启示	张彦丽（山东工商学院公共管理学院）
分报告二十五	德国个人养老金制度的发展与激励性困境	庞茜（中国社会科学院大学政府管理学院）
分报告二十六	德国里斯特养老金缴费激励的经验与启示	杨建海、李紫颖、魏子仪（北京工商大学经济学院）
分报告二十七	澳大利亚超级年金概况及其投资管理模式	张笑丽（浙江师范大学法学院）
分报告二十八	日本个人养老金制度的发展经验及启示	马源（中国社会科学院大学政府政策与公共管理系）
分报告二十九	瑞士个人养老金的政策设计经验与启示	李雨朋（中国社会科学院大学政府管理学院）
分报告三十	比利时个人养老金的制度安排与动力机制	刘双（中国社会科学院大学政府管理学院）
分报告三十一	美国个人退休账户制度及运行现状	吴孝芹（山东工商学院公共管理学院）
分报告三十二	法国个人养老金再启航的措施、效果与亮点	戴茜（中国社会科学院大学政府管理学院）
分报告三十三	韩国个人养老金制度发展与税优经验分析	屈贤多（中国社会科学院大学政府管理学院）
分报告三十四	爱尔兰个人养老金发展经验及启示	陈伯港（中国社会科学院大学社会与民族学院）
分报告三十五	新西兰个人养老金及其启示	孙光辉（中国社会科学院大学政府管理学院）
分报告三十六	丹麦个人养老金发展现状及亮点	毛颖珂（中国社会科学院大学政府管理学院）
分报告三十七	墨西哥个人养老金制度的发展与现状	冷竺霖（中国社会科学院大学政府管理学院）
附录	中国社会科学院世界社保研究中心 / 社会保障实验室年度学术活动和成果一览	董玉齐（中国社会科学院美国研究所，中国社会科学院世界社会保障研究中心 / 社会保障实验室）
编后记	—	郑秉文（中国社会科学院世界社保研究中心，中国社会科学院大学政府管理学院）；房连泉、高庆波（中国社会科学院社会发展战略研究院，中国社会科学院世界社会保障研究中心 / 社会保障实验室）

中国社会科学院世界社保研究中心主任　郑秉文

中国社会科学院世界社保研究中心秘书长　房连泉

中国社会科学院世界社保研究中心执行研究员　高庆波

2023 年 12 月 1 日